KB271132

제2세계

SECOND

제2세계

세계 권력의 대이동은 시작되었다

WORLD

EMPIRES AND INFLUENCE IN THE NEW GLOBAL ORDER

파라그 카나 지음 | **이무열** 옮김

에코의서재

일러두기

1. 이 책은 Parag Khanna, *The Second World*, Random House, 2008을 완역한 것이다.
2. 맞춤법과 외래어에 표기는 한글 맞춤법 규정에 따랐으며, 단 이미 굳어진 인명 등 몇 가지 외래어에 한해서는 예외로 했다.
3. 지은이 주는 각주 1), 2)로 본문 하단에, 옮긴이 주는 본문 안에 괄호로 처리했다. 또한 출처 등 지은이의 부연 설명은 1, 2로 이 책 말미에 따로 처리했다.
4. 본문 안에 삽입된 주요기구 및 나라별 주요사항은 옮긴이의 추가 설명이다.
5. 인명은 처음 1회에 한하여 원어를 병기했다.

외교관이자 사상가셨던 할아버지

바그완 다스 세스에게 바칩니다.

이제는 고인이 된 아놀드 토인비(Arnold Toynbee, 1889~1975, 영국의 역사가)보다 세계를 더 잘 아는 사람은 없었다. 그가 쓴 12권짜리 책인 《역사의 연구*A Study of History*》는 지금껏 출간된 그 어떤 책보다 인간 문명을 밀도 있게 다룬 책이자 영어로 기술된 가장 긴 저술이다. 그러나 토인비가 "작업을 하는 동안 서로 친숙해지긴 했지만 간접적으로밖에 접하지 못했던 사람들을 만나고 땅도 보기 위해" 아내와 함께 배에 오른 것은 런던의 왕립국제문제연구소(Royal Institute of International Affairs)를 퇴직하고 난 뒤의 일이었다. 부부는 런던을 출발하여 17개월 동안 지구를 한 바퀴 돌면서 남아메리카와 환태평양 지역, 남아시아, 중동 지방을 여행했다. 여행을 하는 동안 토인비는 오래전에 사라진 제국들의 자취를 관찰한 기록과 불확실한 미래에 대한 예측을 담은 글들을 써서 보내왔다. 그것은 1958년에 《동에서 서로 : 세계일주 여행*East to West : A Journey Round the World*》이라는 제목의 책으로 출간됐다.

그로부터 반세기 후 나는 세계사에서 매우 중요한 두 세력 사이의 상호작용을 탐사하기 위해 세계일주 여행길에 올랐다. 그때 내가 깊은 통찰력을 지니고 여행에 임할 수 있게끔 큰 도움을 준 안내서가 있었다. 바로 가죽으로 제본된 토인비 여행기의 초판본이었다. 그 책에는 '지정학(geopolitics)'과 '세계화(globalization)'라는 용어가 전혀 나오지 않는다. 지정학은 세력과 공간의 관계를 연구하는 학문이다. 세계화는 온갖 형태의 교환을 통해 세계인들이 더 넓고 깊게 연결되는 것을 말한다. 토인비는 역사 속 여러 제국과 문명의 흥망성쇠를 기록한 최초의 인물로, 그가 활동했던 시기는 제1차 세계대전 직전부터 다국적기업이 등장하던 1970년대까지 세계 통합의 거대한 파도가 출렁이던 시대였다. 토인비 시대 이래로 지정학과 세계화는 동전의 양면이 될 만큼 매우 밀접해졌다. 나는 그 분리할 수 없는 것을 분리하고자 했다.

이 책에서 탐사한 지역과 나라들, 그러니까 내가 이 책에서 '제2세계(second world)'라고 칭하는 곳은 오늘날 세계질서의 미래 진로가 정해질 중앙 무대다. 원래 제2세계라는 용어는 한때 세계의 6분의 1을 차지하던 사회주의권을 지칭하는 말이었다. 그러다 사회주의권 붕괴 후 새로운 체제로 이행하는 단계에 놓인 국가들을 가리키는 말로 잠깐 쓰이기도 했으나 점차 유명무실한 용어가 됐다. 하지만 오늘날의 세계에는 토인비가 항해를 떠난 때보다 두 배 이상 많은 나라가 있다. 그리고 그 어느 때보다도 많은 나라가 지정학과 세계화가 충돌하고 통합되는 새로운 제2세계의 공간에 빨려 들어가고 있다.

주기율표의 원소들처럼 나라들도 그 크기와 안정성, 부, 세계관에 따라 몇 개의 집단으로 나눌 수 있다. 부유하고 안정된 제1세계 국가들은 현재의 국제 질서에서 큰 이익을 본다. 반면에 가난하고 불안정한 제3

세계 국가들은 현재의 국제 질서에서 불이익을 당하고 있다. 제2세계 국가들은 그 사이에 끼어 있다. 제2세계 국가들은 대체로 제1세계와 제3세계의 특성을 동시에 지니고 있다. 그 내부가 승자와 패자, 가진 자와 못 가진 자로 나뉘어 있는 것이다. 이에 대한 제2세계 국가들의 반응은 반발일까 분열일까 아니면 통합일까? 이 책은 이러한 물음에 대한 답을 찾는 여정이기도 하다.

정신분열 증세를 보이는 제2세계 국가들은 저마다 세계화의 지렛대를 이용해 나름의 힘을 행사하면서 세계의 3대 제국인 미국, EU(유럽연합), 중국 사이에서 21세기의 세력균형을 결정할 티핑포인트(tipping-point) 국가들이기도 하다. 이 나라들은 자신이 제휴할 슈퍼파워를 어떻게 선택할까? 어떤 모델의 세계화가 우세할까? 동방이 서방의 라이벌이 될 수 있을까? 이 문제들에 대한 답은 제2세계에서, 오로지 제2세계에서만 찾을 수 있다.

제2세계의 영향력과 벡터를 이해하려면, 그 세계에 속한 나라처럼 사고하면서 매사를 그 나라 사람들의 입장에서 바라봐야 한다. 세계은행 관리들은 자신이 스쳐 지나가보지도 못한 나라들에 대해서 전문가를 자처하는 일은 결코 없을 거라고 말하지만, 실제로는 전문가연하며 이 나라 혹은 저 나라의 통계지표들을 가리키면서 "사정이 매우 좋아지고 있다"라고 발표한다. 대개 이 말은 수도가 깨끗해졌고, 꽤 괜찮은 호텔을 이용할 수 있으며, 현금인출기를 갖춘 은행과 쇼핑몰이 있는 한편, 범죄는 도시 밖으로 격리되었음을 뜻한다. 그렇다면 그 나라의 다른 지역들, 즉 공항이 없는 도시와 길도 나쁘고 기반시설도 형편없는 지방은 어떨까? 그곳의 사정도 매우 좋아지고 있을까? 아니, 그곳이 같은 나라처럼 느껴지기나 할까? 끊임없이 성장하고 있다는 나라들에서 쿠데타나 경제 붕괴가 일어나 사람들이 깜짝깜짝 놀라는 것은 결코 신기한 일이 아니다.

성 아우구스티누스(Saint Augustine)는 "세계는 한 권의 책이다. 고로 여행을 하지 않은 사람은 단 한 페이지밖에 읽지 않은 것이다"라고 단언했다. 직접경험만이 우리의 직관을 입증 또는 반증하면서, 즉각적인 피드백과 예기치 못한 결과들이 즐비한 복잡한 세상에서 모험이 따르는 정치적 결정에 대한 확신을 준다. 제2세계를 여행하는 동안 나는 내가 찾아간 나라에 대해 충분히 파악하기 전까지는 결코 그 나라를 떠나지 않았다. 나는 그 나라의 관료와 학자, 언론인, 기업가, 택시 운전사, 학생들을 비롯한 폭넓은 사람들과 대화를 나누고, 그것을 토대로 그곳 도시와 마을의 풍경에서 총체적인 전망을 얻어낼 수 있을 때까지 그곳에 머물렀다. 그들의 눈을 통해 세상을 보게 될 때까지 그곳에 머물렀다. 이 책은 세계화와 지정학이 만나 녹아 흐르는 이 시대에 제2세계의 국민이 스스로를 어떻게 바라보는지를 탐사한 책이다.

여행하는 동안에는 지각과 사고가 통합된다. 모순으로 보이는 현상이 사실로 밝혀지기도 하고 이례적인 것 중 일부는 잘못된 것으로 드러나기도 한다. 그런 모호함 역시 복잡성의 결과다. 현실은 세상이 실제로 어떠한가보다는 어떠해야 하는가에 따라 세상을 재단하는 것을 거부한다. 대신 제2세계의 패턴들을 심미적으로 탐사하고 순수한 지각적 판단의 가치를 존중하면 제2세계 전체에 걸쳐 공통된 특징들이 드러난다. 차이들은 절대적이라기보다는 상대적이다. 예컨대 사람들이 보여주는 교양있는 행동은 정부의 품위를 반영한 것이기 쉽고, 정부의 품위는 흔히 도로의 질과 관련이 있다. 제1세계의 도로는 포장이 잘 돼 있고 시야가 탁 트인 데 반해서, 제3세계의 답답한 도로는 흙먼지와 배기가스 때문에 시야가 흐릿하다. 제2세계의 도로는 그 두 모습이 혼합돼 있다. 제1세계 국가들은 다양한 경로로 수백만 명의 관광객을 수용할 수 있는 데 반해서, 제3세계 국가를 방문하려면 고급 호텔 패키지나 돈이 별로 안 드는 배낭여행 중 하나를 택해야 한다. 제2세계 국가들은 대중관광을 위한 기반시설을 완벽하게 갖추지 못한 경우가 많다. 쓰레기는 제1세계에서는 재활용되고 제3세계에서는 태워진다. 제2세계에서는 이따금씩 수거되지만 동시에 산기슭에 버려지기도 한다. 환경오염은 제1세계에서는 거의 눈에 띄지 않고 제3세계에서는 사방천지에서 볼 수 있다. 그런가 하면 제2세계에서는 딱히 뭐라 말하기 어렵다. 외교적인 면을 살펴보면, 제1세계 국가들은 독립적인 의사결정자이지만, 수동적인 제3세계 국가들은 엄청난 힘을 지닌 신중상주의(neo-mercantilism, 자국의 이익을 극대화하기 위해 취하는 광범위한 보호주의적 대외정책으로서, 국제수지 흑자에만 역점을 두었던 중상주의보다 훨씬 포괄적인 개념―옮긴이)의 희생양이다. 그리고 제2세계 국가들은 그 중간에서 불안한 줄타기를 하고 있다.

세계를 돌아다니다 보면 밑바닥에서 작동하는 논리를 점점 더 분명하게 알게 된다. 슈퍼파워를 지닌 미국, 유럽, 중국 제국의 기준이 진보하고 있다. 정치적 국경의 중요성은 갈수록 낮아지고 경제는 통합되고 있으며 세계 지도는 다시 그려지고 있다. 그리고 그 과정을 주도하는 것은 미국인만이 아니다. 그런데 세계가 갈수록 비미국화해가는 이 시점에도 미국 신문의 헤드라인에 불쑥 등장하는 곳들에 대한 미국인의 태도는 지도 그리기와 역사에 대한 뿌리 깊은 무지를 보여준다. 그러나 이 책은 단지 미국인만을 위해 쓴 책이 아니다. 슈퍼파워가 여럿이고, 정해진 틀 없이 세계화가 점점 더 가속화하는 이 세계에 스스로를 적응시키는 작업은 전 세계인들에게 너무나 중요한 일이기 때문이다. 어쩌면 전쟁이 우리에게 지리를 가르치는 신의 방법일지도 모른다. 하지만 세상 모든 이들이 명확히 인식해야만 하는 새로운 권력의 지리학이 있다. 우리가 우리들 스스로의 공통점을 찾아내지 못한다면 그 무엇도 우리를 구원할 수 없다.

파라그 카나

뉴욕에서

| 제5부 |

아시아인을 위한 아시아 - 동아시아

달라진 체스판

1990년대에 발칸 반도에서 건물들이 폭격 맞아 무너져 내렸을 때 전쟁으로 피폐해진 그곳의 재건을 관리한 것은 누구였을까? 멕시코의 통화 가치가 급격하게 폭락했을 때 그 나라를 구한 것은 누구였을까? 중앙아시아의 옛 소련 공화국들이 갑작스레 독립을 하게 됐을 때 각 나라의 국경을 안정시키고 교역을 증진시킨 것은 누구였을까?

세 경우 모두 답은 하나의 제국으로, 각각 EU, 미국, 중국이다.

오늘날 제국을 말하는 것은 한물간 논의다. 제국은 제2차 세계대전이 끝난 후 영국, 프랑스, 포르투갈이 아프리카와 아시아의 식민지에서 철수한 이래, 그리고 1990년대에 소련이 붕괴함과 동시에 역사의 쓰레기통에 던져진 것으로 여겨지는, 공격적이고 중상주의적인 유물이다. 제2차 세계대전이 끝날 무렵에는 50여 개밖에 안 되던 나라들이 21세기에는 수백 개로 늘어나고, 소수민족들이 저마다 자신의 국가와 통화를 가지고 UN에 자기 자리를 갖게 될 것으로 전망됨에 따라, 민족자결론이 세계를 새로운 정치적 파편화의 시대로 끌고 갈 것이라 예측하는 이들이 많았다.

그러나 수천 년 동안 제국은 세계에서 가장 강력한 정치적 실체였다. 제국은 복속된 나라들이 서로 다툼을 벌이는 것을 억제함으로써 인민이 갈망하는 질서를 유지해왔으며, 이는 안정과 민주주의의 필수 전제조건이었다.[1] 17세기에 국민국가가 등장할 때까지 로마, 이스탄불, 베네치아, 런던이 각기 다른 수천 개의 정치 공동체를 지배했다. 제2차 세계대전 무렵까지도 6개 정도밖에 안 되는 제국이 전 세계의 권력을 나누어 가졌는데, 거의 모두가 유럽 국가였다. 탈식민화가 이 부자연스런 제국, 즉 작은 국가들이 바다 건너 식민지들을 힘으로 지배하는 것에 종지부를 찍었다. 그러나 제국 그 자체가 종말을 고한 것은 아니었다. 제국들 사이에 정기적으로 파괴적인 전쟁이 일어났음을 고려할 때 제국이 가장 바람직한 통치 형태는 아니지만, 인간의 심리적 한계는 좀더 나은 통치 형태가 구현되는 것을 가로막는다.

큰 것은 뒷심이다.[2] 세계의 틀을 결정짓는 것은 국가 간이나 문명 간이 아니라 제국 간의 관계다. 문명이 아니라 제국이 지리에 의미를 부여한다. 실제로 제국은 문명을 가로지른다. 제국은 자신의 표준과 관습을 전파하면서 문명에 관계없이 사람들의 정체성을 변화시킬 수 있다.[3] 제국은 독특한 문화를 보존하는 것보다 힘과 성장을 더 선호하기 때문에 단순무식한 의미에서 문명보다 더 세다. 유럽과 중국은 오래된 문명이라는 사실로 말미암아 독특한 존재가 되지만, 팽창하는 권력이라는 지위로 말미암아 예외적인 존재가 된다.

오늘날 세계에는 역사상 그 어느 때보다도 적은 수의 지배 권력이 존재한다.[4] 제2차 세계대전 이후 몇몇 봉건 소국들이 현대 중국에 융합됐고, 30개 가까운 국민국가가 초국가적인 EU로 통합됐다. 이 둘과 미국이 오늘날 현존하는 3개의 세계 제국이다. 각 제국은 지리적으로 통일돼 있으며 군사, 경제, 인구 면에서 충분히 강력하다. 조지 케난(George Kennan)이 말했듯이, 국가 간 힘의 불균형은 언제나 주권을 조롱해왔다. 그리고 나라가 많으면 많을수록 제국이 그것을 분할, 정복하기는 더 쉽다.[5]

그러나 모든 제국은 아놀드 토인비가 '불멸의 신기루'라 부른 것에 현혹되기 쉽다. 미국인들은 자신들이 세계 최초로 전 지구적 지배권을 행사하고 있는 것으로 믿는 경향이 있지만, 사실은 대영제국이야말로 해가 지는 때가 없는 최후의 전 지구적 제국이었다. 영국은 별다른 대외정책을 가지고 있지 않았음에도 세계의 많은 지역을 자기 영토에 복속시켰다.[6] 하지만 오늘날의 미국은 지구 구석구석을 향해 일방적으로 이래라저래라 할 수 없다. 지금의 세계는 다른 영토를 정복하는 것이 금기시되고 있는 탈식민화 세계이기 때문이다. 미국에는 총독이 아니라 대사가 있다. 또한 미국이 전 지구적으로 군대를 주둔시키고 있는 것을 지배와 혼동해서도 안 된다. 오로지 군사력만으로 힘을 평가한다면 세계는 사실상 '단일성 다극체제(uni-multipolar system)'다. 미국이 꼭대기에 있고 그 밑에 일군의 강력한 지역 열강들이 있는 체제다. 그러나 오늘날은 과거에 비해 군사력이 덜 중요하다. 각각의 나라들이 스스로를 지킬 수 있게 만들어주는 과학기술이 광범하게 발달된 세상에서는 군사력의 중요성이 더욱더 낮아진다. 힘을 제대로 평가하려면 경제적 생산력과 세계시장 점유율, 기술 혁신, 부존 천연자원, 인구 규모에다 국민의 의지, 외교 역량과 같은 무형의 요인들까지 함께 고려해야 한다. 엄밀히 말해 모든 강국이 핵무기를 보유하고 있는 지금은 경제력이 군사력보다 더 중요하다. 거대한 인구, 공업생산, 금융자산의 결합은 중국을 예상을 뛰어넘는 잠재력을 지닌 슈퍼파워로 만들고 있다. EU의 경제적 부는 미국과 중국을 합친 것보다 더 크다. EU의 인구 규모는 미국과 중국의 중간이지만 군사력과 과학기술의 위용은 대단하다.

《평화의 경제적 결과*The Economic Consequences of the Peace*》에서 케인스(John Maynard Keynes)는 이렇게 썼다. "역사의 대사건은 흔히 인구증가와 그 밖의 근본적인 경제 동인의 장기적인 변화에 기인한다. 그런데 그러한 변화는 아주 서서히 일어나기 때문에 당대 관찰자들의 눈길을 비켜가고, 결국 역사의 대사건은 정치가의 어리석음이나 무신론자의 열광 탓으로 돌려진다."[7] 그러나 오늘날에는 과학자가 기후변화의 징후와 원인을 측정하는 것이 가능한 것처럼, 결과적으로 커다란 지정학적 변화를 초래할 미세한 차원의 과정과 상호작용들을 정밀하게 측정하는 것이 가능하다. 세계의 슈퍼파워 지도는 다시 균형을 맞추고 있다. 물론 그 중심은 단일하지 않다.[1] EU와 중국은 미국의 지위에 도전하고 세계 전역에서 동맹과 충성을 확보하고 있다. 워싱턴, 브뤼셀, 베이징이라는 비교적 대등한 세 개의 힘을 전 지구적 위계질서의 중심에 세우려는 것이다.

---

1) 지정학은 항상 북반구의 열강들에 의해 규정돼왔다. 북반구의 제국들이 라틴아메리카에서 아프리카, 호주, 오세아니아에 이르는 남반구의 영토를 지배해온 것이다. 지난 500년 동안 북반구의 제국들은 지구의 형상을 조각했다. 19세기 말엽까지 지구상의 모든 땅뙈기에 마지막으로 깃발들이 꽂히면서 지도 위에는 빈 공간이 하나도 남지 않았다. 토인비는 《시련에 처한 문명》에서 이러한 지리상의 정복을 간명하게 포착했다. "우리 서구의 '노하우'는 글자 그대로 사람이 살 수 있고 건널 수 있는 지구상의 모든 지표면이라는 의미의 전 세계를 통합했다." 그 시기에는 외적 팽창이 곧 내적 강화였고 지정학이 곧 세계의 내정이었다. 당시는 서구가 정점에 서는 구도였다.

지정학 시장

권력은 진공 상태를 혐오한다.[8] 소련의 붕괴는 미국을 유일한 '히페르퓌상스(hyperpuissance, 어느 곳에나 군사력을 배치할 수 있는 존재―옮긴이)'로 남겨두긴 했지만 미국의 전 지구적 헤게모니를 보장한 것은 아니었다. 오히려 미국의 단극시기는 짧은 순간의 가사 상태와도 같은 생명의 연장일 뿐이었고, 그 사이에 유럽과 중국이 내부의 힘을 기르는 상태에서 차츰 밖으로 힘을 뻗치는 상태로 바뀌어왔다. 이제 그들의 발흥도 막을 수 없고 발전도 막을 수 없다. 지구 곳곳에서 미국화, 유럽화, 중국화가 동시에 진행되는 것을 느낄 수 있다.

권력은 독점에서 시장으로 이동했다. 세 개의 슈퍼파워는 자신의 군사력, 경제력, 정치력을 이용해 세계 곳곳에 영향권을 구축하고서 경쟁적으로 분쟁을 중재하고 시장을 조성하고 관습을 유포한다.[9] 지정학 시장에서 소비 국가들은 어느 슈퍼파워를 자신의 후견인으로 삼을지 선택한다. 어떤 나라는 둘 이상의 슈퍼파워를 선택한다. 한 슈퍼파워가 어떤 적을 고립시키려 할 때 또 다른 슈퍼파워가 달려와 동맹을 맺음으로써 그 생명줄을 이어주기도 한다. 지금까지는 단 한 번도 이런 식의 진정한 전 지구적 경쟁이 이루어진 적이 없다. 이는 아마도 모든 역사를 통틀어 가장 복잡한 상황일 것이다. 슈퍼파워가 모두 서방 국가인 것도 아니고(중국), 나아가 모두가 전통적 개념상의 국가도 아니기 때문이다(EU).

미국의 안보 전략은 위험지역을 안정화시켜 '갈림길에 선 국가들'로 만드는 것이다. 그런데 그러한 많은 지역에서 미국은 이제 안정보다는 오히려 불안정을 제공하는 자로 여겨진다. 이것이 바로 중국이나 유럽이 그 나라들을 자기네 영향권 안에 끌어들일 수 있게 길을 터주는 동력이다. 미국의 국무장관 라이스(Condoleezza Rice)는 "강대국은 자기네 일에만 신경 쓰지 않는다"는 말을 했다. 미국의 신뢰도가 떨어진다고 해서 다른 강대국이 신뢰도를 확보할 수 있는 것은 아니다.

지정학 시장에서 정당성을 확보하려면 효율이 바탕이 돼야 한다. 그리고 다른 슈퍼파워들과 비교하여 검증받아야만 한다. 미국은 유럽과 중국에서 정당성에 대해 많은 것을 배울 수 있다. 냉전 종식 후 일부 미국인은 유럽 주둔 미군을 감축하면 프랑스와 독일 같은 유럽 내 라이벌 관계가 부활할 것이라고 주장했다.[10] 그러나 EU는 라이벌 관계를 부활시키기는커녕 매년 새로운 나라들을 흡수하며 계속 팽창해 오늘날의 제국 중 하나가 되었다. 지금도 많은 나라가 줄을 서서 EU에 가입시켜 달라고 간청한다. 같은 시기에 펜타곤은 중국과 같은 강력한 라이벌의 등장을 봉쇄하는 전략을 발표했다. 그러나 중국은 세계 최고의 강국이 되는 것을 목표로 작성한 계획표에 따라 차근차근 '중앙 왕국(Middle Kingdom, 中國)'이라는 지위를 복원해가고 있다. EU와 마찬가지로 중국도 이웃나라들을 군사력이 아니라 인구팽창과 경제통합을 통해 복속시키며 반(半)주권 지방국가로 전환시켜가고 있다. 과거에는 이것이 '제국주의'라는 이름으로 불렸다. 그러나 그것이 곧 세계화니 다른 이름으로 새롭게 정의돼야 한다.

미국, EU, 중국은 각각 제휴(coalition), 합의(consensus), 협의(consultation)라는 전혀 다른 세 가지 외교 스타일을 선보이며 21세기 리더 자리를 두고 경합을 벌이고 있다. 1947년에 미국이 발표한 트루먼독트린(Truman Doctrine)은 반공을 선언하고 냉전을 공식화하며 마치 19세기의 프로이센처럼 강력한 거점집중방식의 동맹관계를 만들어냈다.[11] 그에 비해서 오늘날 이루어지는 '자발적 연합(coalition of the willing)' 방식의 대외정책은 사안별 교환거래에 입각한 외교적 제휴를 이끌어낸다. 미국은 변함없이 지도하겠다는 의지를 보인다. 유엔안전보장이사회와 북대서양조약기구(NATO)는 유럽이 페르시아 만과 중앙아시아를 위임통치하던 시절보다 더 나은 통솔력을 발휘하며 세계 곳곳에서 일어나는 많은 분쟁을 중재하고 있는데, 그 두 기구의 기조를 정하는 것이 바로 미국이다. 그러나 미국은 자기이익을 지나치게 강조하는 바람에 외교적 신뢰를 제대로 구축하지 못하고 있다. 오히려 단기 집중 전략으로 변화하는 반(反)테러 정책과 민주화 및 경제자유화 의제 사이에서 혼선을 빚고, 군사적 위협을 가하는 행위에 계속 의존함으로써 동맹국들까지도 소원하게 한다. "친구는 없고 오로지 국익뿐"이라는 드골(Charles de Gaulle)의 냉소(과거에 드골이 프랑스를 빗대어 했던 말)를 아주 잘 구현하고 있는 것이다.

EU는 지정학적 구심점이 서쪽으로 선회하는 것을 역전시킬 만한 잠재력을 지닌 혁명적인 제도다.[12] 국가 간 협치(interstate gover-nance)가 고도로 진화한 형태인 EU는 정치적 정복이라기보다는 기업 합병에 더 가까운 방식으로 나라들을 끌어 모은다. 북아프리카에서 카프카스에 이르는 영역에서 영토가 계속 확장되고 교역상의 순이익이 발생한다.[13] 유럽 무역의 대부분이 EU 내에서 이루어지고, EU의 법이 대다수 회원국의 국내법을 대체한다. 회원국은 여전히 주권을 가진 각각의 국민국가로 남지만, 갈수록 많은 일을 함께 해나가면서 공동의 비전을 외부로 투사한다. 군사 영역을 제외하면 유럽이 지닌 잠재적 힘이 미국의 힘보다 더 세다. 유럽은 세계 최대의 시장인 동시에 과학기술 및 규제의 실질적인 표준설정자이다. EU의 대외정책은 합의지향 외교의 장점과 단점을 두루 지니고 있는데, EU의 복지정책이 그러하듯 포용정신을 바탕으로 실행된다. 물론 27개 회원국이 전략을 협상하고 이행하는 과정에서 엄청난 시간이 허비되기도 한다. 하지만 일단 정책이 수립된 후에는 점점 더 많은 나라를 그들의 방식 안으로 끌어당긴다.

이미 세계의 무게중심 중 하나가 된 중국은 제국 외교의 세 번째 모델의 전형을 보여준다. 유교 관습을 기초로 한 중국의 협의식 행동 패턴은 최대한 합의할 수 있는 범위를 강조하면서 의견 일치를 보지 못한 사안들은 더 좋은 시기를 기다려 미뤄둔다. 자기희생은 탄복과 신뢰를 불러일으킨다. 세계 인구의 다수가 중국의 평탄치 않은 과거와 매우 밀접한 관계에 있으면서도 동시에 중국이 지닌 잠재력에 빠르게 순응하고 있는 아시아 국가들에 살고 있다. 그들은 중국의 피할 수 없는 발흥을 체념하고 받아들이는 데 그치지 않고, 중국이 더욱 값싼 상품과 더 넓게 통합된 시장, 지역적 자부심의 형태로 가져다줄 이익을 반갑게 맞이하기에 이르렀다. 반백 년 전 중국은 마르크스주의와 마오주의 게릴라들을 지원하는 데 자그마치 5퍼센트의 예산을 썼다. 알바니아가 중국의 유일한 친구라는 소리가 떠돌 정도였다. 그러나 지금의 중국은 가능한 한 모든 고객들과 전방위적인 동맹관계를 구축하려고 애쓰면서 페르시아 만과 중앙아시아, 남미의 에너지 공급선을 두고 경합하고 있다. 러시아와 인도 같은 중간 권력의 충성을 확보하기 위해 서방측과 줄다리기도 벌인다. 뿐만 아니라 쿠바, 베네수엘라, 수단, 짐바브웨, 이란, 우즈베키스탄, 미얀마, 북한과 같은, 미국이 제압하려는 거의 모든 정권을 두루 지원하고 있다.

다가오는 세계 질서는 다중심체제일 것이라고 믿는 이들이 많다. 중국은 기본적으로 지역 열강에 머무를 것이고, 일본은 더욱 민족주의적인 입장을 취할 것이며, EU는 자신이 직접 관할하는 영역을 넘어서는 영향력을 갖지 못할 것이고, 인도가 중국의 라이벌로 부상하고, 러시아가 부활하고, 이슬람 왕국들이 지정학적 세력으로 입지를 굳히리라는 것이다.[14] 이런 견해는 훨씬 더 깊은 현실을 무시하고 있다. 그것은 미국과 EU, 중국이 이미 세계의 총체적 권력(total power) 대부분을 차지하고 있다는 사실과, 그들이 그 어떤 나라도 자신의 세력권을 파고들지 못하게 하는 데 총력을 기울일 것이라는 사실이다. 러시아, 일본, 인도는 군사적으로나 그 밖의 다른 면에서나 전 지구적 존재가 될 수 없다. 그들은 슈퍼파워가 아니라, 자신이 지지하거나 지지하지 않음으로써 세 슈퍼파워의 지배력을 보강하거나 약화시킬 수는 있지만 지배를 막지는 못하는 균형자일 뿐이다.[15] 실제로 그들은 미국, EU, 중국에 차츰 허를 찔리며 밀리고 있다. 이슬람 역시 같은 배에 타고 있다. 이슬람은 그들만의 외교적 통일성도 갖추지 못한 채 드넓은 지역에 퍼져 있는데, 그 넓은 지역 역시 하나가 되기는커녕 오히려 지구를 이끄는 중심 세력인 슈퍼파워들의 중력에 끌려 들어가고 있다.

　지금 세계에는 정확히 세 개의 슈퍼파워가 있다. 그들은 세계 질서의 틀을 만들어내는 역사의 주된 수레바퀴 가운데 하나인 전쟁이 새로운 지령을 내릴 때까지 서로 경합하며 담판을 벌이게 될 제국들이다.

지정학으로 보는 세계

역사와 달리 지정학은 나아갈 목적을 분명히 밝히며 뒤를 돌아보는 학문이다. 국제관계학이 오늘의 사건에 대한 기상학이라면, 지정학은 세계의 진화를 깊이 고찰하는 기후학이다. 지정학은 인터넷 브라우저에서 '새로 고침'을 클릭하여 갱신할 수 없다. 20세기가 시작될 무렵에 독일의 정치지리학자 라첼(Friedrich Ratzel)은 제국을 유지하려면 팽창해야 한다고 주장했다. 사람들이 움직임에 따라 제국은 마치 고무줄처럼 늘어나면서, 확고부동한 기정사실들을 변화시키고 고무줄이 끊어지지 않는 한도 내에서 최대한 먼 곳까지 종횡무진으로 누비며 충성심을 확장하는 제도들을 확립해간다.

라첼의 제자, 첼렌(Rudolf Kjellen)이 '지정학(Geopolitik)'이라는 용어를 만들어냈다. 나치 지리학자 하우스호퍼(Karl Haushofer)는 그것을 차용하여 인종적으로 동질적인 생활권(lebensraum)을 필요로 하는 팽창하는 범지역(pan-region)에 관한 자신의 이론을 설명했다. 순수한 지리학으로부터 일탈한 하우스호퍼의 이론은 수십 년 동안 지정학이라는 학문에 오점을 남긴다.[16] 하우스호퍼와 마찬가지로, 영국의 저명한 지리학자 매킨더(Sir Halford Mackinder)도 '세계유기체(world organism)'의 수명주기를 강조했다. 그러나 그는 평생토록 대륙의 힘에 맞서 어떻게 영국을 지킬 것인가 하는 문제에 집중하면서 유라시아라는 '세계섬(world island)'에 주목했다. 그가 볼 때 유라시아의 '심장지대(heartland)'는 지상 최대의 천연 요새였다. 바다를 통해 접근하는 것이 불가능하고 영국 해군력의 침입을 받을 일이 없어 육지에 기반을 둔 세력이 세계를 지배할 수 있게 해주는 요충지라는 것이다.[17] 그런가 하면 매킨더와 전략적으로 대척되는 이론을 제시한 미국의 해군 전략가 머핸(Alfred Thayer Mahan)은 해상 장악력이 지구 지배의 열쇠라고 역설하면서 "바다의 제국이 곧 세계의 제국이라는 것은 의심의 여지가 없다"라고 쓰고 있다.

그 후로 지정학은 프랑스의 역사학자 브로델(Fernand Braudel)의 '장기지속(longue durée)' 이론(역사는 수백 년에 걸친 장기지속, 일정 국면의 중기지속, 개별 사건의 3단 구조로 이루어지며, 거기서 역사의 기본 틀을 규정하는 것은 장기지속적인 구조라는 구조주의 역사학의 핵심 이론—옮긴이)에서 이야기하는 지리적 구조가 전 세계의 운명을 좌우한다는 전체주의적 권력 공식의 일문으로 진화했다.[18]

지정학 대 세계화

1990년대에 프랜시스 후쿠야마(Francis Fukuyama, 《역사의 종말 *The End of History*》 저자)와 새뮤얼 헌팅턴(Samuel Huntington, 《문명의 충돌 *The Clash of Civilizations*》 저자)의 상반된 전망 사이에 대논쟁이 벌어졌다. 전자는 대체로 유토피아로, 후자는 숙명론으로 풍자됐다. 이 이분법의 대선구자는 슈펭글러(Oswald Spengler)와 토인비의 세계관 사이에 존재했던 긴장이었다. 슈펭글러는 "이 책은 최초로 역사의 예측을 시도할 것이다"라는 대담한 주장으로 《서구의 몰락 *The Decline of the West*》을 시작했다. 그는 고전적 서구가 소멸하는 것은 역사를 피해갈 수 없는 것과 마찬가지로 불가피하다고 주장했다. 높은 문화의 상징들도 인간의 노화나 계절의 순환과 유사한 과정을 거치면서 자연스럽게 물질적 타락으로 퇴화한다는 것이었다. 슈펭글러의 결론이 너무나 설득력이 강했기에 토인비는 《역사의 연구》 집필을 시작하기에 앞서 "내 머릿속에 답은 말할 것도 없고 물음조차도 충분히 형성되기 전에 슈펭글러가 모든 질문을 폐기처분해버린 건 아닌지" 의심했다.[19] 그러나 슈펭글러의 비극적 계시는 결과적으로 토인비의 독자적 탐구에 불꽃을 일으켰다. 토인비의 탐구는 기우를 통찰로, 결정론을 섭리로 대체할 길을 찾았다. 자연과 지정학의 압박에 대응한 토인비의 도전과 응전은 서구인들에게 타협적인 적응과 완고한 근본주의 중에서 하나를 택할 수 있는 자리를 마련해주었다. 50년 이상이 흐른 뒤에도 이것은 여전히 서구의 선택지로 남아 있다.

지정학적 풍경은 육지와 바다 곳곳에서, 심지어 이제는 우주 공간과 사이버 공간에서까지 쉴 새 없이 펼쳐지고 있다. 그러나 지정학상의 모든 숫자들이 고속으로 처리되고 난 뒤 세계 역사에 등장하는 것은 대략 100년에 한 번꼴로 어김없이 발생해 권력의 위계질서를 재구성하고 갈수록 더 큰 변동을 초래하는 세계전쟁이다. 나폴레옹전쟁(1803~1814)과 제1,2차 세계대전(1914~1945)이 가장 최근에 일어났던 세계전쟁이다. 약 1세기 전에 발발한 제1차 세계대전은 역사와 문화, 지리적 공간, 경제적 유대, 자유주의적 정치 전통에서 많은 공통점을 가진 유럽 열강들 사이의 억측과 오해 때문에 야기됐다. 오늘날 미국, EU, 중국은 이러한 공통점을 거의 가지고 있지 않다. 공통의 문화도 없고, 같은 지리적 공간을 공유하지도 않으며, 모두가 민주적인 것도 아니다. 세계관과 행동 동기가 극단적으로 다르고 권력 형태도 제각각인 슈퍼파워들의 세계에서 그 무엇이 제3차 세계대전을 막을 수 있을까? 이사야 벌린(Isaiah Berlin)이 말한 대로 20세기가 "서구 역사상 가장 끔찍한 세기"였다면, 그 무엇이 21세기를 조금이라도 다른 세기로 만들 수 있을까?

오늘날 주기적으로 발생하는 분쟁의 수레바퀴를 멈출 수 있는 단 하나의 힘이 출현했다. 바로 세계화다.[20] 지정학과 마찬가지로 세계화도 세계 시스템이 됐다. 그 어떤 힘으로도 세계화를 제어할 수 없다. 모든 것이 멈출 때 비로소 세계화도 멈춘다.[21] 하지만 지정학과 세계화는 정반대의 개념과 권력양식으로 간주된다.[2] 화물선과 유조선이 밤낮없이 대양을 가로지르고, 비행기가 수만 명의 사람을 새로운 목적지에 데려다 주며, 금융시장은 자본을 배분한다. 물론 그 사이에도 내전이 터지고, 테러가 자행되며, 핵무기가 배치된다. 많은 사상가가 세계화의 미덕과 지정학의 악덕을 강조한다. 경쟁 패러다임으로서의 세계화의 존재 자체가 여러 세기에 걸친 진화의 징표다.

세계화가 지속될 수 있을 것인가 여부는 문제가 아니다. 어느 정도까지 진행될 것인가가 문제일 뿐이다. 세계화는 역사 전반에 걸쳐 밀려왔다 다시 밀려가기를 반복해왔지만, 오늘날에는 이전 어느 때보다도 그 파장이 넓고 깊다.[22] 1990년대에 보호무역주의 노동조합과 환경운동가, 토착민 집단 등이 주도한 반세계화 운동은 거의 실패로 끝나고, 그 자리에 '인간의 얼굴을 한 세계화'를 어떻게 이룰 것인가에 대한 전 지구적인 진지한 대화가 등장했다. 세계화는 이제 모든 사회가 생존과 진보를 위해 취하는 전략의 일부가 됐다. 시위대가 세계무역기구(WTO) 정상회담장에 모여 현재의 게임 규칙을 끝장내자고 외치는 와중에도 그들이 대변한다고 주장하는 설탕과 면화 소생산자들은 여

---

2) 간단히 말해서, 지정학과 세계화의 대비는 지배 대 통합, 대립 대 협동, 위계질서 대 네트워크, 정치학 대 경제학, 비관론 대 낙관론, 숙명론 대 진보주의로 표현된다. 게임 이론의 언어에서 지정학은 과거의 변절과 배신을 상기시키는 반면에, 세계화는 점증하는 상호작용과 상호의존에 대한 희망을 강조한다. 프로이트식 표현에서는 지정학과 세계화가 각각 지배(타나토스thanatos, 죽음의 본능)와 평화(에로스eros, 사랑의 본능)를 갈구하는 공존하는 인간 욕망의 배역을 맡을 수도 있겠다. 오로지 세계화만이 지정학과 어깨를 견줄 위대한 만물의 법칙이요, 수천 년에 걸친 세계 유기체의 지정학 바이러스 감염을 치유할 수 있는 해독제로 간주된다.

느 때와 다름없이 사업을 수행했다. 생존하려면 그럴 수밖에 없었기 때문이다.[23] 9·11테러도 세계화의 동력인 운송비 하락, 무역자유화, 통신기술이 폭발적으로 성장하는 것을 막지 못했다. 세계화는 또한 전 세계 인구가 뒤섞인 세계를 만들어냈다. 그것은 적이 바깥에 있는 만큼이나 내부에도 존재함을 뜻한다. 세 제국은 모두 주변부의 인구와 유례없이 뒤섞이고 있다. 미국은 라틴아메리카와, 유럽은 아랍세계와, 중국은 동남아시아와 섞인다. "We Are the World"라는 표현이 요즘만큼 실감 난 적이 없다.

상호의존을 선호하는 경제적 이해관계는 폭발 직전의 지정학적 긴장보다 한 걸음 앞서가면서 긴장을 비폭력적인 경쟁으로 영원히 바꿔놓을 수 있다. 실제로 세계 경제는 하나의 엔진만으로는 멀리도 빠르게도 나아가지 못할 것이다. 게다가 세 슈퍼파워의 경제가 깊숙이 얽히고설키면서 분쟁 비용이 상당한 수준으로 상승했다.[24] 상호교역하는 이들 세 제국은 전 세계적 유통망을 거느린 글로벌 기업들의 본고장이다. 각 제국의 유통망은 서로 다른 제국들의 영토에도 자리 잡고 있는데, 이는 그들의 지속적인 번영이 다른 제국의 약함이 아니라 강함에 의존하고 있음을 뜻한다.[25] 미국 무역의 40퍼센트는 동아시아와, 나머지 대부분은 유럽과 이루어진다. 미국은 값싼 중국산 상품과 미국의 장기채권에 대한 중국의 탐욕에 의존한다. 중국은 유럽과 미국의 투자에 의존하며, 현재 중국의 대유럽 수출액은 미국의 대유럽 수출액보다 높다. 유럽과 미국은 생산 기지를 중국에 이전함으로써 비용을 절감하고 이윤을 늘린다. 셋은 그 중 어느 하나의 동맥이라도 잘리는 날엔 모두가 크게 다치는 접합 세쌍둥이 같은 존재다.[26] 이런 종류의 전 지구적 통합만이 작은 한 행성 위의 야심만만한 세 슈퍼파워 사이에 지정학적 대결이 전면적으로 복귀하는 것을 방지할 수 있다.

그러나 세계화만으로는 지정학의 역사가 되풀이되는 것을 막지 못한다. 세계화는 제국이 위축되기 전에 그 체계와 규칙을 가능한 한 멀리까지 확장해간 제국들의 후원하에 늘 진퇴를 거듭해왔다.[27] 고대 그리스가 팽창한 것은 상업이 다른 방법으로는 갖지 못했을 자원을 아테네에 가져다주었기 때문이다. 상업은 더 큰 군대를 보유하고 외국의 지배자들을 구워삶을 수 있도록 아테네에 자금을 대줌으로써 델로스 동맹(페르시아 전쟁 후인 BC 477년 아테네의 주도로 결성된 그리스 도시국가들의 해군동맹—옮긴이)의 독점무역 지대 내에서 아테네가 맹주 자리를 지킬 수 있게 해주었다.[28] 한참 뒤에 인 세계화 물결은 순수하게 중상주의적인 것으로, 유럽 열강이 제국을 자처하고 나서서 해외의 자원, 그러니까 국외의 자연과 인간에게 통제권을 행사한 것이었다. 1950년에 토인비는 "이제 만방에 널리 퍼진 서구 문명은 인류의 운명을 자기 손아귀에 넣었다"라고 썼다.[29] 물론 완전한 통합을 뜻하는 토머스 프리드먼(Thomas Friedman)의 표현처럼 "세계가 평평해진다" 하더라도 분쟁을 일으키는 경제적, 정치적 위계질서와 불공정하다는 의식을 완전히 없애지는 못할 것이다. 지정학과 세계화를 공히 지배하는 두 힘은 두려움과 탐욕이기 때문이다. 오늘날의 상호의존은 수많은 거미가 얽어놓은 거미줄과도 같다.

세계화를 이끄는 제국의 역할은 양날의 칼이다. 제국은 평화와 번영을 이끄는 힘이지만, 한편으로는 서로의 영역에 전략적 침입을 하기도 한다. 세계화가 이전 어느 때보다도 이를 쉽게 만들고 있다. 세계는 점점 좁아지고, 그 안에 여러 슈퍼파워가 공존하면서 일찍이 볼 수 없었던 치열한 경쟁의 시대를 열고 있기 때문이다. 예전의 식민지들이 정복

되었다면 오늘날 나라들은 구매된다. 또 과거의 세계화는 미국화와 동의어로 여겨졌지만 오늘날 세계화는 팍스 아메리카나(Pax Americana)의 소멸을 놀라운 속도로 진전시키고 있다.

제2세계를 주목하라

"각각의 나라는 각각의 인간만큼이나 독특한 성격을 갖고 있다"라고 토인비는 말했다.[30] 세 슈퍼파워는 서로 끊임없이 주시하고 있다. 그들 슈퍼파워는 서로가 무엇을 할 수 있는지 안다. 그러나 서로가 무엇을 할지는 모른다. 오늘날의 국가들은 마치 범퍼카 같다. 어떤 차가 어느 쪽으로, 얼마나 빨리 방향을 꺾을지는 각 운전자의 마음에 달렸다. 따라서 범퍼카의 움직임을 미리 알려면 운전자의 심리부터 파악해야 한다. "인도가 핵무기를 개발할 경우 파키스탄은 (핵무기를 갖게 될 때까지) 풀과 나뭇잎을 먹느라 굶주림을 겪을 것이다"라고 한 파키스탄 총리 부토(Zulfikar Ali Bhutto)의 선언은 냉철한 합리적 행동 이상의 것이었다. 신뢰, 존경, 탐욕, 복수 등 인간이 느끼는 감정들은 모두 세계정치에 그 상사기관을 가지고 있으며, 국가는 열정과 욕망, 목적과 수단 사이에서 균형을 잡아야만 한다.[3] 그러나 더는 줄일 수 없는 이 요소들이 평형을 이루는 경우는 드물다. 이는 대다수 국가가 정신분열적 성격을 가지고 있다는 뜻이다. 알렉산더 웬트(Alexander Wendt)의 표현처럼 "국가도 사람이다."[31]

인간과 국가의 심리에는 비슷한 점이 매우 많다. 군비 경쟁은 라이벌 갱단이 더 큰 무기를 두고 서로 경쟁하는 것과 같다. 국가의 정체성을 형성하는 역사적 기억은 가족사나 사진첩처럼 세대를 따라 이어지며 전수된다. 무엇보다 근본적으로, 인간과 국가는 모두 매슬로(Abraham Maslow)가 말한 '욕구단계설'의 지배를 받는다. 욕구단계설이란, 욕구는 타고난 것으로 한 욕구가 충족돼야만 다음 욕구를 느끼게 되는데 가장 먼저 느끼는 것이 굶주림과 목마름을 채우려는 생리적 욕구이고, 그다음이 보호와 안정을 찾는 안전 욕구이며, 마지막이 소속감, 애정, 자기존중, 인정을 원하는 존재 욕구라는 이론이다.[32] 이에 따르면 민주주의에 대한 욕구는 마지막 단계의 욕구에 속한다. 경제력을 키워 주린 배를 채우고 국력을 키워 안보를 강화한 후에라야 비로소 민주정치에 활발하게 참여할 수단을 가질 수 있기 때문이다.[33] 순수한 민주주의는 하이패션과 같다. 보는 이를 감탄시킬 수는 있어도 매일 입고 다니기에는 실용적이지 않기 때문이다.

최고의 이데올로기는 민주주의도 자본주의도 아니다. 그것은 그 어떤 '주의'도 아닌 '성공'이다. 애덤 스미스(Adam Smith)가 《도덕감정론 *Theory of Moral Sentiments*》에서 확인한 것처럼 모든 사회는 한 가지 목표, 즉 '자신의 조건 개선'을 추구한다. 절대적 지식이 없는 상태에서

3) 플라톤의 《국가론 *Republic*》에서 소크라테스가 인간의 영혼에는 세 부분(욕망하는 에로스eros, 명예로운 용기thymos, 합리적인 지성nous)이 있다고 주장한 것과 흡사하게 국가도 마찬가지다. 투키디데스(Thucydides)는 두려움, 명예, 이익이 사회의 동인이라고 썼다. 페리클레스(Pericles)는 아테네인들에게 자신들이 영원불멸의 생명을 얻기 위해 싸우고 있다고 말했다. 영국의 군사학자 배질 리들 하트(Basil Liddell Hart)는 자신의 전략적 사고의 진화를 회고하며 생각에 잠겨 말했다. "전에는 전쟁의 주된 원인이 경제적인 것이라고 생각했습니다. 그러다가 심리적인 측면이 더 크다고 생각하게 되었지요. 지금은 국가들의 동향에 영향력을 미치는 사람들의 결함과 야심에서 우러나는 개인적 요인이 결정적이라고 생각하기에 이르렀습니다."

사람들은 이해관계를 고려하며 생각한다. 얻을 수 있는 차선의 것 혹은 지위가 무엇인가를 고려하는 것이다. 2005년에 시행된 이라크 총선 투표장에 온 이라크인 다수는 단지 정상국가를 원할 뿐이라고 말했다. 오늘날 성공의 정의는 천차만별이다. 세 슈퍼파워는 다른 나라들이 원하는 게 무엇이며 그들이 생각하는 성공이 어떤 것인지 갈수록 더 많이 묻고 있다. 지정학 시장에서 약소국들이 자신이 원하는 것을 얻는 다른 길들이 있기 때문이다. 인간과 마찬가지로 국가도 머리, 심장, 위장을 가지고 있는데 일반적으로 심장이나 머리에 도달하려면 먼저 위장을 거쳐야 한다. 모든 나라는 독자적인 실적 외교(diplomacy of the deed)를 통해서 자신에게 필요한 것을 주는 세력의 편에 선다. 이것을 가장 잘 해내는 슈퍼파워가 나머지 슈퍼파워를 제치고 올라설 것이다.

인간관계가 '친구를 얻고 타인에게 영향을 미치는 것'이라고 한다면, 지정학은 동맹국을 얻고 타국에 영향을 미치는 것이다. 세계의 3대 제국 사이에 낀 제2세계 국가들은 자신이 가진 전 지구적 권력 기반은 확장하면서 경쟁자의 기반은 갉아먹으려는 슈퍼파워들의 전략을 비교해볼 수 있는 일급 경기장이다. 제2세계 국가들은 다극 세계의 티핑포인트다. 그들의 결정이 전 지구적 힘의 균형을 바꿀 수 있다.[34] 어떤 나라들은 신중하게 여러 개의 줄을 타면서 가능한 한 많은 슈퍼파워로부터 이익을 끌어낸다. 어떤 나라들은 슈퍼파워 간에 싸움을 붙여 어부지리를 취할 만큼 힘이 세지 못하기에 한 제국의 영향권 안으로 떨어진다. 우리는 여러 나라에서 제2세계가 자신의 생존과 이익을 위해 어떤 식으로 위험회피 전략을 펼치는지 관찰해볼 수 있다. 베네수엘라, 리비아, 사우디아라비아, 카자흐스탄과 같은 제2세계 산유국들이 대표적인 나라들이다. 크게 보아 제2세계의 미래는 세 슈퍼파워와 어떤 관계를 맺느냐에 달려 있고, 세 슈퍼파워의 미래는 제2세계를 어떻게 관리하느냐에 달려 있다.

제2세계는 거대한 잠재력을 지닌 지대다. 물론 그 잠재력 중 일부는 실제로 발휘되고 일부는 발휘되지 않을 것이다. 제2세계 국가들은 모두 이행 중이다. 제3세계에서 제2세계로 상승하는 나라도 있고 제1세계에서 제2세계로 쇠락하는 나라도 있는 등 이행의 모습은 다양하다. 제1세계는 경제협력개발기구(OECD)에 가입한 30개 회원국의 수보다 작다. 회원국 가운데 멕시코와 터키는 명백하게 제1세계 국가가 아니다. 그에 비해 제3세계는 최소한으로 잡아도 '제4세계' 또는 '지구의 남부'로 불리는 나라들, 즉 사회경제적 발달 수준과 국력이 가장 낮고 주로 라틴아메리카, 아프리카, 남아시아, 태평양 아시아 지역에 위치한 48개 최저개발국(LDCs)은 확실히 포함한다.[35] 적어도 1백여 나라가 이 두 범주 사이에 있는데, 세계인구의 과반수를 차지하는 이들 나라의 미래는 불확실하다.

제2세계 국가들은 제1세계인 동시에 제3세계인 경우가 많다. 제2세계에는 믿을 만한 직장에서 높은 임금을 받으며 현대적인 생활양식을 영위하는 불과 몇 퍼센트의 인구와 좁은 층의 중간계급 그리고 다수의 빈곤층이 공존한다. 제2세계 국가들은 세계의 중간층으로 분류되고 싶어 하지만 유감스럽게도 그곳에는 그런 중간계급이 존재하지 않는다. 현재 제2세계에서는 제1세계처럼 공공경제와 투자유치가 늘고 있지만, 한편에는 제3세계처럼 광범위한 암시장과 겉만 번지르르한 위장 촌락도 존재한다.[36] 브라질은 세계시장에서 자금을 끌어들이는 제2세계의 거인이지만, 수천만 브라질 국민은 그게 무엇인지 전혀 알지 못한다. 제2세계 국가들은 부를 지리적으로 분산시키는 데서 종종 중세적

OECD회원국 현황

	GDP (10억$, '06)	1인당 GNI ($, '06)	사회복지지출 (%, /GDP, '03)
호주Australia	735	('05)32,617	17.9
오스트리아Austria	296	35,241	26.1
벨기에Belgium	354	33,937	26.5
캐나다Canada	1,201	36,539	17.3
체코Czech Republic	226	20,821	21.1
덴마크Denmark	192	35,704	27.6
핀란드Finland	172	32,906	22.5
프랑스France	1,962	31,288	28.7
독일Germany	2,632	32,255	27.3
그리스Greece	304	26,735	21.3
헝가리Hungary	183	16,852	22.7
아이슬란드Iceland	11	32,662	18.7
아일랜드Ireland	173	35,072	15.9
이탈리아Italy	1,699	28,788	24.2
일본Japan	4,078	32,826	17.7
한국Korea	1,113	23,038	5.7
룩셈부르크Luxembourg	37	3,945	22.2
멕시코Mexico	1,268	('04) 10,364	6.8
네덜란드Netherlands	597	37149	20.7
뉴질랜드New Zealand	107	('05) 23,105	10.8
노르웨이Norway	243	51,915	25.1
폴란드Poland	558	('05) 13,112	22.9
포르투갈Portugal	221	20,170	23.5
슬로바키아Slovak Republic	95	17,051	17.3
스페인Spain	1,295	28,882	20.3
스웨덴Sweden	317	35,023	31.3
스위스Switzerland	285	41,226	20.5
터키Turkey	640	8758	('99) 13.2
영국United Kingdom	1,997	33,424	20.6
미국United States	13,133	44,055	16.2

출처 : OECD Factbook 2008

인 모습을 보인다. 수도에서 국민소득 대부분을 창출하고 보유하는 것이다. 그런 나라들은 수도를 중심으로 그린 동심원에서 멀리 떨어진 지역일수록 가난하다. 사정이 이러하므로 멕시코, 터키, 이란 등지에서, 심지어는 제1세계에 속하는 프랑스에서도 제일 큰 도시의 시장보다 힘이 센 유일한 직책이 정부 수반이라는 사실은 그다지 놀라운 일이 아니

다. 그래서 이들 나라에서 전직 시장이 정부 최고 지도자가 되는 일을
자주 목도할 수 있는 것이다.

제2세계는 떠오르는 신흥시장 전체를 포괄하면서 점점 더 커지고 있
다. 이들 중 자신의 잠재력과 자신이 떠안은 짐 사이에 묶여 떠오르지
못하는 국가는 어떻게 될까? 칠레와 말레이시아는 최근의 성장을 발판
삼아 제1세계를 향해 떠오르고 있지만, 이집트와 인도네시아는 제3세
계를 빠져나와 떠오르기에는 너무 덩치가 크고 경제적 활력이 없어 보
인다. 제2세계 국가들은 근대성(modernity)의 거친 바다를 항해하는 배
다. 항해 도중 그들의 정치적, 경제적, 사회적 지표가 종종 서로 다른
방향으로 움직이기도 한다.[37] 제1세계냐 제3세계냐를 가르는 차이는
카리스마 있는 지도자, 수출 경쟁력이 있는 상품, 예측 불가능한 공격
적인 적수, 관대한 슈퍼파워 후견인 등이 존재하느냐에 달렸다. 거의
모든 제1세계 국가들은 자유민주주의 국가다. 민주주의가 그들을 제1
세계로 이끌었기 때문이 아니라 제1세계에 진입함으로써 민주주의를
누릴 수단을 얻었기 때문이다. 대다수 제2세계 국가들이 3천~6천 달
러 사이의 1인당 국민소득을 올리며 민주주의체제로의 이행이 예견되
는 지역에 분포한다. 이들 국가를 통해 우리는 민주화가 자연스러운 사
회적 본능인지 아니면 서구문화에 뿌리를 둔 특별한 현상인지를 알게
될 것이다.[38] 그런가 하면 리비아, 시리아, 우즈베키스탄은 혁명적 변
화의 전형을 보여준다. 이는 곧 제2세계 국가들이 칼날 위에 서 있음을
의미한다.

일각에서는, 세계화는 무조건 좋은 것이고 부의 양이 삶의 질로 직결
된다는 전제하에 세계화된 지역(제1세계), 부분적으로 세계화된 지역
(제2세계), 세계화되지 않은 지역(제3세계)으로 나뉜다고 본다. 그러나

제2세계 국가들은 역사가 이음매 없는 연속체라기보다는 오히려 물질적 진보 대 자원 고갈, 전 세계인을 한 형제로 보는 세계화 대 부족공동체적인 전통 고수, 정치적 연합 대 분열생식 본능, 경제자립 대 비교우위의 예측 불가능한 겨루기임을 입증한다.[39] 한 나라가 세계화에 긍정적이냐 부정적이냐는 흔히 권력을 쥔 사람이 누구냐에 따라 결정된다. 이란 정권은 세계화로 인해 반대세력이 힘을 얻는 것을 막고자 애써왔다. 이와 반대로 에스토니아, 라트비아, 리투아니아 등 발트 해 연안국들은 세계화를 통해 소비에트 이전의 혹은 새로운 정체성을 재확립할 수 있었다. 그런가 하면 멕시코나 레바논 같은 일부 제2세계 국가들은 전 세계에 흩어진 해외이민자들의 송금에 힘입어 부채 부담에서 벗어났다.

그러나 제2세계 국가들이 다른 무엇보다도 앞서 숙지해야 할 것은 지리다. 국가는 친구를 선택할 수는 있어도 이웃을 선택하지는 못한다. 과학기술이 '매트릭스(Matrix, 인간의 두뇌를 지배하는 가상현실)'를 제공하기 전까지는 "대외정책에서 가장 중요한 요인은 지리다. 가장 변하지 않는 것이기 때문이다"라는 스파이크만(Nicholas Spykman)의 명제는 유효하다.[40] 제2세계 전역에 걸쳐 주요 국가들 사이의 경계가 약화되면서 토인비가 '잠재의식적인 집단심리'라고 부른 것이 형성된다. 이렇게 제2세계 국가들이 지정학적 이웃으로 통합해가는 동안 슈퍼파워도 그들을 향해 다가가고 있다. 동유럽에서 중앙아시아까지, 남미에서 아랍세계를 거쳐 동남아시아까지, 지금 제2세계를 확보하기 위한 슈퍼파워의 경주가 펼쳐지고 있다.

SECOND WORLD

EMPIRES AND INFLUENCE IN THE NEW GLOBAL ORDER

제1부

유럽연합의 뉴 프런티어

동유럽

헝가리
루마니아
류블랴나
슬로베니아
자그레브
크로아티아
노비사드
다뉴브 강
보스니아
베오그라드
사라예보
(밀라츠카 강)
세르비아
니스
모스타르
몬테네그로
프리슈티나
코소보
포드고리차
스코페
이탈리아
티라나
마케도니아
알바니아
레이캬비크
아이슬란드
아드리아 해
핀란드
스웨덴
오슬로
스톡홀름
탈
에스
노르웨이
라
르
북해
덴마크
발트 해
리
코펜하겐
칼리닌그라드
아일랜드
더블린
영국
네덜란드
엘베 강
폴란드
런던
헤이그
암스테르담
베를린
바르샤바
브뤼셀
벨기에
독일
프라하
룩셈부르크
체코 공화국
센 강
파리
라인 강
다뉴브 강
슬로바키아
브라티슬라
빈
프랑스
취리히
오스트리아
부다
헝가리
스위스
알프스 산맥
슬로베니아
크로아티아
안도라
아드리아 해
보스니아
베오
포르투갈
몬테네그로
마
코르시카
리스본
마드리드
로마
티라나
스페인
발레아레스 제도
알바니아
사르디니아
지중해
이탈리아
지브롤터(영국령)
시칠리아
W N E S
몰타

상트페테르부르크
볼가 강
니주니노브고로드
모스크바
러시아
돈 강
볼가 강
민스크
루시
키예프
드네프르 강
도네츠크
돈 강
우크라이나
볼고그라드
볼가 강
아스트라한
몰도바
키시네프
아조프 해
카스피 해
산맥
오데사
크림 반도
노보로시스크
카프카스 산맥
바쿠
루마니아
세바스토폴
얄타
심페로폴
압하스
그루지야
아제르바이잔
부쿠레슈티
흑해
아르메니아
탈리슈 산맥
불가리아
트라브존
아제르바이잔
부르가스
삼순
에르주룸
타브리즈
에디르네
이스탄불
앙카라
디야르바키르
이란
니키
갈리폴리
터키
카이세리
게 해
보스포루스 해협
코니아
아테네
안탈리아
시리아
이라크
보드룸
니코시아
리스
키프로스
'그린 라인'
유럽연합 회원국

러시아
카스피 해
체첸
다게스탄
압하스
그로즈니
남오세티아
트빌리시
나고르노카라바흐
(아제르바이잔)
고리
간자
그루지야
아르메니아
아자르
예레반
바투미
나히체반
(아제르바이잔)

새로운 로마

키예프, 트빌리시, 바쿠는 유럽의 웅장한 수도인 런던, 파리, 로마처럼 보이지도 느껴지지도 않는다. 소비에트 연방의 덩치 큰 건축물과 의식의 파편들이 여기저기 흩어져 있는 이 도시들, 그리고 이곳을 수도로 둔 나라들은 정밀검사를 받아야 할 정도로 심각한 상태다. 그러나 그것도 쉽지가 않다. 그러자면 정치적 안정과 경제적 투자, 그리고 무엇보다도 러시아를 견제할 힘이 필요하기 때문이다. 러시아는 여전히 국경과 파이프라인, 시장을 통제하고 조작하면서 이들 나라를 자신의 궤도로 복귀시키려 하고 있다.

"매우 단순해요. 우리는 러시아가 싫습니다." 탈린에서 한 에스토니아 외교관이 감정적이면서 동시에 전략적이기도 한 문제를 솔직히 토로하며 말했다. 물론 이것은 서방 기독교와 슬라브 정교회, 투르크 이슬람이 1천 년 이상 충돌해온 동유럽에서 새로운 문제는 아니다. 한 세기 전에 전략가 하퍼드 매킨더(Halford Mackinder)와 루돌프 첼렌

(Rudolf Kjellen)은 러시아를 봉쇄하는 데 혼신의 힘을 기울였다. 매킨더는 대서양 동맹이 해답이라고 주장했고, 첼렌은 강고한 중유럽 동맹을 역설했다. 그러나 오늘날 일어나고 있는 일은 이 두 사람의 상상력을 훌쩍 넘어선다. 냉전이 종식된 후 동유럽은 독일과 러시아 사이의 완충지대로 돌아가기는커녕 독일인과 슬라브인을 모두 끌어안는 EU라는 새로운 제국에 통합되고 있다.[1]

제국의 팽창을 꿈꾸는 유럽의 두뇌 여행은 지도상에서 L자 형태의 여정을 그리며 펼쳐진다. 차가운 발트 해 연안에서 시작해 아래로 우크라이나와 루마니아, 중유럽의 비세그라드(visegrád) 그룹 국가들(헝가리, 폴란드, 체코, 슬로바키아 공화국)을 거쳐 옛 유고슬라비아와 발칸 반도 남부에 이른 뒤 거기서 동쪽으로 방향을 틀어 흑해 연안의 불가리아와 터키, 카프카스 지방을 지나 카스피 해의 유전 지대로 나아가는 여정이다. 터키를 제외한 이 경쟁지대의 모든 지역은 한때 빨갛게 칠해져 있었다. 바르샤바 조약기구(Warsaw Pact, 북대서양조약기구에 대응하기 위해 동유럽 8개국이 바르샤바에 모여 체결한 군사동맹조약기구—옮긴이) 가맹국을 나타내는 표시였다. 오늘날 EU는 이 지역을 파랗게 칠해가고 있다. 제1세계로 격상할 채비를 하고 있다는 표시다. 하지만 다렌도르프(Ralf Dahrendorf)의 말처럼 "제1세계와 제2세계는 아직 이름도 없고 숫자도 없는 무언가로 재통합되는 중이다."[2] 실제로 새로운 유럽 동부를 종단해 보면 예측 불가능한 지체와 맹신, 그리고 전체주의에서 해방된 지 한 세대도 지나지 않은 사람들의 온갖 불안감을 여과 없이 느낄 수 있다.

1990년대에 구공산권이 자신을 찾기 위해 몸부림치는 동안 EU는 이들을 상대로 너무도 손쉽게 승리를 거두었다. 소련이 붕괴된 후 해마다 평균 1개국이 EU에 흡수됐다. 그 국민들은 이제 이전의 맹주 러시아를 찾아 동쪽으로 가기보다는 유럽의 서쪽으로 여행을 떠난다. 2004년 5월 1일에는 단 하루 만에 10개국의 1억이 넘는 국민이 공식적으로 유럽인이 됐다.[1] 밀란 쿤데라(Milan Kundera)가 "유괴됐던 서구의 땅들"이라고 부른 이들 나라가 복귀한 서구는 더 이상 베르사유 조약 이후와 대공황기의 허약한 유럽이 아니었다. "여권이 이 새로운 유럽에 대해 많은 것을 말해줍니다. 사실 1914년 이전에는 여권 같은 건 필요 없었어요." 한 체코 여행자가 젊은 서유럽인들로 가득한 기차간에서 부르고뉴 팸플릿을 자랑스럽게 흔들며 설명했다. "그렇지만 우리에겐 차선책이 있어요. 그것은 바로 우리의 모국어도 존중해주는 EU의 공용여권이에요." 18세기와 19세기에 유럽의 엘리트들은 그들의 링구아프랑카(lingua franca, 공용어)를 여러 차례 바꾸었다. 그러나 지금의 EU는 새로 가입한 회원국의 언어를 모두 공식 언어로 격상시킴으로써 편협한 애국주의를 불러일으키는 가장 기본적인 요소 하나를 없애며 다양한 언어를 쓰는 이질적인 제국의 토대를 굳건히 했다. 그렇게 유럽은 20세기 초중반의 불명예스런 역사로부터 급격한 전환을 이루어냈다.

EU는 반세기 이상 힘을 결집해온 결과 마침내 제2차 세계대전 이후 결딴났던 작은 나라들에 새로운 삶을 부여했다. EU 회원국들은 여전히 개별 국가로 존재하지만, 이제 세계에서 유일한 초국가(superstate)의 일원이라는 큰 의미를 지니게 됐다.[2] 긴밀한 제도적 연계 속에서 대외 정책이 일원화되면서 회원국들은 서로 전쟁을 벌일 수 없게 됐고, 안전

---

1) 그 10개국은 키프로스, 체코 공화국, 에스토니아, 헝가리, 라트비아, 리투아니아, 몰타, 폴란드, 슬로바키아, 슬로베니아였다.

유럽연합EU, European Union

- **성격** : 유럽 27개 회원국의 경제, 정치 연합으로 국가의 장벽을 뛰어넘는 통일연방체 지향
- **목적** : 4억 9,500만 유럽 시민의 평화, 번영, 자유—공평하고 더 안전한 세계 완성
- **본부 소재지** : 브뤼셀(이사회, 집행위원회), 스트라스부르(의회), 룩셈부르크(법원)
- **회원국** : 벨기에, 프랑스, 독일, 이탈리아, 룩셈부르크, 네덜란드(1952)—덴마크, 아일랜드, 영국(1973)—그리스(1981)—포르투갈, 스페인(1986)—오스트리아, 핀란드, 스웨덴(1995)—키프로스, 체코, 에스토니아, 헝가리, 라트비아, 라투아니아, 몰타, 폴란드, 슬로바키아, 슬로베니아(2004)—불가리아, 루마니아(2007)—(후보국 : 크로아티아, 마케도니아, 터키)
- **면적** : 432.5만㎢
- **인구** : 4억 9,100만 명('08)
- **공식 언어** : 23개
- **통화** : 유로(Euro, 공식), 영국 파운드, 불가리아 레바, 체코 코루나, 덴마크 크로네, 에스토니아 크룬, 헝가리 포린트, 라트비아 라트, 리투아니아 리타스, 폴란드 즐로티, 루마니아 레이, 슬로바키아 코루나, 스웨덴 크로나
- **GDP** : 14조 4,300억$('07)
- **1인당 GDP** : 32,700$('07)
- **수출** : 1조 3,300억$('05, EU 외부로의 수출)
- **수입** : 1조 4,660억$('05, EU 외부로부터의 수입)
- **주요 교역국** : 미국, 중국, 러시아, 스위스, 일본
- **인터넷 사용자** : 2억 4,700만 명('06)

주요 기구

유럽의회European Parliament : 유럽 시민의 대표체(입법 및 행정 감시 견제, 의원 임기 5년, 현재 785명, 출신국이 아니라 정치지향에 따라 8개 정치그룹이 형성돼 있으나 중도우파가 우세함)

유럽연합이사회Council of the European Union : 각국 정부의 대표체(EU의 최고의사결정기구, EU 회원국 각료들로 구성된 각료이사회, 연 4회 이내 각국 수반들의 정상회담)

유럽위원회European Commission : EU의 집행위원회(EU의 행정부 역할, 각국 정부가 지명하고 의회의 승인을 받은 27명의 위원이 공무원 23,000명의 보좌를 받으며 공무 집행, 임기 5년의 각 위원은 출신국 정부가 아니라 자신이 맡은 분야에 대해 책임을 짐)

사법재판소Court of Justice : EU의 법률이 모든 회원국에 똑같이 적용되도록 하는 역할, 동일 사안 동일 판결, 각 회원국에서 재판관 1인 파견

회계감사원Court of Auditors : EU의 제반 기구의 회계를 감사하고 예산집행활동의 합법성과 적합성을 조사하며 재정운영 상태 전반을 점검

유럽경제사회위원회European Economic and Social Committe : 각 분야의 344인 전문가가 이사회와 위원회의 경제사회활동 자문

지역위원회Committee of the Regions : 각국 지방정부의 344인 대표자가 EU 이사회와 위원회의 지역정책 자문

유럽중앙은행European Central Bank : 유로화의 안정적 관리, 본부 프랑크푸르트

유럽투자은행European Investment Bank : 유럽의 관심 프로젝트와 EU 후보국 및 개발도상국에 대한 대부와 투자, 본부 룩셈부르크

과 부가 증대해갔다.[3] EU의 탈근대적인 빛나는 조직체계에서 일하는 한 관리는 자랑스럽게 말했다. "제2차 세계대전 이후에 우리가 한 최대

의 병참훈련은 군사적인 게 아니라 2002년의 유로화 유통이었습니다."

EU의 확대는 이라크전보다 돈이 더 많이 드는 도박이다. 그러나 이 도박은 이미 결실을 거두고 있다. "우리는 의도적으로 EU를 가난하게 만듭니다. 확대될 때마다 조금씩 가난해지는 거지요." 리투아니아 출신의 한 EU 관리가 다양한 언어로 이야기하는 EU 지지자들로 북적이는 브뤼셀의 한 술집에서 말했다. "대신 우리는 수치로는 측정할 수 없을 정도의 안정성을 확산시키지요." EU는 수십 년 공산주의체제의 잔재를 청산하는 데 박차를 가하면서 동유럽의 물리적 기반을 소생시키는 데만 연간 100억 달러 이상을 지출한다.[4] 이미 한 세대 전에 '유럽의 병자'로 불리던 아일랜드와 권위주위 정권 이후의 스페인과 포르투갈을 한 단계 끌어올린 바 있는 이 전략이 이제 동유럽에서 그 마법을 펼쳐보이고 있다.[3]

헝가리는 서구를 따라잡는 데 수십 년이 걸릴 것이라던 다수의 예측을 뒤엎고 이미 동유럽의 기업 중심지가 됐다. 산업생산의 80퍼센트를 유럽의 다국적기업들이 이끌고 수출의 80퍼센트가 다시 EU로 돌아간

---

2) 회의론자들은 EU의 흥망이 투표권과 예산 분담, 최고 지도자와 외무장관의 역할을 정하는 헌법에 달려 있다고 본다. 내부의 승강이가 유럽 통합을 지체시키고 있음은 분명하지만 그렇다고 통합을 방해하는 것도 아니다. 유럽의 연합 시스템은 유럽 사법재판소와 다른 기구들을 통한 분쟁해결 면에서 이미 커다란 성공을 일구어왔다. EU라는 히드라에는 다수의 수도와 권력 중심지가 있다. 800명 가까운 의원들이 브뤼셀과 스트라스부르, 룩셈부르크를 총알처럼 오가고, EU 위원회(EU Commission, 국가의 행정부에 해당하는 EU의 중심기구―옮긴이)는 24개 분야의 EU 정책을 통합하고 있다. 최고 지도자와 외무장관의 역할을 설정하는 간단한 문구의 원칙들이 정해지고 있다. 헌법 제정이 임박했다는 뜻이다.
3) 가난한 동유럽 국가들을 EU에서 배제해야 한다는 의견은 이제 그들의 통합에 박차를 가해야 한다는 주장으로 전환되었다. 일단 EU 회원국이 되면 EU의 높은 노동 기준을 지켜야만 하고, 그러면 그들 국가로 빨려 들어가던 투자가 줄어든다는 것이다.

다. 슬로바키아는 재빨리 탱크 제조에서 폴크스바겐 제조로 전환했다. EU의 통합은 폴란드, 헝가리, 체코 공화국 정부의 추문조차도 경제성장에 거의 영향을 미치지 않음을 뜻했다. "새로 가입한 회원국들은 유럽 기업가들이 모여들어 작전을 펼치는 곳입니다." 계속 늘어나는 루프트한자의 단거리 항공편으로 바르샤바와 부다페스트를 정기 왕복하는 독일인 경영 컨설턴트가 한 말이다.

EU의 확대는 새로운 시장을 열어 대미 수출 의존도를 감소시키는 선순환을 가져왔다. 이는 EU가 독립적인 슈퍼파워를 구축하는 발판이 된 중대한 진일보였다. 새로 가입한 회원국들의 신선한 피는 유럽경제 전반을 부양하는 경쟁적인 연방제도를 만들어냈다.[5] 발트 해 국가들의 발전 모델(기업의 자유, 개방 경쟁, 유연한 노동법)은 중유럽을 거쳐 서유럽의 느림보 국가들에 역침투하기 시작했다. 브뤼셀에 둥지를 튼 한 EU 분석가가 지적한 것처럼 "전에는 유럽의 주변부였으나 세계화 물결에 대처하면서 그 속에서 기회를 수확하는 법을 배워온 나라들이 지금 유럽의 통합을 주도하고 있다."[6] EU 공동시장은 세계 최대다. 이는 미국 경제가 어떤 수를 쓰더라도 결코 변하지 않을 것이다.

아마 EU는 역사상 가장 큰 인기를 얻은 제국일 것이다. 지배하지 않고 훈육하기 때문이다. 유럽화가 주는 인센티브(보조금, 자유로운 이동성, 유로화 채택)는 외면하기에는 너무나도 크다. 오늘날 브뤼셀은 로비스트 운집 규모에서 워싱턴과 어깨를 나란히 한다. EU 가입을 승인받기 위해 치열하게 경합하는 발칸과 옛 소비에트 국가들이 고용한 수많은 로비스트가 브뤼셀로 몰려든다. 그러나 몰도바, 알바니아, 아제르바이잔 등 여전히 황폐한 탈공산주의 국가들이 EU 가입 자격을 갖추려면 단순히 자신의 이미지를 갈고 닦는 것 이상의 일을 해야만 한다. 군사, 경제, 거버넌스 관련 사안들이 망라된 '새로운 이웃 전략(New Neighborhood Strategy)'에 명시된 EU의 법규를 수용하는 구체적인 단계를 밟아야 한다.

그러나 이것은 일방통행이 아니다. 유럽은 확장할 필요가 있다. 그러지 않으면 죽는다. EU 위원회의 한 관리는 연구서가 빼곡히 들어찬 사무실에서 이렇게 털어놓았다. "확장은 인구감소세를 안정시키며 노동력 공급을 늘립니다." 하지만 유럽 서쪽과 동쪽의 점진적인 통일은 정치적이고 경제적인 동시에 문화적이고 심리적인 문제다. 다양성의 증대는 유럽을 신화 속의 관념적인 형태로 만들기보다는 서서히 다가설 수 있는 이상으로 만들어가면서, 유럽의 정체성을 민족적인 것에서 세계시민적인 것으로 변모시킨다. 일부 서유럽인들이 자신들의 엘리트 이미지가 희석되는 것을 두려워하기는 하지만, 유럽의 진화는 '유럽인'이라는 말에 지난 수십 년간 덧씌워진 배타적이고(기독교도이고) 부정적인(러시아인이 아니라는) 의미 대신 긍정적인 의미를 부여하고 있다. 유럽은 이미 부분적으로 이슬람 세계다. 영국, 프랑스, 독일의 이슬람 인구가 늘고 있으며 알바니아, 보스니아, 터키, 아제르바이잔 등지의 1억 가까운 인구가 유럽평의회(Council of Europe, 1949년 10개국으로 출발하여 현재 45개의 회원국을 둔 유럽 전체를 망라하는 정치협의기구—옮긴이)나 북대서양조약기구를 통해 유럽의 외교 및 전략 공간 안에 들어와 있다. 이제 EU는 로버트 쿠퍼(Robert Cooper)가 '새로운 유럽공화국'이라고 부른 제국의 모습을 갖추기에 이르렀다. 이는 로마인, 몽골인, 오스만인은 이해했지만 소련은 이해하지 못했던 진정한 옛 제국의 모습이다. 성공하는 제국은 민족적일 수 없기 때문이다.[7]

'유럽인'은 '미국인'이나 '중국인'만큼 강한 (혹은 약한) 정체성이 되

었다. 인생이 예술을 모방하듯 유럽축구선수권대회나 유로비전 송 콘
테스트에 참가하는 나라 사람들은 한결같이 스스로를 유럽인이라고 여
긴다. 그리고 그 소속감은 갈수록 강해진다.[8] 더 중요한 것은 냉전 이후
의 모든 학생 세대, 즉 EU의 교환 프로그램 시행 후에 등장한 '에라스
무스(ERASMUS) 세대'라 불리는 세대가 자신의 선조들이 분투하며 확
립한 국가적 정체성을 초월하고 있다는 것이다. 30개 가까운 나라의 이
탈국가적 유럽 청년들은 벨파스트에서 바쿠까지 사실상 무비자로 여행
하며, 다양한 언어로 이야기하고, 대륙 전역에서 실시되는 교환프로그
램에 참가해 공부하며, 유럽의회 선거에 투표하고, 국제결혼을 통해 더
다양한 유럽 사회를 만들어가고 있다.

　모든 제국이 그러하듯 EU의 고무줄도 더 이상 늘어날 수 없을 때까
지 늘어날 것이다. 적어도 유럽 동부 전역에 걸쳐 있던 해체된 소련을
완전히 대체할 때까지 확장하면서, 6억 가까운 인구를 감싸는 제국의
외투, 35개국 가량의 나라가 국경 없이 끊임없이 소통하는 팍스 유로피
아를 만들어갈 것이다.[9] 그러나 L자 지대에서 유럽화가 완결되려면 아
직 멀었다. 발칸과 카프카스 지역은 아직도 분쟁의 후유증을 겪고 있는
취약한 곳으로, 무기 밀거래와 여성 인신매매 경로로 이용되고 있다.
터키는 그 특유의 의식 때문에 쉽게 복속되지 않을 것이다. 물론 그 어
떤 나라도 러시아보다 더 큰 장애물이 될 수는 없겠지만.

서방의 동쪽 라이벌로 중국을 꼽는 사람들은 미국과 EU가 이전 어느 때보다 더 강하게 결속해야 한다고 주장한다. 정치학자 로즈크랜스(Richard Rosecrance)는 중국의 잠재력에 균형을 맞출 수 있는, 경제적으로 보완적이고 정치적으로 활력 있는 슈퍼체계를 형성하는 기업 스타일의 대서양 양안 합병을 제안했다.[10] 중국이 라이벌로 떠오르기 전인 냉전시대부터 미국과 유럽은 북대서양조약을 맺어 강한 유대감을 형성함으로써 또다시 서로를 물리적으로 갉아먹을 일은 거의 없다.[11] 미 국무부의 번스(Nicholas Burns)는 이러한 대서양 양안의 관계를 "별거나 이혼 가능성이 전혀 없는 결혼 관계"로 묘사했다.[12]

그러니 미국 학자 로버트 케이건(Robert Kagan)이 미국의 전략적 세계관은 남성적인 마르스에서 나왔고 유럽의 세계관은 여성적인 비너스에서 유래했다고 묘사했을 때, 그것은 명석한 비유라기보다는 분열하는 내적 자아에서 나온 정신분석학적 비교로 취급됐다.[13] 사실 지난 2세기 동안 미국은 유럽을 밀어내고 자신을 통일된 서방세계의 리더로 여기며 진화해왔다. 유럽은 하위 파트너쯤으로 여겼을 뿐이다. 그러나 프랑스 국제관계연구소 도미니크 무아지(Dominique Moisi)의 주장처럼, "하나의 서방세계와 두 개의 유럽이라는 냉전 지형"이 "하나의 유럽과 두 개의 서방세계"로 대체되고 있다. 서구 문명의 이란성 쌍둥이이면서도 유럽과 미국은 두 개의 다른 제국, 즉 대체로 친하게 지내지만 궁극적으로는 지정학적 위계질서의 꼭대기를 먼저 차지하려고 경쟁하는 제국으로 표상된다.

유럽은 세계 질서가 어떠해야 하는지에 대한 독자적인 비전을 가지고서, 미국이 그걸 좋아하건 좋아하지 않건 간에 자신의 비전을 추구해간다. EU는 이제 세계에서 가장 자신감 넘치는 경제 파워로서 무역 분쟁이 발생하면 이따금씩 미국에 벌을 준다. 유럽의 우월한 통상과 환경 기준은 글로벌 리더십으로 당연시되고 있다.[14] 대다수 유럽인은 미국의 생활방식이 심각하게 타락했고, 빌린 돈 위에 구축됐으며, 사회적 보호장치가 없어 위험하고 냉혹하며, 생태학상으로 파멸적이라고 본다.[15] 반면에 유럽은 "자유기업과 사회주의의 중간 방식"이라는 토인비의 염원을 달성해왔다.[16] 뿐만 아니라 EU는 미국보다 규모가 훨씬 큰 인도주의적 원조 공여자다. 그래서 남미나 동아시아 등지에서는 미국식 변종보다는 '유로피언 드림'을 모방하고 싶어 한다. 〈뉴욕 타임스〉가 아니라 런던의 〈파이낸셜 타임스〉가 전 세계에 가장 널리 유포되는 신문이다.

미국과 EU는 권력의 수단과 목적에서 확연한 차이를 보이고 있다. 미국이 선도한 이라크전쟁은 전쟁이란 정책의 도구라기보다는 정책 실패의 징후라는 유럽인의 견해를 입증해주었다. 알카에다는 반미역공의 일환으로 유럽 땅에서 테러를 감행했고, 이 사건은 골칫거리 국가들을 대하는 미국의 접근방식에 대한 유럽인의 경멸감을 고조시키고 유럽으로 하여금 지속가능한 전환을 꾀하는 독자적인 전략을 강화하도록 고무했다. "미국은 부수고 유럽은 고친다"거나 미국이 "법을 세우는" 반면에 유럽은 "법치를 세운다"는 이유로 흔히 미국과 유럽이 강력한 팀을 이루고 있다고 말하지만, 이 진부한 표현은 오랜 기간 유럽인의 비위를 거슬러왔다. 유럽인들은 미국이 자신의 주변국들, 특히 아랍세계 국가들을 혼란에 빠뜨리기 전에 유럽 버전의 안정을 확산시키고 싶어 한다.

최소한 유럽인들은 EU가 이제 미국으로부터 자율적이어야 한다고 믿는다. 물론 인도주의적 작전에서는 북대서양조약기구를 통해 미국과 공동 행동을 취한다. 그러나 미국이 유럽 주둔 군사력을 감축하자 각 회원국의 군대를 묶어 20만 가량의 공동신속대응 평화유지군을 만들고 유로파이터 전투기와 장거리 항공기 개발에 투자하고 있다. EU 회원국들은 차츰 록히드마틴(Lockheed Martin, F35 전투기 등을 제조한 미국의 방위산업체—옮긴이)이 아니라 유럽방위청(European Defense Agency)에 자신의 방위예산을 기부한다.[17]

이렇듯 미국과 유럽은 마치 이혼한 부부처럼 계속 행동할 것이다.

1

러시아
사라져가는 제국

"신비에 싸인 수수께끼 중의 수수께끼"라는 처칠의 묘사로 유명한 러시아는 여전히 세계 최대의 수수께끼 국가다. 러시아 인구와 마치 하나의 대륙과도 같은 큰 덩치는 서로 어울리지 않는다. 더군다나 러시아 인구는 점점 더 줄어들고 있다. 러시아가 차지하고 있는 거대한 공간은 넷으로 나누어 생각하는 것이 편리하다. 즉 볼가 강 유역의 슬라브적인 유럽 러시아, 흑해와 카스피 해 사이의 카프카스 러시아, 중앙아시아로 통하는 관문인 우랄과 시베리아 러시아, 몽골 및 중국과 접하고 있는 태평양 러시아로 나누어 살펴보는 것이다.[4] 러시아가 그나마 러시아로 남아 있으려면 이 독립적인 실체들을 반드시 봉합해야만 한다. 그러지 못한다면 유라시아 '세계섬' 전체의 지도에 매우 큰 영향을 미치게 될 것이다.

---

4) 뒤의 두 지역은 제2부에서 고찰한다.

18세기 초 표트르 대제(Peter the Great)가 러시아의 수도를 상트페테르부르크로 옮긴 이래 러시아는 서구와 접촉할 때마다 자신이 물질적으로 낙후되었음을 거듭 발견하고는 국민적 자각과 그들의 피학심을 일깨워왔다.[1] 소련 해체 이후 10년간 '뜨거운 욕조와 보드카' 외교를 펼치던 러시아 지도자들은 전략적인 곤경에 처했다. 러시아가 여전히 강대하므로 미국도 유럽도 중국도 러시아가 강해지기를 원치 않았기 때문이다. 그러나 최근 크렘린 지배층 대다수는 자신의 금빛 집무실에서 제국의 잔해에 괴로워하며 한때는 강대했던 제국의 낮아진 위상에 분개하고 있다.[2] 러시아의 외교적 지위는 이제 말 그대로 잔영일 뿐이다. 아랍-이스라엘 분쟁이나 북한과 이란의 핵문제를 다루는 중요한 회의석상에 러시아가 빠진다 해도 결과는 전혀 달라지지 않을 것이다. 미국과 유럽, 중국이 훨씬 영향력 있는 중재자이기 때문이다.

"지금 러시아에서는 19세기에 슬라브주의자와 서구주의자 사이에 벌어졌던 논쟁의 변형판이 벌어지고 있습니다. 이번 논쟁은 유라시아주의자와 대서양주의자 사이의 논쟁인데, 러시아가 서구의 일부인지 아니면 서구와 동떨어진 세계인지에 대해 명쾌하게 결론짓지 못하는 것은 예나 지금이나 마찬가지지요." 베를린에서 활동하는 러시아 전문가의 설명이다.

유라시아주의자인 냉혹한 전 KGB 관료 푸틴(Vladimir Putin)은 러시아를 1990년대의 침체 상태에서 끌어올려 과거의 영광을 재현하고 싶어 한다. 실제로 미국, 유럽, 중국을 합한 것보다도 더 많은 천연자원(석유, 가스, 석탄, 목재)을 보유하고 있는 러시아는 그에 대한 통제권을 행사함으로써 비록 한 귀퉁이에서나마 다시 한 번 제국적으로 사고하고 행동할 수 있다.[5] 사방으로 뻗어나가던 핵 저장고가 소련의 힘의 원천이었던 것처럼 파이프라인 동맥이 오늘의 러시아에 활력을 뿜어 올린다. 에너지 거인 가즈프롬(Gazprom, 러시아의 국영 에너지기업으로 세계 최대의 가스회사―옮긴이)의 가치가 2000년 100억 달러에서 2006년 3천억 달러로 급상승하면서(러시아 전체 국부의 3분의 1), 러시아 외교는 순식간에 가즈프롬 외교와 동의어가 되었다. 가즈프롬이 동유럽 전역의 천연가스 유통망을 장악하고 있어서 그 지역 국가들은 두 부류로 나뉜다. 한 부류는 모스크바의 에너지 통제 횡포를 무시할 수 있을 만큼 풍족한 나라들이고, 다른 한 부류는 대사관에서 활동하는 정보요원과 짝을 이루어 천연가스 가격을 상승시키겠다고 협박하면서 더 많은 핵심 자산을 매각하라고 종용하는 러시아 비즈니스맨의 검은 음모에 휘둘리는 루마니아와 그루지야 같은 나라들이다. 푸틴은 한때 소련에 속해 있던 시건방진 발트 해 공화국들의 기반을 깎아내리는 데 유별나게 집착하면서 발트 해 밑을 거쳐 독일로 직통하는 새로운 파이프라인 건설을 제안했다.

가즈프롬의 기업 논리로 인해 러시아는 구소련 국가 중 가장 주요한 동맹관계를 유지하고 있는 벨로루시와 불화를 일으킴으로써 자국의 외교적 이해관계를 손상시켰다. 벨로루시는 가즈프롬의 천연가스 요금 2배 인상 요구에 대해 자국을 통과해 유럽으로 가는 러시아 송유관을 차단하는 것으로 맞섰다. 모스크바의 한 지식인은 얼음을 넣은 길쭉한 보드카 잔을 기울이며 이렇게 말했다. "우리의 자존심은 구겨졌습니다. 그로 인해 민족주의만 더욱 부추겨졌지요." 이렇듯 이웃한 약소국에 적대적으로 행동함으로써 러시아는 시베리아의 사우디아라비아가 됐다.

---

5) 러시아는 세계 최대의 천연가스 생산국이자 세계 제2의 산유국이다.

뿐만 아니라 러시아는 핵무기
라는 공포 요인을 하나 더 가지
고 있다.

가즈프롬은 러시아의 외교정
책을 만들어내는 수준을 넘어
서서 국가 그 자체가 됐다. 공
적 소유와 사적 소유의 경계가
매우 흐릿한 날강도 정치
(kleptocracy) 경제에서 가즈프
롬은 러시아의 최대 지주로서
길을 닦고 병원을 짓고 스포츠
센터를 후원한다. 크렘린은 결
코 이런 일들을 하지 않는다.[3]

가즈프롬 회장 드미트리 메드베데프(Dmitri Medvedev)는 러시아 부총
리직도 겸하고 있다(2008년 5월 대통령이 됐다—옮긴이). 가즈프롬–크렘
린 연합은 러시아 정부를 유일하게 반대하는 신흥재벌을 견제하기 위
해 대중주의적 조치를 취하고, 중앙집중력을 복원한다는 명목하에 다
시 국유화를 실시하여 자산을 축적해왔다.[4] 정부는 전국의 사설 카지
노를 폐쇄시키고 주요 도시의 교외에 국영 카지노를 열었다. 푸틴은 비
즈니스에서 기록적인 성공을 이루는 이는 누구든 메달을 받을 자격이
있다고 언급했다. 해마다 겨울이면 정부는 몇 주씩 문을 닫고 술과 환
락의 세계에 빠진다. 상원의원 이반 그라체프(Ivan Grachev)는 이렇게
말한다. "그들이 일을 덜 할수록 나라에는 더 득이 되지요."[5]

모스크바에 있는 전 KGB 본부는 이제 고급 디스코장이 됐다. 오늘

날 러시아인은 시민이 아니라 단지 소비자일 뿐이다. 초자본주의적인 쿠데타가 전개되면서 러시아의 사업가들은 유리창에 짙은 선탠을 한 SUV 차량을 타고 다니면서 외국의 유명 연예인이나 여왕 같은 댄서들과 파티를 벌이고 풍성한 캐비아를 즐기며 하루하루를 최후의 날처럼 살아간다. 그들에게 안전한 곳은 모두가 발가벗고 있어서 어떤 무기 반입도 허용되지 않는 사우나뿐이다. 러시아 국부의 4분의 3은 세계에서 물가가 가장 비싼 도시 가운데 하나로 뉴욕보다도 억만장자가 더 많은 모스크바에 집중돼 있다. 푸틴이 임명한 모스크바 시장은 무식하게 덩치만 큰 조각상들로 도시를 재건했다. 교통체증에 걸린 운전자들이나 어쩔 수 없이 이 눈꼴신 것들을 감상할까, 부자들은 사이렌을 울려대며 주행금지 구역을 고속으로 질주한다. 호화 쇼핑몰은 입장료를 따로 받는다. 보통사람들은 입장료를 낼 일이 없다. 러시아 자본주의에서 "러시아는 자유로운 나라다!"라는 신조의 결과는 이것이다. "돈을 더 낸 사람이 그것을 차지한다."

남은 레닌 동상 중 가장 큰 것은 상트페테르부르크의 핀란드 역 앞에 서 있다. 1917년에 그가 그곳에 도착하여 10월 혁명의 닻을 올린 것을 기념하여 세운 동상이다. 두 팔을 자신만만하게 쭉 펼친 레닌은 그러나 비극적이리만큼 저돌적이고 요지부동인 것처럼 보인다. 1세기 후 푸틴은 제도보다는 본능에 따라 매우 빈약한 국가기구를 통치하는 전통을 이어갔다.[6] 푸틴이 신뢰한 경제고문 안드레이 일라리오노프(Andrei Illarionov)는 2005년에 정부 정책에 반기를 들면서 러시아는 "더 이상 정치적으로 자유로운 국가가 아니다"라고 선언했다. 독립 언론매체, 반대 그룹, 사법부는 모두 거세됐다. 한때 싱크탱크들은 크렘린의 관료들에게 정책연구 자료를 제공했다. 그러나 지금 모스크바의 한 정치분석가는 자신의 초라한 사무실에 앉아서 이렇게 한탄한다. "요즘은 우리가 하는 작업의 중요성이 이보다 덜할 수는 없을 정도입니다."

러시아는 전형적인 석유정치(petrocracy) 국가가 되었다. 낭비는 많고, 개발은 왜곡되었으며, 세금을 내지 않는 대중의 요구가 무시되는 동안 방대한 천연자원을 둘러싼 엘리트들의 싸움이 난무한다.[6] 그렇다고 석유를 팔아 벌어들인 돈으로 총을 만들거나 버터를 생산하는 데 물 쓰듯 한 것도 아니다. 러시아의 군사장비는 낙후되고 지휘통제체계는 해체되고 있다. 그런가 하면 매년 약 50만 명에 달하는 인구가 급감하면서 러시아는 지금 인적자원 문제로 골치를 앓고 있다. 드넓은 국토에 퍼져 있는 러시아인의 3분의 2는 여전히 빈곤하게 살며, 혹독한 겨울철이 돌아올 때마다 마치 파도에 휩쓸리듯 사람들이 죽어나간다. 불도 들어오지 않는 낡은 아파트에서 그들은 그 많은 가스가 다 어디로 갔는지 의아해한다. 러시아의 에너지가 러시아인의 생존을 위해 쓰이지 않는다면 러시아는 더 이상 없다.

냉전시대에 미국과 러시아는 초비상 상태로 서로에게 핵무기를 겨눴다. 러시아는 북대서양조약기구의 확장을 저지하고 미국의 미사일방어계획을 지연시켰다. 하지만 EU는 막지 못했다. 10년 이상 유럽은 러시아를 화나게 하기엔 "너무도 가깝고 너무도 큰" 존재로 여겨왔다. 발칸

---

6) 많은 러시아인들은 푸틴이 크렘린의 통제를 지나치게 강화한 것은 자의가 아니라 옐친 시대 민주주의의 허약함으로 말미암아 그런 방향으로 떠밀려간 것으로 믿고 있다. 옐친의 민주주의가 1998년의 금융위기도, 동맹국 세르비아에 대한 북대서양조약기구의 폭격도 막아내지 못했기 때문에 더 강력한 리더십과 안정에 대한 요구가 일었다는 것이다. 1947년 소련 주재 미국 대사였던 조지 케난(George Kennan)의 관찰은 오늘날에도 여전히 유효하다. "정치적 통합 과정은 결코 완성된 적이 없고, 크렘린은 1917년 11월에 권력을 잡은 이후에도 그것을 굳건히 하려는 투쟁에 계속 몰입해왔다."

전쟁을 종식시키기 위해서는 러시아의 협조가 필요했다. 그러나 우크라이나, 코소보, 체첸 등지에서 러시아는 에너지 안정, 테러 종식, 인권과 같은 유럽식 목표를 지원하기보다는 오히려 위협하는 일에 더 능함을 입증했다. 그러자 발트 해 연안의 소국들은 다각도의 분산 로비와 기발한 인상심기 작전('E-stonia'로 이름을 바꿔 부르는 에스토니아를 생각해보라), 그리고 투자가에게 우호적인 경제 정책으로 러시아의 허를 찌르면서 EU의 관심을 끌었다. 국경 조정을 질질 끄는 러시아 때문에 발트 해 국가들이 EU 가입에 차질을 빚는 동안 유럽은 이 작은 나라들을 자유로이 풀어주었다. 자유분방한 서유럽 문화와 역사적 유대가 깊은 도시인 탈린과 리가는 무너져가는 소비에트 모더니즘 양식의 건축물들을 모조리 교체하고, 유럽 경제와의 연결고리인 한자 동맹(Hanseatic League, 12세기부터 북독일을 중심으로 발트 해, 북해 연안의 도시들이 통상이익을 옹호하기 위해 결성한 동맹─옮긴이)의 유산을 소생시켰다. 이제는 서유럽의 까다로운 사람들도 스카이프(Skype, 인터넷 전화 서비스를 기반으로 하는 다국적 IT 기업─옮긴이) 같은 에스토니아 기업에서 일하려고 아우성들이다.

EU에도 유라시아주의자들이 있다. 그들은 러시아를 흡수하여 유럽화하고자 한다. 석유와 가스 자원으로 말미암아 흔히 러시아가 유럽을 좌지우지하는 것처럼 비치지만, 자신에게 먹이를 주는 손을 물어뜯을 수도 있는 러시아의 능력에는 한계가 있다.[7] 러시아의 무역과 에너지 수출은 대부분 유럽을 상대로 이루어지지만, 유럽은 재생 에너지를 늘리고 북아프리카의 천연가스를 개발하는 등 에너지원을 다변화하면서 러시아에 대한 영향력을 키우고 있다. 엄청난 에너지자원이라는 복덩어리를 가졌음에도 불구하고 러시아는 지속적인 성장을 이루기 위해 여전히 유럽의 투자를 받아야 한다. 자동차에서 건축까지 러시아에서 뭔가 돌아가는 게 있다면 그것은 십중팔구 유럽 덕분일 것이다. 그러나 유럽부흥개발은행(EBRD)은 러시아의 신권위주의에 기름을 부어주는 대신 황폐한 인프라 개선과 순수한 사적 부문 구축에 투자한다. 밑에서부터 미래의 민주 러시아를 고무하는 역할을 하는 것이다. '러시아식'에 대한 존중을 요구하며 민족주의적 청년집단을 후원하는 푸틴의 행동도 그러한 유럽의 침투가 더 많아지기를 원하는 대다수 러시아인을 침묵시키진 못했다. 부유한 러시아인들은 런던그라드(러시아 갑부들이 런던에 많이 살아서 생겨난 말-옮긴이)와 베를린의 경제를 부양하는 데 더 집중하면서 갈수록 더 많은 인재를 크렘린에서 빼내가고 있다. 한편 EU는 투명성 개선이라는 조건을 걸고 러시아 항공우주산업에 더 많은 투자를 하고 있다.

유럽이사회 관리는 자신 있게 말한다. "우리는 1950년대에 프랑스와 독일이 맺었던 것과 같은 산업적, 정치적 파트너 관계를 러시아와 맺을 수 있습니다. 지금 러시아인들은 무비자로 유럽을 여행할 수 있게 해달라고 요청하고 있습니다. 그들 가운데 사업가, 정치가, 학생들을 선별적으로 받아들이는 것은 러시아 정부의 페어플레이를 끌어내기 위해 우리가 사용할 수 있는 중요한 외교 지렛대 중 하나지요."

러시아의 슈퍼파워 시대는 끝났다. 제아무리 세계 최대의 산유국이라 해도 그들의 경제 규모는 여전히 프랑스보다도 작다. 그리고 설령 문서상 부국이 된다 할지라도 러시아의 정치는 그 부가 지속되지 못할 것임을 거듭 확인해준다.[8] 오늘날 러시아가 서방세계에 대해 거부권을 행사하는 것을 막는 것도 EU고, 러시아가 서방세계에 합류하게 할 수 있는 것도 EU다. 그렇게 러시아로부터 러시아를 구하는 것이다.

2

우크라이나
익어가는 유럽의 꿈

"이곳은 유럽의 한구석에 지나지 않을지 몰라도 대러시아 투쟁의 한복판입니다." 서른 살 된 한 독립신문 편집자가 우크라이나의 수도 키예프에 있는 아일랜드식 술집에서 한 말이다. 워싱턴, 브뤼셀, 모스크바, 베이징에서 중요한 전략이 세워지고 있는 동안 전장에서는 돈, 파이프라인, 집단 이주, 미디어 등 세계화의 모든 무기가 총동원된 가운데 승리가 쟁취된다. 우크라이나는 정치가와 장군, 활동가, 사업가들에 의해 24시간 외교전이 펼쳐지고 있는 나라다. 판돈은 크다. 러시아를 누르고 유럽제국을 동쪽으로 확장하는 것이다. 수세기 동안 독일과 러시아 주인들 사이에 갈라져 있던 우크라이나 농민들에게 민족적 정체성을 부여한 것은 아이러니하게도 1939년 나치-소비에트 협정(Nazi-Soviet pact, 제2차 세계대전 직전에 독일과 소련이 체결한 상호불가침 협정—옮긴이)이었다. 그러나 우크라이나는 결국 소련의 지배 아래 놓였다.[7] 우크라이나인에게 자기네 나라의 이름은 '조국'이라는 뜻이지만, 러시아어로는 '변방'이라는 뜻이다.[1] 오늘날에도 이 두 가지 의미에는 변함이 없다.

 "우린 더 이상 소비에트 공화국이 아니지만 그렇다고 다른 편을 믿지도 않습니다." 친러시아 성향의 한 언론계 거물이 키예프 교외에 있는 자신의 드넓은 별장에서 이렇게 냉소했다. 1990년대에 서방의 '러시아 우선' 정책으로 말미암아 우크라이나는 수 세기 동안 이어져 내려온 모습 그대로 정체돼 있었다. 드네프르 강을 따라 절반은 유럽 쪽으로 절반은 러시아 쪽으로 쪼개져서, 인구 5천만에 전략적 위치를 점한 나라의 잠재력을 발휘하지 못하는 분열된 모습이었다. 우크라이나는 지금도 여전히 서로 다른 두 나라처럼 보인다. 카톨릭에 농업이 주인 서부와 러시아정교에 공업이 주인 동부 사람들은 서로 만날 일이 거의 없다. 서부의 리비프에서는 폴란드의 크라쿠프에서처럼 사람들이 광장에서 노래를 부르고 체스를 두는 풍경을 쉽게 볼 수 있다. 그런가 하면 동부의 공업도시 도네츠크에는 러시아어를 쓰는 사람이 우크라이나어를 쓰는 사람보다 더 많다. 도네츠크에는 아직도 레닌 동상이 우뚝 서 있지만, 리비프에는 레닌의 동상이 있던 자리를 거대한 꽃항아리가 대신하고 있다.

 동부와 서부의 공통점이 있다면 그것은 과거와 미래 사이에 붙들려 있다는 것이다. 어디를 가나 여전히 제국의 쇠퇴가 불러온 난기류와 피해를 느낄 수 있다. 소련 붕괴 이후 실시된 '충격요법'은 가격 통제를 철폐하고 신속한 사유화를 완성하면 서비스와 임금, 심지어 마음까지

---

7) 1945년 크림반도의 차르 휴양지 얄타에서 루스벨트와 처칠은 이미 소련의 통제하에 있던 지역들을 최종적으로 스탈린에게 양도했다.

통제하는 사회적 분배 메커니즘이 전혀 없다 할지라도 효율성과 복지가 크게 향상될 것으로 가정했다. 그러나 우크라이나와 옛 소련 전역에서 물가가 치솟고, 실질소득이 급감하고, 기본식료품비조차도 대기 어려운 상황이 오면서 모든 세대가 사회적 안정성을 상실했다. 수천 명의 노인이 겨울 한파에 얼어 죽고 여름 더위에 에어컨도 없이 말라죽어간다. 소비에트 시대의 건물들은 무너져가고, 번번이 몰아치는 혹심한 인플레이션이 오늘도 여전히 우크라이나인들의 생계를 위협하고 있다. 키예프의 모든 택시 운전사는 자신의 차가 도시 한복판에서 씩씩거리다가 멈춰서는 날이 올까 두려워한다. 차를 수리할 여유도 없고, 새 차를 살 수 있을 만큼 모아놓은 돈은 더더욱 없기 때문이다. 한 가지 훈훈한 모습은, 우크라이나인들이 버스요금만 받고 전혀 모르는 사람을 자기 차에 태워주는 것이다. "함께 많은 고통을 겪어왔기 때문에 서로를 믿는 거지요." 자가용으로 출퇴근하는 한 사업가가 밤늦게 키예프 시내를 빠져나오며 설명했다.

자본주의는 좋은 인상을 심을 첫 기회를 날려버렸다. 키예프는 도심의 웅장함이 중심가에서 멀어질수록 극심해져 가는 빈곤을 가리고 있는 도시다. 일종의 위장도시인 셈이다. 우크라이나를 제2의 폴란드로

우크라이나Ukryaina

면적 : 60.4만㎢
인구 : 4,600만 명('08)
수도 : 키예프(Kiyev)
인종 : 우크라이나인(77.8%), 러시아인(17.3%)
언어 : 우크라이나어(67%, 공용어), 러시아어(24%)
종교 : 우크라이나정교(83.7%), 우크라이나 가톨릭(8%)
정체 : 공화제
행정구역 : 24개 주, 1개 자치공화국, 2개 자치시
통화 : 흐리브나(hryvnia)
GDP : 3,248억$('07)
1인당 GDP : 6,900$('07)
수출 : 498억$('07)
주요 수출품 : 금속류, 연료와 석유제품
수입 : 604억$('07)
주요 수입품 : 에너지, 기계설비류, 화학제품
주요 교역국 : 러시아, 독일, 중국, 터키, 폴란드
인터넷 사용자 : 1천만 명('07)

만들겠다는 것은 자본에만 직접 투하되는 대규모 외국인 투자나 비과
세 물물교환 시장과 같은 전형적인 제3세계 속성들로부터 나라를 구하
겠다는 뜻이다. 키에프의 지하시장은 여름철의 폭우를 피하는 장막을
제공하기도 하지만 해적판 DVD의 천국이기도 하다. 여행사 직원들은
철도 독점망을 뚫을 수 없다. "이곳은 석기시대예요"라고 한 직원은 양
해를 구했다. 우크라이나는 지금도 서유럽으로 간 3백만 가까운 이주
자들의 송금에 크게 의존하고 있다. 모스크바와 마찬가지로 키에프에
도 호화 나이트클럽이 즐비하다. 최고급 지프차 허머를 모는 귀공자들
이 샴페인에 흠뻑 취한 채 농을 건넨다. "키에프가 뭐가 문제요? 우크
라이나에 둘러싸여 있는걸."

　　2003년까지만 해도 구경꾼들은 우크라이나가 "더 비참한 나라들에
둘러싸인 비참한 나라"로 남으리라고 예측했다.[2] 서구의 자유민주주의
보다는 중앙아시아의 부드러운 권위주의와 더 가까운 쿠츠마(Leonid
Kuchma) 정부는 선거를 투명하게 치를 것이라고 했지만, 거짓이었다.[3]
그러나 유럽과 미국의 정보기관들은 쿠츠마가 의회와 시민사회의 반대
자들에게 내준 좁디좁은 숨구멍을 집요하게 파고들었다. 그들은 약하
게 연결된 이민자와 학생 집단을 초기 단계의 프리미디어(free media,
홍보나 발표를 무료로 할 수 있는 텔레비전 등의 미디어—옮긴이)를 통해 결속
시킴으로써 대중이 본격적으로 불만을 토로하는 창을 활짝 열어젖혔
다. 2004년에 열린 1차 선거에서 쿠츠마가 선택한 후계자로 러시아의
지원을 받은 빅토르 야누코비치(Viktor Yanukovych)가 승리를 거두었
다. 그러나 3차 선거에서는 야당 지도자 빅토르 유시첸코(Viktor
Yushchenko)가 엄청난 양의 독약을 먹고도(쿠츠마의 러시아인 패거리의
소행으로 추정) 살아난 뒤 순교자 이미지를 십분 활용하여 최종 승리를

거머쥐었다. 유혈 사태를 막는 데는 독재자 하나를 거꾸러뜨리는 것으로 충분했다. 긴장이 최고조에 이르던 결전의 순간, 서방 정보요원들에게 꾸준히 길들여진 쿠츠마의 보안부대는 오렌지색 깃발을 흔드는 시위 군중들에 대한 발포 명령을 거부했다.

그러나 우크라이나와 오렌지색 사이에는 아무런 관계가 없다. 그것은 서방의 정치컨설턴트들이 음울하고 혹독한 우크라이나의 겨울 거리로 사람들을 꾀어내기 위해 전략적으로 만들어낸 이미지였다. 이미 드러난 것처럼 '오렌지혁명(Orange Revolution)'은 시퍼렇게 멍들어 있었다. 10년간 진행된 급격한 정치변동의 결과는 파렴치하고 추잡한 정치행태에 대한 추문과 폭로로 얼룩졌다. 유시첸코가 자신의 전 보스 쿠츠마를 대체하기가 무섭게 기회주의 정치가들이 줄을 바꿔서고, 자격 미달의 충성파들이 고위직으로 보상받고, 구조개혁이 지체되면서 혁명은 한 부패한 노멘클라투라(nomenklatura, 옛 소련의 특권층을 이르는 말―옮긴이) 일당을 다른 일당으로 바꿔치기하는 양상을 띠었다. 키예프에는 마이단 광장에서 유시첸코 옆자리에 서기만 하면 문헌학 박사도 심장수술을 할 수 있다는 신뢰를 얻게 될 거라는 농담이 떠돌았다.

지도만 들여다봐서는 우크라이나가 유럽인지 아닌지 결코 구분할 수 없다. 정치만이 그것을 확인해줄 뿐이다. 오렌지혁명 직후 유시첸코는 우크라이나인들이 "단지 지리적으로만 유럽을 선택한 게 아니라 정신적, 도덕적 가치로도 유럽을 선택했다"라고 선언했다. 그러나 유럽의 거버넌스(governance) 기준으로 볼 때 우크라이나는 여전히 폴란드보다는 파키스탄에 더 가깝다. 우크라이나의 신흥재벌과 의회는 거의 완전하게 겹치는데, 최고 입찰자에게 의원직이 팔려나가는 식이다. 그러나 많은 의원들은 말 그대로 자신의 자리를 지키지 않는다. 단조로운 정부 건물보다는 유럽식 가구로 장식된 자기 회사 사무실을 더 선호하기 때문이다. 오렌지혁명 이후에 우크라이나의 첫 번째 총리가 된 율리아 티모셴코(Yulia Tymoshenko)는 파키스탄의 부토 총리처럼 대중적 카리스마를 지닌 인물로서 단독으로 의회를 이끌었다. 제2세계의 여러 2인조 지도자들이 그랬던 것처럼 티모셴코와 유시첸코도 2005년에 충돌했다. 우크라이나의 국가 형태를 대통령제로 할지 의원내각제로 할지를 두고 의견이 갈린 것이다. 의원내각제로 전환하겠다고 약속했던 유시첸코는 권력에 대한 야욕을 드러내면서 결국 그해가 가기 전에 총리를 해임하고 내각을 해산했다. 그의 가벼운 과대망상증에는 자신의 11번째 계명인 "두려워 말라"를 거듭 훈계하는 증세가 곁들여져 있다.

"혁명 후 새 정부에 대한 신뢰는 거의 보편화됐지만, 엘리트들은 우리가 무엇을 바라는지 전혀 관심이 없습니다." 러시아에 동정적인 키예프의 한 여론조사원이 차를 홀짝이며 점잖게 말했다. 극심한 인플레이션은 고기와 우유의 가격을 대다수 시민이 접근할 수 있는 수준 밖으로 밀어냈다. 사유화로 인한 부의 불균형이 심각해지자 유시첸코와 티모셴코는 '탈사유화정책'이라는 이름으로 재국유화 정책을 추진했다. 동시에 그들은 두 동강 난 나라가 한데 합쳐지기를 바라며 동부 우크라이나에 기반을 둔 야누코비치와 협상을 벌였다. 2년간의 교착 상태와 오렌지혁명 수비대의 근친 간 '의자뺏기놀이' 후에, 야누코비치가 이끄는 당이 2006년 선거에서 승리를 거두었다. 유시첸코의 권력을 최종적으로 완성시키는 법안을 통과시켜준 것은 아이러니하게도 친러시아 성향의 야누코비치가 주도한 의회였다. 부패한 친서방 정부가 자신과 서방의 기반을 모두 갉아먹은 탓에 서방측은 러시아와의 2차전에서 패배를 맛보았고, 경쟁 파벌에 각각 충성하는 치안부대와 경찰은 정치적 대결이 벌어질 때마다 계속 승강이를 벌인다. 우크라이나가 유럽이 되려면 유럽처럼 보이는 것 이상의 일을 해야만 한다.

한 세기 전에 스웨덴의 전략가 루돌프 첼렌은 우크라이나와 발트 해 국가들을 "아시아의 무한한 권력의지"인 러시아의 "몽골의 때가 묻은 차리즘(tsarizm, 제정 러시아의 정치 체제—옮긴이)"에 맞설 "문화 유럽"의 방어축으로 보았다.[4] 우크라이나 없는 러시아는 유럽제국이 될 수 없다. 그런데 유럽제국이라는 말은 러시아가 결코 외국으로 여긴 적이 없는 '근린 지역(Near Abroad, 옛 소련에 속해 있던 나라들을 뜻하는 러시아의 외교 용어—옮긴이)'을 의식하는 러시아로서는 너무 통합적인 개념이다.[5] 오렌지혁명으로 타격을 입은 러시아는 옛 소련 공간에 대한 서방의 간섭을 통렬하게 비난하는 외교에 돌입했다. 그들은 "우크라이나의 독립이 시작되는 곳에서 러시아 자유주의는 끝난다"라고 말한다. 우크라이나는 더 이상 싼값에 석유와 가스를 공급받을 수 없으리란 것을 분명히 예상했다. 실제로 유시첸코가 승리하자 러시아는 즉각 가스값을 세 배로 인상하고 카자흐스탄 석유의 배송을 차단했다. 가즈프롬과 우크라이나 신흥재벌들(새로운 러시아인으로 알려진 사람들)이 운영하는 정체불명의 회사들은 미래의 석유 공급 조절에 착수했다. 그러나 이런 책략들은 이제 서방세계의 일원으로서 더 나은 미래를 계획하고 있는 수백만의 우크라이나—러시아인들까지도 멀어지게 만들었다. 우크라이나의 한 외무부 관리가 쾌적한 사무실에서 확신에 찬 어조로 이렇게 지적한다. "러시아인들은 망상에 사로잡힌 나머지 자신의 잘못으로부터 아무것도 배우려 들지 않습니다."

우크라이나의 세대교체가 러시아의 과대망상증을 자연스럽게 종식시킬지도 모른다. 키예프의 어느 곳에서나 바라보이는 곳에 높이 60미터의 유령 같은 '모국수호(Rodina Mat)' 상이 서 있다. 대애국전쟁 박물관의 대표작인 이 작품에서 어머니들은 아이들의 손을 잡고 소비에트 탱크의 포탑 위로 기어오른다. 하지만 이제 아이들은 탱크가 소비에트 영웅성의 상징이 아니라 외국 점령의 상징이라고 학교에서 배운다. 1980년대의 페레스트로이카 시대나 그 후에 태어난 우크라이나인 대다수에게서 소비에트주의는 그 흔적조차 찾아볼 수 없다. 대신 그들은 '외국' 러시아에서 일어난 혁명이 우크라이나에 초래한 기근과 정치적 비극, 그리고 20세기의 무시무시한 독재자인 레닌과 스탈린에 대해서는 속속들이 알고 있다. 그들은 전 소비에트 기관원 세대가 지금의 사회지도층에서 물러나기만 하면 유럽 우크라이나의 미래는 밝을 것이라고 낙관한다. 서유럽 문화에 익숙한 한 여대생은 이렇게 말했다. "우리가 원하는 것은 진짜 혁명이에요. 단지 선거가 아니라 무관심과 두려움을 대체할 정치적 자각 혁명 말이에요. 우리 역사에서는 그런 혁명이 일어난 적이 없어요. 우리는 그걸 유럽에서 들여와야 해요."

소비에트 시대의 덩치 큰 외무부 건물 안에서 우크라이나인들은 자기 나라를 유럽국으로 재포장하고자 바쁘게 움직이고 있다. 그들은 자신들의 유전자 자체가 서구인이라는 주장까지 펼쳤다. 관리들은 기술 교육을 받은 우크라이나인들과 문학 영웅 고골리(Gogol), 불가코프(Bulgakov)를 입에 침이 마르도록 선전한다. 심지어는 우크라이나를 파랑색으로 칠한 지도를 브뤼셀에 보내기도 했다. 이는 우크라이나가 동유럽이 아니라 중유럽에 속한다는 의미였다. 이런 행위를 두고 한 고참 외교관은 이렇게 설명한다. "덩치가 훨씬 큰 형의 위협을 피해 기를 쓰고 다른 가족의 품으로 도망치려는 것과 흡사하지요. 지난 천 년 동안 우크라이나는 그 지리적 위치로 인해 불행을 겪기만 했어요!"

EU의 '안 되는 것보다는 늦게 되는 게 좋다'는 접근방식이 마침내 변화를 가져올까. 쿠츠마도 우크라이나가 결국엔 EU에 합류하게 될 것이라는 희망을 밝힌 바 있지만, EU는 망설였다. 프랑스, 스페인 농민들과 보조금 경쟁을 유발할 우크라이나의 막대한 농업 의존도, 그리고 서구의 일자리 안정성을 위협할 압도적인 청년층 인구비율에 대한 두려움 때문이었다.[6] 그렇지만 이 모든 난관에도 불구하고 오렌지혁명은 유럽의 변명에 종지부를 찍었다. 우크라이나는 EU 회원국이 되기에는 여전히 너무 크고 너무 가난하다. 하지만 더 이상 소비에트적이지도 않다.

크림 반도의 무성한 숲을 찾는 많은 여행객들은 튀어나온 암반 위에 위태롭게 세워진 교회들을 방문한다. 이 교회들은 우크라이나가 러시아로부터 되찾은 자랑스런 가톨릭 유산이다. 러시아는 크림 반도의 영유를 줄곧 주장해왔지만, 2015년이 되면 흑해 세바스토폴 항의 해군기지 조차권을 영원히 상실한다. 얄타에 있는 로마노프 왕조의 리바디아 궁은 이제 친 EU 경향의 브랜드 전략 회의가 열리는 곳이다. "우린 이제 마이크로칩을 만들어서 흑해 건너 터키와 카프카스 지방에 수출하는 IT 회사들의 관문입니다." 활기찬 크림 자치공화국 수도 심페로폴에서 한 젊은 기업가는 이렇게 자랑했다. 각지에서 온 유럽인들이 크림 반도 해변에 몰려들어 밤이 새도록 향락 파티를 즐긴다. 러시아 수사학은 바실리 악시오노프(Vasily Aksyonov)의 반체제 소설 《크리미아 섬 *Island of Crimea*》에 나오는 한 대화를 상기시켜왔다. 작품 속에서 주인공은 크림 반도 지배를 고집하는 러시아 기관원들에게 차갑게 응수한다. "누구나 알고는 있겠지만 아무도 입에 올리진 않는 것 같군요."[7]

남프랑스에서 일광욕을 즐기는 우크라이나 신흥재벌들은 니스 협약(Treaty of Nice, 2000년에 EU 15개국 정상이 니스에 모여 신규 회원국 가입과

EU 확대에 따른 제도개혁에 관해 합의한 협약—옮긴이)에 대해서도 유창하게 이야기한다. EU는 니스 협약에서 EU를 확대하고 동유럽 송금액을 대폭 증액할 것이라는 계획을 발표했다. 그러나 EU가 정말로 즐기는 게임은 종잡기 어렵다. 우크라이나 지도자들이 자신의 예비 내각을 해체하고, 독점을 타파하고, 언론을 자유화하고, 은행 제도를 정비하고, 능력 있는 이주자를 채용할 일자리를 만들도록 충동질할 수 있는 것은 EU와 더불어 더 높은 지위로 상승할 수 있다는 (현실이 아니라) 미끼다. EU의 막대한 투자와 함께 이것들은 러시아의 유산을 정리하기 위해, 궁극적으로는 우크라이나가 제2세계를 벗어나 진정한 유럽으로 도약하기 위해 반드시 필요한 조치들이다.

유럽은 웅대한 환상만이 아니라 실질적인 해결책도 제공한다. 우크라이나의 민주주의를 진전시키고자 미국이 취한 방법(한 정당만 외곬으로 밀어주는 방법)이 자기만의 방에 갇혀 자족하는 정권을 끌어낸 데 반해서, 유럽의회와 비정부기구(NGO)들은 다수 정당을 지원함으로써 민주주의의 견실한 토대를 쌓았다. 유럽의 정치체제는 미국과 같은 대통령제가 아니라 의원내각제이므로 그들의 전략이 궁극적으로 서방세계의 목적에 더 잘 들어맞는다. 게다가 미국 주도하의 북대서양조약기구가 서방세계의 창끝이 되어 완전한 자격을 갖추지 못한 나라들을 동맹국으로 끌어들임으로써 EU 가입의 길을 닦아놓는 사이에, EU의 중력은 훨씬 더 세지고 논란의 소지도 점차 줄어들었다. "북대서양조약기구의 팽창을 중단시킨 것은 러시아만이 아닙니다. 우리 우크라이나인들도 미국에 대한 예속을 포함하는 군사적 제휴관계에 대해서는 의견이 갈립니다. 우리가 러시아에 대해 느끼는 것과 마찬가지로요." 자국의 주권을 열렬히 강조하는 한 대통령 고문은 이 점을 상기시켰다. 하지만 친러시아 성향의 총리 야누코비치도 EU 가입에는 열성적이다. 러시아의 고참 의원 블라디미르 리슈코프(Vladimir Ryzhkov)도 인정했듯이 EU는 "역사상 가장 성공한 모델"이기 때문이다.

"우크라이나가 독립국으로 존재하는 것 자체가 러시아를 변화시킨다"라고 미국의 전 국가안보보좌관 브레진스키(Zbigniew Brzezinski)는 주장한다. 실제로 유럽화가 될 경우 우크라이나는 지리적으로나 심리적으로나 러시아의 모델이 될 수 있다. 유럽의 에너지 다변화 노력에 우크라이나의 원자력산업 부활 의지가 결합할 경우, 이는 유럽의 부유한 소비자들에게로 가는 러시아의 석유와 가스가 우크라이나 영토를 통과하는 수송관으로 이동된다는 점과 더불어 러시아가 에너지 가격인상이나 공급억제 위협을 해올 때 그에 맞설 비장의 카드가 돼줄 것이다. 이제 우크라이나는 러시아의 횡포에 재치 있게 응수할 수 있다. 한 외교관은 조심스럽게 말했다. "우리는 러시아인들에게 기꺼운 마음으로 그들과 더 협력할 용의가 있다고 말합니다. EU의 규칙에 부합하기만 한다면 말이죠."

동방 블록

2005년 나치 패망 60주년 기념식에서 라트비아 대통령 바이라 비케-프레이베르가(Vaira Vike-Freiberga)는 제2차 세계대전 후 발트 해 국가들을 접수한 소련의 행위는 "노예화였고, 점령이었으며, 복속이자, 스탈린주의의 테러였다"라고 열변을 토했다. EU 앵커들은 때때로 이처럼 호전적인 반러시아 태도가 모스크바와의 안정적인 유대관계를 유지하는 데 해를 끼칠 것으로 관측했다. 그러나 유럽의 새 멤버들이 취하는 그런 행동은 EU가 더욱 과감하게 동방정책(Ostpolitik)을 추진할 수 있게 하는 새로운 비밀병기다. 몇 년에 한 번씩 '새로운 철의 장막' 이야기가 나오지만, 유럽은 늘 벨벳 장갑으로 장막을 두들겨 무너뜨린다.

유럽의 확대에서 가장 저평가된 측면은 나라들의 자립적 속성이다. 지난 10년간 폴란드에서 슬로베니아에 이르기까지 EU에 가입하려고 애써온 나라들은 저마다 서구의 최전선이 되겠다고 주장하면서 제멋대로인 동쪽 이웃들과의 제휴를 경시했다. 그러나 그들은 곧 혼란이 얼마나 쉽게 국경을 타고 넘어 침투해올 수 있는지를 깨닫고, 자국은 물론이거니와 특별히 이웃나라들에 EU가 더 깊이 개입해주기를 바라며 민주화에 대한 열의를 보였다. 2004년에 달가워하지 않는 EU의 대외정책 책임자 솔라나(Javier Solana)를 잡아끌고 선거 교착 상태를 중재하러 키예프로 달려간 것도 바로 폴란드와 리투아니아 대통령이었다.

동류집단처럼 행동하는 제2세계 국가들은 워싱턴이나 브뤼셀에서 내려오는 지시보다 서로에게서 더 많은 것을 배운다. 그들은 서로의 조언이나 훈계를 더 쉽게 받아들인다. 유럽은 주어진 임무를 가장 잘 해낼 만한 구성원에게 책임을 위임하는 식으로 역할 분담을 할 때 가장 잘 돌아간다.[8] 발트 해 연안국들은 최종 판단의 순간까지 EU가 처방한 개혁을 실행하지 않는다면 정치적 붕괴를 피할 수 없을 것임을 경험으로 안다. 발칸 반도와 카프카스 지방의 정부들은 유럽이사회 의회와 몇 주간의 의회 교환 프로그램을 실시하여 자신들에게 개혁 실무를 가르쳐주고 EU의 엄격한 조건부 조항들을 처리하는 법을 가르쳐줄 에스토니아인과 리투아니아인들을 고용해왔다. '오트포르(Otpor, 저항)'는 2000년 세르비아의 독재자 밀로셰비치(Slobodan Milošević)를 권좌에서 끌어내리는 데 결정적인 역할을 한 학생운동조직이다. 이 조직의 젊은 베테랑들은 우크라이나를 드나들며 2004년의 오렌지혁명에서 주도적인 역할을 할 학생운동조직 '포라(Pora, 때가 왔다)'의 조직을 거들었다.

벨로루시는 이 동류집단의 원리가 어느 때보다도 시의적절함을 보여준다. 민족적 정체성을 제거하려는 소비에트의 노력이 가장 성공한 곳, 그리고 2005년 체카(1917년 10월 혁명 뒤에 소비에트 정부가 설치한 러시아 반혁명·사보타주 단속 비상위원회—옮긴이)의 수장이었던 사나운 볼셰비키, 제르진스키(Felix Dzerzhinsky)의 동상이 부활한 곳이 바로 벨로루시다. 벨로루시 대통령 루카셴코(Alexander Lukashenko)는 서방이 후원하는 혁명의 '바이러스'가 두려워 유럽의회 의원들의 입국을 차단해왔다. 따라서 EU와 미국은 이제 벨로루시에 숨어들어가 그곳의 반체제 활동가들을 보호하고 훈련시킬 수 있는 리투아니아인, 폴란드인, 우크라이나인의 기지에 더더욱 의존해야 했다. 리투아니아의 한 젊은 활동가는 흥분된 목소리로 이렇게 말했다. "벨로루시를 러시아의 통제로부터 해방시키는 것은 이제 우리의 의무입니다!"

몰도바는 아프리카식의 준국가와 유사한 옛 소련 공화국으로, 유럽의 제2세계가 어떻게 유럽이 더 자신 있게 대외정책을 펼치도록 이끌어가는지를 보여주는 또 하나의 사례다. 2004년에 EU가 몰도바의 수도 키시네프에 대표단을 파견했을 때 이미 러시아는 분리된 트란스드네스트르 지방정권이 "시대착오적인 과거 소비에트의 유산을 그대로 간직한 채 국가의 형태를 갖출" 수 있게 해놓고 있었다.[9] 이때 우크라이나가 나서서 분쟁 해결 증명서를 EU에 보낸다는 명목으로 국경통제 계획을 입안해서는 러시아의 궤도에서 공화국을 떼어낸 뒤, AK-47에서 냉동 치킨에 이르는 모든 물건의 밀수를 금하는 조치를 강화했다. 몰도바의 서쪽 국경에서는 루마니아가 EU에 가입함으로써 러시아 예속국가를 유럽 쪽으로 끌어당길 기회를 속속 만들어내고 있다. 법과 질서는 유럽 제국 바깥보다는 안쪽에 더 잘 확립돼 있다.

원래 유럽의 정의는 "유럽은…… 러시아가 아니다!"라는 외침처럼 단순했다.[10] 그러나 발트 해 연안국들은 예전에는 북대서양조약기구가 예민한 러시아를 존중하는 것에 대해 두려움을 느꼈던 데 반해서, 이제 자신이 유럽의 동쪽 주변부가 되지 않겠다는 원칙을 실행해가며 주정뱅이 삼촌과도 같은 예전의 거대한 러시아 곰을 연민과 우려가 뒤섞인 감정으로 바라본다. 그들은 러시아가 유아적 발작 증세를 보일 수 있으며 자신들의 에너지 공급의 대부분을 통제하고 있음을 알고 있다. 그래서 여전히 러시아령인 발트 해 연안의 고립된 땅 칼리닌그라드에 공동 투자를 하여 그곳을 어제 제2차 세계대전이 끝난 것처럼 보이는 곳이 아니라 제4의 발트 해 공화국으로 변모시키고 싶어 한다. 하나하나 넘어갈 때마다 모스크바는 자신의 옛 위성들이 이제 다른 수도, 브뤼셀의 궤도를 따라 돌고 있다는 사실을 어쩔 수 없이 수용하고 있다.

3

발칸 반도
유럽의 능력 시험장

"발칸 반도를 흡수하지 않는 한, 유럽은 완전하다고 할 수 없습니다." 보스니아에 파견된 EU 대표 패디 애시다운(Lord Paddy Ashdown)은 딱 잘라 말했다. "매우 단순한 이치죠. 발칸 반도를 안정시키지 못한다면 그곳의 불안정과 범죄가 유럽에 전이될 테니까요."[1] 발칸 반도를 안정시키고 그곳을 유럽의 고립된 한 모퉁이가 아니라 서유럽 바깥 세계로 나아가는 통로로 삼기 전까지 EU는 진정한 슈퍼파워가 될 수 없다. 탈냉전 후 발칸의 심장부인 옛 유고슬라비아에서는 종족주의적 폭력이 난무하며 이 지역을 갈가리 찢어놓는 준독재체제를 초래했다. 하지만 EU는 이런 사태에 거의 대비하지 못했다.[2] 지금도 보스니아의 시골 풍경은 황폐하기 그지없고 대지에는 포연이 감돈다. 시골길을 가다 보면 언제 길모퉁이에서 검문소나 포탄에 맞아 부서진 트럭과 같은 장애물과 맞닥뜨리게 될지 모른다. 발칸의 정치도 마찬가지다.

1980년대 내내 옛 유고슬라비아의 모든 공화국은 스페인보다 부유했다. 그러나 1990년대에 서유럽이 통합되는 동안 유고슬라비아는 분열됐다. 잔혹한 전쟁이 일어났고 약 50만 명이 학살당했다. 순식간에 유고슬라비아는 제3세계적 야만의 구렁텅이에 빠져버렸다. 그렇게 발칸 반도는 폐허와 불신, 외세의 점령으로 특징되는 제2차 세계대전 후 서유럽의 축소판이 됐다. 모스타르 인근의 한 숲 속 마을에서 만난 나이 지긋한 보스니아 남자가 부르짖었다. "서로가 눈앞에서 완전히 사라지지 않는 한 싸움은 끝나지 않을 겁니다. 완전한 독립을 쟁취하지 못한다면 유럽인들이 아무리 뜯어말려도 우린 다시 싸울 겁니다."

하지만 최근의 내전이 어쩔 수 없는 숙명으로 인해 일어난 게 아니었듯 발칸의 영원한 실패 역시 숙명이 아니다.[8] 비록 초기에 실패를 경험하긴 했지만, 발칸 반도에도 민주적인 제도와 문화가 구축될 수 있다. 그리고 제2세계를 거쳐 다시금 도약할 것이다. 이를 주도하는 것은 EU다.[3] EU는 이미 그리스, 슬로베니아, 루마니아, 불가리아의 사례를 통해 발칸의 국가들을 어떻게 발전시킬지 입증해 보이고 있다.

그리스는 영국 이민자들의 로비 덕분에 마셜플랜(Marshall Plan, 제2차 세계대전 후 미국이 수립한 유럽의 경제부흥계획—옮긴이)에 무임승차하기 전까지는 하나의 수상쩍은 화약고에 불과했다. 1975년까지 독재체제 아래 놓여 있던 그리스는 그동안 테러리스트들의 은신처이자 키프로스 쿠데타의 배후세력이었으며, 터키 및 마케도니아와의 사이에 쉴

---

8) 발칸 민족주의가 항상 지정학적 분쟁거리를 유발해온 것은 아니다. 요시프 브로즈 티토(Josip Broz Tito)가 통치한 30여 년 동안 유고슬라비아는 하나의 통화가 유통되는 6개 다민족 공화국으로 구성된, 비동맹의 소득 높은 미니 EU였다. 유고슬라비아는 세계 어떤 나라보다도 많은 국제조약의 당사자가 될 만큼 외교 주권도 강했다. 1980년 티토가 죽은 뒤에도 10년 동안 범유고연방(pan-Yugoslavian federation) 내의 대통령 호선제는 잘 유지되었다.

새 없이 총탄이 오갔다. 2006년에 그리스의 GDP는 25퍼센트나 급상
승했는데, 이는 매춘과 담배 밀수에서 얻은 수익을 포함시킨 수치였다.
유럽문명의 요람인 그리스가 현대 유럽의 국가처럼 행동하도록 구슬리
는 데는 수십 년이 걸렸다. 2007년에 루마니아, 불가리아가 EU에 가입
함으로써 유럽의 외딴섬 신세에서 벗어난 그리스의 도약 가능성은 그
어느 때보다 높다. 합스부르크가(Habsburg家, 오스트리아를 비롯한 중부
유럽을 중심으로 막강한 세력을 가졌던 명문 왕가—옮긴이)의 유산 위에 세워
진 슬로베니아의 경제력은 EU 회원국 가운데 중위 이상이다.

루마니아와 불가리아도 제2세계로 불린다. 그런데 사실 이는 유럽에
도 제3세계 국가가 있다는 것을 감추기 위한 완곡한 표현일 뿐 이 두
나라의 국민소득은 여전히 EU 평균의 3분의 1 수준에 불과하다. 그러
나 이제 루마니아는 유럽의 농업기술을 전수받음으로써 단순한 농민집
단촌에서 이 지역의 빵바구니로, 트레이드마크였던 AK-47 공격용 소
총을 버리고 저비용산업 허브로의 변신을 기약할 수 있게 됐다.[4] 한편
으로 EU는 불가리아에 회원국 가입승인을 연기하겠다는 압박의 수를
써가며 조직범죄와 인신매매를 근절시키고, 수십억 달러의 보조금을
받을 수 있는 자격요건을 갖추게 했다.[5] EU의 승인 도장을 받은 뒤부
터 불가리아인들은 새로 단장한 공장들로 복귀하고 있다. 유럽의 히피
들은 자동차나 값싼 항공편을 이용해 불가리아의 흑해 해변으로 우르
르 몰려다닌다. 부르가스를 찾은 한 영국인 관광객은 노래하듯 말했다.
"불가리아는 새로운 코스타 델 솔(Costa del Sol, 스페인 남부의 휴양지—
옮긴이)이라오!"

하지만 발칸 반도의 역사적 불안정성을 감안할 때 1세기 전 유럽 정
치인들의 골머리를 앓게 했던 동방 문제가 해결되지 않는 한 유럽제국

은 불완전하고 위태로울 수밖에 없다. 다행히 발칸 반도의 서부와 남부 지역에 위치한 국가들(세르비아, 보스니아, 크로아티아, 마케도니아, 알바니아)의 인구는 모두 다 합쳐도 루마니아 인구에 못 미친다. 역내의 신생 국들을 한입에 덥석 물어 삼키는 일이 빈번했던 데는 지리적 인접성도 한몫했다. 오늘날 발칸의 지도자들은 무엇이 득이 되는지도 모르는 듯 늘 비열한 싸움을 벌인다. 이곳 발칸의 국가들은 EU 깃발을 꽂으려고 혈안이 돼 있지만, EU와 그들 사이의 애증관계는 여전히 팽팽하고 변덕스럽다.

독립적인 의존자, 세르비아

1990년대 초 유럽은 발칸 반도의 분열을 막기 위해 많은 노력을 기울였지만 별다른 결실을 보지 못했다. 만화 형식으로 그린 유고슬라비아 지도는 정치적 연방체를 표현한 것이라기보다 일종의 땅따먹기놀이 그림 같았다. 파리와 베를린의 관리들은 보스니아의 무슬림들이 죽어가는 것을 그저 관망하기만 했다. 보스니아에 무기금수 조치가 내려진 것과 대조적으로, 프랑스와 독일의 후원을 받던 세르비아와 크로아티아는 유고슬라비아의 군사력을 물려받아 보스니아를 상대로 잔학행위를 했다.[6] 세르비아의 수도 베오그라드에 있는 보헤미안 거리에서 한 젊은 인권운동가가 이렇게 부르짖었다. "전화 몇 통이면 전쟁범죄자들을 전원 체포할 수 있었습니다. 그러나 밀실에 숨어 있던 프랑스 관리들은 자신들의 연루 사실이 드러나는 것을 원치 않았습니다." 이것은 당시 유럽이 전략적으로 미숙했음을 보여주는 가장 적나라한 예다.

그러나 이제 EU의 관리들은 발칸 반도와 자신들의 이해관계가 일정 부분 일치함을 입증해 보이고 있다. EU는 지난 수 세기 동안 피바람을 일으켜온 '국민국가 건설' 방식 대신에 마치 갓 성인이 된 젊은이가 모든 사람이 조심스럽게 지켜보는 가운데 가족공동체를 떠나 단란한 신혼생활로 들어서는 것처럼 준점령 상태에서 주권 공유 상태로 넘어가는 '회원국 건설' 방식에 착수했다.[7] 그런

데 문제는 발칸 각국이 안정에 관한 한 EU에 크게 의존하는 유럽의 일원이면서도 한편으로는 매우 강한 독립심을 갖고 있다는 점이다. 이 점에 있어 단연 최고는 세르비아다. 단적인 예로 세르비아는 약 1세기 전에 오스트리아-헝가리 제국에 합병되는 데 저항하여 제1차 세계대전 발발의 불씨를 일으켰다.[8]

베오그라드에 있는 총리 관저 한쪽에는 1999년 미국의 스마트 폭탄 폭격으로 그을린 군사령부가, 다른 한쪽에는 2003년에 조란 진지치(Zoran Djindić, 제2차 세계대전 이후 이 지역 최초로 민주적 선거를 통해 선출된, 세르비아 지도자―옮긴이)가 독재자 슬로보단 밀로셰비치(Slobodan Milošević)를 추종하는 군대의 총탄에 맞아 쓰러진 회랑이 있다. 밀로셰비치는 필요 이상으로 오랫동안 권좌에 머무르면서 1995년 데이턴 협

약(Dayton Accords, 미국 오하이오 주 데이턴 시에서 조인된 협약으로 여기서 보스니아-헤르체고비나 공화국과 스르프스카-세르비아 공화국이 분리됐다― 옮긴이) 때는 '평화인'으로 불리기까지 했다. 그러나 국민 대다수는 그를 지지하지 않았다. 1996년에서 1997년으로 넘어가는 약 90일간의 혹독한 겨울 내내 베오그라드의 중심가에서는 수천 명의 군중이 모인 가운데 그의 퇴진을 요구하는 시위가 벌어졌다. 시위대 중에는 프랑스와 독일의 국기를 흔드는 이도 있었다. 학생운동조직 오트포르(Otpor) 소속의 한 활동가는 이렇게 회고한다. "밀로셰비치가 장기집권하는 동안 실업과 부패를 비롯한 실생활 문제 전반이 악화일로를 걸어왔습니다. 그는 분명 서방의 스파이일 거란 말이 공공연하게 나돌 정도였지요. 아무튼 모든 걸 다 떠나서, 우리 삶이 어떻게 이보다 더 나빠질 수 있겠습니까?"

그러나 저항하는 세르비아 대중은 아무런 지원도 받지 못했다. 오히려 서방은 세르비아에 냉담한 제재조치를 취하고 NATO군을 보내 88일간에 걸쳐 대대적인 폭격을 가했다. 엄청난 피해가 속출했지만, 그 와중에도 밀로셰비치의 궁전 중 하나는 렘브란트의 그림이 걸려 있다는 이유로 폭격을 면했다. 오트포르 소속 활동가는 계속해서 이렇게 말했다. "믿을 수 없는 일이었죠. 그들(나토)은 누구 편이었을까요?" 오늘날 세르비아가 EU 가입을 그토록 완강하게 거부하는 것은 결코 이상한 일이 아니다.

실질적인 변화를 이끌어낸 것은 스마트 폭탄이 아니라 정치 컨설턴트들이었다. 세르비아처럼 일개 대기업보다도 경제적 비중이 낮은 나라들은 기업들이 종종 그러하듯 일단 나쁜 CEO부터 해고하고 나서 그 자리를 누구에게 맡길지 고민한다.9 세르비아의 저항 대중은 2000년에

'10월 혁명'을 일으켜 밀로셰비치를 몰아냈다. 당시 성난 군중이 친(親) 밀로셰비치 노선의 텔레비전 방송국인 RTS에 쳐들어갈 때 불도저를 이용했다고 해서 이 혁명은 '불도저 혁명'으로도 불린다. 그러나 밀로 셰비치를 순교자로 추앙하는(그는 헤이그에서 재판을 받던 중에 사망했다) 세르비아급진당(Serbian Radical Party)과 민족주의자들은 여전히 의회 를 장악한 채 존재한 적도 없는 세르비아의 황금시대로 되돌아가기를 꿈꾼다. 학생운동가들은 1995년에 세르비아가 보스니아의 스레브레니 차(Srebrenica)에서 자행한 대학살 사건의 자료를 모아 전시회를 연다. 실추된 국가 이미지를 회복하려는 뜻을 담은 이 전시회의 주제는 "보이 는가? 기억하는가? 아는가?"다. 니시(Nis)와 같은 독특한 대학도시에 사는 사람들은 스스로를 유럽인이라고 느낀다. 만약 정치지도자들이 그들에게 자신이 유럽인임을 증명해 보이라고 요구한다면 그들은 기꺼 이 그렇게 할 것이다. 한 학생 리더는 말한다. "우리가 유럽인이 아니라 는 건 말이 안 돼요. 이런 불확실한 상태가 얼마나 오래갈까요? 지금의 지도자들이 자신들의 범죄기업을 운영하는 데 쏟은 노력의 절반만큼이 라도 일자리 창출에 창의적으로 임했더라면 우린 벌써 EU에 속해 있을 겁니다."

베오그라드는 지난 2천 년간 40번 이상 파괴와 재건을 거듭해왔다. 세르비아의 지리적 형세를 두고 '길 한복판에 있는 집과 같은 운명'이 라고들 한다. EU는 도도한 세르비아인에게 특히나 고통스러운 일인 세 르비아 분할을 자행한 역사상 수많은 제국 중 가장 최근의 제국이다. 세르비아인은 세르비아와 몬테네그로의 '국가 연합'을 두고 이를 적극 적으로 중재한 EU의 대외정책 책임자 하비에르 솔라나(Javier Solana) 의 이름을 따서 '솔라니움(Solanium)'이라고 냉소한다. 화려하게 장식된 사무실에서 한 세르비아 정치가는 이렇게 비아냥거렸다. "EU가 우리 지역에 드디어 개입하기 시작한 모양인데, 그 도가 좀 지나쳐서 곤혹스러울 지경입니다. 이제 몬테네그로가 독립하고 코소보[9]까지 잃는다면, 우린 육지로 둘러싸인 채 다뉴브 강이 지나는 길목이라는 의미 외에는 경제적 가치가 전혀 없는 땅덩어리가 되고 마는 거죠." 세르비아인이 피할 수 없는 것들을 수용하고, 어떤 대가를 치르더라도 집단적 자아 만족을 추구하려는 까칠한 민족성을 극복하려면 훌륭한 지도자와 훌륭한 심리치료사가 필요하다. 전쟁 전에는 파리와 예술적으로 밀접한 관계를 맺고 있던 콧대 높은 베오그라드의 갑부들은 한때 자신들이 쥐고 흔들었고 여전히 아래라고 생각하는 EU 회원국들에 둘러싸여 있다는 사실에 너무도 진저리가 났기 때문에 어쩌면 쉽게 승복할지도 모른다. 세르비아가 스위스처럼 유럽이라는 도넛 속의 작은 구멍으로 오래 존속하는 것은 불가능하다. 베오그라드의 한 경제학자는 다음과 같이 지적했다. "우리 경제는 유럽보다 10년 가량 뒤처져 있습니다. 지금 유로존(Eurozone, 유로화가 통용되는 지역—옮긴이)에 들어가는 것은 다 무너져가는 집에다 세계적 수준의 주방가구를 들여놓는 격입니다."

---

9) EU는 UN 기구들의 보호 아래 있던 코소보의 통제권을 서서히 장악해가면서, 서방 자문가들이 알바니아 해외이주민들의 사유화 추진 일정을 억지로 들이미는 이곳, 기독교와 사우디아라비아 선교사들이 상처받은 영혼들을 두고 경쟁을 벌이고, 사실상의 모든 고용이 UN-군대-NGO 복합체를 통해서만 이루어지는 이곳 코소보의 발전을 이끌고 있다. 펙(Peć, 인구 40만의 90%가 알바니아계인 코소보 서부 도시—옮긴이)의 술집과 레스토랑은 수천 명의 UN 직원을 상대로 장사하며 이 황량한 도시에 커다란 수익을 안겨주고 있다. 그러나 UN 철수 후에 코소보를 지탱해줄 경제 기반은 전혀 구축되지 않았다. EU가 하고 있고 또 EU만이 할 수 있는 일은 세르비아계의 반발에도 불구하고 코소보 내각의 역량을 구축하고 코소보의 건국과 EU 가입을 준비시키는 일에 훨씬 더 많은 재원을 투여하는 것이다.

"조지 소로스(George Soros)처럼 인류애가 철철 넘치는 인물도 이곳에는 끼어들지 않았지요." 한 인권운동가는 한탄했다. 이제 수많은 세르비아인이 필요에 의해 피학적 민족주의 대신 유럽식 실용주의를 받아들이고 있다. 중부유럽의 제2세계 동류집단인 폴란드, 체코, 헝가리 등은 유럽식 거버넌스가 EU에만 좋은 게 아니라 그 자체로도 좋은 것이라고 발칸 지도자들을 적극 설득한다. 세르비아는 마지못해 슬로베니아와 슬로바키아를 모방하고 있다. 연금이 제때 지급되기 시작했고, 부패한 경찰은 압박을 받고 있으며, 정치적 연줄 없이도 대학교육을 받는 학생이 점점 늘고 있다.[10] 그럼에도 "여전히 젊은이 중 70퍼센트가 유효한 여권만 있다면 서유럽으로 떠나려 한다"라며 한 투자촉진담당 공무원은 우려를 표했다. 그러나 세르비아와 EU 사이에 야심찬 협약이 체결됨에 따라 세르비아의 지리적 위치와 기반시설들은 베오그라드에 역내 허브를 구축하려는 마이크로소프트와 피아트의 자산으로 변하고 있다. 밀로셰비치가 헤이그에서 장광설을 늘어놓을 때 나토군의 미사일 공격을 받아 껍데기만 남았던 중앙당사 건물은 고층의 비즈니스센터로 변모했다. 한 세르비아 기업가는 미국으로 이민 간 기술자들을 실리콘밸리에서 다시 빼내오려고 이렇게 꼬드긴다. 맘만 먹으면 취할 수 있는 예쁜 여자들이 전국에 널려 있다는 것이다. "전쟁으로 형제들이 너무 많이 죽었어. 이건 엄청난 기회야!"

유럽 팽창의 교차로, 보스니아

차를 타고 옛 유고슬라비아 지역을 두루 돌아다니다 보면, 꿈에 부푼

두 명의 루마니아 배우가 발칸 전쟁 지역을 용감하게 통과하여 아드리아 해 부근의 한 나이트클럽에 도착하는 여정을 그린 이탈리아 영화 〈엘비스와 메릴린Elvjs e Merilijn〉에 묘사된 고풍스러운 민속의식들을 옛 모습 그대로 만나볼 수 있다. 검문소에서는 밤이 되면 버스 승객들을 무인지대의 다리 위에 모아 앉힌다. "여기가 유럽인가요?" 하는 수사적인 물음은 한때 보스니아에 개입하여 대학살과 국토분할을 막으려 했던 유럽의 실패를 지적하는 말로 사용됐다. 오늘날 "이곳은 유럽이에요"라는 말은 10년간 대학살의 분쟁을 겪고 난 뒤에도 여전히 인종적으로 순수한 민족국가가 아닌 이 나라들에도 유일한 공통분모가 있음을 간명하게 표현하는 문장이다. EU가 발칸 반도의 퍼즐조각을 그럴듯한 그림으로 짜맞추자, 보스니아는 1990년대의 폭격으로 폐허가 된 깊은 수렁에서 벗어나 유럽의 동방 팽창의 중심 교차점으로서 빠르게 활기를 되찾아가고 있다.

EU가 발칸을 깨뜨린 것은 아니다. 하지만 그들은 발칸을 사들여야만 한다. 지난 10년간 EU는 발칸이라는 부서진 항아리에다 방대한 양의 외교 접착제를 갖다 붙이면서 군사적 안정에 관한 한 미국에 기대야만 했던 심리적 의존을 마침내 떨쳐버렸다. 한 학자는 이를 두고 '심각한 부상을 입은 후에 장기간 부목을 대고 있는 사람'에 비유했다.[11] 그런데 EU는 이동 가능한 군 병력의 절반을 남부 발칸에 주둔시키면서 신식민주의 장치(이를 냉소적으로 '유로피언 라지(European Raj)'라고 부른다. 라지는 통치, 지배를 뜻하는 인도어—옮긴이)를 통해 긴급조치권을 행사했다. 수십 명의 보스니아계 세르비아인 선출직 공무원을 일시에 면직시킨 것이다. 이는 정치공작이라고 부를 만한 행위였다. 유럽은 미래 국민들의 분노를 폭발시키지 않으려면 그런 식의 관료주의적 신탁통치 행태를 마치 '전염병 피하듯' 해야 한다는 것을 이제야 깨달아 가고 있다.[12]

하지만 미래는 아직 도래하지 않았고 오늘의 보스니아는 여전히 종족 분쟁의 불씨를 안고 있다. 스르프스카 공화국(Republika Srpska)은 사라예보에서 동쪽으로 불과 6마일 떨어진 곳에 있다. 사라예보 외곽 지역의 대기에는 여전히 차가운 안개 같은 두려움이 서려 있다. 사라예보는 그럭저럭 현상을 유지하며 서로 경쟁하는 세 개의 분파로 갈라진 나라의 수도로서 발칸의 보고타(Bogota, 남아메리카 콜롬비아의 수도—옮긴이)라고 할 수 있다. 의료 서비스와 연금을 제공하며 충성심을 확보하는 범죄조직과 민병대가 주도권 싸움을 벌이는 가운데 사람들은 여전히 누굴 믿어야 할지 불안해한다. 오늘 트랙터를 운전하는 저 사람은 얼마 전까지만 해도 탱크를 몰았다. 속임수의 대가인 세르비아계 전쟁범죄자로 '보스니아의 도살자'라 불리는 라도반 카라지치(Radovan Karadžić)는 아직도 잡히지 않고 있다(카라지치는 2008년 7월에 체포됐다—옮긴이). "우리는 유럽이 우리나라의 통제권을 돌려주기를 원합니다. 단, 그런 놈들에게 주어서는 안 돼요." 오랜 기간 덮여 있던 껍질을 걷어내고 밝은 노란색 페인트로 새 단장한 사라예보의 홀리데이 인 호텔에서 한 보스니아 언론인은 말했다.

굽이진 산길을 따라 내려가 사라예보에 다다르면 총탄 자국으로 얽은 건물이 보인다. 그 건물 맞은편에는 보스니아 대학살 당시 세르비아 군사령관 라트코 믈라디치(Ratko Mladić)의 명령을 받은 저격수들이 도로 한복판을 향해 빗줄기처럼 총을 쏘아대던 언덕이 있다. 나이든 전 유고슬라비아인 세대들은 가슴속 깊이 한을 간직하고 있다. 최근에 그들은 세르보-크로아트 키릴문자(Serbo-Croat Cyrillic, 옛 유고 연방에서 가장 폭넓게 쓰이던 언어—옮긴이)로 쓴 보스니아 국립극장 명패를 모조리 교체했다. 한편, 누구의 소유인지 모르는 중심가의 한 쇼핑몰 건물은 파괴되어 콘크리트 골조만 남은 채 버려져 있다. 발칸 반도 전역의 경제는 엄청난 재정적자와 높은 물가상승에 시달리고 있다. 너무도 많은 사람이 회색시장(gray market, 공정 가격보다 다소 비싸게 매매하는 위법적인 시장을 일컫는 속어—옮긴이)에서 일하고 있고 수많은 세르비아인, 크로아티아인, 보스니아인이 청부 일자리라도 구하겠다고 이라크로 떠나고 있어서 고용 관련 통계는 도무지 믿을 수가 없다. 사라예보의 비좁은 거리를 누비고 다니는 현대식 버스들은 EU나 일본이 준 선물이다.

이 와중에도 새로운 세대들은 오래된 도시 사라예보의 이곳저곳에서 그들만의 르네상스를 펼치고 있다. 1914년에 오스트리아의 황태자 프란츠 페르디난드(Franz Ferdinand)가 암살당한 밀랴츠카 강 다리 바로 옆에서 사라예보의 젊은이들이 마치 이곳이 바르셀로나나 베이루트인 양 파티를 벌인다. 불량배 행색의 호모 발카니쿠스(Homo balcanicus)가 아마도 도난 차량인 듯한 유럽 번호판이 붙은 고급 자동차와 오토바이의 액셀러레이터를 밟아대며 부릉거린다. 때깔이 나지 않는 가장 흔한 차는 1980년대에 유행한 싸구려 마이크로카인 유고(Yugo)다. 지하 나이트클럽에서 흘러나와 쿵쾅쿵쾅 거리를 울려대는 테크노 음악과 카페 문밖 파라솔마다 붙은 레드불(Red Bull, 오스트리아제 피로회복 음료—옮긴이) 광고를 보면 이 도시의 젊은이들이 무엇으로 힘을 얻는지 알 수 있다. 늙은 호텔 주인들은 밤새 호객행위를 하며 유럽인 여행자들을 끌어와서는 안개 낀 이른 아침까지 붙잡아둔다. 지하 디스코장 엔지니어는 이렇게 회고했다. "이런 모습들은 전쟁이 끝나고 얼마 되지 않아 나타나기 시작했어요. 공부를 하기 위해 독일 등지로 떠났던 많은 젊은이들이 전쟁이 끝나자마자 속속 돌아왔습니다. 보스니아를 저버릴 수가 없었으니까요. 보스니아 재건은 바로 우리의 일입니다."

모스타르에 새로 축조된 다리 근처에는 인종 구분에 대한 저항의 상징인 이소룡 동상이 서 있다. 예전에 이 다리의 파괴는 이 나라가 지옥으로 추락하는 것을 알리는 대표적인 상징이었다. 사라예보 인근 곳곳에서는 '새로운 예루살렘'이라는 옛 명성을 되살리겠다는 취지 아래 도시계획에 따라 모스크와 교회의 재건축이 진행되고 있다. 모스타르에 사는 한 웨이트리스가 힘주어 말했다. "우리 젊은이들은 더 이상 오스만의 유산에 얽매이지 않아요. 누가 어떤 종교를 믿든 무슨 상관이에요?" 유럽식 통치체제를 도입하기만 하면 이 땅에서 전쟁이 사라질 것이라고 믿는 사람들이 두 배로 늘어남에 따라, 자신의 미래를 보스니아—헤르체고비나에서 찾으려는 세르비아인과 크로아티아인의 비율도 두 배로 높아졌다. 데이턴 협약 체결 10년 후 보스니아 정부는 세 부분으로 나뉜 헌법을 다민족 유럽국가에 더욱 적합한, 인종 구분이 없는 하나의 통일된 체계로 바꾸었다. 복구된 여러 건축물에는 이미 EU의 깃발이 펄럭이고 있다. 이 깃발은 보스니아 국기보다 눈에 더 잘 띈다. 보스니아의 마르카화는 틀림없이 유로화로 대체될 것이다. EU 회원국은 독자적인 통화를 가질 필요가 없다.

그러나 EU 가입 그 자체가 치료제인 것은 아니다. EU의 가입자격조건인 '코펜하겐 기준(Copenhagen Criteria)'을 충족시키기 위해 정치, 경제, 기반구조의 개혁을 거치면서 보이지 않는 손의 효력이 발생하고, 새로운 유럽의 심장에 발칸의 팔다리가 이어진 뒤에야 비로소 건강진단서가 발급된다. 현재 EU의 가입 승인을 기다리고 있는 마케도니아에 바로 이런 방식이 도입됐다. 평화유지군이 유고슬라비아의 다른 지역에서 위험요인이 넘어오는 것을 막아주고, 안정화군이 국경을 안전하게 지켜줌으로써 독립을 확보할 수 있었다. EU는 마치 기강이 해이한 팀을 통솔하는 강한 의지를 지닌 축구 코치처럼 발칸 반도의 남부지역 전체에 안정협약을 들이밀면서 그들 모두가 자격요건을 갖추기 전에는 단 한 나라도 EU에 가입할 수 없음을 분명히 하고 있다.[13] 보스니아 출신으로 국외로 추방되고 나서 현재 서구의 한 비정부기구를 운영하고 있는 사람은 말한다. "이제 모두가 EU의 방식을 실행에 옮기고 있습니다. 우린 미래의 정치 비즈니스 리더들을 훈련시키는 일을 하지요. 훈련은 각 나라별로 따로 실시하지 않습니다. 모두 한데 모아 다 함께 훈련하지요."

남동 유럽을 위한 마셜플랜과 흡사한 이 프로그램의 마지막 과정은 보스니아와 코소보 난민들을 송환하고 오스트리아에서 알바니아에 이르는 새로운 수송 네트워크를 확보하는 것이다.[10] 유럽에서 가장 가난한 알바니아는 미국으로 건너간 아이티인과 쿠바인처럼 뗏목을 타고 아드리아 해를 건너 이탈리아로 가는 난민을 다룬 뉴스에 등장한 것을 제외하고는 유럽 사회에서 주목을 거의 받지 못하던 나라였다. 그런데 한때 그리스와 베네치아의 식민지였음을 나타내는 건축물들이 완전히 사라지기 전에 유럽이 돌아와 알바니아의 스탈린식 관료주의를 정통 근대 유럽식으로 교체했다.[14] EU의 지침에 따라 알바니아의 장터와 포도농장에 투자유치가 이루어졌다. 이후 여행객이 늘었고, 그들은 이곳을 조용한 해변과 값싼 맥주가 있는 새로운 휴가지로 만들어가고 있다. 영화 〈엘비스와 메릴린〉에 묘사된 발칸 반도의 위태로운 국경 풍경은 차츰 독일 고속열차 이체(ICE)가 달리는 풍경으로 바뀌고 있다. "기차를 타고 왔다면 여긴 유럽인 거예요." 한 이탈리아 여행자가 재치 있게 말했다.

그래도 유럽의 경계를 확장시키는 것은 아직까지 도로다. 새로 건설된 고속도로를 타고 부다페스트에서 베오그라드를 지나 동쪽으로 달리다 보면, 남쪽으로는 스코페(Skopje, 마케도니아의 도시―옮긴이)와 테살로니키(Thessaloniki, 그리스의 도시―옮긴이), 동쪽으로는 소피아(Sofia, 불가리아의 도시―옮긴이)와 이스탄불(Istanbul, 터키의 도시―옮긴이)로 갈라지는 기로에 선다. 거의가 예전에 베오그라드와 콘스탄티노플을 이어주던 비잔틴 대로로 지도에 표시돼 있던 도로들이다. 4세기에 서로마 제국과 비잔틴 제국을 가르던 드리나 강의 동쪽과 서쪽 길이 다시 연결된 것은 지역의 화해와 유럽공화국의 융성을 예고하는 중요한 상징이자 역사적 발걸음이다.[15] 동방문제 해결의 길은 이처럼 글자 그대로 아무도 예측 못한 방향으로 선회하고 있다. 발칸 반도 유럽화의 결

---

10) 재건, 개발, 안정을 위한 공동체 지원(CARDS) 계획 아래에 기반시설 프로그램이 들어 있다.

정적인 마지막 요소는 그리스뿐 아니라 터키도 이에 협력하고 있다는
사실이다. 수 세기 동안 유럽은 발칸 반도 지배권을 두고 터키와 싸워
왔다. 이제 그들이 발칸을 구하기 위해 힘을 합치고 있다.

4

터키
작은 유럽과 큰 유럽의 갈림길

비너스 윌리엄스(Venus Williams)가 그 위에서 테니스를 했다. 데이비드 쿨사드(David Coulthard)가 포뮬러원 경주용 차를 몰고 그곳을 건넜다. 그곳은 바로 보스포루스 현수교다. 이 현수교는 터키 공화국 50주년을 맞아 1973년에 개통한 다리로, 유럽과 아시아를 잇는 관문이라는 이스탄불과 터키의 독특한 위치를 나타내는 상징물이다.

터키는 별개의 대륙이라는 개념을 무색하게 할 만큼 매우 중요한 공간을 차지하고 있다. 콘스탄티노플은 11세기 동안 비잔틴 제국의 수도였고, 그 후에는 이스탄불이라는 이름으로 발칸 반도와 소아시아, 중앙아시아에 걸친 광대한 영토를 지배한 오스만 권좌의 중심이었다.[11] 오

11) 1071년 셀주크투르크 군대는 만지케르트 전투에서 비잔틴 제국을 격파하고 콘스탄티노플에 입성했다. 비잔티움의 유일한 구세주는 아이러니하게도 제국의 동쪽에서 셀주크에 맞선 투르크의 또 다른 정복자 티무르(Timur)였다.

스만제국은 좁은 다르다넬스 해협 위에 두 발을 벌리고 서서 유럽과 아시아를 잇는 동서 통로, 흑해와 지중해를 잇는 남북 통로를 지배했다. 오스만제국의 아나톨리아 핵심부이던 터키는 냉전기에 북대서양조약기구의 대동방 전진기지이자 정보초소였다. 또한 터키는 흑해 북안의 우크라이나와 더불어 동쪽으로 뻗은 유럽의 두 중심 가지 중 하나이자, 세계 제일의 위험지대인 시리아와 이라크, 이란으로 통하는 관문이기도 하다. 터키가 유럽의 전략적 비중에 미치는 영향은 의미심장하다. 터키의 힘을 키우지 못한다면 동쪽에서의 유럽의 역할은 사실상 발칸 반도에서 끝이 난다.

터키의 중요성은 불가리아에서부터 시작된다. 500만 명 규모로 인구가 줄어든 불가리아는 대통령보다 강력한 시장이 더 필요한 EU 회원국이다. 불가리아는 '이스탄불가리아(Istanbulgaria)'라는 합성어가 생겨날 만큼 나라 전체가 통째로 거대도시 이스탄불의 교외지역이 돼가는 중이다. 이스탄불은 이미 부다페스트(헝가리)에서 바쿠(아제르바이잔)에 이르는 지역을 통괄하고 있는 대규모 교역 중심지다. 터키 사업가들은 호텔을 카지노로 탈바꿈시키며 소피아의 스카이라인을 자기 입맛에 맞게 요리해왔다. 국경 너머 에디르네에서 미끈한 유럽횡단고속도로가 펼쳐진다. 원래 유럽연합군 전투기의 비상착륙장으로 건설된 이 고속도로는 오늘날 서유럽을 유쾌하게 오가면서 터키식 휴게소에서 신선한 스낵을 즐기며 쉬는 터키인들의 메르세데스 벤츠와 BMW 자가용 행렬을 자랑한다.

터키는 그 지리적 위치뿐 아니라 정체성으로도 중요하다. 무슬림 세계에서 가장 강력하고 민주적이며 세속적인 나라이기 때문이다.[1] 2005년에 레젭 타이프 에르도안(Recep Tayyip Erdoğan) 총리는 이런 말을 했다. 'EU는 정치적 성숙함을 보여주며 세계적인 권력이 되거나, 기독교 클럽으로 끝나고 말거나 둘 중 하나가 될 것이다." 그해에 터키는 EU 가입협상 착수 승인을 받았다. 이는 EU가 인종과 문화의 진정한 '융합체'가 될 준비를 마쳤다는 신호였다.[2] 그런데 실은 그 길 외에 다른 길이 있을 수 없다. 처음에는 비잔틴 교회였다가 나중에 오스만의 모스크가 된 이스탄불의 웅장한 성 소피아(Hagia Sophia)는 여전히 기독교도와 이슬람교도 둘 다의 성지이기 때문이다. 이스탄불의 이국적인 부티크와 고급 화랑, 향긋한 목욕탕이 그곳을 새로운 베를린으로 만들었다. 그런가 하면 베를린의 크로이츠베르크 지구는 '작은 이스탄불'이라 불린다. 이스탄불의 말솜씨 좋은 나이트클럽 경영자가 쾅쾅거리는 음악을 배경으로 큰소리친다. "이스탄불에서 판을 돌려보지 않은 유럽 DJ는 일류가 아니야!" 터키의 유럽화가 진전됨에 따라 유럽도 터키화돼간다.

오늘의 핵심 문제는 유럽 문명과 신오스만 문명 간의 동맹이냐 영원한 긴장이냐다. 터키와 유럽의 관계는 오스만제국의 빈 포위(seige of Vienna, 1529년 오스만의 술레이만 1세가 오스트리아의 빈을 포위한 사건—옮긴이) 이후 매우 우호적으로 변해왔다. 터키의 EU 정회원 자격 획득을 가로막는 것은 유럽 평균보다 현저히 가난한 7,500만에 가까운 인구라는 이 나라의 덩치뿐이다. 40여 년 전 유럽공동체(EC)가 터키와 가맹 협의에 착수했을 때 초점은 단 하나, 터키 경제를 유럽과 협력 가능한 상태로 만드는 것뿐이었다. 통치 형태는 별로 논의되지 않았고, 유럽 공동의 대외정책 같은 것도 없었다. 그런 조율은 북대서양조약기구가 할 일이었고 터키는 오래전부터 북대서양조약기구 가맹국이었다. 그러나 수많은 회원국의 주권을 공동 관리해야 하는 EU로서는 결국 어쩔 수 없이 터키의 사례를 만들 수밖에 없었다.

거의 모든 이웃나라들과 전쟁을 벌여온 나라인 터키가 오늘날 구사하는 대외정책은 연구해볼 만한 가치가 있다. 제1차 세계대전 이전의 터키 정부는 현명하게도 독일, 영국, 오스트리아, 헝가리 제국, 러시아, 프랑스 대사들과 우호적인 관계를 유지하며 어느 한 나라에도 충성을 바치지 않았다. 그리스, 세르비아, 불가리아의 정교도들은 1913년까지 러시아의 지원을 받아 자국에서 오스만 지배자들을 몰아냈다. 터키공화국의 건국자로서 1934년에 터키 대국민의회로부터 아타튀르크(ataturük, 국부)라는 칭호를 받은 무스타파 케말(Mustafa Kemal)은 제1차 세계대전이 종전된 후부터 '국내도 평화, 국외도 평화' 전략을 추구했다. 이는 오늘날 터키가 실시하고 있는 '다각도' 외교의 바탕이 되는 통찰력 있는 전략으로서 유럽, 미국, 러시아, 카프카스 지방, 이란, 시리아, 이스라엘과 한꺼번에 화해를 하는 대담한 행위였다. 아타튀르크가 영국군의 갈리폴리 반도 상륙작전을 격퇴하며 후방 전투에서 눈부신 전과를 올린 지 거의 1세기가 지난 지금, 아이러니하게도 영국이 터키의 EU 가입을 가장 적극적으로 지원하는 후원국이다. 그리스도 터키의 EU 가입을 지지하고 있다. EU 가입을 계기로 터키가 북키프로스에

서 손을 뗄 수도 있다는 기대심리 때문이다.[3]

　"요즘 들어 동쪽 국경지대의 긴장이 매우 높아졌습니다. 그래서 우리는 이웃한 아랍, 페르시아와 친하게 지내기 위해 세계화를 활용하지요." 앙카라에서 만난 터키 외교관의 설명이다. 오스만의 식민통치를 겪으면서 아랍인들 사이에 터키에 대한 뿌리 깊은 반감이 형성됐음에도 불구하고, 최근 몇 년 새 모로코, 리비아, 이집트와 터키 간 무역이 세 배로 늘었다. 최근의 터키 외무장관들은 아랍어를 유창하게 구사하는 사람들이었고, 아랍인들은 터키의 시장경제가 유럽에서 인정받는 것을 부러워한다. "많은 이윤을 남기고 싶어 하는 시리아나 레바논 사람들은 터키에 물건을 파는 데 그치지 않고 우리와 파트너 관계를 맺고서 유럽에 직접 재수출을 합니다. 이 방면에서는 우리가 그들보다 한 수 위죠. 훨씬 더 전문적이거든요." 이스탄불의 최고급 호텔에서 한 젊은 여성 기업가가 말했다. 중앙아시아나 아랍의 기준에서 볼 때 이스탄불은 매우 유럽적이다. 이것 말고도 터키인에게 유리한 점이 또 하나 있다. 그것은 아랍인이 너무도 혐오하는 야비한 기독교 십자군 전사가 아니라는 점이다. 아랍과 터키는 미국의 간섭이 새로운 횡포라는 데는 의견일치를 보면서 서로에 대해서는 그렇게 보지 않는다. 이스탄불에 있는 알자지라 통신원은 이렇게 설명했다. "아랍인은 터키인의 도덕주의와 세속주의의 혼합을 좋게 봅니다. 터키와 아랍 사이에 폭넓은 언론 교류가 이루어지면서 양측은 다수의 서방 정책에 대한 회의적인 견해를 공유하게 됐습니다. 이제 아랍 사람들은 자신들이 터키의 모델을 따르지 못하는 이유가 민주주의의 결함에 있다는 사실도 알고 있습니다." 터키는 1949년 이후 오랫동안 이스라엘과도 외교적 군사적 유대관계를 맺어왔다. 이란과의 유대관계 또한 꾸준히 향상되고 있다. 교역과 에너지 협약으로 양국 사이에 수십억 달러가 오가는데다 쿠르드족 억압에 대한 묵계가 더해진 덕분이다.

터키는 사방에서 친구를 찾을 것이다. 충분히 그럴 수 있다. 러시아와 공동작전을 펴는 것만 봐도 터키가 미국이나 EU야 어떻게 생각하든 필요한 상대라면 그게 누구든 어떤 식으로라도 교류한다는 것을 알 수 있다.[3] 수 세기 동안 러시아는 터키의 흑해 연안을 통제하고 다르다넬스 해협을 장악하여 지중해로 나가는 통로를 확보하려고 시도해왔다. 그러나 이제 두 나라는 흑해 해저를 통해 터키의 삼순 항으로 이어지는 블루스트림(Blue Stream) 파이프라인에서 공동의 명분을 찾았다. 러시아는 EU에 이어 터키 제2의 교역 상대가 됐다. 터키의 건설회사는 무너져가는 러시아의 재건을 돕고, 러시아의 가스는 터키 경제에 연료를 공급한다. 제1차 세계대전 때 러시아가 점령한 바 있는 흑해의 한적한 화물집산지 트라브존에서는 그림 같은 항구에 정박한 러시아의 요트와 다른 배들 사이에 무엇이 오고 가는지 아무도 추적하지 않는다. 그곳을 통해 슬라브인 매춘부들이 멀리 두바이까지 팔려나간다.

"미국과 유럽은 우리의 후견인 역할을 해봐야 그다지 좋을 게 없다는 사실을 알아야 해요. 우리는 언제든 그들의 요구를 단칼에 거절하고도 후회하지 않을 테니까요." 이스탄불의 한 지식인이 자국에서 생산된 명품 커피를 홀짝이며 자신 있게 말했다. 1990년대에 미국과 EU는 터키를 두고 서로 줄다리기를 벌여왔다. 2003년 이라크전쟁이 터지자 무게중심은 급격하게 유럽 쪽으로 기울었다. 미국은 터키가 이라크 침공을 당연히 도울 것이라 여겼지만, 터키 의회는 군사기지를 제공해달라는 미국의 요구를 거부했다. 후세인 정권이 물러난 이라크에서 전개될 쿠르드 민족주의, 자국 영토 내에 외국 군부대가 주둔함으로써 발생할 관광 수입의 손실을 염려해서였다.[4] 미국이 터키의 군사력에 의존하던 시대착오적 습관에 갇혀 있는 동안 터키의 문민 지도자들은 EU의 민주적 책임을 벤치마킹했다. 2005년에 터키에서 출간된 베스트셀러 스릴러물을 통해 이라크전쟁에 대한 터키인의 망상이 갑자기 초현실적인 양상을 띠게 됐다. 《금속 폭풍*Metal Storm*》이라는 이 책의 내용은 터키의 비밀정보기관 리더가 터키를 점령한 미국에 대한 복수로 워싱턴에다 핵무기를 터뜨린다는 것이었다. 이후 미국과 터키의 관계는 '전략적 파트너십'이라는 진부한 관계로 빠져든 한편 터키와 EU 사이의 연간 총교역량은 터키와 미국 사이 교역량의 10배로 는다.[5] "미국은 자기들의 로비 덕에 우리의 EU 가입 가능성이 커졌다고 합니다만, 사실은 미국 때문에 유럽이 훨씬 더 엄격한 기준을 들이대게 됐지요. 우린 더 이상 미국의 후원을 원치 않습니다." 앙카라에서 활동하는 한 분석가는 이렇게 불평했다. 실제로 EU는 미국의 이라크 침공을 지원한 일부 회원국보다도 터키에 더 큰 영향력을 갖게 됐다.[12]

이로써 유럽은 터키인의 머릿속에서 미국보다 더 큰 비중을 차지하게 됐다. 그렇지만 터키를 완전히 설복시키는 것은 여전히 힘난한 도전이다. 아타튀르크가 터키 공화국은 "진로를 바꾸지 않고 동에서 서로" 행진하고 있다고 공언하기는 했지만, 냉전시대에 터키가 행진해 나아갈 방향은 오로지 서쪽뿐이었다. 이제 터키는 다시 한 번 역내 최강의 군대를 갖게 됐고, 스스로도 그것을 알고 있다. "오스만 시대 때부터 이

---

12) 한 불가리아 지식인이 관찰한 대로 "이라크 전쟁 기간 동안 동유럽의 입장은 지리적 귀속 의식에 대한 편의의 승리였으나, 장기적으로는 이 지리적 조건이 더 강력한 요인이 될 것이다."

지역의 정치 지형을 규정해온 것은 우리였습니다. 우린 400년 동안 이라크를 지배했지요." 앙카라에서 만난 한 터키 장군이 날카로운 목소리로 지적했다. "터키가 폴란드처럼 유순해지는 일은 결코 없을 겁니다." 정책 엘리트 집단인 새로운 '청년 투르크(Young Turks)' 역시 공화정 이전의 자기들의 과거를 재발견하며 자부심을 키워왔다. 이처럼 서방을 개의치 않는 신오스만적인 흐름이 터키의 사회적, 정치적, 외교적 유연성을 떨어뜨린다. 일부 터키인들은 진지하게 '플랜 B'를 심사숙고하고 있다. '플랜 B'란 EU에 가입하지 않고, 자신들의 이익에 부합할 때만 EU와 협력하는 영국이나 러시아처럼 '특권적 파트너십'을 추구하는 계획이다.

1963년부터 지금까지 EU 가입 언저리에서만 계속 맴돈 터키는 EU 가입을 열망하는 다른 나라들에게 인내의 미덕을 가르쳐주었다. EU에 가입하지 않고도 터키 경제는 이미 커다란 이익을 누려왔다. 유럽관세동맹(Europe's customs union)을 통한 40년간의 교역과 이민 덕분이다. 유럽 접근 초기에 터키 농민들은 밭에서 일할 때도 블레이저를 걸치고서 자신들에게 유럽인 기질이 흐르고 있다는 것을 표현했다. EU 가입 찬반 국민투표에서는 찬성표가 압도적으로 많았다. 글을 읽지 못하는 제1세대 해외 이주 노동자들이 고향에 송금만 한 데 비해, 유럽 이주 제2세대들은 그동안 쌓은 부와 재능을 바탕으로 고향에 공장과 학교를 지었다. 아나톨리아 중부 카이세리에 있는 깔개 공장이 그 대표적인 사례다.[6] 오늘날 제3세대 해외 이주민들은 베를린에서 비슈케크(Bishkek, 키르기스스탄의 수도)까지 넓게 퍼져 있으면서 본국에 상당한 금액을 송금함으로써 터키의 소득불평등을 줄이는 데 기여한다. 브라질, 중국, 미국과 함께 터키의 소득불평등은 세계 최고 수준이다. "하루 속히 기반을 다져서 고향으로 돌아가고 싶어요." 독일에 사는 한 터키인이 앙카라에서 카이세리로 이동하는 길에 잠시 휴식을 취하며 한 말이다. 그의 희망대로 이제 터키 경제는 스스로 지탱할 수 있는 상태를 향해 도약하고 있다.

17세기에 유럽은 오스만제국을 진압하기 위해 힘을 합쳐야 했다. 또다시 터키의 지평선이 사방에 어른거리게 된 지금 EU는 터키의 경제적 닻이 되는 데 그칠 게 아니라 심리적, 정치적 닻 역할도 해야만 한다. 그런데 자부심 강한 터키인을 상대하려면 매우 섬세하게 다가가야 한다. "터키인을 열 번 때리면 아무 일 없지만 열한 번 때리면 죽임을 당한다"라는 말이 있다. 터키에서는 정확히 유럽의 '어떤' 나라에서 왔다고 해야지 그냥 뭉뚱그려 '유럽'에서 왔다고 말하면 얻어맞는다는 것을 명심해야 한다. 터키는 이미 유럽의 한 나라 그 이상의 존재다. 제트기를 타고 여행을 다니는 터키인들은 자기네 해변에 술 취해 쓰러진 유럽인들을 힐끗 내려다보고는 에게 해변에 있는 멋진 거주지 안으로 모습을 감춘다. "터키의 인텔리겐치아들은 에게 해를 즐기느라 너무 바쁜 나머지 유럽의 여론을 움직이는 데 신경 쓸 겨를이 없다." 얼마 전에 한 신문 칼럼니스트가 비꼬아 쓴 글이다. 이스탄불에 사는 터키 부자들은 대부분 유럽식 생활과 교육 시스템을 즐기며 유럽의 다른 곳에 제2의 주택을 소유하고 있다.

그러나 터키의 자신감에도 아랑곳없이 유럽의 보이지 않는 터키 식민화는 빠르게 진행되고 있다. EU 위원회의 프로그램은 한번 만들어지면 거의 중단시킬 수 없다. 1990년대 말에 터키는 유럽을 부끄럽게 해 유럽으로 하여금 터키를 진지하게 대하게 만들었다. 그럼에도 EU는 터키의 회원국 가입 승인을 보장한다는 전제도 없이 공동체법규 전체, 다른 협상국들보다 4개 장이 더 많은 35개 장을 모두 수용하라는 주장을 굽히지 않고 있다. 지금 EU는 비잔틴식 금융 및 공공서비스 제도의 구조개편을 강요하면서 터키의 대규모 암시장과 맺고 끊음이 불분명한 비즈니스 문화의 일소를 돕는 한편 터키 유수의 통상기업들을 지원하고 있다. 이스탄불의 눈부신 스카이라인은 유럽 자본으로 만들어졌고, EU의 규제는 터키의 노동 기준과 상품의 질을 높였다. 터키의 개혁을 촉진하는 이러한 '모진 사랑'식 접근 방법은 터키, 멕시코에 대한 미국의 전략보다 훨씬 우수하다.

"지리적으로 우리는 유럽에 속한다. 그러나 정치적으로도 그럴까?" 노벨상 수상 작가 오르한 파묵(Orhan Pamuk)은 제1차 세계대전 중에 자행된 터키의 아르메니아인 대학살을 비판하며 고뇌했다. 아르메니아인 학살은 '터키인에 대한 모독'이라는 딱지가 붙은 일련의 범죄행위로 분류된다.[7] 사실 유럽은 터키인들 사이에 터키의 정치사와 관련된 역사적인 내부 논쟁을 조용히 불붙여왔다. 아르메니아인에 대한 터키의 처우와 키프로스 재통일에 관한 논쟁이 그것이다. "EU의 압력이 없었다면 대학에서 지금처럼 다양한 과목을 가르치지도, 여성이 지금처럼 높은 지위를 얻지도 못했을 겁니다." 이스탄불에서 만난 한 여성 사회운동가의 진술이다. 커다란 논쟁을 불러일으킨 EU의 요구를 딱 하나 꼽으라면 말할 것도 없이 쿠르드인과 비이슬람교도 집단에 더 많은 권리를 부여하라는 것이다. 터키 군대는 주로 터키 남동부 이라크 국경지대에 기반을 두고 쿠르드인의 독립을 주장하는 무장세력인 쿠르드노동자당(PKK)과 20년간 치열한 교전을 벌였다. 이후 터키 전역에 퍼져 사는 1,000만에서 1,200만에 이르는 쿠르드인은 진보적인 정부 프로그램을 통해 사회적, 경제적, 정치적 통합을 이루어왔다. 그래도 주민 대부분이 쿠르드 농민들로 구성된 디야르바키르(Diyarbakir) 지구의 실업률은 여전히 매우 높아서, 2006년 노우루즈 축일(Nowruz, 조로아스터교에서 유래한 이란력의 설날—옮긴이)을 전후해서는 폭동이 일어나기도 했다. PKK의 공격로로 쓰였던 군사도로는 이제 시리아 및 이란과의 교역 관계를 개선하여 결과적으로 쿠르드 농민들을 이롭게 할 목적으로 확장되고 있다. EU는 순전히 감정적이기만 했던 터키의 토론 문화는 정서적이며 정치적인 토론으로 개선하는 데 크게 기여했다. 덕분에 터키에서는 사형제가 폐지되고, 쿠르드 테러지도자 압둘라 오잘란(Abdullah Ocalan)도 사형을 면했다. EU의 개입이 없었다면 터키의 사형제가 폐지되기까지 아마 수십 년 이상의 시간이 걸렸을 것이다.

앙카라에 있는 아타튀르크 묘에서 병사들이 거위걸음으로 장엄한 근위병 교대식을 거행한다. 국내에서만큼이나 해외에서도 존경받는 보기 드문 지도자에 대한 변함없는 충성을 상징하는 의식이다. 케말주의(Kemalism, 공화주의, 인민주의, 세속주의를 골간으로 하는 무스타파 케말 아타튀르크의 정치이념—옮긴이)의 수호자로서 군대는 여러 차례에 걸쳐 신성한 개입 행위를 해왔다. 가장 최근의 예는 1997년에 반서구 친이슬람적인 네지메틴 에르바칸(Necmettin Erbakan) 총리를 쫓아낸 '포스트모던 쿠데타'다.[8] 그러나 터키 정치가들은 군부가 차츰 자신의 전문영역에 부합하는 일만 하게 하고, 나아가 EU 지원하에 군부를 압박하여 국가안전보장회의(National Security Council) 의장직을 민간인이 맡고 위원직의 상당수도 민간인이 차지하게 만들었다. 오늘날 터키의 엘리트들은 민간인, 군인 할 것 없이 모두 다 스스로를 없어서는 안 될 현대화주의자들로 여기면서 서로를 차단하고 터키 사회의 이슬람화 경향을 차단한다. 훨씬 더 중요한 것은 세속 엘리트와 군부 지도자들, 이슬람

주의자들 모두 유럽화가 군부의 정치개입 권리보다 더 중요하다고 여
긴다는 사실이다.[9] EU는 터키가 스스로를 길들이는 것을 돕는다.

터키는 이슬람과 근대성이 서로 공존하는 데 그치지 않고 어떻게 하
면 더 번영할 수 있는지를 보여주는 최고의 모델이다. 코니아에서는 휠
링 더비시(whirling dervish, 회전명상 춤을 추는 수도승―옮긴이)들이 수피
(Sufi, 터키 지역에 기반을 둔 이슬람교의 신비주의 종파)의 신비스런 시인 루
미(Rumi)에게 경의를 표하는 메블라나 세마 춤(mevlevi sema, 수피파 메
블라나 교단의 의식으로서 수도승들이 신과 교통하기 위해 추는 회전명상 춤―
옮긴이) 의식을 거행한다. 신의 계시를 받은 황홀경 속에 빙빙 돌면서
그들은 지리적 형세가 터키를 두 방향으로 끌어당기는 것만큼이나 강
력하게 터키 내에 영적인 힘이 미치고 있음을 상기시킨다. 터키인은 터
키 이슬람을 수니파와 시아파라는 이슬람 양대 종파와는 독립된 것으
로 규정한다. 그들은 자신들이 이슬람교도이기 이전에 터키 국민이라
고 생각한다.[10] 터키에는 알레비파와 수피파를 비롯한 다양한 이슬람
종파들이 넓게 퍼져 있다. 개개의 종파들은 아타튀르크가 시행했고 심
지어는 수니파 이슬람이지만 충실한 친유럽파인 정의발전당(AKP)에
의해서도 유지돼온 세속주의(secularism)를 존중한다. 정의발전당의 다
수 지식인들은 자신들이 '개심한 이슬람주의자'가 아니라 '보수적인 민
주주의자'라고 말한다. 2007년 의회 선거에서도 그들은 민주주의에 대
한 신념을 거듭 천명했다.[11] 이제 터키의 관청이나 대학에서 여성이 히
잡을 쓰는 것은 불법이다. 현재 이러한 조치를 취한 또 다른 나라로는
프랑스가 유일하다. 터키는 세계 최대의 속옷 제조국 가운데 하나인 동
시에 절제된 이슬람 수영복 디자인의 선두주자이기도 하다. 축구 경기
를 시청하는 중에 모스크의 기도 종소리가 들려오면 식당 주인들은 텔

레비전 볼륨을 조금 높인다. 터키 사회의 이런 세 가지 추세, 즉 발전, 민주화, 이슬람의 현대화야말로 미국과 유럽이 아랍세계 전역에서 똑같이 실시하고 싶어 하던 것이다.

그러나 터키 사회에서 이슬람 문화운동이 일어나는 것 또한 현실이다. 북적거리고 활기 넘치는 이스탄불의 무허가 판자촌은 전 이스탄불 시장이자 현 총리인 레젭 타이프 에르도안의 지지기반이다. 이곳을 필두로 터키의 드넓은 동부 농촌 지대의 선거구들에서 지금 이슬람 문화운동이 펼쳐지고 있다. 코니아에서 동쪽으로 가다 보면 문화와 풍광이 유럽풍에서 아시아풍으로 변해가는 것을 볼 수 있다. 밀밭, 멜론 지지대, 도로변의 자동차수리용 천막, 길 잃은 소, 너부러진 쓰레기더미가 터키의 또 다른 면을 보여준다. 앙상한 나무들이 끝없이 늘어선 길을 따라 차를 몰고 가노라면 트랙터가 자동차를 대신하여 마을 내 수송수단으로 쓰이고, 트럭의 빵빵거리는 소리가 중앙아시아로 메아리치고, 거리의 이름은 알 수도 없고 들어맞지도 않는다. 많은 여인들이 히잡을 쓰고 있고, 매년 수백 건의 명예살인(honor killing, 집안의 명예를 더럽혔다는 이유로 가족 성원, 특히 여성을 죽이는 관습—옮긴이)이 일어나며, 각진 셀주크 성채와 모스크가 과거의 엄혹했던 시절을 상기시킨다.

소나무 숲과 고요한 호수가 있는 동쪽의 이 드넓은 땅덩어리는 유럽의 존속에 없어서는 안 될 전략적 돌출부이자 지정학적 자산이다. 유럽은 러시아, 카스피 해, 이란의 석유와 가스를 발칸으로 수송하는 유라시아의 에너지 교량으로서, 그리고 카프카스 지방의 안정추로서 갈수록 터키를 더 필요로 한다. 그러나 터키 정부가 바위벽을 관통하는 기적 같은 터널을 뚫고 다리를 놓아 터키 구석구석을 하나로 합친다 해도, 터키의 지리와 문화는 터키가 결코 유럽 땅일 수만은 없다는 사

실을 일러준다. 유럽의 슈퍼파워는 유로-터키 슈퍼파워가 될 수밖에
없다.

제국을 향한 러시아, 오스만, 페르시아의 열망은 여러 세기에 걸쳐 흑
해로 흘러들어 그 짙고 고요한 물속에서 합류해왔다. 현재 세바스토폴
교외에 있는 크림 반도 최대의 고고학 유적지로서 고대 로마의 전초 기
지였던 케르소네소스(Chersonesos)는 '반도'라는 뜻의 그리스어에서
유래한 지명으로, 988년에 러시아의 블라디미르 대공(Prince Vladimir
the Great)이 기독교 세례를 받은 곳이기도 하다. 그 후 비잔틴제국이
소멸하면서 그리스정교가 키예프와 모스크바로 퍼져 나갔다. 14세기
에는 제네바인들이 크림 반도를 잠시 통치했다. 중세 시대에 흑해는 베
네치아와 몽골, 중앙아시아의 투르크족을 잇는 세계 교역의 중심지였
다. 오스만의 통제하에 있던 300년 동안 유럽 상인들은 흑해를 '터키
호(Turkish lake)'라 불렀다. 그러나 19세기에 흑해는 지정학적 소용돌
이에 빨려 들어갔다. 유럽 열강의 초기 목적은 오스만제국을 해체하고
보스포루스 해협을 장악하는 것이었다. 그러나 니콜라이 1세 치하의
러시아가 오스만 함대를 괴멸시키자 새로운 국면이 펼쳐졌다. 흑해가
러시아의 호수가 되는 것을 막기 위해 영국, 프랑스, 오스트리아가 연
합해 달려들어 크림전쟁이 발발한 것이다. 이 크림전쟁은 영국과 러시
아가 중앙아시아에서 벌인 '그레이트 게임(Great Game)'의 서부 전선
이 됐다.[12]

흑해는 오늘날 유럽, 유라시아, 중동의 안전지대 가장자리에 자리

잡고 있으면서 그중 어느 곳에도 분명하게 속하지 않는, 전략상의 버뮤다 삼각지대로 묘사돼왔다.[13] 그런데 요즘 유럽공동체 내 흑해 연안국들 사이에 유기적이고 다면적인 통일성이 복원되고 있다. 예컨대 오렌지혁명의 무대였던 키예프의 마이단 광장의 이름은 축제와 교역이 다채롭게 펼쳐지는 공간을 뜻하는 이란어에서 유래했다. 크림 반도는 여전히 몽골 유목민의 후예인 1백만에 가까운 타타르인, 볼가 불가르인, 볼가 강과 돈 강 유역에 퍼져 있는 투르크계 부족들의 고향이다. 뿐만 아니라 크림 반도는 그곳이 러시아에 병합된 후 흑해를 건너 터키로 간 크림한국(Crimean Khanate)의 수많은 타타르인과도 연관이 있다. 19세기에 프랑스와 오스트리아, 영국의 국제적인 건축가들과 부호들이 만든 우크라이나의 흑해 항구 오데사는 오늘날 다시금 서유럽에서 저 멀리 극동 지방을 오가는 밀수품이 드나드는 곳이 되면서 그 일차적인 지리적 복원을 예고한다.

유럽이 흑해 동쪽에서 에너지를 수입하는 비중이 점점 커지고 있다. 이 지역에서 러시아의 영향력을 떨어뜨리고 우애 의식을 부활시키기 위해 그루지야, 우크라이나, 우즈베키스탄, 아제르바이잔, 몰도바는 1990년대 중엽에 지역 외교집단을 형성했다. 그러나 지금 이 그룹은 우즈베키스탄의 탈퇴로 인해 구암(GUAM, 우즈베키스탄을 뺀 나머지 4개국의 약어―옮긴이)이라는 이빨 빠진 약어를 달고 있다. 전략상 더 의미 있는 노력은 루마니아, 불가리아, 우크라이나, 터키, 그루지야, 아제르바이잔이 가입된 흑해 경제협력기구(BSEC)의 결성이다. 흑해를 가로지르는 교역은 급증하고 있다. 터키는 우크라이나 경제에 연간 20억 달러를 투자하며 비틀거리는 우크라이나 조선 산업의 소생을 돕고 있다. 연안국들의 점진적인 유럽화와 더불어 흑해는 이제 그 동쪽 해안에

서 서구 세계와 카프카스 지방을 이어주는 '유럽의 호수'가 돼가는 중
이다.

5

카프카스 회랑 지대
유럽과 아시아의 교량

아나톨리아의 연장부로서 흑해와 카스피 해 사이에 있는 울퉁불퉁하고 좁고 길쭉한 땅 카프카스 지방은 그냥 무시하고 지나쳐도 될 것 같은 지역으로 보인다. 그러나 카스피 해와 중앙아시아에서 출발하는 서방의 새로운 석유 동맥을 안전하게 지키려면, 파이프라인이 통과하는 이 지역에 있는 별로 비전 없어 보이는 자그마한 옛 소련공화국인 그루지야, 아르메니아, 아제르바이잔을 사실상 식민화해야 한다. 유럽인들은 발전이나 부패 정도가 제1세계보다는 제3세계에 더 가까운 이 나라들에 대규모의 변화가 필요함을 깨닫고서, 내적 지향점이 없다는 카프카스 지방의 결점을 은근히 이용해왔다. 역사적으로 볼 때 유럽의 민주화 전략이 유럽 확장 전략이었던 데 반해, 코펜하겐 기준은 카프카스 국가들처럼 자격을 갖추지 못한 나라들은 회원으로 받아들이지 않을 것이라고 EU 회원국들을 안심시키려는 의도를 담고 있었다. 한 유럽 외교관의 고백을 들어보자. "우리는 지리학적 미학에 따라 판단합니다. 터키 저편에 있는 것들은 안중에도 없어요." 카프카스 지방은 비서방세계가 시작되는 곳이다.

하지만 카스피 해의 에너지를 안전하게 확보하는 것이 EU 회원국의 자격 기준을 높이는 것보다 더 우선시되면서 서방은 카프카스 지방에 대한 접근법을 180도 바꾸어 러시아 신제국주의에 의해 파괴된 카프카스의 지위를 격상시키고 있다. 1990년대 초까지만 해도 유럽과 미국의 외교관들은 러시아가 아무리 이름뿐인 강대국이라 할지라도 옛 소련 지역을 공정하게 관리할 것으로 믿었다. 제국이 공중분해 된 뒤에도 러시아는 진정한 독립국가연합(CIS)이 자리잡는 것을 지원하기보다는 자신의 옛 공화국들 간에 분란만 일으켜왔다. 러시아는 카프카스 국가들을 '공용 아파트'라고 부른다. 러시아가 가장 잘 아는 원대한 전략, 즉 분할통치의 더러운 부산물을 계속 세탁해줄 수 있는 지역이라는 의미다. 러시아는 이 지역에 공공연한 분쟁을 일으킨 후 개입하면서, 자신만이 이 아옹다옹하는 아이들을 평화롭게 지내게 할 수 있는 유일한 강국이라고 주장한다. 이에 대응해 서방세계가 시도해볼 수 있는 새로운 도박은 카프카스 지방을 러시아의 근린지역이 아니라 유럽의 근린지역으로 만드는 것이다. 도박이 성공할 경우 카프카스 국가들은 제3세계에서 한 단계 도약하게 될 것이고, 서방세계의 에너지 안보는 안심해도 되는 수준에 훨씬 가까워질 것이다.

서양 에너지 안보의 닻, 그루지야

버려진 마을, 무너진 건물, 악취 나는 배기가스를 뿜어대는 낡은 트럭,

노변에서 옥수수를 파는 여인네, 말라가는 냇바닥에서 멱을 감는 아이, 수도에 즐비한 초췌한 거지를 머릿속에 그려보라. 그리고 그들이 백인이라고 상상해보라.

혁명은 한 사회의 미덕이 얼마나 뿌리 깊은가보다 한 사회가 얼마나 절망적인가를 훨씬 더 많이 폭로한다. 그루지야만큼 이를 극명하게 드러내준 나라도 없다. 그루지야 지도자들은 자기 나라가 두말할 것도 없이 서방세계에 속한다고 확신했다. 그러나 그루지야인은 기독교도일지는 몰라도 유럽인은 아니다. 그들이 수도 트빌리시에서 제아무리 집요하게 EU 깃발을 휘날린다 해도 그 사실에는 변함이 없다. 그들의 나라는 기껏해야 타이어가 펑크나기 십상인 도로를 달리는 느려터진 자동차 경주와 야자수가 있는 카프카스의 쿠바일 뿐이다. 또한 지독하게 이기적인 그루지야 원로들을 모조리 끌어내린 결과는 크기가 엇비슷한 발트 해 연안국들이 정권을 교체했을 때와 달리, 나이도 어리고 준비도 안 된 초년병들의 정부였다. 우크라이나, 세르비아, 그리고 가까운 미래에 급작스런 체제 변화를 겪을지 모르는 나라들과 마찬가지로 그루지야의 선거민주제는 잘해야만 서서히 자유국가로 변모해갈 것이다. 그 반대급부로 주어지는 인

그루지야Gruziya

면적 : 7만㎢
인구 : 463만 명('08)
수도 : 트빌리시(Tbilisi)
인종 : 그루지야인(83.8%), 아제르바이잔인(6.5%), 아르메니아인(5.7%), 러시아인(1.5%)
언어 : 그루지야어(71%, 공용어), 러시아어(9%), 아르메니아어(7%), 아제르바이잔어(6%)
종교 : 그루지야정교(83.9%), 이슬람교(9.9%), 아르메니아정교(3.9%)
정체 : 공화제
행정구역 : 9개 주, 1개 시, 2개 자치공화국(압하스, 아자르)
통화 : 라리(lari)
GDP : 206억$('07)
1인당 GDP : 4,400$('07)
수출 : 21억$('07)
수입 : 50억$('07)
주요 교역국 : 터키, 러시아, 미국, 아제르바이잔, 우크라이나
인터넷 사용자 : 36만 명('07)
분쟁 : 러시아, 아르메니아, 아제르바이잔과의 크고 작은 국경분쟁을 OSCE와 UN이 중재

센티브가 압도적으로 커지기 전까지는 인권침해와 시장조작, 정실지배 (crony governance, 권력 주변의 친인척과 친지, 그리고 정치 경제 엘리트 연합에 의한 통치—옮긴이)가 여전히 지속될 것이다. 그루지야에 대한 유럽의 우려는 그루지야가 지속적으로 발전하지 못하고 저발전과 불안정의 수레바퀴를 맴도는 라틴아메리카의 제3세계 국가들과 마찬가지로 '혁명의 피로'를 겪게 될 거라는 전망에서 비롯한다.

사실 소련은 그루지야 점령자들 가운데 가장 친절했다. 소련 이전에 그루지야에 온 난폭한 아랍인, 몽골인, 페르시아인들에 비하면 더욱 그러했다. 그루지야 중앙부의 도시 고리에서 나고 자란 스탈린(Joseph Stalin)은 제2차 세계대전 때 극심한 고통을 겪은 자신의 공화국이 낮은 세금을 내고도 소비에트 왕관의 보석 같은 대우를 받을 수 있게 했다. 1990년대의 예두아르트 셰바르드나제(Eduard Shevardnadze) 정권은 유럽의 원조를 받아 복지를 늘리기도 했지만 한편으로는 끝을 알 수 없는 부패의 수렁이었다. "소련의 마지막 외무장관이던 셰바르드나제는 우리에게 독일 재통일이라는 선물을 주었어요. 그런 그에게 우리는 아낌없는 후원과 폭넓은 재량권으로 화답했지요." 한 외교관의 고백이다. 그루지야는 세 가지 생존법이 있는 나라였다. 그것은 훔친 물건 암시장에 내다 팔기, 택시 운전, 밀수, 혹은 그 세 개의 조합이다. 고리 사람들은 아직도 아시아식의 바퀴 셋 달린 스쿠터 인력거를 타고 돌아다닌다.

2003년에 '장미혁명(Rose Revolution, 셰바르드나제 대통령을 퇴진시킨 무혈 혁명—옮긴이)'이 일어났지만 그 후로도 몇 년 동안 상황은 거의 개선되지 않았다. 돌아가는 사업이 전혀 없는 가운데 마을들은 깨진 유리창과 어그러진 콘크리트 블록들이 즐비한 유령도시가 됐다. 훌륭한 길에서 더 훌륭한 시민들이 난다는데, 오늘날까지도 그루지야에는 제대로 된 길 하나 없다. 나라의 통치를 빗댄 표현인 '멍들도록 두들겨 패고 찌르기'에 딱 어울리는 현실이다. 미국 유학파 출신의 젊은 대통령 미하일 사카슈빌리(Mikheil Saakashvili)는 자신의 정책에 반대하는 여러 독립신문과 텔레비전 방송, 비정부조직을 폐쇄했다. 그래도 셰바르드나제 정권하에서는 판사들이 뇌물을 먹고도 치우치지 않을 수 있었다. 하지만 사카슈빌리 정권하에서는 본격적인 재판이 이루어지기도 전에 이미 정부에 유리한 결정이 내려져 있는 경우가 많았다. 장미혁명을 이끈 세 지도자 가운데 제2인자였던 주라브 즈바니아(Zurab Zhvania)를 위해 전에 없던 총리 직책이 만들어졌다. 그러나 사카슈빌리와 즈바니아 사이의 경쟁은 정부를 두 편으로 분열시켰다. 한 편은 그루지야의 보안기구를 장악하고, 다른 한 편은 경제를 장악했다. 그러다가 급기야 즈바니아가 의문의 죽음을 당하고 만다. 의회에서 발의한 법률이 대통령의 뜻과 대치될 때는 어김없이 대통령의 뜻이 우선했다. 그루지야에는 진정한 의미의 정당은 없고 'gov.ge'라는 이메일 주소를 쓰는 이익집단만 있을 뿐이다. 공산주의에 향수를 느끼는 사람들이 갈수록 많아지는 것은 조금도 이상한 일이 아니다.

정부가 제도보다 지도자들을 옹호할 때마다 국민들은 손해를 본다. 미국은 이라크전쟁에 군대를 파견할 나라들을 확보하는 데 정신이 팔린 나머지 서서히 사카슈빌리의 '준비, 발사, 조준(ready, fire, aim, 정상 절차인 준비, 조준, 발사의 순서를 무시한 채 일단 실행부터 하고 나서 차후에 점검, 조정을 하는 일처리 방식―옮긴이)' 위장 민주주의를 지지하기 시작하더니 마침내 악화되는 엄연한 현실에 대해 정치적으로 눈이 멀기에 이르렀다. 트빌리시에서 한 정치운동가가 울분을 토했다. "미국이 장미혁명의 성공을 지나치게 자신한 탓에 우리 인권단체들은 더 이상 미국기구들의 기금 지원을 받지 못하고 있습니다." 사카슈빌리는 자신이 무너뜨린 바로 그 전임자에 의해 길러졌고, 그 자신 또한 캠프에 입소하여 칼라슈니코프(Kalashnikov, 러시아의 미하일 칼라슈니코프가 개발한 총기의 브랜드−옮긴이)를 쏘며 충성심을 배우는 아이들인 '소년단'의 간부들을 훈련시켰다. 각료들은 여전히 의자뺏기놀이에 정신이 팔려 서로에게 책임을 전가하기에 급급하다. 그루지야의 한 분석가가 화난 목소리로 지적하듯이 "아직 길들여지지 않은 짐승들이 득시글거리는 동물원 우리" 같은 모습이다.

소비에트 관리하에서 살아남은 사업이라곤 포도주 사업밖에 없는 나라를 통치하기란 분명 쉬운 일이 아니다. 15세기 동안 트빌리시는 그 지역의 으뜸가는 대도시였다. 하지만 중심과 주변 관계는 늘 긴장의 연속이었다.13) 터키 국경의 항구 지대인 아자르의 지도자 아슬란 아바시제(Aslan Abashidze)는 2004년에 모스크바로 도망치기 전에 관세 수입을 전부 빼돌리고 러시아의 지원하에 내전까지 시도했다. 같은 시기에 사카슈빌리는 부족한 전기를 트빌리시에 집중적으로 공급하여 시민들을 만족시키는 동시에 트빌리시 시장 자리에 가까운 친구를 임명했다. 정부의 초기 자금을 만들기 위해 사카슈빌리는 부자 사업가들을 공갈협박하여 그들이 한 번도 낸 적이 없는 세금을 면제해주는 대신 공공서비스 부문에 기금을 대게 했다. 트빌리시 중심가에 위치한 한 회사는 망명자들을 매수하여 최고급 저택을 비우게 한 다음 그곳을 사무실로

---

13) 카프카스 지방의 각 나라는 '땅을 모으는' 단계, 즉 국경을 확정하고 안정을 유지하고 틀 잡힌 나라에 가까운 상태가 되는 것을 목표로 하는 단계에 있다. 1세기 전 오스만 제국이 붕괴될 당시의 노력을 반복하고 있는 것이다.

개조했다. 그루지야에 있는 부티크와 호텔은 죄다 돈세탁 창구로, 아침마다 마피아 졸개들이 시계추처럼 현금 가방을 들고 나가는 진풍경을 연출한다. 트빌리시에서 직접 확인할 수 있는 것은 세계에서 가장 탐나는 지위의 상징은 창문을 짙게 선탠한 검은 메르세데스가 틀림없다는 사실이다. 앞으로 그루지야에서 부패가 줄어들고 세금 징수와 경찰의 법집행이 개선될 수도 있다. 그러나 소위 혁명의 미덕에 맡기는 자유방임적 믿음만으로는 불가능하다. 매우 강력한 외부의 힘이 필요하다.

"러시아놈들을 지옥으로!" 러시아가 그루지야 내의 분리주의 운동을 계속해서 지원하자 사카슈빌리가 분노를 터뜨렸다. 그의 분노는 미국과 유럽에 대한 호소, 즉 러시아의 간섭을 막아주고 그루지야가 무기 밀거래와 무기제조용 우라늄 밀수출의 교차로 역할을 하지 못하게 해달라는 호소에 가까웠다. 지금 그루지야–아제르바이잔 국경에는 첨단 기술을 이용하여 방사능 물질의 수송을 막는, 미국 돈으로 만든 거대한 관세 초소가 서 있다. 그러나 이것은 러시아의 집요한 침투를 막아내기에는 역부족이다. 우크라이나와 그루지야를 잃은 러시아에는 흑해의 좁은 해안밖에 남아 있지 않은데, 그마저도 아제르바이잔이 러시아 항구인 노보로시스크로의 석유 수송을 중단한 지금 그 전략적 가치가 더욱 낮아졌다. 유럽안보협력기구(OSCE)의 감시 임무를 해제시키고, 남오세티아인들에게 러시아 여권을 제공하고, 그루지야의 북서부 해안 지방인 압하스의 분리주의 운동을 지원함으로써 그루지야를 분열시키고 있는 러시아는 나고르노–카라바흐를 둘러싸고 아제르바이잔과 영토 분쟁 중인 아르메니아를 지원하고 있다. 러시아는 또한 위장 기업을 통해 그루지야의 금과 구리, 목재 자원을 지속적으로 착취함으로써 이미 작은 이 나라가 계속해서 분열하는 것을 막는 데 필요한 세수의 증대를 철저하게 방해하고 있다. 그루지야가 군사기지의 철수를 요구하자 러시아는 천연가스 가격을 두 배 인상하는 것으로 대응했다, 그것도 한겨울에. 가즈프롬이 우크라이나인에게 고통을 가한 것과 똑같은 방식이었다. "작은 나라가 크고 힘센 나라와 이웃하고 있는 것은 매우 위험합니다." 그루지야 학자 알렉산드르 론델리(Alexander Rondeli)의 설명이다. "작은 나라가 전략적 오류를 범할 경우 그것은 한낱 호사가 아니라 자살 행위일 수 있어요. 취할 수 있는 사실상 유일한 대외정책 수단은 외교뿐입니다."[1]

그러나 러시아의 카프카스 지배가 제 무게에 짓눌려 붕괴할 가능성은 여전하다. 체첸 공화국의 반란 진압에 성공했음에도 러시아는 여전히 무슬림이 거주하는 북카프카스 지역과 타타르스탄 공화국에서 지배의 정당성을 확보하지 못하고 있다. 참고로, 유럽 최대의 모스크가 있는 타타르스탄에서는 반러시아 정서를 묵인하는 환경이 여전하다.[2] 톨스토이의 소설 《하지 무라트*Hadji Murat*, 19세기 전반에 다게스탄과 체첸의 반러시아 저항운동을 이끈 카프카스 지도자 하지 무라트를 소재로 삼아 쓴 톨스토이의 소설—옮긴이》에 묘사된 사나운 체첸 기질은 역사 전반에 걸쳐 러시아의 앞길을 막아왔고 또다시 부활할지도 모른다. "러시아는 체첸을 흡수하려고 노력해왔습니다. 하지만 그들은 언제나 일을 더 까다롭게 만드는 길을 선택하지요." 그루지야의 한 외교관이 말했다.

영향권은 책임권이다. 서방세계의 에너지 안보와 민주화 전략은 반드시 함께 추진되어 카프카스 지방에 또 하나의 작은 유럽을 만들고 나아가 러시아의 퇴각을 가속시켜야 한다. 1990년대 내내 에너지 회사들은 카프카스 지방의 서방측 주요 대표자가 되어 자기이익을 추구함과 동시에 서방의 전략을 뒷받침하는 통상외교관 역할을 수행했다. 당시 그들은 '세기의 거래'라 불린 바쿠-트빌리시-제이한(BTC, Baku-Tbilisi-Ceyhan) 파이프라인 건설사업을 중매했다. 세계에서 두 번째로 긴 파이프라인인 BTC 파이프라인은 아르메니아를 전면 우회하는 등 정세가 민감한 지역을 피해 주로 지하로 건설됐다. 터키를 경유하여 터키 쪽 지중해 해안에서 끝나는 이 파이프라인은 세계 석유의 약 10퍼센트를 운반하는 송유관이다.[3] 2005년 BTC 파이프라인 개통식에서 사카슈빌리는 이것이 "이 지역에서 힘의 균형을 크게 변화시켜 번영을 가져오고 독립을 강화시킬" 아제르바이잔과 그루지야, 그리고 서방세계의 지정학적 승리라고 선언했다.[4] 1,600킬로미터의 BTC 파이프라인에 붙은 40억 달러라는 가격표는 서방세계가 카프카스 지방을 안정시키기 위해 치르는 비용치고는 싼값이었다.

터키의 트레일러트럭들이 바투미 인근 그루지야 국경 도로에 교통체증을 유발한다. EU가 터키를 통해 수십억 유로가 들어가는 아시아행 수송로 연결계획을 실행에 옮기고 있기 때문이다. 그루지야와 터키의 철도를 연결하면 유럽의 화물을 이스탄불에서 바쿠까지 실어 나를 수 있고, 그것이 다시 왕복연락선을 타고 카자흐스탄으로 건너간 다음 드디어 중국까지 운송되며, 그 반대 경로를 거치는 수송도 가능해진다. 그루지야는 우크라이나와 무비자 협정을 맺어 터키를 경유하지 않고 EU 철도를 이용할 수 있게 되기를 기대하면서 터키에 고자세를 취한다. 하지만 그루지야가 서방과의 제휴를 확실히 하려면 BTC 파이프라인의 안전을 확보하여 음흉한 러시아 회사들을 물리쳐야 하고, 그러기 위해서는 터키의 도움이 절실하다.

"서방의 에너지 안보가 우리의 전략적 입지에 달려 있는 만큼, 서방세계는 이제 우리가 나라를 통제하도록 돕지 않을 수 없을 겁니다." EU

기금으로 새로 단장한 사무실에서 그루지야의 한 정부 고문은 이렇게 단언했다. 소비에트주의의 부서진 파편을 쓸어내고 제로베이스에서 새로운 그루지야를 건설하는 데는 수십억 달러가 들어가겠지만, 유럽으로서는 선택의 여지가 없다. BTC 파이프라인은 그루지야 경제를 아제르바이잔 경제의 부속물로 만들어, 그루지야가 제3세계의 경제특구와 거의 흡사하게 운송, 통신, 호텔, 요식 산업에서 일출효과(spillover effect, 한 요소의 생산활동이 그 요소의 생산성이나 다른 요소의 생산성을 증가시켜 경제 전체의 생산성을 올리는 현상―옮긴이)를 볼 수 있게 한다. 그루지야 은행들은 이제 국제금융공사(IFC)의 우대를 받는다. 미국과 세계은행은 연간 1억 달러 가까운 돈을 써가며 러시아로부터 계절 단위로 전기를 사들이고 도로와 가스 정제소를 건설한다.

소비에트의 산물인 정신분열증에 가까운 인구통계학에서 비롯된 오랜 분쟁을 보통 '동결(frozen)' 상태라고 말하는데, 이는 외교적 무관심을 조장하는 부적절한 표현이다. 오늘날의 카프카스는 10년 전의 발칸과 같다. 서방세계가 적극적으로 개입하지 않는 한, 휴전의 결과는 안정에 대한 환상일 뿐이다. 압하스, 남오세티아, 나고르노-카라바흐 분쟁이 신의 섭리를 통해서 스스로 해결되지는 않을 것이다. 오히려 사람들은 갈수록 소원해지고, 무장은 확산되며, 불법 밀수가 판을 치고, 이슬람 급진주의의 영향력이 커지는 상황이 계속될 것이다. 그루지야의 교회와 아르메니아에서의 오스만인 학살, 그리고 아제르바이잔의 이슬람 세력에 기반을 둔 새로운 민족주의가 카프카스의 지표면 아래에 가만히 잠재된 상태로 있지만은 않을 것이다. 이 기반들은 모두 군사 예산의 증대를 정당화하는 데 왜곡 이용된다.[5] 아직 국경이 확정되지 않은 카스피 해 역시 러시아가 거대한 볼가 강 삼각주에 있는 항구도시아스트라한의 조선 산업을 부양하고, 이란에 공동 해군순찰대를 제안하면서 점점 군사화하고 있다.

'동결'된 분쟁지역으로 추정되는 이 모든 곳에 평화유지군을 배치하는 것만이 북대서양조약기구와 EU가 러시아와 이란의 간섭에 결정적인 종지부를 찍을 수 있는 유일한 길이다. 북대서양조약기구는 그루지야와 아제르바이잔이 연합 파이프라인 방호 부대를 만들게 했고, 수상쩍은 러시아인이나 이란인의 통행을 저지할 수 있도록 아제르바이잔 해안경비대의 격을 높이는 자금을 대왔다. EU는 이 지역을 1세기 전 러시아 혁명과 볼셰비키 통합 사이에 잠시 존재했던 자카프카지예 연방(카프카스 산맥 남쪽의 아제르바이잔, 그루지야, 아르메니야 3국 연방—옮긴이)을 다시 부활시키려는 작업을 서서히 추진하고 있다. 새뮤얼 헌팅턴은 기독교국인 그루지야 및 아르메니아와 그 주위의 이슬람교도 국가들 사이의 분쟁은 종식될 수 없다고 주장했다. 그러나 미국과 EU가 군사적 지원과 파이프라인, 도로를 제공하여 이 지역 국가들을 한데 묶을 수 있는 연결고리들을 만들어가는 데서 보듯이 석유가 피보다 더 진하다는 것이 입증되고 있다. 만일 그루지야의 국경이 강화된다면, 그루지야 지도자들은 자신들이 행태를 청산하지 못하는 데 대한 변명거리를 더 이상 찾지 못하게 될 것이다. 총리 주라브 노가이델리(Zurab Noghaideli)가 덤덤하게 고백했듯이 "더 좋은 나라를 만들면 문제의 90퍼센트가 해결된다." 그렇게 되면 그루지야는 부패의 온상에서 벗어나 서방 에너지 안보의 닻이 될 수 있다.

러시아가 줄어드는 발판 위를 뛰어다니며 오랏말놀이(hopscotch, 땅 위에 여러 칸으로 된 도형을 그려놓고 돌을 던진 다음 한 발 또는 두 발로 뛰어가서 말을 집어 돌아오는 놀이—옮긴이)를 하고 있는 지금, 서방은 러시아를 대신하여 아르메니아의 보호자 역할을 할 수 있는 황금의 기회를 잡았다.[6] 사시사철 불안정한데다 최근에는 의회가 무장 습격을 당하는 풍상까지 치렀지만, 아르메니아는 러시아와 이란, 그리고 해외 이민(특히 캘리포니아)의 투자가 각기 독립적으로 이루어진 덕분에 살아남았다.[7] 그러나 그루지야는 러시아와의 불안정한 균형상태를 감수하느니 차라리 터키와의 관계를 정상화하는 것이 더 유리하다. 그래야 서쪽 국경을 열어 EU와의 유대도 더 다지고 터키 영토 안에 있는 자신의 성지 아라라트 산(Mount Ararat, 성경에 노아의 방주가 머물렀다고 기록된 산으로, 아르메니아인의 정신적 고향이자 아르메니아 신들의 성지—옮긴이)에 대한 상징적인 접근도 확보할 수 있기 때문이다. 그루지야와 아르메니아의 안정이 확보되면 결국 러시아와 이란도 어쩔 수 없이 더 넓은 흑해와 카스피 해 에너지 체계 속에 들어올 가능성이 커진다.[14] 유럽이 가장 가기 싫어하는 곳에서도 유럽의 확장은 유럽에 이익을 가져다준다.

에너지가 부족한 산유국, 아제르바이잔

카프카스 지방은 유럽의 동부와 아시아의 서부가 만나는 곳이다.[15] 로마 백부장(百夫長)들이 새긴 라틴어 명판들은 아제르바이잔이 1세기 이래로 유럽의 최전방이었음을 보여준다. 그러나 로마인들도 지옥 같은

---

14) BTC 송유관은 카프카스 국가들과 이스라엘 사이의 유대도 깊게 만들어왔다. 이스라엘 석유의 20퍼센트가(이 비율은 갈수록 늘고 있다) 카스피 해로부터 그 에움길을 통해 제이한까지 와서 이스라엘로 수송되기 때문이다. 이스라엘은 그중 일부를 홍해를 통해 극동 지방으로 재수출할 계획도 갖고 있다.

고부스탄 사막(Gobustan Desert)에서는 사람이 살 수 없다고 선언하고 철수했다. 그루지야에서 '태양의 바람'이라는 뜻이 딱 어울리는 아제르바이잔의 수도 바쿠에 가려면 국경 근처 남카프카스의 숲에서 산맥을 타고 내려온 뒤 다시 160킬로미터의 타는 듯한 땅을 가로질러 가야 한다. 그러나 러시아의 카프카스와 이란의 탈리슈 산맥 사이에 끼인 아제르바이잔은 유럽을 단지 문화만이 아니라 이익까지 공유하는 연합체로 만드는 전략을 완성하는 데 필요한 마지막 구성요소다.[7] 유럽은 아시아의 영혼을 가진 사람들을 수용할 수 있을 때라야 비로소 그 지리적 책무를 완수하게 될 것이다.

아제르바이잔은 서방세계의 뉴프런티어지만 그런 느낌이 거의 들지 않는다. 중세시대의 모스크, 소비에트 시대의 덩치 큰 아파트 단지, 유리로 된 오피스 타워들이 모두 동과 서, 과거와 현재가 혼재된 바쿠의 상징물들이다. 한때는 바쿠와 타브리즈, 사마르칸트, 카불을 경유하며 투르크와 아랍, 인도, 중국 세계를 연결하는 비단길이 번창했다. 탈리슈 산맥에 있는 사원은 카슈미르에 있는 사원과 비슷하다. "제대로 날려면 두 날개가 모두 필요한 새와 마찬가지로 우리나라도 모양으로나

---

15)　자카프카지예를 배경으로 한 슬픈 러브스토리《알리와 니노*Ali and Nino*》의 서두에서 바쿠의 한 교사는 이렇게 잘라 말한다. "유럽의 동쪽 경계는 우랄 산맥을 따라 러시아 제국을 관통해 카스피 해를 지난 다음 자카프카지예를 통과하여……. 어떤 학자들은 카프카스 산맥 남쪽 지방을 아시아 땅으로 보는가 하면, 어떤 학자들은 자카프카지예의 문화적 발전상으로 보건대 이 땅을 유럽의 일부로 여기는 것이 마땅하다고 믿는단다. 그런 고로, 애들아 우리 마을이 진보적인 유럽에 속할지, 아니면 반동적인 아시아에 속할지 정해지는 데에는 너희 책임도 일부 있다고 말할 수 있단다." 바쿠 출신의 유대인 레프 누센바움(Lev Nussenbaum)이《알리와 니노》의 익명의 작가라는 것이 통설이었지만, 최근의 역사적 조사를 통해 아제르바이잔 외교관 유수프 베지르 세멘제민리(Yusuf Vezir Cemenzeminli)가 작가일 수도 있다는 가능성이 제기되었다.

문화적으로나 동과 서 두 날개가 모두 필요합니다." 아제르바이잔의 한 역사가가 마치 시를 읊듯 말했다. 아제르바이잔의 국기는 이슬람을 나타내는 초록, 자유를 상징하는 빨강, 투르크 족을 뜻하는 파랑으로 이루어진 삼색기다. 1918년 아제르바이잔은 무슬림 최초의 민주국가가 되어 교육받은 현대 여성에게 투표권까지 주었다. 800만 국민 대부분이 시아파 이슬람교도지만, 투르크 민족주의와 소비에트 무신론이 강한 세속적 성격을 심어놓았다.

아제르바이잔에는 학교에 다니는 여자아이가 남자아이보다 더 많고, 바쿠 중심가에 있는 이란 국영은행 바로 앞에는 베일을 벗고 스스로 해방시키는 소비에트 시대의 여인상이 그대로 서 있다.

　그러나 바쿠의 여인들이 미니스커트를 입고 다니는 것과 대조적으로, 나르다란 인근에는 베일을 쓴 여인들이 자주 눈에 띄며 이슬람 벽화가 새겨진 벽이 많다. 터키와 마찬가지로 아제르바이잔 전역에서도 이슬람 부흥운동이 감지된다. 이런 현상은 소비에트의 굴레가 벗겨지고, 체첸 망명자들이 상주하고, 이란과 국경을 맞댄 가난한 남부 지방의 모스크와 미디어에 이란이 기금을 지원하면서 발생하게 됐는데, 종종 발전의 유일한 징표로 이야기되기도 한다. "이슬람 급진주의를 해결할 방법은 터키처럼 정부의 감독 아래 학교에서 진정한 이슬람을 가르치는 겁니다. 그러지 않으면 취직을 못한 상태에서 유혹에 빠지기 쉬운 많은 젊은이가 여타 아랍국가의 경우와 마찬가지로 급진적인 모스크에서 이슬람을 처음 접하게 됩니다." 바쿠에 사는 한 대학원생의 주장이다.

즈비그뉴 브레진스키(Zbigniew Brzezinski)는 아제르바이잔을 '카스피 병의 마개'라고 불렀다.[8] 바쿠에는 수천만 년 된 유전과 가스전이 있다. 아득한 기원전 5세기 때에도 불을 숭배하는 자들이 카스피 해안 가까이에 사원을 지었다. 20세기 초두에 바쿠는 세계 최대의 석유 생산지이자 수출지였다. 당시 노벨 형제(Nobels, 다이너마이트 발명자 노벨의 형들로서 바쿠의 유정 개발과 정유 산업을 선도했다—옮긴이)와 로스차일드 가(Rothschilds家, 유럽 금융계를 기반으로 하는 전설적인 유태계 가문으로, 초창기의 바쿠 석유 산업에 관여했다—옮긴이)의 석유거래에는 러시아 정부가 깊숙이 개입했다. 훗날 러시아는 소련 석유생산의 70퍼센트에 달하는 아제르바이잔의 석유에 대한 통제를 강화했고, 아제르바이잔이 독립한 직후에는 아르메니아와 협력하여 민족주의 지도자 아불페즈 엘치베이(Abulfez Elchibey)의 낙마를 모의했다.[9] 소비에트 시절 러시아에 이익을 가져다주던 석유 온천은 아직도 그대로 남아 신병 치유에 효험이 있다는 원유 목욕의 기회를 제공한다.

아제르바이잔은 환경오염물로 여행객의 관심을 끄는 세계에서 몇 안 되는 곳 중 하나다. 카스피 해로 뻗은 작은 반도처럼 생긴 바쿠의 한 지역에는 녹슬어가는 파이프와 그것을 지탱하고 있는 거대한 받침대들이 가득 들어차 있는데, 그 면적이 하도 넓다 보니 정부는 기름 유출을 최소화하는 것 말고는 달리 손을 쓰지 못하고 있다. 정부는 이곳과, 가동을 중단한 카스피 해 앞바다의 석유굴착장치들을 함께 묶어 둘러볼 수 있는 헬리콥터 탑승표를 관광 상품으로 판매한다. 아제르바이잔은 글자 그대로 에너지 신들에게 기도를 올리고 있다. 카스피 해안에서 녹슬어가는 유정탑들이 내려다보이는 언덕 위에는 아제르바이잔 정부가 직접 후원하는 유일한 모스크인 비비 헤이바트(Bibi Heybat)가 자리 잡고 있다. 이 모스크는 공화국의 석유생산이 떨어진 뒤 스탈린에 의해 파괴된 특별한 이력을 가지고 있다. 바쿠에 있는 마르크스 기념탑은 현재 아즈페트롤(Azpetrol, 아제르바이잔의 재벌급 석유회사—옮긴이)의 송신소 중 하나로 사용되고 있다.

아제르바이잔 국민 중 일부는 자기 나라를 '카프카스의 쿠웨이트'로 만들고 싶다고 말한다. 유럽의 석유 공급원으로서의 비중이 점점 커지면서 아제르바이잔은 이미 카프카스 지방 최고의 부자나라가 됐다. 6성급 호텔 '엑셀시어(Excelsior)'의 이름은 두바이에 있는 배 모양의 호텔 이름을 따서 '버즈 바쿠(Burj Baku)'로 붙이는 편이 더 나았을 것이다. 19세기 말에 바쿠 중심가를 건설했을 때와 같은 수준의 유럽 건축가와 석유왕들이 다시 돌아와 불안해 보이는 절벽 위에 저택을 지으면서, 교외지역의 개발도 서서히 질서정연하게 이루어지고 있다.

그러나 아제르바이잔은 기름의 축복을 받았을 뿐 지혜의 축복까지 받지는 않았다. 따라서 문제는 다음 20년 안 어느 때인가 기름이 다 떨어지기 전에 지혜를 축적할 수 있느냐는 것이다. 아제르바이잔은 아직도 헤이다르 알리예프(Heydar Aliyev)가 자신을 위해 만든 정치질서를 기반으로 하여 돌아간다. 전 KGB 수장이며 소련공산당 내 최초이자 유일한 무슬림 정치국원이었던 알리예프는 작은 나라를 맡기에는 너무 큰 리더였다. 결국 그는 나라의 이미지를 대표하면서 급기야 나라의 이름에 먹칠을 하기에 이른다. 아제르바이잔의 통치체제에 진정한 패러다임의 전환이 이루어지는 것은 그의 후임자가 들어설 때에야 가능할 듯했다. 그러나 헤이다르 알리예프가 죽자 정권은 그의 아들 일함 알리예프(Ilham Aliyev)에게로 이양됐다. 선거가 치러지긴 했지만, 빤한 세습 이양을 승인하는 가짜 선거라는 비난만이 뒤따랐다. "2003년 선거에서 실제로 누가 이겼는지는 아무도 모릅니다. 누구에게 묻느냐에 따라 그 답이 달라지니까요." 한 야당 인사는 이렇게 항의하며 국내와 국외의 지지자들을 끌어모으는 선동을 계속하고 있다. 어디에서나 볼 수 있는 아버지와 아들 알리예프의 포스터는 국가의 안정을 약속하고 있다. 포스터 속에서 아버지 헤이다르는 독립과 주권, 영웅주의를 강조하고, 아들 일함은 부와 발전을 강조한다. 그러나 이는 한낱 진열장 속의 치장일 뿐이다. 반동적인 친위대원들은 권위 있는 자리를 떨쳐버리기 어려울뿐더러 젊은 관리들이 알지 못하는 정부운영 방법에 관한 지식을 갖고 있다. 바쿠 공항의 항공 코드는 아버지 헤이다르의 이름에서 연유한 'GYD'다. 이는 그가 죽은 뒤에도 여전히 아제르바이잔은 그의 나라로 남아있음을 보여주는 대표적인 사례다.

"부패는 도덕적으로 아제르바이잔의 피를 빨아먹는 전쟁과도 같은 것입니다." 국외로 추방된 어느 아제르바이잔 사업가의 불만이 양식 있는 이민자들 사이에 커다란 공감대를 형성하고 있다. 그들은 여행사나 환전소의 질서정연함에서 부패의 냄새를 맡는다. 매사가 그토록 체계화된 것으로 보아 어딘가에서 감춰진 손이 꿈틀거리는 게 틀림없다는 것이다. 아제르바이잔의 30대 갑부는 대부분 장관이나 국회의원이다. 그래서 아제르바이잔의 국회는 이란처럼 마즐리스(Majlis, 왕실자문기관 성격의 협의기구로 그 시초는 아랍과 이슬람권의 부족시대 귀족대표회의다—옮간이)라고 불린다. 그들 사이에 벌어지는 유일한 정치적 경쟁은 누가 남보다 한 수 위인가, 즉 누가 얼마를 주고 어떤 공직을 샀는가, 누가 몇 채의 빌라를 지었는가, 런던에 있는 누구 누구의 저택 크기는 얼마만한가 하는 형태로 펼쳐진다. 자금은 주로 런던에서 돈세탁을 거쳐 합법을 가장한 회사들로 흘러들어 간다. 경찰이 어떻게 해서 최신형 BMW 승용차를 몰게 되었는지에 대한 이야기 하나쯤은 누구나 다 안다. 한 가지 힌트를 주자면, 그 차가 인심 좋은 독일인에게 선물 받은 차는 아니라는 것이다. 알리예프 왕조는 상황에 맞추어 잘도 타협한다. 정부는 줄어드는 철갑상어 무리를 보호하도록 캐비아 거래를 공식적으로 금지했지만, 이는 일함의 가족들에게 어마어마한 수익을 안겨다 주는 밀수를 조장할 뿐이다. 족벌 관행을 존중하는 것이 자연스러운 아랍·투르크·동양권에서는 대부분 처리절차가 이중 기준에 따라 이루어진다. 바쿠의 엘리트들로 꽉 찬 야외 정원에서 저녁식사를 하며 한 아제르바이잔 외교관은 탄식했다. "아이들은 퇴직 후의 인생을 설계하지 않습니다. 나쁜 사람인지 아닌지는 몰라도 제 어머니의 형제인 것만큼은 분명한 자기 삼촌이 있으니까요." 바쿠에서 부모는 자녀를 일류 학교에 보내려고 관리들에게 뇌물을 주고, 아이들은 공부하지 않고 졸업장을 받으려고 뇌물을 쓴다.

아제르바이잔의 미래는 정부가 에너지 수입을 어떻게 관리하느냐에 따라 둘 중 하나로 결정될 것이다. 즉, 석유를 기반으로 발전을 이룬 노르웨이처럼 될 것인지, 아니면 나이지리아처럼 '자원의 저주'를 받아 좌초하여 석유와 금융 부문이 중첩되고 정경유착으로 인해 시장이 조작됨으로써 높은 유가와 통화 재평가가 초래되는 러시아식 석유정치 국가로 남을지가 결정되는 것이다.[16] 아직도 전기 공급이 규칙적으로 이루어지지 않는 곳이 많은 바쿠 외곽 지역을 발전시키려는 노력은 거의 이루어지지 않고 있다. 한 유럽 외교관이 국경 부근의 남부 지방을 여행하며 지적했다. "기름이 풍부한 나라에서 에너지가 부족하다는 것은 경제가 제대로 관리되지 못하고 있다는 명명백백한 징후지요." 나고르노-카라바흐 분쟁으로 이미 1백만 명의 아제르바이잔인이 고향을 떠나 바쿠의 북적거리는 아파트 블록 안에 살고 있거나 심지어 대학 기숙사까지 차지하고 있건만, 정부는 그들의 존재 자체도 알지 못하는 것 같다.

아제르바이잔에서 석유와 민주주의가 잘 융합되지 못한 이유는 석유의 공급이 한정적이라는 데 있다. 즉, 석유 생산이 활발할 때 한몫 잡겠다는 심리적 요인이 강하게 작용했기 때문이다. 일함은 자신의 축출을 모의했다가 유산된 쿠데타 음모를 추진한 야당에 자금을 대주었다는 이유로 친위대 출신 장관 몇 사람을 쫓아냈다. 또 세금을 내지 않았다는 구실로 몇 사람을 구속했다. 두 경우 다 그가 민주화보다는 국가의 돈줄 장악을 더 중시한다는 징표다. 피해망상에 사로잡힌 정권에서나 폭동진압 경찰의 수가 시위대의 수보다 더 많은 법이다. 일함이 때로는 집회를 허용하지만 때로는 과격하게 진압한다는 사실은 그것이 집회를 가장한 홍보책략임을 말해준다.

알리예프 정권의 정치적, 경제적 부패는 아제르바이잔의 책임인 동시에 서방의 책임이다. 이 정권은 러시아와 이란의 호의를 받고 있는

---

16) 아제르바이잔 공화국 국가석유공사는 재무감사에 불응함은 물론, 투명성이 필수적인 국외 지역에 국가석유기금(SOFAZ, 석유 수입의 상당 부분을 비축하여 인프라와 사회적 프로그램 구축에 사용하는 기구)을 두자는 안의 채택도 가로막아왔다.

정권이기도 하다. 그들은 어느 한쪽하고만 놀지 않을 것이다. 이 정권은 나라의 전력망을 한 차원 끌어올리기로 한 터키 회사와의 계약을 파기하고 러시아가 남카프카스의 전력공급을 독점할 수 있게 했다. 아직 경제가 다변화되지 못한 아제르바이잔의 두 번째 수입원은 러시아에 거주하는 200만 아제르바이잔인의 송금이다. 마약 밀수를 조장하는 것은 거의 다 러시아와 이란 국경을 주무대로 활동하는 정치마피아들이다. 결과적으로 러시아는 예나 다름없이 아제르바이잔의 대외정책에 강력한 영향력을 미치고 있고, 이란은 시아파 무슬림을 통해 영향력을 행사하려는 노력을 계속하고 있다. 미국이 이란과 카스피 해를 감시하기 위한 기지를 건설하려 하자 러시아는 이에 반대하고 그 대안으로 가발라 레이더기지(옛 소련 시절에 건설된 기지로 소련이 붕괴된 뒤부터는 러시아가 아제르바이잔으로부터 임차해 쓰고 있다—옮긴이)를 공동으로 사용하자고 미국에 제안했다. 이 문제와 관련해 아제르바이잔의 한 분석가는 이렇게 말했다. "우리 내부의 문제도 산재해 있는데 미국으로 하여금 문젯거리를 더 만들게 할 필요는 없지요." 이렇듯 아제르바이잔의 성향은 그들이 쓰는 문자만큼이나 불분명하다. 아제르바이잔의 문자는 20세기에도 아랍 문자, 키릴 문자, 라틴 문자 사이를 오락가락했다.

1959년에 UN 주재 미국대사 헨리 로지(Henry Cabot Lodge Jr.)는 "미국은 전쟁에서는 이길 수 있을 것이다. 그런데 과연 혁명에서도 이길 수 있을까?" 하는 물음을 던졌다. 2005년에 일함 알리예프 대통령은 의회선거 무효를 주장하는 반정부 시위대를 해산시키면서, 그래도 "정부의 행로에는 별다른 영향이 미치지 않을 것"이라고 말했다. 그 선거는 유럽안보협력기구의 기준에 못 미치는 것이었지만, 미국은 그 결과를 승인했다. 그러나 미국과 EU는 알아야 한다. 믿을 만한 야당을 육성하고, 동시에 이미 내부에 싹튼 의회 개혁론자들을 지지해야만 더 나은 대접을 받게 되리라는 것을. 동유럽의 제2세계 동류집단은 아제르바이잔 정부가 마치 반항아처럼 부모 같은 권력보다는 친구들의 말에 더 귀 기울일 거라고 기대하면서 열심히 작업을 하고 있다. 혁명이 쿠데타 형식으로 일어나건 민중봉기 형식으로 일어나건 군부침공 형식으로 일어나건 간에 민주주의를 굳건히 하기 위해서는 단단하게 버티고 앉은 지도부로 하여금 체제를 개방하게끔 압박할 수단을 지역민들이 가져야 한다.[10] 그렇게 되면 '수박'이나 '캐비아' 혁명을 거치지 않고도 친서방적인 정치제도를 착실하게 구축해갈 수 있다.

"'옛 소련'만 아니라면 어떤 꼬리표가 붙어도 좋습니다!" 외무부의 한 젊은 관리가 단언했다. EU가 무엇인지 정확히 아는 아제르바이잔인은 그리 많지 않지만, EU에서 배제되기를 바라는 아제르바이잔인은 그보다 더 적다. 적어도 EU가 러시아의 영향력 아래 놓인 독립국가연합(CIS)보다는 좋을 거라고 확신하기 때문이다. 그러나 아제르바이잔은 이미 유럽의 일부다. 아제르바이잔은 포도주나 감귤, 면화 같은 비석유 부문의 개발을 유럽인의 투자에 의존하고, 오일 플랫폼 조립공에서 경영자에 이르는 유럽의 수천 명의 에너지 부문 종사자들은 바쿠에서 고임금 일자리를 얻고 있다. 바쿠에서 카스피 해의 남쪽 테두리를 따라 파이프라인이 뻗어나가는 길은 고대의 교역로와 일치한다. 카프카스는 서방의 동방 가운데 가장 멀고 골치 아픈 장소일 수도 있지만, 동시에 유럽이 자족적인 슈퍼파워가 될 수 있느냐 없느냐를 좌우하는 곳이기도 하다.

유럽의 동쪽 끝은 어디인가

'유럽 공동의 집(Common European House)'은 역사가 테일러(A.J.P. Taylor)가 예상했던 것보다도 훨씬 더 빠른 속도로 커가면서, 다양한 수준의 권리와 의무, 보조금이 부여되는 회원국, 후보국, 예비후보국이 공존하는 다층적 공화국으로 변모하고 있다. 그 분쟁의 역사는 미래를 내다보는 데는 별로 도움이 안 되는 안내서다. 지금 유럽은 그 어떤 슈퍼파워보다 번성하고 강력하기 때문이다. EU는 또한 자신의 영향력이 미치는 범위 안에 있는 모든 나라를 변모시킬 의사가 갈수록 커지고 있음을 단계적으로 보여주고 있는데, 그 능력 또한 다른 어떤 슈퍼파워보다 뛰어나다. 오늘날 유럽에서 쿠르드인은 터키의, 보스니아와 코소보는 세르비아의, 우크라이나인과 그루지야인은 러시아의 보호 아래 있다. EU는 복잡한 약어를 가진 각종 기구들을 활용하여 그들이 함께 일을 잘 풀어가도록 하고 있다. EU가 회원국 가입에 엄격한 기준을 적용하는 것은 바람직하다. 그러나 그들은 다른 나라들이 EU의 속성을 배울 준비가 될 때까지 그리 오래 기다려주지 않는다.

유럽의 지도자들은 대서양에서 카스피 해로 제국을 확장해가면서, 조지 버나드 쇼(George Bernard Shaw)의 《인간과 초인*Man and Superman*》 마지막 장에 나오는 떠돌이 여행자 멘도자의 메피스토펠레스적 경고를 듣고 있다. "선생님, 인생에는 두 가지 비극이 있습니다. 하나는 당신이 진정으로 원하는 것을 잃는 겁니다. 다른 하나는 그것을 얻는 거지요." 누군가가 지적으로 무료한 나머지 유럽의 27개 수도가 추진하는 일과 그 목적에 대한 합의를 풀어낸 다음, 그 야망을 세계에서 가장 불안정한 지역 일부와 국경이 직접 맞닿는다는 전망에 대한 불안감으로 바꿔놓는다면, 유럽인들은 최대의 성공을 경험하는 순간 자신의 전략적 욕망을 상실할 수도 있다. 브뤼셀 주방에서 일하는 요리사가 너무 많아 어떤 요리법이 우세한지를 두고 설왕설래가 왕성하다.

그러나 확대하지 않음으로써 잃는 것이 확대에 따르는 부담보다 훨씬 크다. 유럽의 제국적 팽창은 이렇듯 뉴턴의 관성의 법칙을 따른다. 움직이는 물체는 계속 움직이려고 한다. 결론은 유럽이 휴식해서는 안 된다는 것이다. 휴식은 고립으로 이어져 외부의 위협을 불러올 수 있다. '제국의 과도팽창' 논리는 이렇게 고개를 쳐들어왔다. 확장의 회피는 곧 즉각적인 정체의 환영일 수 있다는 것이다. 만일 EU가 확장을 멈춘다면, 유라시아 대륙의 서부 지역은 필시 런던, 브뤼셀, 앙카라, 모스크바가 관할하는 자율적인 네 개의 권력을 갖추게 될 것이다. 네 개의 수레바퀴가 항상 같은 속도로 움직이지는 않을 것이다. 하지만 그들 공동의 서방 영역 너머에서 네 권력 모두, 그리고 미국도 훨씬 더 큰 도전에 직면한다. 그것은 바로 유럽의 동방보다 더 동쪽에 있는 중앙아시아에서의 도전이다.

SECOND WORLD

EMPIRES AND INFLUENCE IN THE NEW GLOBAL ORDER

제2부

심장부의 줄다리기
중앙아시아

시르다리야
알마티
비슈케크
카자흐스탄
이시쿨 호
타슈켄트
오슈
우즈베키스탄
안디잔
텐산 산맥
부하라
사마르칸트
페르가나 계곡
하르시
후잔트
잘랄라바드
토루가르트 고개
두샨베
카슈가르
타지키스탄
판 산맥
파미르
테르메스
와한 협랑
예청
아무다리야
쿤자랍 고개
마자르이샤리프
힌두쿠시 산맥
북서변경주
인더스
카라쿠람 산맥
카불
잘랄라바드
페샤와르
이슬라마바드
아프가니스탄
라왈핀디
카슈미르
파키스탄
이르티슈
노보시비르스
이르티슈
아스타나
카자흐스탄
아타수
아랄 해
아크
시르다리야
아타수
발하슈 호
카스피 해
카라칼-팍스탄
알라샨코
우즈베키스탄
알리타
일리
투르크메니스탄
카라쿰 사막
타슈켄트
비슈케크
키르기스스탄
티엔샤오
아슈하바트
카슈가르
테헤란
메르브
타지키스탄
메샤드
두샨베
허텐
이란
헤라트
카불
아프가니스탄
이슬라마바드
카슈미르
악
(눈
칸다하르
다람살라
라호르
드라다
퀘타
히말라야 산맥
파키스탄
카라치
델리
발루치스탄
뉴델리
인더스
그와다르
카라치
N
아라비아 해
W   E
S
인도

캄차카
레나 강
극동연방구역
오호츠크 해
러시아
사할린 섬
시베리아연방구역
아무르 강
아무르 강
바이칼 호
이르쿠츠크
다칭
블라디보스토크
울란바토르
동해
알타이 산맥
몽골
우루무치
고비 사막
베이징
중국
쿨라마칸 사막
거얼무
맥
베트
시가체
라싸
르
사키야
간체
부탄
팀부
두

21세기의 실크로드

1891년 파미르 산맥의 고산지대에서 영국의 용감한 정찰장교 프랜시스 영허즈번드(Francis Younghusband)가 적수인 야노프(Yanov) 러시아군 대령과 마주쳤다. 두 사람은 모두가 호시탐탐 노리는 최고의 전략 요충지인 이 험준한 지역을 조사하는 중이었다. 야노프의 원대한 계획을 눈치 챈 영허즈번드가 러시아아인들이 "입을 떡 벌리고 있다"라고 하자, 야노프는 "이건 시작일 뿐"이라고 응수했다.[1] 누구든 중앙아시아에서 살아남는 쪽이 이곳을 정복할 터였다.

카스피 해에서 몽골 고원의 초원, 시베리아에서 아라비아 해에 이르는 중앙아시아는 회갈색의 건조지대가 끝없이 이어지는 광막한 땅이다. 세계 최고의 산봉우리들이 이 지역을 몇 조각으로 갈라놓고 있는데, 그중 최고봉은 타지키스탄의 파미르 고원에 있는 해발 7,495미터의 가르모 산(Mount Garmo, 얼마 전까지만 해도 '코무니즈마 봉'으로 불렸다—옮긴이)이다. 얼음으로 뒤덮인 톈산(天山) 산맥은 북동쪽으로 방향을 틀어 키르기스스탄과 카자흐스탄의 동부 국경지대로 뻗어나간다. 만년설로 뒤덮인 히말라야와 카라코람 산맥은 남동쪽으로 발을 뻗어 중국, 인도, 네팔로 향한다. 메마른 힌두쿠시 산맥은 남서쪽으로 부챗 살처럼 뻗어나가 아프가니스탄을 가로지른다. 어디를 가나 일출과 일몰 풍경은 안개에 싸여 흐릿하다. 이곳은 그 혹독한 지형만큼이나 가혹한 대접을 사방팔방으로부터 받아 왔다.

"역사를 돌이켜보면, 우리가 누구인가보다 우리가 어디에 있는가가 늘 더 중요했습니다." 타슈켄트에서 만난 우즈베키스탄 역사가가 정교하게 금세공을 한 책상에 앉아 명쾌한 어조로 이야기했다. 중앙아시아는 주위 모든 세력의 영토와 문화가 흘러넘쳐 들어오는 역사의 수로다. 슬라브, 아랍, 페르시아, 인도, 중국 문명 사이에 자리 잡은 덕에 그리스에서 몽골에 이르는 정복자들, 이탈리아에서 한국에 이르는 상인들이 이곳 오아시스에 와서 서로 부딪치고 뒤섞이는 장면을 목격해왔다. 그 격동적인 만남의 흔적이 오늘날 카자흐스탄에서 아프가니스탄에 이르는 광범한 지역에 사는 사람들 중 다수의 얼굴에 새겨져 있다. 정확한 인종을 파악하기 어려운 외모를 가진 그들은 투르크계 유럽인, 몽골계 아시아인 등으로 불린다. 실제로 아시아 남성의 10퍼센트가 역사상 가장 많은 자식을 낳은 정복자이자 강간범인 칭기즈칸(Genghis Khan)의 후예라고 한다.

오늘날 중앙아시아에 있는 나라들의 이름은 모두 '땅(land)'을 뜻하는 페르시아어 접미사 '스탄(-stan)'으로 끝난다. 내륙지방에 위치한 옛 소련 국가들, 특히 카자흐스탄과 투르크메니스탄의 석유와 천연가스 매장량은 세계 최고 수준이다. 아프가니스탄과 파키스탄을 경유하는 무기와 마약, 이슬람 전사, 그리고 석유의 흐름은 이 지역을 이해하는 데 매우 중요한 키워드다. 많은 관찰자가 이 지역을 '서아프리카에서 동남아시아로 뻗은, 위태로운 불안정호의 정점', '유라시아의 발칸', 또는 적나라하게 '쓰레기통국가(Trashcanistan)'로 여긴다. 사실 아프가니스탄을 제외하면 이 미개한 나라들 중 1세기가 넘는 역사를 가진 나라는 하나도 없다. 그들의 기술 습득 능력을 보면 제2세계와 제3세계의 미래가 어떻게 다른지를 확인할 수 있을 것이다.

세계 질서를 형성하는 가장 근본적인 이슈들이 중앙아시아에서 다음과 같이 전개되고 있다. 유라시아의 리더로서 중국은 믿을 만한가? 러시아가 과연 유라시아의 강국으로 계속 남을까? 미국과 유럽이 자신들의 직접 영향권 밖에서 협력할 수 있을까? 수요가 공급을 초과할 때 강대국들이 에너지 자원을 공유할까? 가난하지만 자원이 풍부한 나라들이 안정된 민주주의 국가가 될 수 있을까? 어떻게 하면 국민들을 해하거나 소외시키지 않으면서 그들로 하여금 나쁜 지도자들을 표적으로 삼게 할 수 있을까?

중앙아시아는 동서를 이어주는 실크로드인 동시에 노골적인 제국주의적 경쟁의 각축장이었다. 이는 미래에도 달라질 것 같지 않다. 실제로 21세기에도 이 두 측면은 상존할 것이다. 사방의 강대국들이 새로 발견한 석유와 가스 자원을 확보할 길을 경쟁적으로 모색하면서, 오랫동안 밀봉돼 있던 이 지역의 문이 열리기 시작했다. 오늘날 그 문을 통해 서방과 동방은 세계화 시대에 가장 중요한 길인 파이프라인, 도로, 무역망 등을 두고 서로 치열한 경쟁을 벌이고 있다.

역사 속 제국들은 언제나 홀연히 등장해 중앙아시아의 거친 광야를 순식간에 휩쓸었다가 올 때처럼 순식간에 사라졌다. 기원전 329년경 알렉산더 대왕은 힌두쿠시 산맥을 넘어와 아케메네스 왕조 동부에서 번성하던 마라칸다(Marakanda, 오늘날의 사마르칸트—옮긴이)를 정복했다. 그는 알렉산드리아 에샤테(Alexandria Eschate, '가장 먼 알렉산드리아'라는 뜻. 현재 타지키스탄의 후잔트—옮긴이)에 군대를 주둔시켜 호전적인 부족들로부터 그리스문화를 지켜냈다. 하지만 얼마 지나지 않아 지금의 파키스탄, 아프가니스탄, 중국 접경지대에 근거지를 둔 불교도 쿠샨(Kushan) 왕조가 동서 교역로의 통제권을 차지했다. 그 후 사산조 페르시아, 훈족, 아랍족, 사만 왕조가 차례로 뒤를 잇는데, 이들은 곳곳에 카라반세라이(caravanserai, 대상들을 위해 지은 숙박시설—옮긴이)를 건설했다. 부하라(Bukhara)는 동방의 이슬람 중심지가 되었고, 수천의 생도들이 이곳의 화려한 이슬람 학교를 줄지어 찾아와 사만 왕족들의 시적인 가르침에 몰입했다.

중앙아시아 제국들의 거듭되는 흥망성쇠는 이곳이 권력의 공백지대이면서 동시에 그러한 진공상태를 용납하지 못하는 곳임을 말해준다. 1221년에 몽골 기마부대가 부하라를 침탈했다. 이때 칭기즈칸은 셀주크투르크인들에게 "나는 그대들의 죄를 단죄하라고 신이 보낸 사자다"라고 했다. 이후의 팍스 몽골리카(Pax Mongolica)는 "로마와 알렉산더의 제국을 시시한 것으로 만들어버렸다"라고 리들 하트(B. H. Liddell Hart)는 기록한다. 그리고 그들의 실크로드 경영은 마르코 폴로(Marco Polo)의 전설적인 여행을 우아하게 뒷받침했다.[2] 14세기에 역병이 이 지역 인구의 상당수를 쓸고 갔다. 그 무렵 아미르 티무르(Amir Timur, '절름발이 티무르'라는 뜻으로 타메를란Tamerlane이라고도 부름—옮긴이)는 카슈가르에서 카프카스 지방에 이르는 땅을 자신의 땅이라 선언했고, 그의 손자 바부르(Babur)는 인도에 무굴 제국을 세웠다.

그 다음으로 이 지역을 차지한 것은 러시아다. 러시아의 차르 정부는 크림전쟁 패배와 미국 남북전쟁으로 말미암은 면화 수입 감소를 보완하고자 남하 정책에 착수하여 1865년에 타슈켄트를 함락하고 여세를 몰아 중국 서부의 이닝(伊寧)까지 점령했다. 러시아의 냉혹한 장군 스코벨레프(Skobelev)는 마치 칭기즈칸의 메아리처럼 "그들은 세게 칠수록 더 오랫동안 잠자코 있을 것"이라고 말했다. 철도 덕분에 유럽 열강은 대륙 깊숙이, 즉 프랑스는 북아프리카에, 영국은 수단에, 러시아는 중앙아시아에 그 세력을 확장할 수 있었다. '심장지대'와 '역사의 지리축'이라는 용어를 최초로 사용한 매킨더(Mackinder)는 유라시아 대륙을 지배하려면 고도의 기동력을 갖추고 초원지대를 장악해야 한다고 말하면서, 러시아가 철도와 통신망이라는 기동력을 갖추고 "차근차근 세력을 뻗쳐" 해군력을 기반으로 세계를 지배하는 영국에 도전하게 될지도 모른다고 우려했다.[1] 러시아가 남하 정책을 밀어붙이는 사이 영국은 인도에서 북쪽으로 압박을 가했다. 두 나라는 카슈미르, 티베트, 파미르 고원에 이르는 칸의 옛 영토들을 차례로 흡수하고 영국-아프가니스탄전쟁을 통해 대리전을 치렀다.[2] 그레이트 게임(Great Game, 러시아에서는 '그림자 토너먼트'라고 한다—옮긴이)이라고 불리는 이 대결에서 맹활약한 인물들로 영허즈번드, 야노프, 그리고 불교신자이자 공산주의자이자 화가이자 신비주의자이며 삼중간첩으로 추정되는 만능 플

---

1) "한 세대 전에 증기선과 수에즈 운하가 등장하여 육군보다 해군의 기동성이 상대적으로 높아졌다. 철도는 주로 해상 무역의 지선(支線) 역할을 했다. 그러나 이제 대륙횡단 철도의 등장으로 육군의 여러 조건들이 변하고 있다. 도로 건설에 쓸 수 있는 목재도 마땅한 석재도 없는 광막한 지역, 사방이 가로막힌 유라시아의 심장부 일대에서 철도의 효력이 가장 잘 나타나고 있다. 철도는 초원지대에서 기적을 일구어낸다. 철도가 도로라는 단계를 건너뛰어 곧바로 말과 낙타의 기동성을 대체하기 때문이다." Mackinder, "The Geographical Pivot of History", *Geographical Journal* 23 (1904) : 421~437.

레이어 니콜라스 로에리치(Nicholas Roerich)가 있다. 그들은 고산 전투의 전략을 짜고, 가짜 지도를 작성하고, 갖은 아첨술을 동원해 동방 외교전을 펼쳤다.[3] 이 지역에 대한 러시아의 정복과 동화정책은 제1차 세계대전을 치르는 데 필요한 사람과 가축을 징발하고, 트랜스-카스피아 철도(Trans-Caspian Railway, 중앙아시아 철도)를 통해 러시아로 수송할 의류와 식량을 대량생산하는 것으로 이어졌다. 내전을 끝낸 러시아는 이 지역 각국을 집단화했고, 이에 대한 보상처럼 기아와 질병이 이곳을 덮쳤다. 그 후 70년간 이 지역은 제2차 세계대전에 쓰일 군수품 생산의 후방기지, 생태학적 재앙을 불러온 면화생산 정책을 실행에 옮기는 처녀지가 됐다.

소련의 해체와 더불어 빠르게 변화해가는 유라시아 동맹관계는 중앙아시아에서 그 실체를 드러낸다. 이전 슈퍼파워인 러시아는 근린 지역에 대한 영향력을 유지하려 하고, 지금의 슈퍼파워인 미국은 전 지구적

---

2) 인도 총독 조지 커즌(George Curzon)은 "투르키스탄, 아프가니스탄, 트랜스카스피아, 페르시아. 많은 사람들에게 이 이름들은 그저 아득히 먼 곳이라는 의미를 풍길 뿐이다. ……고백하건대 나에게 이들 지역은 세계의 지배를 두고 벌이는 게임이 펼쳐지고 있는 체스판 위의 말들이다"라고 했다.

3) 터키, 이란, 인도와 같은 주변 열강들도 이 지역과의 연결고리를 모색하고 있다. 독립한 이 지역을 최초로 방문한 사람 중에는 수니파나 시아파 이데올로기를 수출하러 온 사우디와 이란 선교사들도 있었다. 그러나 그들의 시도는 대체로 파키스탄 내의 종파 분쟁에 불을 지피고 이란식 신정정치에 대한 저항을 불러일으켰을 뿐이다. 지정학적 형제론을 앞세운 터키의 초기 노력은 새로이 독립한 투르크 국가들의 퇴짜를 맞았다. 빅브라더(Big Brother)의 굴레에서 갓 헤어나온 그들이 또 다른 빅브라더를 원하지 않았기 때문이다. 인도는 이 지역, 특히 아프가니스탄과 밀접한 문화적 연계가 있지만, 파키스탄이라는 지리적 장벽으로 말미암아 빠른 시일 내에 투르크메니스탄이나 이란에서 가스 파이프라인을 끌어오려는 야망을 실현하지 못하고 있다.

인 테러와의 전쟁을 추진하고, 신생 슈퍼파워인 유럽과 중국은 자신들의 에너지 수요를 충당하면서 동시에 자신들의 법체계와 신념을 전파하고자 애쓰고 있다.3) 그러나 오늘날 이 지역에서 펼쳐지는 파워게임은 대규모 전진과 퇴각이 반복됐던 과거와 달리 다수 검객이 서로 끊임없이 찌르고 피하며 승점과 패점을 쌓아가는 펜싱 경기와 더 유사하다. 주요 열강들은 최대한 은밀하게 음모를 꾸민다. 러시아는 무기를 대량 판매하면서 한편으로는 에너지 기반시설을 사들이고, 미국은 전방 병참기지의 네트워크를 연못 위의 수련 잎 모양으로 유지관리하면서 자국의 헤비급 석유회사들의 활동을 고무한다. 그런가 하면 유럽은 경제와 제도를 근대화하는 작업을 벌이고, 중국은 시장에 저가 상품들을 봇물처럼 쏟아놓으며 인프라 개선을 선도한다.

카스피 해를 건너면 유럽에서 아시아로 넘어간다. 북대서양조약기구는 이제 상하이협력기구(SCO)와 뒤섞이고 겹치고 마찰한다. 북대서양조약기구의 설립조약인 워싱턴헌장(Washington Charter, 통칭 북대서양조약)과 마찬가지로 상하이협력기구라는 명칭도 어떤 세력이 중앙아시아에서 대안의 비전을 추진하고 있는지를 극명하게 보여준다. 미국이 주도하는 북대서양조약기구와 중국이 주도하는 상하이협력기구의 연합 사이에 변화의 동력이 어떻게 작용하고 있는지는 실익을 계산해 보면 매우 분명해진다. 제2세계 여러 지역에서 미국과 중국이 펼치는 외교 정책과 그 결과가 가장 선명하게 대비되는 곳이 바로 이 지역이다. 1990년대에 미국은 러시아에 너무 치우친 나머지 중앙아시아를 홀대하는 정책을 펼쳤다. 그래서 당시에는 카자흐스탄에 있는 소련 핵탄두를 제거하는 것 외의 다른 일에는 관심을 보이지 않다가 근래 들어 제한적인 군사원조와 선별적인 민주개혁, 시장지향개혁 프로그램들을 시행하고 있다. 하지만 실리는 못 챙기는 것 같다.

그에 비해 중국은 외견상 확고부동해 보이는 공동발전 외교를 실천하고 있다. 미 국무부가 유럽 담당과 남아시아 담당 중 어떤 부서에 중앙아시아를 맡길지 곰곰이 생각하며 세월을 보내는 사이에, 중국은 신생 공화국들과의 국경분쟁을 신속하게 매듭짓고 아울러 4,160킬로미터에 이르는 러시아 국경도 확정지었다. 그 후 중국은 '상하이 5개국'(Shanghai Five, 중국, 러시아, 카자흐스탄, 키르기스스탄, 타지키스탄—옮긴이) 간의 신뢰를 구축하여 공동의 '세 가지 악', 즉 분리주의, 테러리즘, 극단주의에 공동 대처함으로써 각 나라를 중국에 긴밀하게 묶어두는 '신안보개념'을 추구했다.[4] 카프카스에서 북대서양조약기구가 그랬던 것처럼 상하이협력기구도 관세와 국경검문에 대한 공동의 규칙과 절차를 마련하고, 옛 교역로를 따라 고속도로를 건설하고, 마약퇴치 활동을 벌이고 있다. 원래 반미 슬로건을 내건 포럼으로 시작된 상하이협력기구는 이제 일각에서 '동방의 북대서양조약기구' 또는 '석유 부국들의 에너지 클럽'으로 간주되고 있다.

"상하이협력기구는 북대서양조약기구가 일을 뚝딱 해치우는 것을 그저 지켜보고만 있지 않습니다. 우리의 사전교섭 담당자들이 계속 접촉을 하고 있고, 우리의 국방 관료들 또한 서로 협력하고 있습니다." 상하이협력기구의 일에 깊숙이 관계하는 한 우즈베키스탄 관료가 말했다. '모두는 하나를 위하여, 하나는 모두를 위하여!'라는 북대서양조약기구식 집단안보동맹에는 아직 한참 못 미치지만, 중국은 각고의 노력 끝에 에너지 투자, 은행 간 거래, 문화 대화 분야에서 상하이협력기구의 새로운 임무를 이끌어냈다. 그러나 민주화에 대한 논의는 없었다.[5] 상하이협력기구의 리더를 자처하는 중국은 회원국들에 10억 달러에 육박하는 액수의 신용을 제공함으로써 비즈니스가 무엇인지를 보여주고 있다. 이는 명나라의 전략, 즉 중앙아시아의 칸국들에게 그들의 토착적 지배를 인정해주는 대신 조공을 바치게 했던 전략을 현대에 적용한 것이라 할 수 있다.[6] 이렇듯 왕조적 전통이 여전히 표준이 될 수 있는데 오늘날의 외교가 달라져야 할 이유가 있을까?

경제, 인구통계, 외교적 영향력으로 볼 때 중국이 러시아를 제치고 이 지역의 원칙 제정자가 될 것이 확실해 보인다. 그러나 히틀러와 스탈린이 미국을 자신의 유라시아 지배 야망의 방해자로 본 것과 마찬가지로, 오늘날의 러시아와 중국도 북대서양조약기구가 아시아로 세력을 확장하는 것을 막고자 공동의 명분을 만들었다. "러시아의 작전이 먹혀들면 중국에도 득이 됩니다. 러시아의 작전이 실패해도 중국은 자애로운 강국이라는 이미지를 얻습니다. 물론 러시아는 비난을 받겠지만요." 카자흐스탄에서 오랫동안 외교관 생활을 한 사람의 의견이다. 무역이 갑작스럽게 개방된 것은 각 나라가 자연스럽게 경제에 눈을 떠서가 아니다. 팽창하는 중국이 대규모 투자를 하는 등 상하이협력기구 내에서 리더십을 발휘하며 동기를 부여하고 있기 때문이다. 상하이협력기구의 임무는 대부분 러시아에서 수행되지만 소비에트식 훈련을 받은 세대는 무대 뒤로 사라지고 있다. 유럽에서의 프랑스와 같이 힘의 상징으로서의 언어에 의지하는 것은 영향력의 크기와는 거의 아무런 연관성이 없다. 지역 리더십을 확보해보려고 러시아가 최근에 신설한 집단안전보장조약기구(CSTO)는 실패한 독립국가연합(CIS)보다 별반 나을 게 없는 실정이다. "현실에 존재하지 않는 것의 미래에 대해 무슨 말을 할 수 있겠습니까?" 카자흐스탄에서 한 젊은 외교관이 코웃음을 치며 냉소했다.

6

러시아
중국의 식민지가 돼가는 아시아 땅

러시아는 중앙아시아에서 북대서양조약기구와 상하이협력기구 중 누가 더 우세할지를 결정짓는 최후의 '스윙 스테이트(swing state, 원래 미국 대선에서 연유한 말로 민주, 공화 양 후보의 우열이 자주 바뀌는 경합 주—옮긴이)'다. 합치면 그 크기가 유럽 러시아의 5배나 되는 드넓은 시베리아와 극동 지방을 포함하고 있기 때문이다. 서방세계가 불안정하고 변덕스러운 동맹(아프가니스탄과 파키스탄), 적대국(이란), 지리적 장벽(카스피해)과 같은 난관을 넘어 유라시아의 심장부에 접근할 수 있는 길은 오직 하나, 러시아뿐이다.[4] 따라서 서방이 러시아를 향한 구애에 성공하지 못하면 뉴 그레이트 게임의 승자는 중국이 된다.

---

4) 헨리 키신저(Henry Kissinger)가 경고한 것처럼 미국 없는 유럽은 그저 "자체 분쟁의 소용돌이에 빠져 익사하는 유라시아 대륙의 반도 확장 또는 볼모이자 인접한 여러 지역을 휩쓴 급진 혁명 물결의 일차 표적일 뿐이다. …… 유럽과 분리된 미국은 19세기 영국과 마찬가지로 지정학적으로 유라시아 해변에서 멀리 떨어진 하나의 섬이다."

오늘날 러시아의 시골은 대부분 "정부로부터 버림받고 오직 자기 힘으로 삶을 꾸려가는 사람들이 살고 있는 혼돈의 세계"다.[1] 러시아의 불안정한 국경은 수세기에 걸쳐 수천 킬로미터나 확장됐다가 다시 축소됐다. 위험 요소가 많은 광대한 땅덩어리는 필연적으로 권위적인 지배 체계를 불러왔다. 그러나 그 권위적인 체계로도 드넓은 지역에 퍼져 사는 이들의 삶을 직접 통제할 수 없었다.[2] 물론 국가는 도로와 철도를 건설해서 시베리아에 거주하는 사람들을 서부와 이어주고 그들이 더 쉽게 시장에 접근할 수 있게 해주었다. 그런데 한편으로 도로와 철도는 소비에트 정책 입안자들에 의해 뜻하지 않게 강제 이주당한 사람들의 자발적인 귀향을 가속화하는 결과를 가져오기도 했다.[3] 이로 인해 소비에트 시절에 외부 세계와 단절됐던 도시들이 이제 마치 문을 닫은 공장처럼 황폐해지고 있다.

지구상의 어디를 찾아봐도 러시아와 중국처럼 인구 감소국과 인구 과잉국이 그토록 도발적으로 국경을 맞대고 있는 지역은 없다. 점점 더 많은 러시아인이 제 발로 나라를 버리고 서방세계로 이주하고 있다. 그러는 사이 만리장성 저편에서 해마다 대략 60만 명의 중국인 불법 이주자가 국경을 넘어 러시아의 극동 지방으로 몰려들고 있다. 이 두 종류의 이주자 수치는 서로 엇비슷하다. 이제 극동 지방에 남아 있는 러시아인은 겨우 7백만인 반면에 중국은 동북 지방의 인구만도 총 1억이 넘는다. 인구통계상의 이 엄청난 불균형과 번창하는 중국의 에너지 수요 증가가 서로 맞물려 근본적인 물음을 제기한다. 러시아가 현재의 형태로 계속 존속할 수 있을까? 지금의 정치적 국경이 얼마나 오래 유지될 수 있을까? 국가의 주권이 주권자인 국민의 움직임을 따라 이동하며 확장하는 것은 아닐까?

이 문제들은 이론보다 현실에서 더 빨리 풀리고 있다. 러시아는 중국이 노골적으로 시베리아와 극동 지방을 탈취하려 하기 전에 한발 앞서 인구가 훨씬 더 많은 이웃나라에 주권 일부를 사실상 임대하는 방식을 취하고 있다. 그러나 임대는 부지불식간에 서서히 소유로 변하거나, 소유까지는 아니더라도 최소한 특권의 남용으로 이어지고 있다. 중국의 막강한 재력에 힘입어 로스네프트(Rosneft)와 같은 러시아 석유회사들과 중국 시노펙(Sinopec, 중국의 정유 및 석유화학공업 공사—옮긴이) 간의 합작탐사 계약이 늘면서 석유 흐름의 방향을 조정하는 중국의 힘이 더 커졌다. 러시아의 처녀지 극동 지방에는 아연, 니켈, 주석, 다이아몬드, 금이 엄청나게 매장돼 있을 뿐 아니라 드넓은 어장과 삼림지대가 분포해 있다. 이 모든 것이 세계 최대의 원재료 수입국인 중국으로서는 군침을 흘릴 만한 것들이다. 한때 러시아 수비대는 '천연의 요새'라는 매킨더의 묘사에 딱 들어맞도록 유라시아 심장부를 강력한 요새로 만들었었다. 그러나 오늘날 힘차게 흐르는 레나 강 동쪽 지역은 중국인들에게 무단 점령되기 일보직전이다. 중국 회사들은 러시아의 타이가 숲을 대량 남벌한 다음 그 잔해에 불을 질러 자신들의 흔적을 덮어버리고는 태평양 연안을 따라 중국까지 대략 1,600킬로미터의 바닷길을 통해 목재를 실어나르고 있다.[4] 그 많은 인구가 그토록 풍요한 광야를 손대지 않고 내버려둘 리 없지 않은가.

중국은 러시아와 다른 방식으로 극동 지방을 개발하면서 서서히 점령해가고 있다.[5] 이곳은 지도상으로는 러시아지만 사람들 얼굴을 보면 마치 중국 같다. 이곳에 사는 중국 국민(스탈린이 강제 이주시킨 고려인을 포함한)은 중국인이 운영하는 진료소를 찾는다. 남편이 술독에 빠져 살거나 술 때문에 죽어버린 시베리아 여자 중에는 이곳으로 이주해온 중국 남자와 결혼한 이도 있다. 냉전기에도 러시아인들은 소련을 떠나고 싶으면 영어를 배워야 한다며 자조적인 웃음을 지었다. 지금 이곳에 남아 있는 러시아인들은 중국어를 배우며 "중국-핀란드 국경에는 아무런 방해물도 없다"라는 말을 곱씹는다. 중국이 러시아의 극동 지방을 인구통계상으로, 경제적으로, 그리고 마침내 정치적으로 장악할 것이 거의 확실해 보인다. 1세기 전, 만주를 점령한 러시아는 그곳의 중국인 노동자들을 동원해 '동방의 지배자'라는 의미를 지닌 도시 블라디보스토크를 건설했다. 그러나 오늘날 동방의 지배자는 중국이다.

뿐만 아니라 중국은 공격적이면서도 소리 없는 상술을 발휘하며 청나라 시대에 지배했던 몽골의 재복속을 추진하고 있다. 몽골은 현재 러시아와 중국 사이에 불안하게 둥지를 틀고 있다. 한때 중국을 지배하기도 했던 몽골은 지금 중국에 통합된 고비 사막 건너편의 내몽고가 걸었던 길을 그대로 뒤따르고 있다. 인구 3백만밖에 안 되는 이 불모의 나라가 가진 것이라곤 주권이라는 허울뿐이다. 일부 몽골인들은 자기 나라가 '마인골리아(Mine-Golia, 광산mine과 몽골Mongolia의 합성어—옮긴이)'라는 별칭을 얻으며 현대판 골드러시를 맞고 있다고 떠들어댄다. 그러나 고비 사막에 있는 광산은 물론이고 농촌지대의 농업, 북부의 삼림 소유권 태반이 중국 기업들 차지다.[6] 국가 수출의 70퍼센트를 차지하는 광산에서 일하는 사람 대부분이 중국인이며, 수도 울란바토르의 스카이라인을 만든 것도 중국인이다. 수익의 대부분을 중국 기업이 가져가기 때문에 몽골의 빈곤 문제는 거의 개선되지 않고 있다. 금광의 총수익에 세금을 매기려는 정부의 노력은 중국으로의 밀수출을 조장하는 부작용만 초래했다. 몽골은 자국에 군대를 주둔시키고 있는 미군을 '세 번째 이웃'이라고 부른다. 하지만 미군이 주둔하고 철책을 쳐놓은

들, 그것은 중국이 몽골에 군사적 침략을 시도하는 것을 저지할 뿐 중국이 몽골을 돈으로 사들이는 것은 막지 못한다.

상하이협력기구 회원국이라는 특별한 관계를 연결고리로 중국은 러시아와 대규모 합동군사훈련을 실시하고, 러시아 무기를 가장 많이 사들이는 나라가 됐다. 세계 최대 규모의 군대에 정교한 과학기술이 접목되고 있는 것이다.[7] 그러나 이 편의상의 결혼은 추악한 이혼으로 귀결되는 것 같다. 사실 이런 일이 처음도 아니다. 1969년에는 중국-키르기스스탄 국경에서 한 중국 병사가 러시아 군대에 시비를 걸자 러시아 병사가 모택동 초상화를 모독했다. 이런 사소한 사건들이 국경 곳곳에서 매복 공격과 작은 충돌을 일으켰다.[8] 중소 분쟁이 공식화됐고, 소련과 중국은 미국을 제쳐 두고 서로를 '주적(Main Adversary)'으로 여기기에 이른다. 그리하여 마침내 같은 공산국가임에도 불구하고 러시아 KGB는 중국을 주적 가운데 하나로, 중국은 러시아를 전략적 라이벌의 하나로 선포했다.

서방세계는 러시아를 유럽의 동부와 분리시키려고 무진장 노력했다. 그리고 그 노력을 굳이 숨기려 들지 않았다. 하지만 러시아가 유럽 동부와 완전히 분리되려 할까? 중국이 그리는 궁극적인 지역 구도에는 러시아가 제외돼 있다. 그런데 러시아는 미국이나 유럽보다 중국이 잠식해 들어오는 것을 훨씬 더 두려워한다. 그래서 중국 헤이룽장(黑龍江)성의 다칭(大慶, 중국 최대의 유전지대—옮긴이)에 러시아 송유관을 직통으로 연결해달라는 중국의 로비를 무시했다. 러시아 국영 송유관 회사인 트랜스네프트가 건설하는 동시베리아—태평양 파이프라인은 바이칼 호 북쪽을 거쳐 동해 방면으로 놓이고 있다. 중국 영토에는 한 발짝도 들어가지 않는다. 러시아는 일본과 한국이 이 송유관을 이용할 수 있게 함으로써 중국이 석유의 수급과 가격에 대한 발언권을 가질 수 없게 못을 박았다. 1905년 러일전쟁에서 러시아는 일본에 굴욕을 당했다. 그로부터 1세기가 지난 지금 러시아는 군사훈련을 벌이며 극동 경계를 늦추지 않는 한편 사할린 유전 개발에 일본을 끌어들였다.[9] 제2의 몽골제국, 즉 아시아인의 정복을 우려하는 일부 러시아인은 늘어가는 극동지방의 중국 인구를 '황색 위험(yellow peril)'이라 부른다. 러시아 군부는 중국이 동시베리아와 석유 및 가스가 풍부한 사할린을 점령할 경우 그에 맞서 핵무기를 사용한다는 시나리오를 작성했다.

냉전기의 중소 우호관계가 그랬던 것처럼, 오늘날 전략적 파트너로서의 친선관계도 언제 무너질지 모른다. 파트너 관계가 거의 전적으로 중국에 유리하게 작용하기 때문이다. 1970년대 초에 미국의 닉슨(Richard Nixon) 대통령과 헨리 키신저(Henry Kissinger) 국무장관은 소련의 농간으로부터 중국을 떼어냈다. 이와 비슷하게 오늘날 유라시아의 심장부에 남아 있으려면 미국과 EU는 중국에 에워싸인 러시아를 구출해내야 할지도 모른다. 닉슨 정부의 내무장관이었던 월터 히켈(Walter Hickel)은 러시아의 베링 해 해저터널 건설 계획을 강력히 지지하고 나섰다. 러시아의 마지막 차르였던 니콜라스 2세 시절에 처음 나왔던 이 계획은 극동 지방과 알래스카를 잇는 108.8킬로미터의 해저터널을 건설하는 것이다.

러시아는 갈수록 인구가 줄어드는데다 그마저도 광대한 영토 전역에 퍼져 있어 인구통계학적인 의미에서 더 이상 국가라고 할 수 없을 정도다. 게다가 서쪽에서는 유럽이 러시아의 통제하에 있던 지역을 차례로 흡수하고, 동쪽에서는 중국이 러시아의 영토를 야금야금 집어삼키고 있어서 향후 수십 년 이내에 러시아의 지도를 다시 그려야 하는 일이 벌어질 가능성이 크다.

2006년에 카자흐스탄 중앙은행은 새 지폐를 발행하면서 '은행(bank)'의 철자를 잘못 표기했다. 이 황당한 일은 중앙아시아의 신생 독립국들이 러시아의 지배에서 벗어나 자기정체성을 회복하면서 자신들의 투르크계 언어를 키릴문자에서 라틴문자로 바꾸어 표기하는 과정에서 일어났다.

'동방의 소비에트(Soviet Orient, 중앙아시아의 옛 소련 공화국들을 일컫는 말—옮긴이)'의 자기정체성이 또다시 억압당하고 바뀌는 사태를 피하기는 쉽지 않을 것이다. 소비에트 시절에 너무 강하게 복속됐던 탓에 독립을 두려워한 나라도 있었다. 소비에트라는 거대한 후견인 없이 홀로 서기를 할 자신이 없었던 것이다. 그들 공화국은 1991년에 고르바초프 축출 쿠데타 기도를 지지하고, 이제는 존재하지도 않는 연방의 일원으로 남는다는 안에 찬성표를 던졌다.[10] 소비에트 연방에 편입되기 전까지 그들 공화국은 한낱 칸의 영토이자 부족 연합체에 불과했다. 그런 그들에게 있어 소비에트의 유산을 거부하는 것은 곧 자신이 추진하는 민족주의 프로젝트를 부정하는 것과 같다.[11] 모든 공화국이 독일인, 유대인, 러시아화 된 인텔리겐치아의 두뇌 유출을 겪었고, 예외 없이 소비에트 시절의 노후한 의료, 교육 시스템 또는 시스템 부재의 부담을 안고 있으며, 하나같이 날로 증대해가는 HIV/AIDS 위기에 직면해 있다.

여러 면에서 스탄(Stan) 각국은 레닌과 스탈린이 그들에게 적용한 방식인 "형식은 민족주의, 내용은 사회주의"에 여전히 공감하고 있다. 이슬람 율법, 몽골과 티무르와 제정러시아의 법 등이 이미 존재함에도 불구하고 그들 공화국의 정치적 성격은 몽골-투르크계 부족의 위계질서와 권위적인 소비에트 지침에 의해 좌우된다.[12] 그 어떤 나라도 자신의 이익만을 꾀하는 부조리한 법률체계를 넘어서서 진화하지 못했다. 이러한 아시아적 족벌주의가 매사를 문서화하는 소비에트의 관료주의적 본능과 결합된다. 그리하여 심지어 박물관에 입장할 때도 허가나 승인, 뇌물, 서명이 필요한 시스템이 만들어진다. 타슈켄트나 비슈케크에 남아 있는 소비에트 시절 건축물은 수리가 불가능할 정도로 부식된 반면에, 아시아식 판자촌은 여전히 소비에트식 격자 모양으로 정돈돼 있다.

"친절하다는 것만 빼면 중앙아시아 사람들은 러시아인과 똑같습니다." 스탄 각국을 자주 방문하는 한 미국 학자가 말했다. 그러나 그가 언급한 대상에 이 지역의 옛 소비에트 지도자들은 포함돼 있지 않다. 모든 스탄의 통치체제는 일부러 약한 의회를 두는 슈퍼대통령제다. 경제는 족벌 관료들의 후견하에 신흥재벌들이 지배한다. 정치권력과 경제권력은 단지 겹치는 것이 아니라 아예 한 몸이다. 중앙아시아 지도자들은 유럽식 민주주의보다 동남아시아의 온건한 권위주의 모델이 훨씬 더 훌륭하다고 여겨왔다. 그러나 사실상 그들은 맨커 올슨(Mancur Olson)이 말한 이른바 '정착한 비적'들이다. 일시적으로 경제성장을 제공함으로써 도둑질을 합리화하는 무리인 것이다.[13] 그들은 혁명보다 진화를 선호한다고 주장한다. 하지만 그들이 늙거나 약하다는 것이 드러나는 순간 이전의 모든 왕조에서 그랬듯이 그들의 권세에도 어두운 그림자가 드리워질 것이다.[5] 소비에트 시대에 임의로 그어진 국경 안에서 이들 불안정한 지도자들은 이웃나라의 적대집단에 은신처를 제공하고, 석유와 가스의 생산을 감축하겠다고 위협하면서 서로의 기반을 갉아먹어왔다. 중앙아시아는 정치집단을 국외로 추방하는 데 전문이다. 추방된 이들은 외국에서 선동을 일삼는다. 이 지역에 커다란 분쟁이 없었다는 게 너무도 놀랍다. 하지만 계속 그럴 수 있을까?

"지금 우리는 독립된 나라가 됐음에도 여전히 새로운 그레이트 게임이 진행중임을 느낍니다. 우리 공동의 이익을 지켜내는 지역주의를 추구할 시기가 무르익은 거지요." 어떤 식으로든 다시 예속되는 것을 경계하는 한 카자흐스탄 외교관의 말이다. 스탄 각국은 사방이 육지로 둘러싸인 내륙 깊숙한 곳, 그것도 물이 부족한 사막과 초원 지대에 자리잡고 있다. 이러한 사실은 이들이 외국의 상품과 투자에 영구적으로 의존할 수밖에 없음을 말해준다. 자원이 풍부한 잠재적 부국인 카자흐스탄, 우즈베키스탄, 투르크메니스탄도 자국의 탄화수소물을 퍼내고 정제하여 시장에 내다 팔려면 러시아, 중국, 미국, 유럽에 의지하지 않을 수 없다.[14] 스탄 각국은 이제 서로에 대한 비난과 공격을 접고, 협력을 모색하고 있다. 이에 따라 천연가스가 많은 우즈베키스탄은 투르크메니스탄과, 분수계를 조절하는 강 상류의 키르기스스탄은 타지키스탄과 상호 협정을 맺기 위해 협의하고 있다.

그러나 스탄 각국이 실질적인 독립을 이루는 데 가장 도움이 되는 일은 현재의 그레이트 게임에서 그들 스스로 주역이 되어 그 어떤 슈퍼파워도 좌지우지할 수 없는 커다란 블록을 형성하고 오랜 세월 자신들 앞에 놓여 있던 칸의 영토라는 숙명을 떨쳐내는 것이다. 카자흐스탄과

---

5) 진화(evolution)를 글자 그대로 이해하면 무작위적 돌연변이(random mutation)를 말하는데, 이는 나아가 중앙아시아에서 예측 불가능한 권력승계가 비록 혁명은 아니라 하더라도 어떤 방식으로 이루어질지 예고하는 것도 같다.

우즈베키스탄은 북대서양조약기구와 상하이협력기구 둘 다를 교묘히 다루어왔다. 이들은 북대서양조약기구의 평화파트너십(PfP, 북대서양 조약기구 회원국과 유럽 및 옛 소련의 다른 나라들 간의 신뢰구축을 위해 만 들어진 프로그램—옮긴이)에 참여하여 군대를 현대화하고 군사 훈련을 하는 한편, 상하이협력기구 회원국의 자격으로 민주화와 미국식 인권 을 주문하는 서방세계의 요구를 회피할 수 있었다. "외부세력들은 우 리에게 진심으로 마음을 쓰지 않습니다. 우린 그걸 경험으로 알고 있지 요." 카자흐스탄 외교관의 말이다. 스탄 각국의 지도자들이 이 사실을 더욱 깊이 깨달을수록 그들이 카드로 만든 집처럼 무너져 내리지 않고 굳게 단합하는 날이 더 빨리 올 것이다.

7

티베트와 신장
황금알을 낳는 전리품

'자유 티베트(free Tibet)'를 지지하지 않는 서양인은 거의 없다. 그러나 텍사스나 캘리포니아를 자유롭게 풀어줄 미국인이 있을까? 러시아와 영국은 그렇지 않을지 몰라도 중국의 입장에서 그레이트 게임은 결론이 나지 않는 일도 아니었고 실익이 없는 일도 아니었다. 사실 중국은 승자였다. 1895년과 1907년에 체결된 국경조약에 따라 러시아는 파미르 고원을 손에 넣었고 러시아와 영국 사이의 완충지대로서 아프가니스탄 동부에서 중국 국경까지 와한 회랑(Wakhan Corridor)이 설치됐다. 영국은 동투르키스탄(위구르스탄)을 러시아에 양도했지만, 중국에 자금을 대주어 이 지역을 재장악하게 했다. 그 결과 이 지역은 신장(新疆)으로 재편됐다. 서투르키스탄이 몇 개의 스탄 국가들로 쪼개지고 있을 때 중국은 오늘날 중국의 가장 큰 두 성인 신장과 티베트에 대한 지배권을 거듭 주장했다. 이 둘이 없는 중국은 로키 산맥 서쪽의 영토가 없는 미국, 대륙으로서의 위엄과 태평양 파워로서의 지위가 인정되지 않는 미국과도 같은 존재일 것이다.

이렇듯 뉴 그레이트 게임과 뉴 실크로드는 중국이 계속해서 서쪽 변방을 복속하고 개발하는 과정에서 그 모습을 드러냈다. 그리고 그 과정을 살펴보면 중앙아시아의 미래를 알 수 있다. 그레이트 게임은 육상 교통로, 즉 예로부터 제국의 팽창을 촉진해온 '역사의 도구'를 둘러싼 쟁투다.[1] 신장과 티베트를 복속한 중국은 다섯 가지 루트로 서진정책을 추진하고 있다. 그 다섯 가지 루트는 다음과 같다. 러시아의 시베리아 횡단 철도에 맞설 목적으로 계획한 유로-아시아 대륙횡단 가교, 카자흐스탄을 가로질러 카스피 해로 가는 철도-파이프라인 회랑, 키르기스스탄의 고산지대를 관통하여 우즈베키스탄의 타슈켄트로 향하는 신설도로, 타지키스탄과 아프가니스탄을 가로질러 이란과 터키로 가는 화물수송용 고속도로, 현존하는 카라코람 고속도로를 파키스탄을 관통하여 아라비아 해의 심해항인 그와다르(Gwadar, 이란 국경에 가까운 파키스탄 남부의 작은 항구도시—옮긴이)까지 전액 중국 부담으로 연장한 길.

지난 10년 사이에 티베트와 신장을 방문한 배낭여행자라면 누구나 중화제국의 존재가 괴롭지만 현실임을 안다. 서부 지역에 대한 지속적인 관심이 중국인들의 '명백한 운명(19세기 중엽에 미국에서 유행한 이론으로, 미국이 북미 전체를 지배할 천명을 부여받았다는 주장—옮긴이)'인 게 틀림없다는 것이다. 1949년 내전이 종식되자 중국은 곧바로 '지형의 횡포'를 극복하기 위한 노력에 착수했다. 방대한 천연자원을 활용하기 위해 한없이 험준하고 경계도 없는 산악과 사막 지대를 정복했고, 유형지와 군사훈련기지, 무기실험장을 개설했으며, 폭발적으로 증가하는 인구의 생활권역을 확장했다. 티베트와 신장의 불행은 중국이 원하는 자원을 보유하고 있고 중국이 필요로 하는 자원을 구하러 가는 길목에 자리 잡고 있다는 데서 시작된다. 티베트에는 엄청난 양의 목재와 우라늄과 금이 있으며, 신장은 중국 최대의 석유, 가스, 석탄, 우라늄, 금 매장량을 자랑한다. 또한 이 두 곳은 중국이 카자흐스탄, 키르기스스탄, 타지키스탄, 아프가니스탄, 파키스탄과 교역을 할 때 거쳐야 하는 지리적 관문이다. 수십 년에 걸쳐 군대와 수많은 일꾼들이 중국의 지배를 굳히기 위해 맨손으로 길을 닦아왔다.[6] 2006년에 개통된 상하이-라싸 간 고지철도는 중국 헤게모니의 시작이 아니라 완성의 상징이다.

오늘날 티베트와 신장은 약 2세기 전에 있었던 미국의 프런티어 확장과는 판이한 방식으로 다민족 제국의 재탄생 무대를 마련하고 있다.[2] 오늘날 중국인들은 미국의 초기 정착민들과 매우 흡사하게 자신들이 '문명화 사명(서양 기독교국들에 뒤처진 나라들을 개명시켜야 할 사명을 부여받았다는 신념으로 프랑스혁명에서 그 싹이 텄으며 이후 서구 제국주의의 식민통치 이데올로기가 됐다—옮긴이)'을 띠고 있다고 생각한다. 자신들이 발전과 근대성을 가져다주는 사람이라는 것이다. 아시아계 불교도인 티베트인과 투르크계 무슬림인 위구르인은 싫든 좋든 제3세계에서 벗어나 생활이 향상되고 있다. 그들은 도로, 전화망, 병원, 일자리를 얻고

---

6) 티베트보다 신장에 중국 군대가 훨씬 더 많이 주둔하고 있다. 그런데 남부 군사고속도로의 한 지선이 두 지역 간의 이동시간을 크게 단축시켰다. 그래서 중국 군대가 1959년의 티베트 봉기를 신속하게 진압할 수 있었다.

있다. 기초교육과 중국화를 진흥할 목적으로 학교 수업료가 삭감 또는 폐지되고 있다. 유럽연합을 기독교 클럽으로 한정하려는 유럽인과 달리, 중국인은 무슬림 영토를 편입하는 데 아무런 거부감도 느끼지 않는다. 중화민족주의라는 새로운 신화의 기반은 소수민족을 말살하는 것이 아니라 오히려 어버이 같은 중국이라는 국가 안에서 그들의 일반적인 지위를 인정하는 것이다. 위구르인과 티베트인은 한족이 아닌데도 중국인이라고 말한다.3 한어(漢語, Mandarin, 중국 표준어를 보통화라고 부른다－옮긴이)는 몽골어, 위구르어, 티베트어, 좡족어(壯族語) 등 연원이 다른 여러 언어와 방언들로 짜인 중국제 태피스트리의 유일한 공통분모다. 실제로 티베트와 신장은 경계를 맞대고 있지만 서로의 문화를 이해하지 못하며, 티베트인도 위구르인도 중국 최대의 소수민족인 좡족(壯族)의 언어를 알아듣지 못하는 것 같다.

"소련은 다양한 민족을 서로 통합시키기도 전에 섣불리 글라스노스트(galsnost, 개방)를 실험하다가 붕괴됐습니다. 우린 그런 실수를 범하지 않을 겁니다." 상하이에서 활동하는 한 중앙아시아통은 이렇게 말했다. 대제국은 힘과 법의 조합으로 유지된다. 중국은 티베트와 신장에 대한 정책에 동요를 보인 적이 없다. 티베트의 가장 외딴 구석에도 인민해방군(PLA) 소대가 주둔하는 작은 군사기지가 있다. 오래돼서 무너져 내릴 것 같은 불탑 바로 옆 광장에서 하루에 두 번씩 군인들이 기세등등하게 무술훈련을 하는 곳도 많다. 환경보호구역으로 지정되어 접근할 수 없는 밀림지대가 실제로는 군사진지인 경우도 종종 있다. '티베트 파워'라는 요란한 간판은 엄밀히 말하면 중국 전기회사를 가리킨다.

중국은 티베트 개발 프로젝트에 수십억 달러를 쏟아부어 3백만 가까운 티베트인의 호감을 사려고 했다. 라싸에서는 무너져 내리던 석굴집들이 거의 사라지고, 새 기차역과 도시를 잇는 도로를 따라 튼튼한 단독주택들이 들어섰다. 그러나 중국의 현대화 정책으로 인해 한때 문화적 진정성의 상징이던 한 도시는 아직도 사람보다 야생 야크의 수가 더 많은 외진 고원지대로 가는 한낱 관문이 되고 말았다. 걍체(Gyantse, 티베트에서 네 번째로 큰 도시—옮긴이)를 걸어서 통과하면서 젊은 티베트인 가이드는 말했다. "우리 가족 중에 중국에 가본 사람은 한 명도 없어요. 그런데 어딜 가나 중국인들과 중국 경찰이 득실거려요. 게다가 그들은 우리처럼 카우보이모자를 멋들어지게 쓰려고 하죠."

티베트보다도 훨씬 더 큰 전리품은 유전과 사막과 산맥이 있고 티베트보다 면적도 크고 인구도 훨씬 많은 신장이다. 신장에 한족이 대거 이동해오면서 중국판 아파르트헤이트가 초래됐다. 늘 반항적이던 신장은 내전 말기에 잠시 독립을 쟁취하기도 했다. 그러나 1950년대에 서부개발운동이 시작되면서 '생산건설단(PCC)'의 지원 아래 수많은 한족 정착민이 몰려들었다. 중국 당국은 한족 농업조합에 보조금을 지급했다. 미국의 홈스테드 법(Homestead Act, 거주자에게 토지를 무상 또는 염가로 지급하여 미개척지를 신속히 줄이려는 목적으로 제정된 미국의 자영농지법—옮긴이)과 유사한 이 정책으로 인해 토착 위구르인은 주변으로 밀려났다. 문화혁명 시절에는 신장이 봉쇄된 상태에서 이슬람 사원을 파괴하고 코란을 불태우는 만행이 저질러졌다. 1996년에는 우루무치(烏魯木齊)에서 폭력충돌이 일어났다. 중국은 이슬람 사원의 재건축을 전면 중지시켰고, '범죄 소탕'이라는 명목으로 위구르인 수백 명을 처형하거나 투옥했다. 이러한 사태는 중국이 지배하는 환경에서는 결코 이슬람 문화가 평화롭게 유지될 수 없음을 증명했다. 오늘날 우리는 마오쩌둥과 덩샤오핑이 시작했으나 아직 완수되지 않은 축적된 결과를 볼 수 있다. 이제 이 지역의 위구르인 비율은 전체 인구의 절반에 지나지 않는다. 게다가 타클라마칸 사막을 곧장 가로지르며 석탄, 이주자, 물자를 실어 나르는 간선철도와 고속도로를 통해 이 자치구의 한화(漢化)는 더욱 가속화되고 있다.

　종일 당나귀를 타고 다니는 사람들 대부분은 요즘 정치권력자가 누구인지 전혀 관심이 없다. 신장의 반농반목민들은 오랫동안 서쪽의 투르크계 무슬림 형제들과 교역을 하며 살아왔다. 이제 신장은 중국에서 가장 빨리 성장하는 지방이다. 그러나 내륙 깊숙한 곳에 위치한 지역에서는 이런 빠른 성장은 거의 꿈같은 얘기다. 남자들은 두 팔을 꽉 잡아주고 나서 가볍게 절한 다음 오른손을 심장에 얹는 이슬람식 예절에 따라 인사를 나누고, 여자들은 두건을 쓰고 다닌다. 예청(葉城, 카슈가르와 인도를 연결하는 타림 분지 남쪽에 위치한 교통 요지—옮긴이)의 이슬람 사원은 우즈베키스탄의 사원을 닮았고, 시장의 특산물은 금 잎사귀 장식의 코란과 다채로운 색깔의 파쿨(pakul, 아프가니스탄 남자가 쓰는 부드럽고 둥근 모자—옮긴이)이다. 아프가니스탄식 차도르인 부르카를 온몸에 두른 여자들이 길모퉁이에 쭈그리고 앉아 구걸한다. 1990년대에는 마약 중독과 매매춘의 증가로 에이즈 바이러스 감염률이 급격히 증가했다. 이렇게 낙후된 중국의 서역 지방을 찾는 한족 관광객들은 이제 제국의 일부가 된 쓰러져가는 위구르인 마을과 이국적인 사람들을 보고는 입을 떡 벌린다.

　베이징에서 2,880킬로미터나 서쪽인데도 이곳의 모든 시계는 주민들의 의사와 상관없이 베이징 표준시에 맞춰져 있다. 하나의 제국, 하나의 시간대인 것이다. 허톈(和闐, 타림분지 남부의 최대 오아시스 도시—옮긴이)에서 중국 경찰이 순찰을 돌 때 주민들은 긴장한다. 한때 불교 전파의 중심지이기도 했고, 양잠업의 중심지이기도 했고, 도시 한복판에 있는 분홍색과 청색 사원에서 진행된 이슬람 학습의 중심지이기도 했던 허톈은 정부가 현지 주민의 일거수일투족을 감시하는 곳, 이를테면 러시아의 카잔(Kazan, 러시아 연방 타타르스탄 자치공화국의 수도—옮긴이) 같은 곳이 됐다. 미국이 선포한 '테러와의 전쟁'은 '동투르키스탄 이슬람운동(동투르키스탄 독립국 건설을 주장하는 운동—옮긴이)'을 탄압할 절호의 기회를 중국에 제공했다. 중국은 좌절한 청년 학생들이 대부분인 위구르인 선동자들에게 이슬람 근본주의자라는 꼬리표를 붙이고, 그들을 '테러와의 전쟁'의 표적으로 삼아 이따금씩 총격전을 벌인다. "크게 자극하지만 않으면 경찰은 우리를 해치지 않을 겁니다. 1990년대에 소비에트 투르크 공화국들이 해방되었을 때 우리가 가능하다고 생각했던 그런 방식으로 투르키스탄을 다시 세운다는 건 나로서는 상상할 수 없어요." 규화목(硅化木, 나무가 오래 세월을 거치며 돌이 된 것—옮긴이)을 파는 한 시장 상인은 이렇게 말했다.

　키르기스스탄 국경 가까이에 있는 투르키스탄의 옛 수도 이닝(伊寧)과 실크로드의 치열한 분쟁지역인 카슈가르도 중국식 메트로폴리스가 됐다. 북적대던 싸구려 장터들은 대규모 상업 중심지로 변모했다. 1980년대 말엽에 카슈가르에 진출한 한족 개척자들은 영국과 러시아의 옛 영사관 건물을 이 도시의 유명한 양대 관광호텔로 개조함으로써 그레이트 게임에서의 중국의 승리를 상징적으로 마무리했다. 인민광장에는 오른팔로 베이징을 가리키는 30미터 높이의 마오쩌둥 상이 우뚝 서 있다. 카슈가르에는 위구르인, 타지크인, 키르기스인, 한족이 뒤섞여 살고 있지만, 푸른색 교복을 입고 학교에 가는 어린이들은 모두 한어로 공부한다.

신장의 수도인 우루무치는 실크로드 북로의 상하이로 변모하고 있다. 토착 민족과 그들의 역사, 건축물이 깨끗이 사라지고 그 자리에 오늘의 중국 자본주의에 찬사를 보내는 번쩍번쩍한 고층빌딩이 들어서고 있다. 먼 거리와 기후는 장애물이 아니다. 6차선 고속도로가 도시를 관통하고, 새로이 다수파가 된 한족은 도시 곳곳에 있는 대형 시노펙(Sinopec)과 페트로차이나(PetroChina) 주유소에서 일본산 신형 자동차에 기름을 넣는다. 우루무치는 러시아, 파키스탄, 그 밖의 스탄 각국에서 온 상인들로 북적인다. 이들은 여기서 값싼 중국 상품을 사서 고국으로 돌아가 이문을 붙여 판다. 이 도시에서 위구르인은 이제 주변으로 밀려난 초라한 소수자다. 향긋한 위구르 수프와 서커스 공연이 명물인 야시장 말고는 일자리도 발붙일 곳도 없는 신세가 됐다. 쉽게 갈 수 있는 몇몇 자연관광 명소는 중국인 관광객들로 북새통을 이룬다. 그래서 에메랄드 빛 천지(天池, 우루무치 동쪽에 있는 호수. 백두산 천지와 이름은 같지만 다른 곳이다—옮긴이)는 이제 더는 천상의 호수가 아니다.

샴발라(Shambala, 히말라야 산맥의 설원에 숨겨져 있다는 전설의 왕국—옮긴이)의 전설은 티베트의 음악과 명상 CD를 통해서만 근근이 전해질 뿐이다. 투르키스탄에 대한 기억은 신장의 페르가나 계곡(Ferghana Valley, 우즈베키스탄, 키르기스스탄, 타지키스탄을 가로지르며 중국의 신장 쪽으로 뻗어 있는 계곡—옮긴이)에 걸쳐진 케밥(kabob, 꼬챙이에 끼워 불에 구워내는 터키식 고기 요리—옮긴이)에서 아른아른 피어오르는 향긋한 구름을 통해서만 추억될 뿐이다. 소련의 경우와는 전혀 다르게, 중국은 글라스노스트를 시행함으로써 전혀 다른 민족이 사는 이 두 지역, 신장과 티베트를 통합했다. 중국의 통치에 반발하는 강력한 저항은 이제 거의 일어나지 않는 것으로 봐서 중국이 느긋해질 날도 멀지 않은 것 같다. 영적인 티베트인들은 오래도록 남쪽의 네팔과 인도를 문화적 지주로 여겨왔다. 18세기에 티베트는 중국으로부터 기능적 자율(functional autonomy, 처음에는 욕구 충족의 수단이던 행동이 나중에는 목적화하여 그 자체가 동기로 작용하는 일을 가리키는 심리학 용어로, 여기서는 독립의 가능성을 열어둔 높은 수준의 자치를 가리킨다—옮긴이)을 인정받았다. 현재의 달라이 라마가 제안한 것과 같은 모델이다. 그가 무대에서 사라지는 날 중국은 큰 걱정 없이 이 지역을 개방하여 인도, 티베트, 네팔 간의 불교문화 교류를 활성화하고, 나아가 둔황석굴에 천불상이 새겨지던 시절인 천 년도 더 전에 이곳이 누렸던 위상, 즉 실크로드의 길목으로서의 위상을 복원할지도 모른다.

티베트인과 위구르인은 날이 갈수록 이웃한 제3세계의 몽골인, 키르기스인, 타지크인, 아프간인, 파키스탄인, 인도인, 네팔인보다 더 번성할 것이다. 이들의 발전은 중국이 중앙아시아의 여타 지역에서도 자애로운 헤게모니를 발휘할 것이라는 이미지를 심어줄지도 모른다. 그리고 중국은 말보다 앞서 행동으로 중앙아시아의 헤게모니를 장악할 수 있는 위치에 오를 것이다.

유라시아를 통일할 능력이 있는 단일한 세력의 등장을 우려하면서 매킨더는 "세계섬(중앙아시아)을 지배하는 자가 세계를 호령할 것이다"라고 했다.[4] 세계섬은 과거 어느 때보다도 더 단일한 몸체가 돼 있다. 1960년대부터 건설돼온 아시아횡단철도(아시아 28개국을 연결하는 철도로 유럽 철도와도 연결된다—옮긴이)를 타고 영국의 애버딘에서 싱가포르나 서울까지 여행할 수 있는 날도 멀지 않았다. 먼 옛날 초원지대를 가로질러 퇴각하던 오랑캐들은 거대한 적들의 힘이 중심부에서 멀어질수록 약해지는 것을 보았다. 그러나 오늘날 인프라의 축을 따라 뻗어가는 중국의 영향력은 꾸준하고도 자신만만하게 중앙아시아 공간을 압박해 들어오고 있다.

8

카자흐스탄
등거리 외교의 성공 신화

수세기 전에는 교역로가 지정학적 이익을 보장해주었다면, 오늘날에는 석유와 가스 파이프라인이 수익과 정치적 유대를 가져다준다. 카스피해의 총 석유 매장량은 2천억 배럴 이상으로 추정된다(6천억 배럴 이상으로 확인된 페르시아 만의 매장량과 비교해보라). 그로 인해 이 지역은 서방과 동방 모두에 대안의 석유공급원으로 없어서는 안 될 곳이 되었다. 이에 따라 카자흐스탄은 사우디아라비아와 같은 존재, 즉 모든 슈퍼파워가 기를 쓰고 차지하려고 하는 에너지 발전소가 되었다. 칭기즈칸이 그토록 쉽게 정복했던 광막한 불모의 초원지대를 꿰차고 앉은 카자흐스탄은 바다가 전혀 없는 내륙국 중 가장 국토가 넓은 나라다. 모랫바람과 눈보라를 뚫고 뉴 그레이트 게임의 모든 주자들이 이곳으로 달려와 기름이 번지르르 흐르는 새로운 실크로드를 건설하고 있다.

카자흐족은 오랫동안 자신들이 지리적으로 저주받았다고 여겨왔다. 천연자원은 타국에 착취당할 기회를 증폭시킬 뿐이었다. 소련은 카자흐스탄을 남부 시베리아로 취급하고 그 일대를 '중부 아시아와 카자흐스탄'이라 부르면서, 시베리아의 연장선상에서 카자흐스탄의 광산과 공장들을 중앙계획했다.[1] 그러나 독립과 함께 카자흐스탄의 지리와 지질은 축복의 원천이 됐다. 이후 카자흐스탄은 남쪽의 실패한 이웃들과는 비교하기조차 힘들 만큼의 성공 스토리를 써왔다. 터키와 마찬가지로 카자흐스탄 역시 동서를 넘나들며 여러 방면으로 강력한 유대관계를 맺음으로써 이익을 취하는 나라다. 중국통인 카자흐스탄 외무장관 카심조마르트 토카예프(Kassymzhomart Tokaev)는 미국의 거만한 외교 스타일에 거부감을 보인다. 실질적인 내용으로 접근하는 유럽인이나 공손한 중국인들에 비해 호감이 가지 않는다는 것이다.[2] 카자흐(Kazakh)는 터키어로 '자유롭다'라는 뜻이다. 오늘날 카자흐스탄은 러시아와 중국에 복속되는 것도, 미국의 간섭이나 군사기지의 확장도 원치 않는다.[3] 그러나 만약 카자흐스탄이 석유의 유출을 줄인다면 서로 경쟁하는 이 제국들에 의해 분할될지도 모른다.

뉴 그레이트 게임은 영토 확장보다는 유전과 거기서 사방으로 뻗어나가는 파이프라인에 대한 통제권을 둘러싸고 벌어지는 경우가 더 많

다. 카자흐스탄 관리들은 동과 서, 남과 북으로 가는 파이프라인 경로
의 수요를 끊임없이 만지작거리고 있다. 파이프라인은 세 범주로 나뉜
다. 즉, 이미 건설되어 가동 중인 파이프라인, 건설 또는 확장 중인 파
이프라인, 여러 나라의 수도에서 은밀하게 설계되고 있는 파이프라인
으로 나뉘는 것이다. 광섬유와 마찬가지로 파이프라인 역시 거의 눈에
띄지 않는 세계화 인프라의 일부요, 국가의 우정 관계를 나타내는 지도
상의 새로운 선들이다. 서방 기업들은 카자흐스탄 최대의 유전인 카샤
간(Kashagan)과 텡기즈(Tengiz) 유전의 지분을 사들였다.[4] 미국, 유럽,
중국이 선호하는 카자흐스탄 송유관은 러시아 땅을 스치지도 않는다.
카프카스 지방의 바쿠-트빌리시-제이한 파이프라인이 러시아와 이란
을 피해가도록 설계된 것과 같은 이치다. "행복은 다수의 파이프라인입
니다." 미국 클린턴 정부의 관리들이 알마티에 배포한 자동차 범퍼스티
커의 문구다. 새 유조선들이 카스피 해 동안의 항구 아크타우에서 바쿠
로 실어 나른 카자흐스탄 석유는 거기서 바쿠-제이한 송유관을 타고
유럽으로 흘러들어 간다. 카자흐스탄은 서방세계와의 교역량을 더욱
늘리려고 카스피 해와 흑해를 잇는 운하의 건설을 제안했다.

　오랫동안 카자흐스탄의 보호자를 자처해온 러시아는 지금도 옛 소
련의 거대한 우주선 발사기지인 바이코누르(Baikonur)에 대한 권리를
보유하고 있다. 그러나 카자흐스탄인들에게 러시아는 중앙아시아라는
체스판 위에 놓인 하나의 기사 같은 존재가 돼가고 있다. 한 카자흐스
탄 외교관이 지겹다는 투로 말했다. "우린 지금까지 한 세기가 넘도록
러시아의 '보호'에 저항해왔습니다." 카자흐스탄은 북대서양조약기구
의 평화파트너십에 참여한다. 러시아가 카스피 해를 지배하는 것을 막
아, 바쿠 행 유조선을 지키기 위해서다. 그러나 카자흐스탄은 러시아

나 중국과의 관계를 해칠 게 뻔한 서방측 군사기지를 수용할 만큼 가난하진 않다. 카자흐스탄과 러시아(가즈프롬이 대행)는 천연가스 네트워크를 공유하는 새로운 협정들에 조인했다. 하지만 현재 가동 중인 송유관의 인수인계 문제는 우크라이나를 지나는 러시아 파이프라인과 똑같은 홍역을 치르고 있다. 러시아 국영기업인 트랜스네프트가 러시아의 통제하에 두지 않는 한 송유관을 확장할 수 없도록 제한하고 있기 때문이다.

이제 카자흐스탄은 중국이라는 거대한 시장을 포기할 각오를 하지 않고도 러시아와 밀접한 에너지 유대관계를 맺을 수 있다. 민감한 인계철선(건드리면 폭발물이나 조명탄 등을 터뜨려 적을 살상하거나 적의 침입을 알 수 있게 해주는 철선―옮긴이)과도 같은 카스피 해 지역의 에너지 자산에 접근하는 것은 중국에 있어서 군사적 과제라기보다는 외교적 과제가 됐기 때문이다. "중국은 자국의 에너지 수요가 얼마나 막대하고 시급한지를 조용하지만 분명하게 말했습니다. 값을 매우 후하게 쳐주겠다는 말도 잊지 않았지요." 산뜻하지만 활기 없는 수도인 아스타나에서 한 카자흐스탄 관리가 말했다. 정부의 지원을 받는 중국 석유회사들은 미국의 에너지회사들처럼 주주들의 눈치를 볼 필요가 전혀 없다. 국경문제의 조율과 말라카 해협에 의존하지 않는 석유 수입의 인센티브는 충분하다.

톈산 산맥 기슭에 위치한 러시아 최전방 요새였던 카자흐스탄 최대도시 알마티는 이제 이 지역에서 가장 국제적인 도시다. 북적거리는 시내 중심가에 있는 중국석유천연가스공사(CNPC) 건물은 제2의 중국 대사관 역할을 한다. 그 높다란 문 안에서는 몇 년에 걸쳐 카자흐스탄 당국과의 에너지 협상이 차근차근 진행된다. 예상보다 훨씬 빨리 중국은 카자흐스탄 석유를 중국 서부로 들여오는 1,000킬로미터의 아타수-알라샨코우(Atasu-Alashankou) 파이프라인 건설 자금을 댔다. 2005년 말 파이프라인이 개통됐을 때 대통령 누르술탄 나자르바예프(Nursultan Nazarbayev)는 이로써 카자흐스탄과 중국 간의 '전략적 파트너십'이 굳어졌다고 선포했다. 시노펙도 텡기즈 유전 부근의 중요한 탐사광구를 여럿 확보하는 한편, 신장의 타림 분지에서 상하이까지 4,000킬로미터가량 뻗은 중국의 동서 파이프라인에 국경 너머 카자흐스탄의 천연가스 라인을 연결하는 건설공사를 협의하고 있다.[5]

그러나 카자흐스탄은 파이프라인에 대한 운영통제권을 양보할 의사가 전혀 없음을 내비쳤다. 이에 따라 중국은 공동생산협정을 맺어 생산물의 지분을 사들이는 것을 목표로 금융외교를 강화했다. 이는 중국이 한 세기 전에 했던 경험을 거꾸로 되풀이하는 것이었다. 당시 서구 열강은 기반시설 양도 계약을 추구했는데, 이는 중국으로서는 점령이나 다름없는 굴욕적인 협정이었다. 지역 내의 핵심 에너지 공급자들(러시아, 이란, 중앙아시아 국가들)과 소비자들(유럽과 중국) 간의 상호의존도가 커짐에 따라 그들 사이의 분쟁 위험도 커진다.[6] 서방세계와 중국의 이익 사이에서 카자흐스탄이 절묘하게 균형을 유지하는 것은 석유 공급이 원활하게 이루어질 때에만 가능하다. 알력은 이미 1개월 단위로 증폭되고 있다. 예를 들어 중국석유천연가스공사가 2005년에 시장가격을 훨씬 웃도는 가격으로 페트로카자흐스탄을 사들이려 할 때, 미국과 러시아는 회사를 전략적 자산으로 선언하고 매각 시기를 늦춘다는 카자흐스탄 정부의 결정을 지지했다. 아랍세계에서 수십 년간 서방세계를 열받게 했던 국유화 실행이 미래에는 중국에 맞서는 무기가 될 수 있다. 이렇듯 중국 외교의 과제는 카자흐스탄에 계속 매력적인 파트너로 남는 것이다. 중국이 지배를 회피하는 것은 지배를 실행하는 것만큼이나 복잡한 과제다.

신흥 제국들은 지도상의 불안정한 공간들을 겨울잠에서 깨어난 곰이 먹이를 발견하는 길로 본다. 그레이트 게임이 벌어지던 동안에 야노프 대령이 러시아의 기세를 자랑했듯이, 이제 중국이 입을 떡 벌리고 있다. 카자흐스탄인들은 여러 세기에 걸쳐 중국의 팽창과 수축을 목격해 왔다. 그래서인지 그들 중 중국의 에너지 인프라 외교를 편안한 마음으로 바라보는 사람은 거의 없다. 석유 세수의 증가로 이득을 본다고 해도 사정은 그리 달라지지 않을 것이다. 존경받던 전 주중 카자흐스탄 대사 무라트 아우에조프(Murat Auezov)는 지난 3세기 동안 중국을 통합해온 힘은 '영토 확장욕'이라고 말한다. 그런데 오늘날 중국이 실시하는 팽창정책이 정당하다고 주장하는 사람들도 있다. 19세기와 20세기에 '불평등 조약'을 통해 러시아와 몽골에 넘겨준 영토를 되찾는 행위라는 것이다. 어쨌든 중국은 공공연한 침략을 감행하지 않고서도 이미 카자흐스탄의 자원을 침탈하고 있다. 중국은 신장의 유전을 개발하기 위해 일리 강과 이르티슈 강에서 무려 연간 15억 입방미터 가량의 물을 끌어올린다. 이 두 강의 하구에는 카자흐스탄의 발하슈 호가 있다. 중국이 계속해서 엄청난 양의 물을 끌어올리면 발하슈 호는 이미 바닥을 드러낸 아랄 해의 복사판이 될 가능성이 농후하다.

국민 대부분이 중국 국경 가까운 동남부에 살고 있음에도 나자르바예프 대통령은 북부의 초원 지대에 있는 아스타나로 수도를 옮겼다. 러시아와 중국의 야망을 피하면서 동시에 자국의 야망을 표출하기 위해서였다.7 그래도 중국의 인구 외교는 차단되지 않았다. 비공식적인 추계이긴 하지만 현재 카자흐스탄 인구 1,500만 중 30만은 중국인과 위구르인이다. 그들 대부분은 카자흐스탄에 반영구적인 정착촌을 형성해 살고 있는 보따리장수들이다. 알마티에는 중국어 간판들이 갈수록 늘고 있다. 급증하는 중국인들에게 음식을 제공하는 중국 식당이 급속도로 증가하는 것이다. 카스피 해 연안에는 아랍 국가들에서 흔히 볼 수 있듯이 반치외법권이 적용되는 석유관련 복합주거단지에 수만 명의 노동자들이 살고 있다.

중국의 카자흐스탄 잠식은 중국인이 마치 진짜 카자흐스탄 국민이 되면서 민족적, 언어적 분열 상태를 극복하고 있는 것처럼 진행되고 있다. 우크라이나와 마찬가지로 카자흐스탄 역시 러시아인과 토착 주민의 인구 축을 따라 분열돼 있다.

그러나 나자르바예프 대통령이 카자흐화 프로그램을 시행한 뒤로 카자흐족의 출생률이 상대적으로 높은 수준을 유지하면서 카자흐족이 확실한 다수 민족이 됐다. 한 야당 국회의원은 말한다. "이제 권력의 사다리에서 더 높은 곳으로 올라가려면 반드시 카자흐어를 구사할 줄 알아야 합니다." 알마티에 있는 거리의 이름도 대부분 러시아어 '프로스펙트(prospekt)'가 아니라 투르크어 '코셰시(koshesi)'로 끝난다. 러시아인 인구의 비율은 러시아로 돌아가는 사람이 많아지면서 지난 10년 사이에 20퍼센트 이하로 급감했다. 그러나 러시아로 돌아간 이들 중 상당수가 다시 카자흐스탄으로 되돌아온다. 모스크바에 영원히 정착할 생각으로 떠났다가 다시 돌아온 한 젊은 러시아인 기자는 이렇게 털어놓았다. "카자흐스탄 여권을 갖고 있다는 이유 하나만으로 차별 대우를 하더군요. 뭐, 이곳 일자리가 더 낫기도 하고요." 시원한 여름밤, 카자흐족과 러시아인 젊은이들은 야외 카페나 레스토랑에 뒤섞여 앉아 러시아어와 카자흐어를 가볍게 섞어가며 대화를 나눈다. 카자흐스탄은 따스하게 기억되는 소련 유산 가운데 하나인 서커스를 더욱 갈고닦기도 했다.

카자흐스탄은 대다수 제2세계 국가들이 꿈을 꾸는 데 그치고 마는 자기실현의 기회를 실제로 이룰 확률이 높은 나라 중 하나다. 사회적, 정치적으로 안정돼 있기에 가능한 일이다. 카자흐스탄의 경제 규모는 이미 중앙아시아의 다른 모든 나라를 합친 것보다도 크고, 에너지 자산의 가치는 9조 달러로 추산된다. 끔찍한 수준의 부패에도 불구하고, 석유 생산과 수익이 급증할 때도 카자흐스탄은 다각화 정책을 펼치며 세계 에너지 시장의 불확실성으로부터 자국의 경제를 분리시켰다.[8] 카자흐스탄의 경제적 행보는 아시아 호랑이들의 야심에 필적할 만한 수준이다. 경제특구와 정보기술단지를 설립해왔고, 생화학무기 공장을 식품가공 공장으로 전환해왔으며, 방대한 우라늄 매장량을 핵에너지로 활용할 계획도 세우고 있다. 각지에 건설된 신공항과 넓은 도로는 대륙의 초원을 가로지르는 연결망을 복원하고 있다. 또한 톈산 산맥 기슭에는 스키 휴양지들이 문을 열고 있다. 지구 온난화로 알프스의 눈이 줄어들면 유럽인들이 이곳에 대거 몰려들지도 모른다.

카자흐스탄은 소비에트식 기계의 톱니가 아니라 개인 소비자들로 이루어진 국가가 돼가고 있다. 사적 부문이 노동력과 경제 대부분을 차지하고 있고, 민간은행이 런던주식시장에서 자금을 끌어모은다. 소기업 활성화, 토지 사유화, 농업 보조금, 고임금 공직자에 대한 정부의 지원, 이 모든 것이 도시와 농촌을 막론하고 생활수준 향상에 기여해왔다. 빈곤율은 지속적으로 하락했고, 실업률은 역내 최저이며, 여러 나라에서 이주 노동자들이 몰려든다. 알마티와 아스타나 근교에는 새로운 주택과 아파트 단지가 건설되고, 전문가들이 국제 에너지 회사와 컨설팅 기업들로 일자리를 옮기고 있다. "우리는 해외자본을 들여오는 대신에 담보물을 저당잡고 있습니다. 저를 비롯한 많은 카자흐스탄인이 유럽에서 실력을 쌓고 다시 돌아와 서구식 라이프스타일을 구현하고 있지요." 카자흐스탄과 여러 나라의 합작기업에서 일하는 한 젊은 컨설턴트의 자랑이다.

카자흐스탄 정부는 자신감을 갖고서 강력한 협상방식을 취했다. 자산 몰수나 법인세 인상 위협까지 구사하며 에너지 자산 장악력을 높였다. 그러나 카자흐스탄 성공 비결의 한 축은 뭐니 뭐니 해도 국제적인 기업 및 기관들과의 강한 파트너십이다. 터키 건설회사들은 많은 수의 카자흐스탄인을 고용하고 있다. 소비에트 아카데미였던 기관은 인접국의 가장 우수한 학생들이 몰려드는 비즈니스 리더십 양성기관인 카자흐스탄 경영대학원(KIMEP)으로 바뀌었는데, 이 과정에서 외국인 전문가들의 역할이 컸다. "이런 기관들은 한 정치가의 정치적 야망을 채우는 데 이용되고 마는 경우가 많습니다. 그의 운이 다하면 학교도 무너지지요. 하지만 우리는 다릅니다. 정치적으로 순수하고, 대부분의 강의가 영어로 진행되기 때문에 이 지역 차세대 지도자들의 훈련장이 될 수 있지요." 에너지 시장을 전공하는 한 교수의 설명이다.

카자흐스탄은 석유 세수를 국가가 장악하여 제정시대 권위주의로의 복귀 자금으로 쓰는 '러시아 병'도 피할 수 있을지 모른다.[9] 카자흐스탄은 중앙은행을 개혁하는 데서도 러시아보다 한참 앞서 있고, 40억 달러 이상의 석유 수익금을 관리가 비교적 투명한 노르웨이의 펀드에 예치해왔다. 나자르바예프 대통령의 실용주의 노선은 국가 안보라는 가장 내적인 문제도 예외로 두지 않는다. 소비에트 시절에 카자흐스탄은 프랑스, 영국, 중국이 보유한 핵무기를 합친 것보다도 더 많은 핵무기를 갖고 있었다. 수십 년간 소련 핵실험의 희생양이 돼온 탓에 지금도 카자흐스탄에서는 기형아가 많이 태어난다. 이런 아픔을 교훈 삼아 카자흐스탄은 소련 붕괴 후 미국의 도움을 받아 핵물질을 전량 러시아로 돌려보내고 이제 중앙아시아를 비핵화하는 정책을 추진하고 있다.[10] 러시아는 카자흐스탄을 예의 주시하면서도 한편으로는 존중한다. 어쩌면 이 나라가 러시아의 롤모델이 될 수 있을지도 모른다.

카자흐스탄은 명령경제에서 시장경제로, 소비에트 기관에서 카자흐 민족주의로 전환을 해왔다. 하지만 과연 권위주의 정치에서 진정한 선거정치로의 전환도 이룰 수 있을까? 카자흐스탄은 민주주의를 수용할 수 있을 만큼의 부를 갖추었지만, 소비에트 시대의 유물이자 투르크의 아버지 같은 인물인 나자르바예프 대통령은 자신에게 충성하는 무리를 선호할 게 틀림없다. 근래에 그는 민주선택당(Democratic Choice Party)을 해체하고 핵심 정적들을 추방했으며, 야당 인사들을 투옥하고 종신 대통령이 되겠다는 뜻을 내비쳤다. 2005년 카자흐스탄 선거의 초점은 나자르바예프가 이길 것인가가 아니라 얼마 차이로 이길 것인가였다. 정치고문들은 어느 정도 표차로 승리하는 것이 국제 사회가 받아들이기에 가장 무난할지를 두고 고민했다.[11] 그렇다고 그가 자신의 유목민족들 사이에 일정 형태의 민주주의를 단계적으로 제도화하는 미덕을 발휘할 책임을 면제받은 것은 아니다. "그는 쿠데타나 혁명, 암살로 권좌에서 밀려나지 않을 유일한 지도자입니다. 그가 자신의 딸 중 하나에게 권력을 인계하기보다는 애국적인 기술관료를 후계자로 지명할 가능성이 더 큽니다." 알마티의 한 카자흐스탄 정치분석가는 자신 있게 예측했다.

나자르바예프 대통령은 카자흐스탄을 자신이 원하는 방향으로 끌고

갈 수 있을 만큼의 힘을 지니고 있다. 하지만 그는 야심찬 인물이면서도 합리적인 사람이기 때문에 자신의 의사에 영향을 미치는 외부의 힘을 완전히 차단하지 않는다. 중앙아시아의 민주주의를 이야기할 때 미국은 나자르바예프의 반대자를 지원하기보다는 그의 전략적 약속을 얻어내는 데 훨씬 더 많은 관심을 기울인다. 유럽연합은 나자르바예프가 갈망해 마지않는 정당성이라는 지렛대를 들이대지만, 종종 거부당하기도 한다. 그는 유럽의 인근국정책(European Neighborhood Policy) 하에서의 카자흐스탄의 행동방안을 찾는 데 그치지 않고, 유럽안보협력기구(OSCE)의 의장직을 맡고 싶다는 욕망도 숨기지 않았다. 두 경우 모두 EU는 줄곧 빡빡하게 굴어왔다. 그가 아스타나에 짓는, 꼭대기에 거대한 황금 공이 있는 형광 타워와 같은 신기한 건축물들이 더 경이로워질수록, 유럽인들은 그의 민주주의 버전이 유럽의 기준에 미치지 못함을 알리는 데 더 공을 들인다. 카자흐스탄 석유의 해외 유출을 안정화하는 것과 서방세계의 가치를 주입하는 것은 매우 다른 별개의 사안이다. 그러나 그 두 사안 모두 '카자흐스탄 방식'에 따라 이루어지고 있다.

9

키르기스스탄과 타지키스탄
변방의 꿈틀거림

독립 후 20년이 다 돼가지만 대다수 외지인들은 아직도 여러 나라로 갈라진 스탄들을 구별하지 못한다. 중앙아시아를 가로지르며 착착 펼쳐지는 거대한 제국의 카펫에 금세 쓸려버릴 것 같은 제3세계의 아주 작은 나라, 키르기스스탄과 타지키스탄의 경우 이것은 별로 중요한 문제가 아닐지 모른다. 국경이 별생각 없이 그려진 중앙아시아의 한구석에서 두 나라는 국가라기보다는 제국들 사이에 끼인 변방이다. 그리고 톈산 산맥과 파미르 고원의 봉우리들과 기슭에서는 지금도 한 세기 전에 펼쳐졌던 것과 흡사한 그레이트 게임이 펼쳐지고 있다.

톈산 산맥은 러시아화된 키르기스스탄 북부와 오슈, 잘랄라바드 등의 도시가 있는 키르기스스탄 남부를 글자 그대로 양분한다. 남부지방은 지리상 페르가나 계곡의 이슬람 문화권에 속한다. 수도인 비슈케크에서 오슈까지 가는 길은 경치는 장관이지만 매우 위험한 산길을 차로 장장 12시간이나 달려야 할 만큼 험난하다. 키르기스스탄이 응집되고 통일된 국가였다면 세계에서 가장 신선한 공기와 치유력이 탁월한 이시쿨 호를 활용하여 건강온천 산업을 일으킴으로써 관광국가로 탄탄히 자리 잡았을 것이다. 그러나 소련에 의해 외국인들에게 닫혀 있던 이 나라는 카즈흐스탄, 우즈베키스탄, 중국이 관리하는 부활한 동서 실크로드의 풍광 좋은 길목에 그칠 가능성이 훨씬 더 크다.

허약한 키르기스스탄은 훨씬 큰 이웃나라들 사이의 영원한 줄다리기 대상이다. 키르기스스탄은 이들과 '배타적이지 않은 우방' 관계를 유지하려 한다. 1990년대 초에 국경을 확정 짓자는 중국의 요구에 키르기스스탄 정부는 수백 평방킬로미터의 산악지대를 매각하기로 합의했다. 그러자 이에 분노한 대중이 소요를 일으켰다. 우즈베키스탄이 가스 공급을 끊었을 때는 카자흐스탄이 가스를 제공했다. 그러나 이 나라의 가장 변함없는 우방인 카자흐스탄은 자기 나라 관광객들이 키르기스스탄의 탐욕스런 경찰을 피해갈 수 있도록 이시쿨 호로 직통하는 새 도로를 뚫었다. 러시아와 중국 기업들이 야금산업과 식품가공 부문을 사들이는 동안 대다수의 키르기스인들은 수세기 전 상태 그대로 남겨져 있다. 말이 끄는 원시적인 농업이 경제 대부분을 차지하는 상태로 살아가는 것이다. 비슈케크에 있는 멋진 레스토랑은 서방 외교관들 차지이고, 달리 더 나은 일자리를 찾지 못하는 여인들은 호텔 남자 손님들에게 아시아식 마사지를 제공하기 위해 쉴 새 없이 전화를 건다.

"아스카르 아카예프(Askar Akayev) 대통령은 키르기스스탄을 중앙아시아의 스위스로 만들겠다고 선포했지요. 하지만 정작 그가 만든 건 자기 가문을 위한 스위스였어요." 외무장관 로사 오툰바예바(Rosa Otunbayeva)가 열을 내며 말했다. 혁명이라는 이름표가 붙은 역사적 사건 중 2005년에 키르기스스탄에서 일어난 '튤립혁명(Tulip

Revolution)'만큼 이름값을 못하는 사건도 드물다. 그것은 혁명 후 아무것도 변한 게 없는 엘리트 쿠데타였다. 말 그대로 아무것도 달라지지 않았다. 미국이 반(反)아카예프 선동 시위대를 규합하는 소규모 운동과 미디어 그룹에 자금을 대 도왔고, 아카예프는 모스크바로 도망쳤다. 그러나 열린 문 안으로 들어선 것은 쿠르만베크 바키예프(Kurmanbek Bakiyev)의

마피아 정권이었다. 비슈케크의 한 정치분석가가 관측한 대로 "막대기를 꽂아도 아카예프보다는 나을 거라는 생각에서 많은 사람들이 기꺼이 야당을 도왔다. 그러나 바키예프가 부패를 줄이고 일자리를 만들 거라는 생각은 헛된 망상이었다."

독립 이후 들어선 모든 키르기스스탄 정부는 하나같이 불법을 일삼았다. 그 행위가 나라의 안정 증진에 아무런 도움이 되지 않았음은 굳이 언급할 필요도 없다. 키르기스스탄처럼 가파른 산지에서 조종사도 없이 혁명의 공을 굴려 내리는 것은 오히려 역효과를 초래할 수도 있다. 엉터리 민주주의를 더 예측할 수 없는 무엇으로 교체하는 것은 중국과 러시아로 하여금 동요하는 지도자들을 더 노골적으로 주무를 수 있는 기회를 열어주는 것이기 때문이다. 중국과 러시아의 입장에서 불안정하고 말 잘 듣는 키르기스스탄보다 더 좋은 것이 딱 하나 있는데, 그것

은 아예 정부가 없는 나라다. 실크로드 시대에 여행자들은 국경이 어딘지도 모른 채 국경을 넘었다. 중국으로서는 그런 형세가 재창출된다면야 키르기스스탄의 지배자가 누구인지는 전혀 중요하지 않다.

중국은 이슬람 세력이 이곳에 당도할 때까지, 즉 아랍인이 751년 탈라스 전투에서 당나라를 톈산 산맥 너머로 쫓아낼 때까지 번성했던 옛 실크로드의 부활을 추진하고 있다. 중국-키르기스스탄 국경에 있는 토루가르트 고개는 이제 육중한 트럭들이 이 나라를 가로질러 우즈베키스탄으로 향하기에 충분할 만큼 튼튼한 고속도로로 변했다. 중국에는 중앙아시아 무역이 그리 중요하지 않지만, 키르기스스탄과 타지키스탄에는 중국의 존재감이 매우 크다. 게다가 그 존재감은 날이 갈수록 더 커지고 있다. 이제 키르기스스탄의 최대 수출국은 중국이다. 비슈케크의 도르도이 시장에는 중국산 의류와 물품이 넘쳐난다. 국경을 넘는 보따리장수들이 카자흐스탄보다도 훨씬 더 많다는 것은 중국인 정착촌의 수도 더 많다는 것을 뜻한다. 몇몇 도시를 제외한 거의 모든 도시에서 차이나타운은 이제 명물이 됐다. 수도 비슈케크에 있는 레닌 거리도 언젠가부터 덩샤오핑 거리로 이름이 바뀌었다.

미국의 기본 전략이 아프가니스탄 너머의 파이프라인을 확보하고 중국을 감시하는 것으로 교체되면서, 키르기스스탄은 그레이트 게임에서의 청음 초소 역할을 되찾았다. 게임의 책략 또한 최초 버전을 연상시킨다. 열강들이 저마다 수비대를 설치하려 들면서 그 간격이 차츰 좁아지는 것이다. 러시아 군대는 키르기스스탄의 성역들을 절대 포기하지 않았지만, 마나스에 있는 옛 소련군 기지 하나는 비워주었다. 지금 그곳은 미군이 차지하고 있다.[1] 1969년에 중국과 러시아가 충돌했던 국경선에서 이제 열강들이 상업용 위장 모니터로 서로를 정찰하고 있다.

미국이 키르기스스탄 내에 AWACS 정찰기 기지를 설치해 달라고 요구하자, 중국은 키르기스스탄 정부에 그 요구를 들어주지 말라고 압박했다. 중국은 키르기스스탄 내의 미군 기지는 펜타곤이 원하는 '전진 거점(lily pad)'이라기보다는 중국의 통상 및 기반구축 활동의 밀물에 휩쓸릴 섬들에 지나지 않는다는 점을 분명히 밝혔다. 펜타곤의 비행기는 그곳에서 미국의 존재를 알릴 수는 있을 것이다. 하지만 그 다음엔 무얼 할 수 있을까? 미국은 경제적으로 중국을 대체할 수 없고, 중국은 키르기스스탄에 어떤 정권이 들어서든 그들을 간단히 구워삶아 미국을 기지 안에 가둬둘 수 있다. 민주주의가 고작 독재자나 고문단의 급료를 지원하는 정도에 그치는 상태가 계속되는 한, 서방세계가 제거했으면 하는 바로 그 정권, 즉 전략적 안정과는 거의 무관하게 최고 입찰자에게 자신을 파는 사람들은 계속 번창할 것이다.

　타지키스탄에서도 길과 진출입을 둘러싼 똑같은 미시정치가 전개되면서 이 나라를 또 하나의 실크로드 휴게소로 전환시키고 있다. 세계의 지붕인 파미르 고원에 위태롭게 자리 잡은 채로 우즈베키스탄, 아프가니스탄, 키르기스스탄, 중국 사이에 둥지를 틀고 있는 타지키스탄은 제국에서 불어오는 바람의 방향에 따라 허리가 휘는 또 하나의 국가다. 이곳에서는 이슬람 급진주의가 감지된다. 타지키스탄의 이슬람부흥당(Islamic Renaissance Party)은 옛 소련 지역에서 유일하게 눈에 띄는 종교 정당이다. 이슬람부흥당은 1980년대에 수도 두샨베에 있던 공산주의 엘리트들이 뜻밖에도 소련 붕괴의 계기가 된 아프가니스탄의 반소비에트 반란을 긍정적으로 받아들이면서 탄생한 정당으로, 타지크 민족주의의 재집결지가 되었다. 1990년대 초에 발생한 타지키스탄 내전에서는 15만 명 가까운 사람들이 목숨을 잃었다. 같은 시기에 일어난 유고슬라비아 전쟁과 마찬가지로 이 내전도 공산주의 세계에서 민족적 정체성의 토대가 얼마나 취약한지를 잘 보여준 전쟁이었다. 모스크바의 지원을 받은 이마말리 라흐마노프(Imamali Rakhmanov) 일파는 1992년 선거에서 승리를 거둔 뒤에도 전투를 거치고 나서야 겨우 두샨베에 입성했다.

타지키스탄은 해마다 3천 회가량의 지진을 겪는데, 타지키스탄의 정치도 이와 비슷하다. 극도로 부패한 라흐마노프 정권은 모스크바의 하수인에 가깝다. 2만 명 정도의 러시아 군대가 이 나라에 주둔하고, 러시아 회사가 이 나라 최대의 전략산업인 수력발전용 댐을 운영하면서 우즈베키스탄에 전기를 팔아 수익을 챙긴다. 제3세계의 전형적인 모습 그대로 러시아에 거주하는 타지크인의 송금이 국가 예산을 사실상 능가한다. 나라는 아가 한(Aga Khan, 시아파 이슬람에 속하는 이스마일파 교주의 세습 칭호로, 가문에서 대규모 자선재단을 운용한다—옮긴이), 세계은행, EU로부터 구호를 받고 있지만, 주민의 80퍼센트 이상이 여전히 빈곤선 이하의 삶을 살아간다. 아프가니스탄 국경 양쪽의 타지크인들이 마약거래에 의존하여 삶을 영위해온 것도 놀랄 일이 아니다.

그러나 타지키스탄은 신장, 오슈, 두샨베, 헤라트를 이란과 이어주는 중국-이란 교역로를 부활시키는 중요한 교량이기도 하다. 이란과 타지키스탄은 인종적, 언어적으로 친척 관계다. 두샨베와 후잔트를 잇는 판산맥(Fan Mountains) 터널의 건설비용을 이란이 대기로 함으로써 타지키스탄의 양대 도시는 사상 처음으로 일 년 내내 오갈 수 있는 상태가 되고, 중국-이란 간에 에너지 교류와 교역이 행해지는 새로운 회랑이 만들어지고 있다. "우리는 중국이랑 아프가니스탄과는 국경을 맞대고 있지만, 러시아하고는 아무 관계도 없습니다. 중국인들이 건설하고 있는 이 도로들이 없다면 아마 우리는 우리나라를 제대로 돌아다니지도 못할 겁니다." 초라한 검문소에서 젊고 기민한 한 타지키스탄 병사가 말했다.

이 새로운 실크로드 통로는 이전에 복원되는 통로들보다 덜 낭만적이고 더 산업적이며 훨씬 더 빠르다. 그러나 일단 건설된 고속도로는 교역로와 석유 수송로가 되는 데 그치지 않고 마약과 전염병과 극단적인 이데올로기가 침투하는 통로가 되기도 한다. 바로 그런 이유에서 중국과 러시아는 아프가니스탄 방면의 남쪽 완충지대를 안정시키려는 미국과 유럽의 노력을 환영하고 있다. 미국과 유럽은 피얀지 강에서 행해지는 타지크-아프간 국경무역을 효과적으로 감시하고 있다. 자금이 달리는 소련 군대가 같은 곳에서 행해지던 마약 밀거래를 넌지시 공모하던 때와는 뚜렷이 대비된다. 중국은 이미 서방세계의 이런 교훈을 받아들여 상하이협력기구의 국경경비대에 적용했으며, 이를 한 단계 더 발전시켜 수자원 공동관리 전략까지 고안해냈다. 복원되는 실크로드를 따라 날이 갈수록 깊어져 가는 정치적, 경제적, 전략적 유대관계는 미국을 옛 소련 스탄들의 남쪽, 소련의 무덤이던 아프가니스탄에 묶어둘 수 있는 힘을 어느 정도 걸러주는 여과장치가 되고 있다.

10

우즈베키스탄과 투르크메니스탄
시련대에 선 봉쇄정책

쇄국 정책이 불러온 파국, 우즈베키스탄

9·11 테러 직후 우즈베키스탄을 여행하는 미국인들은 군사 검문소를 통과할 때 "부시의 친구들!"이라는 따스한 손짓과 환호를 받았다. 이 나라는 최전선의 미국 동맹국으로 새롭게 편입되어 남쪽의 이웃 아프가니스탄에서 전개되는 작전을 지원하고 있었다. 우즈베키스탄은 오사마 빈 라덴(Osama bin Laden) 암살용으로 사용할 원격무인폭격기 프레더터(Predator) 발사대를 제공했고, 나중에는 테러리스트 용의자를 심문하고 고문하기 위한 CIA의 '범죄자 인도 계획(테러리스트나 테러 용의자들을 외국이나 접근제한지역으로 이송하여 장기 구금, 심문하려는 비밀계획─옮긴이)'에도 적극 가담했다. 카르시─하나바드(K2, Karshi-Khanabad) 기지에 미군이 주둔하면서 우즈베키스탄은 세계의 관심을 그러모았으며, 당시의 정권은 지역 중추 세력으로서의 위상을 강조할 수 있는 명분을

얻었다. 그러나 5년 후 우즈베키스탄은 만인의 기대를 저버렸다. 미국은 이 나라에서 거의 손을 뗐고 정치적 몰락은 조만간 닥칠 기정사실이 됐다. 무엇이 잘못된 것일까?

우즈베키스탄은 심장부 중의 심장이다. 중앙아시아의 여타 옛 소련 국가들을 다 합친 것보다도 인구가 많고 그 나라들 모두와 국경을 맞대고 있다. 1990년대 초에는 도시가 많고 기반시설도 더 좋은 우즈베키스탄

이 이 지역의 리더가 될 가능성이 카자흐스탄보다 더 높을 것으로 예상됐다. 우즈베키스탄은 세계 8위의 금 생산국이었고 석유, 천연가스, 우라늄 매장량도 많았다. 또한 면화생산과 산업기반 덕에 대규모 섬유공장과 자동차공장의 훌륭한 입지로 부상했다. 이슬람 카리모프(Islam Karimov) 대통령도 진보적인 인물 같아 보였다. "테니스 라켓이 로켓보다 낫습니다." 그는 수도 타슈켄트에서 열린 수준 높은 대통령배 테니스 대회 석상에서 이렇게 말했다(카리모프는 테니스광으로 알려졌다).

카자흐스탄의 나자르바예프 대통령이 미래지향적인 투르크의 르네상스를 육성한 데 반해서, 카리모프는 14세기의 위대한 칸 타메를란(Tamerlane, 티무르의 별칭—옮긴이)의 기치 아래 과거지향적인 민족 정체성을 강조했다. 타슈켄트 곳곳에 있는 마르크스 동상은 티무르의 기

마상으로 대체됐다.[1] 그러나 대상(隊商)들을 사방으로 보내 중국, 아라비아, 힌두스탄(인도)과의 유대를 돈독히 한 티무르와 달리, 카리모프는 나라를 거의 봉쇄하다시피 하여 뉴 실크로드 최대의 차단막을 만들고 자국민들에게 폭력을 행사했다. 타슈켄트 도심의 번쩍이는 현대식 은행들의 고객은 단 하나, 정부뿐이다. 그곳은 우즈베크 숨 지폐를 쌓아둔 창고일 뿐이다. 이 나라는 자신의 재능과 경쟁력 있는 비즈니스 대부분을 잘 나가는 카자흐스탄에 빼앗겼다. 소련 붕괴 후 카자흐스탄과 우즈베키스탄 사이의 이러한 흐름을 가장 상징적으로 보여주는 것이 아랄 해(Aral Sea, 카자흐스탄과 우즈베키스탄 경계에 있는 염호. 소련의 관개사업으로 호수물이 계속 줄어들어 카자흐스탄 쪽의 소아랄 해와 우즈베키스탄 쪽의 대아랄 해로 분리됐다—옮긴이)이다. 카자흐스탄 정부는 비실용적인 면화 관개사업으로 인해 고갈되고 오염된 호수를 분할하는 둑을 쌓은 다음 시르다리야 강물로 소아랄 해를 조금씩 다시 채우고 있다. 한편 우즈베키스탄 쪽의 대아랄 해는 여전히 졸아드는 유독한 늪으로 남아 있고 그 위로는 살충제 구름이 떠돈다. 카자흐스탄이 제2세계를 넘어 비상할 때 우즈베키스탄은 제3세계로 가라앉았다 해도 무리가 아니다.

중앙아시아라는 팔의 손바닥은 페르가나 계곡이다. 5퍼센트밖에 안 되는 땅에 지역 내 전 인구의 20퍼센트가 살고 있다. 다양한 민족 집단이 불균형하게 뒤섞여 있는 이곳은, 아직도 치열한 카프카스 분쟁의 중앙아시아판 진원지이기도 하다. 스탈린은 카프카스 지방에서 운명의 선을 그어 인구통계상의 정신분열증을 일으켜놓고는 소수민족들끼리 반목하게 해 반정부 선동을 하지 못하도록 막았는데, 이곳도 별반 다를 게 없었다. 1990년에 험악한 우즈베크-키르기스 민족 분규가 일어났을 때 소련 군대는 이를 막기 위한 아무런 행동도 취하지 않았다. 모스크바는 이슬람에 대한 비난만 해댔다. 인구통계상으로 키르기스스탄 서부와 타지키스탄 북부에서는 여전히 우즈베크인이 우세하다. 페르가나 계곡의 높은 인구밀도와 극심한 빈곤상태를 고려할 때, 사태의 심각한 확대는 난민이라는 악몽을 촉발할지도 모른다. 뒷걸음질치는 정권 하에서 마약 밀거래는 증가하고 사회복지는 감소했다. 이는 길모퉁이 카페에 맥없이 앉아 일거리를 기다리는 페르가나 청년들에게 커다란 충격을 안겨주었다.

사마르칸트와 부하라에 있는 마드라사(madrasah, 이슬람 신학교—옮긴이)와 저잣거리에 가보지 않고서는 실크로드 건축술의 웅장함과 그 감동을 제대로 느낄 수 없다. 그곳의 비좁은 밀실에 있는 나무 베틀에서는 수세기 전 중국에서 페르시아로 몰래 훔쳐온 방법 그대로 비단이 만들어지고 있다. 부하라의 유명한 미르-이-아랍(Mir-i-Arab) 마드라사에서는 길고 성긴 턱수염에 파쿨을 쓴 대머리 남자들이 이슬람 서법으로 쓴 난해한 타일들을 묵묵히 복원하고 있다. 근처 한 지하상점에서는 음악가들이 혼을 빼놓는 실크로드 음악 앙상블에 사용되는 수백 년 된 고악기들, 즉 고음을 내는 피리, 팽팽하게 조율된 기타, 아랍 드럼 등을 수집하거나 조립하고 있다. 하지만 그 소리에 귀를 기울이는 사람은 없다. 먼 옛날 티무르 치세에 온갖 퍼레이드와 축제, 시장의 중심지였던 사마르칸트의 거대한 레지스탄 광장(Registan, '모래의 땅'이란 뜻으로 세 개의 마드라사에 둘러싸인 광장이다—옮긴이)은 이제 오싹할 만큼 텅 빈 음산한 공간이다. 사마르칸트는 현대 이슬람 르네상스의 상징이 되어 다시 한 번 '제2의 메카'라는 칭호를 얻을 수도 있었다. 또한 실크로드의 화폐와 요리법들이 혼합되는 심장부인 페르가나 계곡은 그 일대의 빵바구니가 되어 그곳에 국경이 닿은 모든 나라 농민들의 삶을 향상시킬 수도 있었다. 그러나 우즈베키스탄은 뒤틀린 야망으로 그 모든 기회를 허비하고 말았다.

나라가 '테러와의 전쟁'에 진지하게 임하고 있음을 보여주고자 카리모프 대통령은 이슬람 정당과 사회단체들을 강제로 금지시켰다. '극단주의' 또는 '근본주의'와 같은 딱지를 붙여 마드라사와 같은 기존의 사회교육기구를 설명하는 것은 중앙아시아와 아랍세계에 똬리를 틀고 앉은 독재자들이 상투적으로 써먹는 왜곡 전술이다. 아이러니하게도 카리모프는 명색이 이슬람교도이면서도 투르키스탄 전역에서 들고 일어난 바스마치(Basmachi, 러시아 10월혁명 직후 소비에트에 맞서 중앙아시아의 투르크계 이슬람교도들이 일으킨 무장저항운동으로 1931년에 완전히 진압됐다—옮긴이) '산적들'과 10년 이상 싸운 무신론자 볼셰비키의 실수를 반복했다. 스탈린은 반군을 산악지대로 몰아낸 다음 3만 개에 가까운 이슬람 사원을 1천 개 정도만 남기고 모조리 파괴했다. 파괴가 안 된 사원들은 공장이나 박물관으로 사용됐다. 그래도 소비에트는 이슬람 국가들과의 신뢰를 증진하고자 '공식' 이슬람을 인정하고 타슈켄트에 본부를 둔 네 개의 무피티야(muftiyya, 이슬람 성직자 모임—옮긴이)를 허락했다.[2] 그에 비해 카리모프는 이슬람 단체의 위협을 과장하고 독재에 대한 대중의 인내심을 과대평가했다. 결국 그는 우즈베크인들에게 자신이 민족의 영광 재현을 이끌 적임자임을 설득하는 데 실패했다.

파키스탄과 아프가니스탄에서 북쪽으로 페르가나 계곡과 그 너머까지 과격한 이슬람 근본주의가 전파되는 것은 결코 피할 수 없는 일이 아니다. "이 지역의 이슬람 단체들은 대부분 급진세력이 아니라 정치적 반대세력이었습니다." 원칙을 벗어난 정부에 사표를 던진 우즈베키스탄 관리의 설명이다. 카자흐스탄에서는 젊은이들이 괴롭힘을 당할지도 모른다는 두려움도 없이 정기적으로 이슬람 사원을 찾는다. 우즈베키스탄의 급진주의도 처음에는 아프가니스탄 북부의 우즈베크계 군벌에 대항하는 소소한 반작용일 뿐 체제 전복 같은 것은 염두에 두지도 않았다. 대다수 우즈베크인은 다른 곳에서 일어나는 이슬람 정치운동의 소용돌이와 거리를 두고 싶어한다. 그는 계속 말했다. "예전에는 종교 문제가 일상생활에 영향을 미치지 않았어요. 요즘 들어 이슬람이 잘못된 대우를 받고 있어요."

풍선을 누른다고 해서 바람이 빠지는 것은 아니다. 풍선은 한쪽으로 부풀어 오르다가 마침내 터져버린다. 카리모프는 서방세계와 자신에게 최악의 악몽 같은 상황을 만들었다. 우즈베키스탄과 타지키스탄을 주된 표적으로 하는 조직화된 이슬람 단체 외에는 활동하는 반대집단이 전혀 없는 상태가 그것이다.[3] 현재 양대 이슬람 운동이 범이슬람 민족주의의 전진에 전력을 쏟고 있는데, 그 필수 선결조건은 카리모프 타도다. 히즈브 우트-타리르(Hizb ut-Tahrir, 해방당—옮긴이)는 부패와 빈곤에 맞서는 일에 헌신하는 비폭력 이슬람 공동체로 출발했지만, 로테크 팸플릿과 하이테크 인터넷 사이트를 활용하여 수니파 이슬람의 전위대 같은 존재가 됐다.[4] 우즈베키스탄 이슬람 운동(IMU)에는 아프가니스탄과 타지키스탄에 근거지를 둔 의욕적이고 투쟁적인 세포조직이 있다. 이 조직은 사우디의 와하브파(Wahhabist, 18세기 중엽에 와하브가 창시한 이슬람교의 한 파로, 이슬람 복고주의 운동을 펼치며 사우디아라비아의 건국이념을 제공했다. 알카에다는 이들 중 가장 극단적인 일파다—옮긴이)와 파키스탄의 마드라사로부터 자금을 지원받고 있고, 페르가나 계곡 여기저기에 캠프를 운영하며 전투와 암살에 투입될 신병들을 훈련하는 동시에

미국인과 유대인 살해를 정당화하는 경도된 코란 출판물들을 보급하고 있다.[5]

카리모프 정권 같은 통치체제는 이들 집단이 꿈에도 그리는 최고의 신병모집 광고다. 수천 명의 대원들은 수년 전만 해도 이슬람교도의 계율을 실천해본 적조차 없는 도시 청년들이지만, 우즈베키스탄 엘리트들이 종합적이고 현대적인 국가의 정체성을 전혀 제시하지 못함으로써 이들에게 대안으로 향하는 문을 열어주었다.[6] 종교에 관심 없는 우즈베크인들도 카리모프의 억압이 좋을 리 없다. 남편을 잃은 미망인들은 히즈브 우트-타리르에 가담하여 남편이 하던 일을 완수하겠다고 나서고 있다. 2004년에 타슈켄트의 공공광장에서 행해진 자살 공격은 전혀 생소한 관습이었음에도 불구하고 많은 우즈베크 국민의 공감을 얻었다. "우리나라도 아프가니스탄처럼 꼬여버릴지 모릅니다. 이곳에서는 투쟁 외엔 다른 선택이 없어요." 수도의 허름한 숙소에서 한 학생이 걱정하며 말했다.

카리모프는 줄곧 독재자였지만 전능한 독재자는 아니었다. 때문에 그의 편집증은 더더욱 심해졌다. 그는 집단화 정책을 실시해 토지의 사적 소유를 금함으로써 농민들의 소득을 떨어뜨렸으며, 수입품에 고가의 관세를 매기고 외환거래를 철저하게 통제했다. 외국인의 투자가 중단되자 카리모프는 심지어 페르가나 계곡의 국경과 카자흐스탄 남쪽 국경을 넘나들던 보따리장수를 차단하여 갈수록 가치가 떨어지는 숨화와 경제의 전면 소유를 시도했다. 카라수(키르기스스탄에 인접한 국경도시—옮긴이)에서 열리는 거대한 야외시장에서 생계를 꾸려가는 가난한 우즈베크 상인들 사이에서 카리모프에 대한 충성심을 엄청난 속도로 잠식하는 움직임이 일어났다. 시장에는 중국의 거대한 선적용 컨테이

너들이 켜켜이 쌓인 채로 미로 같은 카라반세라이를 형성하고 있는데, 그 현기증 나는 미로 속 가게들의 화려한 판매대에서 우즈베크인들은 정부에서 수입을 금지한 값싼 중국 상품들을 구매한다. 시장의 모든 설비는 실크로드 시대에도 그랬던 것처럼 며칠 단위로 짐을 꾸려 이동할 수 있게 돼 있다. 카리모프는 이 국경 시장을 해체하고 가옥을 파괴함으로써 상인들의 원성을 초래했다. 소비에트식 암시장이 페르가나 계곡 전역에 급속히 자라나면서 카리모프의 국경 폐쇄 조치의 후유증을 더욱 증폭시켰다. 상인들의 수익은 폭락했다. 수레를 밀고 가는 수박장수는 자동차 운전자보다도 더 많은 뇌물을 주어야만 철저하게 통제되는 국경을 통과할 수 있게 됐다. 하루 수입이 팁으로 사라질 때 그들의 고개는 절로 내둘러진다.

국경폐쇄는 15세기 무굴 황제 바부르(Babur)가 태어난 우즈베키스탄의 가장 가까운 대도시, 안디잔까지 먼 길을 둘러가야 함을 뜻했다. 페르가나의 지방 기업가들을 위협할 목적으로 카리모프는 23명의 성공한 사업가들에게 이슬람 급진주의자라는 오명을 씌워 재판에 회부했다. 2005년 5월 경찰은 이들의 석방을 요구하는 안디잔의 평화 시위대에 잔혹하게도 총탄세례를 퍼부었다. 1989년 베이징 천안문 광장 봉기 이래 아시아 최악의 대학살이었다. 한 남자는 극단주의자라는 혐의로 아무 증거도 없이 체포되어 2년간 고문을 받고 난 후 당국으로부터 이런 말을 들었다. "카리모프 대통령께서 널 용서하셨다. 하지만 여기서 있었던 일을 발설하는 날에는 널 다시 잡아들일 거야."

타슈켄트는 이제 육중한 경찰국가의 중심이 되는 경찰도시다. 수도 타슈켄트에서 반경 220킬로미터 되는 지점에서부터 볼 수 있는 군경 검문소에는 반체제 분자들이 아예 수도에 발을 들여놓지 못하게 하려는 노력의 일환으로 모든 차량을 검문한다. 검문소들은 때때로 세관 초소로 위장하기도 한다. 정부의 주요 청사들은 베이징의 자금성(紫禁城)과 비슷한 방식으로 빙 둘러싸여 있다. '도시미화'라는 공식적인 구실 아래 시위를 벌일 만한 공간 자체를 원천봉쇄해놓은 것이다. 심지어 정부는 가장 큰 시장인 초르수 바자(Chorsu Bazaar)에도 멋대로 담장을 쳐 반으로 갈라놓았다. 외부에서 온 사회운동가는 누구든 이런 광경을 보고는 실망을 금치 못할 것이다. 부하라의 성지에서 그림엽서를 파는 멋모르는 아이들을 제외한 대다수 시민들에게 위압감을 느끼게 하는 그 모든 보안기구들의 통수권자가 카리모프임을 고려할 때, 그가 국민을 두려워한다는 건 아이러니다. 내무부와 보위부는 각기 독자적인 군대와 서로 다른 재정적 이해관계를 갖고서 6만 군대의 질을 높여간다. 이 둘이 합세하면 우즈베크인이 다수인 타지키스탄 북부의 후잔트 지역을 쉽게 병합할 수 있다.

카리모프는 안디잔 학살을 미국의 '테러와의 전쟁'에 끼워맞춰 민주화와 대테러 의제가 상충돼 보이게 함으로써 미국을 불편한 입장에 놓이게 했다.7 안디잔 학살 이전에 우즈베크인들은 미군 중부사령부 사령관 앤서니 지니(Anthony Zinni)가 한 말에 감명을 받았다. 그는 이렇게 말했었다. "나는 타메를란이 아닙니다. 나는 당신들을 정복하려고 이곳에 온 게 아닙니다."8 그러나 카리모프에 대한 서방세계의 신랄한 비난은 그를 러시아와 중국의 품 안으로 밀어냈다. 카리모프는 이들 후견인이 선사한 상하이협력기구라는 보호막에 힘입어 미군의 카르시-하나바드 기지 철수를 요구하기에 이르렀다. 우즈베키스탄은 이미 실익을 추구하는 체스 판에서 말을 옮기는 또 하나의 착점이 됐고, 게임의 결과는 여전히 불확실하다.

카리모프는 또한 인권, 사법개혁, 독립 미디어 교육을 다루는 미국 NGO 대부분에 대해 즉각 입국 금지 또는 추방 조치를 내렸다. "매일 같이 우리는 청문회에 불려나가거나 나라를 떠나라는 통보를 받습니다. 파트너들은 우리가 여기 남아서 기술을 전수해주길 바라는데 정부가 너무 과민해요." 한 서방 통신원은 이렇게 탄식했다. 미국은 좋은 경찰과 나쁜 경찰의 배역을 동시에 맡은, 일견 모순돼 보이긴 하지만 매우 중요한 역할을 하는 외교정책을 구사한다. 민주주의 촉진 NGO들은 이런 미국 외교정책 추진경로의 일부다. 그들은 사회의 양측, 즉 지배자와 피지배자 모두에게 교육을 제안한다. 하지만 그 제안을 받아들이는 측은 보통 후자뿐이다. 심지어 미국이 공식적으로 정권을 지지하는 곳에서조차 NGO들은 약자를 괴롭히는 강자들에 맞서 싸우며 주민들에게도 강자에 맞서는 법을 가르친다.

그러나 선한 의도로 시행된 이 정책은 일관성의 심각한 결여로 파탄을 맞기도 했다. '테러와의 전쟁' 패러다임 안에서 미국의 국무부와 국방부는 서로 모순되게 행동했다. 국무부가 인권침해를 이유로 원조를 줄일 때 국방부는 군사원조용 자금 지원을 늘렸다. 우즈베키스탄에 지원된 5억 달러 중 민주화를 위해 쓰인 돈은 극히 미미했다. 항상 개발 위주에다 정치적일 수밖에 없는 외국의 원조는 결국 경제적 변화도, 외교적 신뢰도 이끌어내지 못했다. 정치개혁에 관한 조건을 거의 또는 전혀 달지 않으면 지도자들은 대담하게도 자국내 반대자들에 대해 훨씬 더 공격적인 전략을 취한다.[9] 예를 들어 카리모프는 미국의 지원금을 농작물 다양화 정책에 투자하여 비틀거리는 경제를 살리는 데 쓰지 않고 오히려 자신의 보안기관에서 충성을 바치는 부하들의 봉급을 올려주는 데 사용했다. 그 결과 체제변화를 가로막는 그의 무장력만 강화됐다. 유럽이 시스템 향상에 집중하는 것과 대조적으로 미국이 정권과의 관계에만 계속 초점을 맞춘다면, 카리모프의 후계자들까지도 중국과 러시아의 비위 맞추기를 계속할지 모른다. 타슈켄트의 조용한 식당에서 전직 우즈베크 관리가 힐난조로 말한 것처럼 "서방세계는 전략을 바꿔 그를 '우리 개새끼'가 아니라 그냥 '개새끼'라고 불러야 한다."

지정학 시장에서 보잘것없는 정권에 군사원조를 제공하는 데 따르는 어려움은, 다른 강대국이 비슷한 원조를 제공할 경우 원조에 따른 정치적 효과를 거의 거둘 수 없게 된다는 것이다.[10] 북대서양조약기구가 민주개혁을 포기하는 국가들과의 협력을 보류한 데 반해서, 상하이협력기구는 서방세계의 엄격한 지도보다는 대가성이 없어 보이는 중국과 러시아의 후원을 더 선호하는 독재자들이 편안하게 의지할 수 있는 상호지원 그룹을 유지하고 있다. 카리모프는 층층이 포진한 그 조언자들 뒤로 물러섰다. 이는 그가 구사하는 강압 정치와 명령통제형 경제 스타일이 중국 또는 러시아식 모델로 단순 변화한 것 이상의 의미를 지닌다. 우즈베키스탄은 중국과 국경을 맞대고 있지 않다. 그럼에도 카리모프는 자기 나라를 기꺼이 중국의 세력권 안으로 던져 넣었다. 안디잔 학살 직후 카리모프는 베이징으로 날아가 근 10억 달러의 가치가 있는 페르가나 계곡의 유전과 가스전, 그리고 중국 서부와 연결되는 가스 파이프라인에 대한 에너지 협정에 조인했다. 비즈니스 거래에서 부패와 불투명성이 당연시되는 러시아와 중국의 기업들이 이제 이 지역 광물 자원의 태반을 장악하고 있다. 또한 러시아와 우즈베키스탄은 2005년 말 상호방위조약을 체결하여 미국의 지위를 더욱 약화시켰다.

카자흐스탄이 주요 열강 모두와 좋은 관계를 유지함으로써 자국의 안전을 확고히 한 반면에, 카리모프는 서방세계의 받침대를 잘라버림으로써 우즈베키스탄의 안정을 해치고 중국과 러시아의 착취에 나라를 내맡겼다. 한편 미국과 EU에 대한 우즈베크 국민의 평판은 아직 좋은 편이다. 안디잔 학살 이후 미국은 카리모프의 격렬한 반대를 무릅쓰고 수백 명의 우즈베키스탄 난민을 키르기스스탄에서 유럽으로 이주시켰다. "정보가 많진 않지만 미국과 유럽이 올바른 결정을 했다는 건 알고 있어요. 그래서 우린 여전히 그들을 존경합니다." 젊은 우즈베크 학자의 말이다. 나아가 유럽은 우즈베키스탄 고위 관료의 유럽 여행을 금지했다. 유럽에 온 우즈베크인 망명자들은 지금 서방측 기관에서 교육을 받고 있다. 여기서 우리는 서방세력이 카리모프와 결별하는 과정에서 우즈베키스탄 이슬람 단체의 분노를 사지 않았다는 점에 주목해야 한다. 그런가 하면 중국과 러시아는 카리모프나 다름없는 고삐 풀린 독재자라는 비난을 받을 수 있고, 결국엔 그 대가를 치러야 할지도 모른다.

우즈베키스탄의 예는 개방보다 쇄국이 훨씬 쉽다는 것을 보여줬다. 카리모프와 같은 지도자한테는 민주화, 경제성장, 국가안보 따위가 전혀 중요하지 않다. 오직 자신의 지배를 안정화하는 것만이 중요할 뿐이다. "개방 이후 이곳에는 아무런 변화도 진보도 없었습니다. 카리모프를 가로등 기둥에 매달기 전까지는 그럴 일이 전혀 없을 겁니다." 부하라의 한 택시 운전사는 이렇게 토로했다. '포위당했다'라는 의식이 카리모프의 합법적인 권력승계 가능성을 차단하고 있다. 독립 후 20년이 다 되도록 여전히 권좌에 앉아 있는 그는 자신의 폭정을 무덤까지 가져갈 것이다.

과거로의 회귀, 투르크메니스탄

영토의 3분의 1에 달하는 서부 지역을 모두 차지하는 우즈베키스탄 최대의 주, 카라칼팍스탄(Karakalpakstan)은 아무다리야 강물을 관개사업에 지나치게 끌어다 써버린 탓에 이제 메마른 사막이 되었다. 한때 소련 어획량의 10분의 1 이상을 공급하던 아랄 해도 지역 주민을 감염시키는 박테리아 외에는 아무런 생명체도 살 수 없는 곳이 되었다. 이 새로운 불모지의 또 다른 한쪽이 투르크메니스탄이다. 투르크메니스탄의 넓은 국토 대부분도 쩍쩍 갈라진 사막지대다. 이곳에서 말을 키우던 유목민족은 메르브가 셀주크 왕조의 바그다드 다음가는 제2수도였던 시대 이래로 거의 이동을 하지 않고 있다. 이들은 1930년대 내내 소련에 격렬하게 저항하는 등 소비에트의 팽창에 가장 치열하게 반대했다. 이곳에서 엄청난 천연가스가 생산되면서 투르크메니스탄은, 비록 관리자가 제멋대로 펌프를 여닫고는 있지만, 세계 최대의 가스 충전소 중 하나가 되었다.

2006년에 죽은 투르크메니스탄 지도자, 사파르무라트 니야조프(Saparmurat Niyazov)는 티무르나 다른 역사 속 인물이 아니라 바로 자신을 국가 영웅으로 치켜세울 만큼 겸손과는 거리가 멀었다. 모든 투르크멘인의 아버지라는 뜻인 투르크멘바시(Turkmenbashi)를 자칭한 니야조프는 불경하게도 코란과 동격이라는 자신의 저서 《루나마 *Ruhnama*》('영혼의 책'이란 뜻으로 니야조프의 인생역정, 통치철학, 대통령을 섬기는 국민의 바른 자세 등이 담겨 있다—옮긴이)와 "나는 투르크멘의 영혼으로/그대들에게 황금시대와 행복을 가져다주러 다시 태어났노라"와 같은 자신의 시로 나라의 역사책을 대체했다. 자신을 국가와 동일시하고, 정적의 대뇌를 절개하고, 지식인을 추방하고, 경제를 약탈하는 그의 복합망상증은 폴 포트(Pol Pot, 캄보디아의 정치지도자—옮긴이)가 한 것과 비슷한 자기우상화의 한 형태였다. 그는 수도 아슈가바트 외곽의 병원과 도서관을 폐쇄하는 한편, 겉만 번지르르한 아파트, 8차선 고속도로, 호화 분수대, 자신의 동상에 수백만 달러를 쏟아부었다. 그의 동상 중 하나는 높이가 37미터에 달하며 태양

을 따라 회전한다. 이 나라는 씨족 연합을 통해 권력이 배분되는 술탄의 나라보다 나을 게 없다. 입헌주의라는 개념조차 없다. 자신의 자비심을 보여주기 위해 니야조프는 연례 사면행사에서 수천 명의 죄수를 사면한다. 그는 몇 안 되는 고문의 조언을 무시하고 즉흥적으로 정책을 만들었다. "대다수의 투르크멘인이 실제로 살아가는 세계가 아니라 투르크멘바시가 원하는 세계"[11]를 추구하는 정책으로 인해 투르크메니스탄은 '경제 통계전문가의 악몽'이라는 명성을 얻었다. 현실세계에서 대중들은 일자리도 없는 상태로 마약에 빠져 있다.

니야조프가 죽자 새 노멘클라투라(nomenklatura, 특권 지배엘리트—옮긴이)는 나라를 봉쇄하여 시민들이 금을 갖고 도망치는 것을 막은 다음, 헌법을 제멋대로 바꾸어 자신들의 권력장악이 계속 유지될 수 있게

했다. "우리는 좀 더 현실에 기반을 둔 정책으로 전환하기를 희망했습니다. 그러나 새 정권의 우선 과제는 그게 아닌 게 분명합니다." 서방 원조기구의 한 관리가 시간마저 뒤틀린 이 나라를 방문하고 돌아와서는 망연자실해하며 건조하게 논평했다.

이웃한 카자흐스탄과는 대조적으로, 투르크메니스탄은 풍부한 자원과 건전한 경제 또는 정치 사이에는 아무런 상관관계가 없음을 보여주는 증거다.[12] 니야조프는 에너지 분야의 외국인 투자에 대해 끝없는 두려움을 갖고 살았다. 정치적 강요를 수반할지도 모르기 때문이었다. 그 결과 1990년대에는 석유와 가스 생산이 감소했다. 니야조프가 자국의 석유와 가스 매장량의 검증을 허용하지 않았기 때문에 외국인 투자가 유치될 수 없었다. 그러나 아이러니하게도 이 때문에 러시아의 가즈프롬이 전과 다름없이 이 나라의 북부 파이프라인에 대한 통제권을 갖고서 가스 가격을 책정할 수 있게 되었다. 아프가니스탄과 파키스탄을 경유하여 인도로 가는 가스 파이프라인 건설안, 즉 가스 생산에서 투르크메니스탄과 경쟁관계에 있는 이란과 러시아를 피해간다는 안은 아프가니스탄의 불안정성과 더불어 이 나라의 투명성 결여로 말미암아 지연됐다.[13]

하지만 석유와 가스 자원에 대한 수요가 늘면서 투르크메니스탄의 마개를 뽑으려는 새로운 노력은 조건의 문제라기보다는 시기와 방법의 문제가 되고 있다. 러시아는 여전히 유럽으로 가는 투르크메니스탄의 가스 흐름을 통제하고 있다. 그러나 투르크메니스탄이 카자흐스탄처럼 카스피 해를 건너 헝가리까지 이어지는 카프카스 회랑에 에너지 공급선을 연결한다면, 러시아의 통제를 피해 서구와 에너지 계약을 맺음으로써 이익을 얻을 수 있다. 러시아에서 벗어나려는 열망은 투르크메니스탄으로 하여금 카자흐스탄을 지나 중국에 이르는 가스 파이프라인 건설을 고려하게 했다.[14] 미국은 메르브의 옛 소비에트 군사기지를 탐내면서, 투르크메니스탄이 아프가니스탄과 이란을 상대하는 자신의 전략 구상에 보탬이 될 수 있기를 희망한다. 이란을 겁주고, 러시아의 고삐를 죄고, 유럽행 에너지 공급을 늘리려는 서방세계의 활동에서 투르크메니스탄이 가장 협조적인 나라가 될지도 모른다는 사실이야말로 뉴 그레이트 게임의 뒤틀린 성격을 보여주는 하나의 사례다. 그러나 이는 중앙아시아 모든 칸의 영토에서 외부의 영향이 얼마나 하찮은 것일 수 있는지 상기시켜주는 또 하나의 사례이기도 하다.

11

아프가니스탄과 파키스탄
깊고 깊은 수렁

아프가니스탄의 하미드 카르자이(Hamid Karzai) 대통령과 파키스탄의 페르베즈 무샤라프(Pervez Musharraf) 장군은 외교가에서 손꼽히는 유명인사로, 세계에서 가장 전투가 많고 위험한 두 나라의 지도자라는 지위에 호기심이 동한 많은 팬을 몰고 다닌다. 교역로와 침략로가 나란히 영토를 지나는 역사상 최고의 사례를 제공하는 두 나라는 모두 실존적 정당성의 위기를 맞고 있는 제3세계 국가다. 두 나라가 이런 상태에 놓이게 된 이유는 각각 전략적 실책과 식민지적 기형성 탓이다. 역사적으로 투르키스탄의 칸들이 차지하고 있던 중앙아시아 초원지대를 북부에 두고 있는 아프가니스탄은 중앙아시아 전체의 축소판이다. 파탄인(파슈툰족), 우즈베크인, 투르크인, 페르시아인(하자라족, Hazara) 등이 모여 사는데, 어느 민족도 아프가니스탄 전체 인구 3천만의 과반수를 차지하지 못한다. 파키스탄 역시 취약한 제도를 가진 부족연합체일 뿐으로, 무기와 마약, 이슬람 전사들의 불법 유입으로 홍역을 치르고 있다.

두 나라 모두에서 자살폭탄공격은 흔하다 못해 공허한 행동의 경지에 이르렀다. 누구도 그 메시지가 무엇인지 더 이상 묻지 않는 것 같다. 관리들은 제 살길 찾기에 여념이 없다. 카르자이도, 무샤라프도 그리 오래가지 못할 것 같기 때문이다. 그럼에도 두 나라는 여전히 뉴 실크로드와 뉴 그레이트 게임에서 동서와 남북을 잇는 중요한 교차로다.

잿더미가 된 전략적 병참기지, 아프가니스탄

2001년 미국의 아프가니스탄 침공이라는 역사적 사건으로 말미암아 아프가니스탄은 갑자기 서방세계가 전략적 우선순위에 두는 나라가 됐다.[1] 탈레반 정권이 몰락한 후 5년이 지나는 동안에도 아프가니스탄 대통령인 카르자이는 수도 카불의 시장이나 다를 바 없는 수준의 입지만 겨우 장악했을 뿐이다. 불가피하게 축출되거나 사임할 때까지 국가지도자로서의 그의 신임도는 바닥 신세를 면치 못할 것이다. 북쪽의 우즈베크인 군벌과 남쪽의 탈레반 전사들이 카르자이 정권에 맞서 계속 투쟁하고 있는데, 이들은 독자적으로 조직한 민병대와 인접한 모든 나라의 마약밀매조직에서 지원병을 끌어들인다. 전 독일 국방장관 페터 슈트루크(Peter Struck)는 2002년 "독일의 방위는 힌두쿠시에서 시작된다"라고 선언했다. 유럽, 러시아, 중국, 미국이 모두 페르가나 계곡과 러시아를 거쳐 유럽으로 유입되는 마약 문제와 더불어 아프가니스탄의 취약성을 몹시 우려하고 있다. 그러나 북대서양조약기구의 전 지구적 관심사에 대한 각종 선언은 북대서양조약기구가 아프가니스탄의 안정을 확보하는 데 실패했음을 강조할 뿐이다.

탈레반도 제공했던 질서를 회복하지 못하는 서방세력의 무능함에 아프간인은 환멸을 느끼고 있다. 아프가니스탄의 예산은 거의 전부가 서방의 원조인데, 그 지원금의 태반이 일반경비, 안보, 공무원 급료에 쓰이고 남은 액수 중 많은 부분은 부패로 사라진다. 그나마 영국과 소련의 영향권 하에 있을 때는 학교, 병원, 도로가 건설되기도 했지만, 30년간의 지긋지긋한 내전을 거치며 나라는 잿더미 상태로 추락했다. 이 폐허에서 벗어나기까지는 아마 수십 년이 걸릴 것이다. 포도나무를 기르고 건포도를 생산하던 아프간인들이 생계를 위해 양귀비 재배로 돌아서고, 2005년 양귀비 생산량이 탈레반 통치기보다도 더 늘어난 것은 놀랄 일이 아니다. 카불 위쪽 산간지대의 오두막에 살고 있는 수만 명의 아프간인들이 해마다 닥치는 혹한 속에서 얼어죽지 않는 것이 오히려 기적이다.

대다수의 관찰자는 아프가니스탄이 북대서양조약기구의 가장 먼 보호령이라고 생각한다. 그러나 이 나라는 북대서양조약기구가 상하이협력기구와 벌이는 뉴 그레이트 게임의 일부가 된 지 이미 오래다. 오늘날 북대서양조약기구는 19세기에는 영국이, 20세기에는 소련이 장악했던 카불의 땅을 차지하고 있다. 2001년에 반탈레반 동맹에 합류한 후 미국은 바그람(카불 북쪽에 있는 도시로, 한국의 동의-다산 부대가 주둔했던 곳—옮긴이)과 칸다하르(카불 남서쪽에 있는 도시—옮긴이)에 있는 요새화된 기지를 갈수록 더 중시하게 되었다. 중앙아시아에서 이란과 중국의 영향력을 억제하기 위해서였다. 그러나 미국이 주도하는 재건계획이 깊은 나락에 빠지면서 두 적수는 판세를 뒤엎을 기회를 얻었다. 중국과 아프가니스탄을 잇는 좁고 길쭉한 땅인 와한 회랑은 한때 그레이트 게임을 끝내기 위한 특별 경계선이었지만, 오늘날에는 중국이 다시 여는 실크로드의 통로 구실을 할 뿐이다. 수많은 파이프라인과 도로와 살랑 터널(Salang tunnel, 힌두쿠시 산맥을 뚫고 아프가니스탄 북부와 카불을 연결하는 터널—옮긴이)이 제 역할을 하려면 무엇보다 먼저 아프가니스탄이 안정돼야 한다. 일찍이 1956년에 미국인들은 아프가니스탄 총리, 모하메드 다우드 칸(Mohammed Daoud Khan)에게 소련의 지원은 "침공을 위한 병참 인프라를 깔고 있는" 것이라고 경고했다.[2] 중국은 1990년대에는 탈레반 통치하의 아프가니스탄과 조용히 협상을 추진했고, 지금은 유럽연합군 주둔에 무임승차하여 카불과 헤라트 간의 복원된 길을 따라 시행되는 위험한 도로 프로젝트와 대규모 건설 계획에 저가 입찰을 하고 있다. 중국의 궁극적인 목적은 타지키스탄 벨트(Tajik belt)를 통과하여 이란으로 가는 안전한 육상 교통로를 확보하는 것이다. 이 길 곳곳에서 아프가니스탄 난민을 다루고, 탈레반 그룹들을 전술적으로 지원하고, 기반시설 프로젝트에 투자하는 중국의 모습을 접할 수 있다.[3]

아프가니스탄과 파키스탄은 '테러와의 전쟁'에서 미국의 동맹국이었다. 그러나 이들 두 나라는 상하이협력기구의 옵서버 자격을 부여받은 상태로 가까운 시일 내에 회원국이 될 게 확실하다. "중국은 북대서양조약기구가 지쳐 떨어지기를 기다렸다가 불시에 허를 찌르고 들어올지도 모릅니다. 무역, 개발, 치안 프로그램에서 더욱 긴밀한 협조를 맺는 식으로 말이에요. 아프간 군대가 제 기능을 발휘하고 북대서양조약기구가 주둔군을 감축하는 순간 그 작업이 시작될 수 있어요." 아프가니스탄의 한 분석가가 이런 야무진 분석을 내놓았다.

부패와 저개발의 소용돌이, 파키스탄

아프가니스탄과 파키스탄을 가르는 힌두쿠시 남쪽의 듀런드 라인(Durand Line, 1893년에 영국 외교관 모티머 듀런드 경이 임의로 설정한 파키스탄과 아프가니스탄의 경계로, 1947년 파키스탄 독립 이후 공식 국경선이 되었다―옮긴이)은 여전히 가상의 국경 역할을 할 뿐이다. 반소비에트 반란기에 듀런드 라인에서 펼쳐졌던 풍경이 이를 뒷받침해준다. 당시 듀런드 라인 북쪽을 통해서는 무기가 유입되고 남쪽을 통해서는 아프간 난민들이 탈출했다. 이 듀런드 라인 북쪽에 카이베르 고개(Khyber Pass)가 있다. 알렉산더 대왕 이래 계속돼온 오랜 정복의 세월 동안 두 나라를 연결하는 통로가 돼온 카이베르 고개에서 밀수와 무역은 동의어다. 오늘날에는 시멘트와 과일을 실은 트럭들이 꼬리에 꼬리를 물고 아프가니스탄으로 가는 좁은 길을 구불구불 오르내린다. 이곳은 앞으로도 수십 년은 꼭 있어야 할 보급로다. 파키스탄에는 지금도 약 200만 명의 아프간인이 살고 있다. 이들 때문에 예전에는 무성한 숲을 자랑하던 페샤와르가 지난 30여 년 사이 모든 개천이 쓰레기더미에 막혀버린 지저분한 도시로 바뀌어버렸다. 페샤와르 하벨리스(havelis, 여행자 숙소)의 방명록은 그곳에서 여전히 환대를 받는 영국 여행객들의 감사 메모로 가득 차있다. 아프리디족(Afridi tribe, 카이베르 고개를 중심으로 파키스탄 서북부에 주로 거주하는 파슈툰족의 한 부족—옮긴이)과의 오랜 싸움에도 영국은 도로를 건설해주며 이들의 친구로 남았다. 이와 대조적으로 오늘날 미국은 힌두쿠시 남쪽에 미군을 주둔시키는 데도 불안감을 느낀다.

서남아시아, 중앙아시아, 남아시아의 갈림길에 자리 잡은 파키스탄은 인더스 강으로 양분돼 있다. 오늘날 이란과 아프가니스탄에 접해 있는 인더스 강 서쪽의 넓지만 인구가 희박한 북서변경주(NWFP)와 발루치스탄은 영국령 인도의 변방이었던 곳이다. 파키스탄은 전략공간을 확보한다는 명분으로 1970년대에는 아프가니스탄의 파벌들을 도왔고, 1980년대에는 무자헤딘(mujahideen, '성스러운 이슬람 전사'라는 뜻의 아프가니스탄의 무장 게릴라 조직으로 반소 항전을 이끌었다—옮긴이)의 후방기지 역할을 했으며, 1990년대에는 탈레반 형성에 이바지했다. 이 모든 일들이 의식하지 못하는 사이에 북서변경주를 오늘의 '탈레반 부흥감화 휴양지'로 바꾸어놓았다.[4] 그런가 하면 오래전

파키스탄Pakistan

면적 : 80.4만㎢
인구 : 1억 7,280만 명('08)
수도 : 이슬라마바드(Islamabad)
인종 : 펀자브인(44.7%), 파슈툰족(15.4%), 신디인(14.1%), 시라이키인(8.4%), 무하지르인(7.6%), 발루치인(3.6%)
언어 : 우르두어(8%, 공용어), 영어(공용어), 펀자브어(48%), 신디어(12%), 시라이키어(10%), 파슈툰어(8%), 발루치어(3%)
종교 : 이슬람 수니파(75%), 이슬람 시아파(20%)
정체 : 공화제(연방)
행정구역 : 4개 주, 1개 자치령, 1개 수도
통화 : 루피(Pakistan rupee)
GDP : 4,119억$('07)
1인당 GDP : 2,600$('07)
수출 : 181억$('07)
주요 수출품 : 섬유제품, 쌀, 가죽제품, 스포츠 용품, 화학제품, 융단
수입 : 288억$('07)
주요 수입품 : 석유 및 석유제품, 기계류, 플라스틱류, 운송기기, 식용유
주요 교역국 : 미국, 중국, 아랍에미리트, 사우디아라비아, 아프가니스탄
인터넷 사용자 : 1,750만 명('07)
분쟁 : 인도와의 카슈미르 영토 분쟁, 아프가니스탄 난민과 차단 장벽 문제

부터 파슈툰족은 구멍이 숭숭 뚫린 2,400킬로미터의 파키스탄-아프가니스탄 국경 산간지대를 파크투니스탄(Pakhtunistan, 파슈툰족의 나라)이라 부르며 각별하게 여겨왔다. 그들은 이제 탈레반과 합세하여 파키스탄의 마드라사에서 어설픈 훈련을 받은 전사들을 아프가니스탄으로 공급하고 있다. 아프가니스탄에서 그들은 반소비에트 운동 때 사용했던 전술을 이용하여 유럽연합군을 공격하면서 무기와 마약 밀거래에 필요한 주요 국경지대를 탈환하고 있다. 이에 대응해 반테러의 깃발 아래 국경 양편의 부족들을 통합하려는 어설픈 '화평족장회의(Peace Jirgas)'가 열린다. 하지만 이는 변경지방의 부족들을 길들이려는 미국, 아프가니스탄, 파키스탄 정부의 노력이 아무런 희망이나 가망이 없음을 더욱 명확하게 드러내 줄 뿐이다. 서방의 극심한 압박 아래 파키스탄은 사실상 자기 자신과 싸우고 있다.

기원전 5세기에 파키스탄 북서부에는 탁실라(Taxila, 파키스탄 펀자브주의 북서쪽 끝에 있는 고대유적지로 동서 문물이 교차하면서 다양한 유적을 남겼다—옮긴이)와 같은, 신묘한 석탑들이 있는 불교 성지가 번성했다. 오늘날 카이베르 고개 기슭의 페샤와르와 격자 모양의 작은 수도 이슬라마바드 사이에 있는 소수민족연방보호지역(FATA)은 지르가(jirga, 족장회의)의 법과 피의 복수로 유명하다. "사우디아라비아 정부는 이곳 마드라사의 재정을 지원함으로써 학교와 주택을 무너진 채 버려두는 우리 정부보다도 더 큰 영향력을 갖게 됐습니다." 20년 동안 두 도시 사이를 왕복해온 운전기사의 말이다. 2007년에 군대의 기습을 받아 거의 일소되기는 했지만, 이슬라마바드에서도 랄 마스지드(Lal Masjid, 붉은 사원)를 중심으로 오랜 기간에 걸쳐 서서히 '탈레반화'가 진행됐다. 알카에다는 아프간인 대원이 하나도 없을 때조차 아프가니스탄을 이용했듯이 지금도 여전히 우호적인 환경이 조성되는 곳이라면 어디서든 스스로를 변형시켜가며 융합할 수 있다. 그리고 이를 실행하기에 파키스탄의 소수민족연방보호지역보다 더 좋은 곳은 어디에도 없다.

이따금 카슈미르를 둘러싸고 인도와 분쟁을 일으키기는 하지만, 아프가니스탄과의 관계에서 발생하는 딜레마와 미군 중부사령부와 중국의 전략범위 안에 들어 있는 자국의 위치를 고려할 때 파키스탄은 중앙아시아의 미래를 공유할 수밖에 없다.[7] 냉전기에 인도와 파키스탄에 번갈아가며 무게중심을 두던 미국은 1965년 인도-파키스탄 전쟁 후 두 나라에 대한 무기 선적을 전면 중단했다. 그즈음 기회를 엿보던 중국은 파키스탄에 흔쾌히 무기를 공급했다. 그리고 그때 이후 중국의 외교작전과 인프라 공정결정, 군사적 야망의 중심에는 언제나 파키스탄이 있었다. 1960년대에 중국은 카슈미르의 북부지역을 파키스탄 땅으로 공인함으로써 인도를 심리적 수세로 몰아넣었다. 이는 인도가 아프가니스탄에 접근하는 것을 막으려는 중국의 전략이었다.[5] 얼마 뒤 파키스탄은 카라코람 고속도로망이 신장에서 4.5킬로미터가 넘는 쿤자랍 고개(Khunjerab Pass) 너머로 연장된다고 자랑스럽게 선전했다. 중국 무기가 히말라야를 넘는 길이 '탱크 네 대가 나란히 갈 수 있는 폭의' 회랑으로 넓혀진 것이다.

지정학 시장에서 파키스탄은 득이 된다면 누구와도 동맹관계를 맺을 것이고, 전략상 쓸모없는 존재가 되지 않으려고 무슨 짓이라도 할 것이

---

7) 파키스탄과 아프가니스탄을 넓은 의미의 남아시아로 분류하는 것은 영국 제국주의 시대 인도를 중심에 둔 역사적 분석으로, 인도가 차츰 동아시아 세력의 한 부분으로 편입돼가는 현재의 전략적 현실을 반영하지 못하는 구분이다.

다. 실제로 파키스탄은 미국을 다루는 기준을 만들어놓고는 그 대가로 몇 가지 양보를 했다. 미국은 분산된 탈레반 전사를 다루는 데는 별 효과가 없지만 인도를 다루는 데는 유용한 큰 무기들을 파키스탄에 공급한다. 파키스탄은 세계 제3위의 미국 군사원조 수혜국이다. 그러나 한편으로 파키스탄은 핵 확산 주모자인 칸(A. Q. Khan, 파키스탄의 핵개발 프로그램을 입안한 과학자—옮긴이)에 대한 미국의 수사를 막고, 소수민족들을 소원케 할까 두려워 알카에다 용의자를 체포하라는 미국의 압력에 거세게 저항했다. 대신에 파키스탄은 소수민족 남자 몇 명을 무작위로 납치해서는 미국에 테러리스트라고 넘겨준 것으로 추정된다. 무샤라프 장군에게 대테러 작전은 보상금 사냥과 전리품 수집 기회였을 뿐이다.[6]

미국과 이런 식으로 관계를 맺는 동안 파키스탄은 중국에 더욱 큰 신의를 보여주며 '전천후 우정'에 대한 확신을 심어주었다. 중국의 요청에 따라 파키스탄은 자국 내 위구르인의 활동을 잔인하게 탄압하면서 투사들을 처형하고 마드라사에서 위구르인 학생들을 추방했다.[7] 2006년에 미국의회는 인권문제를 지적하면서 파키스탄에 대한 원조를 삭감한다고 발표했다. 바로 그 달에 무샤라프는 상하이에서 열린 상하이협력기구 정상회의에 참석하여 재정지원 약속을 받았다. 중국의 이해관계가 미국의 이해관계를 누른 또 하나의 사례는 파키스탄 에너지 수요의 3분의 1 이상을 공급하는 가스가 매장돼 있는 파키스탄 남부의 발루치스탄과 중앙아시아의 쿠르디스탄(Kurdistan, 쿠르드족이 사는 땅으로, 터키, 이라크, 아르메니아 접경지역에 있는 고원지대. 쿠르드족의 분리독립운동이 치열하게 전개되고 있다—옮긴이)이다. 중국은 3억 5천만 달러를 투자해 인더스 강을 따라 아라비아 해의 심해항이자 중국인들이 정유시설을 건설하고 있는 그와다르까지 곧장 뻗어 내려가는 카라코람 고속도로의 연장공사를 추진했다. 이로써 파키스탄은 갈망해오던 국토 종단축을 가지게 됐고, 중국은 말라카 해협을 거치지 않고도 페르시아 만의 석유에 접근할 수 있는 통로를 얻게 됐다. 그와다르에서 사업을 하는 한 부동산 업자는 이렇게 회고했다. "10년 전까지만 해도 이곳은 찢어지게 가난한 마을이었습니다. 가진 거라곤 멋들어진 경관뿐이었지요. 그런데 중국인들이 와서 이곳을 세계적인 수준의 에너지 허브로 바꿔가고 있습니다. 아마 타이타닉 호도 정박할 수 있을걸요! 덕분에 정부는 이란을 포함한 아랍의 석유부국들과 어깨를 견줄 수 있겠다는 확신을 품게 됐습니다." 파키스탄은 미국을 위해 파슈툰 전사들을 잡아들이느니 차라리 발루치스탄 분리독립운동을 진압하고 중국의 항구를 보호하는 편이 국가의 통합과 장기적 이익에 훨씬 더 득이 된다고 여긴다. 최근에 중국의 한 장군은 파키스탄을 '중국의 이스라엘'이라고 표현했다. 중국이 아라비아 해로 나아가기 위한 교두보라는 뜻으로 쓴 말이다. 이를 분명하게 뒷받침해주는 사례는 이슬라마바드의 랄 마스지드 유혈사태의 배후가 중국이라는 것이다. 파키스탄 내 이슬람근본주의자들이 중국 마사지실 노동자를 납치하자 중국은 무샤라프에게 압력을 넣어 이슬라마바드의 랄 마스지드를 급습하게 했다.

"나라가 군대를 갖는 것이 일반적이지만, 파키스탄은 군대가 나라를 갖고 있다"라는 친숙한 농담이 떠돈다. 1999년에 무샤라프 장군이 일으킨 쿠데타는 핵무장 국가에서 처음 일어난 쿠데타였다. '계몽된 중용(종교적 극단주의와 테러 극복, 빈곤과 문맹 퇴치, 이슬람의 참된 의미와 실천을 돕는다는 명분에 따라 도입된 파키스탄의 국가 비전―옮긴이)'이라는 캐치프레이즈는 그에게 '파키스탄의 샤(Shah, 이란 왕의 존칭)'라는 별명을 안겨주었다. 하지만 무샤라프는 이슬람 정당 및 급진 그룹과 신성하지 못한 동맹을 맺음으로써 자신의 기반을 갉아먹고 아프가니스탄을 안정화하려는 미국의 뜻을 좌절시켰다. 전임 군부 지도자들의 전철을 그대로 밟은 것이다. 근대화에 대해 말하자면, 군부 통제하의 파키스탄 경제는 사실상 사치품 수입과 부동산 최저가 매각으로 점철된 일종의 사기였다. 매각된 부동산 중에는 아랍의 자금지원을 받아 이슬라마바드에 지은 '별 일곱 개짜리' 건물도 들어 있었다.[8] 카라치는 전국에서 가장 부유한 동시에 가장 가난한 도시이고, 산업 중심지인 동시에 아프가니스탄과 카슈미르에 극단주의를 수출하는 급진 마드라사의 중심지이며, 친무샤라프 군대와 반무샤라프 군대 간에 죽고 죽이는 소요가 일어나는 곳이기도 하다. 파키스탄에서 유일하게 '발전하는' 것은 전국 방방곡곡에서 끊임없이 일어나는 자살폭탄공격뿐이다. 대다수 남자들은 여전히 운전사, 경비원, 판매원 등으로 일하면서, 갈수록 무질서해지는 나라에서 예측 가능한 삶을 살아보려고 기를 쓴다. 소득 불평등이 심화되고, 자동차 강탈, 강도, 파벌 간 폭력이 빈번해지고 있다. 앞으로 20년 후면 파키스탄 인구가 2억에 근접할 것으로 보인다. 군대로도 관리할 수 없는 수준이다. 파키스탄은 이슬람 민주주의의 발전소 터키가 아니라 휘청거리며 쪼개지는 인도네시아처럼 돼가고 있다.

무샤라프는 민주주의가 아니라 능률과 부패청산을 공약으로 내세워 권력을 잡았다. 파키스탄 사람들은 선거를 이야기하지만, 그 선거가 언제 있을지 어떤 형태로 이루어질지에 대해서는 까맣게 모른다. 무샤라프는 펀자브를 비롯한 여러 주의 지사들에게 이따금씩 '국가안보를 위협하는 자'라는 딱지를 붙였다. 또 멋대로 의회를 해산하기도 했다. 독립 이후 60년 동안 파키스탄에서는 군부통치와 민주주의 비슷한 것이

번갈아 시행돼왔다. 파키스탄 국민들은 민주주의하에서든 독재하에서든 똑같이 부패와 저개발에 익숙해져 왔다. 무샤라프의 차례가 끝나는 순간에도 그 사이클은 계속 이어질 것 같다.

결론적으로 말해서, 카르자이와 무샤라프는 서방세계의 주목을 받는 유명인사임에도 자기 나라를 안정시킬 능력이 없다. 대영제국이 물러난 이래 두 나라는 계속 해체돼왔다. 서방세계의 노력이 부족했던 것 같다. 중국은 더 잘 해낼까?

유라시아 심장부의 새로운 변화

역사를 통틀어 실크로드가 제 기능을 발휘할 때는 언제나 국경이 열리고 모든 나라가 번영을 공유했다. 반대로 길이 막힐 때는 언제나 불안정과 물가인상, 분쟁이 발생했다. 하지만 10년간의 실패한 노력을 통해 알 수 있듯이 '중앙아시아 연방체를 만들어 제국의 간섭을 초래하는 자원을 공동으로 관리하자'라는 고상한 열망보다 훨씬 더 중요한 것은 '주권'이다.[1] 뉴 그레이트 게임에서는 중국이 승리하고 있다. 중국은 뉴 실크로드를 건설하고, 1세기 전에 영국과 러시아가 구사한 전략 중 가장 뛰어난 것들을 선별해 다시 구사하고 있다. 러시아의 불쾌한 정복 방식을 택하지 않고, 영국처럼 완충국과 동맹국을 확보하는 것이다.

중앙아시아에서 미국과 EU는 테러 종식, 에너지 확보, 민주화의 문제를 둘러싸고 서로 이해관계가 얽혀 있다. 그런데 사실 이러한 문제들은 두 제국이 실현해낼 수 있는 능력 범위를 훌쩍 넘어서는 것으로 보인다. 지난 20년 동안 서방세계는 옛 소련 국가 중 그 어떤 나라에서도 진정한 민주개혁을 이루려 하지 않았고, 그럴 능력도 없었다. 그러나 매킨더가 자신의 대표저서 《민주주의의 이상과 현실 *Democratic Ideals and Reality*》에 썼듯이 "신체적 차이가 거의 없는 심장부에서는 의식적인 이상의 도움이 있어야만…… 진정한 자유를 지켜낼 수 있을 것이다."[2] 더 많이 지원하고 상호협력하는 기구들을 이 지역에 두지 않는 한, 서방세계의 지렛대는 계속해서 줄어들 것이다. 그리고 그 속도는 다음 세대의 지도자들이 자국 내에서 신뢰도나 정당성을 확보하지 못할 때 더욱 빨라질 것이다.

21세기 실크로드의 비전, 즉 스탄 각국이 자신의 필요를 충족시키며 공동의 번영을 이룩할 수 있는 가장 빠른 길은 '지역 내 협력'이다. 이는 브레진스키가 제안한 전략, 즉 "유라시아 지도 위에 유력한 지정학적 다원주의를 강화하고 영속화하는" 것을 발전시키는 방법이기도 하다. EU와 유럽안보협력기구는 간섭은 하지만 그래도 정직한 중개인, 이슬람을 공격하지 않는 것으로 인식되는 유일한 후견인이라는 인상을 주고 있다. EU는 옛 소비에트 스탄들도 회원국으로 가입해 있는 유럽평의회의 기준을 지킨다는 조건하에 중앙아시아 정부들에 더 큰 도움을 줄 수 있다. 또한 EU는 그들에게 교육의 기회를 제공하여, 그들이 중국과 러시아의 보잘것없는 준식민지가 되기보다는 차라리 상하이협력기구의 역할을 극대화시킴으로써 중국과 러시아를 책임과 의무에 묶어놓게 할 수도 있다. 자유주의와 지역 내 협력의 증진은 여전히 서방세계 최고의 무기다.[3]

유럽은 프랑크푸르트에서 상하이까지 뻗은 광섬유 케이블과 나란히 가는 동서 수송로에서도 중국 못지않은 이익을 얻을지 모른다. 실크로드를 탄생시킨 최초의 요인은 동방의 보물에 대한 로마의 욕망이며, 실크로드라는 용어를 만든 것은 19세기 독일의 지리학자 페르디난트 폰 리히토펜(Ferdinand von Richtofen)이다. 실크로드(비단길)는 의미로 보면 동양적일지 모르지만 그 구성 개념은 다분히 서구적이다. 유럽은 다시 한 번 온갖 종류의 중국 상품을 탐내면서 경제적 유대를 통해 중앙아시아를 보다 큰 유라시아 경제의 한 부분으로 만들어가고 있다. 유라시아 경제 안에서 유럽과 아시아 사이의 무역은 갈수록 늘고 있다.[4] 라다(러시아산 자동차—옮긴이) 이후로 중앙아시아에서 가장 흔한 차종은 중고 메르세데스와 폴크스바겐, 아우디다. 유럽은 도난당한 유럽 차들이 동쪽으로 밀수출되도록 내버려두기보다 아예 키르기스스탄에서 자동차를 만드는 게 낫다. 비용도 줄이고 일자리도 창출하면서 동시에 중국과 카자흐스탄 등지로 판매를 늘릴 수 있기 때문이다. 투르크메니스탄과 우즈베키스탄을 제조업의 허브로 격상시킨다면, 이 나라들이 자국에서 생산된 면화로 만든 중국 상품들의 홍수를 맞는 대신 오히려 중국과 경쟁할 수도 있을 것이다. 그러나 빈틈없는 외교를 통해 기반시설과 시장을 함께 만들어내는 중국의 탁월한 능력이 발휘되는 곳은 비단 중앙아시아만이 아니다. 태평양 건너 남아메리카에서도 그 발자국이 뚜렷하다.

SECOND WORLD

EMPIRES AND INFLUENCE IN THE NEW GLOBAL ORDER

제3부

미국 안마당에서의 파워 게임

라틴아메리카

대서양
미국
도미니카 공화국
마이애미
쿠바
아바나
자메이카
휴스턴
엘패소
샌안토니오
멕시코 만
캉쿤
카리브 해
로스앤젤레스
샌디에고
투손
시우다드 후아레스
러레이도
누에보라레도
유카탄 반도
온두라스
벨리즈
니카라과
티후아나
몬테레이
멕시코
치아파스
코스타리카
멕시코시티
과테말라
엘살바도르
북회귀선
푸에블라
오악사카
오악사카
갈라파고스 섬
(에콰도르령)
킹스턴
멕서코
벨리즈시티
자메이카
치아파스
벨리즈
과테말라
온두라스
적도
과테말라시티
테구시갈파
산살바도르
니카라과
카리브 해
엘살바도르
마나과
파나마 운하
산호세
카르타헤나
태평양
코스타리카
파나마
파나마시티
파나마 운하
메데인
다리엔 협곡
초코
콜롬비아

세인트키츠
네비스
앤티가 바부다
과들루프(프랑스령)
마르티니크(프랑스령)
도미니카
바베이도스
세인트루시아
세인트빈센트 그레나딘
그레나다
카옌
파라마리보
포르탈레자
트리니다드토바고
프랑스령 기아나
벨렘
조지타운
수리남
레시페
가이아나
카라카스
오리노코
베네수엘라
아마존 강
살바도르
브라질
리코
우카
아마존 유역
데인
보고타
롬비아
아마존 강
브라질리아
푸투마요
콰도르
리우데자네이루
볼리비아
안데스 산맥
상파울루
코르디예라 옥시덴틀
코르디예라 오리엔틀
티티카카 호
쿠리티바
페루
삼각국경지대
라파스
수크레
파라과이
이과수 폭포
리마
아순시온
코르디예라 센트랄
알티플라노 고원
포르투알레그레
아타카마 사막
그란차코
남회귀선
우루과이
코르도바
로사리오
몬테비데오
팜파스
리우데라플라타
부에노스
아이레스
멘도사
발파라이소
아르헨티나
산티아고
콜로라도
칠레

아르헨티나
파타고니아
포클랜드 섬
(영국령)
티에라델푸에고
칠레
케이프 혼

게임의 새로운 규칙

유력한 헤게모니는 산소 같은 것일 수 있다. 공기처럼 어디에나 존재하면서 우리가 사는 환경과 삶을 규정하지만 전혀 눈에 띄지 않는다. 또 어찌 보면 헤게모니는 산소가 서서히 바닥나는 밀폐된 방처럼 숨 막히는 것일 수도 있다. 20세기에 미국은 세계를 제패했다. 그렇게 되기까지 미국은 이전 한 세기 동안 서반구 전역에서 차근차근 헤게모니를 장악해가는 과정을 거쳤다. 그러나 21세기 들어 미국은 그 헤게모니를 잠식당하고 있다. 자신의 뒷마당인 라틴아메리카에서. 그곳에는 지금 자기만족적인 지리적 결정론으로는 예측할 수 없었던 중력이 작용하고 있다. 남미의 풍부한 천연자원은 이전 어느 때보다 더 빠른 속도로 세계시장, 그중에서도 특히 아시아 시장으로 흘러들어가고 있다. 세계화가 물리적 거리의 소멸을 뜻한다면 미국의 힘을 떠받치던 기둥, 즉 가까워서 지배할 수 있었던 조건은 이제 소멸됐다. 그러나 미국이 아메리카를 대변하지 못한다면 누가 아메리카를 대변할까?

오랫동안 라틴아메리카는 지정학적 주요 전략 무대에서 동떨어진 곳이라고 무시당해왔다. 그러나 이제는 아니다. 오늘날 라틴아메리카는 북쪽의 뜨거운 눈길을 피하면서 동으로 서로 시선을 던지고 있다. 줄다리기에 걸려 있는 판돈은 제법 크다. 라틴아메리카와의 관계를 견고히 할 경우 미국은 충분한 양의 에너지를 자급자족할 수 있다. 그리고 이는 미국이 유라시아의 소용돌이에 휘말리지 않고 독립성을 유지할 수 있음을 의미한다. 북극 지방에서 캐나다의 앨버타 주와 멕시코 만을 거쳐 베네수엘라에 이르는 지역에서 생산되는 석유와 브라질의 에탄올 같은 새로운 동력원을 합친다면, 북미와 남미는 세계의 다른 어떤 지역도 따라오기 어려운 하나의 거대한 무역 블록을 형성할 수 있다. 그러나 미국은 남쪽의 이웃들을 늘 당연시해왔다. 그것은 큰 실수다. "여긴 미국의 대륙이 아닙니다. 여긴 열두 나라가 서로 어우러져 사는 땅이며, 이곳의 미래를 결정하는 건 바로 우립니다." 브라질의 한 외교관은 딱 잘라 말했다. 라틴아메리카 인구의 3분의 2는 멕시코, 브라질, 아르헨티나 사람들로 채워져 있다. 그 뒤를 이어 베네수엘라와 콜롬비아 사람이 나머지 인구의 상당수를 구성한다. 이 나라들이 라틴아메리카를 이끌어갈 핵심국가들이다. 이들이 내부의 악령을 극복하는 날, 라틴아메리카는 주변부 상태에서 탈피해 세계질서를 형성하는 핵심지역으로 발돋움할 것이다. 세계화와 미국의 지정학적 라이벌들이 따로 혹은 같이 그 기회를 제공하고 있다.

제국은 크게 팽창해 떠올랐다가 이내 터져서 떨어지는 거품에 비유할 수 있다. 라틴아메리카는 늘 다른 제국들의 거품 속에 갇혀 있으면서 단 한 번도 자신의 거품을 형성하지 못했다. 사실 라틴아메리카의 후진성과 세계 자본주의의 흥륭은 한 몸이다. 라틴아메리카의 자원이 순전히 선진 세계를 위해서만 사용됐기 때문이다. 우루과이의 반체제 인사 에두아르도 갈레아노(Eduardo Galeano)는 이런 글을 썼다. "국가 간 분업이란 어떤 나라는 이기는 쪽으로, 어떤 나라는 지는 쪽으로 특화하는 것이다. 라틴아메리카는 조숙했다. 이곳은 유럽인들이 바다를 건너는 모험을 한 저 먼 옛날 르네상스 시대 때부터 줄곧 지는 쪽으로 특화해왔다."[1] 콜럼버스(Christopher Columbus)의 도착과 더불어 시작된 정복 경쟁은 무자비했다. 스페인과 포르투갈의 군주들은 가톨릭 전파라는 하나의 명분 아래 서로 손잡고 신세계를 정복하여 땅을 양분한 뒤 각자의 식민지로 삼았다. 스페인의 정복자 에르난 코르테스(Hernan Cortes)는 1520년대에 멕시코의 아스텍 제국을 파괴했다. 포르투갈이 스페인의 지배하에 놓여 있던 시기인 1580년부터 1640년까지는 스페인 혼자서 사실상 서반구 전체를 지배했다. 원주민들이 칼과 외래 질병에 굴복하는 동안 기독교의 사랑은 은과 금을 얻는 대가로 신세계의 피흘림을 정당화했다. 1551년에 스페인 사제 바르톨로메 데 라스카사스(Bartolome de las Casas)는 왕의 대리인들이 시행한 노예제도를 혹독하게 비판한 책 《인도 땅의 유린 *The Devastation of the Indies*》을 썼다. 이 책은 최초의 인권 보고서라는 평가를 받기도 한다. 물론 제국의 지성들은 그런 양심의 호소에 귀 기울이려 하지 않았다. 프로테스탄트 종교개혁 이후 달라진 세계정세에 따라 신세계의 세력 구도에도 변화가 일어났다. 프랑스와 네덜란드가 가톨릭 스페인을 밀어내며 캐나다에서 남미 북부 해안에 이르는 영토를 장악한 것이다. 그러나 어떤 세력이 우위를 점하든지 신세계는 경제적 문화적으로 중상주의의 지배를 받게 될 터였다.[2]

라틴아메리카에 대한 미국의 심리와 외교정책은 세기를 뛰어넘어 놀라울 정도로 일관된 연속성을 보인다. 미국은 멕시코, 콜롬비아를 비롯해 라틴아메리카 여러 나라의 독립운동을 지원했다. 하지만 그 속내는 따로 있었다. 미국 정치가 루퍼스 킹(Rufus King)은 1799년에 알렉산더 해밀턴(Alexander Hamilton)에게 보낸 편지에서 "확신하건대, 우리 것으로 만들지 않는다면 남미와 그 자원은 빠른 속도로 우리에게 등을 돌릴 것입니다"라고 힘주어 말했다. 그와 유사하게 토머스 제퍼슨(Thomas Jefferson)도 남미를 유럽이 아니라 미국이 지배하는 대륙이라고 생각했다. 1790년대부터 1812년 전쟁(나폴레옹전쟁 중 영국이 해상봉쇄 조치를 취하여 미국의 감정을 상하게 함으로써 일어난 영미전쟁—옮긴이)을 거치면서 미국은 점차적으로 반구의 헤게모니를 장악했다. 토지와 노동력에 대한 전형적인 제국주의식 권력 행사 대신에 지갑외교와 군사력을 적절히 배합하여 구사함으로써 유럽 열강을 대체하는 데 성공한 것이다.[3] 1823년에 미국의 먼로 대통령이 제창한 먼로독트린(Monroe Doctrine, 유럽과 아메리카의 상호 불간섭을 천명한 미국의 외교정책—옮긴이)은 라틴아메리카에서 유럽 열강을 완전히 퇴출시키고 미국이 지배권을 가질 수 있게 하는 확고한 발판이 됐다.

미국의 '명백한 운명'은 서쪽 태평양 연안으로 확장하는 데서 끝나지 않았다. 미국은 오랜 독립전쟁으로 피폐해진 멕시코의 약점을 이용하여 1845년에 텍사스 주를 병합했다. 1867년에는 러시아로부터 알래스카를 사들였다. 당시 국무장관 윌리엄 슈어드(William Seward)는 멕시코시티를 제2수도로 하고 그린란드에서 가이아나까지 이어지는 미 제국의 영토를 구상했다. 윌리엄 매킨리(William McKinley) 대통령의 고문들은 해군 전략가 머핸(Alfred Thayer Mahan)의 이론을 채택하여, 수출시장의 확대가 불황을 예방하고 사회적 조화를 증진시킬 것이라고 주장했다. 그러나 그들의 방법, 즉 20세기 초에 시행된 문호개방정책 (중국에 진출한 서구 열강의 기회 균등, 중국의 영토 보전 등을 요구한 미국의 외교정책—옮긴이)은 결론적으로 '전통적 식민주의의 낭패감과 비효율성을 배제한' 방법으로 미국 세력을 확장하는 것이었다.[4]

시어도어 루스벨트(Theodore Roosevelt)의 금언, "부드럽게 말하되 큰 몽둥이를 들어라"와 달리, 미국은 늘 큰 몽둥이만을 들어왔다. 그 대표적인 사례가 쿠바다. 미국은 쿠바를 해방시키고 민주적 발전을 가져다주겠다는 명분을 내세워 1898년 4월 21일 스페인과의 전쟁을 선포했다. 당시 해군 차관보이던 루스벨트는 스페인을 상대로 승리를 거두는 데 그치지 않고 필리핀까지 지배하려 했다. 결국 미국은 전쟁 중에 필리핀을 점령했다. 미국이 먼로 독트린을 실행한 지 근 1세기 뒤에 나온 '루스벨트 추론(Roosevelt Corollary, 미국이 아메리카 대륙의 불안정한 나라들에 개입하여 그 질서와 정의를 확립하겠다는 외교정책—옮긴이)'은 미국의 개입을 정당화하는 제국주의적 반식민주의 정책이었다. 루스벨트 추론의 전제는 분명했다. 문명국들이 야만국들의 우위에 설 만큼 확장되기 전까지는 평화란 있을 수 없다는 것이었다. 이후 미국의 세계관은 루스벨트의 관점에서 우드로 윌슨(Woodrow Wilson)의 관점으로 변화한 것처럼 보였다. 그러나 스타일만 달라진 것이었을 뿐 내용은 별반 다를 게 없었다. 윌슨 역시 미국의 경제적 이익만을 추구했다. 다만 그는 이타적 도덕주의라는 가면을 쓰고 작업을 했다. 그는 '좋은 사람을 선출하도록 남미인을 가르치는 것'을 자신의 책임으로 여겼다.[5] 그러나 1898년 이래 미국이 라틴아메리카에서 무너뜨린 40개 정부의 후속으로 들어선 새 정부 중 민주정부는 단 하나도 없다. 이유는 단순하다. 애당초 미국의 계획이란 게 형식적으로만 민주주의를 이식하는 것이었기 때문이다.[6] 개방되는 시장과 확산되는 민주주의 간의 긴장 상태에서 승리는 항상 제국주의의 것이었다.

먼 사촌뻘 되는 테디(시어도어)와는 대조적으로, 프랭클린 루스벨트(Franklin D. Roosevelt)는 직접 개입이 비효율적일 뿐만 아니라 반생산적임을 깨닫고 선린정책(Good Neighbor, 경제공황과 정치적 위기에 대응하고자 미국이 라틴아메리카에 취한 우호적 외교정책―옮긴이)을 입안했다. 이 정책의 성공으로 미국은 진주만 공격 이후 라틴아메리카 국가들이 추축국과 유대관계를 맺지 못하게 할 수 있었다. 그러나 제2차 세계대전 후 슈퍼파워가 된 미국은 반구의 집단안보체제를 만들 기회를 놓쳤다. 대신 냉전이 제국주의를 연상시키는 옛 심리를 다시 불러들였다. "우리는 우리와 같은 믿음을 가진 사람들을 도와, 그들이 원하는 방식대로 계속 살아갈 수 있게 할 용의가 있습니다"라고 딘 애치슨(Dean Acheson) 국무장관은 선언했다.[1] 워싱턴의 정책은 권위주의 체제에 대한 반대에서 그에 대한 전폭적인 지원으로 선회했다. 국무부의 베테랑 루이스 핼(Louis Halle)은 'Y'라는 가명으로 〈포린 어페어스Foreign Affairs〉에 기고한 글에서 정치적 미성숙으로 말미암아 지역 내에 독재체제가 끈질기게 존속하는 것을 비난하는 척했다. 그런가 하면 존 포스터 덜레스(John Foster Dulles)는 더욱 노골적으로 이렇게 말했다. "독재자들을 토라지게 할 일은 하지 마라. 우리가 믿을 수 있는 사람들은 그들밖에 없다."

---

1) 윌리엄 애플먼 윌리엄스(William Appleman Williams)가 설명하듯이 미국 외교는 그 안에 세 가지 모순적인 원칙을 담고 있다. 인도주의 장려, 민족자결주의, 그리고 앞의 두 가지와는 상충되는 세 번째 원칙, 즉 다른 나라의 문제들도 반드시 미국식으로 해결돼야 한다는 원칙이 그것이다. Williams, *Tragedy of American Diplomacy*(미국 외교의 비극), 13.

라틴아메리카의 냉전은 라틴아메리카 좌파와 미국의 지원을 등에 업은 우파 사이의 30년에 걸친 '추악한 전쟁'이었다. 친소 경향의 공산주의를 포함한 저항세력들의 강경한 전략에 맞서기 위해 미국은 라틴아메리카 정권들로 하여금 공산주의 정당을 불법화하고, 비공산계 좌파들을 억압하고, 고분고분한 노동자들을 제외한 모든 노동운동을 분쇄하고, 소련과의 유대를 단절시켜야만 했다.[7] 1961년 4월 21일에 미국은 피델 카스트로(Fidel Castro)를 축출하려고 피그 만 침공 작전을 펼쳤다. 스스로 만든 조약체계와 대외중립 원칙마저 어기면서 시행한 이 작전은 그러나 실패로 끝났다. 이후 케네디 대통령은 '경제적 유대 강화'로 미국의 전략을 수정하고, '진보를 위한 동맹(Alliance for Progress, 미국과 22개 중남미 국가가 세운 국제경제개발계획—옮긴이)'을 창설하여 민주주의, 경제성장, 반공의 의제를 하나로 묶었다.[8] 멕시코에서 아르헨티나에 이르기까지 거대한 산업 팽창이 뒤따랐다. 하지만 문호개방과 선린정책이 채택되고 반세기 이상이 지난 후에도 미국이 추구한 사회안정, 민주주의, 자본주의 연계는 여전히 먼 미래의 이야기였다. 전 브라질 대통령 페르난두 엔리케 카르도주(Fernando Henrique Cardoso)의 말대로, 우익 군국주의와 좌익 군부독재 사이를 왔다갔다 하는 지역 내 현실에 비추어볼 때 민주주의는 '외래 식물'이었다.[9] 이 시기의 대다수 지도자들은 왼쪽 깜빡이를 켜고 우회전을 하며 통치했고, 현대화란 대미 의존을 의미했다.

라틴아메리카 지도자들은 1970년대에 마침내 신국제경제질서(NIEO, 1974년 UN의 비동맹그룹회의에서 선진국들에게 요구한 새로운 세계경제질서—옮긴이)의 깃발 아래 뭉치기 시작했다. 그들은 개발도상국의 발전을 저해하는 선진국 및 다국적기업 주도하의 국제경제구조 개혁을 주장하며 원자재 가격 인상, 해외원조 증대 등을 요구했다. 그러나 현실의 모습은 사뭇 달랐다. 멕시코, 베네수엘라, 브라질, 아르헨티나가 역사상 최대 액수의 돈을 빌려 국가 채무를 겨우 틀어막았다. 만취한 선원들이 만취한 바텐더에게 계속해서 술을 제공받는 격이었다. 그 결과는 1980년대의 '잃어버린 10년'이었다. 1980년대에 라틴아메리카는 전 베네수엘라 상무장관 모이세스 나임(Moises Naim)의 말마따나 '사라진 대륙, 아틀란티스'가 되었다.[10] 위기 뒤에 또 위기가 이어졌다. 설상가상으로 IMF는 번개 뒤의 천둥처럼 미국에 호응하여, 라틴아메리카 정권들로 하여금 급속한 자유화라는 '워싱턴 컨센서스(Washington Consensus, 미국과 국제금융자본이 규제완화, 무역자유화, 구조조정 등 미국식 시장주의에 입각한 경제 개방 및 개혁 정책을 개발도상국에 적용하기로 합의한 것—옮긴이)'의 처방대로 허리띠를 졸라매도록 강요했다. 이 처방은 트리클다운 경제학(trickle-down economics, 부유층이 먼저 혜택을 보면 그 효과가 물방울 떨어지듯 중산층, 빈곤층으로 확산된다는 공급중시 경제학의 한 측면을 가리키는 정치적 수사—옮긴이)의 국제적 변종이었다.[11] 이렇듯 미국의 불평등 무역에도 불구하고 라틴아메리카인들의 상승하는 기대를 어떻게 충족시킬 것인가에 관한 열띤 논쟁이 알래스카에서 티에라델푸에고(Tierra del Fuego, 남아메리카 남쪽 끝에 있는 섬—옮긴이)에 이르는 미주자유무역지대(FTAA) 제안의 형태로 계속되고 있다.

그런데 오늘날 서반구 통상에서 중국의 존재감이 갈수록 커지고 있다. 덩달아 중국의 전략적 위상도 높아지고 있다. 이 지역에서 중국은 식민지배 계획이 전혀 없는 슈퍼파워라는 강점을 지니고 있다. 라틴아메리카와 중국의 교역량은 1975년 2억 달러에서 2004년 500억 달러로 급상승했다.[12] 중국은 콩이나 철광석 같은 상품에 높은 가격을 지급하는데, 아마 이를 거부할 개발도상국은 없을 것이다. 아르헨티나와 브라질이 근래에 거둔 경제성장의 상당 부분도 바로 이런 상품 무역에 의한 것이다. 1997년에 미국으로부터 파나마 운하의 관리권을 이양받은 파나마 정부는 운하 양쪽 항구의 운영권을 중국의 한 회사에 재빨리 팔아치웠다. 현재 파나마 운하의 운영을 통제하고 있는 것은 중국 회사다. 2006년에 파나마는 국민투표를 통해 운하의 확장을 의결하여 중국의 거대한 유조선이 운하를 통과할 수 있게 만들었다. 또한 중국은 중앙아메리카의 다른 항구와 공장들도 개수하여 자국 제품을 미국에 들여놓는 일에 박차를 가했다. 그뿐만 아니라 북쪽에 있는 시베리아에 영향력을 확대해온 것처럼 또 다른 북쪽인 캐나다에도 발을 뻗었다. 그 결과 중국은 캐나다 제2의 교역국이 되었고, 앨버타 주에서 추출한 석유를 태평양 연안의 브리티시컬럼비아에 수송하는 20억 달러짜리 파이프라인의 합작 건설에도 참여하고 있다.

미국은 늘 외부의 적을 찾는다. 과거 로널드 레이건(Ronald Reagan)은 소련이 아시아 유목민은 물론 라틴아메리카 사람들까지 끌어들여 미국을 몰락시키려 한다고 주장했다.[13] 지금 일각에서는 중국이 라틴아메리카의 광물 자원을 착취하고, 국방 관료들 간의 고위급 유대를 진척시키는 사악한 세력이라고 말하고 있다.[14] 그들은 미국이 라틴 군부 독재 지원을 중단했던 것처럼, 중국이 한 라운드의 일시적인 천연자원 의존체제를 불러오면서 아메리카의 인권과 민주화 의제를 훼손하지 않을까 우려한다.[15]

라틴아메리카에서 중국은 각종 코드와 규제가 뒤엉킨 아메리카 숲에서 이루어지는 비즈니스 방식과는 다른, 새로운 비즈니스 방식을 선보인다. 그 방식이란 대만과의 관계를 철회하라고 로비하는 것 외에는 다른 어떤 정치적 조건도 내걸지 않는 것이다. 대만은 오랫동안 이 지역 전체, 특히 중앙아메리카에서 외교적 지지를 확보하면서 시장경제지위(정부의 간섭 없이 시장이 원자재 가격이나 임금, 환율, 제품가격 등을 결정한다고 상대 교역국이 인정하는 것—옮긴이)를 부여받고 있었다. 전반적으로 중국은 아직 돈이 있는 곳에 입을 들이대지는 않고 있다. 이 시점에서 라틴아메리카 지도자들이 미국에 맞선다면 그것은 중국 탓이 아니다. 천연자원 의존의 주요 요인은 높은 유가와 부패한 통치이지 중국의 치솟는 수요가 아니다(라틴아메리카 무역에서 중국이 차지하는 비중은 아직 10퍼센트 미만이다).[16] 결국 라틴아메리카에 대한 중국의 경제적 관심은 축복인 동시에 저주다. 수십 년 만에 처음으로 경상수지흑자를 가져다주었지만, 이와 함께 라틴아메리카 역내 시장과 제1세계 수출시장의 비능률적인 생산자들에게 중국이 라이벌로 등장하면서 격한 경쟁을 불러일으키고 있기 때문이다.

낭만적인 비유를 하자면, 중국은 라틴아메리카와 데이트하고 있을 뿐 결혼한 것은 아니다. 그러나 중국이 기반시설과 같은 라틴 각국의 기본적인 필요 부문에 초점을 맞춘다는 것은, 그들을 매수해 민주주의와 인권 담론에서 중립을 취하게 할 수도 있음을 뜻한다.[17] 만일 미국이 라틴아메리카의 민주화를 중요하게 여긴다면, 중국의 존재를 기회로 보는 것이 마땅하다. 수출로 세수가 늘어나면 각 정부가 자신의 사회안전망을 개선하고 정치제도에 대한 대중 참여를 강화하며 미국 제품의 수입을 늘릴 수 있기 때문이다. 단, 미국은 라틴아메리카 지도자들에게 중국이 미국 리더십의 대안이 아니라 그 보완물이라는 확신을 심어주어야만 한다. 하지만 나 몰라라 하는 태도와 고압적인 태도의 양극단을 오가던 미국의 냉온탕식 외교 방식은 1990년대 이래 남미 좌파 지도자들의 부활에 이바지해왔다. 좌파 지도자들은 문화적 저항 방식으로 미국의 침략에 맞서며 신자유주의와 민주화 호소에 강하게 반대하고 있다. 그 결과 미국은 형식적으로만 '각국의 개성 존중'을 외칠 뿐 사실상 자신의 이익만을 추구해온 미주기구(OAS, 각국 간 경제, 사회, 문화 협력을 통해 미주지역의 안보와 민주주의를 신장시키고자 설립된 기구—옮긴이)에서도 동유럽 제2세계 국가들 사이의 정교한 내부 잣대와 엇비슷한 동료평가제도조차 도입할 수 없었다. 게다가 2005년 시행된 미주기구 사무총장 선거에서는 사상 처음으로 미국이 지원하는 후보가 입후보조차 하지 못하는 상황이 벌어졌다. 이는 라틴아메리카에서 미국의 영향력이 급속히 쇠퇴하고 있음을 보여주는 분명한 징표다.

그동안 라틴아메리카에는 '북쪽'에 대한 상반된 감정이 존재해왔다. 지금 그 감정은 이전 어느 때보다도 결정적인 상황을 맞고 있다. 라틴아메리카 사람들은 이제 콜럼버스의 도착이 발견이 아니라 정복이라고 확신한다. 바로 거기서부터 설탕 같은 핵심 산업의 이권을 다른 여러 나라에 빼앗기는 수탈의 연쇄고리가 시작됐다고 보는 것이다. 미국은 라틴아메리카에 매년 10억 달러 이상의 개발원조금을 지원한다. 그뿐만 아니라 미국은 라틴아메리카의 가장 큰 무역 상대국이다. 그럼에도 불구하고 미국은 더 이상 서반구를 1895년에 리처드 올니(Richard Olney)가 썼던 표현처럼 '절대명령으로' 지배하지 못한다. 미국의 제국주의적 심리가 변하지 않는 한 슈어드가 꿈꾸었던, 그린란드에서 가이아나에 이르는 미대륙의 비전은 결코 달성되지 못할 것이다. 다른 파트너들이 무대 옆에서 치켜뜬 눈으로 바라보고 있을 때는 더더욱 그렇다.

그러나 증오에 찬 반미감정과 미군 침공에 대한 두려움을 느끼면서도 라틴아메리카인들은 다른 한편으로는 미국이 늘 외쳐대는 자유무역과 민주주의를 완벽하게 실현해 주기를 바라고 있다. 이 지역에서 세계와 가장 긴밀하게 통합된 경제체제를 갖춘 멕시코, 브라질, 칠레가 미국을 가장 실리적으로 대하는 나라들이다. 당연히 미국은 이들 나라에서 영향력을 행사할 수 있었다. 그 주된 통로는 정부의 핵심 부처 전반에 퍼져 있는 수십 명의 아이비리그 출신 기술관료들이었는데, 1990년대 말까지 그들은 자유무역의 가장 강력한 옹호자들이었다.[18] 캐나다의 방대한 에너지원에서 아르헨티나의 기름진 팜파스에 이르기까지 아메리카 대륙의 자원을 하나로 연결하면 34개국, 13조 달러가 넘는 자유무역지대가 탄생한다. 이는 다른 어떤 지역보다도 훨씬 큰 규모다. 동아시아와 동유럽의 임금이 상승함에 따라 미국은 라틴아메리카에 대한 투자를 늘리고 있다. 여기에는 아시아와 경쟁할 수 있는 저비용의 강력한 제조업 기지를 만들어 '정상을 향한 경주(race to the top, 경쟁을 통해 상품과 서비스의 증진을 꾀하는 과정을 이르는 말로서, 반세계화 운동에서 보호장벽 철폐와 과도한 경쟁의 폐해를 이야기할 때 쓰는 '바닥을 향한 질주'에 대응된다—옮긴이)'의 동력을 창출함으로써 라틴아메리카를 뒷마당에서 이웃으로 격상시키겠다는 목적이 깔려 있다. 그렇지만 미국은 여전히 시장을 규제하는 데만 힘을 쏟을 뿐 시장을 구축하는 데는 별 관심을 기울이지 않는다. 아메리카의 경제적 통합은 유럽 통합보다 훨씬 더 쉬워보였다. 그러나 라틴아메리카의 여러 소지역은 아직도 경제적 유대 관계를 형성하지 못하고 있다.[19] 정치 형태와 경제 기능을 적절히 조화시켜 한 나라 한 나라가 끈기 있게 제도적 변화를 이룩한 동유럽과 달리 라틴아메리카는 여전히 사회정치적 소요라는 역병에 휩쓸리고 있다. 미국은 면역지대가 아니다. 대규모의 미숙련 노동자들의 이민과 마약, 갱 폭력 등이 멕시코를 통해 북쪽으로 넘쳐흐르고 있다.

지난 수십 년간 남미 여러 나라 사이에서 심각한 분쟁이 일어난 적은 단 한 번도 없다. 이곳은 국가 간 전쟁이라는 개념이 사라진 대륙이다. 대신 라틴아메리카의 대부분은 국가의 존재 이유와 리더십, 자원, 사회적 안정을 둘러싸고 끊임없이 자신과의 전쟁을 치르고 있다. 미국-멕시코 국경의 작은 도시에서 상파울루의 빈민가에 이르기까지 라틴아메리카의 거리 곳곳에서 일어나는 섬뜩한 폭력은 이 지역의 멋진 주거지와 식민시대의 휘황한 건축물들과 또렷이 대비된다.

제3세계인 아프리카와 잠정적 제1세계인 동아시아 사이에 자리 잡은 라틴아메리카에서는 이 불안한 형세의 특징이 아주 잘 드러난다. 주요 언어가 둘뿐이고, 영토가 이어져 있으며, 공공연한 군사적 긴장도 없는 라틴아메리카는 동아시아보다 한 수 위의 통합을 달성해야 마땅했다. 하지만 여러 세기에 걸친 중상주의 열강들의 지배가 끝난 뒤에도 여전히 자기보다 힘센 북쪽 이웃의 홀대를 받는 환경은 라틴아메리카와 아프리카로 하여금 역내 국가들 사이에 형제애의 자세를 취하는 것 이상의 행동은 거의 할 수 없게 했다. 두 지역 모두 장기적 경제발전의 싹을 갉아먹고 위협하는 많은 양의 불법 상품들로 홍역을 치르며, 유럽과 미국으로 빠져나가는 심각한 두뇌유출과 자본도피에 시달린다. 멕시코, 베네수엘라, 브라질이 없었더라면 라틴아메리카가 외교 지도상에 등장할 일도 거의 없었을 것이다. 아프리카에서는 나이지리아와 남아프리카공화국이 그런 역할을 했다. 두 지역 모두 거액의 빚, 과소비, 낮은 세금 징수율, 생산성 저하, 혁신 부진, 낮은 교육수준, 높은 비즈니스 비용, 도시와 농촌 지역을 막론하고 빈곤에 시달린다.[20] 뿐만 아니라 두 지역은 세계에서 소득 불평등이 가장 심한 곳이다. 라틴아메리카가 좀 더 심각한데, 부자들이 더 많기 때문이다. 이 지역의 토착 농민들은 자그마한 땅뙈기를 일구며 궁핍하게 살아간다. 반면에 슈퍼 부자인 아프리카와 라틴아메리카 엘리트들은 제1세계의 풍요로운 환경과 편의시설을 갖춘 대저택에 산다.

살사, 삼바, 룸바, 탱고 등의 라틴아메리카 춤에는 하나같이 빠르게 비트는 동작과 예측 불가능한 젖히기 동작이 들어 있다. 라틴 정치도 마찬가지다. 라틴아메리카의 느린 성장과 빈곤에 대한 책임은 개혁의 부재에 있다기보다는 개혁을 실행할 능력의 부재에 있다.[21] 라틴아메리카인들은 자존감과 자부심이 세지만, 만연한 범죄와 비열함이 입증하듯이 서로에 대해서는 그다지 존중하지 않는다. 라틴 문화는 본디 존경과 결의의 언어로 권력을 감추는 걸 선호하지만, 라틴 정치의 진실은 행간에 숨어 있으며 심지어는 말 뒤집기도 다반사다. 라틴 정치인들과의 의사소통에서 과장은 악명 높은 이의제기와 더불어 없어서는 안 될 필수품이다. 실제로 일어나는 일보다도 그것이 더 중요하다. 그 귀결은 암암리에 "거짓말을 할 수 있을 때 왜 진실을 말해?" 하고 묻는 문화다. 식민통치를 무너뜨린 유산은 이제 스스로를 무너뜨릴 뿐인 관습을 정당화하는 주된 명분이다. 공자의 가르침이나 이슬람의 율법과 같은, 아시아 국가에 존재하는 법과 제도에 대한 사회적 계약을 라틴아메리카에서는 거의 찾아볼 수 없다. 지도자에 대한 신뢰와 헌신 같은 것도 존재하지 않는다. 초선 임기를 마치는 정부도 드물다. 라틴 문화는 청부 협상으로 일을 진척시키는 따위의 '선한 부패'에 너무나도 관대하다. 그것이 실제로는 '악한 부패', 즉 라틴아메리카 최고의 민주주의 체제에서도 엄연히 작동하는 거대 가문의 지배와 정실자본주의 시스템에서 연유한 것이며, 부패를 영속화하는 것이란 사실은 인식하지 못한다. 이 게이트키퍼들과 권력 브로커들이 삶의 모든 측면을 두루 지배하고, 민주주의는 지도자들이 훔칠 수 있는 것을 훔쳐 달아날 수 있게 하는 인센티브를 더욱 강화한다.

　그럼에도 라틴아메리카는 여전히 확실한 제2세계 지역에 포함된다. 브라질과 멕시코 같은 비중 있는 경제, 방대한 석유와 가스 자원, 미국이라는 거대한 수입국에 인접해 있다는 점 때문이다.[22] 남미 무비자 지대 선언식장에서 브라질 외무장관 세우주 아모링(Celso Amorim)은 힘주어 말했다. "통합은 명령입니다. 커다란 블록들로 이루어진 세계에서 우리는 뭉칠수록 더 강해질 것이기 때문입니다." 남미국가공동체(SACN) 제안이 일관되게 발전해간다면, 남미 대륙은 곧 제1세계와 훨씬 더 좋은 조건으로 협상하게 될 것이다.

12

멕시코
아메리카의 교량

멕시코를 제1세계로 끌어올릴 목적으로 시행된 북미자유무역협정(NAFTA)의 발효일인 1994년 1월 1일에 사파티스타 민족해방군(EZLN, 1994년 멕시코 농민봉기의 주력부대로, 멕시코의 혁명영웅 에밀리아노 사파타에서 이름을 따왔다—옮긴이)은 전면 봉기를 일으켰다. 그들은 변방 농민들의 관심을 끌어내면서 남부의 네 개 시를 장악하고 집권당인 제도혁명당(PRI)의 고위 지도자 두 명을 살해했다. 카를로스 살리나스(Carlos Salinas) 대통령은 사파티스타와 수천 명의 농민 지지자들에 대한 야만적인 탄압으로 응수했다. 이 사태를 두고 한 언론인은 "멕시코는 제1세계라기보다는 제3세계에 더 가까운 것으로 드러났다"라고 평했다. 멕시코를 제2세계에서 끌어올리는 더 좋은 길을 찾기 전까지 멕시코와 미국은 계속 시달림을 받을 것이다.

북미자유무역협정에 합류함으로써 멕시코는 독립된 라틴아메리카를 이끌어갈 수 있는 모든 자격을 포기한 셈이다. 멕시코는 이제 미국의 전략 아래에 놓여 있다. 두 나라를 가르는 울타리가 높아진다 할지라도 그 관계는 영원할 것이다. 학자 출신의 한 멕시코 외교관은 이렇게 말했다. "우리의 문제는 안전보장이 아닙니다. 멕시코를 침공할 나라는 없거든요. 우리가 진짜로 당면한 위기는 세계화입니다. 국제 경쟁에 어떻게든 적응해야 하는 문제, 갈수록 심화되는 소득격차 문제, 우리 영토를 통해 미국으로 들어가는 마약과 인신매매가 늘어나는 문제 등이 꼬리에 꼬리를 물지요." 비록 매끄럽지는 않았지만 1994년에 북미자유무역협정이 발족한 이래 멕시코에 대한 외국인 투자는 네 배 가까이 늘었다. 카자흐스탄처럼 멕시코도 단일 상품에 대한 의존에서 탈피하여 산업을 다각화하고 있다. 한때 멕시코는 석유 수출국으로만 알려졌으나, 지금은 수출품의 80퍼센트가 제조업 상품이다.[1] 그러나 멕시코의 현대화는 몬테레이 같은 청정 비즈니스 지역에 있는 마킬라도라(maquiladora, 면세 부품과 원료를 수입, 조립하여 완제품을 수출하는 공장—옮긴이) 조립공장에 국한된다. 그에 비해 중국은 노동자 교육을 신속하고도 광범위하게 향상시킴으로써, 2001년 세계무역기구(WTO)에 가입한 이후 제조업과 대미 섬유수출 분야에서 빠른 속도로 멕시코를 앞질렀다. 멕시코의 지리적 이점에도 불구하고 300개

멕시코 Mexico

면적 : 197.3만㎢
인구 : 1억 996만 명('08)
수도 : 멕시코시티(Mexico City)
인종 : 메스티소(60%), 아메리카 원주민(30%), 백인(9%)
언어 : 스페인어(92.7%, 공용어), 스페인어와 토착어(5.7%)
종교 : 로마가톨릭(76.5%), 개신교(6.3%)
정체 : 공화제(연방)
행정구역 : 31개 주, 1개 연방구
통화 : 페소(peso)
GDP : 1조 3,530억$('07)
1인당 GDP : 12,400$('07)
수출 : 2,719억$('07)
주요 수출품 : 제조업 제품, 석유 및 석유제품, 은, 과일, 채소
수입 : 2,819억$('07)
주요 수입품 : 금속가공기계류, 철강제품, 농기계류, 전기설비, 자동차 부품
주요 교역국 : 미국, 캐나다, 한국, 중국, 일본
인터넷 사용자 : 2,281만 명('07)

가 넘는 마킬라도라가 문을 닫고 중국으로 이전하면서 30만 명의 멕시코인이 일자리를 잃었다. 이 때문에 미국 불법 이민도 급증했다.[2] 국경의 울타리가 있건 없건, 멕시코의 문제는 지금보다도 훨씬 더 빨리 미국의 문제가 될 것이다.

불평등과 불안정은 함께 붙어다닌다. 멕시코시티 외곽에는, 그리고 필시 그 안에도, 굽이굽이마다 식민시대의 기념물과 다 쓰러져가는 빈민가가 나란히 들어선 마을들이 펼쳐져 있다. 간간이 병원이나 학교 같은 공공 시설물도 눈에 띈다. 멕시코시티 시장 출신인 안드레스 마누엘 로페스 오브라도르(Andres Manuel Lopez Obrador)는 인구 2천만의 볼썽사납게 뻗어나간 메트로폴리스 전역의 노인들에 대한 사회적 지원 및 식량 제공 프로그램을 만들어서 자신의 명성을 구축한 뒤 그것을 기반으로 2006년 멕시코 대통령 선거에 도전했다. 그는 얼마 안 되는 표차로 선거에 패배했고, 선거가 끝난 직후 선거법정에 세워졌다. 제2세계의 여타 지역들과 마찬가지로 수도의 권력은 국가 권력과 맞먹는다. 오브라도르는 선거운동을 거리로 몰고 가 자신의 도시에서 시위 물결을 후원함으로써 선거에 이긴 경쟁자 펠리페 칼데론(Felipe Calderon)을 비틀거리게 만들었다. 그러나 사실 오브라도르가 있건 없건, 멕시코인들은 정기적으로 수만 명씩 모여 토르티야(tortilla, 옥수수로 만든 둥글납작한 빵으로 멕시코인의 주식—옮긴이)나 그 밖의 기초 식료품 가격의 급등에 항의하고 있었다.

멕시코의 정치는 농촌과 도시로 분열돼 있다. 이는 멕시코가 네 개로 나뉘어 있음을 말해준다. 달러화와 페소화를 서로 교환할 수 있는 미국 국경지대의 북부 지역, 수도 소재지이자 빵바구니인 중부 지역, 원주민들이 사는 아름답지만 경제적으로는 궁핍한 지협 지역, 그리고 현대화가 불균등하게 진행되고 극도로 빈곤한 유카탄 반도의 신마야(New Maya) 지역이 그것이다.[3] 한때 식민지의 보석으로 불리던 멕시코의 오악사카 주는 2006년에 무장한 갱들과 경찰 분견대, 원주민 활동가들이 야수처럼 충돌하면서 몇 달간 관광산업이 파괴되는 사태를 맞았다. 3천 킬로미터의 국경을 따라 늘어선 군사화된 장벽과 무장 기병들에 아랑곳없이 안정된 삶을 찾아 로스앤젤레스로 떠나는 멕시코인들은 오악사카 같은 지역 출신들이다. 이윤에 굶주린 폴레로(밀입국 브로커―옮긴이)들은 기록에 드러나는 것보다 훨씬 더 많은 수의 사람들을 계속해서 미국에 밀입국시키고 있다. 미국에서 소비되는 불법 마약은 주로 콜롬비아에서 생산되지만, 대부분 지역의 범죄 집단을 통해 멕시코를 경유하여 미국으로 흘러들어간다. 누에보라레도 등의 국경도시에서 강도, 납치, 갱 전쟁 같은 끔찍한 광경이 펼쳐지는 것은 이 때문이다.[4] 미국에서 멕시코 이민의 위상은 양날의 칼이다. 미국인들이 하고 싶어하지 않는 공사판이나 식당 일을 더 긴 시간 더 열심히 하는 반면, 재원이 충분하지 않은 교육 및 보건 시스템에 부담을 주기 때문이다.[5] 미국의 50개 주 전체에서 그들이 보내는 연간 송금액 160억 달러는 멕시코 국민소득의 주요한 원천으로, 1인당 GDP를 9천 달러로 끌어올리는 데 큰 보탬이 되고 있다. 이주자 수는 줄어들기는커녕 계속 늘어나고 있다. 인구의 절반 가량이 빈곤층일 만큼 불평등이 심각하기 때문에 미국이 좋아하든 싫어하든 앞으로도 멕시코인의 불법 이주는 계속될 것이다.

네 개로 쪼개진 멕시코를 하나로 통합하려면 자유방임적인 북미자유무역협정 이상의 것이 필요하다. 미국이 멕시코에 취한 가장 관대한 제스처는 1994년의 금융위기 때 페소화를 구제한 것이다. 하지만 그때 이후로 북미자유무역협정이 멕시코에 해준 것은 EU가 터키에 해준 것에 턱없이 못 미쳤다. EU가 터키에 용인한 것들, 이를테면 회원국 자격, 시민권, 의회 의석, 이민 개방, 막대한 보조금, 국경 없는 연합 내에서의 언어 사용권 등과 같은 멕시코의 요구를 들어주자는 말은 미국에서는 아마 꺼내지도 못할 것이다. 더욱이 유럽이 경제적, 정치적으로 구체적인 수준에서 오랜 기간에 걸쳐 터키를 흡수해온 데 반해 미국은 멕시코의 인재들이 국내에 남도록 고무하는 데 필요한 소기업 경영이나 대중교육 프로그램에는 거의 투자하지 않았다. 그러나 미국이 이민자와 범죄의 엄청난 유입을 막고 마킬라도라가 리오그란데 강에 버린 유해 쓰레기를 깨끗이 치우려면, 적어도 EU처럼 막대한 발전기금을 출연하는 '북미공동체(North American Community)' 같은 것이 필요하다.[6] 미국은 단지 멕시코 국경지대 일부를 임대할 게 아니라 멕시코를 사들여야 한다는 것을 명심해야 한다.

북미자유무역협정의 존재와 관계없이 서반구 전역에서 이미 훨씬 더 깊숙한 인구 및 문화의 융합이 진행되고 있다. 문화와 이민의 교량은 라틴아메리카가 미국의 레이더 스크린에 늘 잡히게 하는 한편, 그 스크린의 색깔을 완전히 바꾸어놓았다. 멕시코인들은 미국 영토에 대한 역사적 권리를 주장하고 있으며, 이를 뒷받침하듯 멕시코 작가들은 히스패닉의 미국 이민 파도를 '레콩키스타(Reconquista, 재정복운동)'라고 표현하고 있다. 라틴아메리카의 가족 의식은 예전에는 북미인들을 배제했지만 지금은 '미국적 가치'가 남쪽으로 전파되는 것보다 훨씬 빠른 속도로 북쪽으로 확산되고 있다. 미국 남서부 지역이 경제적으로 멕시코와 통합되고 있을 뿐 아니라, 히스패닉 인구가 많은 캘리포니아, 텍사스, 애리조나, 뉴멕시코 같은 주에서는 '이중 애국심'이 보편적이다.[7] 스페인어가 미국의 제2언어로 급성장하고 있고, 20명이 넘는 라틴아메리카계 국회의원들은 근래에 미국 정치에서 이민자들의 영향력이 매우 커졌음을 보여주는 하나의 징표다. 미국 노인들이 의료 서비스를 받기 위해 멕시코로 이사하기 시작한 반면, 한쪽에서는 수백만의 불법 멕시코인 이주자들이 납세자들이 내는 돈으로 운영되는 미국의 사회적 서비스를 이용하고 있다. 미국의 보수주의자들은 자신들의 나라가 하나의 체제로 묶인 인종 집성체, 로마 제국처럼 될까봐 두려워한다.[8] 마이애미가 라틴아메리카 엘리트와 마약자금 세탁자들의 아지트가 되면서, 많은 라틴아메리카인이 이런 농담을 하는 것도 놀랄 일이 아니다. "우린 마이애미를 사랑합니다. 미국에 매우 가까우니까요!"

중앙아메리카가 두 개의 큰 대륙 사이에 끼인 지리적 위치를 이용하여 대륙 간 세계화의 중요한 회랑 역할을 할 수 있으려면, 멕시코의 '푸에블라에서 파나마까지' 안(PPP, 'Puebla to Panama' plan, 멕시코 푸에블라 이남의 남부 9개 주부터 남미의 콜롬비아에 이르는 중앙아메리카 지역의 통합과 개발을 증진시킬 목적으로 2001년에 멕시코의 비센테 폭스 대통령이 제안한 대규모 개발계획—옮긴이)과 같은 기획이 실행돼야만 한다. 멕시코를 제외한 중앙아메리카 지역은 그 넓이와 인구로 보면 캘리포니아와 비슷하지만 7개의 독립된 나라들로 나뉘어 있다. 이 나라들은 21세기 초에 '바나나 공화국들'이라고 불렸다. 한때는 심각한 군부국가였던 이들 나라의 최대 약점은 몹시 취약한 사회보장체제다. 빈곤과 실업이 만연한 이 제3세계 국가들의 주된 장기는 꽃과 마약, 총이다. 레이건 정부는 그라나다, 엘살바도르, 니카라과에서 '악의 제국'의 잠재적인 화신들과 싸움을 벌였다. 미국은 이제 중앙아메리카가 강력한 게릴라 군대 없이도 서반구의 안정을 진정으로 위협하는 존재일지 모른다는 사실을 어렵사리 알아가고 있다. 미국이 범죄자들을 그들의 본국으로 추방한 후 갱단의 규모는 급속도로 커졌다. 현재 멕시코를 포함한 중미 전역에 10만 명 이상의 갱들이 있는 것으로 추정된다. 과테말라 경제의 70퍼센트를 비공식 부문이 차지하고 있으며, 과테말라와 멕시코 간의 사실상 유일한 경쟁은 미국에 마약을 밀수출하고 노동자들을 밀입국시키는 갱단 간의 경쟁이다. MS-13 갱단의 세포조직들은 차츰 산살바도르에서 미국 전역의 범죄기업들을 통합조정하고 있다. 예전에는 중앙아메리카가 미국의 전장이었다면 지금은 미국의 거리가 그들의 전장이다.

다른 한편으로 중앙아메리카는 반구 통합의 성공을 예비하는 실험실이 되고 있다. 중미자유무역협정(CAFTA, 미국과 중미 6개국이 2004년에 체결하여 2006년 1월에 발효한 협정—옮긴이)으로 미국의 관세가 낮아진 중앙아메리카에서는 북미자유무역협정 이후의 멕시코에서처럼 일자리가 창출되고 수출이 늘어날 것이다. 〈뉴욕 타임스〉가 사설에서 평했듯이, 중미자유무역협정이 "이 지역의 경제를 21세기로 끌어올리기는 어려울 것 같지만 아마 20세기로 끌어올리기에는 충분할 것이다."[9]

중미와 카리브 지역의 소규모 시장들을 미국이 전반적으로 무시하면서 다른 세력들이 그 부스러기를 긁어모을 수 있는 공간이 생겼다. 실제로 미국의 투자자들 대다수가 중국 같은 나라에서 큰 수익을 찾으려 하는 사이에, 중국은 중앙아메리카로 시선을 돌려 수출시장인 미국과 가까운 곳에 공장을 지었다. 또한 중국은 미국이 작은 네메시스(mini-nemesis, 네메시스는 인간의 주제넘은 행위를 응징하는 여신—옮긴이) 쿠바에 대해 금수 조치를 내린 틈을 비집고 들어가 쿠바의 최대 투자국 중 하나가 되었다(베네수엘라보다는 뒤지지만 캐나다보다는 앞선다). 중국은 쿠바의 옛 소련 정찰초소까지 차지하고 유전 개발에도 뛰어들었다. 오늘날 쿠바의 석유굴착장치 위에는 중국 국기가 나부낀다. 아이티의 사례는 더욱 당혹스럽다. 미국은 지난 세기에 섬을 안정시키려고 아이티를 여러 차례 점령했다. 그러나 미국 해안에서 겨우 몇백 마일밖에 떨어지지 않은 곳에 있는, 반구 내 최빈국이라는 불명예를 안고 있는 이 나라의 상황을 호전시키지는 못했다. 아이티가 무정부 상태로 회귀하는 것을 막아온 것은 중국, 칠레, 브라질이 펼친 평화유지 활동이다.[10] 덜 강조되고 있는 세계화의 이익 한 가지는 크고 부유한 이웃나라들로부터 혜택을 받지 못하고 있다고 느끼는 약소국들도 지정학의 시장 안에서는 관심을 받을 수 있다는 것이다. 미국이 자신의 뒷마당에서 반구에 대한 박애정신을 펼쳐보이지 못한다면, 역으로 남미에서 북쪽 방향으로 그러한 리더십이 발현될 수도 있다.

13

베네수엘라
볼리바르의 복수

19세기 초에 스페인 통치하에 있던 남미의 해방투쟁을 이끈 대담한 반식민주의 혁명가 시몬 볼리바르(Simon Bolivar)는 줄곧 대륙의 통일을 꿈꾸었다. 그러나 그의 '대 콜롬비아(Gran Colombia, 1819~1831년의 콜롬비아 공화국을 가리키는 것으로 오늘날의 콜롬비아, 베네수엘라, 에콰도르, 파나마 전역과 코스타리카, 페루, 브라질, 가이아나의 일부 지역을 포괄했다—옮긴이)'가 여러 개의 나라로 갈라지면서, 라틴아메리카는 한데 뭉칠 수 있는 단일한 힘의 축을 잃었고, 미국이 반구의 헤게모니를 오래도록 장악할 수 있는 길이 트였다. 그래도 오늘날 카라카스 중심가는 이곳 출신의 리베르타도르(El Libertador, '해방자'라는 뜻으로 라틴아메리카의 독립영웅들을 칭하는 말. 여기서는 시몬 볼리바르를 일컫는다—옮긴이)의 이름을 따 명명되었고, 먼로 독트린의 죽음을 가장 강력하게 구체화하고 있는 것은 중국이나 유럽이 아니라 베네수엘라다. 석유가 없는 베네수엘라는 대중의 인기에 영합하는 지도자들이 득세하고 이따금씩 쿠데타가 일어나는 또 하나의 제3세계 농업 후진국에 지나지 않겠지만, 석유가 있는 베네수엘라는 전혀 다른 존재다. 주요한 에너지 공급자가 될 수 있고, 안정된 통치와 균형 잡힌 개발로 지역의 성공 스토리를 이끄는 리더가 될 수 있으며, 마침내 볼리바르의 꿈을 이루어내는 외교 촉진자가 될 수도 있다. 그러나 그럴 가능성은 커 보이지 않는다.

박물학자이자 탐험가인 훔볼트(Alexander von Humboldt)는

베네수엘라Venezuela

면적 : 91.2만㎢
인구 : 2,641만 명('08)
수도 : 카라카스(Caracas)
인종 : 메스티소(67%), 백인(21%), 흑인(10%)
언어 : 스페인어(공용어), 다수의 토착어
종교 : 가톨릭(96%), 개신교(2%)
정체 : 공화제(연방)
행정구역 : 23개 주, 1개 연방구(수도권), 1개 연방자치령(72개 섬)
통화 : 볼리바르(bolivar)
GDP : 3,343억$('07)
1인당 GDP : 12,800$('07)
수출 : 692억$('07)
주요 수출품 : 석유, 보크사이트와 알루미늄, 철강, 화학제품
수입 : 455억$('07)
주요 수입품 : 원자재, 기계설비류, 운송기기, 건설자재
주요 교역국 : 미국, 콜롬비아, 브라질, 중국, 네덜란드령 앤틸리스제도
인터넷 사용자 : 572만 명('07)

베네수엘라의 '영원한 봄'을 찬양했다. 하지만 현실에서 이 나라는 '나쁜 위도'로 말미암아 심각한 고통을 겪고 있다.[1] 제2차 세계대전 직후 스페인, 이탈리아, 포르투갈의 중간계급 상인과 노동자들은 베네수엘라를 기회의 땅으로 여겼고, 그들의 자녀들은 이 나라의 의사와 법률가로 성장했다. 1950년대에는 지역 유지들의 석유 개발에 외국 기업들이 합세하여 베네수엘라를 제1세계로 밀어올렸다. 카라카스는 세계에서 가장 안전하고 가장 문화적인 도시 가운데 하나였다. 그러나 남미의 발전을 방해한 것은 언제나 자원 결핍이 아니라 정치적 불안정이었다. 1960년대에 선거로 뽑힌 독재자들은 "갈짓자 고속도로와 파괴된 생태계, 파산 직전의 채무, 이전 어느 때보다도 시간을 지키지 않는 노동자들"이라는 유산을 남겼다.[2] 1970년대 초에 베네수엘라를 비롯한 석유수출국기

구(OPEC) 회원국들은 전쟁을 치르지 않고 단칼에 가장 큰 규모의 부의 이전을 일구어내는 위업을 달성하여 위대한 나라에 대한 열망을 다시 한 번 불붙였다.[3] 그러나 베네수엘라는 석유 때문에 나라를 망쳤다. 농업경제를 포기하고 '네덜란드병(Dutch Disease, 천연자원에 지나치게 의존함으로써 제조업의 부진을 초래해 경제발전이 오히려 더뎌지는 상태—옮긴이)'에 빠져든 것이다. 공과 사가 뚜렷이 구분되지 않는 과두집단에 오일달러가 넘쳐흐르면서 소비가 급증하고, 기업들이 주요 선거권자가 되어 사회를 대체했다. 그러다가 1980년대에 유가가 하락하면서 상황이 복잡하게 악화됐다. 채무가 치솟고 생산은 주춤했으며, 자본이 도피하고 인플레이션이 가속화되고 외채는 급증했다.[4] 석유수출국기구 설립자인 후안 파블로 페레스 알폰소(Juan Pablo Perez Alfonzo)의 말마따나 베네수엘라는 "악마의 똥통 속에서 허우적거리고 있었다."

똑같은 사이클이 오늘날 베네수엘라에서 되풀이되고 있는 듯하다. 라틴아메리카의 인물중심 정치에서 강경한 지도자는 항상 강경한 제도를 희생시키며 등장한다. 이 지역은 나쁜 위도만이 아니라 나쁜 태도로도 고통을 겪는데, 우고 차베스(Hugo Chavez)의 경우보다 더 나쁜 사례는 없다. 차베스의 수많은 자기 재창조는 '나르시시스트 레닌주의자'라는 말로 묘사된 성격에서 절정을 이루었다. 1992년에 쿠데타 실패와 투옥을 경험한 좌익 민족주의자 차베스는 1998년에 공민권 박탈자들(투표권이 없거나 진심으로 표를 주고 싶은 사람이 없는 집단을 이르는 말. 당시 베네수엘라의 양당 체제에서 대다수 민중은 자신의 대변자를 찾을 수 없었다—옮긴이)을 겨냥한 공약으로 대통령의 권력을 낚아챘다. 그는 하층 계급에 대한 엘리트들의 무관심을 집중 공략했다.

카라카스의 시내에 있는 다층의 허름한 사무실 건물들 위로 바리오(barrio, 달동네)가 자리 잡고 있다. 그곳에는 빈민촌의 물결이 하강 준비를 끝낸 벌 떼처럼 언덕을 빙 둘러싸고 있다. 이곳 주민들의 걱정은 부정부패나 절도가 발생하느냐 아니냐가 아니라 그것이 자신의 행복에 얼마나 영향을 미칠 정도로 발생하느냐다.

카라카스의 페타레 바리오 구역에 사는 한 빈민은 이렇게 말했다. "정부는 도시에 있어도 좋고 달에 있어도 좋아요. 우리가 원하는 건 단지 급료예요." 매력적이지만 무책임한 차베스는 국가나 그 자원이 궁극적으로는 자기들 것임을 모르기 때문에 통치나 석유 수입의 지출에 대한 책임을 묻지 않는 이 빈민 대중을 움직였다.[5] "차베스가 무슨 일을 하건 사람들은 그에게 충성합니다. 그가 그들에게 희망을 주었기 때문이죠. 차베스주의자들은 그를 위해 몸을 던질 겁니다." 카라카스에 있는 한 정치분석가의 말이다.

베네수엘라에서는 가스가 물보다 더 싸다. 알래스카, 노르웨이, 카자흐스탄의 사례처럼 차베스도 어렵지 않게 석유 기금을 조성하여 최하층이 가장 많은 혜택을 받고, 그 밖의 다른 계층들도 모두 일정한 혜택을 받을 수 있도록 수익을 재분배할 수 있었다. 10년 이내에, 하루 2달러 이하로 살아가는 절반 이상의 베네수엘라 인구를 사실상 제로로 줄일 수 있었다.[6] 그러나 카자흐스탄에서는 석유로 얻은 부가 사기업을 자극하는 데 사용되고 그 소유권이 넓게 분산돼온 것에 반해 차베스의

'볼리바르 사회주의(Bolivarian socialism)'는 국가의 통제권을 철갑처럼 강조한다. 부유한 지주들한테서 강제로 빼앗은 농민 공동주택도 사적으로 소유할 수 없고, 노동조합도 제거해왔다.[7] 차베스는 대부 보조금, 농업 신용융자, 식료품 유통망, 쿠바 의사들을 활용하는 예방의학 프로그램 등 자신의 사명이라고 여기는 것들은 뭐든 다 하고 있다.[8] 그러나 이 집단사회에서 사람들은 단 하나의 소비자, 곧 정부만을 위해 생산한다. 정부의 급료지급명부는 계속 늘어나 300만 명을 넘어섰다. 정부는 석유기금을 불평등을 실제로 완화하는 데보다는 정치적 목적을 충족시키는 데 더 많이 사용한다.[9]

차베스의 석유 소비는 약간의 중독 증세를 보인다. 도취상태를 유지하려면 갈수록 더 많은 양이 필요하기 때문이다. 정부의 대내외 채무가 동시에 네 배로 뛰는 사이에 병원들은 문을 닫고 그 관리자들은 2004년 국민투표에서 그에게 반대했다는 이유로 해고당했다. 가격 통제 때문에 고기가 귀해졌다. 카라카스 시장이 회원제 골프장을 몰수하여 가난한 사람들을 위한 주택을 지었을 때 차베스는 점수를 땄다. 그러나 도시의 지저분한 상태는 전과 다를 게 없다. 연간 석유 수입이 200억 달러가 넘는데도 1인당 GDP는 기껏해야 1954년의 절반 수준이다.

베네수엘라는 여전히 경제학자 에르난도 데 소토(Hernando de Soto)가 '패거리 사회'라고 부른 상태에 머물러 있다. 차베스는 베네수엘라 국영석유회사(PDVSA)의 기술관료 체제를 해체했다. 그것은 한 세대 전에 나라의 모든 공공사업 시스템을 아주 능숙하게 만들어낸 체제였다. 군대가 관리하는 대행기구는 지금 최대치보다 1백만 배럴 이상 적은 양을 생산하고 있다. 베네수엘라 국영석유회사를 정부와 별개로 운영하면서 차베스는 자신의 유럽 은행계좌를 살찌우는 독자적인 재무부서를 만들었다. 차베스의 정치위원들이 기업의 이사회를 장악하고 수익을 강탈하면서 나라의 제조부문은 붕괴했다. 미국으로 망명한 한 전직 베네수엘라 국영석유회사 직원은 이렇게 말했다. "차베스가 전문가 계급을 붕괴시킨 지금, 우리가 아랍 외부의 최대 산유국이라는 것은 별 의미가 없습니다. 돈을 능숙하게 관리할 줄 아는 사람이 하나도 남아 있지 않거든요." 시민권을 얻기 위해 스페인 대사관 앞에 기다랗게 늘어선 전문가들의 행렬은 제3세계와 같은 두뇌유출이 진행되고 있다는 가시적인 증거다.

다른 목소리들을 모두 잠재우면서 차베스는 자신을 베네수엘라와 동의어로 만들었다. 차베스는 민주적인 방식으로 거듭 선출됐지만 그의 민주주의는 우민정치에 가깝다.[10] 차베스의 '볼리바르 공화국'은 무샤라프의 파키스탄처럼 돌아간다. 차베스가 지사와 시장을 모두 임명하고, 새롭게 얻은 지위를 지키느라 혈안이 된 전직 관료들과 보수적인 정상배들에게 직위가 수여된다.[11] 국회와 선거위원회를 모두 거머쥔 차베스에게 '대통령의 뜻을 거부할 당'은 더 이상 남아 있지 않다.[12] 차베스는 헌법을 다시 고치지 않아도 2013년까지 계속 통치할 수 있다. 에두아르도 갈레아노(Eduardo Galeano)는 이런 스타일의 리더십에 '민주독재'라는 이름을 붙인 바 있다. 차베스에게 어울리는 묘사다. "민주주의가 이성의 옷을 입고 좋아하는 성도착자인 경우도 있습니다. 그녀가 옷을 벗으면 옷 속에서 대령 하나가 나타나지요."[13]

방탄복을 입은 민병대원들이 어깨 위에 기관총을 걸친 채 카라카스 거리를 위협적으로 배회한다. 그들은 붉은 셔츠를 입은 차베스주의자들과는 명랑하게 노닐지만, 다른 사람들에게는 겁을 준다. 계속되는 범죄가 반대자들을 거리에서 몰아내고, 집 안에 죽치고 앉은 시민들은 차베스가 장악한 텔레비전 방송에서 그의 1인 마라톤 연설을 지켜본다. 끊임없는 위기 상태는 진정한 민주주의에는 나쁜 환경이지만, 혼란을 퍼뜨려 사적인 이익을 꾀하는 데는 더없이 좋은 환경이다. 별 다섯 개짜리 호텔과 플라멩코라운지 같은 안심지대를 제외하면 카라카스는 영락없는 제3세계 수도의 모습이다. 자청하여 격리된 이 도시의 군주는 전직 국방부 관리다. 총기사망률은 세계 최고이고, 납치도 늘고 있다. 현금자동인출기를 이용해 몸값을 신속히 받아내는 '급행 납치'도 성행한다. 카라카스는 상상을 초월하는 도로 정체로도 유명하다. 중심부의 차카오 교차로를 지나는 운전자들이 교통신호를 무시하는 바람에 사방 몇 킬로미터씩 길이 꽉 막혀버리는 것이다. 2006년에는 도시 외곽으로 빠지는 간선도로의 교량이 폭삭 무너졌다. 15년간이나 보수를 하지 않았기 때문이다. 덕분에 공항까지 16킬로미터밖에 안 되는 거리를 네 시간 동안이나 돌아가야 했다.

위협이 없는 상태에서 일어나는 혁명은 정당화될 수 없다. 그런데도 차베스는 피델 카스트로(Fidel Castro)의 반헤게모니 망토를 물려받아 그 교리를 반구 전역에 전파해왔다. 또한 그는 볼리바르가 그랬던 것처럼, 미국이 자유의 이름으로 이 지역을 영원히 괴롭힐 거라는 정서를 퍼뜨린다. 석유산업, 자동차 제조, 공통된 야구 사랑을 통해 각별한 유대관계를 맺어온 두 나라 사이에 이런 격한 감정이 증폭되는 것은 슬픈 일이다. 보통의 이란인과 우즈베크인이 미국에 대해 큰 반감을 가지고 있지 않은 것처럼 보통의 베네수엘라인에게도 반미는 그리 일반적인 감정이 아니다. 하지만 그 지도자들에게 반미는 여전히 중요한 비팀목이다. 2002년에 미국은 베네수엘라 내 반정부 세력의 쿠데타 기도를 승인했다. 이를 꼬투리 삼아 차베스는 미국과 미국의 지원을 받은 야당

에게 볼리바르혁명을 위협하는 악마라는 꼬리표를 달았다.[14] 그는 모
든 수단을 다 동원하여 미국을 적대시했다. 원자력과 핵무기개발 의사
를 밝히고, 미국에 석유를 수출하지 않겠다고 위협했다. 러시아로부터
수만 정의 AK-47 소총을 사들여 범대륙적 전투부대를 만들었다. 쿠바
를 고립시키려는 미국의 노력을 방해했고, 이란과 석유 및 가스 공동생
산협정을 맺었으며, 이슬람 근본주의 집단들에게 은신처와 훈련기지를
제공한 것으로 추정된다. 미국 내 가난한 지역에 저가의 난방유를 제공
하기도 했다. 참을 수 없을 만큼 습한 어느 날 한 차베스주의 지식인이
카라카스 시내를 걸으며 이렇게 말했다. "차베스가 하고 있는 일은 모
두 정당합니다. 그는 민주적으로 선출됐습니다. 미국은 그를 시험하고
거꾸러뜨릴 권리가 없어요. 언젠가는 미국처럼 강력해지는 날이 올 거
라는 둥의 헛소리를 떠벌리자는 게 아닙니다. 우리가 바라는 건 그저
미국이 우릴 공정하게 대해주는 것뿐입니다."

라틴아메리카에서의 미국의 헤게모니가 신화라면, 우고 차베스는 미
국의 엄포에 도전을 하는 셈이다. 볼리바르는 안데스 지방을 해방시켰
지만 그 분열을 막지는 못했다. 차베스는 그러한 분열로 인해 생겨난
잘못된 국경들을 이념적, 경제적으로 모두 의미 없는 것으로 만드는 새
로운 볼리바르 비전을 추구한다.[15] "추진할 재원도 없으면서 아이디어
만 툭 던지는 지도자는 비웃음을 사지만, 50억 달러짜리 수표책을 들고
있는 지도자는 매우 진지한 대접을 받지요." 브라질의 한 분석가는 말
했다. 그는 차베스가 대륙에 심어온 급진적인 이미지를 염려했다. 차베
스는 대륙 구석구석을 헤집고 다니며 지도자들을 매수하고 그들을 위
해 금전선거를 조장하며, 영국이 포클랜드 섬을 아르헨티나에 돌려주
어야 마땅하다는 연설로 청중을 고무한다. 그가 계획한 남미자원통합

로드맵에는 쿠바에서 아르헨티나에 이르는 석유, 시멘트, 소, 의사, 기술자들의 국가 간 교환 제도가 포함돼 있다. 혼자 힘으로 서는 대륙을 만들겠다는 명목하에 차베스는 공채 구입, 채무 매입, 원조, 석유 보조금 등에서 미국의 다섯 배나 되는 돈을 쓴다. 카리브 지역에서는 쿠바와 자메이카의 정유시설 현대화 자금을 대주고, 30억 달러어치의 석유를 거저나 다름없는 조건으로 나눠주었다. 가장 중요한 것은 그가 베네수엘라에서 브라질의 아마존을 거쳐 아르헨티나에 이르는, 세계에서 가장 긴 파이프라인 건설 공사의 기반 조성 작업에 착수했다는 것이다. 대륙의 에너지망을 구축하고 남미의 에너지 자급자족까지도 내다보는 대역사다. 이 프로젝트들이 한데 합쳐지면 "세계의 균형을 추구하는 정치적, 경제적, 사회적 힘을 가진 거대한 블록"이 출현할 거라고 차베스는 단언한다.[16]

외부의 강력한 후견인을 갖지 않는 한 그 어떤 라틴아메리카 국가도 미국과 대등한 계약을 맺지는 못할 것이다. 그래서 차베스는 '중국 카드'를 들이밀면서 미국에 석유를 수출하지 않겠다고 위협하고, 아시아 설비에 투자하고자 미국 내 정유시설의 소유권을 팔아치우고 있다. 중국은 차베스의 제로섬 석유정치에 무언의 격려를 보낸다. 중국은 현재 베네수엘라 내 외국인투자 총액의 절반을 제공하고 있고, 베네수엘라에 유조선을 팔아서 24,000킬로미터나 떨어진 태평양 건너로 석유를 실어나를 수 있게 했으며, 석유굴착 방법을 지도하여 베네수엘라의 석유탐사 능력을 향상시켰다. 미국까지 1주일이 걸리는 데 비해 중국까지는 60일 정도가 걸린다는 걸 고려할 때, 중국이 베네수엘라 석유의 제일 행선지라는 미국의 입지를 대체하기는 어려워 보인다. 그럼에도 중국의 베네수엘라 석유 수입량은 크게 증가해왔다. 뿐만 아니라 중국은 베네수엘라에 노동자들을 보내 수천 채의 주택과 광섬유 통신망, 관개 시스템을 건설하는 데도 일조했다.

차베스는 '유럽 카드'도 쓸 수 있다. 여전히 유럽은 에너지와 서비스 분야에서 베네수엘라 최대의 투자자다. EU 감시단은 2005년에 치러진 베네수엘라 선거에 대해 통렬한 비판을 가했다. 하지만 유럽 국가들, 그중에서도 특히 스페인은 미국의 헤게모니로부터 더 자유로워져야 한다는 차베스의 의제에 전반적으로 공감하면서 빈곤 구제라는 그의 정치적 수사를 긍정적으로 바라보는 편이다. 미국은 차베스에게 30척 이상의 고속 경비정을 팔려는 스페인의 거래를 막으려고 노력해왔다. 오리노코 강 중류 오일벨트에 묻힌 3억 배럴의 원유가 개발될 경우 베네수엘라는 사우디아라비아를 능가하는 최대 산유국이 될 것이다. 차베스는 이 원유 개발에서 최고의 기술력을 갖춘 미국을 소외시켰다. 현재 중국, 러시아, 인도네시아, 브라질의 국영석유회사들만이 탐사에 참여하고 있다. 이 회사들은 고율의 횡재세(windfall tax, 뜻밖에 엄청난 돈을 번 사람 또는 기업에 부과되는 세금—옮긴이)를 내야 함에도 불구하고 성격이 모호한 혼성회사(mixed company, 주식회사인지, 상호회사인지, 지주회사인지 그 형태가 불분명한 회사—옮긴이)를 통한 공동생산협정에 기꺼이 조인하고 있다. 여기서 얻은 세수를 이용하여 차베스는 베네수엘라에서 이미 사업을 벌이고 있는 유럽 석유회사들을 서서히 압박하고 있다. 미국이 이미 패를 던진 지금, 유럽이 자신의 카드를 이용하여 차베스의 고삐를 죌 수 있을까?

중국과 차베스 사이에서 베네수엘라는 라틴아메리카 국가들이 워싱턴 컨센서스에 대항해 고유한 상호원조 제도를 만들어 서로 긴밀한 협력을 이루는 데 이바지해왔다. 어쩌면 이 역할은 오래도록 지속될지도 모른다. 그러나 베네수엘라에서 역사가 되풀이될 가능성도 있다. 유가가 치솟고 중국의 수요가 급증함에 따라 차베스가 에너지 수출에만 치중하고 다른 산업들을 경시하게 될 수도 있다. 그렇게 되면 베네수엘라 경제는 물가변동에 취약해질 것이다. 이 나라는 지금 샤(Shah, 이란 왕−옮긴이) 축출 이전의 이란과 닮았다. 석유에서 나오는 부, 불평등, 공민권 박탈, 전형적인 혁명 전 상황에서 그러하다. 그러나 볼리바르혁명이 실패로 끝난다 하더라도 그는 남미의 모든 지도자들 사이에, 심지어 그를 어릿광대로 생각하는 사람한테까지 한 가지 의식을 일깨웠다. 그것은 자신들이 제3세계의 아틀란티스가 아니라 당당하고 번영하는 제2세계의 대륙이 되려면 훨씬 더 긴밀하게 협력해야 한다는 의식이다. 볼리바르의 꿈은 차베스 이후에도 영원할 것이고, 차베스는 가능한 한 오래도록 그 자리를 지키고 앉아 그 꿈의 실현을 다짐할 것이다.

14

콜롬비아
안데스의 발칸

토인비는 카르타헤나 데 인디아스(Cartagena de Indias)를 항해할 때, 탁 트인 바다를 마주하고 선 라테나사 성채 위의 거대한 포대를 떠올리며 이렇게 썼다. "돌을 섬세하게 다듬어 쌓고 시멘트를 채워 굳힌 어마어마한 둘레의 요새, 현대 엔지니어들의 질시와 절망의 대상인 이 요새…… 카르타헤나는 대륙 전체의 방패로 설계된 것이다."[1] 차베스의 대륙 통일 비전은 태평양과 카리브 해를 모두 접하고 있는 유일한 남미 국가인 콜롬비아 없이는 실현될 수 없다. 4,400만 인구에 프랑스와 이베리아 반도를 합친 것보다도 넓은 영토를 가진 콜롬비아는 안데스 산지의 모든 나라와 국경을 맞대고 있으며, '대 콜롬비아'의 꿈을 이루려는 모든 노력의 중심고리라고 할 수 있다. 콜롬비아는 남미가 북쪽과 극동 지방에서 상당한 이득을 볼 수도 있음을 넌지시 암시해준다. 팬아메리칸 하이웨이(Pan-American Highway)가 완성되면 북중미로 향하는 육지와 에너지의 동맥 역할을 해 줄 것이고, 송유관이 베네수엘라에서

콜롬비아Colombia

면적 : 113.9만㎢
인구 : 4,501만 명('08)
수도 : 보고타(Bogotá)
인종 : 메스티소(58%), 백인(20%), 물라토(14%),
　　　흑인(4%), 흑인-원주민 혼혈(3%)
언어 : 스페인어(공용어)
종교 : 로마가톨릭(90%)
정체 : 공화제
행정구역 : 32개 주, 1개 수도
통화 : 콜롬비아 페소(Colombia peso)
GDP : 3,277억$('07)
1인당 GDP : 7,400$('07)
수출 : 306억$('07)
주요 수출품 : 석유, 커피, 석탄, 니켈, 에메랄드, 의류
수입 : 312억$('07)
주요 수입품 : 산업설비, 운송기기, 소비재, 화학제품,
　　　　　　종이제품
주요 교역국 : 미국, 베네수엘라, 브라질, 멕시코, 중국
인터넷 사용자 : 1,210만 명('07)
분쟁 : 콜롬비아 내전에 따른 국경지역 긴장

콜롬비아를 가로질러 태평양으로 이어질 수 있다. 남미가 세계와 연결된다면, 그 일이 이루어지는 곳은 바로 콜롬비아일 것이다.

이렇듯 조각난 안데스 지방의 번영이 콜롬비아에 달렸건만, 정작 콜롬비아 사회는 깊이 분열돼 있다. 이 나라는 세 개의 안데스 산맥으로 갈라져서 각기 특유의 문화 패턴을 만들어내고 있는데, 그것은 원주민 부족의 깃발처럼 닳아 해진 다채로운 색깔의 판초로 분간할 수 있다. 태평양 연안과 아마존의 야노스 지역은 주민의 60퍼센트가 가난을 끼고 살아가는, 경제적으로 가장 궁핍한 지역이다. 이곳 토지는 대부분 봉건적인 과두집단이 차지하고 있다. 그들은 마치 준정부의 군주처럼 자신의 선거구민을 관리 감독한다. 이 자연적, 역사적 분열 위에 도시의 권력 중추가 얹어져 있다. 인구 100만을 넘는 여덟 개 도시 각각에는 현재 전 국민의 80퍼센트에 달하는 도시 인구를 지휘 통솔하는 독자적인 이해관계망과 충성망이 형성돼 있다(인구의 80퍼센트가 농촌에 살던 1930년대에 비하면 완전한 역전이다). 문제를 훨씬 더 복잡하게 만드는 것은, 여러 도시와 농촌 공간에서 지배권을 다투는 정치권력 축이 셋이나 있다는 것이다. 정부와 정부군, 마약거래를 하는 반란군, 준군사 집단이 그 세 축이다. 이 집단들 사이

에 벌어진 수십 년에 걸친 내전으로 350만 명의 이주민이 생겨났다(세계에서 세 번째로 많은 수다). 그중 다수는 보고타의 빈민가에 살고 있다.

"마약거래의 중심지라는 명성을 얻은 걸 보면 우리나라가 어쨌든 지리적 요충지긴 한 모양입니다." 호화로운 고층 아파트에서 보고타의 한 지식인이 농담처럼 말했다. 역사적으로 미국은 남미에서 강력한 동맹국 하나를 얻으면 그것으로 만족했다. 아르헨티나의 카를로스 메넴(Carlos Menem)이 사임한 후, 현재 유일한 동맹국은 알바로 우리베(Alvaro Uribe) 치하의 콜롬비아다. 우리베는 신자유주의 경제정책과 미국의 '마약과의 전쟁'을 지지하는 안데스의 유일한 지도자다. 하지만 하나의 동맹국만으로는 충분하지 않다. 마약과의 전쟁은 안데스에 있는 모든 경제권 사이의 무정부 공간에서 벌어지는 싸움이기 때문이다. 1990년대 초에 볼리비아와 페루가 마약퇴치 정책을 펴자 콜롬비아의 코카인 생산량이 세계 최고 수준으로 급증했다. 압박이 심한 나라에서는 마약 생산이 줄지만 그 주변 지역에서는 생산이 늘어나는 풍선 효과가 나타난 것이다. 미국이 지원한 '플랜 콜롬비아(Plan Colombia, 마약조직과 반군을 소탕하여 정치, 사회, 군사 문제를 해결한다는 콜롬비아 정부의 계획—옮긴이)' 작전은 호전적인 좌익 콜롬비아무장혁명군(FARC) 게릴라들을 볼리비아, 에콰도르, 페루, 베네수엘라 국경지대로 밀어냈다. 이 국경지대에서는 마약 카르텔이 파트너 관계를 구축하는 속도가 정부보다 훨씬 빠르다.[2] 그 결과 드넓은 아라우카 주를 관통하여 1,920킬로미터의 베네수엘라 국경을 따라 운반되는 마약이 늘어나고 브라질의 코카인 소비와 유럽으로 가는 마약 수송량이 증가했다. 2005년에는 값싼 운송료의 혜택까지 받은 수 톤의 마약이 적발되면서 브라질에서 유럽으로 가는 저가 항공편이 폐쇄됐다.

미국의 군사적 접근방식으로는 마약전쟁에서 승리할 수 없다. 하지만 미국은 아직도 그것을 명확히 깨닫지 못하고 있다. 반구 내의 해군 지원, 국경 감시, 인도주의적 구조 활동 등을 맡고 있는 미군 남부사령부(SOUTHCOM)는 콜롬비아에 특수부대를 설치하고 군사고문단을 포함한 수백 명의 병력을 주둔시켰다. 그들은 콜롬비아 군과 긴밀하게 협조하며 후방차단, 마약거래망 파괴, 반군 진압 활동을 벌인다. 우리베는 국가의 방위예산을 크게 늘리고, 농민 민병대까지 조직해 산과 강을 순찰해왔다.[3] 2005년 '플랜 콜롬비아' 작전에 50억 달러에 육박하는 자금이 투입됐다. 그런데 그중 대부분이 군대를 훈련시키고 마약 재배 지역에 살충제를 살포하는 데 허비됐다. 마약과 무관한 대안의 생활방식을 제공하는 데 쓰인 돈은 거의 없었다. 현실이 이러하니, 안데스의 코카 수확량이 여전히 최고치를 유지하는 것은 전혀 놀랄 일이 아니다. 오늘날 미국에서 유통되는 코카인은 거의 전량이, 헤로인은 거의 절반이 콜롬비아에서 생산된다.[4] 마약은 다른 어떤 농산물 수출보다도 수지가 맞는 사업일 뿐 아니라 정치권력의 원천이기도 하다. 우리베의 대반군 소탕작전이 효과를 나타내기 시작하자 콜롬비아무장혁명군은 규모가 큰 준군사조직들을 끌어모으기 시작했다. 이로 인해 콜롬비아연합자위군(AUC, 우익 보수 자본가들의 민병대 단체—옮긴이)과 콜롬비아무장혁명군을 가르는 선이 사실상 모호해졌다. 준군사조직들은 코카와 양귀비 생산기반을 독자적으로 갖추고 있을 뿐 아니라 콜롬비아무장혁명군보다 훨씬 더 큰 국제마약거래망을 가지고 있다. 그들 가운데 일부는 공개적으로 해단식을 한 뒤 마약으로 벌어들인 돈으로 최고급 부동산을 사들이고 목가적인 메데인의 갱들을 지배한다. 마약왕을 체포하는 것은 테러리스트를 체포하는 것이나 다를 바 없다. 근본적인 원인을 풀지 않는 한 문제는 계속해서 커질 뿐이다. 반군들이 늙어서 죽는 것처럼 보이는 유일한 나라 콜롬비아에서 게릴라가 되는 것은 살아가는 방식 가운데 하나라는 말이 나도는 것도 무리가 아니다.

콜롬비아 엘리트들은 나라가 만성폭력증후군 환자라는 현실을 은폐한다. 이 만성병은 치명적이지는 않아도 나라를 계속 좀먹어 들어가는 고질병이다. 모든 것이 분열되었으면서 동시에 사유화된 이 나라의 모습은 라틴아메리카의 현주소를 매우 폭넓게 대변하고 있다. 유료 도로들은 해당 지역의 힘센 회사들이 소유하고 있다. 수도 보고타의 주택단지에는 모퉁이마다 사설 경비원들이 서 있고, 유리를 깨어 박아놓은 높다란 담장이 집을 성으로 바꿔놓고 있다. 밤이 되면 운전자들은 차를 강탈당할지도 모른다는 두려움 때문에 신호등을 무시한 채 달리고, 사업가들이 거액의 몸값을 노리는 납치범들에게 납치당하는 일은 이제 일상다반사다. 정부의 통제능력 상실, 대규모 무장집단, 엘리트들의 파벌싸움, 사설 보안, 이 모든 것이 이 나라가 외부의 위협이 아니라 내부의 위협에 직면해 있다는 것을 보여주는 증표다.

어떤 마법이 콜롬비아로 하여금 제3세계의 아프가니스탄처럼 산산조각나지 않고 제2세계의 자리를 지킬 수 있게 했을까? 베네수엘라와 비교해보면 그 답의 일부가 나온다. 콜롬비아는 스페인 총독의 집이었고, 베네수엘라는 그의 막사였다. 콜롬비아에 대통령제, 법원, 중앙은행이라는 강력한 제도를 전해준 것은 볼리바르가 아니라 볼리바르가 신뢰한 지휘관 프란시스코 산탄데르(Francisco Santander)였다. "무기는 우리에게 독립을 주었지만, 법은 우리에게 자유를 줄 겁니다"라고 그는 말했다. 베네수엘라가 수십 년 동안 안정을 위협하는 동요를 겪은 데 반해 콜롬비아는 1930년대 극도의 빈곤 상태에서 꾸준한 발전을 거듭하며 정치적, 경제적 근대화를 달성했다. 1950년대 중엽만 빼고 콜롬비아는 1세기 동안 완전히 합법적이고 민주적으로 권력을 이양해왔다. 2006년에 재선으로 당선된 우리베 대통령은 볼리바르 시대 이후 두 번째 임기를 맞은 유일한 안데스의 지도자가 되었다.

"큰 이웃들에 비하면 우린 정말 보잘것없지요." 보고타의 한 호텔에서 외국인 투자 촉진 임무를 맡은 관리가 말했다. 그는 신중하게 말을 이었다. "우리는 진짜 전문가들을 채용하여 이 나라의 성장 가능성을 보여주는 밑그림을 그립니다." 콜롬비아는 아일랜드 이민자들처럼 멀리에서 온, 그러면서도 금전적 기득권이나 지적 기득권에 눈독을 들이지 않는 이주자들을 적절히 활용했고, 베네수엘라나 아르헨티나에 비해 자본도피나 두뇌유출에 덜 시달렸다. 콜롬비아는 초인플레이션(hyperinflation, 물가가 단기간에 너무 빠른 속도로 올라 통제가 전혀 불가능한 인플레이션—옮긴이)이나 대규모 채무불이행을 겪은 적이 없으며, 역내에서 가장 좋은 실적을 내는 증권거래소를 갖고 있다. 오늘날 보고타는 건축의 르네상스를 경험하고 있는 번화한 메트로폴리스다. 식민시대의 건축물도 잘 보존돼 있고 국제협력을 통해 설계된 현대식 사무용 빌딩도 즐비하다. 심지어 빈민가조차도 어느 정도의 질서와 품위를 갖추고 있으며, 카라카스에 있는 어떤 구역보다도 더 안전하다.

베네수엘라가 마지막 오일붐 때의 영광을 되찾지 못하고 있는 것과 대조적으로, 콜롬비아는 최근의 마약 경기(drug boom) 때 입은 손상을 역전시키고 있는 듯하다. 1990년대까지만 해도 콜롬비아 정부는 마약 문제에 미온적으로 대처했다. 그리고 그 끝은 우울한 대통령 사임이었다. 에르네스토 삼페르(Ernesto Samper) 전 대통령은 미국이 사실상 마약 사용을 허용하는 것과 흡사하게 콜롬비아가 마약 밀거래자들과 더

불어 살아가는 것을 허용했다.[5] 그가 거대 마약 조직인 칼리 카르텔로부터 정치자금을 받았다고 해도 전혀 놀랍지 않다. 안드레스 파스트라나(Andres Pastrana) 전 대통령은 거대한 영토를 반군에게 할양하는 이른바 '악마와의 거래'를 했다. 그러나 우리베는 라틴아메리카에서 가장 오래된 민주국가를 장기간 괴롭혀온 지긋지긋한 내전에 드디어 마침표를 찍으려 한다. 국내 여론은 지금 국가의 권위를 거듭 역설하는 그의 노력에 든든한 지지를 보내고 있다.

콜롬비아에서는 국가 건설과 마약전쟁 승리가 동시에 추진된다. 일찍이 토인비가 "자연이 인간보다 여전히 우세한 대륙에서 자연을 길들이는 대담한 기획"이라고 말한 바 있는 사업이다.[6] 산길과 터널을 보수하고 확장함으로써 경찰과 법원은 더 효율적으로 법을 집행할 수 있게 됐고, 정부와 군대는 실추된 권위를 바로 세울 능력을 갖추게 됐다. 우리베가 처음 집권했을 당시에는 절반가량의 시와 읍에만 경찰이 배치돼 있었다. 그러나 지금은 모든 시읍에 경찰이 배치돼 있다. "군대는 이제 대규모 마약밀매상이나 준군사조직들과 유죄답변교섭(피고가 유죄를 시인하는 대가로 검찰이 구형량을 감해주는 협상―옮긴이)을 벌이거나 추격을 합니다." 콜롬비아 군사감시단에서 일하는 한 미국인이 말했다. 콜롬비아무장혁명군은 조직 회복력이 빠르고 창조적이다. 하지만 그들은 민심을 얻어 주민들을 국가로부터 분리시키는 작전보다 마약이나 납치에 의한 수익에 더 많은 관심을 보인다. 이는 우리베에게 커다란 행운이다. 마약거래는 이 좌익 반군에 대한 국민의 이념적 신뢰를 크게 훼손시켰다. 콜롬비아무장혁명군은 더 이상 "머리에는 카를 마르크스, 공급망 안에서는 애덤 스미스"라는 익숙한 지침대로 행동하지 않는다. 대신 그들은 국영 형태로 사업을 운영하면서 변방에서 작전을 펼치는 데

만족하는 것 같다. 그들이 선호하는 납치 작전은 점차 내륙의 경작지대나 해안의 거래지대로 행동반경이 축소되고 있고, 그들의 사업에 동참하기보다는 당국에 그들을 밀고하는 시민의 수가 갈수록 더 늘어나고 있다. "우리는 교육받은 점잖은 사람들입니다. 마약 사업에 종사하는 것도 아닌데 왜 콜롬비아무장혁명군을 지지하겠습니까!" 보고타의 한 교수는 이렇게 말하면서, 콜롬비아 마약단속반이 마약 운반책을 골라내 사살하는 임무를 수행할 특수요원을 양성하기 시작했다는 소식도 함께 알려줬다.

초코 지역은 우림으로 뒤덮인 콜롬비아에서 가장 가난한 원주민 거주지역이다. 지금 이곳은 태평양 연안을 따라 쭉 뻗은 팬아메리칸 하이웨이의 원활한 흐름을 막는 병목 지대다. 그러나 콜롬비아가 하나로 통합되는 날 이곳은 팬아메리칸 하이웨이의 명실상부한 관문으로 거듭날 것이다. 아시아와 미국으로 가는 커피 수출량이 늘어나면, 마약을 재배하거나 준군사조직에 가담하기 위해 고향을 떠난 이들과 가난한 농부들도 안정된 생계수단을 가질 수 있다. EU는 준군사조직을 해체하고 조직원들을 재통합하는 프로그램을 재정적으로 후원하는 등 콜롬비아의 극빈지역들에서 다양한 원조활동을 펼쳐왔다.[7] 이러한 활동이 밀폐된 정글지대인 다리엔 협곡에까지 이어진다면 서반구의 경제 동맥은 막힌 곳 없이 확 뚫릴 것이다.

미국은 남미의 이 유일한 동맹국을 보살피고, 나아가 이 나라가 베네수엘라의 영향권에 들어가는 것을 막아야 한다. 그러려면 갈 길이 멀다. 지금 미국은 자유무역협정 체결을 지연시키고 자국 농민에게 과다한 농업 보조금을 지급하고 있다. 이는 콜롬비아의 대미무역 전선에서 불공정한 요소로 작용하여 결과적으로 콜롬비아가 석유, 커피, 바나나,

꽃과 같은 기초 상품에서 벗어나 수출품목을 다양화하는 것을 가로막고 있다. 콜롬비아 경제부처의 한 관리가 이런 의문을 제기했다. "미국은 왜 섬유 생산을 아시아에만 맡기는 거죠? 미국은 이곳에다 동부 해안으로 가는 재수출품을 가공할 멕시코식 마킬라도라를 세워야 합니다. 우리 카리브 해안은 멕시코 국경만큼이나 미국 동부 해안과 가깝거든요." 그런가 하면, 미국의 엄격한 마약부재 인증 절차는 콜롬비아와 달러화를 사용하는 이웃나라 에콰도르에서 횡횡하는 돈세탁과 화폐위조 사업을 일소하는 데 꼭 필요한 지역통합을 지연시켜왔다. 뿐만 아니라 미국은 마약퇴치 전략을 경제사회적 전략으로 보완하지 않음으로써 자신도 모르는 사이에 미국에 대한 환멸감에 기름을 붓고 있다. 그리고 이는 미국에 대한 지지 감소로 이어질 게 틀림없다. 사실 미국이 마약거래 외의 콜롬비아인들의 삶에는 거의 관심이 없다는 것은 조금도 놀라운 일이 아니다. 미국 외교관들도 시대를 초월한 매력을 내뿜는 보고타의 라칸델라리아 지구조차 답사하지 말라는 경고를 받고 있으니, 이 정도면 말 다한 것 아닌가. 눈먼 사람들에게는 만사가 갑작스런 법이다.

안데스 지방의 마약전쟁과 볼리바르주의 통합론자들의 요구는 도로와 터널, 파이프라인의 건설이라는 미시적인 차원에서 함께 풀어가야 할 문제다. 볼리비아에서는 코가 생산이 궁핍한 농부들의 유일한 생계수단이다. 이들은 2005년에 자신들 중 한 사람인 에보 모랄레스(Evo Morales)를 새 대통령으로 선출했다. 볼리비아는 오랜 기간 자유화, 세계화, 민주주의를 둘러싸고 치열한 전투를 벌여왔다. 그러나 모랄레스는 결코 이기적인 대중주의자가 아니다. 그가 세계화를 반대하는 이유에는 급진적인 사유화를 추진하면서 물과 같은 가장 기초적인 공공재마저도 제 기능을 발휘하지 못하게 만든 탐욕스런 외국 회사들과 부패한 지도자들의 몹쓸 유착에 대한 비판 의식이 깔려 있다.[8] 볼리비아의 전설적인 광산도시인 포토시는 풍족한 은광으로 말미암아 한때 반구 내에서 가장 부유한 도시였다. 오늘날 볼리비아는 베네수엘라 다음 가는 천연가스 매장량을 자랑한다. 그러나 볼리비아에는 브라질의 페트로브라스(Petrobras)나 말레이시아의 페트로나스(Petronas)처럼 건전한 경영체제와 기술을 보유한 현대식 국영석유회사가 없다. 따라서 볼리비아인들이 자연으로부터 선사 받은 자원의 주인이 될 수 있는 유일한 길은 모랄레스가 국유화 위협과 법인세 인상 카드를 동원하여 외국 에너지회사들을 부드럽게 갈취하여 토착 기업의 설립기금을 조성하는 것뿐이다. 외국 에너지회사들을 위해 눈물 흘릴 필요는 없다. 그들은 여전히 막대한 수익을 챙기기 때문이다.[2]

중앙아시아와 마찬가지로, 마약퇴치 작전, 에너지, 무역 부문의 국경을 뛰어넘는 협력만이 안데스 지방의 지리적 단절과 저개발, 취약한 민주주의를 개선할 수 있는 유일한 길이다.[9] 수천만 명의 사람들이 산맥과 사막에 갇혀 있는 지역에서 해안 접근로는 경제의 생명줄이다. 사방이 육지로 막혀 끊임없이 이웃나라를 침공하는 아프리카 국가들과 달리 페루는 볼리비아에 항구로 가는 길을 임대해주고 있다. 차베스가 마약 밀거래자들을 조용히 지원함으로써 그들에 의해 폭파당하지 않을 태평양행 파이프라인 건설을 꾀하면서 베네수엘라와 콜롬비아 간 교역

---

2) 이와는 대조적으로, 모랄레스가 대통령으로 선출된 바로 그 주에 아프리카의 차드 대통령은 카메룬으로 가는 파이프라인에서 얻은 수익을 교육과 보건에 쓰기로 한 세계은행과의 협약을 파기했다. 그는 그 수익을 '안보' 분야에 사용하겠다고 선언했는데, 여기서 '안보'란 전용 제트기, 중무기, 장갑을 입힌 메르세데스를 뜻한다. 차드는 영원히 제3세계에 머물 것 같다. 이에 비해 모랄레스 치하의 볼리비아는 매우 좋은 기회를 맞고 있다.

이 급신장했다. 안데스 국가들은 고속도로와 항구 확장만이 아니라 전기와 가스를 대륙 전역에 공급할 수 있는 에너지망 건설도 계획하고 있다. EU가 안데스의 소농들과 소기업가들에 대한 지원을 크게 늘리면서 원재료만 수출하던 패턴에도 차츰 변화의 기운이 일고 있으며, 한쪽에서는 남미의 은행과 텔레콤 부문을 사실상 관장하고 있는 스페인의 무적함대 기업들이 지역의 경쟁자들을 교육시키고 있다.[10] 중국도 안데스 지방에 상륙하여 에콰도르와 석유 계약을 맺기 위해 공격적인 행보를 펼치는 한편, 의류에서 이동전화에 이르는 온갖 물건들을 싼값에 내놓고 안데스 시장을 공략한다. 특히 중국은 광물자원이 풍부한 아마존 지역을 페루의 태평양 해안과 연결할 고속도로 건설에 깊은 관심을 보이고 있다. 대륙을 가로지르는 이 혈맥이 뚫릴 때 안데스 지방은 이전과는 비교할 수 없을 만큼 중요한 전략적 교차로가 될 것이다.

콜롬비아는 여전히 미국의 '항공모함'으로 남고, 중국은 안데스 지방에 남미 진출의 발판을 마련하고, 이 지역에서도 유럽식 지역주의가 발전해갈 것 같다. 물론 이는 확신하기에는 좀 이른 감이 있는 추론이다. 그러나 이것만은 분명히 말할 수 있다. 안데스의 모든 지도자들은 신자유주의 체제하에서 마구 팔아먹던 식으로 자국의 경제를 야비하게 사유화하지 않을 것이고, 그리하여 그들의 경제는 전보다 더 좋아질 것이다.

15

브라질
남반구의 중심 기둥

"와아! 브라질 크네!" 2005년에 브라질리아를 방문한 조지 부시 미국 대통령이 지도를 보고 화들짝 놀라며 불쑥 내뱉은 말이다. 이렇듯 브라질을 대륙을 압도하는 지리적 실체가 아니라 또 하나의 남미 국가쯤으로 혼동하는 것은 미국인이 일반적으로 범하는 오류다.

브라질은 남미의 미국이다. 그 크기만으로도 자연스럽게 대륙의 리더가 된다. 대륙의 약 절반을 차지하고 있는 브라질은 칠레와 에콰도르를 제외한 남미의 모든 나라와 국경을 접하고 있다. "우리의 자아인식에는 대륙의 편제원칙 같은 것이 들어 있습니다. 베네수엘라의 희망처럼 미국을 대체하는 것이 아니라 미국과 나란히 함께 가는 거지요." 상파울루에 사는 전직 외교관의 설명이다. 브라질은 모든 방면에서 노동력과 투자를 끌어당기는 남미의 자석이다. 군사력 경쟁을 할 의사가 전혀 없음에도 브라질이 세계적인 지위를 누리는 것은 순전히 환경자원과 거대한 경제 덕분이다. 라틴아메리카의 지정학적 야망은 거의 전적으로 브라질에 달려 있다. 그러나 그 열망은 브라질이 다양한 인종과 풍경 만큼이나 깊숙이 갈라진 것들에 다리를 놓을 수 있을 때라야만 현실이 될 것이다.

초목이 우거진 중부와 남부 지역의 축복받은 기후 덕택에 브라질은 쇠고기, 오렌지, 설탕, 커피, 가금류, 돼지고기, 콩의 세계 최대 수출국이 되었다. 하지만 연간 1천억 달러 가까운 수출 실적을 올리는 농업이

브라질 경제에서 차지하는 비중은 겨우 10퍼센트에 불과하다. 브라질은 세계 10대 경제대국 중 하나다. 대륙의 500대 기업 중 80퍼센트 이상이 브라질 회사다. 툴루즈(에어버스의 본거지)와 시애틀(보잉 본부)을 제외하면 상파울루가 세계에서 가장 중요한 항공기 설계 생산 중심지다. 상파울루는 라틴아메리카 제2의 글로벌시티이기도 하다. 대서양 연안에서 방대한 석유와 가스전이 발견되면서 세계 에너지 무역에서 차지하는 브라질의 위상도 높아졌다.

브라질은 라틴아메리카의 강국이 되기까지 세 번의 혁명을 거쳤다.[1] 19세기 후반에 옛 공화군주제가 막을 내리면서 지방 벌족들이 설탕이나 커피 같은 핵심 상품들을 지배하는 시대가 왔으나, 1930년에 가격이 폭락하면서 중앙집중이 강화됐다. 1950년대에 들어서자 외국인 투자 붐과 철강 및 자동차 부문의 발전이 뒤따랐다. 그러나 산업 귀족과

터줏대감 지주들 사이의 대립이 격화되면서 결국 1964년에 쿠데타가 일어났다. 이후 20년 동안 관료적 권위주의 시대가 이어졌다. 동남아시아에서처럼 수입대체 정책으로 외국 생산자들에 대한 저자세를 극복하면서 10년 가까이 10퍼센트라는 기적 같은 경제성장률을 달성했지만, 소득 불평등이 세계기록 수준으로 확대됐다. 그러다 1980년대에 이르러 경제호황과 군사정권이 함께 무너져내렸다.

독재를 피해 칠레와 프랑스로 망명했던 좌파 경향의 사회학자 페르난두 엔히크 카르도주(Fernando Henrique Cardoso)는 세계화가 국가권력을 잠식하기는 하지만 한편으로는 법집행과 대외정책의 차원을 넘어 인권과 사회적 형평성, 환경보호 등을 추구하는 국가임무의 확대를 요구한다고 역설하며 대통령 자리에 올랐다.[2] 세계화가 부르주아지의 지배를 약화시키기 때문에 자본가와 노동조합, 빈민층을 대변하는 갈수록 강력해지는 이익집단들 사이에서 중재를 해내자면 더 강한 민주주의가 필요하다는 것이 그의 견해였다. 그러나 카르도주가 물려받은 국가는 재정 기강이 전혀 서 있지 않은 나라, 심지어 예산 부처조차 없는 나라였다.[3] 그가 집권하는 동안 재정적자가 늘어나고 통화가치가 하락하면서 나라는 거대한 빚더미에 올라앉았다. 결국 브라질은 감당할 수 없는 빚으로 채무불이행을 선언했다. 이로 인해 브라질이 겪은 사회적 충격은 매우 컸다. 1990년대 말 상파울루에서는 변두리를 중심으로 빈민가가 늘어나고, 살인과 납치를 비롯한 범죄가 급증했으며, 중심가도 마비됐다.

2002년 루이스 이나시우 룰라 다 시우바(Luiz Inacio Lula da Silva)가 대통령으로 선출되면서 사회적 평등에 초점을 맞추는 쪽으로 방향전환이 이루어질 거라고 예상됐다. 하지만 브라질의 통치체제는 여전히 20

세기 초, 중앙권력을 지나치게 약화시켰던 시대의 유산과 불균등한 자치도시권력의 틀에 갇혔다.[4] 얼마 안 되는 실업계 거물들과 다국적 기업들이 중심 도시들을 장악한 탓에 국가권력은 여전히 너무 취약했다. 제대로 된 세법제도가 없는 탓에 탈세와 그 밖의 술수들이 난무하면서 비공식 경제를 키웠다. 비공식 경제의 규모는 8천억 달러가 넘는 공식 경제와 맞먹는 수준으로 추정된다. 룰라의 노동자당을 포함한 정치권의 부패 스캔들이 무수히 난무하면서 "차베스가 그 모든 것을 룰라한테 배웠을" 만큼 룰라가 부패했다는 농담까지 떠돌기에 이르렀다. 2006년 대통령 선거에서 룰라와 접전을 벌인 사람은 다름 아닌 상파울루 시장이었다.

스스로를 미국과 동격이라고 생각하는 브라질은 항상 다각도로 상황을 고찰하면서 라틴아메리카 외교의 앵커가 되겠다는 뜻을 끈기 있게 관철시켜왔다.[5] 고도로 전문적인 브라질 외무부 이타마라티(Itamaraty)는 대륙 최고의 관료집단이다. 냉전시대에 브라질은 시종일관 '북쪽의 거인' 편이었다. 1960년대에 탈식민화를 한 이후로는 개발과 환경 논의에서 주전선수가 되었고, 1992년에는 유명한 리우데자네이루 지구정상회담(1992년 6월 브라질 리우데자네이루에서 각국 정부 대표들이 참석하여 지구 환경보전을 논의한 유엔환경회의—옮긴이)을 주최하기도 했다. 그러나 1920년대에 국제연맹이사회의 이사국 자리를 확보하려다가 실패한 것과 매우 유사하게, 유엔안전보장이사회의 상임이사국 자리를 확보하려는 최근의 시도도 실패로 돌아갔다. 라틴아메리카의 이웃들조차 브라질이 상임이사국으로 선정되는 것을 거의 지지하지 않았다. 브라질이 자신들을 떼어두고 혼자 독주하려 한다고 생각했기 때문이다. 그러나 그들의 의심과는 달리, 호황을 보이는 브라질 경제는 개발도상국 전체를 잇는 남남(South-South) 가교를 놓으면서 세계 무역의 핵심 전장에서 원숙한 자국 외교의 진가를 입증해 보이고 있다.

브라질이 탁월한 협상 솜씨를 보이는 데는 다 이유가 있다. 협상은 종종 축구경기에 비유되곤 한다. 아무도 스코어를 예측할 수 없고, 선수들은 끊임없이 팀을 바꾸지만 매 경기마다 피곤함을 무릅쓰고 줄기차게 뛰며, 같은 운동장에서 여러 게임이 펼쳐진다는 점에서 매우 흡사하기 때문이다. 브라질은 바로 그 축구를 예술의 경지로 끌어올린 나라다. 미국이 제2차 세계대전에서 승리하기까지는 브라질 철강산업의 도움이 컸다. 그로부터 반세기가 지난 지금 미국은 자신의 이익을 위해서 브라질 철강의 수입을 막고 있다. 2003년 캉쿤에서 열린 세계무역기구(WTO) 장관급회담에서 브라질은 중국, 남아공, 인도와 함께 G20(수출개도국 그룹—옮긴이) 블록의 결성을 주도했다. 미국은 개발도상국들을 G20에서 떼어내려고 노력했다. 하지만 대다수의 나라들은 G20의 세계무역 개혁방안을 축으로 모여들어 마침내 미국과 EU에 반대하는 일관된 견해를 내놓았다.[6] 자유무역협상에서 브라질은 농업 보조금으로 인해 유발되는 불균형을 해결할 만한 보상 방안을 제시할 것을 미국에 요구했다. 이는 제3세계는 할 수 없는 제2세계만의 방식으로, 제2세계가 어떻게 제1세계에 맞서는지를 보여주는 가장 대표적인 사례다. 심지어 브라질은 유럽인은 자유롭게 오갈 수 있게 허용하면서 미국인에게는 상호 대등한 비자 요건을 적용했다. 라틴아메리카에서 그러는 나라는 오직 하나, 브라질뿐이다.

브라질의 국내적, 외교적 발전은 중국의 발전에 필적한다. 제3세계에서 제2세계로 발돋움한 두 나라는 자연스럽게 제3세계의 리더로 여겨진다. 브라질은 현재 수출의 절반가량을 개발도상국에 하고 있으며,

여러 건의 대규모 정상회담을 주최하여 중국 및 아랍 국가들과의 교역
도 증진시키고 있다. 브라질과 중국의 '전략적 동맹'이 진화해온 과정
을 살펴보면 다음 두 가지 사실을 알게 된다. 하나는 이제 미국은 더 이
상 거저먹기 식으로 동맹국을 확보할 수 없다는 것이고, 다른 하나는
제2세계 국가들은 서로 경쟁하는 순간에도 상호협력하며 균형을 맞출
수 있다는 것이다. 1990년대에 중국이 시장을 개방하여 대규모 수입을
하기 시작하면서, '아시아 거인'과 '남미 거인'의 경제는 상호보완성이
매우 크다는 것이 드러났다. 브라질은 철광석, 목재, 아연, 쇠고기, 우
유, 곡물, 콩을 수출하고 중국은 수력발전용 댐, 제철소, 제련소에 투자
한다. 두 나라 사이의 교역이 급증하면서 브라질은 상당한 액수의 흑자
를 냈다.[7] 그러나 한편으로 브라질은 멕시코가 맞았던 것과 똑같은 중
국발 '섬유 쓰나미'를 경험했고, 장난감과 신발 산업이 붕괴되는 고통
을 겪었다. 상파울루에서 활동하는 한 중국인 사업가는 포르투갈어로
곡예를 부리듯 전화를 하며 이렇게 설명했다. "언제 또 맘이 바뀔지 모
르겠지만, 브라질은 지금 수입제한 조치를 취소하려 하고 있습니다. 중
국이 보복하면 더 괴로워질 테니까요." 각 나라는 타국의 제품에 가치
를 부가할 길을 적극적으로 찾아왔다. 브라질 회사가 중국의 섬유공장
을 사들여 수익을 공유하는 것도 그 한 예다. 브라질과 중국 같은 제2
세계의 주전선수들 사이에서는 기술교환도 활발하게 이루어진다. 서방
세계가 기업소유권이니 민군공용기술이니 하는 복잡한 정치경제적 문
제 때문에 쉽게 기술교환을 하지 못하는 것과 대조적인 모습이다. 베네
수엘라가 제2세계의 에너지 축을 형성해가고 있다면, 브라질은 제2세
계 무역축의 좌장이다.

물가에 있는 땅이 대부분 사유화된 제3세계 국가들과 달리 브라질은

모든 해안이 누구에게나 다 열려 있다. 브라질인에게 해안 접근권은 한 마디로 신성불가침의 권리이다. 그 해안에서 브라질 사람들은 축구나 발리볼처럼 자연 그대로 몸으로 하는 스포츠에 빠져든다. 미식축구나 개조자동차경주대회처럼 온몸에 보호 장비를 두르고 하는 스포츠를 좋아하는 미국인과는 대조적이다. 이렇듯 브라질의 문화는 몸과 마음의 자유에서 생겨나는 문화다.

2억에 가까운 인구를 자랑하는 브라질은 남반구 최대의 다인종국가다. 즉, 브라질은 나이지리아 다음 가는 아프리카인의 나라이고, 레바논 다음 가는 레바논인의 나라이며, 이탈리아 다음 가는 이탈리아인의 나라이자, 일본 다음 가는 일본인의 나라다. 보아 모르테(Boa Morte, 사탕수수를 재배하기 위한 인력으로 끌려온 아프리카 노예들로부터 유래한 축제—옮긴이), 카니발(Carnival, 가톨릭 권에서 유래한 축제—옮긴이), 10월제(Oktoberfest, 독일 맥주축제—옮긴이)에 이르기까지 브라질에서는 다양한 인종이나 종교에서 유래한 다양한 축제가 열린다. 미국인이 자신의 출신을 표현할 때 아일랜드계 미국인(Irish-American), 아프리카계 미국인(African-American), 인도계 미국인(Indian-American), 아랍계 미국인(Arab-American)처럼 하이픈을 사용하는 데 비해 브라질인은 자신의 출신지만을 밝힌다. 겉보기에 브라질은 40년 전의 미국만큼이나 인종적 통합이 이루어지지 않은 것처럼 보인다. 유럽인의 후예와 아프리카인의 후예, 그리고 원주민들 사이의 경제적 불균형이 크다. 그러나 이 불균형은 인종주의에서 비롯된 것이라기보다는 지리적 분포에서 비롯된 것이라고 보는 게 더 정확하다. 브라질의 자본이 극히 일부 도시에만 집중돼 있기 때문이다. 게다가 브라질 인구의 70퍼센트는 아프리카인, 유럽인, 원주민의 혼혈이다. 이로 미루어 볼 때 분리와 차별을 발생시키는 가장 근본적인 요인은 인종이 아니라 계급이다.

　세계화는 이 계급 간 격차를 너무 크게 벌려놓았다. 이로 인해 브라질은 제1세계와 제3세계가 너무나도 뚜렷이 공존하는 나라가 됐다. 브라질 사회는 마치 모래시계 같다. 모래시계 아래쪽에는 다수의 원주민과 아프리카계 사람들이 있다. 그들이 모래시계 위쪽의 엘리트계급으로 이동하려면 모래시계 허리 부분의 중간계급을 거쳐야 하는데 그 허리가 얼마나 가는지 이동이 거의 불가능한 수준이다. 중간계급의 소득은 1993년 수준에 멈춰 있다. 그래도 그들은 그 위치에나마 계속 머무르려고 안간힘을 쓴다. 브라질 북부 주민의 평균수명은 남부보다 17년이나 짧다. 이런 불균형 속에서 인신매매가 성행한다. 농촌 여성은 도시에서 성노예로 살고, 도시 남성은 아마존의 금광에서 노예노동자로 일한다. 대다수 학교에는 인터넷망은 고사하고 전화선조차 없다.

　브라질 인구의 4분의 3은 도시에 산다. 상파울루는 그중에서도 가장 많은 인구가 몰려 있는 도시이자 가장 발전한 도시다. 셀 수 없을 만큼 많은 아파트 단지들은 가까스로 집 한 채 장만한 사람들이 사는 고층 빈민가다. 상파울루의 부자들은 주로 전세 헬리콥터를 이용한다. 부유층 여인들은 세계 최고 수준의 호화 쇼핑가인 오스카르 프레이레 거리에서 쇼핑을 즐기고 우아한 레스토랑으로 향한다. 그런데 레스토랑에서는 지갑을 의자에다 꼭꼭 묶어둬야 한다. 또 다른 도시 리우(리우데자네이루)는 해변의 메트로폴리스다. 마라톤에서 되돌아오는 코스가 필요 없을 만큼 길게 뻗은 멋진 해안선을 자랑하는 이 도시는 유행을 선도하는 레스토랑만큼이나 빈민가 판자촌으로도 유명하다. 도시와 자연이 그 경계를 구분할 수 없을 정도로 마구 뒤섞여 일대 장관을 연출해낸다. 리우가 자연에 속한 것인지 자연이 리우에 속한 것인지 분간하기 어려울 정도다. 거대한 도시에 따라붙기 마련인 혼돈은 당연히 리우에도 존재한다. 그러나 이스탄불이 그러하듯 리우에서도 혼돈 속에 리듬이 흐르고 포근함이 느껴진다.

브라질의 가장 큰 골칫거리는 사람들 사이에 만연한 심리적 공포다. 그렇게 양분된 사회에서는 공유되는 가치가 있다고 해도 보잘것없는 수준이다.[8] 대다수 브라질인은 자기 나라 빈민가가 매우 위험하다고 여긴다. 그래서 관광객들에게도 그곳에 가지 말라고 주의를 준다. 콜롬비아의 게릴라에게 판 브라질제 권총이 이 나라의 거리로 되돌아오면서, 2003년 브라질 총기사망률은 세계 최고 수준을 기록했다. 그해에만 무려 4만 명이 총기사고로 목숨을 잃었다. 전 브라질 대통령 이타마르 프랑코(Itamar Franco)가 말했듯이 "모든 브라질인에게 평등하게 분배된 것은 단 하나, 공포뿐이다." 콜롬비아에서 범죄지도작성 기술을 들여와 사용하고 있지만 별 효과가 없다. 여전히 브라질은 무장한 갱들이 경찰과 싸움을 벌이고, 감옥에서 대규모의 폭동을 벌이는 것이 가능한 나라다.

브라질의 모래시계에서 모래가 떨어지고 있다. 모래가 다 떨어지면 그것으로 끝일까, 아니면 브라질이 모래시계를 뒤집어놓을 수 있을까? 다시 말해서 브라질이 대중들의 삶을 향상시킬 수 있을까? 브라질은 다른 라틴 국가들은 하지 못하는 방식으로 자신의 드넓은 제3세계를 환골탈태시키는 작업에 착수했다. 다른 모든 예산을 합한 것보다 더 많은 돈을 빈곤감축정책에 책정한 것이다. '가족 구호수당(Bolsa Familia)', '기아 제로(Zero Hunger)', '만인에게 빛을(Light for Everyone)' 등의 프로그램을 통해 4천만 명이 넘는 국민에게 식량, 현금 지급, 학자금 신용대출, 발전기를 제공한다. 심지어 리우에서는 빈민촌 관광 프로그램까지 출현하여 또 다른 문화와 사회구조를 들여다보는 것을 소득으로 연결시키고 있다. 한발 더 나아가 룰라 정부는 아마존 강과 그 지류들을 거슬러 올라가는 무적함대를 띄워 아마존의 가장 후미진 구석에 사는 원주민들한테까지 의료와 사회 서비스를 제공하고 있다.

브라질은 환경국가라는 별칭에 걸맞게 혁신적인 에너지 전략에서도 뚜렷한 성공을 거두고 있다. 국영석유회사인 페트로브라스는 현대식 석유추출기술에 적극적으로 투자함으로써 석유생산량을 베네수엘라 수준으로 끌어올렸다. 브라질은 석유만으로도 충분히 에너지를 자급자족할 수 있지만, 원자력발전소까지 가동하고 있다. 가장 인상적인 것은 사탕수수에서 추출한 바이오에탄올의 최대 생산국이자 수출국이라는 것이다. 휘발유와 에탄올을 함께 사용할 수 있는 다연료 자동차(flex-fuel car)가 달리는 모습은 이제 브라질 어디에서나 쉽게 볼 수 있는 풍경이다. 그러나 에탄올 생산업체는 부유한 가문과 재벌기업들의 소유이고, 가난한 농민들은 아직도 그 밑에서 낫으로 사탕수수를 벤다. 쿠리티바나 포르투알레그레 같은 도시는 대담하고도 효율적인 대중교통수단과 재활용 프로젝트를 운영하여 환경도시의 대표적인 모델이 되었다.

이러한 혁신은 브라질 국토의 대부분을 차지하고 있는 지구 최대의 생태계, 아마존 열대우림을 보존하는 데 매우 긴요하다. 세계가 유기체라면 아마존은 그 허파다. 그런데 마구잡이식 개발로 아마존 면적의 약 20퍼센트가 훼손되면서 지구의 폐활량이 줄어들었다. 사태의 심각성을 인식한 정부는 대중적 인식을 고취시키고, 인가 프로젝트를 신설하고, 방대한 보호구역을 지정하는 등 무분별한 벌목을 줄이기 위해 갖은 노력을 다하고 있다. 그럼에도 불구하고 2004년 한 해에만 16,000제곱

킬로미터의 숲이 사라졌다. 개발도상국 중에서 브라질을 중국과 인도 다음 가는 이산화탄소 방출국으로 만드는 거대한 규모의 파괴였다. 그 여파로 2005년 살인적인 가뭄이 아마존을 강타했다. 브라질 군대와 민간방위대는 사상 최대의 구조작전을 펼쳤다. 이런 현상은 대륙에 임박한 위험이 군사적 안보가 아니라 생태적, 사회적 안보임을 분명히 알려준다.[9]

이 모든 방면에 걸친 브라질의 실험은 매우 뜻 깊고 중요한 사업이다. 브라질이 가면 남미도 가기 때문이다.

16

아르헨티나와 칠레
이란성 쌍둥이

아르헨티나의 역사는 제1세계와 제2세계의 지위가 결코 영구적이지 않다는 것을 냉정하게 일깨워준다. 지정학적 위험에서 비켜나 있었음에도 이 나라는 세계화의 힘에 떠밀려 더없이 취약한 나라가 되었다. 한때 대륙의 리더였던 나라는 이제 대륙의 호의에 의지하는 신세로 전락했다. 1776년에 부에노스아이레스는 스페인 총독부의 수도가 되어 남아메리카에 있는 스페인 영토 전역을 지배했다. 이후 스페인과 이탈리아인 이민자들은 라플라타 강 유역의 팜파스 평원을 중심으로 에스탄시아(estancia, 대농장)를 건설하여 운영했다. 19세기 중엽에 아르헨티나는 진보적인 정치가 후안 바우티스타 알베르디(Juan Bautista Alberdi)의 이론을 바탕으로 헌법을 개정하고 외국의 자본과 기술 원조를 받아 기반시설을 구축하는 등 수십 년간 번영을 구가했다.

아르헨티나의 지리학자들과 지식인들은 풍부한 자원과 유리한 기후 조건을 지닌 자기네 나라가 반구 내에서 미국에 맞서는 유일한 경쟁자라고 생각했다. 이와 비슷하게 우루과이 미술가 요아힘 토레스-가르시아(Joachim Torres-Garcia)도 남북 아메리카의 위치를 뒤집어 남쪽이 세계 꼭대기에 있는 유명한 그림을 그린 바 있다. 1920년대 무렵 아르헨티나는 쇠고기와 밀 생산이 호황을 누린 덕에 세계 제7위의 부국이 되었다. 아르헨티나 노동자들은 스위스나 독일의 노동자들보다도 더 높은 실질 소득을 올렸다. 제2차 세계대전의 포화를 피한 아르헨티나는 유럽 이주자들의 자본과 재능을 적극적으로 받아들이며 제1세계를 향해 힘차게 전진했다. 이 무렵 부에노스아이레스는 경쾌한 이탈리아 리듬으로 스페인어를 말하는, 그 어느 곳보다 더 파리를 닮은 도시였다.

그러나 아르헨티나의 독특한 미와 스타일은 불행하게도 피학에 가까운 오만함과 짝을 이루고 있었다. 나이폴(V. S. Naipaul, 트리니다드 토바고 출신의 영국작가—옮긴이)은 아르헨티나가 "밋밋하고 황량한 대지에 세워진 인조 사회"로 식민지적 모방에는 능하지만 새로운 것을 창조해 내지는 못한다고 꼬집었다. 평범한 것만이 귀족적 식민주의의 거꾸로 선 신화를 대체할 수 있었다.[1] 세 번씩이나 아르헨티나를 통치할 기회를 얻었던 후안 도밍고 페론(Juan Domingo Peron)은 노동자들의 근로 조건을 개선했다. 하지만 그의 오만한 리더십은 나라를 극심한 균열 상태에 빠뜨렸고, 1970년대에 또 한 차례의 군사쿠데타를 불러일으켰다. 새롭게 정권을 장악한 군부는 '추악한 전쟁'으로 불리는 대대적인 인권 탄압을 벌였다. 15,000명 가량의 사람들이 군정전복 혐의를 쓰고 처형됐다. "야만으로의 급격한 퇴행"이었다.[2] 1982년에 아르헨티나 군대는 오랫동안 소유권을 주장해온 포클랜드 제도를 침공하여 점령했다. 하지만 얼마 못 가 탈환에 나선 영국군에게 초전박살 당했다. 그동안 군부가 실시해온 정치경제 프로그램들의 과시적인 대범함은 그들을 말아먹은 부패 스캔들과 딱 어울리는 짝이었다. 세계에서 심리학자의 비율이 가장 높은 이 나라는 평범함을 기피하는 강박관념이 여전히 손에 잡히는 듯하다.

세계화는 한 나라가 국제적 계층구조에서 어느 위치에 서 있는지를 가늠할 새로운 잣대를 만들어냈다. 그 잣대는 아르헨티나가 제1세계의 자본수출국이 아니라 1990년대 많은 제2세계 국가들을 괴롭힌 것과 똑같은 악순환(기업 자유화 → 투자 급증 → 급성장 → 취약성 증대 → 구제정책의 실패 → 정치경제적 와해)에 빠지기 쉬운 신흥시장임을 밝혀냈다. 1990년대에 아르헨티나는 신자유주의 교리를 선전하는 대표 주자로 나섰지만, 대규모의 외국인 투자를 지속적으로 끌어들이지도, 늘어나는 소비지출을 감당해내지도 못했다. 불경기와 거품이 동시에 나타나면서 채무가 폭발적으로 증가했다. 경제에 부목을 괴어 지탱하고, 채무 불이행과 그 전염을 막기 위해 IMF는 구제금융을 실시했다. 그러나 만기가 도래한 외채 상환이 불가능해진 아르헨티나는 2001년에 결국 국가부도 위기를 맞게 된다. 빚을 갚기 위해 정부는 연금기금에서 수십억을 빼내고, 계엄령을 발동하여 대중폭동을 진압했다. 불과 몇 주 사이에 대통령이 다섯 번이나 바뀌면서 대중은 누구도 신뢰할 수 없는 지경이 됐다. 1990년대 말에 8,500달러이던 1인당 국민소득이 2002년에는 2,800달러로 떨어졌다. 인구의 절반 이상이 빈곤선 아래로 곤두박질쳤다.[3] 부에노스아이레스 시민의 상당수가 계급을 불문하고 카르토네로(cartonero)가 되었다. 쓰레기더미 속에서 식료품과 물건들을 찾아내 되파는 극빈층으로 전락한 것이다.

아르헨티나 지도자들은 깊어가는 위기를 역전시키려는 자신들의 진지한 노력을 뒷받침하지 못했다고 미 재무부와 IMF, 월가를 비난했다. 아르헨티나의 추락은 실로 파괴적이었다. 나라의 자존심은 완전히 박살이 났다. 경제의 총규모는 하나의 도시에 불과한 상파울루보다 작아졌고, 그마저도 외국인 투자에 크게 의존한 나머지 위태로운 칼날 위에 놓여 있는 것 같았다. 정치적으로는 기초 사회재의 적정가 유지와 국제 금융채무 상환 압박 사이에서 긴장감이 팽배했다. 이런 분위기 속에서 페론당 출신의 대통령 네스토르 키르츠네르(Nestor Kirchner)는 2005년 선거를 앞두고 IMF와 채무상환 스케줄을 조정했다. 그는 2007년 대선을 통해 자기 아내에게 정권을 넘겨주었다.

전 경제장관 리카르도 로페스 무르피(Ricardo Lopez Murphy)는 아르헨티나의 공공부문 서비스가 아프리카 수준이라고 불평했다. 실제로 아르헨티나는 훨씬 더 가난한 나라들에서나 볼 수 있는 제3세계적 병폐들에 시달리고 있다. 이를테면 지독하게 낮은 세금 징수율이라든지, 자유롭게 지출을 하는 지방정부에도 제재를 가하지 못할 만큼 지나치게 분권화된 연방구조 같은 것들이 그것이다. 상하수도를 담당한 공기업은 통화의 평가절하로 요금이 계속 올라가는 바람에 일 년 동안 물을 제한 공급했다. 하수 시스템을 갖춘 부에노스아이레스 가구의 절반만이 그 혜택을 받을 수 있었다. "이제 부자들조차 이 나라를 부끄러워합니다. 그들은 자신의 유럽 출신지를 강조하면서 스스로를 아르헨티나인이 아닌 이탈리아인이나 프랑스인으로 여기지요." 보헤미안 거리에 있는 야외 카페에서 한 지식인이 토로했다.

아르헨티나는 과거의 지위를 회복하는 것은 고사하고 간신히 버티고서서 지정학적 원조를 받는 신세가 되었다. 경제가 붕괴된 이 나라에 큰 위험을 감수하면서까지 투자에 나서겠다는 이는 거의 없다. 이런 상황에서 중국이 아르헨티나 경제의 태반을 책임지고 있고, 아르헨티나는 중국에 대한 농산물 수출에 갈수록 더 의존하고 있다. 동남아시아 국가들과 달리, 역내에서 신용공여 거래를 전혀 하지 않았던 아르헨티나는 막대한 액수의 빚을 전액 IMF로부터 빌림으로써 조건을 조정할 여지가 거의 없는 채무상환의 덫에 자신을 옭아맸다. 앞으로 10년간 자국의 천연가스 생산이 점차 줄어들 것으로 전망되는 가운데, 아르헨티나는 볼리비아의 가스와 우고 차베스가 야심차게 계획한 아마존을 가로지르는 송유관이 도착하기만을 학수고대하고 있다. 여기에 더해 차베스가 채무까지 사준다면야 더 바랄 게 없다.

브라질과 아르헨티나는 지리적으로 미국만큼이나 유럽에 가깝다. 그래서인지 두 나라 다 미국에 충성할 일은 없어 보인다. 지난 2세기 동안 대체로 라이벌 관계를 유지해온 두 나라는 1990년대 초까지만 해도 핵무기 프로그램을 운영하면서 서로 경쟁을 벌였다. 그러다가 1995년에 마침내 경쟁관계를 끝낸다. 미국의 무역 지배에 대항해 남쪽 원뿔(Southern Cone, 남미대륙 가운데 남회귀선 이남 지역—옮긴이)이 서로 힘을 합쳐 메르코수르(Mercosur) 무역블록을 구축한 것이다. 아이러니하게도, 태평양 연안의 주요 국가인 콜롬비아, 페루, 칠레는 모두 미국과 자유무역협정을 맺은 데 반해, 대서양 연안의 주요 국가인 브라질, 아르헨티나 등은 미국의 높은 관세와 후한 보조금 정책에 강력하게 저항하면서 자원에 굶주린 태평양 저편의 중국과 교역을 늘림으로써 큰 이득을 보고 있다.[4] 브라질과 아르헨티나는 현재 수출용 자동차를 공동생산하고 있으며, 콜롬비아무장혁명군에서 헤즈볼라에 이르는 여러 무장집단이 마약거래, 무기밀수, 돈세탁 활동을 벌이는 삼각국경지대와 아마존 지역을 감시하는 데 협력하고 있다.[3)]

아르헨티나인들은 절대 인정하지 않겠지만, 그들이 가장 모방하고 싶어하는 나라는 칠레다. 4천 킬로미터가 넘는 해안선을 가진 칠레의 길이는 미국의 동서 너비만큼이나 길다. 헨리 키신저(Henry Kissinger)는 믿을 수 없을 만큼 좁고 길쭉한 이 땅을 "남극의 심장을 겨누고 있는 단도"라고 표현했다. 안데스 산맥이 방패 역할을 해준 덕에 식민주의의 지나친 착취를 피할 수 있었던 칠레는 지형상 명확한 정체성을 갖고 있다. 칠레 경제가 이 지역에서 가장 활력적이라는 증거는 도처에 널려 있다. 북쪽의 안데스와 남쪽의 저지대를 잇는 4차선 고속도로, 거대 항구 발파라이소 주변 들판의 수익성 좋은 포도밭, 엔지니어링의 혁신을 추구하는 연구센터들, 상파울루에 이어 대륙 제2의 비즈니스

허브인 산티아고의 고층빌딩들이 모두 그 증거들이다. 칠레에는 멕시코만큼이나 인터넷 사용자가 많다. 인구의 3분의 1이 인터넷을 쓴다. 칠레는 남미의 영국처럼 행동하면서 대륙의 골치 아픈 문제들에는 거리를 둔다. 대신 멀리서 폭넓게 실용적인 동맹자들을 찾는다. 라틴아메리카를 통틀어 2010년대에 제1세계에 합류할 가능성이 있는 나라는 칠레뿐이다.[5]

칠레가 어떻게 이 지역의 역할 모델이 되었는가에 대해서는 논쟁의 소지가 많다. 냉전시대에 미국의 닉슨 정부는 파업에서 각종 제재에 이르기까지 온갖 계략을 구사하며 사회주의 지도자 살바도르 아옌데(Salvador Allende)에게 타격을 가했다. 헨리 키신저는 그의 당선을 인민의 '무책임' 탓으로 돌렸다. 아옌데는 CIA에서 '심리적 비용'이라고 평가한 것 빼고는 미국에 아무런 위해도 가하지 않았다. 그러나 미국은 칠레 군부의 폭력적인 쿠데타를 지원하며 아우구스토 피노체트(Augusto Pinochet) 장군을 권좌에 앉혔다. 이후 탄압이 난무하는 가운

---

3) 남미 원뿔 지역의 통합은 육지로 둘러싸인 제3세계 국가인 파라과이의 운명도 바꿔놓을 수 있다. 파라과이는 독립 이후 줄곧 터무니없는 독재자들의 통치를 받아왔다. 최근에는 한국의 문선명을 따르는 통일교인에게 현찰을 받고 거대한 땅덩이를 파는 일이 벌어지기도 했다. 서부의 드넓은 차코 평원에는 레바논인, 대만인, 암만파(Amish) 공동체가 반주권 상태로 할거한다. 파라과이는 삼국동맹전쟁(War of the Triple Alliance, 1864~1870, 아르헨티나, 브라질, 우루과이의 동맹과 파라과이 간의 전쟁—옮긴이) 후 남미의 전통 강국들 사이의 완충국이 됐다. 하지만 이제 더 이상 그런 완충국은 필요 없다. 남미는 아프리카처럼 산산조각나기보다는 유럽처럼 통합하기 위해 힘써야 한다. 이미 파라과이 전기의 대부분이 브라질 이타이푸에 있는 세계 최대의 발전소에서 송전돼오며, 대외무역의 대부분은 장엄한 이과수 폭포 근처의 시우다드 델 에스테(Ciudad del Este)에서 면세 판매와 전자제품 밀수 형태로 이루어진다. 다시 말해서 파라과이는 이웃나라들에게 흡수당하고 있고, 이웃나라들은 오랫동안 예수회, 메노파 등의 신흥종교들이 놀이터로 쓰던 파라과이의 땅을 조금씩 떼어내 다른 용도로 개발하고 있다.

칠레Chile

면적 : 75.7만㎢
인구 : 1,645만 명('08)
수도 : 산티아고(Santiago)
인종 : 백인 및 메스티소(95%), 마푸체족(4%)
언어 : 스페인어(공용어), 마푸체어, 독일어, 영어
종교 : 로마가톨릭(70%), 개신교(17%)
정체 : 공화제
행정구역 : 15개 주
통화 : 칠레 페소(Chile peso)
GDP : 2,328억$('07)
1인당 GDP : 14,300$('07)
수출 : 676억$('07)
주요 수출품 : 구리, 과일, 수산물, 종이와 펄프, 포
　　　　　도주
수입 : 439억$('07)
주요 수입품 : 석유 및 석유제품, 화학제품, 전기통신
　　　　　설비, 기계류
주요 교역국 : 미국, 중국, 브라질, 일본, 아르헨티나
인터넷 사용자 : 557만 명('07)

데 수만 명의 실종자가 발생하는 시대가 열렸다. 30년 뒤, 피노체트는 종종 권위주의적 통치가 어떻게 더 나은 성장과 안정을 이끌어내면서 시장경제와 민주주의로의 전환에 필요한 길을 닦을 수 있는지 보여주는 상징으로 제시되곤 했다. 이는 수십 년간의 민주주의가 유사 사회주의 독재자 우고 차베스의 나라로 전환된 베네수엘라와 대조를 이루는 사례였다.

　사실 이러한 통념에는 그릇된 가정과 논리적 비약이 많이 개입돼 있다. 그것들을 되도록 빨리 불식시킬수록 미국의 남미 정책이 경제와 사회, 안보 분야의 사안들을 아쉬운 대로나마 연결지어 사고할 가능성이 더 커진다. 우선, 19세기에 칠레에 도착한 수천 명의 독일 농민과 기계공들의 노동윤리 등에 힘입어 이 나라는 아옌데 이전에도 이미 라틴아메리카 기준으로는 상대적으로 많이 개발된 편이었다. 따라서 피노체트가 칠레 근대화에 전적인 공을 세웠다고 말할 수는 없다. 게다가 아옌데 집권 초기에는 그의 국유화 정책에도 불구하고 눈에 띄는 경제성장이 이루어졌다. 아옌데가 무너지는 데 결정적인 역할을 한 것은 구리 가격의 폭락이었다. 그의 입장에서 보면, 피노체트는 연금제도를 약탈하고 사회적 시혜들을 삭감하여 국가재정을 흑자로 돌려놓았다. 수천 명의 직원을 해고하고 자신에게 황금 낙하산을 하사하는 CEO와 다를 바

없는 행동이었다. 가장 중요한 것은 피노체트 이후 시대에(그는 1990년 국민투표에서 패배했다) 중도좌파의 연속된 연정하에서 칠레가 줄곧 5퍼센트 대의 경제성장을 달성해왔다는 것이다. 현재 라틴아메리카의 원로 정치인인 전 대통령 리카르도 라고스(Ricardo Lagos)는 온건 사회주의 강령하에서 높은 성장을 기록하고 실업을 감소시키며 나라를 잘 이끌었다. 제2세계에 정말로 필요치 않은 것은 또 다른 피노체트들이다.

1980년대 초에 피노체트 장군을 도와 칠레의 경제 규제를 철폐한, 밀턴 프리드먼(Milton Friedman)에게 심취한 '시카고 보이들(Chicago boys, 시카고대학의 밀턴 프리드먼 등에게 교육받은 25명 가량의 젊은 칠레 경제학자 집단. 이들은 국가의 개입을 철저하게 줄이며 자유시장경제를 활성화해야 한다고 주장했다—옮긴이)'은 칠레 경제모델의 절반만을 제공했다. 최근의 칠레 정부들은 경제성장이 그 자체로 불평등을 심화시키기보다는 빈곤을 줄이게 될 것이라고 잘못 상정한 워싱턴 컨센서스를 뛰어넘어, 교육과 과학기술을 강조해왔다.[6] 1990년 이후로 소득은 배로 늘었고 빈곤 인구는 15퍼센트 밑으로 떨어졌다. 유난히 도전적인 지리적 조건 속에서 빈곤을 줄일 수 있는 방법을 가장 잘 보여주는 것은 차베스가 아니라 칠레다. 칠레는 혼자 힘으로 대륙을 빈곤에서 구출하기에는 너무 작지만, 해외시장의 관문 역할을 하기에는 충분하다. 칠레는 라틴아메리카에서 유일하게 미국, 유럽, 중국과 자유무역협정을 맺은 나라다. 중국은 칠레인들에게 많은 일자리를 만들어주고, 2004년 기준 60억 달러 이상으로 교역량을 늘려가고 있다. 구리 수출이 급증한 덕에 칠레는 중국과의 무역에서 상당한 흑자를 보고 있다. 여기에 일본과 한국까지 칠레와 자유무역협정을 맺으면서 태평양을 건너는 칠레 농산물이 크게 늘었다. 무역개방과 부패추방 부문의 최고 훈장감인 칠레와 다른 남미 국가들의 상업적 통합은 투명한 비즈니스 관행을 확산시키는 데 도움이 될 것이다. 그리고 공공부문과 민간부문의 계정을 결합시킨 칠레의 유연한 연금제도는 예산규모가 작은 안데스 국가들에게는 값진 실험이다.

칠레는 세계시장에서 무수한 장애물들을 만났지만 지금까지 잘 대처해왔다. 칠레와 볼리비아는 이제 더 이상 볼리비아를 내륙에 가둬놓은 태평양전쟁(1879~1883년에 칠레와 볼리비아·페루 연합군 사이에 벌어진 전쟁으로, 승리한 칠레가 페루와 볼리비아의 일부 영토를 병합하고 볼리비아는 내륙에 갇혔다—옮긴이)과 같은 영토 분쟁을 벌이지 않는다. 대신 칠레는 볼리비아에 항구 접근로를 내어주고 그 대가로 자국에 필요한 석유와 가스를 거의 전량 제공받는다. 칠레는 수력 발전을 위해 남부의 강에 댐을 만들 때도 환경보전구역과 소가 풀을 뜯는 평원을 보호했다.7 2006년 칠레 광부들은 국제적인 경영진을 상대로 파업에 들어가 세계 구리의 8퍼센트를 생산하는 에스콘디다 광산의 채굴을 중단했다. 노동자들이 구릿값 상승 국면에 맞추어 생산을 늘리느라 혹사를 당하고 있는데도 임금 인상은 한 푼 없다는 이유에서였다. 이에 대해 칠레 정부는 국내의 필요에 부응하지 않을 경우 은폐되는 것은 그들의 이윤뿐임을 보여줬다.

칠레의 통치 스타일 또한 라틴아메리카가 마땅히 본받아야 할 최고의 형태다. 유럽의 동쪽에서도 확인할 수 있듯이, 독재정권의 피문은 과거를 가장 줄기차게 열거해온 나라들이 가장 앞서 안정과 번영을 향해 나아가고 있다.8 칠레의 현 대통령 미첼 바첼레트(Michelle Bachelet)는 혁명가 출신인데다 고문 피해자이며, 이혼한 싱글맘이고, 소아과의 사이며, 전직 국방장관이다. 전체적으로 보아 많은 금기를 깬 사람이다. 이는 피노체트 이래 칠레 정치의 안정은 더 이상 누가 통치하는가에 달려 있지 않다는 의미다. 좌우를 막론하고 실용주의가 시대의 명령이기 때문이다. 칠레가 역내 다른 나라들과 미국에 주는 교훈은 천연자원과 좌파 경향의 민주주의가 그 자체로는 결코 (비신사적 속임수나 부패와는 결이 다른) 제도적 부패의 원인이 아니라는 것이다. 라틴아메리카에서 질투심이 최대의 문화적 동기부여자라는 데 별다른 이의가 없다면, 칠레는 대륙 최고의 교사인 게 분명하다.

먼로 독트린을 넘어서

미국은 10년 이상 냉전시대 사고의 연속선상에서 그저 라틴아메리카에서 입지를 잃지 않을 방법만 반사적으로 강구해왔다. 그러나 먼로 독트린의 원칙들, 즉 미국은 해외의 어떤 세력도 라틴아메리카에 영향을 미치지 못하도록 막을 것이며, 미국의 이익을 지키기 위해 언제든 마음대로 개입하고, 각 나라의 경제 사정들을 조율하겠다는 원칙들은 모두 서서히 꺼져가는 촛불들이다. 21세기 초에 미국과 관계를 맺는 방식에 관한 세 가지 모델이 이 지역에 등장했다. 미국의 지배를 전투적으로 거부하고 자력갱생하여 위대한 사회주의를 구현하자는 베네수엘라의 비전이 그 하나이고, 공동의 경제, 안보 이해관계를 바탕으로 미국과 우호적인 관계를 맺는 콜롬비아 방식이 그 둘이며, 미국과 실용적, 선택적으로 협력하면서 외교석상에서 더 강한 자기주장을 펼침으로써 협상을 보완하는 브라질의 방식이 그 셋이다. 지역의 틀이 차츰 구체화돼감에 따라 미국의 영향력이 관성만으로 지속되지는 못할 것이다.

에너지가 공유되고 무역의 자급자족이 이루어지는, 하나된 서반구에 대한 비전은 여전히 눈부신 가능성으로 남아 있다. 그러나 라틴아메리카 정치에 넘쳐흐르는 자부심이 미국과의 균형 잡힌 상호인식을 통해 충족될 때까지 그 비전은 실현될 수 없다. 이 지역을 반구 통합의 생산적인 파트너로 끌어올리자면 새로운 '진보를 위한 동맹'이 필요하다. 그러나 새로운 아메리카 독트린은 미국 대통령의 이름을 따서 명명돼서는 안 된다. 그랬다가는 라틴아메리카 지도자들이 딴 곳으로 발길을 돌릴지도 모르기 때문이다.

아메리카 대륙에서는 미국이 앞으로 한 세기 혹은 그 이상의 기간 동안 계속해서 원칙 제정자 역할을 하게 될 수도 있다. 하지만 이 지역에서는 어떨까? 모두의 이해관계가 복잡하게 얽혀 있는 이 지역의 나라들과 슈퍼파워가 어떤 상호작용을 하게 될지 예측하는 것은 결코 쉬운 일이 아니다. 그곳은 바로 중동(Middle East)이라는 이름으로 불리는 지역이다.

SECOND WORLD

EMPIRES AND INFLUENCE IN THE NEW GLOBAL ORDER

제4부

빅3의 결전장

중동

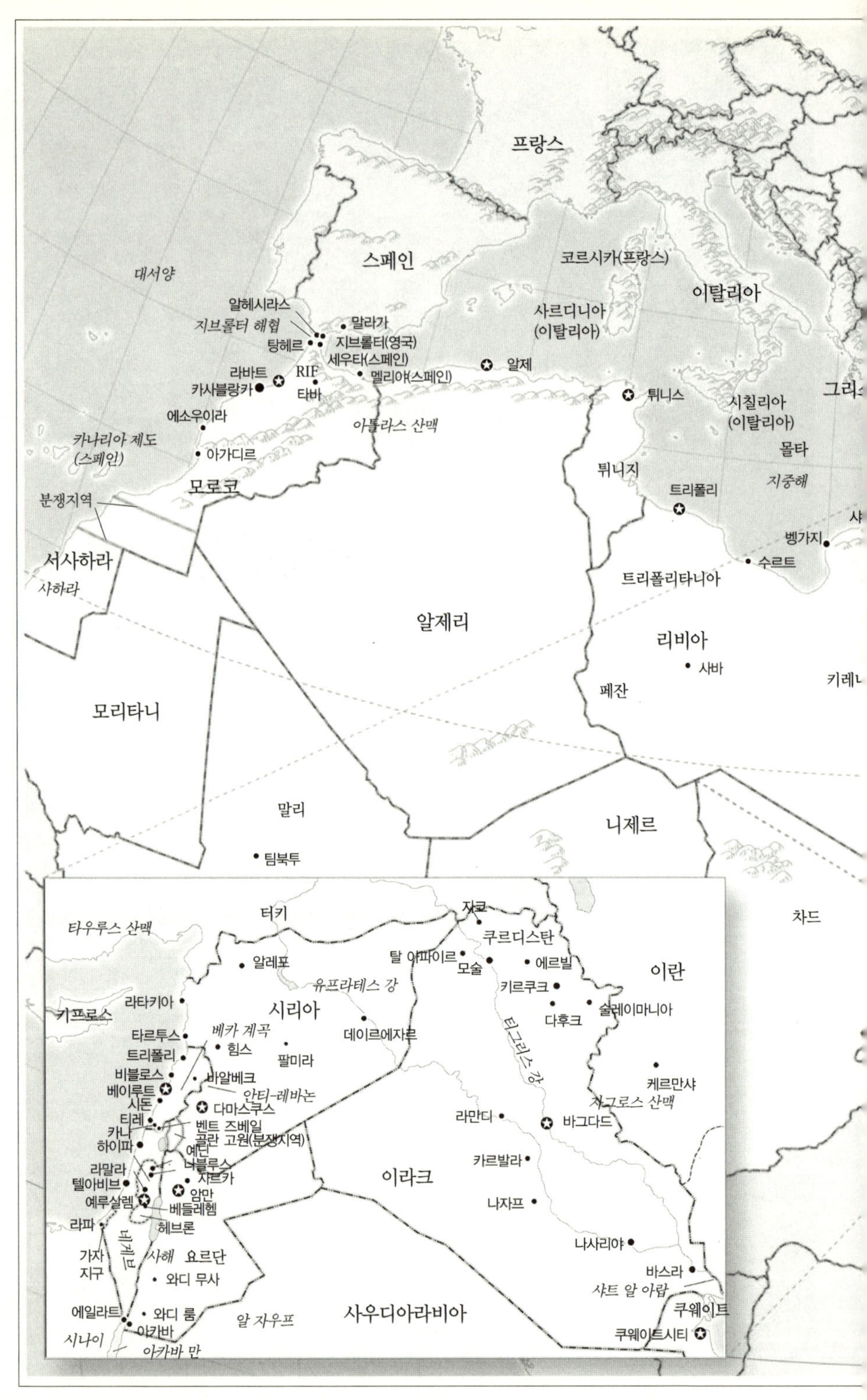

프랑스
대서양
스페인
코르시카(프랑스)
이탈리아
사르디니아
(이탈리아)
알헤시라스
지브롤터 해협
탕헤르
말라가
지브롤터(영국)
세우타(스페인)
멜리야(스페인)
알제
튀니스
시칠리아
(이탈리아)
그리스
라바트
RIF
카사블랑카
타바
에소우이라
아틀라스 산맥
몰타
지중해
카나리아 제도
(스페인)
아가디르
튀니지
트리폴리
모로코
벵가지
분쟁지역
수르트
샤
서사하라
트리폴리타니아
사하라
리비아
알제리
사바
키레니
페잔
모리타니
말리
니제르
팀북투
타우루스 산맥
터키
자코
차드
쿠르디스탄
알레포
탈 아파이르
모술
에르빌
이란
라타키아
유프라테스 강
시리아
키르쿠크
키프로스
다후크
술레이마니아
타르투스
베카 계곡
데이르에자르
힘스
트리폴리
팔미라
비블로스
바알베크
티
그
리
스
강
베이루트
안티-레바논
케르만샤
시돈
다마스쿠스
자그로스 산맥
티레
벤트 즈베일
카나
골란 고원(분쟁지역)
라만디
바그다드
하이파
예닌
나블루스
라말라
자르카
이라크
텔아비브
암만
카르발라
예루살렘
베들레헴
나자프
라파
헤브론
가자
지구
사해
요르단
나사리야
와디 무사
바스라
에일라트
와디 룸
알 자우프
샤트 알 아랍
아카바
사우디아라비아
쿠웨이트
시나이
아카바 만
쿠웨이트시티

터키
카스피 해
마슈하드
타브리즈
엘부르즈 산맥
테헤란
아프가니스탄
콤
모술
키르쿠크
유프라테스 강
티그리스 강
이란
시리아
라마디
바그다드
자그로스 산맥
이스파한
케르만
키프로스
레바논
이라크
쿠제스탄
파키스탄
수에즈 운하
이스라엘
포트사이드
페르세폴리스
시스탄
앤 발루치스탄
알렉산드리아
포트포우아드
바스라
사헬
반다르에아바스
메크란
산맥
요르단
쿠웨이트
부시르
케슈 섬
호르무즈 해협
카이로
수에즈
쿠웨이트
시티
기자
페르시아 만
오만 만
나일 강
티란 해협
아드 다맘
마나마
두바이
무스카트
샤름 엘 셰이크
다란
도하
이집트
바레인
아부다비
리야드
카타르
룩소르
메디나
사우디아라비아
아랍에미리트
오만
아부심벨
회귀선
아스완
나세르 호
홍해
메카
제다
타이프
엠티 쿼터
(루브알칼리 사막)
수단
사나
아리비아 해
에리트레아
아스마라
예멘
사헬
카르툼
아덴 만
아덴
바브엘
만데브
해협
지부티
지부티
아디스아바바
케슈 섬
호르무즈 해협
라스알카이마
알아인
푸자이라
페르시아 만
샤리아
두바이
하타
제벨 알리
에티오피아
도하
아부다비
알아인
카타르
소말리아
모가디슈
적도
아랍에미리트
오만
인도양
N
W
E
S

산산조각 난 벨트

아랍 문명권은 아랍 지역뿐 아니라 지리적으로 대서양에서부터 북아
프리카, 아라비아 반도, 메소포타미아 계곡을 가로지르며 뻗어나간 지
역 전체에 걸쳐 광범위하게 형성돼 있다. 아랍 문명권의 경계는 북쪽
으로는 아나톨리아의 자그로스 산맥이라 불리는 타우루스 산맥과 카
프카스 산맥 그리고 카스피 해이고, 남쪽으로는 인도양이며, 동쪽으로
는 남아시아의 시작 지점인 파키스탄의 인더스 강이다. 이 지역을 가
리킬 때 흔히 쓰는 말로 아직도 서방세계의 담론을 형성돼 있는 용어
는, 영국 해군이 저 옛날 그리스의 지리적 방향 감각에 입각해 만들어
낸 것이다 '근동(Near East)'은 연료 보급지이던 키프로스 근방을 가리
키는 말이었고, '중동(Middle East)'은 예멘의 아덴 항 근방을 뜻했으
며, '극동(Far East)'은 인도양과 그 너머를 가리키는 말이었다. '중동'
이라는 용어에 담긴 암묵적인 의미는 '세계의 한가운데'라는 것이다.
그러나 이렇게 시대에 뒤진 용어로는 여러 얼굴을 지닌 드넓은 아랍

문명권을 명쾌히 규정할 수 없다. 이 지역을 지칭하는 더 좋은 말이 아직 없다는 사실은 이곳이 안팎으로 얼마나 갈등이 깊고 복잡한 지역인지를 강조할 뿐이다.[1]

이렇게 서방세계가 제대로 된 어휘를 찾지 못하는 동안 아랍세계는 천 년에 가까운 세월 동안 하지 못했던, 자기 영역에 대한 근본적인 재규정을 시도하고 있다. 7세기부터 13세기까지 아랍은 우마이야 왕조(Umayyad dynasty, 옴미아드 왕조. 661년에 무아위야가 세운 이슬람 왕조로, 다마스쿠스를 중심으로 중앙아시아에서 에스파냐까지를 지배하고 서유럽에 이슬람 문화를 전파했다—옮긴이)와 아바스 왕조(Abbasid Caliphate, 750년에 아불 아바스가 세운 이슬람 왕조로, 바그다드를 중심으로 서아시아를 지배했으며 동서 문화가 융합된 이슬람 문화의 황금기를 이룩했다. 1258년에 몽골에게 멸망했다—옮긴이)를 거치면서 대서양에서 인도양에 이르는 드넓은 영토를 지배했다. 그러나 그 후 아랍은 분열되어 여러 세기 동안 투르크인, 페르시아인, 유럽인의 지배를 받았다. 냉전기에 정치지리학자 솔 코헨(Saul Cohen)은 이 지역을 일컬어, "현저한 내부적 차이"를 갖고 있는데다 "외부의 이해관계에 쓸려 부서진" 탓에 "정치적 혹은 경제적으로 통일된 행보를 할 수 없는 …… 산산조각난 벨트"라고 잘라 말했다.[1] 오늘날 아랍세계는 천 년 만에 처음으로 '자연스러운 질서'를 정립할 기회를 맞고 있다.

---

1) 이 지역을 실제로 뭐라고 부르느냐에 관한 용어상의 갑론을박은 오늘날의 정치와 정책에서도 계속 이어지고 있다. 유럽 국가들은 '넓은 의미의 중동'이라는 용어를 선호하고, 세계은행은 아프가니스탄과 파키스탄을 포함시켜 '중등과 북아프리카(MENA)'라는 표현을 사용하며, UN은 '서아시아'라고 부르고, 중국은 지리적으로 중립적인 명칭인 '서남아시아'라는 용어를 선호한다.

세계화가 이 산산조각 난 벨트가 일체성을 회복할 수 있게끔 도와주고 있다. 사하라에서 아라비아에 이르는 지역은 대부분 퍼즐 조각처럼 분할된 황량한 사막지대지만, 거친 파도가 넘실거리며 쉴 새 없이 포개지고 아랍인과 베두인족(Bedouin, 시리아, 이란, 아라비아, 아프리카 북부의 건조지대에 사는 유목민족―옮긴이)이 사방팔방으로 항해하는 드넓은 바다라는 것이 보다 적합한 비유일 것이다. "언어와 종교가 서로에 대한 깊은 유대감을 다시 일깨우고 있습니다." 아랍세계의 비공식 수도인 두바이에서 만난 한 언론인이 말했다. 언어와 종교는 대대로 아랍인의 가슴과 머리를 붙들어온 힘으로, 오늘날 이 지역을 하나로 묶어주는 두 요소, 아랍주의(Arabism)와 이슬람교(Islamism)를 상징한다.

식민시대에 그어진 미심쩍은 국경선 안에서 자신을 어떻게 규정해야 할지를 두고 씨름하는 아랍 국가 중 국가에 충성을 요구하는 나라는 거의 없다. 국경 안에 사는 사람들은 국민이라기보다는 주민이다. '국기를 가진 부족들'이라는 정치 형태는 신축성이 있어서, 아랍인이 스스로를 3억 인구의 단일 블록으로 생각하게 만들어준다.[2] "우리가 방송을 내보냄으로써 아랍인은 미국의 CNN이 아니라 자신의 눈을 통해 세계를 볼 수 있게 됐습니다. 과학기술 덕에 우리가 힘을 갖게 된 거지요." 알자지라(Al-Jazeera)의 한 통신원이 힘주어 말했다. 이런 정서는 영국의 역할을 빼앗은 미국의 이라크 전쟁으로 인해 더욱 고양됐다. 이라크 전쟁은 아랍인에게 제국주의에 대한 의식을 일깨움으로써 그들을 한층 더 결속시키고 있다.

아랍권은 여전히 구린내 나는 정권들과 광범위한 사회경제적 침체 현상을 보여주고는 있지만, 의문의 여지가 없는 제2세계 지역이다. 아프리카나 남아시아와는 달리 천연자원과 돈, 노동력, 개발능력 등을 두루 갖추고 있을 뿐 아닐라 오랜 세월의 정체기를 지나 마침내 스스로를 개발해가는 과정에 들어섰기 때문이다. 9·11 이후 엄청나게 축적된 석유 자본이 대부분 아랍세계 내에 재투자되면서, 석유가 풍부한 나라들은 석유가 없는 사촌들의 경제에 투자하고 노동력은 그 반대 방향으로 흐르고 있다. 1억 5천만 아랍 젊은이 대다수가 투자자로, 건설노동자로, 운전기사로, 연예인으로 역내의 다른 나라로 이동하고 있다.

아랍인이 세계화에서 배제되는 일은 없을 것이다. 그들은 오히려 세계화를 이끌어가고 있다. 서방세계는 인터넷 보급률이나 해외여행, 도서 번역 등을 척도 삼아 아랍을 낙후된 지역이라고 여긴다.[3] 과연 그럴까? 에드워드 러트왝(Edward Luttwak)이라는 학자가 냉소적으로 지적한 것처럼 이 지역 "최대의 산업은 사치품 소비와 적개심의 분출이다."[4] 그러나 실크로드 시대 때부터 십자군 시대, 제2차 세계대전에 이르기까지 아랍세계는 유럽, 아프리카, 아시아를 연결하는 물리적 통로였다. 게다가 오늘날 세계의 석유와 가스 공급의 상당 부분이 아랍 국가들로부터 이루어지면서 이곳은 세계경제에서 결코 경시할 수 없는 중심이 되고 있다.[5] 아랍세계의 통상 허브인 카이로, 리야드, 베이루트, 암만, 두바이는 좋은 의미로든 나쁜 의미로든 세계화가 일상생활에 미치는 영향을 아주 잘 보여주는 시험장이다. 아랍인들에게 인터넷은 매우 사회적인 활동 공간이다. 모로코에서 오만의 무스카트까지, 인터넷 카페들은 24시간 내내 사람들로 북적인다. 대기가 비교적 서늘한 밤에는 더욱 북새통을 이룬다. 젊은 남녀들이 온 도시에, 아니 온 세계에 즉석 메시지를 보내고, 채팅으로 정치나 대중문화를 논하며, 웹캠을 이용하여 서구인들에게 결혼을 하자거나 이민을 도와달라고 유혹하기도 한다. "우리는 집에 컴퓨터가 없어요. 그래서 여기에 와서 서로를

아랍연맹Arab League

- **창설** : 1945년 3월 이집트, 사우디아라비아 등 아랍 6개국이 카이로에 모여 지역협력을 결의하며 창설. 정식명칭은 아랍국가연맹(League of Arab States)
- **목적** : 중동의 평화와 안전 확보, 아랍국들의 주권과 독립 수호, 국가간 협력
- **주요 활동** : 정치협력, 분쟁 해결, 군사적 방어, 경제협력 등
- **본부 및 사무국 소재지** : 이집트 카이로
- **가입국** : 22개국—이집트, 시리아, 레바논, 사우디아라비아, 이라크, 요르단(1945)—예멘, 리비아(1945)—수단(1956)—모로코, 튀니지(1958)—쿠웨이트(1961)—알제리(1962)—아랍에미리트, 오만, 바레인, 카타르(1971)—모리타니(1973)—소말리아(1974)—팔레스타인(1976)—지부티(1977)—코모로(1993)
- **참관국** : 에리트레아, 베네수엘라, 인도
- **주요 기관** : 각국의 각료급 대표가 연 2회 모이는 연맹이사회(League Council)가 최고의사결정기관으로서 중요한 사안은 만장일치로 의결하며, 그 밑에 정치, 경제, 군사, 인권 등의 상설위원회와 사무국을 둠. 근년에는 각국 정상이 연 1회 정상회담

만나고 세계 곳곳의 친구들과도 메신저를 하지요." 모로코의 페즈에서 만난 한 십대가 수줍은 미소를 지으며 자기가 인터넷 카페에서 얼마나 많은 시간을 보내는지 털어놓았다.

이슬람교가 이 새로운, 전 지구적 아랍민족주의를 포괄할 수 있을까? "아랍연맹 가입국은 모두 다 더 큰 조직인 이슬람회의기구 가입국 아닌가요?" 카이로에서 한 무슬림 운동가가 종교가 어떻게 외교적 권력을 가질 수 있는지에 관한 모델로 바티칸을 거론하며 도전적으로 물었다. 이렇듯 아랍 국가들이 이슬람 기구에 가입한 이유는, 이슬람이 이들에게 아랍민족주의를 가둬두고 있는 임의적인 식민지시대의 국경을 뛰어넘는 또 다른 존재 의미를 부여해주기 때문이다.[6] 이데올로기는 특정한 문화적 맥락과 결별할 때 가장 잘 전파된다. 이슬람교와 기독교가 세계에 가장 널리 보급된 까닭이 바로 그것이다.[2)]

이슬람교의 매력은 광포한 몽골인을 개종시켰고, 1700년경에는 네 개의 무슬림 제국, 즉 모로코의 샤리판(Sharifan, 아랍의 유명한 가문인데 여기서는 1665년부터 모로코 일대를 지배한 알라위트 왕조를 가리킨다—옮긴

이), 아나톨리아의 오스만, 페르시아의 사파비, 인도의 무굴 왕조가 북아프리카와 유라시아 대부분을 지배했다. 오늘날 이슬람교는 또다시 아랍인이 뻗어나간 지역 전체를 단일한 이슬람 벨트로 통합하려 한다.[7]

---

2) 토인비의 말처럼 "이슬람의 등장은 어쩌면 인류사에서 가장 놀라운 사건이다. 이슬람은 일찍이 그 존재를 무시당하던 땅과 사람들 속에서 솟아나 한 세기도 못 되는 사이에 지구의 절반으로 뻗어나가며 대제국들을 쳐부수고, 오래된 종교들을 물리치고, 민족들의 영혼을 개조하며, 전혀 새로운 세계를 구축했다. …… 이슬람은 가장 연약한 인간의 뒷받침을 받아 가장 묵직한 물질적 부에 맞서며 대모험의 항해를 해나갔다. 이슬람은 마치 기적처럼 쉽게 승리를 거두었고, 두 세대에 걸쳐 피레네에서 히말라야까지, 중앙아시아 사막에서 중부 아프리카 사막까지 불타는 초승달(Fiery Crescent, 이슬람 제국)이 승리의 열매를 맺는 것을 목격했다." Toynbee, *Civilization on Trial*, 205.

이슬람 공동체(Umma Islamiyya)는 천 년 전 칼리프가 다스렸던 영토를 훌쩍 뛰어넘어 유럽과 터키, 중앙아시아에 사는 무슬림 인구는 물론, 머나먼 인도네시아 군도에까지 세력을 뻗칠 것이다. 언젠가 조지 부시 미국 대통령은 "스페인에서 인도네시아에 이르는 과격한 이슬람 제국"이라며 두려움이 섞인 표현을 한 적이 있다. 그런데 무슬림에게 이 말은 긍정적인 메시지를 전달해준다. 왜냐하면 이슬람 시대는 통상, 영토, 지식이 확장된 시대였기 때문이다. 실제로 다르 알 이슬람(Dar al-Islam, 이슬람의 집)과 다르 알 하르브(Dar al-Harb, 전쟁의 집)로 나뉜 이슬람 세계는 미국이 벌인 '테러와의 전쟁'과 충돌하는 과정에서 자신의 옛 영광을 되찾고 있다. 서구인들은 무슬림이 물질적으로 퇴보한 것을 동정하면서도, 한편으로는 무슬림의 상처받은 자존심에서 뿜어져 나오는 열기를 두려워한다. 그들은 알카에다의 마그레브(Maghreb 또는 Maghrib, 아랍어로 '서방'이라는 뜻으로 이집트 서쪽의 북아프리카 지방을 가리킨다—옮긴이) 지부와 메소포타미아 지부 소속 지하드(성전) 전사들이 서로 네트워크를 구축해 이슬람 벨트 북쪽에서 외국 군대를 축출하고 이질적인 세력을 퇴치하는 것을 지켜보면서, '무슬림은 배교(背敎) 정권을 내쫓을 능력이 있는 새로운 볼셰비키 전위대'라고 생각하게 됐다.[3]

아프가니스탄에서 반소비에트 무자헤딘이 활동했을 때와 유사하게,

---

3) 1919년 파리평화회의에서 우드로 윌슨(Woodrow Wilson)은 이런 말을 했다. "그 야수 같은 측면들이 혐오감을 불러일으키는 것만큼이나 많은 공감을 끌어내는 볼셰비즘의 뒤에는 숨은 힘이 있는 게 분명합니다. 경제, 정치의 양면에서 공히 세계에 영향력을 행사하는 기존의 대규모 이익집단들에 대한 반발심이 전 세계에 퍼져 있습니다. 이런 지배체제를 바로잡는 길은 끊임없는 토론과 차분한 개혁이지만, 이것은 계속 지연돼왔습니다. 세계의 일반 대중은 점점 인내심을 잃어가고 있습니다."

이라크의 반미 항전도 전 세계 무슬림을 한데 뭉치게 했다. "이슬람의 폭력은 자기방어인 동시에 복수"라고 무슬림 운동가는 주장했다. 미국이 지하드 전사를 가리켜 '광신도'라는 모욕적인 언사를 사용함으로써 오히려 지하드 전사의 사기를 북돋우는 사이, '이슬람의 집'이라는 말은 상대적으로 서방보다 공정하고 균형감이 있으며 온화한 원동 지방 사람들에게 보다 자연스럽게 다가간다.[8]

"이슬람은 지정학적 세력이 아닙니다. 이슬람은 그 내부의 적들이 외부의 적들보다 더 커요." 테헤란에서 만난 한 시아파 이슬람교도는 냉소적으로 말했다. 상당한 열기에도 불구하고 전 지구적으로 결집된 이슬람주의는 실현되지 않고 있다. 모스크 참배와 이슬람 미디어, 정당, 금융기관의 증가로 미루어볼 때 이슬람에서 자각이 일어난 것은 분명하다. 그러나 이 자각에는 응집력이 결여돼 있다. 40여 년 전 헨리 키신저는 범아랍주의(pan-Arabism)의 이상과 협상하는 데 따르는 어려움에 대해 깊이 생각했다. 현실에서는 '무슬림'을 이야기하는 것이 '기독교도'를 언급하는 것만큼이나 유용하다. 그러나 통일된 '이슬람 세계'라는 수사는 설익은데다 생산적이지도 않아서, 서방 지도자들이 피하고 싶어하는 정체성 중심 정치를 곧장 부각시킨다.[9] 오늘날의 이슬람은 오스만 제국 때보다도 관료들의 결집력이 떨어지며, 이슬람 공동체를 추진하는 핵심 국가 간에 어떠한 합의도 이루어진 게 없기 때문에, 이슬람의 이념적 뼈대 위에 살을 붙여가는 소비에트 스타일의 동맹구축 작업 같은 것도 전혀 진행되지 않고 있다. 이슬람 집단은 무슬림 내부의 수니파와 시아파 사이에서 벌어지는 상호 학살이 이슬람과 비이슬람 세계 사이에서 벌어지는 학살보다도 훨씬 많을 만큼 이념과 분파를 따라 깊이 분열돼 있다. 또한 이슬람 정당들은 국내 지향성이 두드러진다. 반 서방 감정을 자극할 때조차 무슬림들은 자기 나라보다 더 예속된 곳은 없다는 사실을 민감하게 인식하고 있기 때문이다. 모든 신도들에게 믿음의 평등을 주는 이슬람이 정작 자신의 본바닥에서는 여러 방면에서 자유롭지 못한 것이다.

오늘날의 대다수 사람들이 그러한 것처럼 아랍의 무슬림 역시 마침내 영적인 삶보다 경제적인 삶을 더 추구하기 시작하면서, 이슬람은 하나의 슈퍼파워로 응집되기보다는 지역 정치문화운동으로서의 아랍주의에 머무를 가능성이 더 커 보인다. 그런가 하면 현재의 슈퍼파워인 미국, EU, 중국은 마그레브(북아프리카)와 마슈레크(Mashreq 또는 Mashriq, 서남아시아. 아랍세계의 동부, 즉 이집트 동쪽 지역을 가리킨다—옮긴이), 칼리지(Khaleej, 페르시아 만) 소지역들에 손길을 뻗치며, 탕헤르에서 테헤란에 이르는 지역의 패권을 두고 아랍주의와 이슬람주의에 도전장을 내밀고 있다.

17

마그레브
유럽에서 불어온 변화의 바람

"북아프리카인이라고 불러주세요. 우린 동쪽에 사는 아랍인들하고는 달라요." 탕헤르의 한 원주민이 도시의 경사진 오솔길을 산책하며 말했다. 아랍세계에서 수평적 사고가 아닌 수직적 사고를 하는 곳이 있다면 그곳은 마그레브다. 위대한 역사가 페르낭 브로델(Fernand Braudel)은 지중해 문명은 그 지속적이고 극적인 변화에도 불구하고 "사람들의 이동과 그들이 가져오는 관계, 그들이 따라가는 길에 의해" 하나로 통합된다고 쓰고 있다. 그렇게 공동의 운명을 공유한다는 것이다.[1] 포에니 전쟁(Punic Wars, 기원전 264년에서 기원전 146년에 걸쳐 페니키아 식민지 카르타고와 로마가 지중해의 패권을 놓고 벌인 전쟁―옮긴이) 전까지는 카르타고(오늘날의 튀니지)가 북아프리카 해안과 이베리아 반도 남부뿐만 아니라 코르시카, 사르디니아, 시칠리아 섬 등 오랜 동안 지중해 건너편을 정복하는 데 필요한 요새이자 교량이었던 섬들까지도 지배했다.[2] 로마와 비잔틴 제국의 연이은 북아프리카 지배는 7세기 말 동쪽에서 나타난 아랍 침입자들에 의해 마침내 종식되었다. 그로부터 천 년 후인 19세기와 20세기에 스페인, 프랑스, 이탈리아가 다시 북아프리카 일대에 거대한 식민지를 구축하면서 이 지역을 유럽과 단단히 이어놓았다. 오늘날 '넓은 의미의 중동'을 이야기하는 서방의 정책결정자들은 무심결에 브로델이 말한 '대지중해권(Greater Mediterranean)', 즉 빈곤과 결핍, 유목민과 대상, 그리고 이슬람의 땅을 표절하고 있다. 니콜라스 사르코지(Nicolas Sarkozy) 프랑스 대통령은 '대지중해연합'을 건설하고 싶다는 소망을 밝힌 바 있는데, 이는 알제리에서 프랑스인으로 나고 자라 유럽-아랍연방을 꿈꾸었던 알베르 카뮈(Albert Camus)의 메아리였다.[4]

마그레브 지방이 유럽권에 이토록 깊숙이 통합됐던 적은 일찍이 역사에 없었다.[5] 해마다 새로 깔리는 천연가스 수송관이 북아프리카와

---

4) 유럽과 아프리카 사이에 위치한 마그레브 국가들은 유럽인들이 두려워하는 아랍세계뿐만 아니라 서아프리카나 사하라 이남 아프리카에서도 이주민들이 몰려드는 곳이다. 말리의 팀북투는 한때 이슬람 학문의 중심지이자 사하라 대상들의 출발지였지만, 오늘날에는 한 세기 전 식민통치하의 물질적 진보와 사회조직화 수준조차도 달성하지 못하는 아프리카의 무능력을 다방면으로 보여주고 있다. 서아프리카의 많은 청년은 일단 모리타니, 모로코, 알제리, 튀니지에 숨어들었다가 스페인 영토인 세우타와 멜리야로 대거 이동한다. 모리타니인들은 '요새 같은 유럽'에서 그나마 경계가 느슨해 보이는 카나리아 제도(스페인령)를 향해 목숨을 건 항해를 한 뒤 탈수 상태의 병든 몸으로 섬에 도달한다. EU 가입국인 작은 섬나라 몰타는 해안에 몰려든 아프리카 이주민들을 처리하기 위한 수용소를 따로 만들었다. 마그레브 해안을 벗어나는 데 성공하지 못한 많은 아프리카인은 자신들이 새로 정착한 곳에 이미 존재하던 경제사회적 압박을 더욱 심화시키고 있다.

5) 떠오르는 '유럽권'은 EU의 4억 5,000만 시민뿐 아니라, 북아프리카에서 발칸, 터키, 옛 소련 지역에 이르기까지 EU와 국경이나 바다를 접한 나라들의 3억 8,500만 주민을 모두 아우른다. EU는 매년 '중동과 북아프리카' 지역에 20억 달러, 사하라 이남 아프리카에 60억 달러의 개발 원조를 제공한다. 이는 다른 어떤 열강의 원조보다도 훨씬 큰 액수다. Mark Leonard, *Why Europe Will Run the Twenty-first Century* (London: Fourth Estate, 2005)

남부 유럽을 물리적으로 더 굳게 결합시키면서, 러시아에 에너지를 의존하는 유럽에 대안을 제공함과 동시에 마그레브 국가들의 국고를 늘려준다. 또한 유럽은 아프리카의 가장 큰 원조자이자 농산물 수입자인 동시에, 마그레브와 지중해를 건너오는 그 밖의 대다수 상품의 소비자이기도 하다. 마그레브 주민들의 유럽 이주는 서반구에서 혼혈이 진행되는 것만큼이나 극적으로 유럽의 인구 구성을 바꿔놓고 있다. 일각에서는 유럽을 '유라비아(Eurabia, 유럽과 아라비아의 합성어로, 아랍 인구가 늘어나고 아랍 문화가 번창하는 유럽을 가리키는 정치 신조어—옮긴이)'라고 부를 정도다. 라틴아메리카가 미국의 뒷마당이라면, 아프리카는 분명히 유럽의 뒷마당이다. 하지만 이러한 마그레브의 사례는 제국을 역주행시키는 사례일까, 제국에 기회를 주는 사례일까?

마그레브인에게 유럽은 기회의 땅이다. 수천 명의 모로코인이 더 나은 삶을 찾아 배를 타고 지브롤터를 향해 떠나는데, 배에 물이 새는 바람에 육지에 도달하기도 전에 가라앉는 일이 종종 일어난다. 그런가 하면 브뤼셀에는 이미 많은 모로코인이 건너가 있다. 화려한 그랑플라스(Grand-Place, 17세기 후반에 조성된 브뤼셀 도심에 있는 광장—옮긴이)에서 핸드백을 훔치는 따위의 소소한 범죄를 저지르는 좀도둑들이 바로 그들이다. 파리의 노인들은 옛 식민지 출신 아랍 이주자들이 암살이나 폭력을 저지를지도 모른다는 공포에 시달린다. 런던과 마드리드에서는 모로코에 근거지를 둔 지하드 전사들이 테러를 감행해왔다. 유럽은 지금까지 마그레브 지도자들에게 당근만 주고 몽둥이는 거의 들지 않았다. 유럽은 이에 대한 책임을 져야 한다. 1990년대에 EU가 구축한 '바르셀로나 프로세스(Barcelona Process, EU가 마슈레크와 마그레브 국가들과의 관계를 강화할 목적으로 1995년 바르셀로나에서 열린 유럽-지중해 회의에서 구축한 파트너십-옮긴이)'는 정책이라기보다는 의향이었다. 프랑스와 스페인은 정치 개혁보다는 무기 거래와 비행기 판매를 늘리는 일에 더 신경을 썼다.[3]

유럽과 미국은 매수와 공격을 적절히 섞어가며 북아프리카와 지중해의 사막과 바다에서 활동하는 해적들을 길들여왔다. 19세기 초에는 일련의 작은 전쟁을 통해 영국과 미국의 상선을 습격하는 바르바리 해적(Barbary pirate, 북아프리카 해안을 따라 활동하던 이슬람 해적-옮긴이)을 소탕했다. 오늘날 서방세계는 '마그레브의 알카에다'를 자처하며 사하라 사막에서 작전을 펼치는 급진적인 살라피스트(Salafist, 이슬람의 한 분파로 근본주의적 색채를 띠고 있으며 산하에 무장 테러단체들을 두고 있다-옮긴이) 조직들에 공포를 느끼고 있다. 모로코, 튀니지, 리비아, 차드, 니제르 정부는 물론 아프리카의 뿔(Horn of Africa, 아프리카 대륙 북동부의 뿔처럼 튀어나온 곳-옮긴이) 지역에 위치한 지부티와 에리트레아, 좁은 바브엘만데브 해협(Bab-el-Mandeb Strait, 아라비아 반도 서남단과 아프리카 대륙 사이의 해협-옮긴이) 건너편의 예멘 정부도 서방세계와 똑같은 공포를 느끼고 있다. 서아프리카 산유국과 북아프리카 가스 공급국들이 위험에 처하자, 미국은 별도의 AFRICOM(미군 아프리카 사령부) 작전권역을 설치해 테러와 불법무기운반, 인신매매의 차단 방안을 통합 조정키로 했다. 한편, EU는 보다 광범한 순찰 활동, 소기업 개발, 역내 무역 증진, 인권 감시의 비용을 대고 지역 곳곳에 고용센터를 열어 일자리를 창출하면서 이 지역의 인재가 유럽으로 빠져나가지 않도록 하고 있다. 오늘날 탕헤르 항의 녹슨 삭구들과 거대한 화물 컨테이너들 사이에는 상품과 승객들을 싣고 스페인과 프랑스를 쉴 새 없이 오가는 배들을 샅샅이 검사하는 보안장치들이 곳곳에 설치돼 있다.

마그레브 국가들은 메카보다 마드리드에 더 가깝다. 그럼에도 발칸이나 카프카스에서는 그토록 잘 먹히는 EU 회원국이라는 당근이 이 지역에서는 아직 그리 효과적인 수단이 아니다. 이는 유럽의 근린정책이 에너지, 개발, 이민과 정치개혁을 묶어낼 수 있는 새로운 인센티브와 보상 체계를 만들어내야 한다는 뜻이다. 또한 마그레브 지역은 실업률이 높은데도 노동력은 부족한 커다란 모순에 시달리고 있다. 이는 이 지역 청년들이 교육받은 (혹은 교육받지 않은) 일거리와 구할 수 있는 (혹은 구할 수 없는) 일자리 사이의 간극이 크다는 의미다.[4] 그러나 이 지역 정부들은 빈곤 퇴치에는 거의 돈을 쓰지 않고 자국민들이 유럽에서 보내주는 송금에 의존하여 살아가게 한다. 부족한 노동력을 우크라이나나 터키에서 충당할 수 있는 유럽은 이런 마그레브 지역 정부들에 보다 엄격한 잣대를 들이대며 그들이 기업을 지원하고 불투명한 투자관계법들을 없애도록 압박할 수 있다. EU가 비록 마그레브 이민자들을 이미 탑승시켜놓고 있다 하더라도, 대부분 가난한 이들인 이 900만 아랍인이 공민권 없는 이슬람 불평분자들의 교두보가 아니라, 터키 이민자들이 그러했듯 이 지역의 현대화에 일익을 담당하는 진보적인 해외이주자가 되도록 만드는 것은 EU의 임무다.

이베리아 반도 남단의 알헤시라스에서 좁은 지브롤터 해협을 건너 탕헤르로 가면, 모로코의 가파른 지중해 절벽 너머 리프족(Rif, 모로코 북동부 지역에 사는 베르베르인의 일족—옮긴이)이 사는 거친 산악지대에서 스페인의 현대식 관개농업이 천수 농경 시대로 퇴보하는 모습을 볼 수 있다. 마그레브 지역의 수출은 대부분 유럽과 이루어진다. 그런데 유럽은 농업 보조금 삭감을 완강하게 거부함으로써 마그레브 지역의 농산물 수출 기반을 잠식할 뿐 아니라 이 지역 국가들에게 EU 규정에 부합하도록 관세를 인하할 것을 강요한다. 어쨌든 마그레브의 무역을 진흥시키려면 무엇보다도 먼저, 팔 만한 가치가 있는 상품을 만들어내야 한다. 반세기 전에 토인비는 마그레브 농부들이 원하는 것은 "협정이나 조약이 아니라 펌프와 트랙터"라고 말했다.5 지금도 마찬가지다.

지난 몇 세기 동안 스페인과 포르투갈의 지배를 받았던 모로코 왕국은 이제 식민통치 없이 유럽화를 이루는 것을 시험하는 EU의 일차적 실험장이 됐다.6 그런데 모로코는 한 나라가 아니라 두 나라다. 인구의 절반 이상이 아랍인이 아닌 베르베르인이며, 두 민족이 계속 번갈아 가며 새로운 모로코 왕조를 개창해왔다.6)

베르베르인들의 장터는 아틀라스 산맥 속의 모래땅에 형성된 마을이나 페즈와 같은 중세시대의 중심지에 넓게 퍼져 있다. 페즈에는 아직도 그 기능을 유지하고 있는 세계에서 가장 오래된 메디나(medina, 미로 같

---

6) 역사가 이븐할둔(Ibn Khaldun)은 600여 년 전에 이 패턴을 분류하여 유목민인 베두인(bedu)족과 정착(hadar) 민족들 사이의 끊임없는 긴장관계를 기록했다. 베두인족은 정착 민족의 도시를 파상 공격하며 중앙집권을 약화시켰다. 그들은 3세대 이상 걸친 싸움 끝에 의기양양하게 도시민화했고, 그 이후로는 자신들이 새롭게 등장한 농촌 부족민들의 신랄한 공격을 받는 처지가 됐다.

은 골목길과 노천시장, 모스크 등이 함께 있는 생활공간으로, 본디 '도시'라는
의미로 쓰이던 것이 재래시장과 전통주거가 공존하는 도시 내의 지역을 가리키
는 말로 변용되었다—옮긴이)가 있는데, 그 비좁은 골목길에는 박하 다발
을 실은 수레들과 섬세한 문양이 새겨진 놋쇠 항아리를 파는 노점들이
빼곡히 들어차 있다. 페즈의 메디나에 살던 아랍 주민들은 카사블랑카
로 이주하고 있다. 카사블랑카는 세련된 현대식 건물들이 즐비한 중심
가와 공민권 없는 대중이 모여 사는 전통 도시가 병존하는 곳이다. 온
종일 노동을 한 거리의 아이들은 밤이 되면 환각으로 시름을 달래려고
본드를 찾아 가로등 주변을 서성인다. 모로코에서는 어떤 도시에서든
예외 없이 담장이나 길 하나를 사이에 두고 이국적인 풍경과 비참한 풍
경이 뚜렷이 대비된다.

　이러한 이슬람 이전의 문화적 속성은 아랍의 개발을 제약한다. 사실
상의 귀족 통치를 넘어서는 정치적 발전을 가로막는 것도 바로 이것이
다.[7] 아랍 지도자들은 모로코의 라바트에서 시리아의 다마스쿠스에 이
르기까지 시장이란 시장의 모든 노점에 빠짐없이 걸려 있는 초상화를
통해 스스로를 성스러운 존재로 만든다. 그러한 가부장적 족장제도에
서는 민주주의가 아니라 정권의 생존이, 다음날 아침 자신이 무사히 깨
어날지를 확신하지 못하는 지도자들의 일차적 관심사다. 대다수의 아
랍 독재자들은 동남아시아의 군사정권들처럼 근대화를 뒷받침하지 않
을 수 없고, 그럼으로써 궁극적으로는 자신의 권력기반을 갉아먹을 세
력의 힘을 서서히 강화해가게 된다. 아랍 정권들은 이 '개발의 역설' 대
신 방어적 근대화를 선택하여, 인민들에게 필요 이상의 사회경제적 자
유를 부여하지 않는 방식을 실행했다.[8]

　이븐할둔의 고향이자 카르타고의 본바닥이던 튀니지는 여성의 권리

신장, 문맹률, 자기주택 보급률, 인상적인 사회적 평등 면에서 근대화의 모범사례로 간주된다. 그런데 그러한 발전이 이루어진 것은 논란의 여지가 없는 권위주의적 통치하에서였다.[9] 벤 알리(Ben Ali) 대통령은 자기 나라를 "계몽적 사고의 땅"이라 부르지만, 간간이 자동차를 잡아타며 동쪽 두바이로 도보여행을 떠난 한 튀니지 청년은 이렇게 불평한다. "고향에서 내가 원하는 일을 할 수 있는 날은 결코 오지 않을 겁니다." 로마와 카르타고가 비슷한 정치체계를 갖고 있었지만 그 둘을 뛰어넘어 진화한 것은 유럽뿐이었다.

모로코가 유럽과의 유대를 돈독히 하려는 모습은 터키를 연상시킨다. 모로코는 지중해 건너편에 있는 나라 중 최초로 EU 회원국이 될 가능성이 크다. 대다수 모로코인이 그것을 원하고, 유럽의 젊은 세대들 또한 모로코가 유망한 EU 회원국이 될 것으로 여기기 때문이다.[10] 민주주의의 발전 전망이 EU 가입의 중요한 요건이 된 것은 바람직한 추세다. 그런데 이를 충족시키자면 이슬람의 자격기준과 대중의 지지를 고려할 때 자유화에 착수라도 할 가능성이 큰 것은 대통령이 아니라 왕이라는 사실을 인정해야만 한다. 모로코 왕 모하메드 6세(Mohammed VI)와 요르단 왕 압둘라(Abdullah)는 부족 독재군주들보다는 신비로우면서도 공정하다. 카사블랑카에서 만난 한 학자는 말한다. "이것은 헌법을 고쳐 쓰는 것과 같은 단순한 문제가 아닙니다. 전통적인 베두인 사회는 유럽 정치를 흉내 내는 것보다는 개인과 부족, 종교의 명예를 고수하는 것을 더 중시합니다."

젊은 모하메드 6세는 스스로를 중재자라기보다는 경영자로 여긴다. 그는 부왕 하산 2세(Hassan II) 밑에서 일했던 고압적인 내무장관을 해임했을 뿐만 아니라 진실위원회까지 발족시켜서 2005년에는 40년간의 인권침해 사건을 수록한 보고서를 발간했다. 독재 행위를 지속하는 것은 과거에 저지른 불법부당행위에 대한 복수를 당할지도 모른다는 두려움 때문이다. 지도자가 진실위원회와 같은 기관을 발족시켜 거기서 내린 결론을 받아들이기 전까지 독재의 악순환은 계속될 수밖에 없다. 이슬람정의발전당(Islamist Justice and Development Party)은 터키의 집권 이슬람 정당인 정의발전당(AKP)에 자극을 받아 본래 입장을 수정한 후 의회 내 영향력을 꾸준히 확보해왔고, 한 이슬람 정당은 심지어 군주제를 인정하지 않는다. 알제리와 튀니지의 시민사회가 국왕과 불편한 계약관계를 지속하는 데 반해, 모로코의 NGO들은 결성하기도 쉽고 민감한 요구도 하면서 정치범에 대한 처우 개선과 상대적인 언론 자유 등의 성과도 일구어내고 있다. "아직 폐단이 완전히 없어진 것은 아니기 때문에 우린 무슨 말을 하든지 무척 조심스럽습니다. 하지만 정부는 우리의 말에 귀를 기울입니다." 마라케시에서 만난 한 언론인의 말이다. 모로코가 성취한 것은 정치에서 이슬람주의의 역할이 확대되면 알제리식의 유혈사태가 일어나진 않을 것이라는 인권과 반테러 간의 진보적인 교환거래가 아닌가 싶다.

알제리처럼 석유가 풍부한 나라는 종종 '슈퍼유조선'이라고 불리기도 한다. 그런데 이 비유는 그 나라 정치의 바다에서 키를 조정하는 데 얼마나 오랜 시간이 걸리는지를 나타내주는 말이기도 하다. 잘못 돌릴 경우에는 마치 아랍의 길을 달릴 때처럼 시간과 에너지와 인내심을 고갈시키는 고되고 절망스런 고리 모양의 순환로를 따라가야만 한다. 알제리 정치는 1991년에 그런 잘못된 선회를 한 차례 했다. 그해에 치른 선거에서 이슬람 구국전선(Islamic Salvation Front, 1988년 11월 알제리 헌법 개정에 따라 집권 FLN 외의 다른 정당 설립이 허용된 직후에 결성된 이슬람주의 정당으로, 1991년 선거 후 불법화되었다—옮긴이)이 승리했는데, 군대가 이를 무효로 한 것이다. 곧 격렬한 내전이 이어졌고, 10만 명 이상이 학살됐다. 15년 후에야 비로소 국민적 화해가 시도되었으나, 그 과정은 법질서 회복과 동시에 사면 복권이 이루어진 칠레나 모로코와는 전혀 달랐다. 그 결과 지금도 아랍세계는 '알제리 공포증'을 앓고 있다. 알제리의 사례는 이슬람 정당을 선거에 참여시키지 말라는 경고판 구실을 한다. 그러나 이슬람이 선거에 참여한 결과가 이슬람을 선거에서 배제시킨 후에 발생한 비참한 내전보다 더 나쁜 것이었을까? 내전은 운전하는 것조차 힘들게 만들었다. 반군들이 알제의 교통신호등을 총으로 쏴버림으로써 도시의 혼잡을 참기 어려운 수준으로 만들어버렸기 때문이다.

아랍 젊은이들에게 책임감은 너무 일찍 찾아온다. 신체적 능력만 된다 싶으면 가족에 대한 의무를 지고 직업을 갖다 보니 지적 성숙을 이룰 기회를 얻지 못하는 경우가 흔하다. 많은 젊은이가 아랍어도 프랑스어도 제대로 구사하지 못하는 것 같다. 아랍 전역에서 공립학교의 질이 하락 추세에 있는 반면에, 이슬람의 사회적 네트워크들이 소속감과 자존감을 찾으려는 의지할 곳 없는 젊은이들에게 먹을 것과 피난처, 정신적 충만을 제공한다. 그러나 그곳 역시 시장에 내놓을 수 있는 기술을 가르치는 것은 소홀히 한다. 하릴없는 손들은 악마의 도구로 쓰이며, 낮은 교육 수준과 실업이 빚어낸 사회적 화약고는 현대 사회를 건설하는 데 동원될 수도 있지만 파괴하는 데 동원될 수도 있다. 서사극 〈알제 전투(The Battle of Algiers, 이탈리아의 질로 폰테코르보 감독이 알제리 독립 전쟁을 소재로 만든 흑백영화—옮긴이)〉가 보여주듯이 150년에 걸친 유럽의 식민지배조차도 아랍 사회를 변화시키는 데 실패했다. 하물며 다른 무엇이 아랍을 변화시킬 수 있을까?

튀니지인, 레바논인, 이집트인 등 수많은 아랍인이 일자리를 찾아 오랫동안 리비아, 이라크, 사우디아라비아 석유 산업의 언저리를 떠돌았다. 이 아랍 노동력의 유동성을 이용할 줄 아는 국경을 넘나드는 인력 공급망이 출현했다.[11] 유럽은 탕헤르 자유항과 같은 수출특구들에 투자를 해왔는데, 지중해를 따라 이러한 특구들이 계속 생겨나면서 일자리가 창출되고 수출은 용이해지며 이윤이 증대되고 있다. 모로코는 이제 미국과도 자유무역협정을 맺었고, 교육과 여성의 권리에 대한 추가 지원 혜택도 받고 있다. 일찍이 1920년대의 프랑스 식민정부 시절에 프랑스와 미국의 고문들은 메디나들을 다른 빈민가들처럼 퇴화시키지 말고 그 신비로운 매력을 잘 보존하라고 모로코 정부에 강력하게 권했다. 그러면 여행객들의 관심을 끌어 분명히 관광 수입이 늘어날 것이란 얘기였다.[12] 석유와 가스가 알제리 수출의 97퍼센트를 차지하는데(해저 파이프라인을 통해 유럽으로 가는 비율이 갈수록 늘고 있다), EU는 알제리에 그 수입을 사회기반시설과 농업에 쓰라고 압박하고 있다. 튀니지에서는 프랑스의 콜센터들이 달리 할 일이 없는 수천 명의 대학 졸업생을 고용하고 있다. 1인당 소득이 차츰 늘어나면 마그레브인들의 유럽 이주도 눈에 띄게 줄 것이고, 그와 동시에 유럽의 이민자 문제와 이 지역의 발전 문제도 가닥이 잡힐 것이다. 마그레브 지역에 대한 유럽의 투자 확대는 정치적 변화에 선행하는 경제적 변화를 가져다준다. 아랍의 입장에서는 후자가 반드시 전자에 선행돼야만 한다.

선선한 바람이 부는 모로코의 대서양 해안을 따라 들어선 저택들에 프랑스의 연금생활자들이 건너와 사는 광경은 지중해 건너편에 경제와 사회가 유기적으로 결합된 공간이 다시 출현했음을 알린다. 이 유럽인들에게는 비용이 적게 드는 퇴직생활 수단이 아랍 국가들에는 주택과 호텔에 대한 막대한 투자로 이어지고 있다. 그래서 이슬람 정당들조차도 그들이 모로코로 오는 것을 반대하기는커녕 오히려 그들을 유치하기 위한 세제상의 특전을 정치 의제의 한 항목으로 끼워 넣는다. 모로코 역시 아제르바이잔처럼 유럽의 일부가 될 날은 결코 없을지라도 이미 유럽식이 돼가고 있다.

국제 비즈니스에 적응하라, 리비아

"리비아는 늘 정체성의 위기를 겪어왔습니다. 우리는 주변의 모든 것을 흡수하지만, 그것들은 우리에게 아무런 의미가 없어요." 트리폴리에 있는 한 서점 주인이 말했다. 티레(오늘날의 레바논)의 페니키아인과 그리스인들은 기원전 6세기부터 북아프리카를 식민화하여 무역 전초기지로 삼았다. 그 최초의 기능은 귀금속 산지인 스페인으로 가는 길목의 휴게소였다. 리비아의 두 해안지방, 트리폴리타니아와 키레나이카는 서서히 로마 제국에 복속됐다. 렙티스 마그나(Leptis Magna, 트리폴리 동쪽 123킬로미터 지점의 해안을 따라 발달해 있던 광대한 고대도시—옮긴이)에 있는 거대한 화강암 기둥과 대리석 욕조는 대부분 고대 이집트의 아스완에서 들여온 것이었다. 아스완에서 시작된 길들의 종착지가 바로 이 도시의 웅장한 항구였다. 지중해 해안을 따라 옹기종기 모여 있던 이 정착지는 훗날 비잔틴, 아랍, 오스만으로 이어지는 제국들의 수중에 차례로 넘어갔다.

오스만 복속 이전의 아랍 지배 천 년은 아랍의 렌즈를 통해서 보는 것만으로는 리비아를 이해하기가 얼마나 어려운지를 보여주는 증거다. 7세기에 아므르 이븐 엘 아시(Amr Ibn el Asi)가 이끄는 아랍 정복자들이 비잔틴으로부터 트리폴리를 빼앗는 데는 한 달이 넘게 걸렸다. 비잔틴은 아사레이(Assaray) 성을 요새화하여 육지와 바다로부터의 침입을 막아내고 있었지만 역부족이었다. 아랍의 팽창 목적은 건축 유적을 남기는 것이 아니라 종교와 언어를 전파하는 것이었다. 때문에 아랍 문명이 이곳에 남긴 건축 유적이라고는 실용적인 베두인 토착어가 씌어 있는 아주 단순한 모스크들뿐이다. 아랍의 전통을 말해주는 유일한 산 증거는 투아레그(Tuareg) 유목민이다. 그들의 짙은 겉옷과 방패는 지금도 여전히 바다 같은 사하라를 건너는 대상들을 안내하고 있다. 렙티스 마그나는 아랍의 팽창과 더불어 쇠하기 시작하여, 1923년에 이탈리아인들에 의해 발굴될 때까지 오랜 세월 동안 모래 속에 묻혀 있었다. 오늘날 렙티스에서는 새로운 유물들이 계속 발굴되고 있고, 리비아 음악가들은 베두인 음악으로 원형극장을 가득 채워 트리폴리에서 온 관광객들에게 기쁨을 선사한다. 1934년에 이탈리아 식민지배자들은 서부의 사막횡단 오아시스 지대인 페잔 지방과 두 개의 해안지방을 병합하여 오늘날의 리비아를 만들었다. 하지만 이 나라는 여전히 하나의 응집된 아랍 국가라기보다는 서쪽의 베르베르인 왕국들과 남쪽의 아프리카 부족들, 그리고 아랍 이집트의 완충지대 역할을 하는 광활한 사막 지대로 나뉘어 있다. 오늘날 리비아로 날아가는 승객들은 서로에게 묻는다. "유적을 보러 가십니까, 아니면 석유를 찾으러 가십니까?"

'흐르는 모래'라는 개념을 리비아에서는 정말 글자 그대로 접할 수 있다. 트리폴리에는 이따금씩 기블리(ghibli)라는 이름의, 눈을 뜰 수 없게 만드는 모래폭풍이 몰아친다. 기블리는 낮을 밤으로 바꾸며 도시를 거의 묻어버리다시피 한다. 리비아 정치는 하나의 기블리에 이어 또 다른 기블리가 닥치는 식이었다. 가말 압델 나세르(Gamal Abdel Nasser)의 혁명 철학에 고무된 무아마르 가다피(Muammar Gaddafi) 대령은 1969년에 이드리스 1세(Idris I)를 이집트로 추방하고 스물여덟 살의 나이로 권좌에 올랐다. 석유가 가져다준 엄청난 부가 왕과 엘리트에게 집중된 10년을 겪고 난 뒤에 발생한 일이었다(1950년대에 리비아는 세계 제4위의 산유국이었다). 가다피는 낡은 폴크스바겐 비틀을 몰고 리비아 구석구석을 돌아다니며 은밀하게 혁명을 도모하는 과정에서 리비아를 속속들이 알게 되었다. 트리폴리 국립박물관 안에 세워져 있는 그 차는 반식민주의 표어들을 수놓은 액자들에 둘러싸인 성물이 되었다.

보도에 따르면 가다피의 이름을 공식적으로 표기하는 방법은 87가지에 이른다고 한다. 자마히리야 체제(Jamahiriyya system, 대중들의 국

가)로 알려진, 그의 유별난 공동체 사회주의 철학에 대한 해석 또한 매우 분분하다.[7]

오스만의 퇴각 후 반세기에 걸친 이탈리아 식민지 시대로, 보수적인 군주정에서 혁명정권으로, 빈국에서 부국으로 변천을 거듭해온 리비아는 가다피의 제3세계론(Third Universal Theory, 1970년대 초에 가다피가 자본주의와 공산주의의 극복을 기치로 내세운 제3의 이론—옮긴이)에 담긴 영리하지만 극단적인 실험에 쓰일 백지상태의 빈 서판이었다. 그의 제3세계론은 인본주의, 사회주의, 이슬람의 융합을 주창했다.[13] 여러 권으로 된 그의 저서 《그린 북*Green Book*》의 비전 중 일부는 실제로 실행됐다. 의료 보편화와 교육 보편화(여성에 대한 교육도 포함해서) 같은 것이 바로 그것이다. 리비아는 1인당 소득이 약 1만 천 달러로 이 지역에서 가장 높다. 그러나 기업가 정신에 대한 그의 불신은 통치를 시작한 지 10년도 채 못 돼서 최소 10만 명의 교육받은 리비아인을 나라 밖으로 내모는 결과를 초래했다. 예측 불가능한 외교적 기행 또한 그에게 영원토록 잊히지 않을 사람이라는 명성을 안겨다 주었다. 범아랍주의라는 이름하에 그는 1974년 튀니지와의 합병을 시도했고, 이집트 국경을 표

7) 가다피의 자마히리야 체제는 사실상 기원전 1세기부터 옛 키레네(오늘날의 샤하트)에서 구현되고 있던 그리스 시대의 아고라로 시작되는 이 나라의 과거와 연결돼 있다. 키레네에는 디오니소스를 기리는 사원들 옆에 아폴로 상이 서 있었다. 가다피는 그처럼 순수한 참여민주주의의 창조를 목표로 삼아, "대의제는 거짓"이라 주장하며 정당정치제도에 훈계를 하고, "권력은 권력의 주인인 인민들만을 위해 존재하는 것"이라는 자신의 《그린 북》 속의 절대명제를 역설했다. 또한 그는 리비아의 유산은 이슬람을 포괄하므로 "성스러운 코란이 사회의 법"이라고 선언했다. 실제로 자마히리야 체제와 이슬람의 자문회의 간에는 유사성이 있다. 가다피는 군의 실력자로서 자신이 경험한 것을 바탕으로 리비아를 통치했다. 《그린 북》이 민주주의를 가장하면서도 "사회에서 가장 강한 자가 정부의 고삐를 틀어쥔다"라고 지적하는 배경이 바로 그것이다.

시하는 울타리를 불도저로 밀고 들어간 적도 있다. 범아프리카주의라는 이름하에 그는 수백만 명의 아프리카 노동자를 리비아로 초빙했지만, 그들을 동물처럼 취급했다. 그러다가 리비아-차드 국경과 나란히 있는 아오조우 지대(Aouzou Strip, 차드 북단의 리비아 국경지대에 있는 길쭉한 사각형 모양의 땅으로, 1973년에 리비아에 의해 점령된 뒤 계속 분쟁이 이어지다가 1994년에 국제사법재판소에 의해 차드의 땅으로 판정받았다—옮긴이)를 둘러싸고 차드와 10년 동안 전쟁을 치른 끝에 끝내는 패하는 수모를 겪기도 했다. 더 최근에는 남아프리카의 넬슨 만델라(Nelson Mandela)와 우의를 다지면서 다르푸르(Darfur, 아랍인과 흑인 여러 부족이 섞여 사는 수단의 서쪽 끝 지방으로, 2003년부터 대규모의 종족학살에 가까운 분쟁이 계속되고 있다—옮긴이)를 비롯한 아프리카 분쟁들의 중재자를 자처하는 한편, 아프리카 국가의 식민지배에 대한 유럽의 배상을 요구해왔다. 그 밖에도 가다피는 PLO와 IRA(아일랜드 공화국군. 북아일랜드의 독립을 위해 영국과 싸우는 무장단체로 1969년에 결성되었으며, 20세기 초 아일랜드 독립전쟁 당시의 IRA와는 다른 조직이다—옮긴이)를 후원하고, 스코틀랜드의 로커비에 추락한 팬암 103편 폭파사건(런던의 히드로 국제공항과 뉴욕의 존 케네디 국제공항을 매일 정기운항하던 팬암 103편 보잉 747-121기가 1988년 12월 스코틀랜드 로커비 상공에서 테러에 의해 폭파된 사건—옮긴이)에도 연루되었으며, 핵무기 기술을 확보하려는 시도도 공공연히 해왔다. 이러한 행위들은 미국으로 하여금 리비아를 '테러 지원국' 명단의 1면에 올리게 했다. 로널드 레이건 미 대통령은 그에게 '미친개'라는 딱지를 붙이고 (베를린 디스코장 폭파로 미군 병사 세 명을 죽인 데 대한 보복으로) 1986년 트리폴리에 미사일 공격을 퍼부었다. 이 공격으로 가다피의 어린 수양딸이 목숨을 잃었다.

리비아는 오래전에 아랍의 노르웨이가 될 수 있었다. 그러나 가다피의 과대망상이 경제제재를 불러왔다. 극도로 험난한 육로와 해로를 제외한 모든 무역로가 봉쇄됐다. 2003년에 가다피는 마침내 핵보유와 테러 지원을 포기하면서, 오히려 핵무기를 비난하고 오사마 빈 라덴 체포에 포상금을 내걸었다. 그와 더불어 미국과의 외교도 공식 재개했다. 리비아 원유는 미국 시장에 잘 맞는다. 게다가 수에즈 운하를 거치지 않고 수송할 수 있다는 장점도 있다. 리비아의 학교에서는 1980년대부터 사라졌던 영어 수업이 다시 재개됐고, 학생들은 미국 학위를 받으려고 아우성이다. 2006년, 가다피가 20년 전 미국의 리비아 폭격을 비난하는 대회를 조직하기 딱 일주일 전에 리비아의 젊은이들은 트리폴리 무역박람회에 구름처럼 모여들어 성조기를 연신 흔들어대며 미국 록밴드의 연주에 열광했다.

트리폴리는 다시 한 번 자원의 대부분을 유럽에 내다 파는 남지중해 아랍국 목걸이의 진주가 돼가는 한편, 유럽인들은 이곳에 떼 지어 몰려와 원조, 무역, 무기의 전형적인 조합을 제공하고 있다. 세계 에너지 시장에서 리비아가 새롭게 묵직한 역할을 맡게 되면서 유럽 각지의 마그레브 지방을 끌어당기는 원심력이 한층 더 강해질지도 모른다.[14] 트리폴리에서 유일한 별 다섯 개짜리 호텔은 온갖 협상과 미래설계가 진행되는 벌통이다. 곳곳에 붙은 거대한 가다피의 초상화가 이 현장들을 내려다보며 승인을 해준다. 두 개의 국제 에너지 컨소시엄이 내는 선금만으로도 리비아가 팬암기 폭파사건의 희생자들에게 지불해야 할 30억 달러를 충당하고도 남았다. 2005년에 이탈리아가 리비아에서 오는 해저 가스 파이프라인을 개통시키는 동안 중국과 말레이시아의 석유회사들 역시 공격적인 입찰로 리비아 석유수출의 세계적 균형을 확보해왔는데, 이들은 높은 수익배분율 등 여러 가지 유리하지 않은 조건들을 기꺼이 감수할 뜻을 내비쳤다. 알제리와 튀니지, 차드, 니제르, 이집트에서 리비아로 이민이 유입되는 것은 리비아가 안정적이라는 증거다. 1백만 이집트인이 리비아 인구의 5분의 1가량을 차지하고 있는데, 그들이 모여 사는 트리폴리의 거친 절벽 위 도로변에서는 이집트인의 악센트를 쉽게 들을 수 있다. 그런데 정부가 운영하는 수용소에서 괴롭힘을 당해온 이 수많은 아프리카인 이민들은 그들이 선호하는 작은 식당이나 외딴 마을들에 들러붙어 납작 엎드리는 길을 택한다.

트리폴리는 여전히 북적거리는 탕헤르나 베이루트보다는 늘어진 남이탈리아 항구를 더 닮았다. 가다피가 당당하게 권좌에 들어섰을 때처럼 리비아는 지금도 원대한 계획과 많은 돈을 갖고 있지만, 성년이 되기 전에 물리적으로나 심리적으로나 날려버려야 할 게 많다. 트리폴리는 영원한 창조의 역사를 쓰고 있다. 어떤 구역에는 튼튼한 아파트들이 들어서고 있고, 어떤 구역은 다 쓰러져간다. 식민지풍 건물의 찬란한 외부 장식이 복구 불가능할 정도로 부식돼가는 모습은 꼭 쿠바의 아바나 같다. 그 부식 속도는 세월의 시련을 잘 견뎌온 2천 년 된 로마 유적들보다도 더 빠르다. 2006년에는 기반시설 구축에만 70억 달러의 예산이 책정됐으나 트리폴리에는 크레인이 몇 대 없다. 대부분의 기초정비 공사가 도시의 혈관, 즉 파이프, 하수구, 도로 등을 교체하는 작업이기 때문이다. 불안한 관광 홍보요원들은 리비아를 모로코나 이집트의 반열에 낄 잠재력이 충분한 '뜨는 나라'라고 묘사하지만, 실제 활기는 그에 턱없이 못 미친다. 리비아는 1,920킬로미터에 달하는 지중해변을 자랑하나, 그 해안에서 주로 볼 수 있는 것은 양과 말, 낙타 농장들과 이따금씩 보이는 폐차 더미들이다. 무더기로 몰려드는 관광객들로 인해 네팔이나 캄보디아 같은 제3세계의 초점지역들은 미처 개발도 되기 전에 난장판으로 변해버렸다. 보수적이고 신중한 리비아인들은 자신들의 지중해변이 누드족과 주정뱅이 유럽인들이 득시글거리는 스페인의 코스타 델 솔(태양의 해안)처럼 될까봐 걱정돼서, 주변부의 몇몇 섬 지역만을 조심스럽게 지정하여 이탈리아 휴양지 개발업자들에게 내주고 있다. "우리 리비아의 베두인들은 호텔이라는 발상 자체를 선뜻 받아들이기 어렵습니다. 그래서 우리가 사는 집을 숙소로 내놓겠다는 거죠." 유람선이 간간이 들러 이탈리아인이나 러시아인들을 부두에 내려놓고 가는 트리폴리 항 근처에 있는 소박한 사무실에서 만난 관광청 직원의 말이다.

가다피의 《그린 북》은 "재산과 소유의 영향력"에 대해 탄식하지만, 400억 달러 이상으로 부풀어 오른 금고는 그의 계급 없는 사회에 대한 열망을 날카롭게 시험하고 있다. 그가 일으킨 반란의 동기가 석유로 얻은 부에 대한 잘못된 관리와 도둑질 때문임이 분명함에도 "임금생활자가 아니라 동반자"라는 그의 고상한 캐치프레이즈는 리비아 발전 초기 단계에 급여를 받았던 사람들에게는 위안이 되지 못했다. 숙련노동자와 미숙련노동자 모두가 새로운 기회를 필요로 한다. 전자에게 주어지는 기회는 두뇌유출을 막고, 후자에게 주어지는 기회는 급증하는 청년층에게 길거리 모퉁이에서 이동전화의 착신 벨소리를 듣는 것 외의 다른 일거리를 제공한다. 리비아가 부를 현명하게만 사용한다면, 인구가 500만밖에 안 되고 그중 90퍼센트가 지중해변에서 얼마 떨어지지 않은 북서부의 자파라 평원에 모여 사는 리비아인들의 생활수준을 대폭 끌어올릴 수도 있다. 지하수를 담고 있는 남부의 대수층에서 북부 해안지대로 민물을 끌어오는 인공 하천 프로젝트와 경작지를 늘리기 위한 재조림 프로그램을 완수할 경우 리비아는 지금 수입하고 있는 것 이상의 식량을 직접 생산할 수 있게 된다. 카자흐스탄처럼 리비아도 노르웨이식 미래세대기금을 만들어, 1980년대와 1990년대의 국제경제제재로 인해 낙후된 학교와 병원에 투자해왔다. 그리고 콜롬비아처럼 일급 국제 컨설턴트들을 후한 조건으로 불러들여 농업과 산업체의 사유화를 추진하고, 금융 부문에 구조조정을 가하며, 석유화학단지와 관광 전략을 개발하고, 무기개발에 종사하던 과학자들을 해수담수화와 석유지질학 (트리폴리의 헌책방에서 수십 년간 먼지를 뒤집어쓰고 있던 책에서 다루는 주제들) 전문가로 재교육시키고 있다.

"나는 1970년대에 미국에서 학위를 받았습니다. 이제 이 나라를 부유하게 만드는 것 이상의 일을 하고 싶어요. 그것은 리디아와 미국 사이에 굳건한 가교를 놓는 것이죠. 그런데 이 일은 타이밍을 놓치면 하기 힘들어요." 한 석유업체 임원의 포부다. 《그린 북》에는 관료제도에 관한 내용이 빠져 있다. 리비아의 관료 체계에서는 과잉보상이 이루어지고 있다. 상사가 싫어하는 일을 하지 않는 한 아무 일도 하지 않아도 해고되지 않는다. 다분히 시대착오적이다. 한 사막여행 사업자가 세계에서 가장 제멋대로라고 할 법한 비자 발급절차에 대해 탄식을 쏟아내며 말했다. "이 나라에서는 관광객을 받는 것 자체가 어렵습니다. 단 한 가지 제대로 이루어지는 일은 관광객들을 그들이 가고 싶어 하는 곳에다 떨어뜨려 놓는 것뿐이지요." 심지어는 이 나라에 초청된 저명한 방문객들이 공항 활주로에 멍하니 서 있다가 되돌아간 경우도 있었다고 한다. 투자관계법을 개정해야 한다는 말은 무성하지만, 무슨 법을 어떻게 고쳐야 하는지 아는 사람은 없는 것 같다. 리비아의 비밀 핵무기 프로그램을 해체하는 데는 벙커버스터(bunker buster, 벙커 안이나 땅속을 뚫고 들어가 목표물을 파괴하도록 고안된 폭탄—옮긴이)가 필요하지 않지만, 리비아인에게 심층심리 교육을 실시하여 오늘날의 국제 비즈니스나 외교에 적응시키자면 벙커버스터에 상응하는 대대적인 쇄신이 필요할 것 같다. 단 한 사람의 죽음과 동시에 사라질 수도 있는 교리에 입각하여 통치되는 나라는 안전한 투자를 약속하여 정치적 리스크 등급을 낮추는 수준의 조치로 문제를 해결할 수 없다.

많은 리비아인은 냉소한다. "정치는 골치 아파요." 어떤 리비아인도 진정한 리비아 국민이라고 보기 어렵다.[15] 따라서 가다피의 혁명이 정말로 마침표를 찍을 때 문제는 누가 그를 대신할 것이냐가 아니라 무엇이 그를 대신할 것이냐가 될 것이다. 1인 정권은 실질적으로는 부족들과 무정형의 집회라는 불량한 환경에 접목된 조직화되지 않은 체제다. '인민위원회'는 민주적인 아고라를 지향했지만, 실제로는 인민들에게 정치에 대한 무관심과 함께 이의를 제기하면 숙청될지 모른다는 두려움을 심어주었다. 가다피에게 따라붙는 호칭은 수수한 '형제 지도자이자 혁명의 안내자'다. 여기에는 그의 자녀가 그를 공식 승계할 것이라는 어떠한 암시도 없다. 서구에서 교육받은 후 비공식 외무장관 같은 존재가 된 그의 둘째아들 사이프 알 이슬람 알 가다피(Saif al-Islam al-Gaddafi)는 "나라의 정치제도가 충성이나 혈통에 기반을 두어서는 안 된다"라고 믿고 있다. 다음에 몰아칠 기블리가 가다피를 역사 속으로 쓸고 갈 때 누가 그의 자리를 잇든, 그는 자기 아버지가 가졌던 것과 똑같은 기회를 얻고서 리비아의 정체성을 다시 빚어내게 될 것이다.

아프리카 전역에 분포된 사상 최대의 대사관 수가 입증하듯이 중국은 지정학상의 열린 공간을 십분 활용하고 있다. 그 주요한 무기는 세계화다. 중국은 현재 아프리카 제3위의 투자자로서 EU와 미국을 바짝 뒤쫓고 있고, 무역규모도 2005년 500억 달러에 이르렀다. 중국은 특히 미국과의 유대관계가 시큰둥해진 정권들과의 통상관계를 강화하며 전략적 동맹관계를 구축하고 있다.[16] 중국은 천연자원에 대해 왕성한 식욕을 드러내 보이며 앙골라에서 알제리, 수단에 이르는 지역의 석유와 가스 생산을 주도해왔고, 그 결과 아프리카에서 들여오는 석유가 사우디아라비아에서 수입하는 양보다도 더 많아졌다.[17] 다른 모든 슈퍼파워들이 그렇듯이 중국의 개입 역시 평화와 대학살은 별개라는 입장인 것 같다. 중국은 수단에 UN 평화유지군을 파견했지만, 그와 동시에 비밀군사요원을 보내 석유시설과 홍해로 연결되는 약 1,600킬로미터에 달하는 파이프라인을 보호한다. 그러면서 이 나라 남부 지역의 내전과 다르푸르 지방의 인종청소 대학살을 종식시키기 위한 UN의 결의를 무색하게 만들어버린다. 다르푸르 지방에는 중국제 기관총이 많다. 리비아에서 중국에 이르는 여러 나라가 미국의 경제재제에도 아랑곳없이 카르툼의 노다지 부동산에 기름을 들이붓고 있다.

아프리카 국가들은 중국을 자비의 대상이 아니라 동반자로 묘사하고, 아랍과 아프리카의 정부들은 경제는 개방하고 체제는 닫은 '중국 모델'을 열심히 이야기한다. 원조를 제공하고 투자를 하며 직업훈련을 시키고 아프리카 전역에 의사까지 파견하는 중국의 종합 패키지가 20세기 중엽의 중국-아프리카 혈맹관계를 부활시키며 '할 수 있는 일은 한다'라는 형제애 정신을 입증해 보이고 있다. 서방 스타일의 경제적

'충격요법'과는 대비되는 방식이다. 중국은 대다수 아프리카 국가들의 부채를 탕감해주고, 소프트론(soft loan, 대부 조건이 까다롭지 않은 차관으로, 보통 금리가 낮고 상환기간이 길며 현지 통화로도 상환을 허용하는 차관을 말한다−옮긴이)을 제공하며, 아프리카로부터의 수입을 10배나 늘려왔다. 갈수록 비효율적인 것으로 인식돼가는 서방측의 원조정책과 경쟁하며 그 기반을 무너뜨리는 움직임이다. 서방측의 수십억 달러 원조는 나이지리아 철도망이나 아프리카 뿔 지역의 전력망을 중국만큼 빠른 속도로 건설하는 데 실패했다. 1990년대에 있었던 에리트레아-에티오피아 전쟁(Eritrea-Ethiopia war, 1998년 5월 에리트레아군이 에티오피아 영토에 진입함으로써 촉발된 양국 간의 국경분쟁으로 2000년 6월 국제 중재하에 국경이 미세하게 조정되며 종식되었다−옮긴이) 중에 서방측의 기관들이 아프리카의 뿔 지역에서 철수해 나올 때, 중국은 에티오피아의 청나일강 상류에 타카지 댐(Takazee Dam, 수단 국경 가까운 산악 지역에 3억 달러를 들여 건설한 거대한 수력발전용 댐—옮긴이)을 쌓았다. 지금 그 댐에서 가동되는 수력발전소가 이 일대에 전기를 공급하고 있다.[18] 아프리카연합(AU)의 본부가 있는 에티오피아의 아디스아바바는 중국이 통상계약을 통해 군사 하드웨어 판매실적을 쌓아가는 지역중심이기도 하다.

그러나 미국, 유럽, 중국은 모두 아프리카의 정치개혁 압박보다는 에너지 공급선 확보에 훨씬 더 큰 관심이 있다.[19] 중국이 대륙의 빵바구니를 기근과 분쟁의 빈 상자로 바꿔놓은 짐바브웨의 로버트 무가베(Robert Mugabe) 독재정권을 지원하는 동안, 미국은 50만 배럴 이상의 석유를 매일같이 미국에 실어 보내는 적도기니의 비인도적인 날강도 정권에 자금을 대주는 길을 선택했다. 중국의 아프리카 자원 낚아채기는 결과적으로 여러 나라의 경제기반을 글자 그대로 갉아먹고 있다. 중국이 아프리카와 체결한 40개 이상의 무역협정은 중국산 '섬유 쓰나미'로 이어지며 셀 수 없을 만큼 많은 아프리카의 일자리를 없애온 한편, WTO의 틈새는 중국 섬유제품이 아프리카 수출업자들을 쉽게 따돌리며 탕헤르 공장에서 유럽에 진출할 수 있는 길을 열어주고 있다. 중국의 많은 죄수 중에서 차출되곤 하는 중국인 석유가스 노동자들은 일터에서 잠만 자면서 지역경제에는 아무런 기여도 하지 않는다. 중국은 궁극적으로 아프리카 국가들을 제3세계에서 끌어올리기 위해 하는 일만큼이나 이 나라들을 제3세계에 묶어두는 일을 하고 있는지도 모른다.

18

이집트
관료와 신권정치 사이에서

기원전 3세기에 이집트 왕 프톨레마이오스 2세(Ptolemy II)는 알렉산드리아 도서관(Great Library of Alexandria)을 지어 직접 관장했다. 알렉산드리아 도서관은 70만 권이 넘는 두루마리 책을 소장한 세계 최대의 도서관이었다. 700년 가까이 흐르고 나서 로마인의 야만적인 행위로 도서관이 불에 타 파괴되면서 이집트는 세계 학문의 중심지라는 지위를 잃었다. 오늘날 지중해변에는 부활한 알렉산드리아 도서관(Bibliotheca Alexandrina)이 우아한 자태로 솟아 있다. 노르웨이인이 설계한 이 새로운 도서관은 비록 소장 도서는 2천여 년 전보다 많지 않지만, 유럽의 황금기와 아랍의 암흑기 혹은 그 역의 기간 중에 오래도록 빛을 잃었던 아랍 문명의 잠재력을 위풍당당하게 보여주는 상징물이다. 도서관 벽의 상형문자와 그리스, 아랍 문자로 된 장식들이 지중해에서의 조우를 표현하고 있고, 안마당에는 포스트모던 조각품들이 점점이 놓여 있다. 도서관 안에는 문명 간 대화에 헌신하다 살해된 스웨덴 외무장관의 이름을 따 명명한 안나 린드 연구소(Anna Lindh Institute)가 있다. 이 연구소는 월드와이드웹(www) 전체에서 단 네 개뿐인 미러사이트(mirror site, 네트워크의 트래픽을 줄이기 위해 다른 컴퓨터 서버를 복사해둔 웹사이트 또는 컴퓨터 파일서버로, 통신량의 폭주를 피해 그 사이트에 접근할 수 있게 한다—옮긴이) 중 하나인 첨단 3차원 분자영상(molecular imaging, 분자생물학과 생체영상처리기술을 결합한 새로운 분야로, 살아 있는 유기체를 교란하지 않으면서 그 안의 분자운동을 추적하여 보여준다—옮긴이) 설비를 갖추고 유럽의 여러 대학과 협력관계를 맺고 있다.

1798년 나폴레옹의 이집트 공략은 근대 아랍세계 정복의 시작을 알리는 사건이었다. 그러나 누구의 지배를 받건 간에 이집트는 언제나 스스로를 지중해와 아프리카, 아랍세계의 중심으로 여겨왔다. 4천 년 전 이집트의 파라오는 가장 높은 인간 문명의 상징이었으나, 그 생활방식을 좌우한 것은 부룬디와 에티오피아의 깊은 산 속에서 발원하는 세계에서 두 번째로 긴 강, 나일의 흐름이었다. 룩소르와 아스완을 거쳐 강의 상류로 거슬러 올라가다 보면(나일 강은 남에서 북으로 흐른다), 오래 전 이집트의 누비아 왕국(Nubian kingdom)이던 수단이 지금 아랍세계와 아프리카 세계의 완충지대가 돼 있음을 볼 수 있다. 오늘날에는 나일 강 유역의 가장 가난한 나라도 수력발전용 댐을 쌓아, 이집트가 가뭄에 대비하여 전략적으로 비축해둔 물이 아스완하이 댐과 나세르 호의 수위에 위협을 가한다.[1] 이집트 인구와 경작지 대부분이 여전히 나일 강을 따라 분포돼 있기 때문에, 강물의 공급을 조금이라도 줄이는 행위는 이집트에게 곧 전쟁 선포나 다를 바 없다. 하지만 전쟁을 벌인다고 물이 더 생겨나지는 않는다. 카이로에서 아스완까지의 나일 강은 이미 악취를 풍기는 호수와 같은 상태다. 줄어드는 광물질과 석유화학

오염, 원자로 건설 계획이 이미 흐름이 막힌 지중해 삼각주를 아예 늪지대로 바꾸어놓을 가능성도 있다. 아스완은 이제 전략적으로 부담스런 존재다. 어떤 공격으로든 댐이 파괴될 경우에는 (이는 이스라엘이 들이밀 수 있는 전술 카드이기도 하다) 대홍수가 일어나 생태적 대재앙이 초래되기 때문이다.[8]

마그레브와 마슈레크 지방이라는 이름은 이집트에 있는 나일 강의 서쪽과 동쪽이라는 지리적 위치에서 연유한다. 이는 이집트가 얼마나 오랫동안 아랍의 기둥으로서 터키, 이란과 함께 삼각형의 한 꼭짓점을 이루어왔는지를 보여주는 단적인 사례다. 세 나라 모두 끊임없이 책략을 구사하며 자신들이 정한 공간에 영향력을 행사하고 있다. 이집트의 시나이 반도는 사우디아라비아와 요르단, 이스라엘이 만나는 곳이기도 하다. 이스라엘은 1956년부터 1973년까지 이곳을 점령한 바 있다. 길이 192킬로미터의 수에즈 운하 북단에는 포트사이드가 있는데, 여기서 페리를 타거나 무바라크 평화의 다리(Mubarak Peace Bridge)를 건너면 아프리카에서 아시아의 포트포우아드로 간단히 넘어갈 수 있다. 세계 해상무역량의 약 10퍼센트가 여전히 수에즈 운하를 통과한다. 이집트는 연간 통행료로 50억 달러를 벌어들이며 포트사이드를 지중해의 쓰레기가 모여드는 썩어가는 바닷가에서 유럽식 별장이 있는 특별한 도시로

---

8) 아프리카의 뿔 지역이 역사적으로 아프리카와 아시아를 가르는 좁다란 바브엘만데브 해협 건너편의 비슷한 산악 지형을 가진 예멘이나 페르시아 만 국가들과 더 강한 유대관계를 맺고 있긴 하지만, 이집트와 서방세계는 수에즈 운하에서 티란 해협과 홍해를 거쳐 아덴 만과 인도양으로 이어지는 해로를 지키기 위해 이 지역의 안정을 추구한다. 소말리아, 에티오피아, 에리트레아, 지부티 등 아프리카의 뿔 국가들은 기근과 내전, 휴대용 무기 확산, 질병에 시달리는 사실상 파산한 나라들이다. 이 지역에서 활동 중인 알카에다 같은 급진 이슬람 집단들의 위협에 대처하기 위해 미국과 유럽은 작은 나라인 지부티에 기지들을 설치해두고 있다.

바꿔가고 있다. 이 도시는 영국 동인도회사의 육상기지가 있던 시절의 모습을 닮아가고 있다. 운하 곳곳에서 최대 이용자로 떠오른 중국이 거대한 배가 오갈 수 있는 통로를 확보하기 위해 준설작업을 벌이고 있다.

이집트의 외교적 영향력은 이스라엘을 상대하는 아랍 측의 주된 대화자로서의 지위에 힘입은 바가 크다. 이집트는 이스라엘 때문에 가장 많은 피를 흘린 나라였지만, 1979년에 안와르 사다트(Anwar Sadat)가 이스라엘과 평화협정을 맺은 이후 10년 이상 아랍연맹에서 추방되는 상황을 맞기도 했다. 이스라엘과의 '냉평화'는 시나이 반도 남쪽 홍해 변의 관광 천국 샤름 엘 셰이크의 번창을 가져왔다. 직장 없는 이집트 청년들이 일자리를 찾아 이곳으로 떼 지어 몰려든다. 자연 그대로의 소박한 휴양지는 노예임금밖에 제공하지 않지만 그들에게는 꿈만 같은 모양이다.[2] 시나이 반도의 베두인들은 어리석은 무바라크 정권하에서보다 이스라엘 점령하에서 더 나은 대접을 받았다고 불평해왔다. 무바라크 정권은 관광수입을 이용하여 반도를 마약과 무기가 아니라 성지 순례자들이 모여드는 곳으로 바꾸어내는 데 실패했다. 2005년에 좁다란 해안지방인 가자 지구에서 이스라엘이 완전히 철수한 뒤로 그곳은 꼼짝없이 이집트의 불안정한 지방 중 하나

이집트 Egypt

면적 : 100.1만㎢
인구 : 8,171만 명('08)
수도 : 카이로(Cairo)
인종 : 이집트인(99%)
언어 : 아랍어(공용어), 영어, 프랑스어
종교 : 이슬람교(90%), 콥트교회(9%)
정체 : 공화제
행정구역 : 27개 주(muhafazah)
통화 : 이집트 파운드(Egypt pound)
GDP : 4,054억$('07)
1인당 GDP : 5,000$('07)
수출 : 245억$('07)
주요 수출품 : 원유 및 석유제품, 면화, 섬유류, 금속 제품
수입 : 450억$('07)
주요 수입품 : 기계설비류, 식품류, 화학제품, 목제품, 연료
주요 교역국 : 미국, 이탈리아, 중국, 사우디아라비아, 스페인
인터넷 사용자 : 862만 명('07)

가 돼가고 있다. 법이 미치지 않는 국경도시 라파흐에서 팔레스타인인들이 검문도 받지 않고 이집트로 몰려 들어가 가족들을 방문하고 치료를 받는다. "이집트는 많은 팔레스타인인을 팔레스타인에서 구해내는 구조자입니다." 카이로의 한 전략분석가가 팔레스타인에 평화와 안정을 가져오려는 노력이 실패한 데 대해 고개를 내저으며 말했다.

"우린 여전히 아랍 최대의 국가이고, 따라서 여전히 아랍의 지정학적 방향을 잡아나가는 길잡이입니다." 카이로의 한 역사가가 책이 꽉 들어찬 서재에서 말했다. 현대 이집트 건국의 아버지, 모하메드 알리(Mohammed Ali)는 19세기 초에 공업과 농업의 자율관리권을 확보하여 오스만 제국의 한 행정단위였던 이집트를 준독립국으로 격상시켰다. 유럽 열강은 이집트의 친아랍 전략에 제동을 걸었다. 그러던 중 1954년에 서른여섯 살 된 가말 압델 나세르가 정권을 장악하여 2년 뒤 수에즈 운하를 국유화함으로서 반식민주의 세대를 고무하고 소련에도 희망을 주었다. 프랑스와 영국이 운하를 도로 빼앗아가려고 하자 소련은 그들의 중상주의적 야망을 적나라하게 폭로한 후 아랍세계에 더 깊숙이 발을 들여놓으려 했다. 그러나 소련 고문단이 이집트의 정치집단과 제대로 통합되지 못하면서 전략적 틈새가 벌어졌고, 미국이 재빠르게 그 틈새를 이용했다.[3]

반세기 전의 나세르는 미국의 반공 보루가 되는 데 별 관심이 없었지만, 오늘날의 자부심 강한 이집트 지도층은 여러 다리를 걸칠 기회를 뿌리치기 힘들 것이다. "'테러와의 전쟁' 지원과 우리의 친이스라엘 입장을 두고 고민하면서도, 이집트는 실제로 미국 편을 드는 경우가 더 많습니다"라고 미국의 한 외교관은 말했다. 합계 20억 달러에 조금 못 미치는 미국의 군사경제 원조가 이집트에 대한 미국의 영향력을 인위

적으로 부양하고 있다. 그러나 30년 전에 비해 그 효용 가치는 크게 줄
었다. "사실 그 정도 원조는 미국이 우리 정치에 개입하는 대가치고는
너무 적어요. 우리는 미국이 쓰다 남긴 무기는 필요 없어요. 그리고 하
수관 정도는 우리 힘으로도 설치할 수 있어요." 이집트의 한 관리가 말
했다. 이집트는 중국제 무기 구입에 갈수록 더 많은 예산을 쓰고 있고,
자기네 땅을 중국이 아프리카와의 유대를 강화하는 데 쓰이는 교두보
로 내놓고 있다. 중국은 수에즈 운하와 시멘트 공장, 전자회사, 컨벤션
센터에 투자함으로써 이집트 최대의 교역 파트너라는 미국의 위치를
대체할 것으로 전망한다.[4] 명예를 강조하는 중국의 문화적 관습은 아
랍세계에 잘 먹혀든다. 중국의 아랍 외교관들은 아랍어를 배우고 심지
어 아랍 이름까지 쓰면서 아랍 문화에 경의를 표한다.

이집트에 대한 유럽의 영향력 또한 결국에 가서는 미국의 영향력을
대체할 것 같다. 유럽은 이집트의 시장 구축 작업에 미국보다 훨씬 더
많이 참여하고 있으며, 현행 대통령제에서 권력이 분산되는 의원내각
제 방향으로 아랍의 민주화를 이끌어갈 수 있다. 미국이 미로 같은 관
료제도와 씨름하며 진저리를 치는 동안 유럽 회사들은 5억 달러 이상
을 써가며 이집트의 관광, 건설, 농업을 진흥시켰다. 메르세데스와 푸
조 생산 공장들은 현재 6만 명인 자동차산업 노동자를 10배까지 늘릴
수 있다. 유럽과 중국의 전략적 진입과 더불어, 이집트는 전례 없는 지
정학 시장에 스스로를 내놓았다.

중심부에 있다는 지리적 조건으로 인해 이집트는 내적 발전의 경로
를 찾기 어려웠고, 결국 혁명의 기운이 넘실대는 나라가 되었다. 이집
트 학자 가말 함단(Gamal Hamdan)은 아랍세계에서 이집트의 위치는
이집트에서 카이로의 위치와 유사하다고 했다. 문화, 경제, 정치의 중

심이라는 것이다.5 천 년 전의 카이로는 로마 이후 어느 곳과도 견줄 수 없는 규모의 대륙횡단 시장을 지배하면서 마그레브와 아프리카, 페르시아 만 지역 사람들을 파라오와 식민주의와 세계시민주의가 직조된 자신의 도시경관 속으로 끌어들였다. 오늘날의 카이로 역시 여전히 웅장한 빅토리아 시대의 건축들과 개성 없는 혁명기 건물들이 병존하는, 모스크와 교회와 저택과 시장들이 즐비한 도시다. 2천 만에 이르는 메갈로폴리스의 인구를 헤아리려는 시도는 헛된 짓일 것이다. 카이로 역시 아프리카와 아시아에 있는 그런 거대도시들처럼 그 자체만으로도 사실상 하나의 나라다. 카이로에서 태어나 그곳을 떠난 적이 없는, 1백만이 넘는 거리의 아이들을 비롯한 수백만의 빈민들에겐 더욱 그러하다. "외국인이나 다른 아랍인은 물론 심지어는 우리 이집트인조차도 이곳 카이로에서는 모두 미아가 됩니다." 옛 카이로 마을에서 차를 파는 행상인이 말했다. 카이로 사람들이 카이로와 이집트가 동의어라고 믿는 것은 조금도 이상한 일이 아니다.

오늘날의 카이로는 아랍인들이 파라오와 이슬람 조상의 정치한 수련 과정을 거치지 못하고 있는데도 제3세계에서 어떻게 자신의 길을 뚫어 나가는지 아주 잘 보여주는 축도다. 식민주의를 현대의 악이라고 비난하기를 멈추고 그것을 대체하며 들어선 체제를 제대로 평가하기만 한다면, 아랍 통치의 실패가 또렷이 그 모습을 드러낼 것이다. 이집트에 두 개의 경제가 존재한다는 사실은 곳곳에서 눈에 띈다. 카이로 극빈층의 다수는 도시 한가운데에 치솟은 모하메드 알리 성 밑의 빈민촌에 산다. 반면에 엘리트들은 사립학교와 전용병원까지 갖춘 사치스런 환경에서 산다. 대다수의 사람들이 길거리의 시장에서 채소를 고르고 골라 사는 데 반해서, 소수 특권층은 유럽식 카페에서 한 잔의 카푸치노를 서구 가격에 사 마신다. 높이 치솟은 호텔과 웅장한 박물관이 있는 거리는 나귀가 끄는 수레를 몰고 다니는 채소장수와 책상다리를 하고 앉은 구두닦이의 일터이기도 하다. 카이로의 외곽순환도로 주변에는 수천 에이커의 경작지를 불법 점거하여 임시변통으로 지은 블록집들이 즐비하다. 그곳에 사는 사람들은 매일같이 지나다니는 차를 잡아타고 도시를 드나든다. 정부가 이 움막들을 깡그리 철거하고 땅주인들로 하여금 자신의 땅을 빙 둘러 높다란 문을 세우고 담장을 쌓게 할까, 아니면 연민의 정을 품고서 수천 년의 발명품인 실용적인 어도비 벽돌 주택에 투자할까?

"우리는 영광의 역사를 되찾을 계획, 진짜 계획이 있습니다." 집권당의 한 관료가 격앙된 목소리로 힘주어 말했다. 알렉산드리아에서 아스완에 이르는 국가고속도로가 인구가 적은 지역으로 가는 시간을 단축할 것이고, 첨단금융센터가 이집트의 커가는 주식시장과 정부 부처들의 길잡이 구실을 할 것이다. 새로운 택시 서비스의 개시로 지하철 교통 부문도 정비됐다. 수십억 달러에 달하던 비효율적인 보조금이 삭감되면서 수십 년 동안 거듭 실패해온 미봉적 개혁의 방향전환이 이루어지고 있다. 면세 지역이 리비아에 가까운 지중해 해안지대로부터 수에즈 운하 너머에까지 출현하고 있다. "모든 투자는 좋은 투자다"라는 말은 이집트 비즈니스계의 새로운 주문이다. 그들은 정부가 규제 개선에 나서게 하려고 미국 및 유럽과의 자유무역협정을 추진한다. 5년 전에는 사막뿐이던 곳에 저층의 교외주택단지들이 지평선상에 흐릿하게 모습을 드러내면서 '신 카이로'가 출현했다. 그곳의 인구는 매년 1백만 명 정도씩 늘고 있다. 뿐만 아니라 이집트는 매장량이 그리 많지 않던 유전의 수명이 다할 즈음 운 좋게도 대규모 천연가스 매장지를 발견했고 그 가스를 이스라엘, 요르단, 유럽에 수출하여 상당한 수익을 올리고 있다.

그러나 해마다 1백만 가까운 젊은이가 노동인구에 편입되면서 이집트는 잔인한 실업위기를 맞고 있다. "우리의 가장 큰 문제는 바로 실업 문제입니다. 젊은이들의 수는 우리가 대책을 세울 수 있는 수준을 넘어설 만큼 많아요." 한 사업가가 차를 몰고 신 카이로를 지나며 걱정했다. 마그레브 지방에서처럼 의지할 곳 없는 청년들이 거리의 폭력시위대나 종교적 급진주의자가 되어 정부에 반기를 들고 일어서기 전에 그들에게 일거리를 주려는 경주가 시작되었다. 일찍이 지그문트 프로이트(Sigmund Freud)는 카이로 같은 비인간적인 거대도시에서 살아가는 데 따르는 '문화적 좌절'에 대해 글을 쓴 바 있다. 그에 따르면, 그런 환경이 하릴없는 무리로 하여금 좋은 것이든 나쁜 것이든 어떤 종류의 자극에도 민감하게 반응하게 한다. 오늘날 기업가들은 이 사회경제적 시한폭탄의 뇌관을 어떻게든 제거하고자 직업학교에 자금을 지원하고, 수천 필지의 정부 소유 나대지를 축구장으로 전환하라고 로비를 벌인다.

그러나 그 과제는 이집트가 새로운 후원자 중 하나인 중국과도 경쟁해야만 하는 새로운 상황이 전개되면서 더더욱 쉽지 않은 일이 되고 있다. 카이로의 아타바 시장지구에서 이집트인들은 자신들이 직접 만들어야 마땅한 중국 제품들을 구입한다. 자기 나라의 국기, 유명한 아랍 바비인형 풀라(Fulla)의 모조품, 심지어는 아랍 노래를 들려주는 라마단 등불 같은 것까지도. 중국의 건축용 철강 수요 또한 능력을 크게 넘어설 만큼 기반시설 구축에 과다한 지출을 강요함으로써 제3세계에서 탈출하려고 발버둥치는 이집트와 다른 나라들을 쥐어짠다. 멕시코와 마찬가지로, 다자간 섬유협정(Multi-Fiber Agreement, 1973년 12월 GATT

가 마련한 섬유 수출국과 수입국 간의 물량규제협정으로 2005년 1월에 폐지되었다—옮긴이)의 폐지는 연간 5천억 달러에 이르는 세계섬유시장에서 갈수록 거세지는 경쟁에 대한 이집트의 준비 부족을 여실히 드러냈다. 중국은 이제 고급 면화를 수확하여 이집트 산업의 3분의 1을 차지하는 섬세한 면제품 수출에 맞서고 있다. 그러나 이집트가 중국보다 더 질이 좋은 옷을 만든다면 (무리한 주문은 아닐 것이다) 그 가치를 크게 높일 수 있을 것이다.

이집트 관리들은 이집트가 "관광이 시작된 이래 관광객들이 찾는 주요 목적지"였다고 예리하게 지적하면서, 이미 경제의 60퍼센트를 차지하고 있는 외국인 접대 관련 산업의 진흥에 희망을 두고 있다. 그러나 발전을 고무하기는커녕 오히려 저해하는 제3세계의 오류를 빠짐없이 보여주는 곳이 바로 이집트 최대의 관광지들이다. 이름난 신전과 묘들이 즐비한 아스완과 룩소르에서는 몇몇 핵심기관이 호텔들을 모두 차지하고서 방대한 청년층 가용 인력을 보다 많이 흡수할 수 있는 민간서비스의 성장을 제약하고 있다. 이러한 옛 명소들 주변에 사는 어린이들은 엽서를 팔고 나일 강에서 펠루카(나일 강과 지중해 연안을 운항하는 삼각돛배로, 수상택시 역할을 한다—옮긴이)를 몬다. 이 아이들이 다니는 학교는 빈민지대의 학교보다 사정이 더 나을 게 없다. 다섯 가지 언어로 뜻 모를 말을 주절거리는 것을 교육으로 바로잡지 않는 한, 관광과 부의 증진으로 문자해득률을 높일 수 있을 것 같진 않다. 제트기를 타고 세계를 주유하는 이집트 상류계급의 수변 명소인 샤름 엘 셰이크에서는 호텔에서 나오는 쓰레기와 하수가 광활한 사막이 아니라 홍해 바다에 버려진다. 이로 인해 물이 오염되고 수많은 스쿠버다이버와 스노클러들을 불러들이는 산호초가 망가진다. 카이로 외곽지대의 별 다섯 개짜리 호텔들이 가자지구에까지 야금야금 침투해 들어옴에 따라, 거대한 피라미드들이 풍기던 이국적인 분위기가 그만큼 더 줄어든 것 같다. 이런 상황에서 매년 수백만에 이르는, 이집트를 처음으로 방문한 관광객들이 다시 방문하고 싶다는 생각을 과연 하게 될까?

"우리는 파라오처럼 보일지는 모르지만, 철저하게 비문명적인 민족입니다." 카이로의 한 기업가가 골프장이 내려다보이는 자신의 거대한 빌라에서 화를 내며 말했다. 이집트 지도자 중에 고대 이집트의 영광에서 자부심을 끌어낼 수 있다고 믿는 사람은 거의 없다. 그렇다면 이슬람이 이집트의 위엄을 복원할 수 있을까? 이집트는 오랜 세월 아랍주의와 이슬람주의가 흘러들어와 뒤섞여온 중심 통로지만, 오늘날보다 그 작용이 더 활발했던 적은 일찍이 없었다. 1928년에 이집트의 무슬림형제단(Muslim Brotherhood, 이집트 종교정치조직으로 《코란》과 마호메트의 언행록인 《하디스》를 현대 이슬람 사회의 지침으로 삼아 그것에 복귀해야 한다고 주장했다—옮긴이)을 창설한 하산 알 반나(Hassan al-Banna)는 비폭력적인 범수니파 운동에서 오스만 제국 붕괴 이후의 아랍 문명 부활의 길을 찾았다. 1949년에 이집트 당국이 그를 암살하자, 그의 제자 사이이드 쿠트브(Sayyed Qutb)가 아랍의 경건한 이슬람 기반에 대한 서방 후원세력의 압박이 더 이상 참을 수 없을 정도의 위기상태에 이르렀다고 역설하며 그의 가르침을 전파했다.[6] 형제단은 요르단과 시리아에까지 발을 뻗친 후 다시 본고장에 성공적으로 컴백했다. 아랍세계의 이슬람주의와 민주주의의 티핑포인트는 이라크가 아니라 이집트다.

이슬람 건축의 전 역사를 정교하게 섞어놓을 만큼 오래된 카이로의 알 아자르(Al-Azhar) 모스크와 대학은 천 년이 넘는 세월 동안 보수적인 이슬람 사상의 주춧돌 역할을 했다. 아랍 통치자들이 종종 자신의 무슬림 자격을 과대 포장하여 이 권위 있는 이슬람 기관의 지원을 얻어내기도 했지만, 이슬람주의자들이 자신의 뜻에 따라 현재 아랍의 정치적 정체상태에 보증을 서준 적은 결코 없다. 이 나라의 새로운 경제적 가능성에서 아예 배제되거나 그 가능성을 좇다가 교통체증에 걸려버린 수백만 명의 좌절한 이집트인들이 기도하며 간구하는 것은 급진적 변화가 아니라 그 반대를 고취하는 정서안정제, 즉 핵심가치를 잃어버린 것 같은 물질주의 환경에서 그 가치를 상기시켜주는 것이다. 소년들은 온종일 빈둥거리다가 해질녘이 되면 카이로의 자말렉 섬에 있는 모스크로 황급히 뛰어간다. 기도와 토론이 마음의 중심을 잡아주고 의미를 가져다주기 때문이다. 그 길목에는 휘황한 오페라하우스가 있다. 하지만 그곳에 갈 여유가 있는 사람은 누구일까?

오늘날의 이집트에는 이슬람 혁명의 모든 조건이 두루 갖추어져 있다. 빈부 격차, 엘리트 간의 대립, 종교 억압, 정치적 소외가 그것이다. 1981년 안와르 사다트가 암살당한 이래 호스니 무바라크(Hosni Mubarak)가 줄곧 이 나라를 통치해왔다. 그의 정보기관은 사람들이 우글거리고 반항의 기운이 들끓는 도시들을 감시의 눈길로 주시하고 있고, 그의 정부는 그들의 요구를 다룰 생각조차 하지 않는다. 4반세기에 걸친 이집트 정치에서의 체계적인 경쟁자 제거는 오웰의 《동물농장 *Animal Farm*》을 방불케 한다. 무바라크는 세속 자유주의자들까지 투옥하여 이슬람 정당만을 자신의 대안세력으로 남겨 권력을 나누는 것을 달갑지 않아 했다. 이 책략에 미국은 아직도 순진하게 이용당하고 있다. 집권 이슬람 정당이라는 유령은 아랍세계의 정치발전 결여에 대한 기다란 변명거리 중 최근에 나타난 현상일 뿐이다. 페르시아 만 석유 토후국들의 불로소득 생활자 모델이 완전한 정치적 통제와의 맞교환 조건으로 사람들을 먹여 살리는 한편, 다른 아랍국들은 식민주의나 미국, 이스라엘, 가난을 탓한다.[7] 이슬람 정당의 변명이 특히 더 아이러니한 이유는 그것이 내부에서 나오는 것이기 때문이다.

"우리의 선택은 쉽지 않습니다." 한 신문편집자가 나길라(nargeela, 물담배—옮긴이)를 피우며 곰곰이 생각하다가 입을 열었다. "대다수 이집트인은 보수적인 반사 신경을 갖고 있어요. 우리는 민주주의를 위해 싸우기보다는 아이들을 먹여 살리는 길을 택합니다. 급진적인 변화보다는 신중한 조정을 선호해요." 이집트에서는 야외 카페에 앉아 나길라를 피우며 도미노 게임을 하는 것이 정치활동보다 더 인기 있는 일이 된 지 오래다. 그러나 아랍 시민사회와 언론의 르네상스가 일면서 박하차의 담백함과 기관총의 호전성 사이의 제3의 길을 약속하는 민주주의 문화를 고취해왔다. 비폭력적인 항의시위가 이제 일상이 되었고, 2006년에는 20여 개의 정기간행물이 가혹한 언론관계법에 항의하여 발간을 중단했다.

도덕적 리더십도, 공공 서비스도 제공하지 못하는 정부는 그 둘을 모두 제공할 채비를 갖춘 이슬람 그룹들의 완벽한 표적이다. 이슬람은 억압적인 국가에 맞서는 저항의 교리는 아니지만, 정신적 기반에 사회적 기반까지 갖추어질 경우 매우 탁월한 저항의 교리로 작용해왔다.[8] 이집트를 비롯한 여러 아랍 국가들에서 이슬람 그룹들은 의료와 교육의 주요 제공자 역할을 해왔다. 그에 비해 무능력한 독재자들은 인구가 팽창할 때조차도 이를 소홀히 했다. 이슬람 그룹들에게는 자신의 메시지를 전달할 전통적 의미의 정치적 표현수단이 사실상 필요하지 않기 때문에, 그들을 불법화하는 것은 그들에게 모스크에서 대중들을 조종하고 폭력적인 복수를 감행할 구실을 줄 뿐이다. 2005년 선거 때 정부기관은 친무슬림형제단 유권자들을 향해 실제로 발포를 했다. 무바라크가 주장한 민주주의의 화려한 행렬과는 거리가 먼 행동이었다.

이집트에서 가장 붐비고 가장 깨끗한 햄버거 체인인 무메닌(Mu' meneen, '충실한'이란 뜻으로 여기서는 '충실한 신도'를 가리킨다—옮긴이)은 누가 이집트 정치에 다시 활력을 불어넣고 있는지를 잘 포착하고 있다. 수십 년 동안은 독재가 공산주의와 이슬람주의에 맞서는 보루였다. 이제는 민주주의와 이슬람이 독재에 맞서는 무기다. 이슬람 민주주의의 논리는 이슬람이란 굴종이 아니고 해방이며 민주주의는 이슬람을 수행하는 수단이라는 것이다.[9] 형제단은 사회적 행동주의와 방송을 교묘히 이용해 투쟁하는 이집트 중간층과 하층계급의 유권자들이 "이슬람이 해답이다"라거나 "이슬람의 원리가 적용되면 배고픈 사람이 없어진다!"와 같은 슬로건을 받아들이게 한다. 사실 형제단 내에서도 이슬람이 법의 원천 그 자체냐 아니면 원천 중 하나냐는 논쟁이 벌어지기는 하지만, 어쨌든 그 강령은 종교와는 거의 아무런 관계없이 부패 척결과 일자리 창출, 사회 서비스 개선에 초점을 맞추고 있다. 형제단의 존재는 수십 년간의 휴면기 중 오로지 무바라크만을 위해 소집되던 의회를 깨워 그의 자의적인 비상조치법들을 폐지하도록 만들었다. 이슬람과 민주주의가 전제주의와 민주주의보다는 양립 가능성이 더 큰 게 틀림없다.[9)]

모로코에서 이라크까지 선거기간에 간간이 일어나는, 누구의 소행인지 알 수 없는 폭파사건들이 민주주의에 갈수록 더 많은 고통을 안겨주고 있다. 이처럼 19세기 러시아 무정부주의자들처럼 행동하는 이슬람 급진주의자들의 신뢰성 없는 태도는 21세기 민주주의자처럼 행동하는 사람들에게 더 큰 기회를 준다.[10] 민주주의는 무슬림 세계 전역의 이슬람 정당들을 누그러뜨려 왔다. 이제 이집트의 무슬림은 자신들의 이름으로 저질러지는 테러를 힐난하고 있다. 그들은 기승을 부리는 극단주의에 질려버렸다. 관광산업 노동자들은 자신들의 생계가 걸린 산업을 파괴하는, 왕들의 계곡(Valley of the Kings, 나일 강 중류 룩소르의 서쪽 교외지역에 이집트 신왕국시대의 왕릉들이 모여 있는 좁고 긴 골짜기―옮긴이)이나 다하브 같은 홍해 휴양지에서 일어나는 폭파사건들을 비난한다. "우리는 세속주의자든 이슬람주의자든 우리 지도자들이 그런 폭력을 조장하지 말고 부디 중단시키기를 바랍니다." 카이로의 한 민주주의 활동가가 이렇게 주장하고는 덧붙여 말했다. "무바라크 정권의 인물들보다는 이슬람주의자들이 광신자들을 설복할 수 있는 능력 면에서는 더 믿을 만하지요."

"민주주의의 강요는 모순입니다. 이슬람주의는 서구의 이상에 따라 스스로를 정의하지 않거든요." 이집트의 한 이슬람주의자가 알 아자르 모스크 바깥에서 이렇게 투덜댔다. 미국의 사적인 동맹은 이집트 국민이 아니라 공분의 대상인 무바라크와 맺은 것이고, 그 연장선상에 있는 미국의 개혁 노력은 정말 느리고 얕고 좁은 수준이어서 전권을 틀어쥔 정부를 비호하는 위선을 부각시킬 따름이다.[11] 미국은 참호를 파고 들

---

9) 무슬림형제단이 양의 탈을 쓴 늑대로서 오로지 선거를 없애버리고, 권력기관들을 장악하며, 이집트 인구의 10퍼센트에 이르는 기독교계의 콥트(Copt) 교도 같은 소수자들을 공격하고, 샤리아법을 시행하겠다는 목적에서 민주적으로 권력을 획득하려는 건지는 분명치 않다. 또한 형제단의 지도부가 모스크와 국가를 분리하여 힘들게 얻은 권력을 성직자들에게 조금도 양도하지 않고 민주주의와 인기 있는 반부패 강령의 구현에 계속 전념할 가능성도 똑같이 있다. 무바라크 정권이 형제단을 정당으로 인정한다면, 이슬람 정당과 이슬람 결사를 구분하기가 한결 쉬워질 것이다. Samer Shehata Joshua Stacher, "The BRotherhood Goes to Parliament," *Middle East Report*, no. 240(Fall 2006)를 보라.

어앉은 지도자들에게 마지못해 협정을 제의하면서, 그들의 나라가 그들과 함께 끌어내려 지지 않고 앞으로 나아갈 수 있게 하는 대가로 부수적인 역할을 하고 있는 그들을 보호해왔다.[12] 그 결과 미국의 외교정책은 "이슬람 극단주의 세력의 성장을 크게 촉진해왔다"라고 튀니지의 인권운동가 몬세프 마르주키(Moncef Marzouki)는 주장한다.[13] 실제로 미국은 미국과 동맹을 맺은 정권이 장악하고 있는 나라들에서 가장 미움을 받는다. 단적인 예로 2001년 9월 11일 항공기 납치범 대부분이 이집트와 사우디아라비아 출신이었다. 서방세계가 이집트에서 민주주의를 원한다면 이슬람주의자들을 그 민주주의의 일부로 받아들여야만 한다. 한 분석가가 썼듯이 "미국은 카드의 패를 섞게 할 수는 있지만, 바닥에 어떤 카드가 깔리는지는 결정할 수 없다."[14]

"우리가 유럽인들을 좋아하는 이유는 그들이 무바라크를 덜 감싸고 돌고, 우리가 꿈꾸는 것과 비슷한 의회를 갖고 있기 때문이에요." 한 개혁파 정치인의 설명이다. 무바라크는 이집트 헌법을 말들이(조항과 절들이) 이리저리 움직이며 지파와 분파 간의 권력관계를 만들어내는 체스판처럼 취급한다. 그는 지금 아들 가말이 이끄는 국민민주당(NDP)이 2010년 의회선거를 통해 권력을 다시 장악하기 위해 헌법을 계속 땜질하고 있다.[15] 그러나 무바라크가 '아랍의 마그나카르타(Arab Magna Carta)'로 불리는 알렉산드리아 선언(Alexandria Declaration, 2004년 3월 아랍 각지의 지식인, 학자, 경제학자, 사회운동가들이 이집트의 새로운 알렉산드리아 도서관에서 아랍개혁회의를 가진 뒤 채택한 선언으로, 성차별 철폐 등의 개혁적 권고를 담고 있다—옮긴이)에 서명하라는 미국의 압력까지도 거부하는 사이에, 유럽인들은 사법부 독립을 위해 로비를 펼칠 수 있는 법관과 운동가들을 계속 훈련시키고 있다. 이집트인 중 다수는 너무 어려서 무바라크 외의 다른 지도자를 전혀 겪어보지 못했다. 서방세계가 그들에게 줄 수 있는 가장 큰 선물은 무바라크의 후계자로 그와 성이 같은 사람을 뽑을지 다른 사람을 뽑을지를 공정하게 선택할 수 있게 하는 게 아닌가 싶다. "우린 대중교통수단을 이용해온 지도자를 원해요." 한 공학도가 카이로의 모한뎃세인 구에서 케밥 접시를 걸신들린 듯 비우며 잘라 말했다.

민주주의의 희생 위에서 안정을 추구해온 서방의 정책은 딱할 만큼 진부한 생각이 되었다. 그런 안정은 결코 한 세대를 넘기는 일이 없으며, 결국에는 극도의 불안정으로 귀결된다. "우리도 이란처럼 이 정권을 깨끗이 청소해야만 합니다." 연기 자욱한 찻집에서 카이로의 한 여대생이 격한 감정을 토해냈다. 이집트가 알제리식의 내전으로 치달을 것 같진 않지만, 이란식의 혁명(아이만 알자와히리Ayman al-Zawahiri가 1980년의 사다트 암살로 고무될 거라고 기대했던 것) 또한 가능할 것 같지 않다. 민주주의가 비록 당장은 미국에 덜 우호적인 이집트 정부를 출현시키고 그들로 하여금 무슬림형제단과 유대관계를 맺지 않을 수 없게 만들지라도, 더 나은 대안은 민주주의다. 이는 종교적 선호나 개인적 충성의 문제가 아니라 단지 전략적 필요다. 이집트가 모든 슈퍼파워를 두루 상대하기 시작한 것과 마찬가지로 이집트 안의 모든 측면을 두루 살펴야 한다. 민주 이집트는 궁극적으로는 미국을 비난하기보다는 내부 문제에 초점을 맞출 가능성이 더 크다.[16] 만약 이집트가 여전히 코스를 이탈할 경우 그 책임은 오로지 이집트 자신이 지게 될 것이다.

아랍인은 행운아다. 라틴아메리카인과 달리 촘촘한 가족적, 사회적 네트워크의 조합과 종교적 금제들이 아랍세계를 한결 안전하게 만든다. 서반구의 비슷한 도시와 비교할 때 위험스럽기 그지없는 미국이나 이스라엘의 점령에서 자유로운 아랍 도시가 단 하나도 없는데도 말이다. 명예를 기반으로 한 하왈라(hawala, '신뢰'라는 뜻으로 서로 떨어진 두 곳에 있는 중개업자 간 신뢰를 기초로 한 자금이체법을 말한다—옮긴이) 방식의 송금 제도는 이 지역 어디에서나 거대한 액수의 신속한 국제 자금이체를 보장한다. 이런 방식의 송금은 1990년대의 경제침체에도 불구하고 이집트와 아랍 국가들의 빈곤을 줄이는 데 기여했다. 아랍인은 대접이 후하고 재간이 좋으며, 당장 쓸 소득이 없을 때에는 즉석에서 부서진 차를 수리하는 뛰어난 능력을 발휘하기도 한다. 도저히 굴러갈 것 같지 않을 만큼 낡은 피아트와 푸조가 아직까지도 카이로 거리를 털털거리며 누비고 다녀 우크라이나 택시 운전사들의 부러움을 산다.

비공식적인 만남이 큰 비중을 차지하는 아랍세계에서는 현대식 제도보다 와스타(wasta) 즉, 개인적 관계를 맺는 문화가 선호된다.[17] 영어를 쓰지 않는 한 설 자리가 거의 없는 좁은 엘리트 세계 저편에서는 리비아에서 사우디아라비아, 이란에 이르기까지 비대한 공공 부문이 여전히 무능력과 비효율적인 상태로 운영되고 있다. 근무는 늦게 시작하여 일찍 끝난다. 일상 업무를 수행할 때는 물론 이따금씩 리스크가 큰 일을 할 때도 인센티브는 전혀 없다. 모든 명령계통은 하나의 권력으로 연결되고, 그에 따라 도무지 설명할 길이 없는 단 한 사람의 지도자, 아랍 각국에 한 명씩 있는 지도자에게 모든 책임이 주어진다.

아랍어와 와스타, 하왈라, 이슬람이 오랜 세월 아랍인들을 통합해온 데 반해, 정치는 그들을 분열시켜왔다. 19세기 유럽에서 민족주의가 번창하는 동안에 아랍인들은 여전히 오스만 제국에 복속돼 있었다. 초창기의 범아랍 지식인들은 민주주의와 세속주의, 평등이 무엇보다도 중시되는 하나의 아랍 국가에 대한 믿음을 가졌다. 이는 한편으로 이제 막 확보했고 따라서 소중한 주권으로부터 개개의 아랍 국가들을 해방시키겠다고 위협하는 전망이기도 했다.[18] 이 거대한 아랍권이 서방세계 및 시오니즘과 대결하며 통합을 꾀하던 차에 1967년의 6일전쟁(Six-Day War, 제3차 중동전쟁. 이집트의 아카바 만 봉쇄에 맞서 이스라엘이 일으킨 전쟁으로 이스라엘이 6일 만에 아랍 국가들에 압승을 거두고 시나이 반도를 점령했다―옮긴이)에서 이스라엘에 어이없는 패배를 당하면서 범아랍주의는 그 마법을 상실했다.[19] 결정적인 아이러니는 1990년에 나타났다. 이라크의 사담 후세인(Saddam Hussein) 대통령이 자신이 범아랍 진영의 지도자라며 쓸데없는 말을 떠벌리자, 사우디아라비아가 미국 군대를 불러들여 후세인의 쿠웨이트 침공을 격퇴한 것이다.

오늘날 아랍의 심리적 추는 아랍주의를 진지하게 추구하는 방향으로 다시 돌아가고 있다. 아랍인들은 서방세계가 자신들의 문제에 개입할 구실은 석유, 민주주의, 테러 등 결코 끝이 없을 거라는 사실을 터득하고, 아랍주의를 미국의 침략에 맞서는 동시에 아랍의 통일을 꾀하는 운동으로 만들어가고 있다. 이집트와 시리아가 쉽게 손을 잡고 1958년에 통일아랍공화국(United Arab Republic)을 결성했던 일, 그에 맞선 요르단과 이라크의 합병, 이 두 가지 합병의 빠른 실패, 싹이 트고 있는 아랍마그레브연합(Arab Maghreb Union), 이 모든 것들이 아랍 문명의 유동성과 아랍권에 강요되는 국가제도의 이질적 속성을 입증하는 사례들이다. 역사상 어느 때보다도 아랍세계는 토지, 노동, 자본, 언어,

과학기술 접근성, 공동의 이해관계, 공동의 적 등 자연스런 지정학적
블록을 형성할 수 있는 요소들을 두루 갖추고서 아랍인들의 상호 점령
이 과거의 유산이 될 만큼 스스로를 세계화해가고 있다.

  얼마 전까지만 해도 죽은 것으로 여겨지던 아랍연맹이 자기재창조
를 하기 시작했다. 개별국가의 주권을 위협하지 않고 아랍국가연합
(Arab United Nations)으로서 무역, 교육, 농업의 전문기관들을 통해
기술협력을 촉진하고 있는 것이다. 카이로 본부의 와글거리는 복도에
서, 아랍연맹의 관리들은 이집트와 사우디아라비아 간의 상호 생색내
기를 넘어서는 (이집트인은 사우디인을 미개한 베두인족으로 보는 반면에
사우디인은 이집트인을 교활한 거지로 본다) 자신들의 노력에 필적하는
예로 유럽석탄철강연합을 거론하며, 인구가 매우 조밀하고 부유한 아
랍 국가들을 아랍주의 부활의 자연스런 기관차로 통합해가고 있다. 아
랍연맹의 프로젝트들에는 이제 마그레브 지역에서 이집트를 거쳐 요
르단과 시리아를 잇는 전기와 가스 망, 페르시아 만 지역에서 물이 부
족한 이집트와 요르단까지의 해수담수화, 수단의 비옥한 토지 개발 등
이 포함돼 있다. 아랍의회(Arab Parliament)도 2005년에 아랍의 정부
기관들을 감시하고 의회권력을 강화하기 위한 상임위원회의 발족과
함께 꼴을 갖추기 시작했다. 아랍 정치가 마침내 아랍 경제를 따라잡을
지도 모른다. "아마도 아랍 평화유지군이 목숨을 걸고 무슬림들을 지
키게 될 겁니다. 미국과 유럽이 이미 하고 있는 방식으로요." 한 아랍
인이 숙고 끝에 시니컬하게 말했다.

19

마슈레크
길은 어디에

흔히들 말하는 중동(Middle East)이나 메소포타미아(Mesopotamia), 프랑스어에서 유래한 단어인 레반트(Levant, '해가 뜬다'라는 뜻의 프랑스어에서 유래한 말로 동쪽에 있는 나라라는 뜻. 동부 지중해의 섬과 그 연안의 여러 나라를 가리킨다—옮긴이)라는 술어로 지칭되는 지역이 바로 마슈레크(Mashreq) 지방이다. 냉전기에 소비에트 연방의 뒷마당으로 간주되었음에도 이 지역에서는 아직까지도 제1차 세계대전 후의 골격 정비가 진행중이다. 이는 그들의 탈구 상태가 실로 얼마나 심각했는지를 잘 보여준다. 마슈레크의 역사는 홍정꾼인 제국 심판관들의 감독하에 오랫동안 계속된 가문 간 싸움의 역사다. 제1차 세계대전 중에 영국은 전 아랍 차원의 반(反)오스만 봉기를 유도하려 했다. 그러나 아랍의 저항은 민족주의적이기보다는 분리주의적이었다. 아랍인들은 한데 뭉쳐 독립을 달성하는 대신 연합국들을 움직여 각자의 봉토를 되찾는 길을 택했다.[1] 파리평화회의에서 우드로 윌슨(Woodrow Wilson)은 사람들과 지방들이 "마치 게임판의 노예나 병졸처럼 교환되는" 방식에 종지부를 찍으려 했다. 하지만 프랑스와 영국은 태연자약하게 오스만 제국의 가톨릭 관구가 표시된 18세기 중엽의 지도를 토대로 1916년에 사이크스-피코 협정(Sykes-Picot Agreement, 제1차 세계대전 중인 1916년 러시아의 동의하에 프랑스와 영국이 맺은 비밀협정. 오스만 제국의 영토인 시리아, 이라크, 레바논, 팔레스타인 등을 분할 통치하기로 한 협약으로 1917년 말 소비에트 혁명정부가 이를 폭로한 후 아랍인들의 분노가 들끓었다—옮긴이)을 맺어 이미 시리아를 분할해놓고 있었다. 1920년대 초에 프랑스는 다마스쿠스로 진격해 들어가 영국이 세운 꼭두각시인 에미르 파이잘(Emir Faisal)을 내쫓았다. 그러자 영국은 파이잘에게 이라크를 주어 달랬다. 유럽인들은 아랍인과 시온주의자들이 당연히 팔레스타인을 공유할 수 있을 것으로 믿었지만, 1924년 젊은 군주 이븐사우드(ibn Saud)가 헤자즈 지방을 정복하며 사우디아라비아를 통일하자 파이잘의 형 압둘라(Abdullah)는 자신의 세력을 이끌고 시리아로 들어갔다. 이에 영국은 팔레스타인의 4분의 3을 떼어내 트란스요르단(Transjordan)을 세우고 그를 왕으로 앉혔다. 스스로의 혼란 탓에 영국에 책임을 돌리는 것이 더 이상 먹혀들지도 않을 것 같은 시점에 정확히 맞추어 미국이 이 지역에 등장했다. 한 세기 전 윌슨 대통령의 훌륭한 뜻에도 아랑곳없이 미국은 유럽의 전임자들과 똑같은 비운을 맞을 운명이었을까? 미국도 영국과 마찬가지로 아랍 해방이라는 미명 아래 부분적으로 정당화되는 (이라크) 전쟁을 개시했으나, 그로 말미암아 미국은 오히려 이 지역에서 가장 지탄받는 세력이 되었다. 영국 또한 무슬림 문제들에 개입하면서, 이슬람을 정신적이고 세속적인 단위들로 흡수되었다가 분리되었다 할 수 있고 심지어는 국가나 지배 왕조에 대한 다른 형태의 충성심으로 대체될 수도 있는 단일한 실체로 다루었다. 그러나 그들은 이 지역에서 가장 강력한 종교 세력의 눈부신 성장을 보지 못했다. 바로 아라비아의 와하브주의자(Wahhabist, 알 와하브의 가르침대로 순수한 이슬람 정신으로 돌아가 이슬람의 율법대로 살아가자고 주장하는 이슬람 원리주의의 일파—옮긴이), '이크완(Ikhwan, 형제들)'이다. 결국 아마득한 행운을 만들어내려 던 고상한 목표는 병사들의 목숨을 보전하고 비용을 절감하려는 근심 걱정으로 졸아들고 말았다.[2] 오늘날 마슈레크 지방은 이러한 식민지 유산과 더불어 이슬람주의의 부활, 정치적 억압, 외국의 군사개입, 테 러를 붙들고 씨름하는 중이다.

마슈레크 국가들이 하나의 양탄자로 계속 직조되고 있는 건 분명하 지만, 실들이 짜내는 정확한 문양의 도안은 아직 드러나지 않고 있다. 역사적으로 공존을 훨씬 더 많이 경험한 지역에서 경쟁을 조장하는 것 은 민족국가 체제인데, 아랍인들은 천성적으로 맹목적 민족주의 성향 과는 거리가 멀다. 오스만 제국의 지도에서는 구불구불하고 유동적인 땅뙈기들이 여러 부족과 그들이 관리했던 오아시스를 표시하고 있었던 데 반해서, 급하게 그려진 오늘날의 국경선들은 국가를 나누는 어떤 상 식적인 논리도 따르지 않고 있다. 이집트에 가장 많은 아랍인이 살고 있지만 경작지는 협소하고, 쿠웨이트와 카타르는 인구가 적지만 엄청 난 양의 석유와 가스를 보유하는 은총을 입었으며, 급증하는 팔레스타 인인은 흩어진 난민과 거의 다를 바 없는 좁아터진 준국가의 주민들이 다. 요르단, 레바논, 시리아, 이라크, 팔레스타인, 이스라엘의 다민족 모자이크 지역들은 오늘날 그들이 대표하고 있는 인구가 희박하고 구 조는 취약한 나라들이 아니라, 고대 교역로 위에 그려진 중심도시들의 네트워크로 이해하는 것이 더 유용하다. 그 모든 나라들에서 민주주의는 사람들을 동원할 수는 있지만 사람들을 통합하거나 관대하게 만들지 못한다. 소수자의 권리를 보장하지 못하는 민주주의는 다수의 지배, 대대로 이어져 내려오는 전통의 잠재적 붕괴, 심지어는 국가형태 그 자체를 의심받게 한다. 마슈레크의 지도자들이 영토에 대한 오스만인의 무심함을 이어받는다면, 교역과 관용이 국지적 폭정과 기회주의적 극단주의를 눌러 이기면서, 팔레스타인이 텔아비브와 예루살렘, 베이루트, 다마스쿠스, 암만, 바그다드를 잇는 격자문양의 심장부를 차지할 수 있게 될 것이다.[3] 중앙아시아의 페르가나 계곡과 마찬가지로, 선택지는 국민이라는 내적 소속감이 없는 국가들 안에서 사람들을 억압할 것이냐 아니면 공간과 자원을 두루 공유할 것이냐다. 전략적 교차로인 마슈레크 지방보다 국가를 산산조각내고 또 국가를 개방하는 것이 더 필요하면서도 더 위험한 곳은 전 세계 어디에도 없다.

두 개의 주권국가, 이스라엘과 팔레스타인

1917년의 밸푸어 선언(Balfour Declaration, 1917년 11월 영국 외무장관 제임스 밸푸어가 "팔레스타인에 유대인의 민족국가를 수립하는 것을 지지한다"라고 선언한 것으로 유대인들의 시온주의 운동에 불을 지폈다. 그와 더불어 "팔레스타인에 이미 존재하는 비유대인 공동체의 권리를 침해하는 행동을 해서는 안 된다"라는 말을 덧붙임으로써 많은 논란을 낳았다—옮긴이)에서 유대인의 조국에 대한 요구가 언급된 이래, 이스라엘은 이주를 통해 국가를 건설한 으뜸가는 사례였다. 그러나 이스라엘의 존재 자체가 그 안전을 보장하는 긴 아니다. 떠도는 팔레스타인 아랍인들 역시 흡족한 해답을 얻어야만 하기 때문이다. 1967년의 6일 전쟁에서 승리한 후 이스라엘은 가자지구, 요르단 강 서안, 동예루살렘을 점령하고 그곳에 25만 명 가까운 정착민을 보내 인구학적 교두보를 만들었다. 그러나 이 정착지들이 흔히 '기정사실'로 이야기된다 할지라도 누가 미래에 그곳을 차지할지는 아직 결론이 나지 않은 문제다. 이스라엘과 요르단, 레바논에서 난민이나 이주노동자, 시민으로서의 팔레스타인인들의 존재감이 커지면서 팔레스타인 국가의 형성은 놀랄 만큼 큰 힘을 받아왔다. 그들 스스로 짊어진 국가적 정체성 결여라는 짐이 이웃나라 모두의 정체성에 도전장을 디밀고 있기 때문이다. 오늘날 지중해와 요르단 강 사이에는 유대인보다 아랍인이 훨씬 더 많다. 팔레스타인 국가의 건설만이 유대인 국가인 이스라엘의 생존을 보장하는 유일한 길이라는 것이 아랍-이스라엘 분쟁 최대의 아이러니 중 하나가 된 것은 그런 까닭이다.

레바논이나 아랍에미리트연합처럼 이스라엘 역시 이주자들의 노동으로 해안 사막에 세워진 일련의 오아시스들이다. 텔아비브가 주민들이 '나블루스(Nablus, 고대 북이스라엘 왕국 최초의 수도 세겜의 현대명―옮긴이)가 아니라 나스닥(NASDAQ, 전미증권업협회가 컴퓨터전산망을 통해 운영하는 미국 장외시장의 시세보도시스템으로, 거래 종목은 인터넷 등 첨단산업 관련주나 벤처기업 주식이 대부분이다—옮긴이)' 이야기를 하는 현대 유럽 도시를 닮은 데 반해서, 오아시스 도시들은 테러와 쇠락해가는 관광이라는 쌍둥이 골칫거리를 피할 길이 없다. 하이파 같은 고학력 인구밀집지들이 2006년 레바논과의 전쟁 같은 분쟁이 벌어지는 동안 거의 소개되다시피 할 때에는 더욱 그렇다. 그러나 이스라엘과 아랍국가 간에는 이미 일정 부분 경제통합이 이루어지고 있다. 미국 기업들에 제품을 공급하는 첨단기기 제조업체들조차도 예컨대 모토로라 칩 같은 이스라엘 제품을 키프로스로 가져가 거기에서 상표를 바꿔 달아서는 아랍국가의 이동전화 중독자들에게 팔고 있다. 홍해의 인접한 세 항구, 즉 이집트의 타바, 이스라엘의 에일라트, 요르단의 아카바 간의 공동생산과 협력을 증진시키고 있는 검정산업지구(Qualified Industrial Zones, QIZs, 요르단과 이스라엘 정부가 지정하고 미국 정부가 승인한 일종의 수출특구로, 이곳에서 생산된 상품들은 미국에 무관세로 수출된다. 이집트에도 같은 조건의 산업지구가 여러 곳 만들어졌다—옮긴이)가 이 도시들을 상호 볼모지역에서 물류를 공동수송하는 거대 산업중심지로 탈바꿈시켜갈 수도 있다.

토인비는 1950년대에 예루살렘을 "원자처럼 쪼개져 서로 만나지 않고 나란히 서서 자라나는 상호적대적인 두 개의 도시"로 묘사했다.[4] 그러나 이스라엘의 군사 검문소와 이기적인 간선도로, 그리고 해외이민자들의 송금이 통곡의 벽(Western Wall, 예루살렘 성전의 서쪽 벽으로, BC 1세기에 헤롯 성의 일부로 튼튼하게 개축되었으나 AD 70년 로마군에 의해 완전히 파괴되고 일부만 남아 유대인들의 귀향과 신앙의 상징물이 되었다—옮긴이)과 바위 돔(Dome of the Rock, 685~691년 칼리프 이븐 마르완이 마호메트가 승천한 곳으로 알려진 바위 위에 순례자를 위한 성지로 세운 사원으로, 이슬람 최초의 역사 유적이다—옮긴이), 성묘교회(Church of the Holy Sepulcher, 로마의 콘스탄티누스 황제가 336년에 예수가 십자가에서 처형당해 묻힌 골고다 언덕 위에 세운 교회로, 이후 이슬람에 의해 파기되었으나 십자군 전쟁 후에 다시 지어졌다—옮긴이)의 공동 기반을 망가뜨릴 수는 없다. 예루살렘은 최대의 다종교 도시다. 그런데 유대인, 기독교인, 무슬림이 모두 도시를 배타적으로 지배하려다가 늘 실패를 거듭해왔다. 옛 예루살렘 지역에서는 교회 종소리와 모스크의 무에진(muezzin, 이슬람 모스크의 탑에 올라가 예배시간을 알리는 낭송을 하는 사람—옮긴이) 소리가 중첩되며 끝없는 불협화음을 만들어내는 반면에, 한 상점에서 동방정교회, 유태교, 이슬람교의 초상을 동시에 팔면서 같은 셈족의 유사성을 끊임없이 상기시킨다. 그러나 예루살렘과 자신들의 성도 베들레헴을 갈라놓고 있는 거대한 '보안장벽'에 질려버린 기독교인의 상당수가 서서히 이스라엘을 떠나고 있을 만큼, 팔레스타인에 사는 신도들의 심리적 불안정 상태는 심각한 수준이다.

이스라엘의 보안장벽은 이스라엘이 스스로를 서구 문명의 동쪽 변방으로 생각하고 있다는 증거다. 그러나 그들은 자신의 모든 이웃들과 영원한 심리적 (혹은 실제적) 전쟁상태에 있다. 실제로 이스라엘은 아랍 이웃들과 갈수록 더 섞여가면서 점점 더 많은 피를 흘리고 있다. 팔레스타인의 자살폭탄 공격대와 무장한 이스라엘 병사들, 이 지역의 미래를 대표하는 양측의 두 젊은 세대들이 퇴로 없는 전투를 벌이고 있다. 한 사람이 의인인 동시에 악인이다. 스스로를 평화롭게 통합시켜가지 않는 한 이스라엘은 마슈레크 지방에서 거부당하는 기관이 되어 몸통보다 먼저 죽어나갈 가능성이 더 크다. 제2세계의 다른 나라들처럼 이

스라엘에서도 대외정책과 국내정책의 문제가 전보다 더 중첩되어 등장
한다. 많은 제2세계 국가들처럼 이스라엘의 총리 에후드 올메르트
(Ehud Olmert) 역시 수도의 전 시장이었다. "여기엔 가난한 사람들이
많습니다." 텔아비브의 한 택시 운전사가 현대식 건물들이 즐비한 중심
가에서 지적했다. "대다수 사람들에겐 군대를 우선시하는 것보다는 일
자리와 병원이 더 중요하죠." 미국 정부와 유대인 해외이민자들한테 받
는 막대한 보조금이 있다 하더라도 이스라엘은 현실을 감안하여 군사
비를 줄이고 복지비를 늘려야 한다.[5] 관광에서 무역, 테러에 이르기까
지 이스라엘과 팔레스타인은 이론상으로는 분리할 수 있지만 실제로는
결코 그럴 수 없다.

많은 미국인이 이스라엘을 파키스탄처럼 자신의 문제를 해결하기보
다는 미국의 문제를 푸는 데 더 기여하는 '동맹국'으로 보기에 이르렀
다.[6] 그런데 2005년을 전후하여 이스라엘은 조용히 러시아의 뒤를 이
어 중국에 두 번째로 많은 무기를 공급하는 나라가 되었다. 이스라엘이
제공하는 무기에는 레이더망을 피할 수 있는 무인비행기와 공대공 미
사일이 포함돼 있는데, 중국이 이 미사일을 이란에 되팔아 이란의 미사
일 사정거리 안에 이스라엘이 들어가는 아이러니를 낳기도 했다. 중국
은 그 대가로 이스라엘 항구들을 지중해를 가로지르는 유럽행 수출 허
브항만으로 확장하는 공사에 투자하고 있다. 비록 이스라엘의 생사가
걸린 팔레스타인 문제는 해결하지 못한다 해도, 중국이 미국만큼 이스
라엘을 지원하는 날이 올지도 모른다.

조금씩 변화하며 반복된 이스라엘-팔레스타인 평화정착 과정은 자
잘하고 주변적인 조치들을 커다란 승리인 양 보여주면서 난민의 재정
착과 예루살렘의 지위와 같은 큰 문제들은 늘 옆으로 제쳐놓았다. 양편

의 훼방꾼들은 이를 이용하여 진실이 드러나는 결정의 순간에 늘 행로를 이탈해왔다. 시온주의자들은 이스라엘의 건국 전 10년 동안 오늘날의 팔레스타인인 못지않게 영국을 몰아내기 위한 기본전술로 테러를 사용했다.[7] "우린 연옥 속에서 국제 관료정치의 달인들에게 늘 굴종하며 살고 있습니다." 팔레스타인의 진정한 자율과 이동의 자유 결핍에 좌절한 한 팔레스타인 관리의 항변이다. 2006년 선거에서 하마스(Hamas, 1987년 말 야신이 조직한 팔레스타인의 수니파 이슬람저항운동 단체로, 실지의 전면회복을 주장하며 이스라엘에 맞섰다. 조직은 정치·군사로 이원화돼 있으며, 2006년 1월 참여한 팔레스타인 총선에서 승리를 거두었다—옮긴이)가 승리한 후 이스라엘이 보안폐쇄를 단행하자 의회는 원격화상회의를 소집하여 회의를 진행했다. 팔레스타인인에 대한 이스라엘의 현행 반투스탄(bantustan, 1951년 아파르트헤이트 정책의 일환으로 제정된 남아공의 반투자치법에 따라 만들어진 흑인 자치구. 반투스탄으로 명명된 불모지에 흑인들을 집단 이주시킨 후 흑인들의 독자정부를 구성케 하고 남아공 국민으로서의 권리는 완전히 박탈했다—옮긴이) 모델이 경제적으로나 정치적으로나 지속 가능하지 않음을 상기시켜주는 사례였다.[8]

제3세계에서 보듯이 원조정치가 토착민에 의한 통치체제 구축보다 우선할 때 발전은 실종된다. 국제원조기관들이 긴급한 수요를 충당해주긴 하지만, 코소보에서처럼 제공되는 순간 사라지는 거품 경제를 만들어낼 뿐이다. 팔레스타인 예산의 대부분이 유럽과 아랍 정부가 증여한 기금이며, 팔레스타인 최대의 고용주는 여전히 국제연합이다. (제2의 고용주는 협박당한 정보원들의 비공식 네트워크를 가진 이스라엘 보안회사 신베트(Shin Bet)라는 말이 있다.) 팔레스타인인들은 이스라엘의 점령에 대한 보조금 조로 제공되는 국제원조에 굴욕감을 느끼는데, 이스라엘은 국제법에 따라 그 대가를 지불할 법적 의무가 있다. "우린 우리나라는 세우지 못한 채 계속 졸아들면서 남의 나라만 건설해왔습니다." 앞의 관리가 요르단, 이라크, 쿠웨이트의 팔레스타인인 이주자들을 언급하며 덧붙였다. 현 상황은 팔레스타인이라기보다는 팔리스탄(Pali-stan, 팔레스타인의 옛 이름으로 '주님의 땅' 또는 '양치기의 땅'이라는 뜻—옮긴이)에 더 가깝다.

그러나 팔레스타인인들은 결국엔 그들 스스로의 국가를 세울 힘을 갖게 될 것이다. 높은 실업률, 취약한 사회기반시설, 그리고 2020년에 650만 명에 이를 것으로 추정되는 급속한 인구증가와 같은 위기들은 예닌, 나블루스, 라말라, 동예루살렘, 헤브론과 이집트 국경의 가자시티, 라파를 잇는 철도, 텔레콤, 전기, 가스 라인 회랑의 건설로 정비될 수 있다. 그러한 원호 모양의 회랑이 가자지구의 국영공항, 항만시설과 요르단 강 서안을 연결하면서, 회랑지대의 핵심 교차로 주변에 도시나 마을 형태의 공동체들이 들어서게 될 것이고, 나아가 15만 명 가량의 팔레스타인인들에게 일자리를 제공할 것이다.9 유럽연합과 그 밖의 해외 기부자들이 팔레스타인의 이 중추 회랑지대 건설에 필요할 것으로 추정되는 60억 달러를 기꺼이 낸다면, 그것으로 팔레스타인 기관들에 대한 전술원조 중단 논쟁은 폐기될 것이고, 유럽은 세계에서 가장 골치 아픈 분쟁 중 하나를 해결하는 기금을 냈다는 공로를 인정받게 될 것이다. 대서양 양안의 협력을 통해 아랍-이스라엘 분쟁을 해결하는 것이 경제제재를 압박하는 여러 통의 전화보다 훨씬 효과적일 게 틀림없다.

수십 년간 아랍과 무슬림 국가들은 자국의 이익이라는 이기적인 관점에서 팔레스타인인들을 바라보아왔으나, 이제는 팔레스타인 문제를 자신의 문제로 받아들이고 있다. 팔레스타인이 자신의 국기와 정부와 올림픽 팀을 가진 지 오래임에도 미국과 이스라엘은 자산을 동결시키고 송금을 차단함으로써 팔레스타인인들에 대한 아랍의 지원을 방해해왔다. 요르단과 이집트에서 들어오는 여행가방 속에 든 밀반입 자금 외의 다른 선택지를 거의 없애버린 것이다. 그러나 하마스가 "한 발은 정치에, 한발은 테러에 담글 수 없다"라는 미국의 독단적인 주장은 아랍인들 사이에서 비중 있게 받아들여지지 않고 있다. 파타(Fatah, 1950년대 말 아라파트와 그 동료들이 조직한 팔레스타인인의 정치·군사 조직으로 팔레스타인해방기구(PLO) 창설 후 그 최대 정파가 되었다. 팔레스타인 해방운동을 이끌며 팔레스타인의 자치를 확보한 뒤 자치정부의 책임을 맡았으나 이후 하마스와 대립하며 영향력이 쇠퇴했다—옮긴이)에 공급된 미제 무기가 팔레스타인의 분파투쟁에 기름을 부은 이후로는 더더욱 그러하다. 팔레스타인 내부의 투쟁은 2007년 하마스가 가자지구에서 파타 권력을 축출할 때 최고조에 달했다. 2006년에 미국이 팔레스타인 당국에 대한 지원을 철회하자, 사우디아라비아와 이집트, 이란이 개입하여 팔레스타인의 운영예산을 충당해주면서 민주적으로 선출된 정부가 더 이상 미국에 협박을 당하고 있을 수는 없음을 분명히 했다. "해외이민자들, 아랍 형제들, 이슬람의 자비 덕분에 헤브론이 재건되고 있습니다." 라말라에서 만난 한 팔레스타인 고문의 설명이다. 라말라에는 몇 년 사이에 크림색 빌라가 가득 들어선 마을들이 사방으로 불규칙하게 뻗어나가고 있다.

팔레스타인이 국가로서의 지위를 승인받기 전까지는, 이스라엘을 인정하라고 하마스에 압력을 가하는 것은 조급한 처사일 뿐 아니라 아이러니이기도 하다. 무엇보다도 팔레스타인은 실체가 있긴 하지만 국가는 아니며 따라서 그러한 합법적 승인을 해줄 위치에 있지 않기 때문이다. 헨리 키신저는 1975년에 팔레스타인인의 주권국가 창조 없이는 "어떤 해결책도 가능하지 않다"라고 말했다. 30여 년이 지난 지금도 평화적인 지역통합의 전제조건에는 변함이 없다.

지정학적 교두보, 요르단

요르단처럼 지리적으로 갇힌 나라에는 실패의 망령이 어른거리지 않는 날이 없다. 그 존재 자체가 늘 위험천만이다. 요르단이 만일 찢어진다면 이웃 어느 나라도 그 조각들을 집어들려 하지 않을 것이다. 이스라엘, 팔레스타인인, 사우디아라비아, 시리아, 그리고 이라크의 수니파 모두 저절로 얻어지는 조각만 취하고 말 것이다. 요르단은 아랍 지정학의 복잡다단함을 가능한 모든 차원에서 구현하고 있다. 그 탄생부터가 아랍 왕가들의 경쟁과 식민지배자들의 약속이 뒤죽박죽으로 혼합된 결과물이었다. 사막지대 아랍인의 왕가들이 사우디아라비아 왕국과 요르단 하심 왕국(Hashemite kingdom of Jordan)으로 분할된 것이다. 두 나라 모두 지배 가문의 이름을 국명에 담고 있다. 오늘날까지도 요르단 왕가는 페르시아 만 왕가들과 혼인을 계속하면서 자국의 독립도 지키고 그 나라들로부터 투자도 끌어온다. 요르단은 또한 서방측이 소련의 팽창을 차단하기 위해 이용해온 냉전기의 완충국이기도 했다. 영국 관리들이 반세기 전에 모두 집으로 돌아간 지금, 요르단은 미국으로부터 화두를 얻는다. 미국의 압력으로 요르단은 심지어 팔레스타인인의 재정착 권리도, 자국의 물 사용권도 확보하지 못한 채 이스라엘과 국교를 맺은 최초의 아랍국 중 하나가 되었다. 팔레스타인의 정세가 불안정해질 때마다 팔레스타인 난민들이 부자, 빈자 할 것 없이 돈과 사회적 불만을 품고서 요르단으로 흘러든다. "요르단은 나라가 아닙니다." 암만의 한 지식인이 백색 벽토로 치장은 했지만 쓰레기로 뒤덮인 마을들 사이로 차를 몰며 불평을 털어놓았다. "아무나 들어와 세내어 살면 되는 그런 곳이죠."

그러나 희생을 요구하는 그 지리를 이용하는 것이 요르단의 장기가 되었다. 요르단의 한 사업가가 그것을 가장 잘 표현하고 있다. "우린 늘 전쟁에서 이익을 얻습니다. 우리가 아니라 우리 이웃들이 전쟁을 벌이는 한은요!" 웨스트 암만은 96킬로미터도 채 떨어지지 않은 요르단 강 서안 지구를 떠나야만 했을 때 이미 부동산 자산을 보유하고 있던 성공한 팔레스타인인들과 걸프 전쟁 후 페르시아 만 지역에서 흘러나온 돈의 합작품이다. 수백 개의 요르단과 시리아 회사들이 UN 석유식량 스캔들(UN 관리를 비롯한 여러 관계자들이 식량과 의약품의 최소 구입비용 선에서만 이라크의 석유수출을 허용하던 UN의 대이라크 제재방안을 어기고 각종 편법을 동원하여 거래를 하다가 2005년 초에 덜미를 잡힌 사건—옮긴이)에 연루되었다. 사담 후세인 치하의 이라크에 대한 경제제재를 피하기 위해 뇌물을 주고받은 것이다. 외국인 계약자들은 암만을 이라크 재건사업의 기지로 삼고서 물품 수송에서 의료 서비스까지 온갖 일에 요르단인 하청계약자들을 활용한다. 같은 시기에 이라크의 다수 중산계급이 국내의 내전을 피해 요르단으로 도망쳐 나왔다. 심지어는 요르단 사회에서 사다리의 가장 낮은 단에 있는 사람들조차도 요르단의 의도하지 않은 전쟁경제에 편입돼 있다. 암만의 이라크 대사관 밖에는 매일같이 중년의 요르단 남자들이 수백 명씩 줄지어 서서 비자를 면제받는 '자유로운 일자리'에 지원을 한다. 위험은 크지만 급료가 높은 일을 찾아 이라크로 들어가려는 것이다. 나라 어디에서나 이라크에 팔 물건들을 트럭에 가득 싣고 있는 가난한 농부들을 볼 수 있다. 사담 통치하에서와는 달리, 그들은 더 이상 공짜 석유를 받지 못한다. "사우디아라비아와 요르단에서 이라크로 가재도구를 밀수출하는 것이 표준작업절차(2004년에 일어난 이라크 내 미군 감옥 아부 그라이브 수용소의 수감자 학대 스캔들에 관여한 미군 병사들의 증언을 통해 널리 알려진 말로서, 그들을 인터뷰하여 만든 같은 제목의 다큐멘터리 영화가 2008년에 만들어졌다—옮긴이)인 건 여전합니다"라고 앞의 사업가는 시인했다. 이라크가 불안정함에도 부유한 레바논인 투자자들은 모래 항구인 아카바를 해운업과 스노클링이 가능한 항구로 개발하고 있고, 광물질이 풍부한 사해 주변의 관광도 번창하고 있다. 이라크의 내전이 끝나면 아카바로 송유관을 연결하려는 오랜 계획이 실현되는 한편, 역으로 아카바에서 바그다드로 향하는 화물 물동량에 힘입어 마슈레크 지방의 안정적인 무역회랑 하나가 만들어질 수 있을 것이다.

요르단은 안정된 하나의 섬일지 모르지만, 주변의 상승하는 수온이 요르단을 산 채로 요리해 먹겠다고 위협하고 있다. 백만 명에 달하는 이라크 난민은 물론 이라크 내전에서 단련된 전사들까지 요르단으로 대거 쏟아져 들어오면서, 자신의 싸움을 이웃나라들로 확산시키고 있다. 요르단은 테러 공격과 사상자 수에서 이라크에 이어 두 번째로 높은 수치를 기록해왔다. 그 가해자 통계에는 요르단인 외에도 이라크인, 사우디인, 리비아인이 포함돼 있다. 암만의 주요 호텔은 예외 없이 보안차단장치를 겹겹이 설치해두고서 차대와 트렁크를 검사하고 금속 탐지기를 이용해 몸수색도 한다. 만일 이라크가 셋으로 분할될 경우, 요르단의 뒷마당이 될 곳은 땅도 팍팍하고 인심도 죽 끓듯 하며 자원도 기대할 게 없는 수니파 지역이다. "이라크는 우리에게 재앙이 될 것 같은데, 우린 그저 속수무책입니다." 외무부의 한 관리가 고급스러운 호텔 로비에서 동료 엘리트들과 초조한 얼굴로 인사를 나누며 말했다.

요르단은 석유도 가스도 거의 없고, 심지어는 마슈레크의 권력관계에서 갈수록 큰 힘으로 작용하고 있는 또 다른 자원인 민물도 부족하다. 이스라엘인과 팔레스타인인, 요르단인이 공유하는 요르단 강 계곡과 수메르인으로부터 오늘날의 이라크, 시리아, 동부 터키에 이르기까지 메소포타미아 문명에 생명을 불어넣어 준 티그리스-유프라테스의 비옥한 초승달 지역은 마슈레크 지방의 자연적인 회랑이다. 고대 나바타이(Nabatae, BC 2세기에서 AD 2세기 초까지 현재의 요르단 서부에서 번성한 아랍인의 고대왕국으로, 이들의 문자가 아랍 문자의 모체가 되었다—옮긴이) 사람들은 페트라의 시크 길(Siq passage)을 따라 난 매끈한 도랑에서 지금까지도 볼 수 있는 정교한 관개시설을 운영했다. 오늘날 이 지역의 국가들이 그 귀중한 수자원을 그만큼 잘 관리할 수 있을까? 남동부 아나톨리아의 댐 건설 프로젝트가 이 지역의 터키인과 쿠르드인들의 삶의 질을 획기적으로 개선해왔지만, 하류 지역의 수면은 1년에 약 183센티미터씩 낮아지고 있다. 물 공유 협정과 기술로 이 부정합 상태를 완화할 수 있다. 터키의 수력발전 댐에서 생산한 전력을 시리아와 이라크에 싼 가격으로 팔 수 있고, 페르시아 만에서 염분을 제거한 물을 북쪽 요르단으로 보내 관개시설과 농업생산을 늘려갈 수도 있다. 홍해-사해 운하의 준설작업이 이미 진행되고 있다. '물 전쟁'이 일어날 수도 있다는 증거다.

미국이 아랍 동맹국들을 찾으면서 요르단은 완충국에서 지정학적 교두보로 격상되었다. 자유무역협정 체결로 미국은 순식간에 요르단의 최대 교역국이 되었고, 요르단은 검정산업지구(QIZs)를 통해 이스라엘과의 경제협력에 적극적으로 나서는 본보기가 되었다. 그러나 제조비용을 손에 쥐고서 그 산업지구를 이용할 수 있는 회사가 요르단 내에 거의 없고, 그곳에서 일하는 요르단인들은 숙련도가 낮은 일자리에서 부가 아니라 생계수단을 얻고 있는 것이 현실이다. 실질적인 수혜자는 이스라엘과 중국 회사들인 바, 이들은 요르단에 자신의 섬유회사를 등록하고는 산업지구에서 가장 많은 부지를 사들인다. (중국이 유리한 EU 수출통로를 확보하려고 북아프리카를 이용하는 것과 똑같은 세계화의 구멍이다.) 요르단에 근거지를 둔 중국 토목회사들은 또한 요르단의 다섯 개 신설 댐 중 네 개를 놀라울 만큼 능률적으로 건설했다.

요르단 경제의 태반이 암만에 집중된 탓에 제2도시 자르카를 비롯한 다른 지역들이 이제껏 소홀히 취급돼왔다. 자르카는 제조업 폐기물과 열악한 하수설비로 심각하게 오염된 상태다. 도시의 보수적인 하층계급 속에서, 이라크의 가장 잔인무도한 알카에다 요원으로 활동하다

2006년에 죽은 아부 무사브 알 자르카위(Abu Musab al-Zarqawi)와 같은 이슬람원리주의자들이 만들어져 왔다. 그러나 전반적으로는 요르단의 얼마 되지 않는 베두인족 사이에서 급진적인 이데올로기가 출현한 적은 없었다. 이 나라의 수수한 모스크에서 볼 수 있는 차분한 성격이 반영된 것이다. 늘 생존권의 위협을 느끼며 사는 요르단인들은 2006년 초 예언자 마호메트 만화 스캔들(〈질란즈 포스텐〉이라는 덴마크 신문에 마호메트를 풍자한 만화 12장이 연속으로 실린 사건. 이 사건 후 아랍국 주재 덴마크 대사관들이 불타고 유럽과 아랍권에서 무슬림의 거센 항의가 이어졌다―옮긴이)이 터진 후에도 덴마크 대사관을 약탈할 엄두조차 내지 못했다. "우리가 할 수 있는 것이라곤 고작 덴마크산 맥주를 팔지 않은 정도였죠." 암만의 양식 레스토랑에서 일하는 한 웨이터가 한마디로 설명했다. 그러나 그것은 바뀔 수 있다. 암만의 어떤 봉우리에 올라가 보아도 암만은 하얀 지붕들이 이어진 현대적인 외양의 지평선을 보여준다. 그러나 마라케시에서 리야드에 이르는 아랍의 다른 대도시들과 마찬가지로, 신구 도시를 가르는 선에서 자유분방한 사람들과 보수적인 사람들 간의 문화적 균열을 볼 수 있다. 암만 바깥으로 나가면 많은 젊은 여인들이 이슬람에 대한 책무의 상징으로, 그리고 지나치게 서구화되었다고 생각하는 엘리트에 대한 반발심에서 베일 착용을 선택하고 있다고 말한다. 현대화와 보수주의는 아랍세계 전역에서 동시에 진화하고 있는 두 가지 추세다. 각자가 다른 쪽을 끊임없이 갉아먹어 들어간다.

압둘라 왕은 후자를 무시하지 않으면서 전자를 추구하는 사람이다. 그런 그를 가리켜 서방 지도자들은 마치 선심이라도 쓰는 듯한 어조로, '신중한 사람'이라고 부른다. 그런데 아랍 정치권에서는 이 말이 '거세된 남자'란 뜻으로도 쓰인다. 사실 그는 서방인들이 생각하는 만큼의 자유주의자는 아니어서, 여전히 자신의 비밀경찰을 대다수 벌족과 그 밖의 사회집단들 속에 박아놓고 쿠데타로부터 자신을 지킨다. 하지만 그는 비밀경찰을 범죄적 살육집단으로 이용하진 않는다. 압둘라의 아버지, 후세인 왕은 반세기에 걸쳐 통치하는 동안 정치의 달인으로서, 무슬림형제단도 끌어안으면서 팔레스타인인과 아랍 베두인족으로 이루어진 자연스럽지 않은 사회의 통일성을 유지했다. 수십 년 동안 그는 친정부 그룹들에게 민영화할 수 있는 부문을 넘겨주고, 부족의 충성도를 기준으로 각료들을 할당하며, 왕이 매우 편의적인 의회를 가질 수 있도록 선거법을 만듦으로써 말 잘 듣는 엘리트들을 확보했다.

그러나 지도자들이 여전히 사랑받기보다는 두려움의 대상이기를 선호하는 지역에서, 압둘라는 세습권력과 개발 및 민주주의에 대한 요구 사이에서 균형을 잡고 있다. 모로코처럼 요르단도 부족 과두제에서 기술관료에 의한 통치로 점진적 전환을 하고 있다. 예를 들어 요르단이 자랑하는 교육정책을 선도한 것은 새로운 학교 커리큘럼을 짜고 과학공원을 만들어 맹아기의 IT 산업을 고무한 '디지털 장관' 그룹이었다.[10] 요르단 인구의 대다수가 암만 주변에 집중돼 있어, 투자가 증대되면 수출이 급속히 늘고 1인당 국민소득이 극적으로 치솟는다. 재능 있는 해외이민자들이 전문지식과 함께 하이테크 산업에 투자할 돈을 들고 돌아오고 있다. "우린 사람이 아니라 지식을 수출할 겁니다." 암만의 한 컴퓨터 프로그래머가 도시의 중심 과학기술공원의 캠퍼스를 거닐며 자랑했다. 다른 기업가들은 최근에 할리우드에서만 2억 달러를 들여왔다. 할리우드는 요르단을 사막 영화촬영세트장으로 이용하고 있다.

요르단 사회를 현대화하려는 압둘라의 시도는 훨씬 더 복잡하다. 그는 보수적인 아랍권에서 선거비용 계산, 여성의 권리, 사법개혁 등을 명시한 튀니스 선언(Tunis Declaration, 2004년 5월 제16차 아랍정상회담 참석차 튀니지의 튀니스에 모인 아랍연맹 가입국 대표들이 합의하여 발표한 선언―옮긴이)을 직접 구성하여 발표했고, 아랍인간개발보고서(Arab Human Development Report, 유엔개발계획 UNDP에서 아랍세계의 인간개발과 진보 정도를 정리하여 발간한 보고서로, 1999년에 처음 나왔고 2002년부터는 해마다 발간되고 있다. UNDP의 인간개발지수와 공통된 지표가 많으나 여성권리격차, 정보기술격차 등의 지표가 특별히 추가돼 있다―옮긴이)를 음모로 보지 않고 요르단을 위한 일련의 공정한 지표로 받아들였다. 그는 파트와(fatwa, 율법에 따른 결정. 1996년 8월 오사마 빈 라덴이 발표한 '미국의 두 개의 성지 점령에 대항하는 전쟁 선포' 같은 것이 그 대표적인 예다―옮긴이) 선포 같은 방식으로 진행되는 극단주의자들의 비행기 공중납치와 명예를 더럽힌 죄를 다루는 법률들에 반대하며 이슬람 법학의 통합을 위해 힘쓰는가 하면, 다른 한편으로는 이슬람주의 정당들에도 선거를 개방했다. 이러한 그의 전략은 모로코에서 사우디아라비아에 이르기까지 급진적인 폭력을 감소시켰다. 슈퍼모델 출신의 사회사업가인 라니아 왕비(Queen Rania)는 그의 인기를 높이고, 그의 이미지를 부드럽게 만들며, 군주제가 달갑지 않은 한 요르단인으로 하여금 이렇게 소리치게 만든다. "왕이 꼭 있어야 한다면, 그 친구 정도면 괜찮아!" 그러나 그와 요르단의 성공은 궁극적으로는 그가 이 국내의 곤경들과 마슈레크의 거센 회오리바람을 얼마나 잘 헤쳐나가는지에 달렸다.

모순과 대결의 이중주, 레비논과 시리아

레바논인은 현대 아랍사회가 지닌 온갖 모순들의 화신이다. 그들은 열정적이지만 얄팍하고, 자기중심적이지만 숙명론적이며, 교양 있지만 물질주의적이고, 퇴폐적이지만 들떠 있다. 세 나라 말을 사용하는 현란한 나라 레바논은 갓 만들어낸 분말 위에서 스키를 타고 같은 날 바다에서 파도를 탈 수 있는 유일한 아랍국가다.

이론상으로 레바논은 아랍세계 최초이자 유일한 민주국가지만, 실제로는 차량폭파 연대기가 선거의 역사보다도 나라의 정치적 진화에 대해 더 많은 이야기를 들려준다. 1989년, 레네 모아와드(Rene Moawad) 대통령이 군인에게 암살당했다. 1991년에 이 나라의 15년 내전을 종식시킨 일련의 군사적 공세의 시작을 알리는 사건이었다. 15년 뒤, 라피크 알 하리리(Rafiq al-Hariri) 총리와 10여 명의 조력자가 베이루트 중심가에서 공중으로 날아가면서 시리아의 군사점령을 종식시키자는 3월 14일 운동(총리가 폭사한 직후인 2005년 3월 14일 베이루트의 1백만 시민이 시위와 천막 농성에 나서며 시리아군의 철수를 요구하기 시작한 운동. 반시리아, 반헤즈볼라에 동의하는 모든 정파와 단체, 시민들이 합세했고, 이후 '3월 14일 동맹'으로 발전하여 정치세력화했다—옮긴이)을 발진시켰다. 레바논에는 안정이 없기 때문에 레바논의 자유와 민주주의에는 주인이 없다. 그에 비해서 시리아는 자유도 민주주의도 허용하지 않는 지도자들에 의해 안정돼 있다. 두 나라는 세 개의 큰 힘으로 연결돼 있다. 페니키아인과 그리스인의 레반트 지배가 그 하나요(티레, 비블로스, 시돈은 풍요로운 무역중심지였다), 유럽의 식민지배가 그 둘이요, 죽은 지도자 라피크 하리리(Rafiq Hariri)의 아들인 사드 하리리(Saad Hariri)와 하페즈 아사드

(Hafez Assad)의 아들 바샤르 아사드(Bashar Assad)가 아버지의 명예를 지키기 위해 국경을 넘나들며 싸우는 형제 대결이 그 셋이다.

어느 누구도 사실상 레바논을 통제하지 못한다. 레바논인 전체를 통제한다는 것은 꿈도 꾸지 못할 일이다. 레바논 정치는 두 가지 면에서 레바논의 옛 유적을 연상시킨다. 레바논의 유적들은 수천 년간 정복을 당해온 끝에 여러 층으로 이루어진 한편, 몇 번이고 다시 재건할 수 있는 능력을 증명해 보이고 있다. 레바논 정치는 그 작은 규모에도 불구하고 세계 어느 곳보다도 복잡하다. 레바논 정치를 지배하는 것은 '협의민주주의'로 알려진 매우 빈약한 권력공유협약이다. 이 협약이 마론파(Maronite, 시리아에서 태동한 기독교의 한 교파로 동방전례를 따르며 조직적으로는 로마가톨릭교회에 속한다−옮긴이) 기독교도(대통령직을 차지), 수니파 무슬림(총리), 시아파 무슬림(국회의장)을 하나로 묶는다. 민주주의는 계몽의 결과로 나타난 선택이 아니라, 오히려 각 집단이 일치되는 부분이 거의 없이 나름의 정치적 목표를 추구하는 분파적 다두정치의 결과다. 내전 중에 기독교 분파는 수니파 무슬림을 약화시키는 이스라엘의 침공을 환영했는데, 다른 마론파 공동체들은 반시리아 운동의 거점이 되는 한편 그 지도자들은 정부의 지위를 유지하기 위해 시리아와 협상을 했다. 수니파는 부당하게 큰 비중의 권력을 차지한 채 1932년 이후 전국 인구조사를 방해해온 기독교인들에 대해 화를 낸다. 그리고 의기소침한 시아파 무슬림 중 다수는 수니파가 그토록 그리워하는 전쟁 전의 세계시민적 레바논 시대에 별다른 영광을 느끼지 못한다. 어느 누구도 팔레스타인인들에 대해서는 목소리를 내려 하지 않는다. 인구의 10퍼센트를 차지하는 팔레스타인인은 베이루트 외곽과 나라 곳곳에 설치된 난민 캠프에 숨 막힐 만큼 빽빽이 모여 살고 있다. 레바논 북부의 트리폴리 근교에 있는 나흐르 알 바레드(Nahr al-Bared) 캠프도 그중 한 곳인데, 그곳에서는 2007년 레바논군과 수니파 급진주의 그룹 파타 알 이슬람(Fatah al-Islam) 사이의 충돌이 한 달간 계속되었다. 협의 구조가 독재를 불가능하게 만들긴 했지만, 자치지역들의 독자성이 강해지면서 효율적인 연방통치 또한 꿈도 꿀 수 없게 되었다. 레바논에는 드루즈파(Druze, 이스마일파에서 갈라져 나온 이슬람교의 한 비밀종파로, 여러 종교의 교리를 절충하고 신도들의 결속력이 강한 것이 특징이다. 레바논, 시리아 일대에서 역사상 주요 시기마다 큰 역할을 했다—옮긴이)를 비롯한 19개의 독립된 종교 공동체가 있고 그 종파마다 나름의 사법권력을 갖고 있어 국가의 세속적 요구는 무시되기 일쑤다.[11] 레바논군은 분파투성이고, 베이루트의 마을들 또한 여전히 분파를 따라 분리돼 있다. 내전이 일어나면 각 분파의 민병대들이 도시를 휘젓고 다니며 강요와 매수를 통해 집안을 이사시키거나 난민으로 만든다.

레바논인은 천성이 민주적이지 않고 자본주의적이다. 1970년대의 오일 붐(oil boom) 때는 심지어 유럽 여인들을 사우디아라비아의 하렘에 공급하며 돈을 벌어들이기도 했다. 레바논 인구의 10분의 1은 족히 죽어나간 내전이 끝난 직후, 레바논의 도널드 트럼프(Donald Trump,

미국의 부동산 제왕—옮긴이) 같은 정치인 라피크 하리리(Rafiq Hariri)는 새까만 잿더미로부터 나라를 부흥시킨다는 명분하에 나라의 부를 자신의 솔리데레 사(Solidere Corporation)에 쏟아 붓기 시작했다.[10] 최소한 베이루트에서 그는 완전 폐허의 풍경 위에 매혹적인 외관을 얹어놓았다. 레바논 사회와 제2세계의 많은 곳에 두루 잘 어울리는 접근법이었다. 지위와 영향력을 팔아 보신을 하려던 분파들에게는 준비해둔 정치적 자선을 베풀어주었다. 오늘날의 베이루트는 아랍세계에서 견줄 곳이 없는 최첨단 도시로서 이스탄불의 우아함과 탕헤르의 추레함을 잘 결합시켜놓고 있고, 여전히 어떤 종교를 가진 사람이든 와서 번영을 누리며 살 수 있는 곳이라는 레반트(Levant, 해 뜨는 곳)의 본래 의미에 부끄럽지 않은 곳이 될 것을 약속하고 있다.[12]

그러나 레바논에서는 거리의 정치가 현실 정치만큼이나 중요하다. 시위의 규모가 의지력의 진정한 표현이다. 각 분파의 청년 대원들은 자신의 마을에 그림낙서로 꼬리표를 달아두며 다른 분파들과 시시콜콜 싸움을 벌인다. 2006년에 '시아파만 주차할 수 있음'이라는 익살맞은 광고 캠페인이 나가자, 다른 광고게시판들이 똑같이 배타적인 서비스를 내세우는 다양한 분파들의 광고로 북새통을 이루었다. 분파주의가 그 어느 때보다도 위험한 수준임을 암시하는 에피소드다. 전면적인 내전 재개의 공포가 좀처럼 수그러들지 않는다. 이런 후렴구를 여기서보다 더 자주 들을 수 있는 나라는 어디에도 없다. "내일 무슨 일이 일어날지는 아무도 몰라."

---

10) 총리가 되기 전 하리리의 재산은 20억 달러에서 30억 달러 사이로 추정되었다. 그가 죽은 뒤 〈포천Fortune〉은 그의 재산을 160억 달러로 추정했다.

"어떤 측도 진정한 우리 편이 아닙니다. 다들 우릴 이용하려고만 들어요." 베이루트의 한 언론인이 얼굴을 찌푸리며 말했다. 그의 흔들거리는 책장이 나라의 안정도를 은유하는 것 같다. 레바논은 테러 후원자와 테러리스트 자신, 그들의 싸움터가 두루 겹쳐 있는 곳이며, 이 나라를 둘러싼 마슈레크 이웃들 간에 관용을 베풀 수 있는 심리적 여유가 별로 없는 까닭에 아주 작은 불씨만으로도 곧장 불이 붙을 수 있는 상태다. 2006년에 이스라엘은 헤즈볼라(Hezbollah, 1980년대의 시아파 민병대로 출발한 레바논의 이슬람 무장단체이자 정당으로 시리아와 이란의 지원을 받고 있다. 반서구, 반이스라엘을 표방하며 이슬람 국가의 수립을 목표로 한다―옮긴이)가 두 명의 이스라엘 병사를 체포한 데 대한 대응으로 레바논을 침공했다. 당시 레바논은 또 한 차례 기록적인 관광시즌을 준비하면서 하리리 암살 이후 국가 부흥을 향해 전진해 나아가고 있었다. 베이루트 공항을 폭격하고 항구를 봉쇄하며 시내의 주택가와 남쪽 마을들을 완전 쑥대밭으로 만듦으로써, 이스라엘은 자신도 미국과 마찬가지로 적대집단과 그 숙주 국가에 똑같이 책임을 물을 수 있음을 과시했다. 이 일은 이스라엘이 팔레스타인해방기구를 절멸시키고자 했던 1980년대의 침공을 상기시켰다. 그러나 고도로 발달한 무기의 파괴력으로 말미암아 그 피해가 크게 확대되어, (헤즈볼라를 적으로 규정하고 있었으면서도) 군사요원보다 10배나 많은 민간인을 살해하는 결과를 낳았다. 남부 레바논 카나의 난민수용소 근처에서 자행된 1996년 대학살이 반복된 것과도 같은 양상이었다. 당시 레바논 발전소 폭격으로 석유가 흘러나와 지중해 역사상 최악의 환경위기가 초래됐다. "우리의 음악이 마침내 소리를 잃었습니다." 앞의 언론인이 지난날을 떠올리며 한숨을 지으며 말했다.

헤즈볼라는 국가 안의 국가로 비유돼왔다. 정부를 대신해서 전쟁을 선포할 수도 있고 정부를 무너뜨릴 수도 있는 그림자 군대인 것이다. 또한 헤즈볼라는 레바논 사회에 깊이 뿌리박고 있으면서 동시에 이란의 일부(이란의 '비공식 보물')이고, 이스라엘을 고사시키려는 시리아의 원대한 계획이기도 하다. (오히려 독립적인 팔레스타인이 이 목적 달성을 가로막는 장애물이라고 할 수 있다.) 2000년에 이스라엘이 남부 레바논에서 철군한 뒤 헤즈볼라는 시들기는커녕 되레 그 무기와 재정이 증강되었다. 2006년까지 헤즈볼라 민병대는 남부 레바논 일대의 은밀한 장소들에 수천 기의 단거리 로켓포를 분산 배치한 다음, 이란의 암호해독 및 표적확인 기술을 이용하여 이스라엘 탱크들의 위치를 찾아내 파괴하는 한편, 이스라엘 북부에 미사일을 퍼부어 하이파를 소개시키도록 만들었다. 전사가 고작 1만 명으로 레바논 정규군의 8분의 1밖에 안 됨에도, 헤즈볼라는 현존하는 어떤 아랍 군대보다도 더 큰 성과를 냄으로써 스스로를 아랍의 신화적 존재로 끌어올렸다.[13] 헤즈볼라의 성직자 리더 하산 나스랄라(Hassan Nasrallah)는 서방의 폭군들에 대한 저항에 청렴결백하게 헌신한 공을 인정받아 (시아파임에도 불구하고) 아랍세계에서 가장 인기 있는 지도자가 되었다. 그에 비해 미 대통령 조지 부시는 이스라엘 전 총리 아리엘 샤론(Ariel Sharon)보다도 더 인기가 없는 듯하다. 대단한 업적이다. 아랍인들에게 이스라엘과 헤즈볼라는 도덕적으로 동등한 평가를 받는다. 전자는 미국이 무장을 시켜주고 후자는 이란과 시리아가 시켜준다. 그리고 국가라는 것의 쌍둥이 기능, 방위와 복지를 충족시켜주고 있다는 헤즈볼라의 신뢰도는 지하드 건설이라는 적절한 이름을 가진 건설회사로 인해 강화돼왔다. 그 회사는 시아파 빈민가와 남부 마을들에 학교와 병원을 다시 지어주는 데 그치지 않고 개

개인의 수업료와 진료비까지 내준다.

레바논은 여전히 화약고로서 두 개의 힘이 이 나라를 다시 찢어놓겠다고 위협하며 서로 상반된 방향으로 빠르게 작용하고 있다. 2007년 파리에서 국제 기부자들이 레바논 재건사업에 80억 달러를 내놓겠다고 서약하고 (400만 국민의 세 배 가까운 수로 추정되는) 브라질에서 인도네시아까지 전 세계에 널리 퍼져 있는 해외이민자들이 다시 모국에 돈을 쏟아 붓고 있는 시간에, 사우디인과 이란인들은 이 나라의 각 파 정당들을 후원하고 각 분파의 민병대들은 이웃나라들에서 재무장하여 훈련하고 있다. 레바논은 지금 재파괴에 대비하면서도 재건사업을 펼치고 있다.

내전 중 시리아의 레바논 유린은 레바논을 시리아의 '온전한 종속국'으로 만든 '형제애와 협력 조약(1991년 5월 레바논과 시리아가 맺은 조약으로, 시리아 군의 레바논 영구 주둔을 명시하는 등 레바논에 대한 시리아의 특권적 권리를 폭넓게 규정했다. 시리아가 미국의 페르시아 만 전쟁을 지원한 등의 대가로 미국이 시리아의 레바논 지배를 사실상 인정한 것이다—옮긴이)'으로 봉인되었다. 시리아는 번거롭게 베이루트에 대사관을 둘 필요조차도 없었다.[14] 2006년 이스라엘과의 분쟁 중에는 수천 명의 레바논인이 시리아로 피난을 갔다. 명목상으로는 독립국인 레바논이 여전히 예전의 핀란드 같은 상태임을 상기시켜주는 또 하나의 사례였다. 두 나라의 연간 공식 무역액은 5억 달러 규모지만, 밀수와 송금으로 시리아가 실제로 레바논에서 약탈해가는 돈은 연간 50억 달러였다. 시리아의 수출 총액보다도 큰 규모다.

로렌스(T. E. Lawrence)는 오스만 제국이 물러나고 "메카에서 다마스쿠스까지 아랍 자유의 행진"이 있은 뒤 아랍인들에게 민족의 방들로 이루어진 '꿈의 궁전'을 만들어주고 싶어 했다.[15] 그러나 오늘날의 시리아는 자유의 방이라기보다는 우즈베키스탄에 더 가깝다. 마슈레크 지방의 심장부에 놓인 시리아는 이집트 문명과 메소포타미아 문명의 역사적 교차로로서, 알레포의 그 놀라운 유적들은 인간이 체계화된 정착과 농업, 언어의 첫걸음을 어떻게 뗐는지 그대로 보여준다. 하지만 수십 년 이어진 바트당(Baath) 사회주의가 실패하면서 인구 2천만의 잠재적인 산업발전소가 이 지역 실크로드의 주된 장애물로 변했다. 아제르바이잔의 헤이다르 알리예프처럼 하페즈 알 아사드(Hafez al-Assad, 사자들의 보호자)도 자신만을 위한 정치질서를 구축한 나머지 아들 바샤르에게는 한 덩어리가 아닌 국가를 운영하는 방법에 관한 지혜를 거의 물려주지 못했다. 아버지가 거느리던 충성심의 상당 부분을 잃은 바샤르와 소수파인 그의 알라위파(Alawite, 시리아에 주로 거주하는 시아파 무슬림의 일파—옮긴이)는 바트당과 보안기관을 대거 숙청하는 한편 막강한 수니파 가문들과의 혼인을 통해 자신들의 세력을 강화했다. 다마스쿠스의 웅대한 우마이야 모스크(Umayyad mosque, 시리아 다마스쿠스에 있는 이슬람 사원으로 세계에서 가장 오래된 모스크이며 이슬람 제4의 성지다—옮긴이) 주변의 시장에는 시민들이 풀죽은 음모이론가 신세가 되어, 오금 저리게 하기보다는 조금 겁을 주는 정도인 수많은 아사드 부자의 초상화들에 둘러싸여 있다.

"시리아의 수준은 말을 걸어봐야 알 수 있습니다. 그들은 힘이 있는 것처럼 보이기만 하면 되거든요." 한 레바논 정치자문가의 설명이다. "그리고 무엇보다도 그들은 미국인들과 이야기를 하고 싶어 합니다. …… 하지만 그 의도는 미국인들을 괴롭히는 겁니다. 미국인들이 무슨 말을 하건, 그들은 그 반대로 할 겁니다." 미국이 아사드 정권의 전복을

강조하자 그는 참호를 더 깊숙
이 파고 들어앉아 외부 생존전
략을 강구했다. 터키 및 이란과
의 유대를 강화하는 한편, 소련
의 고객이던 시절로 돌아가 러
시아로 하여금 한적한 지중해
항구인 타르투스와 라타키아
근처의 해군기지에 흑해함대를
다시 배치하도록 허용했다. 시
리아의 석유가스 탐사 프로젝
트의 최대 투자자는 중국이다.
유럽이 시리아의 사업가, 야당,

시리아Syria

면적 : 18.5만㎢
인구 : 1,975만 명('08)
수도 : 다마스쿠스(Damascus)
인종 : 아랍인(90.3%), 쿠르드인, 아르메니아인
언어 : 아랍어(공용어), 쿠르드어, 아르메니아어
종교 : 수니파 이슬람교(74%), 기타 이슬람교 종파
(16%), 기독교(10%)
정체 : 사회주의 공화제
행정구역 : 14개 주
통화 : 시리아 파운드(Syria pound)
GDP : 904억$('07)
1인당 GDP : 4,700$('07)
수출 : 111억$('07)
수입 : 105억$('07)
주요 교역국 : 이라크, 사우디아라비아, 독일, 이탈리
아, 이집트
인터넷 사용자 : 347만 명('07)
분쟁 : 골란 고원 분쟁, 레바논과의 국경 분쟁, 이라크
난민 문제

무슬림형제단, 노동조합, NGO, 언론, 그리고 베이루트에 근거지를 둔
망명자들과의 교류를 망설이는 사이에, 터키가 그 빈틈을 파고들어가
중앙은행을 개혁하는 법 등을 시리아에 가르쳐주었다.

식민시대 이후 마슈레크 지방의 국경들이 오래가기 힘들다는 최대의
상징이자 범아랍주의의 살아 있는 또 하나의 아이러니는 헤자즈 철도
(Hejaz railway)다. 이스탄불에서 메카까지 성지순례자들을 수송하기
위해 놓은 이 철도는 지금 거의 완파되다시피 했다. 요르단 구간에서만
기차가 다니는데 속도가 우스울 만큼 느리다. 서방세계의 국가별 전략
은 이란의 개입, 시리아의 비타협적 태도, 레바논의 취약한 상황, 이스
라엘의 공격, 팔레스타인의 절망과 같은 마슈레크의 매듭들을 결코 풀
어내지 못할 것이다. 현재 레바논-이스라엘 국경의 평화유지 임무에
앞장서고 있는 EU만이 마그레브 지방에서 취하고 있는 노선대로, 이

지역에 무역과 관광, 수송 잠재력을 뒷받침해주겠다는 원대한 계약을 제안할 수 있다. 사실 터키가 유럽에 통합될 경우 유럽은 다시 한 번 자신이 반세기 전에 포기한 나라들, 시리아와 이라크, 이란과 지리적으로 맞닿게 된다. 지금 카프카스 지방으로 확장되고 있는 유럽의 수송망을 터키에서 시리아와 레바논, 이스라엘, 요르단으로 뻗어가는 도로망으로 복제할 수도 있다. EU가 파이프라인과 국경을 넘는 또 다른 프로젝트들에 대한 보증을 해주면서 동시에 협력하지 않는 나라들에는 신용 저하의 위협을 가하는 것도 가능하다. 헤자즈 철도가 마침내 카이로와 바그다드, 그 너머로까지 연장될 수도 있다. 궁극적으로는 마슈레크 국가들이 자기이익에 눈을 떠서, 혹은 이웃 이라크에서 일어나고 있는 지정학적 지진의 여파로, 함께 힘을 합쳐 자신들의 양탄자를 보다 튼튼하게 짜게 될지도 모른다.

20

이라크
세 토막으로 갈라지다

전쟁은 지정학의 리셋 버튼이다. 어느 한쪽이 승리하거나 싸우다가 교착상태에 빠지거나 혹은 완전히 사라지면서 권력의 위계질서가 재조정되는 것이다. 2003년 미국의 침공으로 통일된 민주국가를 만들어내는 데 실패한 뒤로 이라크에서는 두 가지가 함께 진행되고 있다. 이라크와 이웃한 각 나라의 모든 분파는 저마다 자신의 비전을 위해 싸운다. 그 어떤 분파도 이라크의 이름으로 싸우고 있지는 않기 때문에 이라크 자체는 더 이상 존재하지 않을 것이라는 의미다. 이라크는 지도에는 존재하지만 실제로는 존재하지 않는 허구적 존재가 되었다.

바그다드는 8세기에서 10세기까지 아바스 왕조의 수도로서 북아프리카에서 중앙아시아까지 넓게 뻗은 무슬림 제국의 중심이었다. 당시 북적이던 메소포타미아 사회는 초월적인 종교기관을 중심으로 돌아가고 있었다.[1] 제1차 세계대전 후 영국은 여러 세기 동안 독립해 있던 세 개의 오스만 지역, 즉 모술이 지배하던 북부의 쿠르드족 지역과 바그다드가 통치하던 중부의 수니파 지역, 바스라에 묶여 있던 남부의 시아파 지역을 한데 묶었다. 그러나 이라크는 결코 근대국가가 아니었다. 그곳은 토지를 소유한 벌족들이 중앙정권을 통해 자신의 권력을 강화하는, 봉토를 담고 있던 캡슐이었다. (아프가니스탄과 이란이 한때 그랬던 것처럼) 이라크가 세속적이고 세계시민적인 사회로 여겨질 때조차도, 사담 후세인 치하의 독재, 1980년대의 이란-이라크 전쟁, 사담의 1990년 쿠웨이트 침공에 대한 징벌성 보복이 국민을 다양한 형태의 고립된 보수주의 쪽으로 몰아갔다.

서방세계가 창조해낸 중앙집권 이라크는 만들어진 이래로 줄곧 조금씩 사라져왔다. 소련도 사담을 비난했다. 고르바초프는 자국을 방어하라고 이라크에 무기를 팔았지 이웃나라를 공격하라고 무기를 판 것이 아니라고 지적했다.[2] 서방의 경제제재로 인해 공중보건체계가 후퇴하고 반대세력의 성장이 저해되는 동안에도 사담은 UN 석유식량 프로그램을 교묘하게 조작하며 10년 이상 빚을 지고 버텼다. 서방의 봉쇄는 "정치로 가장한 유아살해"라고 해도 결코 지나치지 않았다.[3] 미국이 강제한 북부 및 남부의 비행금지구역은 자원이 풍부한 이 지역들과 사담을 차단시키는 데 큰 효력을 발휘했다. 이라크 이전의 과거로 돌아가 자주독립적인 앞날을 개척하는 것을 목표로 이 지역에서 현재 벌어지고 있는 투쟁은, 아놀드 윌슨 경(Sir Arnold Wilson)이 메소포타미아의 "민족주의가 거의 또는 전혀 없는…… 무정부주의 광신"이라고 묘사한 상황의 반복인 것으로 드러나고 있다.[4] 개개의 이라크인이 국가보다는 벌족이나 인종, 분파에 충성을 맹세하고 있어서 인종청소와 대량이민, 주민교체 등 이 나라의 발칸화를 가속시켜온 내전이 종식되지 않고 있으며, 주민교체를 통해 쿠르디스탄, 시아스탄, 수니스탄이 차츰 모습을 드러내고 있다.

이라크 전쟁은 미국이 자신의 바람에도 못 미치는 지능을 가진 슈퍼 파워임을 폭로했다. 아랍 부족들과 이슬람 종파들의 차이를 의미 있게 식별해낼 수 없었던 미국은 자신과 자신이 점령한 곳에 사는 사람들을 위해 자신이 점령하고 있는 나라를 반드시 이해해야 하는 윤리적 책무를 경솔하게 방기했다.[5] 미국의 대규모 군사체계는 거대한 새 미국 대사관과 더불어, 미국이 이라크를 해방된 나라가 아니라 (이라크인들이 날뛰는 약탈자들로 바라보는 게 일면 타당해 보이는, 법 위에 존재하는 민간 청부계약자들에게) 매물로 내놓은 나라 취급하고 있음을 말해주는 상징이다. 안전, 생필품 확보방안, 은행제도를 제공하는 등 발칸에서 먹혔던 전략들조차 이라크에서는 외면당했다. 이라크는 수천의 해외전사들에게 21세기의 아프가니스탄 같은 존재가 됐다. 제국의 강대한 점령자들에 맞서는 전 지구적 사명을 훈련받을 기회, 런던과 발리 같은 곳, 훨씬 더 중요하게는 수니파와 시아파 무슬림의 충돌 현장에서 반 서방 테러 공격의 길을 닦는 훈련을 받을 기회의 땅이 된 것이다.[6] 내전의 괴이한 폭력에 정신이 멍해진 평범한 이라크인은 자부심이 너무 강한 나머지 자신들이 이미 한계점을 통과했다는 사실을 깨닫지 못하고 있다. 그들은 죽은 이들을 묻고 그냥 앞으로 나아간다. 사망자와 출국자 수가 늘어남에 따라, 전쟁이 끝났을 때 얼마나 많은 이라크인이 이 땅에 남아서 나라를 재건하게 될지 궁금하지 않을 수 없다.[7] 대다수의 이라크인은 자신들의 현재 사정이 사담의 통치 때보다도 더 나쁘다고 느낀다. 몇몇 아웃사이더는 이런 정황을 두고 또 다른 독재자만이 이라크를 구할 수 있을 거라고 비꼰다. "미국인들은 자신의 몸뚱이를 돌보느라 너무 바쁜 나머지 머리가 완전히 굳어버렸어요." 한 이라크인 통역사가 날카롭게 쏘아붙였다.

만일 제1차 세계대전 후에 아랍인들이 지도를 그렸다면 이라크는 결코 존재하지 않았을 거라는 말이 있다. 오늘날 미국, 이란, 그리고 이집트와 사우디아라비아, 시리아의 수니파 정권들 사이에서 한때 이라크가 중심에 있던 지역을 재구성하려는 경주가 벌어지고 있다. 이라크보다 면적은 세 배 넓고 인구는 네 배 많은 이란은 수니파 경쟁자이자 페르시아 만의 에너지 거인인 사우디아라비아보다 먼저 이라크를 선점하려고 한다. 백만의 목숨을 앗아간 수십 년간의 증오와 긴 전쟁에도 불구하고, 이란의 영향력은 이제 티그리스 강과 유프라테스 강의 합류지점에 형성된 샤트 알 아랍 수로(Shatt al Arab waterway)를 가볍게 건넌다. 이 이란-이라크 국경의 연원은 저 멀리 오스만 제국과 사파비 왕조 사이에 체결된 1639년 조약까지 거슬러 올라간다. 13만 미군은 이라크 정치와 보안부대에 쉽게 침투하는 이란의 능력을 속수무책으로 지켜보고만 있다. 이란은 현재 반란자들에게 성능이 매우 좋은 폭파장치를 제공하고 있다. 심지어 이라크 정부도 이란에 안전보장원조를 요청하면서 이란의 핵무장 권리를 인정했다. 이란의 경제 식민지화의 증거는 쿠르디스탄과의 교역에서 나자프의 모스크 재건, 이란어가 널리 쓰이는 바스라의 공항, 철도, 전기 설비에 이르기까지 온갖 곳에서 볼 수 있다.[8] 수니파, 특히 사우디아라비아의 수니파 역시 페르시아 지역 헤게모니의 전망에 대해서는 부심하면서도 이라크가 예전의 힘을 되찾는 데에는 전혀 관심이 없다. 무엇보다도 순교자 사담한테서 더 이상 값싼 석유를 받고 있지 않기 때문이다. 그들은 자투리로 남은 수니스탄에 무기와 자금을 대주는 일은 결코 주저하지 않으면서 이라크가 사라질 때까지 내전에 기름을 계속 부어댈 것이다.

그러나 이 모든 상황에도 불구하고 이라크는 여전히 제3세계의 일부로 간주될 수 없다. 이라크는 빈민지역조차도 주택시설이 그런대로 괜찮은 편이며, 어떤 마을들은 폭력사태를 전혀 겪지 않았다. 폭력이 잦아들기만 하면 나라의 기반시설을 충분히 재건할 수 있는 돈을 내겠다는 서약이 줄줄이 이어진다. 나아가 시아스탄과 쿠르디스탄의 유전에서 나오는 풍부한 수입을 중앙부의 취약한 수니스탄으로 돌림으로써 이곳이 불모지가 되는 것을 막을 것이다. 요르단에서 노동자로 일하건 시리아에서 매춘을 하건, 이라크 난민들이 속속 돌아와 자신의 삶을 복원하는 한편, 레바논과 시리아, 요르단, 사우디아라비아 사람들이 텔레콤과 건설장비, 농산품들을 시장에 홍수처럼 내놓으면서 도로와 철도로 이라크를 다른 마슈레크 지방과 통합해갈 것이다.

미국은 사담을 축출함으로써 이 지역을 전보다 좋게 만들었다고 생각할지 모르지만, 그것은 미국의 판단능력의 범주를 넘어서는 일이다. 이 지역에서의 유럽의 식민지 경험은 1956년 수에즈 위기(Suez Crisis, 1956년 7월에 이집트의 나세르 대통령이 수에즈 운하를 국유화하면서 빚어진 중동의 위기로, 제2차 중동전쟁 후 영국과 프랑스의 전면 철수로 정리되었다—

옮긴이)와 더불어 사실상 끝이 났고, 미국의 신식민지 경험 또한 그것이 시작된 나라에서 서서히 막을 내렸다. 이에 따라 마슈레크 지방은 동맹 관계를 변화시키며 서로 경쟁하는 지역으로 남겨질 것이다.[9] 미국의 강경파들이 이라크 전쟁에 대한 논쟁으로 '옛' 유럽과 '새' 유럽 간의 불화가 빚어졌다고 비방하는 동안에, EU의 협력 거부가 미국에 상처를 입힌다는 사실이 훨씬 더 생생하게 드러났다. 이 지역에서 유럽의 경제적, 정치적 위상과 평화유지 역할이 강화되고 있을 때조차도 그건 마찬가지였다. 도로 건설을 통해 이미 이란에 도달한 중국은 상업적, 전략적 목적으로 이라크에도 접근했다. 그리고 미국의 반대에도 아랑곳하지 않고 이라크 정부와 1억 달러어치의 무기거래장에 도장을 찍었다. 중국이 불법적으로 사담 후세인에게 방공 시스템을 팔기 여러 세기 전에, 칭기즈칸의 손자 훌라구(Hulagu) 칸은 1258년 바그다드까지 원정을 와서 도시를 약탈하고 아바스 왕조를 종식시켰다. 이라크는 이미 결딴났지만 역사는 다시 반복될 것이다. 긴 안목으로 보면, 그로 인해 이 지역이 더 좋아질 수도 있다.

동방의 오스만 문제는 이라크가 완전히 사라지기 전까지는 완결되지 못할 것이다. 이라크의 소멸은 쿠르드족 문제도 해결한다. 쿠르드족은 투르크, 아랍, 페르시아 문명 사이에 갇힌 채로 오랜 세월 이웃의 학대를 받아왔다. 이라크 쿠르디스탄의 수도인 에르빌에는 알렉산더 대왕이 페르시아인과 맞붙어 싸운 바 있는 3천 년 된 고성의 흔적이 남아 있다. 쿠르드족은 인도-이란계 언어를 사용하는 인도-유럽계 민족이다. 1940년대 말엽에 마하바드 공화국(Mahabad Republic)으로 짧은 기간 독립을 이루었음에도, 이웃나라들은 쿠르드인을 민족으로 인정하기를 거부했다. 예를 들어 터키는 그들을 '산악 터키인'으로 여겼다. 그러나 그들은 터키, 시리아, 이란, 이라크에 퍼져 살면서 역내 최대의 소수 민족을 형성하고 있다. 어떤 나라도 그들에게 조국을 주지 않는 상황에 서 "쿠르드인에게 친구는 오직 산뿐이다"라는 그들의 속담이 진실로 울려온다.

아놀드 윌슨은 1920년에 "호전적인 쿠르드인은 결코 아랍 통치자를 받아들이지 않을 것"이라고 경고한 적이 있는데, 오스만 지도에는 흐릿하게 표시돼 있던 쿠르드 국이 오늘날 서서히, 그리고 체계적으로 완전한 쿠르디스탄으로 굳어져 가고 있다.[10] 마을이 완전히 파괴당하고 화학무기 공격을 받은 바 있는 쿠르드인들이 사담의 이라크가 처한 곤경을 고소하게 여기는 것은 어찌 보면 당연하다. "우리는 1991년 이래 이라크로부터 자치권을 확보해왔어요. 젊은 세대들은 이라크에 가본 적도 없고, 아랍어를 쓰지도 않으며, 쿠르드 땅에 이라크 국기가 꽂혀 있는 것을 본 적도 없습니다." 에르빌에서 유일하게 영업 중인 호텔에서 쿠르드의 한 장관이 설명했다. 모든 쿠르드족은 독립을 원한다. 그리고 이것이 곧 쿠르디스탄의 정책이 될 것이다.

쿠르디스탄은 이미 존재한다. 국가의 행정망들이 날마다 차곡차곡 정리되고 있다. 쿠르디스탄 지방정부는 독자적인 농업, 개발, 교육, 투자 부처들을 만들었다. 에르빌의 기공식장에서는 쿠르디스탄과 영국(그리고 미국) 국기를 한데 묶어놓은 핀들이 배부된다. 페시메르가(peshmerga, '죽음과 맞선 자'라는 뜻의 쿠르드어로 무장한 쿠르드 전사를 가리킨다―옮긴이) 게릴라들은 군사정치아카데미를 수료한 5만 통합군으로 진화했다. 독립의 마지막 토대는 키르쿠크 일대의 유전 통제권일 것이다. 쿠르드족에게 발전소와 철도, 공항, 정유소를 주지 않았던 사담 치하에서 폭력적인 아랍화를 겪은 쿠르드인들은 가능성이 점점 커지고 있는 주민투표를 통해 최종적으로 키르쿠크를 귀속시킬 수 있기를 기대하면서 서서히 그 인구학적 균형을 자신들에게 유리하도록 역전시켜왔다. 쿠르디스탄은 이미 외국 에너지회사들과의 방대한 석유탐사 계약에 조인했고, 키르쿠크 교외 지역에 거대한 정유시설을 완비할 계획을 하고 있다. "만약 바그다드 정부가 우리의 계약을 존중하지 않겠다고 나온다면, 그건 우리에게 독립이 얼마나 중요한지를 상기시켜주는 처사인 거죠." 한 관리가 힘주어 말했다. 키르쿠크가 있건 없건, 남은 과제는 새로운 화폐와 쿠르드 여권, 그리고 국제연합 가입뿐이다.[11]

"국경에서 확인을 받기 전까지는 내 형제조차도 형제가 아닙니다." 일본제 대형 지프로 쿠르디스탄의 주요 도시를 돌며 방문객들을 실어 나르는 한 통역사가 말했다. 이라크와의 경계선상에서 페시메르가 게릴라들은 혹시라도 불청객이 침투할까 경계의 눈길을 거두지 않는다. 아랍인과 아랍어를 쓰는 사람들은 일상적으로 인종 검문을 당한다. 안전을 찾아 쿠르디스탄으로 도망해오는 수천의 이라크 아랍인도 예외가 아니다. 아랍인들은 이스라엘이 쿠르디스탄을 지원하는 것을 두고 서방 후원하의 더욱 심한 분할통치라고 말하며, 이를 인종청소로 본다. 쿠르디스탄 프로젝트에 대한 충성심이 심지어는 가족 간 유대보다도 우선한다. 쿠르드인들은 전 국민적 이웃감시 프로그램에 암묵적으로 참여하며 가족과 이웃의 수상쩍은 활동을 보고한다.

1990년대에 자체 내전을 겪은 뒤로 쿠르드인들은 어떤 아랍 이웃나라에서도 볼 수 없는 방식으로 비폭력 통치를 실천하기 시작했다. "우리와 아랍인들은 둘 다 수니파예요. 그러니 쿠르드 근본주의라는 말은 모순된 표현입니다." 신비롭고 차분한 도시 술레이마니아에서 한 언론인이 자랑스럽게 강조했다. 두 개의 집권가문이라고 하는 게 더 정확한 표현일 법한 두 집권당, 바르자니(Barzani)가 이끄는 쿠르드민주당 (KDP)과 탈라바니(Talabani)가 이끄는 쿠르드애국동맹(PUK)이 지금까지도 쿠르디스탄을 분할통치하면서 마피아식 비즈니스 통제체제를 유지하고 있기 때문에 쿠르디스탄에서 제3당이 형성되기는 매우 어렵다. 그러나 총도 겉옷이나 우산처럼 기계적으로 검사하는 공항이나 다른 공공시설에서는 쿠르디스탄에 자리 잡은 예절과 교양을 느낄 수 있다. 이라크의 다른 곳에서 교회의 파괴가 자행되고 있는 것과 대조적으로 쿠르드인은 교회를 짓고 있다. 에르빌에는 새로운 쇼핑몰이 들어섰고, 이라크군 기지였던 술레이마니아의 아자디(Azaadi, 자유) 공원에는 1963년에 바트당 정권에 의해 처형당한 쿠르드인들의 이름이 새겨진 기념비 옆에 런던 하이드파크 스타일의 자유연설장이 마련돼 있다. 공원 주변에는 대리석으로 지은 큼직한 현대식 주택들이 들어서고 있다. 늘어나는 쿠르드 해외이민들의 귀국은 지금까지 그들이 성공적으로 살아왔음을 입증하는 대표적인 지표다. 두뇌가 유출되고 있는 시리아나 이라크와 달리, 쿠르드인은 돈과 능력을 갖고 돌아오고 있다. 특히 독일에 정통한 사람들이 많은데, 그들은 독일에서 돌아온 터키인들이 터키를 위해 한 것과 똑같은 일을 쿠르디스탄을 위해 할 수 있는 역량을 갖추고 있다. 고국을 떠난 또 다른 쿠르드인들은 유럽인과 미국인 방문교수단이 이미 많이 들어와 있는 술레이마니아에 새로운 대학교를 세우는 일을 돕고 있다.

자국 내 쿠르드 소수민족을 폭력적으로 억압하고 있는 이란이나 시리아와 같은 불안정한 나라들이 쿠르디스탄의 탄생을 완전히 수용할 것 같지는 않다. 그러나 쿠르디스탄의 건설은 그들의 자존심에 상처를 입힐 뿐, 안보를 해치지는 않는다. 여차할 경우 자국의 소수 쿠르드인

을 독립된 쿠르디스탄으로 추방하면 그뿐이기 때문이다.[11]

터키는 쿠르디스탄의 독립에 대해 훨씬 더 유보적이다. 아무튼 터키는 단지 소수의 투르크멘족이 그곳에 살고 있다는 이유만으로 키르쿠크에 대한 빤한 권리를 주장하는 것이 받아들여지리라고 보지는 않을 것이다. 더구나 터키가 독립한 쿠르디스탄을 두려워할 이유도 없다. 쿠르디스탄이 자원은 풍부하지만 지리적으로 갇힌 마슈레크의 볼리비아 이상으로 성장할지 여부를 자신이 직접 통제할 수 있기 때문이다. 터키는 이라크에서 안전하게 빠져나올 수 있는 유일한 국경지대이던 쿠르디스탄의 자코 부근에 있는 하부르 교(Habur Bridge)에서 오랫동안 불법교역으로 이익을 챙겨왔다. 몇 마일씩 줄을 지어 이라크로 가스를 수송하던 트럭들이 사방이 육지로 막힌 쿠르디스탄이 수출하는 키르쿠크의 석유를 싣고 반대방향으로 달리는 날이 올 것이다.

결국 터키의 쿠르디스탄 전략은 서서히 EU와 터키 관계의 행로를 따르게 될 것 같다. 즉, 쿠르디스탄을 보다 가까이 묶어두면서 자신에게 의존하도록 만드는 것이다. 이 지역의 주된 건설 엔지니어인 터키 회사들이 이미 빠른 속도로 쿠르디스탄의 국제공항과 터널, 고가도로, 순환도로 등을 건설하는 동안 쿠르디스탄 정부는 터키의 전략항인 제이한으로 향하는 석유의 흐름을 지켜준다. 쿠르디스탄의 북쪽 국경에

---

11) 쿠르드인을 이라크 쿠르디스탄으로 완전통합하기보다는 일부를 이웃나라들에 소수민족으로 남겨두는 것이 실제로는 쿠르디스탄의 이익에 보탬이 된다. 순수한 쿠르디스탄이 악의를 품은 이웃나라들에 의해 고립될 수 있는 데 반해서, 소수민족 신분을 유지할 경우 보다 큰 권리를 얻기 위한 국제적인 압력을 축적할 수 있기 때문이다. 일례로, 2006년 쿠르드인들의 항의시위가 터키 전역을 휩쓸었을 때 한 쿠르드 TV 방송은 터키를 상대로 방송 시간과 내용을 제한해달라고 유럽인권재판소(European Court of Human Rights)에 제소를 했다.

밀집된 터키의 강력한 군대가 쿠르디스탄 지역을 침범해 쿠르드노동자당(PKK)의 뿌리를 뽑아내려는 작전이 여전히 일상적으로 행해지고 있다. 그러나 앞으로는 주권을 가진 쿠르디스탄이 파산한 나라의 준독립 지방보다 큰 책임을 갖고서 그런 게릴라 집단을 억제하게 될 것이다. 연료와 차, 설탕, 그리고 마약 밀수가 오랜 세월 터키, 시리아, 요르단, 이라크, 이란, 아프가니스탄의 시장을 연결해왔다. 그리고 그 한복판에는 쿠르디스탄이 있었다. 터키, 이란, 시리아 사이의 무역이 늘어남에 따라 쿠르디스탄은 네 나라 모두에 도움이 되는 통상로로서의 역할을 기꺼이 계속하게 될 것이다. 뉴질랜드 엔지니어 해밀턴(A.M. Hamilton)이 장대한 자그로스 산맥을 따라 건설한 유명한 해밀턴 길이 다시 한 번 실크로드의 이쪽 지선을 잇는 대동맥이 될 수 있다.

지정학이 끝을 보는 상태가 있다면, 그것은 국경, 인구, 자원, 그리고 이해관계가 평형을 찾는 상태다. 이라크 내전이 끝날 때 이 지역에서는 한 나라가 사라질지도 모른다. 하지만 쿠르디스탄의 독립은 오스만 이후 정리과정에서 한 가지 커다란 불공정을 바로잡는 일일 뿐 아니라 마슈레크 국가 간의 적대적 분열을 극복하는 데도 보탬이 된다. 쿠르드인이 마땅히 가져야 할 자유를 온전히 갖게 되리라는 건 의심할 바 없다. 유일한 문제는 그게 언제냐다.

21

이란
선과 악을 다시 묻는다

이란은 페르시아와 동의어는 아니다. 페르시아는 시나이 반도에서 인도에 이르는 지역에 번성했던 정교하면서도 강력한 문명을 가리키는 말이 돼가는 느낌이다. 페르시아의 정복자 키로스(Cyrus), 다리우스(Darius), 크세르크세스(Xerxes)는 기술적으로나 문화적으로나 서방세계의 어떠한 세력에도 결코 뒤지지 않는 아케메네스 제국(Achaemenid empire, 지금의 이란을 중심으로 서아시아 전역을 통일했던 고대 페르시아 왕조가 세운 제국. 기원전 6세기 중엽에 키로스 2세가 세웠고 다리우스 1세와 크세르크세스 치하에서 전성기를 맞았다가 기원전 331년 알렉산더 대왕에게 패해 멸망했다—옮긴이)을 건설했다.[1] 알렉산더 대왕에게 페르세폴리스를 약탈당하고 8세기에 아랍에 정복당하기는 했지만, 그 뒤로 이란 고원을 둘러싼 엘부르즈, 자그로스, 메크란 산맥이 아랍 전역을 장악한 유럽인들과 오스만 제국의 지배로부터 페르시아 지역 대부분을 지켜주었다. 17세기 중엽에 전성기를 맞은 사파비 왕조(Safavid dynasty, 1501년 이스마일 1세가 세운 페르시아인의 이슬람 왕조로, 이란 전역을 통일하고 오스만 제국과 맞섰다. 아바스 1세 때 전성기를 맞았다가 아프간인에게 멸망했다—옮긴이)는 아나톨리아와 카프카스 산맥에서 메소포타미아를 지나 옥수스 강(Oxus River, 오늘날의 아무다리야 강—옮긴이)까지 세력을 뻗쳤다. 18세기 유럽 지도는 페르시아를 '파르시스탄(Farsistan)'으로 표기하고 있으며, 오늘날의 이란 남동부와 파키스탄 남서부에 사는 발루치족은 파르시(Farsi, 이란의 공식 언어인 현대 페르시아어를 표현하는 또 다른 말—옮긴이)에서 파생한 언어를 쓴다. 오늘날 이란은 카스피 해와 페르시아 만 사이의 넓은 전략요충지를 꿰차고 있다. 하지만 이란이 다시 페르시아가 될 수 있을까 하는 근본적인 의문은 여전히 계속된다.

1934년에 레자 칸(Reza Khan)은 국명을 이란으로 바꾸어 아리아인이라는 '고귀한 혈통'을 강조하면서, 고대 페르시아 못지않게 만방에 세력을 떨치는 나라를 만들겠다고 공언했다. 그러나 사실 이란의 목적은 군사적 헤게모니를 되찾는 것이 아니라 강대국들로부터 독립하는 것이었다. 제2차 세계대전 중에 소련의 적군이 이란을 점령하면서 러

이란Iran

면적 : 164.8만㎢
인구 : 6,588만 명('08)
수도 : 테헤란(Tehran)
인종 : 페르시아인(51%), 아제르바이잔인(24%), 길락—마잔다란족(8%), 쿠르드인(7%), 아랍인(3%), 루르족(2%), 발루치족(2%), 투르크멘인(2%)
언어 : 페르시아어(58%, 공용어), 투르크계 언어(26%), 쿠르드어(7%), 아랍어(3%), 루르어(2%)
종교 : 시아파 이슬람교(89%), 수니파 이슬람교(9%)
정체 : 이슬람공화국
행정구역 : 30개 주(ostan)
통화 : 이란 리알(Rial)
GDP : 7,629억$('07)
1인당 GDP : 11,700$('07)
수출 : 883억$('07)
주요 수출품 : 석유, 화학 및 석유화학 제품, 과일 및 견과류, 융단
수입 : 539억$('07)
주요 수입품 : 공업용 원자재 및 중간재, 자본재, 식품류, 소비재
주요 교역국 : 중국, 일본, 독일, 한국, 이탈리아
인터넷 사용자 : 2,300만 명('07)
분쟁 : 핵무기 개발 문제, 아프가니스탄과의 물 갈등, 페르시아 만과 카스피 해의 수역 분쟁

시아와 서방 사이에 수십 년간 계속된 바 있는 공작에 다시 불이 붙었다. 그로 인해 1941년에 레자 샤(Reza Shah, 레자 칸이 1926년 팔레비 왕조를 개창하면서 레자 샤로 등극했다—옮긴이)가 제거되고 그의 아들 모하메드 레자 팔레비(Mohammed Reza Pahlavi)가 왕위에 올랐다. 이란 공산당인 투데(Tudeh) 당은 쿠데타를 일으켜 친미 노선을 실시하는 왕의 암살을 시도했으나 실패했다. 1953년에 민족주의자 총리인 모하메드 모사데그(Mohammed Mossadegh)가 영국-이란 석유회사를 국유화하자 왕은 미국 CIA의 지원하에 쿠데타를 일으켜 그를 실각시켰다. 그리고는 CIA와 이스라엘 정보기관 모사드(Mossad)의 지원을 받아 무시무시한 비밀경찰 SAVAK를 창설했다.[2] 이렇듯 이 지역에서 미국의 가장 충성스런 동맹자였던 팔레비 샤는 돌연 1970년대의 오일 붐을 이용하여 미국에서 벗어나 자율성을 강화하겠다며 미국으로부터 전례 없이 많은 무기를 사들였다.[3]

그러나 샤는 왕 중의 왕을 자처하며 국민을 지나치게 소외시켰다. 그리하여 민족주의와 공산주의 혁명의 세기가 지난 후, 현대의 주요 혁명 중 유일하게 종교가 바탕이 된 혁명이 1979년 이란에서 그 막을 올렸다.[4] 혁명은 친이슬람적이라기보다는 기존의 정치사회적 저항의 성격이 훨씬 더 강했다. 민족주의자들과 사회주의자들의 권력장악 경쟁을 뚫고 아야톨라 호메이니(Ayatollah Khomenei)가 부상하자 이란인은 물론 전 세계인들은 어안이벙벙해졌다. 이란 혁명은 예고되지 않은 혁명이었다. 무엇보다도 당시의 이란은 강하고 번영하는 나라였으며, 샤도 자신을 사실상 페르시아의 아타튀르크로 만들어가고 있었기 때문이다.[5] 1970년대의 이란은 스페인과 GDP 규모가 같았고, 스스로를 제1세계의 독일과 비교할 정도로 낙관적이었다. 그러나 그 후 4반세기 만에 터키가 자국 경제를 유럽연합에 흡수시키면서 이란이 열망하던 경제적 성공, 군사적 힘, 정치적 안정에 훨씬 더 근접하는 성과를 일구어 냈다. 반면에 이란은 1980년대까지 이라크와 치른 전쟁에서 죽은 30만 명 가량의 순교자들만 소리쳐 부르고 있었다. 그럼에도 불구하고 이 나라가 세계의 경제지도에 그대로 이름을 올려놓을 수 있었던 것은 오로지 석유 덕분이었다. 케르만샤의 굽이진 고갯길을 넘어가는 밀수꾼에서 아프가니스탄 및 파키스탄과의 국경지대에서 불법 마약을 운반하는 심부름꾼에 이르기까지 수백만의 이란인은 암시장을 통해 할 수만 있다면 무슨 일이든 하면서 그날 벌어 그날 살아가는 생활을 한다. 이란은 여전히 그리 큰 액수는 아니지만, 세계은행의 대부를 받아 하수도와 의료, 긴급지진구조, 수자원과 토지 관리 자금을 충당하고 있다. 정치적 안정 없이 제1세계 진입의 마지막 관문을 통과하기가 얼마나 어려운지 보여주는 것이다.

이란은 제2세계의 정신분열증을 두루 보여주는 표준사례라 할 만하다. 호메이니가 이 나라를 급진적인 경로로 이끌어가면서, 이슬람 이전 역사와 혁명 이전 역사를 존중해야 하는가에 대한 매우 근본적인 문제가 정면으로 제기되었다. 예컨대 조로아스터교, 유태교, 나아가 (1244년에 루미가 이란 타브리즈에서 깨달음을 얻은) 무슬림 수피즘(Sufism)에 어떤 지위를 부여하고, 세속화를 극도로 혐오하는 호메이니가 타락했던 샤의 묘를 어떻게 대우할 것이냐 하는 것이 주요 문제였다.[6] 이슬람 신정과 공화제를 화합시키고자 그가 실시한 이중정부 병치 시스템은 나라에 긴장을 불러일으켰다. 이란인들은 다두정치(polyarchy), 선거과두정(elective oligarchy), 준민주주의(semi-democracy), 신세습관료제(neopatrimonialism)와 같은 용어들을 써가면서 새로운 정치체제를 설명한다. 대통령과 의회의 권력을 한몸에 담고 있는 마즐리스(Majlis, 국가평의회)를 국민투표를 통해 직접 선출하는 이 독특한 권위주의체제가 이 지역에서는 어쩌면 가장 민주적인 체제인지도 모르겠다.[7] 호메이니와 사담 후세인 사이에 이루어진 굴욕적인 타협은 이란인들로 하여금 '이슬람 선구자'로서의 자신들의 신성한 의무를 재고하게 만들었다. 그럼에도 이란혁명수비대(Iran's Revolutionary Guards)는 공공영역에서 종교의 지배를 유지하고 팔레스타인에서 파키스탄에 이르기까지 이슬람 근본주의를 후원하면서 서구자유주의에 대한 도전을 단 한 번도 그친 적이 없다.

냉전기에 미국은 반공의 보루인 사우디아라비아와 이스라엘, 이란과 특별한 관계를 유지했다. 1977년에는 카터 미 대통령이 테헤란으로 날아가 '안정된 섬'의 지도자인 샤에게 경의를 표하며 축배를 들었다. 2년 뒤 샤는 혁명을 피해 달아났다. 그때 이후 전개된 미국과 이란의 관계를 가장 잘 묘사하는 말은 '인질정치'일 것이다. 아니, 두 나라는 아무런 관계도 아닌 사이가 되었다고 표현하는 것이 옳을 것이다. 1979년 혁명과 미 대사관 인질사태가 두 나라 사이의 모든 관계를 덮어버렸기 때문이다. 이후 미 대사관은 이란의 엘리트 혁명수비대원들을 훈련시키는 시설이 되었고, 이란이 아프가니스탄의 탈레반 축출을 지원하고 받은 보상은 미 대통령 부시가 찍어준 '악의 축'이라는 낙인으로 남았다.

이런 냉랭한 관계의 지속은 2005년에 실시된 대통령 선거에서 마흐무드 아흐마디네자드(Mahmoud Ahmadinejad)가 당선되는 결과를 낳았다. 테헤란 시장 출신인 아흐마디네자드는 서민 복지와 반부패를 의제로 삼고, 자신의 전임자였던 성직자들보다 더 큰 힘을 모았다. 뒤떨어진 기술력으로 인해 종종 발생하는 비행기 충돌사고와 신통찮은 석유 생산 때문에 골머리를 앓고 있기는 하지만, 아흐마디네자드는 잠시도 지체하지 않고 기름으로 미끌미끌한 이란의 근육을 레바논에서 팔레스타인으로, 이라크로 굽혔다 폈다 하고 있다. 마치 페르시아 제국의 전통에 현대 이슬람의 열정을 합친 것 같은 모습이다.[8] 또한 방대한 석유와 가스 매장량, (견실한 해군을 포함한) 강한 군대, 핵개발 프로그램의 진전에 힘입어 이란은 페르시아 만의 전략 강국으로 변신하고 있다. 마치 물과 겨룬다는 명성의 실체를 입증하려는 것 같다.

유치하게 침묵으로 이란을 대하는 미국의 행위는, 지정학 시장에서 한 나라를 고립시키려는 시도가 그 존재를 무시하는 것과 비슷한 효과를 낸다는 현실을 무시하는 것이다. 제2세계에서 말깨나 하는 나라들인 브라질, 카자흐스탄, 사우디아라비아처럼 이란도 외교적으로 매우 치밀하게 행동하면서 다수의 강국으로부터 동시에 이익을 끌어낸다. 그 강국들의 동기가 서로 경합을 벌이는 경우에는 더욱 손쉽게 이익을 끌어낼 수 있다. 미국은 이란 핵개발 프로그램의 군사적 잠재력에 초점을 맞추면서 민수용 원자력이나 그 밖의 상업적 필요를 무시해왔다. EU는 여러 해 동안 이란의 불법 핵무기 개발과 테러 활동을 외면하고 이란의 최대 교역 상대가 되면서 미국의 경제제재를 약화시켰다. 러시아는 핵기술 제공이 유발할 수 있는 연쇄반응은 거의 감안하지 않고 이란에 원자로 기술을 판매해왔다.[9]

실크로드의 역사와 미국의 의심을 공유하는 자부심 강한 두 문명권답게, 중국은 자신의 전략적 영향력 강화 욕망과 대규모 투자 사이에 존재하는 긴장을 넘어서서 이란을 돕고 있다. 중국에게 이란은 페르시아 만으로 향하는 오랫말놀이의 마지막 사각형이다. 궁극적으로 중국은 이란 석유를 유조선에 싣고 호르무즈 해협과 말라카 해협을 통과하는 대신에, 아프가니스탄을 경유하여 도로와 철도, 송유관을 이용해 석유를 수송할 수 있게 될 것이다. 중국은 그동안 에너지, 기반시설, 무기 거래와 관련해 이란과 무수히 많은 협약을 맺어왔다. 이란의 (세계 최대인) 남파르스(South Pars) 가스전에서 700억 달러어치의 천연가스를 공급받는 계약도 맺었고, 이란의 쿠르드인 거주지에서 대규모 유전을 개발하고, 카스피 해상에 석유 터미널을 건설하고, 테헤란 지하철을 건설하며, 탄도미사일 기술과 방공 레이더를 이란에 제공하는 등의 협약도 체결했다. 이란 내 강경파들은 서방측에 어떠한 기반도 내주지 않고도 과학기술과 무기 무역을 중국과 러시아에 의존하며 끌어갈 수 있다고 믿고 있다. 그래서 유럽이 경제제재하에 놓인 그들에게 상당한 경제적 비중을 실어주겠다고 한 제의도 간단히 무시했다.

"우리에게 핵개발 프로그램을 포기하라는 건 식당에서 다른 사람들은 다 먹고 있는 음식을 주문하지 못하게 하는 것만큼이나 모욕적인 말입니다." 이란의 한 분석가가 자국의 핵보유를 지지하는 대다수 이란인을 대변하며 이렇게 주장했다. 이런 분위기를 반영하듯 새로운 리알 지폐는 원자핵분열 성공을 자축하는 이미지를 담고 있다. 이란의 핵개발 프로그램은 이란 혁명의 영향력 확산에 필요한 방패막이를 제공할 수 있다. 문제는 이라크와 아프가니스탄, 그리고 투르크메니스탄과 파키스탄에도 있을 것으로 추정되는 악마 같은 미군 부대들에 둘러싸인 이란이 핵무기 보유를 방어용이라며 합리화할 수도 있다는 것이다. 사실 이란의 핵개발 프로그램이 핵확산금지조약(NPT, 핵무기 보유국의 증가 방지를 목적으로 한 조약으로, 핵무기 보유국은 '성실한 협상'의 의무를 지고 미보유국은 국제원자력기구 IAEA에 신고하고 핵사찰을 받을 의무를 진다는 내용을 담고 있다―옮긴이) 하에서 용인된다 할지라도, 이란은 언제든 핵무기를 보유한 두 개의 NPT 비서명국인 이스라엘과 파키스탄의 위협을 거론하며 핵의 문턱을 넘어서는 것을 정당화할 수 있다.

이 나라의 명물 빵과자 가즈(gaz, 이란 고원 중심부의 이스파한에서 처음 만들어진 과자로, 앙게빈이라는 사막식물의 즙에 피스타치오, 아몬드 열매, 장미수, 달걀흰자를 반죽하여 굽는다―옮긴이)와 마찬가지로, 이란 외교는 겉보기와는 다르게 달콤하지 않을 수 있다. 미국과 EU는 이란이 핵과 관련해 내세우는 수사의 거짓된 경건함을 뒤늦게야 폭로했다. 이란의 수사에는 오랜 세월 연마해온 의도적인 모호함과 문화적 위선이 담겨 있다. 서방세계는 이란 정권을 축출하지도 못할 거면서 경제제재를 취함으로써 오히려 이란 정부가 내정 의무를 이행하지 못하는 것을 변명할 기회와 정부의 인권침해로부터 시선을 돌리게 할 수 있는 구실만 제공했다. 미국은 이란 내 개혁파 정치인들에게 정치적 변화를 추진하는 비용으로 4천만 달러를 제공하기로 약속했다. 하지만 탄압이 임박해 있던 개혁파에게 그것은 '죽음의 키스'에 불과한 액수였다.

사담 후세인과 달리, 이란 지도자들은 전쟁보다는 조절된 대결을 선호한다. 모든 나라가 (미국, EU, 중국, 러시아를 후견인으로 둔) 이스라엘, 이란, 사우디아라비아 사이에서 유보적인 태도를 보이는 등의 지역구도에 힘입어 이란은 제자리를 지키면서, 나아가 관계정상화 및 경제제재 철회와 테러지원 감축 및 비군사적 핵개발 프로그램 사찰의 맞교환을 제의하는 야심 찬 교섭에 나설 수도 있다. 교섭이 완결된다는 조건하에 거기에 에너지 계약을 곁들일 수도 있다. 투자, 관광, 국제 언론의 갑문 개방은 이란 정권의 자기고립 전략을 누르고 성직자와 상인 간의 경제유착을 깨게 할 것이다. 혁명이란 것이 본디 좀처럼 끓지 않는 솥

단지이기는 해도, 지식인과 대중들이 기초적인 복지를 넘어 생각할 여유를 갖는 순간 그 가능성은 커진다.

이란의 외교적 궤변은 실은 그 열악한 사회경제적 상태에 대한 깊은 불안감을 가리는 장막이다. 석유와 가스가 넘쳐흐르지만 여전히 저개발의 늪에 빠져 있는 이 나라는 우라늄보다 훨씬 더 다급한 현안들을 갖고 있다. "바시지(Basiji, 1980년대 이란-이라크 전쟁 때 호메이니가 만든 청소년 군대로, 당시의 군인들이 현재 40~50대가 되어 이란 사회를 이끌고 있다—옮긴이)들은 공사를 불문하고 갈수록 흐리멍덩해지고 있습니다. 우리 민족은 혼돈에 빠졌어요." 테헤란에서 분투하고 있는 한 기업가가 이란-이라크 전쟁에서 활약한 민병대원 출신으로 혁명 의제를 거침없이 강화하고 있는 정치세력을 거론하며 불평을 터뜨렸다. 항의시위를 하는 학생들은 고문을 받거나 실종됐다. 보다 민주적인 이란은 지금보다는 덜 열광적으로 핵을 추구하면서 핵무기와 건전한 경제정책 간의 교환거래를 용인할지도 모른다.[12]

이란은 성직자, 사업가, 기술관료가 서로 공유하는 국가적 비전을 갖고 있지 않다. 이 점에서 이란은 자신이 한 수 아래로 여기며 내려다보는 아랍 이웃나라들과 거의 다를 바 없다. 그리고 이런 경향은 왕정복고주의자들로부터 저 멀리 '테헤란젤레스(Tehrangeles, 로스앤젤레스 일대에 거주하는 약 90만 명의 이란인과 그 후손들, 넓게는 이란계 미국인을 가리키는 통칭으로 쓰인다—옮긴이)'처럼 등 돌린 엘리트들에 이르기까지 그 폭이 무척 넓은 까다롭고 이기적인 망명자들에 의해 더욱 증폭된다. 이란의 관료제는 비능률적이고 부적절하게 편제된 부패의 온상이다. 또한 이란은 종교를 너무 의례화한 나머지 7천만 인구 대다수를 차지하고 그 태반이 실업자인 혁명 이후 세대 다수를 소외시켜왔다.[13] 이미 심각한 수준에 이른 이란 기술자층의 두뇌유출은 제2세계와 제3세계 국가들 대부분이 겪고 있는 공통된 현상이다. 해외이민만이 성공할 수 있는 유일한 길인 이들 기술인력이 다마스쿠스의 캐나다 대사관에서 취업허가 로비를 벌이는 광경은 한 세대의 순례여행으로 묘사돼왔다.[14] 뿐만 아니라 그 농업 잠재력과 제조 역량, 그리스나 터키와 어깨를 견줄 수 있는 고대 유적 유산에도 불구하고, 이란의 주요 수출품은 여전히 혁명 이전하고 똑같이 양탄자와 피스타치오 열매, 그리고 물론 석유에 그치고 있다.

수도 테헤란은 이란의 사회경제적 퇴보를 가장 구체적으로 드러내준다. 역사가 200년밖에 안 된 테헤란은 옛 제국의 정원과 사당이 있는 시라즈나 이스파한의 역사적 장대함 같은 감정을 불러일으키지 못한다. 끊임없이 확대되고, 인구는 넘치고, 도시계획은 미흡하고, 습지는 오염된 이곳을 두고 토인비는 테헤란에 들어설 때면 정말로 "공식 수도가 이곳인 이 나라를 떠나고 있는" 듯한 느낌이 든다고 회고했다.[15] 경제적 이유로, 또는 20세기에 페르시아의 황금시대를 끝장낸 것과 똑같은 건조기후 때문에, 고통받는 시골 고향을 등진 수백만 명의 사람들이 떼 지어 테헤란으로 몰려든다. 기다란 아프가니스탄 국경을 통제할 수 없는 이란은 연간 650억 달러에 달하는 헤로인과 정제된 아편이 경유하는 운반경로가 됐다. 1백만 명쯤으로 추정되는 이란 성인들이 그 마약에 중독됐다. 사회적 금기에도 아랑곳없이 마약복용과 매춘, 합의하의 섹스를 위한 임시결혼, 성형수술이 이란에서도 어느 곳 못지않게 성행하고 있다.[16] 엘리트들은 재미있게 살기 위해 도망쳐야만 하고 떠날 여력이 없는 이들은 이웃나라를 지배하는 것은 고사하고 자기 나라도 제대로 통치할 수 없다. 이란 정권을 코너로 몬 것은 오로지 세계화의 힘이다.

궁극적으로는 미국과 아랍의 군사력이 이란의 페르시아제국 영토 복원을 가로막고 있다. 이란이 시아파의 동요에 불을 지피고 페르시아 만 섬들의 영유권을 다툴 수는 있을 것이다. 하지만 상황으로 보건대, 이란은 명목상 외의 어떤 의미로도 페르시아 만을 차지할 수 없다. 언젠가 호메이니는 "1979년 혁명은 대략 수박값 이상"이라는 유명한 말을 했다. 30년 후에 전개되고 있는 반혁명이 꼭 그런 것 같다.

22

페르시아 만
만류는 어느 쪽으로 흐르는가

현재 생산되고 있거나 개발 중인 세계의 석유와 가스를 모두 감안한다 하더라도, 페르시아 만은 미래에도 여전히 세계 에너지 총량의 40퍼센트를 공급하면서 유럽과 아시아의 교차로에 자리 잡고 있다는 지리적, 지정학적 중심성을 계속 유지하게 될 것이다.[1] 영국은 한 세기 이상 이 '영국의 호수'에 대한 통제의 끈을 놓지 않으면서 페르시아 만의 토후국들을 개별적으로 관리하는 전략을 동전의 양면처럼 구사했다. 체제 보호와 지속적인 석유공급 보장을 근거로 하여 생성된 이 지역 내에서의 미국의 정당성 역시 지금 두 가지를 동시에 충족시켜야 하는 똑같은 문제로 씨름하고 있다.

돈만으로는 안전을 살 수 없다. "우리는 미군을 원치는 않지만 미군의 필요성은 느낍니다." 카타르 정부의 한 고문이 힘주어 말했다. 해안의 소국들인 쿠웨이트, 카타르, 아랍에미리트연합, 바레인은 사우디아라비아의 예측불가능성과 문화적 엄격주의를 두려워하면서도, 각각 시기와 정도는 다르지만 마치 사우디아라비아라는 주군에 맞서 반란을 일으키는 가신들처럼 봉기하고 있다.[2] 그들은 발트 해나 카프카스 지방의 옛 소련 공화국들이 러시아를 바라보는 것과 똑같은 방식으로 사우디아라비아 왕국을 바라본다. 그들의 눈에 비치는 사우디아라비아는 수단과 방법을 가리지 않고 어떻게든 소국들을 다시 빨아들이려고 기를 쓰는 거대한 블랙홀이다. 페르시아만안협력회의(Gulf Cooperation Council) 내의 경제통합이 진행되면서 외부인들은 그 존재조차 알지 못하는 나름의 독자적인 정체성을 차별화하려는 이런 지속적인 노력들이 가려지고 있다. 나라들은 저마다 세계화된 도시지역으로 변신하며 사우디의 지배에 맞설 수 있는 자신의 입지를 다져가고 있다. 사우디아라비아는 다른 페르시아 만 국가들 사이에서는 사용하지도 않는 비자를 여전히 요구하고, 나아가 바레인과 카타르, 더 길게는 카타르와 에미리트를 잇는 다리를 건설하지 못하게 함으로써 소국들이 자신의 규제를 빠져나갈 수 없게 하는 정책을 추구해왔다. 석유가 적게 나는 바레인이 미국과의 자유무역협정에 조인하자, 사우디아라비아는 양국 공동소유인 아부사파흐 유전(Abu Safah field, 사우디아라비아와 바레인 사이에 있는 유전—옮긴이)에서 나오는 석유공급을 중단했다.

"이란은 눈으로 보일 만큼 가깝습니다. 설령 눈에 보이지 않더라도 저기 있다는 걸 알 정도로 가까운 거리지요." 두바이에서 만난 한 전략 분석가가 페르시아 만 너머 이란 쪽을 가리키며 말했다. 페르시아만안협력회의 내부에 존재하는 원한 덕에 미국은 소국들에게 사우디아라비아와 이란으로부터의 보호를 약속하며 재래식 무기를 대량판매하고 밀집된 미군을 분산 배치할 기회를 얻었다. 걸프전쟁(Gulf War, 이라크의 쿠웨이트 침탈을 이유로 들어 1991년 1~2월 미국, 영국, 프랑스 등의 33개 다국적군이 이라크를 상대로 벌인 전쟁─옮긴이) 중에는 자신의 영토를 이라크에 점령당한 쿠웨이트만이 명확한 친미 입장을 밝혔다. 쿠웨이트는 여전히 미국의 이라크 점령 보급소 구실을 하고 있다. 최근에는 무한정에 가까운 천연가스전을 가진 소국 카타르가 미군 중부사령부(CENTCOM)의 전방본부 역할을 하면서, 심지어는 자신의 군대까지도 폐지하며 미국에 대한 의존을 분명히 했다. 미국 영토 바깥의 가장 긴 군용 활주로는 이란을 똑바로 겨냥하고 있다. 제2차 세계대전 때 영국 해군의 전진기지였던 아주 작은 섬나라 왕국 바레인은 오늘날 미 제5함대의 기지다. 페르시아 만의 모든 소국들은 미국 외교와 군사 정책의 오만함을 비난하면서도 여전히 사우디 와하브파나 이란 시아파의 급진적인 소프트웨어보다는 오히려 미국의 하드웨어 수입을 선호한다. 페르시아 만의 군사시설을 지키는 것은 단지 미군 중포병부대와 전함들만이 아니다. 건장한 퇴역군인으로 구성된 수천 명의 보안청부요원이 근위병 조직 같은 망을 갖추고 시설들을 순찰한다. 그들에게 지급하는 과다한 보수는 적어도 족장들에게는 지엽적인 문제일 뿐이다. 만일 미국이 자신의 새로운 소동맹국 중 어느 하나와 동맹관계를 폐하고자 한다면, 아이러니하게도 이 미국인들을 먼저 매수한 뒤에 모종의 조치를 취해야 한다.

지미 카터 미 대통령은 "모든 수단을 다 동원하여" 석유 공급선을 지켜낼 거라고 선언했다. 그러나 오늘날에는 냉전기 소련의 아라비아 침공과 같은 위협은 더 이상 없다(그런 사태에 대비하여 미국은 사우디아라비아의 정유시설을 날려버리는 등의 극적인 음모들을 계획해놓고 있었다). 그런데 미국의 이라크 침공이 이 지역의 안정과 유가 둘 다에 악영향을 미침에 따라, 유럽과 아시아는 자신들의 에너지 공급선을 안전하게 확보하는 책임을 미국에게 떠넘길 생각을 접게 되었다. 동시에 페르시아 만 정권들도 풍요를 최우선 과제로 삼게 되면서, 자기 돈을 써가며 미국을 지원하는 것을 제3순위 과제로 멀찌감치 제쳐놓았다. 그리하여 유럽과 중국이 페르시아 만의 에너지 시장에 조용히 진입하기에 이르렀다. 유럽이 페르시아만안협력회의와 자유무역지대를 설치하는 동안에 아랍은 유럽 은행들에 예치된 자신들의 석유자산을 차츰 늘려가며 유로화로 값을 매기고, 뉴욕 대신 런던에 자기네 기업을 등록했다. 에미리트(Emirates)나 걸프에어(Gulf Air) 같은 일급 항공사들은 프랑스의 에어버스 항공기를 구입하고 있다. 석유달러라는 말이 갈수록 낡은 용어로 느껴질 뿐 아니라, 아랍인들은 미국을 비난하면서도 미국 영주권은 원한다는 문구 역시 진부한 옛말이 돼가고 있다.[3]

"저 멀리 중국까지 가서라도 지식을 구하라"라는 예언자의 하디스(hadith, 마호메트와 교우들의 언행을 기록한 책 또는 그 말씀─옮긴이)는 역으로 중국을 페르시아 만으로 불러들였다. 이제 아시아인들이 북아메리카인보다도 훨씬 많은 양의 페르시아 만 석유를 소비한다(그들은 수요의 70퍼센트를 이 지역에서 충당한다). 수요량이 너무 많은 나머지 가격 책정에서 유조선의 크기, 운하의 깊이에 이르기까지 산업의 면면을 두루 바꾸어왔을 정도다. 사실 아시아의 엄청난 성장률을 감안하면, 석유수출국기구(OPEC)는 미국 경제의 침체로 자신들의 지속적인 고수익이 위협받지 않을까 걱정할 필요가 없다. 더욱이 유가 상승과 지역 봉쇄에 취약한 중국이 파키스탄의 그와다르 항을 개발하여 아라비아 해 진출의 발판으로 삼으려는 것 또한 기정사실로 여겨진다. 중국이 서로 적대 관계인 이란-사우디아라비아와 공히 굳은 연대를 유지하는 모습은 지정학적 성숙도를 보여주는 징표다.[4] 중동과 중국 간의 동맹관계는 중국이 사우디아라비아에 미사일을 팔기 시작한 1960년대 이래로 레이더망을 피해 꾸준히 발전해왔다.[5] 보다 최근에는 사우디아라비아가 중국의 투자를 적극적으로 호소하는 동시에 역으로 중국의 푸젠(福建) 성에 건설되는 대규모 석유화학단지의 자금을 댔다.[6] 사우디 왕가는 서방 국가들과 달리 타국을 복속시키지 않고도 권력을 획득해온 중국, 자기네와 비슷하게 중앙집권적 의사결정을 하고 외교에서 인권문제를 거론하지 않는 중국에 대해 실로 탄복하고 있다. 미국과 협상을 할 때는 정치적 이견으로 인해 불꽃이 튀지만 중국과는 그런 일이 거의 없다. "미국의 페르시아 만 지배를 대신하여 페르시아 만과 동아시아 국가들 사이에 새로운 해상 실크로드가 떠오르고 있습니다. 이는 아시아인들이 아라비안 드림 같은 21세기 도시들을 건설해주는 대신에 페르시아 만의 에너지를 더 많이 확보하는 고도로 보완적인 관계지요." 두바이에서 이 지역의 추세를 살피고 있는 한 분석가의 말이다. 사우디아라비아의 한 관리가 지적한 대로, 사우디아라비아는 미국과 이혼하지는 않더라도 언제든 여러 명의 아내를 둘 수 있다.[7]

석유가 발견되기 전까지 아라비아는 불모지로 간주되어 근대적인 관료체계나 정교한 교육제도와 같은 식민화의 혜택을 전혀 받지 못했다. 끝이 없는 엠티 쿼터(Empty Quarter, 루브알칼리 사막) 횡단으로 유명한 영국의 군인 탐험가 윌프레드 세시저(Wilfred Thesiger)는 "10년 혹은 20년(대략 1950~1970년) 사이에 일어난 변화가 영국의 중세 초기에서 오늘날까지 일어난 변화와 맞먹을 만큼 크다"라고 평한 바 있다.[8] 1970년대에는 석유가 아랍세계를 끌어올리는 지정학적 지렛대가 되어 페르시아 만의 군주국들을 세계의 신흥부자들로 만들었다. 그러나 사우디아라비아에서는 오일머니가 오로지 비대한 정부를 뒷받침하는 데 쓰이면서 왕족들이 수없이 많은, 이름뿐인 부처들의 수장으로 마구 임명되는 사태가 빚어졌다. 흙집에서 대저택으로 수직 상승한 기간은 10년을 넘기지 못했다. 석유수출국기구가 1980년대에 회원국들의 석유생산 통제능력을 상실하면서 유가가 폭락했다. 페르시아 만 지역의 인구가 급증하고 1인당 국민소득이 수직 낙하하면서, 사우디아라비아는 세계에서 가장 부유한 나라에서 멕시코와 어깨를 나란히 하는 중간층으로 뚝 떨어졌다.

2001년 9월 11일 이후의 유가 폭등으로 생겨난 거대한 횡재는 1970년대의 오일 붐 때 익히 본 바 있는 패턴을 다시 한 번 연출했다. 무절제한 군비지출이 2005년에는 무려 400억 달러를 기록했다.[9] 그러나 서방은행들이 면밀히 조사한 바에 따르면, 아랍 자본은 더 이상 맹목적이지 않다. 아프리카 국가들이 외국인 투자를 받아 그것을 고스란히 제1세계로 되돌려주는 데 반해서, 아랍 석유 수입의 70퍼센트는 아랍세계 내에 대거 재투자되고 있다.[10] 페르시아 만 국가들은 해수담수화, 대학교, 병원, 신항만, 사막에서 솟아나는 수출중심 도시 등의 기반시설 프로젝트에 1조 달러를 투입해왔다. 아랍 비즈니스계는 동유럽에서 동아시아에 이르는 제2세계 내부에서 일고 있는 집단 자력갱생을 연상시키는 전문화된 개혁을 추진하고 있다. 튀니지와 이집트의 관광산업, 모로코에서 수단에 이르는 농업증진사업, 그 밖에도 일자리를 창출하고 나아가 많은 여성을 해방시켜 노동인구에 편입시키는 사업들을 일으키고, 그럼으로써 페르시아 만 국가들은 "개발된 정도에 비해서는 부자"라는 기존의 패턴에 변화를 불어넣고 있는 것이다.[11]

하지만 다시 부자가 됐다고 해서 그들이 얼토당토않은 일을 하지 않으리라는 보장은 없다. 번영을 한순간의 백일몽으로 만든 바 있는 군주제의 부족적 속성이 오늘날에도 여전히 강하게 남아 있기 때문이다.[12] "중세적 사회구조는 아랍의 기준으로 보아도 퇴영적입니다." 한 페르시아 만 지역 군주정 관찰자가 딱하다는 듯 말했다. 복지를 제공받는 대가로 왕가의 전적인 지배를 용인하는 불로소득생활자 모델은 국가와 사회 간 힘의 균형에 관한 어떠한 개념도 배제한다.[13] 카타르와 아랍에미리트 양국에서는 왕가 내에 수없는 유혈 쿠데타가 일어나면서 자존심에 상처를 입거나 혹은 따분하다는 이유로 족장들을 축출하고 상호약탈을 하는 행위가 무수히 행해졌다. 번영은 노동이 아니라 후견의 산물이고, 결국 일하지 않고 얻은 특권이 약해지는 결과가 빚어진다. 공짜 복지를 누리지만 석유산출이 줄어들면 게으름도 불타 없어질 수 있는 퇴폐적인 사회인 것이다.[12] 아라비아에서 역사는 반복될까?

제1세계 진입의 두 번째 기회, 사우디아라비아

아랍세계의 많은 부가 페르시아 만의 가장 부유한 군주국, 사우디아라비아에 있다. 홍해와 페르시아 만 사이의 전략거점을 차지하고 앉은 사우디아라비아는 세계 최대의 석유 매장국으로서, 이제 다시 채워진 금고를 버팀목 삼아 이집트와 요르단을 보조 파트너로 두고 레바논과 이라크, 아랍-이스라엘 분쟁을 중재한다. 사우디아라비아인들은 이 지역 최대의 주식시장을 갖고 있음에도, 밤새 차를 몰고 사막을 가로질러가 두바이와 도하의 IPO(기업공개)에서 이익을 챙긴다. 그들은 자신들의 투자를 집중시키고 투자액이 이 지역에서 빠져나가지 않도록 하기 위해 대규모의 헤지펀드 조성에 착수했다. 사우드 가의 왕족들 또한 이 지역의 주요 진보 신문들과 알 아라비야(Al Arabiya) 같은 위성 TV 방송들을 소유하고 있고, 또 경제 다각화와 일자리 창출 자금을 대면서 아랍 청년인구의 급증을 위협에서 기회로 바꾸는 일에 착수하고 있다.[14]

사우디아라비아는 복잡한 OPEC 외교, 미국의 고압적인 주문, 변함없이 신랄한 여론, 국내 안보 위협의 와중에서도 끊임없이 조정 역할을 해온 데 대해 칭찬받을 만하다. 사우디아라비아와 바레인, 카타르는

---

12) 다른 나라들이 시기해 마지않는 유일한 제1세계 국가이며 페르시아 만의 가장 부유한 군주국인 쿠웨이트는 입헌군주국이라는 용어가 모순된 말이 아닐 만큼 정치적으로나 경제적으로나 충분히 발달한 선진국이다. 2005년에는 의회인 마질리스가 국왕을 축출하기까지 했다. 문맹률은 10퍼센트 미만이고, 2006년에는 여성 보통선거가 전면 시행되었으며, 최근에는 한 여성이 각료로 임명되었다. 다른 페르시아 만 국가들에 비해 급료와 주택, 자국민 고용 사업 개발에 대한 1인당 정부 지출도 훨씬 더 많다. 쿠웨이트는 아랍국 중 지난 수십 년간 아프리카와 아시아에 가장 많은 원조를 가장 조용히 제공한 나라로 공항과 학교, 병원, 수산 양식업 등의 자금을 지원해왔다. 그와는 대조적으로 오만은 이 지역의 거북이다. 인도양의 몬순 기후대에 속하는 오만은 타는 듯한 아라비아의 다른 지역들에 비해 기후가 온화하며, 석유보다 굴 무역에서 더 많은 수익을 올린다. 오만의 인도 다우(인도와 아랍 연안을 운항하는 라틴형의 돛을 단 고속의 배―옮긴이) 제작자들은 여전히 이 지역 최고의 기술자로, 그들이 만든 배는 페르시아 만 전역의 뱃짐 상인들에게 팔려나간다. 인도양 문화와 적은 석유매장량 덕에 오만은 비교적 온건한 군주국이 되었으나, 그 대사원(Grand Mosque, 오만의 카부스 국왕이 제위 30주년 기념으로 무스카트에 지어 국민에게 선물한 모스크―옮긴이)은 종교미학의 새로운 기준을 제시한다.

OPEC 석유생산의 근 70퍼센트를 담당하며, 사우디아라비아의 아브카이크(Abqaiq) 정유소와 라스 타누라(Ras Tanura) 터미널에서는 전 세계 일일 석유소비량의 10퍼센트를 뽑아낸다. 사우디아라비아는 자신의 경제 심장부를 보호하기 위해 (왕족을 대거 배제한 채) 전문 엘리트들에 의해 운영되는 불가침의 에너지 인프라를 구축했다―그럼에도 알카에다는

사우디아라비아Saudi Arabia

면적 : 215만㎢
인구 : 2,815만 명('08)
수도 : 리야드(Riyadh)
인종 : 아랍인(90%), 아프리카계 아시아인(10%)
언어 : 아랍어
종교 : 이슬람교(100%)
정체 : 군주제
행정구역 : 13개 주
통화 : 사우디 리얄(Riyal)
GDP : 5,460억$('07)
1인당 GDP : 19,800$('07)
수출 : 2,267억$('07)
주요 수출품 : 석유 및 석유제품
수입 : 826억$('07)
주요 수입품 : 기계설비류, 식품류, 화학제품, 자동차, 섬유류
주요 교역국 : 미국, 일본, 한국, 중국, 독일
인터넷 사용자 : 620만 명('07)

2006년 아브카이크 주변에 대한 자살폭탄공격을 시도했다.

그러나 정치 불안정에서 연유했건 공급 불안에서 연유했건, 널뛰기하는 유가는 몸 전체를 허약하게 만들고 경우에 따라서는 치명타를 가할 수도 있는 경제의 고통스런 암과도 같은 존재다.[15] 에너지 소비국들은 사우디아라비아의 석유를 갈망하면서도 석유를 장악하고 있는 문제의 왕가에 대해 심각한 우려를 나타낸다. 알 사우드 가는 모하메드 이븐 아브드 알 와하브(Mohammed ibn Abd al-Wahhab)와의 1744년 동맹을 통해 중앙 아라비아의 몇몇 족장의 지위에서 그 서열이 크게 높아졌다. 종교적 권위를 갖고 있던 모하메드 알 와하브가 모하메드 이븐 사우드(Mohammed ibn Saud)에게 신임장을 수여했고, 그 후손인 압둘 아지즈 이븐 사우드(Abdul Aziz ibn Saud) 공이 1902년 리야드의 성문 안으로 행군해 들어가 나라의 지배권을 장악했다. 사우디아라비아 국

기에는 나라의 성격을 규정하는 두 가지 요소인 사우드 가의 칼의 힘과 와하비즘의 열정을 상징하는 코란 구절이 묘사돼 있다. 아프가니스탄에서의 반소비에트 성전 이래 사우디아라비아는 파키스탄에서 인도네시아까지 이슬람 급진주의의 최대 자금 공급원이 되어, 이슬람의 진실성을 지키는 데 필수적이라고 여겨지는 일들에 대한 지원을 계속해왔다. 이집트와 요르단이 1970년대에 급진주의자들을 추방한 데 반해서, 사우디아라비아는 그들을 교사로 받아들여 이슬람주의를 아랍주의의 대안으로 밀고 나갔다. 보다 가까이는 사우디아라비아의 지하드 전사 수천 명이 이라크에 쏟아져 들어와 미국 점령에 맞서 싸우고 있다.

와하비즘 교단은 또한 알 사우드 통치자들과의 권력투쟁에 간혀 있다. 미국과 왕가의 화기애애한 동맹에 와하비즘 성직자들은 질려버렸고, 이에 그들은 오사마 빈 라덴 같은 부류들을 불러들여 소련의 아프가니스탄 점령만이 아니라 서방 이교도들의 아라비아 점령에도 저항하면서, 아랍 정치에 암세포처럼 번져나가는 새로운 세대의 급진주의자들을 길러왔다. 이렇듯 종교적으로 착색된 '가까운' 적과 '먼' 적, 즉 국내의 독재자들과 국외의 슈퍼파워들이 차츰 하나로 통합돼왔다.[16] 사우디아라비아와 맞먹는 규모의 인구를 가진 아라비아 반도 남단의 좁다란 제3세계 국가인 예멘과 마찬가지로, 정권이 부족장과 성직자들에게 끊임없이 보복을 가하면서 오히려 그들을 보다 강력하게 만드는 예상치 못한 결과를 낳고 있다. 하지만 사우디아라비아에는 이제까지 나라를 통치해온 유일한 왕가 외에 다른 권력승계 메커니즘이 전혀 없다. 그런데 사우디아라비아의 유능한 보안기관은 동부 지방에 한정된 소수의 시아파 주민들은 무난하게 평정하는 데 비해서, 내부에서 자라나는 수니파 근본주의자들에 대해서는 잘 대처하지 못한다.[17] "도대체 구별을 할 수가 있어야지요. 그들은 우리들 속에 있고 우리 도시와 마을들에서 자유롭게 움직이고 있으니까요." 리야드 시내가 내려다보이는 화려한 사무실에서 한 왕족이 속이 탄다는 듯 말했다.

세계화가 역사를 가속시키는 것 같지만, 사우디아라비아에서 역사는 전혀 다른 두 가지 속도로 움직인다. 머리에서 움직이는 역사와 가슴에서 움직이는 역사다. 하루에 다섯 번씩 기도를 올리며 끝없는 사막의 아찔한 열기 속에서 살아가는 곳에서는 문명이 발전할 수 있는 한계가 있다. 라마단 기간에는 밤과 낮이 바뀌어, 사람들이 낮에는 종일 금식하며 쉬다가 밤에 음식을 먹는다. 와하브파 교도들은 이슬람의 성스러운 도시의 수호자로서, 자신들만이 이슬람의 진정한 수행자라고 여긴다. 사우디아라비아의 문화는 마호메트 이전의 유물들을 모조리 파괴함으로써 이 나라를 순수한 이슬람의 황금시대로 복귀시키려는 노력에 의해 의도적으로 감추어져 왔다. 어떤 경우에는 마을 전체가 불타 없어지기도 했다. 예언자와 그의 가르침에 따르면 세속적 권위와 신의 권위에는 구별이 없다. 따라서 와하브파와 사우디 왕가의 동반자 관계조차도 이크완(형제들)이 아프게 견뎌내야만 하는 신성하지 못한 동맹이다. 군대를 양성해서는 안 되기 때문이다.[18] 와하브파 급진주의자들의 정유시설 폭파와 반 IPO 파트와 선언은 그들과 사우디아라비아 사회 전체가 전 지구적 근대성에 저항하거나 아니면 적응하기 위해 몸부림치는 훨씬 더 깊은 투쟁의 징후일 뿐이다.

"주여, 무지한 탓에 신을 자처하는 사람과 자신을 위해 코란을 이용하는 사람 가운데 누가 더 나쁩니까?" 노벨상 수상작가 나기브 마흐푸즈(Naguib Mahfouz)의 우화소설 《이븐 파투마의 여행 *The Journey of Ibn Fattouma*》에 등장하는 여행자는 묻는다. 한 사회가 종교 전통의 유지를

추구할 때 도덕적 조건을 붙이는 것은 합리적인 전략이며, 샤리아가 제
공하는 것이 바로 그러한 금제다. 그러나 사우디아라비아와 이란의 엄
격한 도덕적 단속은 공공연한 간음죄나 마약밀거래, 범죄행위들에 대
해 거의 효력을 발휘하지 못했다. 사실은 사우디아라비아인 자신들의
도덕률 위반 관찰을 통해 드러난 거짓 신앙이 이란보다도 심한 것으로
밝혀지면서, 멀찍이 떨어진 두 세기의 동시 공존이란 것이 불합리한 모
순임을 폭로하고 말았다.[13]

사우디아라비아의 공적 생활은 주로 왕국의 거의 모든 일을 다 처리
하는 1천만 외국인 노동자들의 몫인 반면에, 사적 생활은 전통적이고
은둔적이다—그러나 사우디아라비아인과 근대성의 잘못된 만남을 덮
어 가릴 만큼은 아니다. 거대한 밀주 시장은 음주운전과 도로경주로 모
습을 드러내고, 그에 따라 모래언덕에서의 끔찍한 충돌사건이 빈발한
다. 속도제한은 권장사항으로 간주된다. 운전과 단신 산책이 금지된 사
우디아라비아 여자들은 집수선 일꾼들을 강간하는 것으로 알려져 있
다. 한편, 종교적 금지에도 불구하고 채찍질을 동반한 남자들의 동성간
섹스가 성행한다. 기도 시간만 빼고는 다이아몬드가 박힌 이동전화기
를 성물인 양 경배하는 엘리트들 사이에는 물질적 탐닉이 일상화돼 있
다. 메카 대사원(Grand Mosque) 안의 흰옷 입은 순례자들의 리드미컬
한 움직임은 사원을 빙 둘러싸고 있는 꼴사납게 화려한 호텔들의 그늘

---

13) 똑같은 와하브파인 카타르인들은 사우디아라비아를 스스로 자신을 내리누르는 쇳덩이
로 본다. 사우디아라비아는 순결한 와하브 신앙의 이름하에 자신의 문화유산들을 파괴해온
데 반해서, 카타르는 이제 자신의 보물들을 루브르 박물관에 전시하도록 대여하고 있다(루브
르에서는 그것을 다시 사우디아라비아에 대여한다).

에 가려져 보이지도 않는다. 외국인 여자들이 성노예로 수입되는 한편, 사실상 노예나 다름없는 조건하에서 외국인 노동에 대한 착취가 이루어진다. 가증스러운 범죄를 저지른 (무슬림인 경우가 많은) 가난한 외국인 노동자들에 대한 정기적인 참형이 매주 공개 집행되는데, 약국에서 기본 의약품을 훔친 것도 극악한 범죄로 분류된다. 그러나 외국인 노동자들에 대한 처형도 격리수용도 무감각해진 사우디아라비아인들이 일터로 되돌아가도록 유도하진 못할 것이다. 사우디아라비아인들은 (자신들이 전에 금주령을 발동하게 한 바 있는) 바레인에서 두바이까지 다른 페르시아 만 국가들을 찾아다니며 제한 없는 향락을 누리고 매해 여름이면 런던과 제네바의 부티크를 정복하고 다니느라 시간이 없기 때문이다.

사우디아라비아 내부의 문화 전쟁에서 위선적인 행위가 입증되면서 서방세계는 그 우쭐한 독선에 자극을 받아 무슬림 아랍은 이제 가치를 상실한 것으로 상정하기에 이르렀다. 신앙과 근대성(modernity, 현대성)이 정반대로 움직이면서 근대성은 앞으로 질주하고 신앙은 뒤에 남아 시들어가는 것처럼 생각한 것이다. 그러나 실상은 그와 전혀 다르다. 근대성이 현상인 데 반해 신앙은 영원한 것이다. 무슬림들이 자신의 종교를 근대성의 몇 가지 선택지에 어떻게 적응시킬지, 혹은 근대성을 완전히 거부해버릴지 결정할 때, 시련에 처하는 것은 이슬람이 아니라 근대성이다. 이슬람은 유목민 방식으로 적응해가면서 세계적인 종교가 되었고, 오늘날에는 높은 출생률과 개종자들에 대한 대중적 호소력에 힘입어 근대화된 지역과 그렇지 않은 지역 모두에서 빠른 속도로 전파되고 있다. 미국과 영국의 은행들에서는 이제 자신의 무슬림 고객들에게 이슬람 율법을 준수하는 금융기관들을 알선해준다. 알쿠즈(al-

Quds, 예루살렘의 아랍어명으로 아랍이나 이슬람계 신문, 주가지수, 상품 및 업소명 등에 다양하게 쓰인다—옮긴이) 브랜드의 진바지나 나이키에서 디자인한 스포츠 히잡, 해변의 여성용 부르키니(burqini, 부르카와 비키니의 합성어로 얼굴만 빼고 전신을 가리는 아랍 여성들의 수영복—옮긴이)처럼 눈에 띄는 혁신적인 제품들 역시 서방 스타일이 어떻게 이슬람에 적응해가는지 보여주는 사례들이다. 자신들을 따르라고 강요하지 않는 것이다. 많은 유럽의 무슬림들은 영적인 공동체주의를 통해 이런 적응과정을 겪어왔기 때문에, 이들이 여성과 종파와 세속 교육 등의 변화하는 역할을 둘러싸고 씨름하는 전 세계 무슬림들의 모델이 될 수 있을지 모른다. 그러나 이슬람을 거부한다는 건 있을 수 없는 일이다. 이슬람의 미학, 즉 그 관습과 철학과 예술과 언어와 음악을 이해한다는 건 그 경전을 독해하는 것만큼이나 중요하다는 뜻이다.[19] 새뮤얼 헌팅턴은 서구 문명의 본질은 "빅맥(Big Mac, 맥도널드 햄버거)이 아니라 마그나카르타"라고 역설했다. 전자를 뜯어먹는다고 후자가 목구멍으로 넘어가는 건 아니라는 걸 기억하는 것이 좋다. 사우디아라비아의 신문사 편집장 칼레드 알 마에나(Khaled al-Maeena)는 이런 정서를 잘 알고 있다. 심지어는 미국에서 공부한 그의 딸조차도 그에게 "아빠가 스타벅스에 가면 내가 아빠 물어뜯을 거야"라고 말했기 때문이다.[20]

부모들이 자식을 기르는 방식을 바꾸는 순간, 문화는 역사가 된다. 와하비즘 신봉자들은 세대를 거듭하며 이슬람 자체가 아니라 코란의 선택적이고 기계적인 암송만을 가르쳐왔다. 토인비는 이슬람의 "인종 의식 소멸"에 대해 열변을 토하며 "이슬람의 이러한 장점을 전파할 필요가 절실히 요청된다"라고 말한 바 있다.[21] 그리고 인구가 과밀한 무슬림 국가들에서 이슬람이 사랑(zakat)과 형제애를 강조하는 것이 이보다 더 필요한 적은 일찍이 없었다. "특별히 런던과 여기 이 왕국에서 우리는 젊은 무슬림들에게 사회통합을 추구하고 이슬람의 이러한 인도주의적 토대를 잘 발전시켜가라고 촉구합니다." 리야드에 있는 세계무슬림청년협의회의 한 활동가의 설명이다. 토인비는 와하비즘 신봉자들의 "광신에 가까운 열정이 그것을 억압하는 수고가 값어치 있게 여겨질 만큼 성가신 존재가 될" 경우 미국은 언제라도 자신이 선택한 와하브파를 내칠 수 있을 거라고 예상한 바 있다. 그러나 급진주의에 대항하는 최고의 기대주가 될 수 있는 것은 사우디아라비아 사회의 보수주의다. 근본주의 수출이 전 세계 수니파 리더로서의 사우디아라비아의 평판에 흠집을 내온 것과 흡사하게, 와하비즘 신봉자들의 폭력 또한 그들에 대한 대중적 공감대를 잠식해왔다. 압둘라 왕은 자신의 경건한 신임장을 이용하여 탈급진화를 목표로 한 우수한 텔레비전 프로그램들을 제작하는 한편, 국부를 탕진해온 수천 명의 퇴폐적인 왕자와 제후들의 고삐를 죄고 있다.22 그는 극단주의자들을 '이상성격자'라고 비난하는데, 이는 서방측의 '근본주의자'라는 말보다 더 큰 책망을 담은 용어다. 그는 '무슬림 민주주의자들'과 힘을 합쳐 의회(Shura council)를 강화하고 있는데, 그 결과 2005년 지방자치 선거에서 사우디아라비아인들이 급진적인 후보들보다는 실용적인 사회 의제를 내건 이슬람주의자들에게 투표하는 성과를 거두기도 했다. 이슬람의 약화가 아니라 강화가 와하브파 극단주의와 서방 물질주의 둘 다에 대한 해독제일지 모른다.14)

마침 사우디아라비아가 제1세계 진입의 두 번째 기회를 맞고 있는 때에 이런 사회적 기운이 일고 있다. 1970년대의 오일 붐 때에는 페르시아 만의 어떤 나라도 푸아드 아자미(Fouad Ajami)가 "실패한 세대의 성난 아들들"이라고 명명한 점증하는 도시 거주자들을 고용할 수 있는 이렇다 할 제조업이나 서비스 부문을 만들어내지 못했다.[23] 그리고 사우디아라비아의 높은 출생률이 지속된다면, 리야드는 시민들 대다수가 마땅히 할 일을 찾지 못하는 인구 1천만의 대도시가 될 수도 있다. 리야드의 정부청사는 여전히 초라하고, 도시는 카이로의 조금 깨끗한 버전일 뿐이다. 그러나 이번 기회에는 사우디아라비아가 세계화의 의미를 깨닫고 국제적인 은행과 컨설턴트들을 불러와 산뜻하게 현대화를 추진하고 있다.[24] 이 나라는 전적으로 새로운 산업도시 네 개를 면세 재수출 지역으로 건설할 수 있는 공간과 노동력과 자금을 갖고 있다. 이 새로운 도시들이 일자리를 만들어내는 한편, 인구가 밀집된 리야드와 제다에서 사람들을 분산시켜 제3세계 국가들을 괴롭히고 있는 또 한 가지 문제인 국내 인구집중 문제를 역전시킬 수 있다. 킹 압둘라 경제도시(King Abdullah Economic City, 2005년에 계획된 미래경제 신도시로 홍해 해안의 제다 북쪽 100킬로미터 지점에 건설되고 있다—옮긴이)가 어쩌면 그 이름으로 주식시장에 오를지도 모른다.

"페르시아 만 지역의 사업가 중 일부는 아시아인들처럼 빨리 배우고

---

14) 기독교가 16세기에 경험한 바와 같은 이슬람 개혁에 대한 광범한 요구가 있긴 하지만, 종교개혁은 기독교를 두 개의 커다란 종단과 수많은 종파로 갈라놓았다. 각 종단과 종파는 각기 독립적으로 성장하면서, 극단주의자들을 제어할 수 있는 기독교의 중심을 세우는 일은 꿈도 꿀 수 없게 만들었다. 이슬람은 초창기에 수니파와 시아파로 갈라진 후, 이 분열로 인해 근대적 의미의 종교개혁을 거치지 않고도 충분한 고통을 겪어왔다. 사실 이슬람은 심지어 무프티(mufti, 이슬람 율법의 최고 권위자)조차도 선거로 뽑을 만큼 철저하게 분권화된 민주적인 종교다. 많은 무슬림들은 더 이상 분열하기보다는, 대립하는 교리와 그 극단적인 사도들 사이에 화해가 이루어지고 그로 인해 상호간에, 그리고 다른 문명들 간에 자행되는 폭력이 줄어들기를 바란다. 질 케펠(Gilles Kepel)이 주장한 바와 같이, 전투적인 이슬람의 등장은 극적이긴 했지만, 그 고도의 폭력은 결국 자산이라기보다는 부채인 것으로 밝혀졌다.

열심히 일하며 위험을 감수하고 있습니다." 리야드의 한 사업가가 자신 있게 약속했다. "우리는 주주와 시민들에게 커다란 보상을 주고 실시간 배달을 하는 일에 초점을 맞추고 있어요." 사우디아라비아의 부유한 산업자본가들은 이제 고풍스러운 대학에 직업교육 시스템을 접목시키는 일에 자신들의 부의 일정 부분을 투여하며, 나아가 언론자유와 여성교육, 사법부 독립, 예산 투명성, 의회의 입법권, 독립적인 선거관리위원회, 다양한 정당들을 확보하기 위해 로비까지 벌인다. 바레인의 포뮬러원 자동차경주의 상업적 성공을 목격한 사우디아라비아 북부의 한 한적한 마을은 모래언덕에서 경주를 벌이는 사막횡단대회의 주최를 결정하여, 한 해 동안에 버는 것보다도 더 많은 돈을 일주일 만에 벌어들이기도 했다. "우리의 정치 마차를 안정적으로 유지하자면 튼튼한 경제 전차가 필요합니다." 사우디아라비아 왕자의 주장이다. 아랍세계 전체에 두루 해당하는 말이다.

세계화의 시험대, 아랍에미리트연합

동유럽의 탈공산주의 이행이 시작되던 1990년대에 두바이에는 하수도가 없었다. 아라비아 기후에 익숙지 않은 외국인들에게 우기에 내린 비로 무릎까지 찬 물 속을 뚫고 차를 몰아야 한다는 건 무척 당혹스러운 일이었다. 두바이의 중심가인 셰이크 자예드 로(Sheikh Zayed Road)는 몇 안 되는 건물이 늘어선 짧은 포장길이었고, 거기서 페르시아 만안까지 사방으로 사막지대가 펼쳐져 있었다. 다국적 일꾼들의 고생의 현장이던 곳이 오늘날 아랍세계 유일의 글로벌 시티이자 지상 최대의 사막 오아시스, 자본주의의 화려한 메트로폴리스가 되었다. 아랍에미리트연합의 차분한 수도인 아부다비만큼 많은 사람이 부와 안락을 누리며 사는 도시가 세계에 몇 안 되는 데 반해서, 두바이는 단기간에 아랍 문명권 전체의 수도가 되었다.

버즈 두바이(Burj Dubai) 타워—당분간은 다른 도시의 어떤 빌딩도 감히 넘볼 수 없을 만큼 높이 치솟은 마천루—의 모토는 '역사의 시작'이다. 아랍사 영광의 장이 탄생하는 동시에 오랜 세월 아무것도 없던 곳에서 뭔가가 떠오른다는 의미를 담은 표현이다. 아랍에미리트연합은 브리티시 페트롤리움(British Petroleum)이 이 일대의 석유개발에 나서기 전까지 밀수와 해적질로 살아가던 가난하고 유대관계도 없던 족장들의 연합체였다. 지금은 아부다비가 생산되는 석유 대부분을 차지하고, 남은 몫을 다른 여섯 개 토후국에 적정 분배한다. 페르시아 만의 가장 힘센 밀수꾼이던 셰이크 라시드(Sheikh Rashid)의 비전이 두바이의 놀라운 성장에 시동을 걸었다. 1985년 제벨알리(Jebel Ali) 자유무역지대를 시작으로, 두바이는 재수출만이 막대한 양의 현금을 불러들일 거라는 전제하에 세금과 비자, 국내 소유요건, 그 밖의 골칫거리들을 의도적으로 무시했다. 세계무역의 4분의 3 가까이가 여전히 배편으로 이루어지며,

세계의 일일 석유 수요의 상당량이 좁은 호르무즈 해협을 통과한다. 두바이의 쌍둥이 항, 제벨알리와 라시드는 오늘날 싱가포르, 홍콩과 어깨를 나란히 하는 세계의 최첨단 항구다.

아랍어가 아니라 돈이 두바이의 공식 언어다. 이라크에서 날아오는 텔레비전 뉴스들이 증권시세와 시청률 경합을 벌인다. 두바이의 번쩍이는 금융지구는 크리크(수로)를 따라 건설돼 있는데, 이 수로는 오랜 세월 동안 페르시아 만에서 아프리카와 남아시아로 상품들이 들고나는 통로였고, 오늘날에도 여전히 출렁이는 다우 선박들이 이곳에서 수백만 톤의 담배와 곡물, 차, 냉장고, 타이어, 자동차 완제품 등을 가득 싣고 파키스탄과 이란의 부셰르와 반다르에아바스로 향한다. 두바이는 세계화가 페르시아 만 국가들과 이란 간의 지정학적 결빙상태를 조용히 녹여가는 최고의 사례다. 이란의 키슈 섬(Kish Island) 자유무역지대는 이 나라 최대의 상품 집산지로, 이곳 물건들은 대부분 페르시아 만의 아랍국들로 팔려나간다. 수천 명의 이란인이 "주거가 곧 자산"이라는 두바이의 등식을 받아들여, 침체된 이란에서 탈출하기 위한 전략으로 두바이의 급속히 커가는 부동산시장에 뛰어들었다. 막 뒤편에서는 사우디아라비아인과 이란인, 에미리트인들이 범이슬람 리더십을 두고 경합하기보다는 오히려 서로의 안정에 판돈을 걸면서 소비자로서 모든 방면의 교류를 넓혀가고 있다.

자원이 없는 싱가포르와 흡사하게, 에미리트의 지정학적 역할은 끊임없이 새로운 틈새를 찾고 비능률적인 환경을 이용할 줄 아는 외국 자본과 역량을 끌어들이는 데서 나온다. 아부다비의 투자당국은 싱가포르의 테마섹(Temasek, 싱가포르 정부가 산하 공기업을 효율적으로 관리하기 위해 설립한 지주회사로, 지분은 100퍼센트 재무부 소유다─옮긴이)처럼 5천억 달러를 책임지고 관리하면서, 루브르와 구겐하임 박물관의 호화 분관이 들어설 특별한 섬을 건설하고 있고, 석유 매장량이 상당함에도 재생 가능한 태양광 발전 프로젝트에 집중투자를 해왔다. 급성장하는 두바이의 부동산, 건설, 서비스업, 금융, 언론, 소비재, 오락 부문은 인도 전체를 합친 것보다도 더 많은 외국인 투자와 관광객들을 받아들이고 있다. 본국에 송금된 수십억 달러의 아랍 머니에 힘입어, 두바이는 율법을 준수하는 금융업에서 자신의 지역비교우위를 높임으로써 더 많은 무슬림 자본을 끌어들일 수 있었다. 자연이 아랍인들을 시험해온 악조건을 이겨내는 일 역시 큰 사업으로, 일본인 공장들에서 담수를 생산하여 사막 깊숙한 곳까지 연결하는 관개사업을 벌이고 있다. "석유로 물값을 델 수 있을 때, 우리가 왜 가만히 앉아서 석유의 저주를 받고 있어야 합니까?" 눈이 부시게 빛나는 유리 사무실 공간에서 한 두바이 관리가 얼굴 가득 웃음을 머금고 말했다. 야자수와 대륙 모양을 한 인공 섬들이 바다에서 솟아오르고, 멋진 인생을 즐길 수 있게 만든 주택들이 미국에서 가장 빠르게 성장하는 도시인 라스베이거스보다도 떠 빠른 속도로 돋아나고 있다. 수출용 도자기에서 태양전지 생산에 이르는 새로운 사업들이 속속 모습을 드러내고 있고, 인도 영화 촬영 세트장으로 두바이는 일각에서 '돌리우드(Dollywood)'라는 별명을 얻기도 했다. 베두인의 매력은 이제 외지인들이 사막 여행의 형태로 구매하는 상품 같은 것이 되었는데, 외국인들은 또한 실내 스키장도 경험해보고 싶어 하는 것 같다. 연중 계속되는 회의, 스포츠 대회, 쇼핑 축제 등으로 두바이나 페르시아 만 국가의 수도들에서 호텔방을 구하는 건 거의 하늘의 별 따기다.

유럽인들은 아랍 이민자들을 두려워할지 모르지만, 아랍인들은 다른 아랍인의 불행을 이용한다. 런던에 기반을 둔 아랍 중개인들이 수십 년간 페르시아 만 금융에서 은행 대행 역할을 해오긴 했지만, 레바논이 내전으로 무너지면서 두바이가 떠오르기 시작했고, 1990년 사담 후세인의 쿠웨이트 침공과 더불어 두바이는 도약했다. 당시에 시작된 레바논 자본가의 능숙한 솜씨와 쿠웨이트 자본의 유입이 오늘날에도 계속 이어져, 매년 무려 3만 명의 레바논인이 이곳으로 옮겨와 은행 경영진에서 텔레비전 뉴스 앵커에 이르는 역할들을 떠맡고 있고, 거기에 이집트인 엔지니어와 요르단인 회계사, 튀니지인 운전사들이 높은 급료와 보다 나은 삶을 찾아 이주 대열에 가세하고 있다.

두바이는 아랍의 새로운 도가니로서, 이 지역과 세계 전역에서 온 아랍인들이 매우 쉽게 뒤섞여 한데 어울리며, 경제적 상호의존과 활기찬 언론 부문을 토대로 하향식이 아니라 상향식의 새로운 아랍주의에 기름을 부어가는 도시다. 두바이 최대의 쇼핑 메카는 14세기 초에 탕헤르에서 동아프리카, 메카, 시리아, 중앙아시아, 인도를 거쳐 중국까지 대상 대열에 끼어 7만 5천 마일을 여행하면서도 다르 알 이슬람(이슬람 세계)을 결코 떠난 일이 없는 아랍의 마르코 폴로, 아부 압둘라 모하메드 이븐바투타(Abu Abdullah Muhammed ibn Battuta)에 대한 찬사를 바치고 있다. 가장 인기 있는 아랍어 텔레비전 채널 알아라비야(Al Arabiya)의 목표는 그 이름에서도 드러나듯이, 교육 프로그램을 통해 전 아랍인에게 설법을 베풀어 아랍에 알맞은 가정관리와 건전한 투자를 촉진하는 것이다. 정치에 더 초점을 맞추는 카타르 기반의 알자지라(Al-Jazeera)와 마찬가지로, 두바이 본부는 10여 개국에서 온 세계시민적인 아랍인들이 자신의 모국들이 불화할 때조차도 한데 어울려 일하는 미니 브뤼셀이다. 위성 텔레비전은 나아가 귀에 거슬리던 아랍어 방언들을 조화시키는 역할까지 하고 있다. T. E. 로렌스가 약 한 세기 전에 관찰한 바 있듯이, "보통은 땅이나 민족을 향하던 애국심이 언어로 방향을 틀었다."[25] "저가의 아랍 항공편들과 더불어 각지의 호스텔들이 새로운 친구들을 만나 선잠을 자며 함께 즐기는 사철 파티장이 돼버렸어요." 제트기를 타고 아랍 비즈니스 스토리를 취재하러 다니는 젊은 여기자의 말이다. "페르시아 만 도시들에서 홀로 일하는 제1세대의 이 젊은 아랍 여성들은 금전적 성공과 사회적 지위에 대한 또렷한 열망과 더불어 여성으로서의 계급의식을 발전시켜가는 중입니다."

두바이는 또한 아랍 지역이 세계화로부터 단절된 곳이 아니라 오히려 세계화의 시험대임을 보여주는 최고의 증거다. 두바이의 반유토피아적 세계시민주의는 아랍세계의 양분, 즉 위성 텔레비전에서 짧은 옷을 입은 레바논 여자들을 보고 그 이미지를 갈망하는 사람들과 그들의 타락에 혐오감을 느끼는 사람들로 나뉘는 것을 적나라하게 드러낸다. 낮의 두바이는 기운찬 아랍 청년들이 스태프로 일하는 미디어시티나 인터넷시티 같은 복합과학기술단지들의 떠오르는 모델이지만, 밤의 두바이는 어쩌면 세계적인 범죄산업의 세계 수도로서 돈을 주면 어떤 것이라도 살 수 있다는 개념을 시험하는 생짜 자본주의(raw capitalism)를 구현하고 있는 곳이다. 중국과 러시아 마피아들이 성매매 조직을 운영하고, 정부가 대규모 사창가나 호텔들에 대한 조세를 통해 넌지시 공모를 하고 있는 것으로 추정된다. 외국인 사업가들은 다른 곳에서는 그늘 속에 부끄러운 듯 남아 있었을 세계적인 섹스 시장에 찜찜한 기분으로 빠져든다. 두바이는 주변 문화환경과는 너무도 동떨어진 곳이라서, 많은 아랍 남자들이 그곳에 가서는 자신이 무슬림 국가 안에 있다는 사실을 잊어버린다. 사창가는 시민들과 국외 이주자들이 매우 친밀하게 어울리는 곳이다. 두바이에서 이슬람에 대한 자본주의의 승리는 노동자의 급료에서 기도 시간만큼을 삭감하는 회사와 연안에서 멀리 떨어진 국제 수역에 섬을 건설하여 도박을 허용하려는 계획에서도 확인된다.

두바이(Dubai)가 '두 바이(Do buy)'로 발음되는 것은 절묘한 어울림이다. 멋진 독일제 자동차에서 공항의 생체측정 스캐너에 이르기까지, 족장들은 1970년대의 사우디아라비아와 흡사하게 스스로 근대성을 사들여왔다. 예전엔 금을 사용하여 모든 것을 구입했다. 이제는 플라스틱으로 금을 산다. 갈수록 자신감이 붙어가는 아랍 문명이 이제 세계화 역시 자신의 문화적 요소가 되었다고 억지 주장을 펴면서, 연구와 혁신 요구는 전혀 받지 않는 채로 다른 세계에서 제공하는 최고의 제품들을 구입함으로써 뒤늦은 발전을 이용할 수 있게 된 것처럼 보인다. 버즈 두바이 타워의 기반은 미국인 건축가들이 아라비아 사막의 꽃 모양을 따 설계했고, 알 카스르(Al-Qasr) 방갈로들은 현대식 디자인에다 널따란 방 밑으로 바람 길을 내는 베두인족의 통풍구를 결합시키고 있다. 두바이는 심지어 두뇌까지도 살 수 있다. 두바이의 지식마을(Knowledge Village)은 특이하게도 세계 일류 대학들의 마이크로캠퍼스를 두고 있으며, 현 통치자인 자애로운 셰이크 모하메드(sheikh Mohammed)는 이 지역의 지식경제를 증진시키기 위한 교육기금에 100억 달러의 기부를 서약했다.[15] 페르시아 만 지역의 세상 물정 밝은 남자들은 점이 없는 하얀 디슈다샤(dishdasha, 아랍 남자들이 즐겨 입는 원피스 모양의 전통 가운—옮긴이)를 뽐내고, 미국 야구 모자를 쓰며, 포르셰나 레인지로버를 몰고 가, 멋진 아시아식 퓨전 레스토랑에서 초밥을 먹는다.

그러나 세상의 돈을 다 가졌다 해도, 아랍국들은 동아시아가 세계경

제의 정점에 오르는 데 기름을 부어온 토착 능력의 모방에 투자하는 것
은 의식적으로 피하는 듯하다. 대신에 그들은 세계화라는 새롭고 무한
한 환경 속에서 번영을 누리려는 나쁜 버릇은 허용한다. 버즈 알 아랍
(Burj al Arab) 같은 7성급 호텔은 돈으로 살 수 있는 데 반해서, 돈만 갖
고는 세계 수준의 대학으로 대표되는 문화의 힘은 살 수 없다. 페르시
아 만의 족장들은 반세기 전 석유산업에서 서방인들을 필요로 했던 것
과 흡사하게, 새로운 경제 분야들을 개척하기 위해 서방의 노하우를 필
요로 한다. 오늘날에는 외국인 컨설턴트들이 뒤에 숨어서 일하며 연구
서와 보고서들을 만들어내는 한편, 지도자들은 '아이디어즈 아라비아
(Ideas Arabia, 두바이의 한 비영리단체가 해마다 주최하고 두바이의 기업들이
후원하며 전 세계의 다양한 사람들이 참여하여 지식과 정보를 나누는 국제회
의—옮긴이)처럼 눈에 잘 띄는 이벤트 행사에 나와 그들의 주문을 암송
한다. 관료조직이 참호를 파고 들어앉아 위협을 가하는 상황을 피하기
위해 셰이크 모하메드는 교통과 금융 업무를 관장하는 병치기관들을

15) 두바이처럼 카타르도 상업 부동산 부문이 활기를 띠면서 이슬람 문양 모양의 섬들을 만
들고 있고, 2006년에는 자국이 주최한 아시안게임에서 좋은 성적을 내기 위해 외국인 운동선
수들에게 시민권을 부여했다. 그러나 카타르 모델은 교육을 통한 광범한 사회개발, 여성의 권
리(이 나라에서는 운전이 허용된다), 직업훈련을 공격적으로 추구하는 것이 특징이다. 막대한 기
부금을 가진 카타르 재단의 교육도시는 이 지역 지식 클러스터의 걸작품으로, 미국과 유럽 유
학생들, 그리고 카타르 학생들에게 공학과 의학, 공공정책을 교육시키는 한편 세계의 지식을
자국에 들여오기 위해 품위 있는 회의들을 주최하는 세계 유수 대학들의 위성 캠퍼스들을 모
아놓은 곳이다. 수도 도하는 정부와 기업가, 시민사회, 학계의 시너지 효과를 높일 수 있는 공
간을 조성함으로써 미국의 실리콘밸리와 아이비리그의 부러운 결합의 복제를 시도하고 있다.
카타르의 일반 학교들도 학교교육위원들을 선출하고 현대적인 교과서들을 선정하고 있다. 중
등과정 보통교육을 달성함으로써 전 국민이 근대성의 충돌코스를 거치게 만들려는 바람을 반
영하고 있는 것이다.

따로 설립해야 했고, 두바이 홀딩(Dubai Holding, 두바이 정부 소유의 투자회사—옮긴이)은 비즈니스 타워 바깥에서 무슬림의 주일인 금요일에도 쉬지 않고 일주일 내내 일한다. 페르시아 만의 아랍인들은 대체로 자본을 대면서 일은 거의 하지 않는다. 실은 출근을 하지 않으면서 보수를 받는 경우가 많은데, 그들에겐 그게 딱 어울린다. 페르시아 만의 한 싱크탱크는 카이로의 같은 기관보다 예산이 20배나 많은데 분석해내는 실적은 4분의 1밖에 안 된다. 거시적인 도시계획상의 지침 없이 건설이 제멋대로 진행된 탓에, 두바이는 지금도 심부름꾼이 직접 모스크와 약국, 나무들을 확인해가며 물건을 배달해야 하는 곳이다.

"다른 어떤 인종이 아랍인만큼 탐욕스럽고 돈에 대한 집착이 그토록 클까 궁금했습니다." 세시저는 쉴 새 없이 물건을 교환하는 베두인 상인들과 함께 텅 빈 아라비아 사막을 건너며 이런 생각을 했다.[26] 두바이의 끔찍한 교통체증은 어찌 보면 투기성 투자를 하고 결국에는 주사위 던지기로 승부를 내는 보더게임 모노폴리(Monopoly)와 유사한 자유분방한 경제 하의 금융을 은유하고 있다. 대규모 청부회사들을 장악하고 있는 족장들은 주가가 너무 높아지면 정기적으로 자기 주식을 무더기로 내다 팔고 주가가 낮아지면 다시 사들이면서, 주주의 권리가 전혀 없는 많은 소액 투자자들에게 손해를 입힌다. 두바이의 사업체들은 국제기준을 선택적으로 빨아들이는 스펀지로서, 규제가 자신들의 이익에 보탬이 되는 곳에서만 여러 나라의 지원을 구한다. 돈세탁에 관한 세계무역기구의 규정들은 러시아와 이란, 아프가니스탄의 마약거래 자금이 들어와 부동산시장의 활황을 떠받치게 하기 위해 간단히 무시된다. 보다 가깝게는, 두바이는 또 레바논과 이라크에서 훔쳐낸 골동품들의 운반경로가 되고 있다.

두바이는 제1세계와 제3세계가 지리적으로 만나는 지점에서 양자의 연합을 상징한다. 유럽의 지식과 기술이 아시아의 무한한 노동력과 결합되는 것이다. 사실상 거저인 노동력, 신규 창출되거나 재순환된 수십억 달러의 자금, 아무도 권리를 주장하지 않는 사막 공간 덕에, 두바이는 2015년까지 세 배로 커질 것이다. 에펠 탑은 고작 300명의 철강노동자가 만들어낸 반면에, 오늘날의 두바이에는 마음대로 부릴 수 있는 30만 이상의 아시아인 노동자가 있다. 상하이와 마찬가지로 지난 10년 이상 세계의 민수용 크레인의 20퍼센트가 두바이에서 정규 시간 이상으로 일하면서, 두바이 서쪽 16킬로미터 지점의 뉴두바이(New Dubai) 위성도시에 기업의 사무용 타워들과 멋진 주거단지, 화려한 호텔들을 건설해왔다. 이제 그곳 페르시아 만안 위로 상하이 같은 스카이라인이 솟아오르고 있다.

부는 늘 상대적이다. 영국 식민통치 기간에는 페르시아 만의 많은 아랍인이 일자리를 찾아 인도로 떠나서는 아라비아로 송금을 해왔다. 아라비아의 화폐 역시 인도와 마찬가지로 루피(rupee)였다. 이제 이주의 방향이 완전히 역전되었다. 수백만의 가난한 인도인, 파키스탄인, 필리핀인에게 두바이 공항은 약속의 땅으로 합법적으로 들어가는 멋들어진 성문이다. 하지만 만일 이 아시아인 노동자들이 국민으로 간주된다면, 아랍국들은 영원히 제3세계에 머무르게 될 것이다. 광범한 노동인구가 비참하게 살아가는 조건 위에 제1세계의 풍요가 얇은 합판마냥 걸쳐져 있는 모양새일 것이다. 그러나 이민자들이 페르시아 만 국가 인구의 절반 이상을 구성하고 있음에도, 아랍의 법적, 사회적 규범들이 이민자 위에 시민이 있음을 강조하면서 세 가지 기준에 따른 독특한 형태의 아파르트헤이트 구조가 생성된다. 두바이의 50만 시민은 안락한 생활을 영위하고, 타국적자와의 국제결혼은 터부시된다. 아일랜드에서 인도에 이르는 지역에서 이주해온 수십만의 전문직은 선량한 주민으로 분류된다. 그리고 1백만 이상의 외국인 노동자들은 세계화 시대의 포스트모던 노예제도의 연구사례로서, '인간 이하의 존재'로 취급된다.[27] 오늘날까지 외국인 노동자에 대한 조직적인 착취의 잔인성은 상상을 불허할 정도였다. 노동법은 사실상 존재하지 않고, 따라서 외국인 노동자들의 실태를 감독할 책임이 있는 관계부처에서는 자기들이 몰라서 감독을 소홀히 할 수밖에 없었다고 변명한다. 아랍의 맨해튼 언저리에 있는 노동자들의 천막과 트레일러 숙소들 사이로 차를 몰고 가자면, 외딴 아프리카 마을을 지날 때처럼 부끄러움 같은 감정은 잠시 접어야 한다.16)

많은 외국인 노동자들에게 도착 즉시 여권을 압류당하고 급료가 체납되거나 일부 미지급되는 사태는 이 고된 여행이 결국 헛수고인 것 같은 느낌이 들게 한다. 개인적으로 편안한 삶을 포기한 비용과 가족들과 떨어져 지내면서도 그들에게 최초에 약속한 것보다 적은 액수의 돈을 보내게 되는 괴로움에 견주어볼 때 그런 느낌이 드는 건 당연하다. 그들의 기대감 좌절의 최종적인 아이러니는 50명의 일꾼이 자신들이 짓고 있는 호화 주택에서 잠을 자며 일하지만 그 집을 소유한다는 건 너무 먼 나라의 일이라는 걸 실감할 때 온다. 오아시스 두바이는 어떤 면에서는 신기루다.

---

16) 카타르 역시 15만 명의 토착민보다 외국인의 수가 훨씬 많으며, 1백만도 안 되는 인구에 시민권은 최소 8등급 이상이다. 외국인 노동자들은 물리적 폭력에 대한 두려움 없이 청원이나 진정을 할 수 있지만, 카타르의 공식 기온은 고의로 섭씨 48도에 맞춰진 것 같은 낌새다. 노동자들이 괴이한 열기 속 노동에서 공식 해방되는 온도보다 2도 낮은 기온이다.

두바이의 제3세계 노동자들의 실태는 이 도시가 현대 기업처럼 운영되고 있다는 최고의 증거다. 두바이는 정치적 압력에 반응하지 않고 이윤에 대한 위협에만 반응한다. 국제 언론이 심층취재로 노동자들의 비참한 상황과 주기적인 불안을 집중보도하자, 두바이의 족장들은 자신들의 꿈이 그것을 건설하는 당사자들의 손에 무너질 수도 있음을 깨닫고(할리우드 영화 〈시리아나Syriana〉에 묘사된 시나리오) 자신들의 이미지 고양을 위해 행동에 나서겠다고 약속했다. 그러나 족장들이 비록 노동자들의 처우를 개선하지 않은 청부회사들에 위협을 가했다 해도, 족장들이 가지고 있는 이 회사들의 상당한 지분은 사실상 아무것도 하지 않아도 된다는 보증수표다. 문간에 매달아둔 상자 속에 원하는 바를 써 넣게 하는 예전의 방법을 개선하는 등 노동자들의 불만을 즉각 처리하는 절차에 대한 약속이 추가로 이루어졌다. 페르시아 만의 모든 국가는 또한 국제인신매매 금지 조항을 위반하는 나라들이다. 그에 따라 세계무역기구에서 회원국의 지위를 변경했지만 서류상의 조치였을 뿐이다. 그러나 기특하게도 그들은 이제 낙타기수로 소년들 대신 로봇을 쓰고 있다. 페르시아 만 국가들의 노동제도의 위선이 폭로됨에 따라, 서방 외교정책의 불공정함에 대한 그들의 비난이 이제 쇠귀에 경 읽기가 될지도 모른다. 그럼에도 족장들의 자신감은 계속 커간다. "테러조차도 이제 관광에 해를 끼치진 않을 겁니다." 두바이 교외에 있는 목장 스타일의 호화 빌라에서 한 부동산 회사 임원이 거슬리는 목소리로 주장했다.

퇴장으로 반대의사를 밝히는 것이 에미리트의 토후들에게는 가장 중요한 선거방식이다. 맑은 날씨, 우호적인 세법, 사실상 범죄가 없는 환경이 수천 명의 유럽인 전문가들을 유혹하여 두바이에 정착하게 했고, 그들은 자신의 금융과 공학 기술로 두바이의 상업적 성장을 선도하는 파트너가 되고 있다. 또한 매일같이 비행기를 가득 채운 단정한 동아시아인들이 홍콩발 두바이행 비행기에서 내린다. 영국과 그 뒤를 이은 미국의 석유 보호 모델에서 한 걸음 진화한 중국이 다른 슈퍼파워들은 제공할 수 없는 것들을 추가로 공급하고 있다. 무리지어 오는 판매원들과 저가의 상품들이다. 음침한 브로커들에 의지하는 남아시아 노동자들과 달리, 중국인들은 훨씬 높은 지위를 갖고 시장에 들어온다. 그들의 후견인이 두바이의 수입 채널을 움직이는 중국이나 아랍계 중국 회사들이기 때문이다. 조직된 중국인들은 거대한 차이나타운 주거단지를 지었고, 길이가 1.6킬로미터나 되는 드래곤 마트(Dragon Mart) 수출창고의 북적이는 가게에서 가방에서 트랙터에 이르는 온갖 물건을 다 팔면서 페르시아 만 지역 상인들의 선전(深圳) 여행길을 줄여준다. 그러나 제품의 질이 낮아 '부서지도록 디자인함'이라는 라벨을 붙여도 좋을 수준이다. 중국 건설사들이 종종 서방측 회사의 반값을 입찰가로 써내듯이, 이제 옛 소련 출신의 경쟁자들과 수적으로 맞먹는 중국인 매춘부들 역시 몸값으로 경쟁자들의 반값을 제시한다. 두바이는 매물로 나와 있고, 아랍의 지정학적 충성도 역시 마찬가지다.

아라비아의 모래 언덕

일부 서방 평론가들은 무슨 수를 써서든 아랍 사회를 낙후된 사회 또는 취약한 사회로 묘사하려 든다. 미국의 보수주의자들은, 억압적인 아랍 정권과 이슬람 근본주의자들은 "오직 힘의 언어만 알아듣기 때문에" 이라크 침공이 불가피하다고 주장했다. 그러나 서방은 알고 보면 매우 단순한 아랍 문화를 생산적으로 다루지 못함으로써 자신의 생색내기식 논리의 취약성을 부각시키고 있다. 실제로 아랍세계는 지리적으로든 지질학적으로든 세계화의 성공이나 실패에서 자신들의 중심성을 드러내고자 하는 단순명쾌한 주장 같은 것을 전혀 가지고 있지 않다. 일부 평론가들이 주장하듯이 아랍은 다만 뒤에 처져 있지만은 않을 것이다.

서방세계가 아랍의 무질서함에 초조해하는 사이, 최근에 생성된 아랍의 질서가 이 지역의 미래를 규정해가고 있다. 막대한 석유 자산, 대중 언론, 분노의 공유, 서방측이 제멋대로 그어 놓은 국경에 대한 고통스러운 자각이 합쳐져서 아랍의 정치지형을 매우 일관된 한 가지 여론

쪽으로 수렴시키고 있다. 미국의 대외정책을 의심하며 선거로 뽑히지 않은 통치자의 정당성에 이의를 제기하려는 여론이다. 아랍의 청년 세대들은 교환학생 프로그램, 활동가 회의, 인터넷 블로그 등을 통해 이런 정서를 확산시키고 있다. 매우 광범위하고 협동적이고 상향적인 이 정치적 변화는 그 어느 곳에서도 유례를 찾아볼 수 없을 정도로 일관되게 추진되고 있다. 군사 교육보다는 자유주의 교육을 실시하고 있는 일군의 새로운 지도자들이 어쩌면 정권의 폭력적인 변화 없이 정책 변화를 가져올지도 모른다. 베이루트에서 만난 〈데일리 스타Daily Star〉의 라미 코우리(Rami Khoury) 편집장은 말했다. "우리가 영원토록 세계 최후의 비민주 지역으로 남아 있을 수는 없지 않겠습니까!"

아랍주의가 지배적인 곳에서는 종교적 관용 역시 우세하다. 그러나 아랍 민주주의자들은 반 서방 폭력을 찬미함으로써 지하드 전사의 모집을 지원하는 알카에다의 '칼리프 땅의 소리(Voice of the Caliphate)'와 다음 세대의 영혼 사로잡기 경쟁을 벌이고 있다.[1] 이슬람주의자들의 선동이 점점 더 큰 파장을 일으키더라도 서방세계와 아랍세계의 교류가 계속 유지될 거라는 보장은 없다. 지금 하나의 문명으로서 고역을 치르고 있는 서방세계는 자신의 비행기와 도시들을 파괴하려는 매우 작은 음모 하나하나에까지 끊임없이 위협 경고를 발하고 있다. 급진주의와 싸우는 데 따른 문화적 스트레스가 지금부터 10년간 더 계속된다면, 미국과 EU는 어쩌면 이곳에서 손을 떼기로 결정하고 이 지역의 봉쇄를 시도하면서 아랍주의자와 이슬람주의자가 내전을 통해 서로에 대한 증오의 에너지를 완전히 고갈시키도록 방치할지도 모른다.

그러나 아랍주의가 우세하건 이슬람주의가 우세하건, 미국은 이 땅을 잃을 것이다. 양자 모두 자신들의 방식대로 문제를 해결하려 하기 때문이다. 미국은 이 지역을 전략 요충지로 여기지만, 군사적인 개입을 할 수 있는 권리를 갖고 있지는 않다. 아랍인의 유전적 결함이 아니라 미국의 큰 실수가 테러와 핵확산, 분쟁의 주된 원인이라는 주장이 폭넓게 확산되기 시작한 이래로는 더욱 그렇다. 지금껏 미국은 민주주의 증진이 아니라 무모한 군사행동을 일관된 정책으로 삼아왔다. 미국은 T. E. 로렌스로부터 아무것도 배우지 못했다. 로렌스는 아랍인인 척하지는 않았지만, "나는 최소한 자신을 숨긴 채, 명백한 알력이나 불화도 없이, 비난도 주목도 받지 않았지만 존재감은 인정받으며 그들 사이를 통과할 수 있었다"라고 썼다.[2] 로렌스가 바라던 것은 문화적 차이의 겸허한 인정과 아랍 문제에 대한 신중한 전략이었다. 미국이 지금 취하고 있는 신제국주의 정책은 무디고 산만한 즉흥작품이다. 아직까지도 여전히 '모래 언덕을 오르는 최선의 방법은 옆걸음질'이라는 아라비아의 가장 기본적인 격언조차도 미국은 모르는 것 같다. 유럽과 중국이 자신의 의제들을 적극 추구하고 있는 지금, 미국이 다른 슈퍼파워 중 하나의 적극적인 지원 없이 바라는 바를 얻을 길은 없을 듯하다.

하나의 슈퍼파워가 혼자서 세계를 관리할 수는 없다는 사실이 훨씬 더 분명하게 드러나는 지역, 다른 슈퍼파워들이 대안의 비전들을 갖고 있는 지역이 하나 있으니, 바로 동아시아다.

SECOND WORLD

EMPIRES AND INFLUENCE IN THE NEW GLOBAL ORDER

제5부

아시아인을 위한 아시아

동아시아

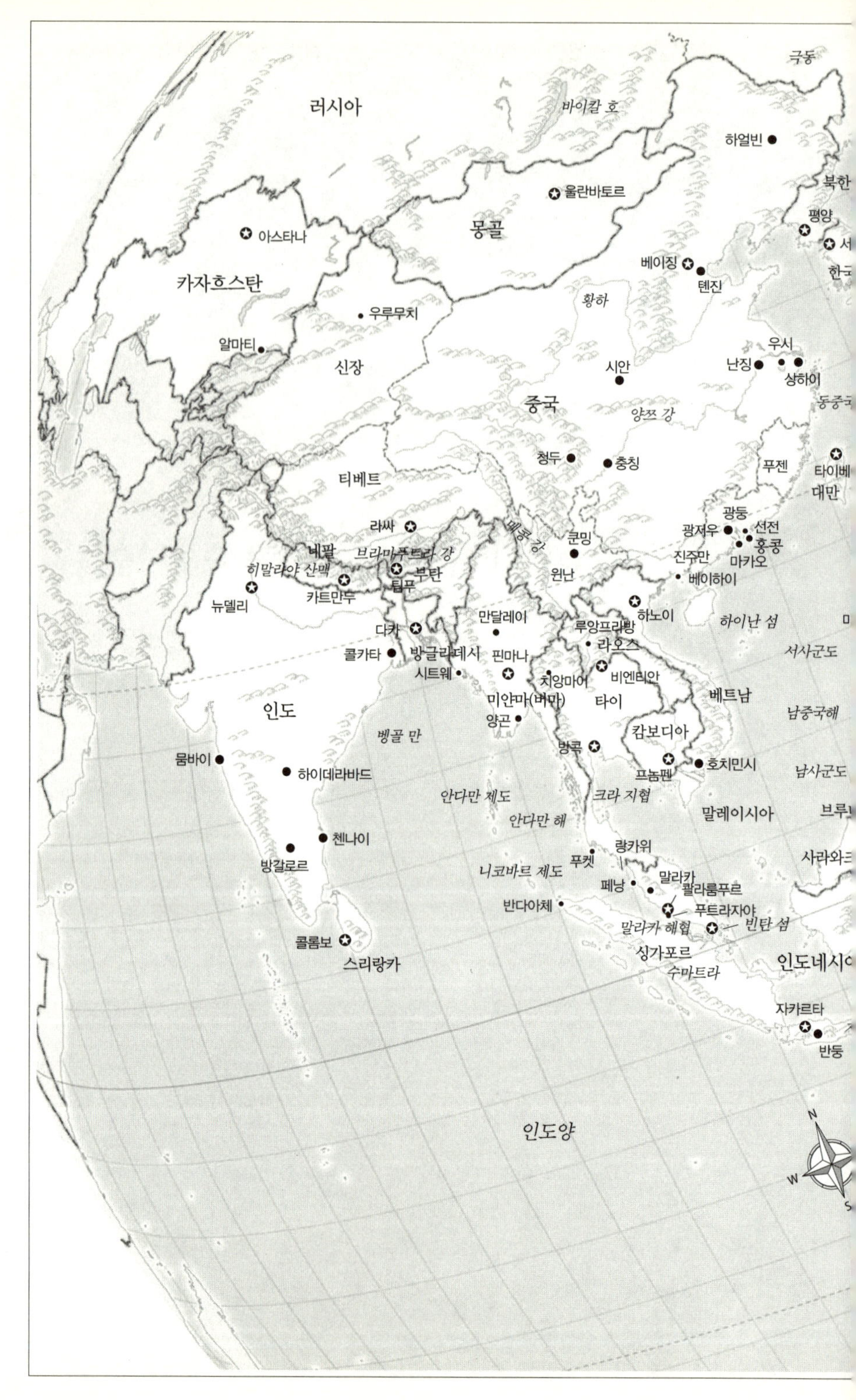
러시아
바이칼 호
극동
하얼빈
울란바토르
북한
몽골
평양
아스타나
베이징
서
텐진
한국
카자흐스탄
황하
우루무치
우시
시안
난징
상하이
알마티
신장
중국
동중국
양쯔 강
청두
충칭
푸젠
타이베
티베트
대만
쿤밍
광둥
라싸
광저우
선전
홍콩
네팔
브라마푸트라 강
부탄
윈난
진주만
마카오
히말라야 산맥
팀푸
베이하이
뉴델리
카트만두
하노이
하이난 섬
다카
만달레이
루앙프라방
서사군도
콜카타
방글라데시
핀마나
라오스
시트웨
치앙마이
비엔티안
베트남
인도
미얀마(버마)
타이
남중국해
양곤
벵골 만
캄보디아
방콕
뭄바이
하이데라바드
호치민시
남사군도
프놈펜
안다만 제도
크라 지협
말레이시아
브루
안다만 해
첸나이
랑카위
사라와크
방갈로르
니코바르 제도
푸켓
페낭
말라카
쿠알라룸푸르
반다아체
푸트라자야
말라카 해협
빈탄 섬
콜롬보
싱가포르
인도네시아
스리랑카
수마트라
자카르타
반둥
인도양
N
W
S

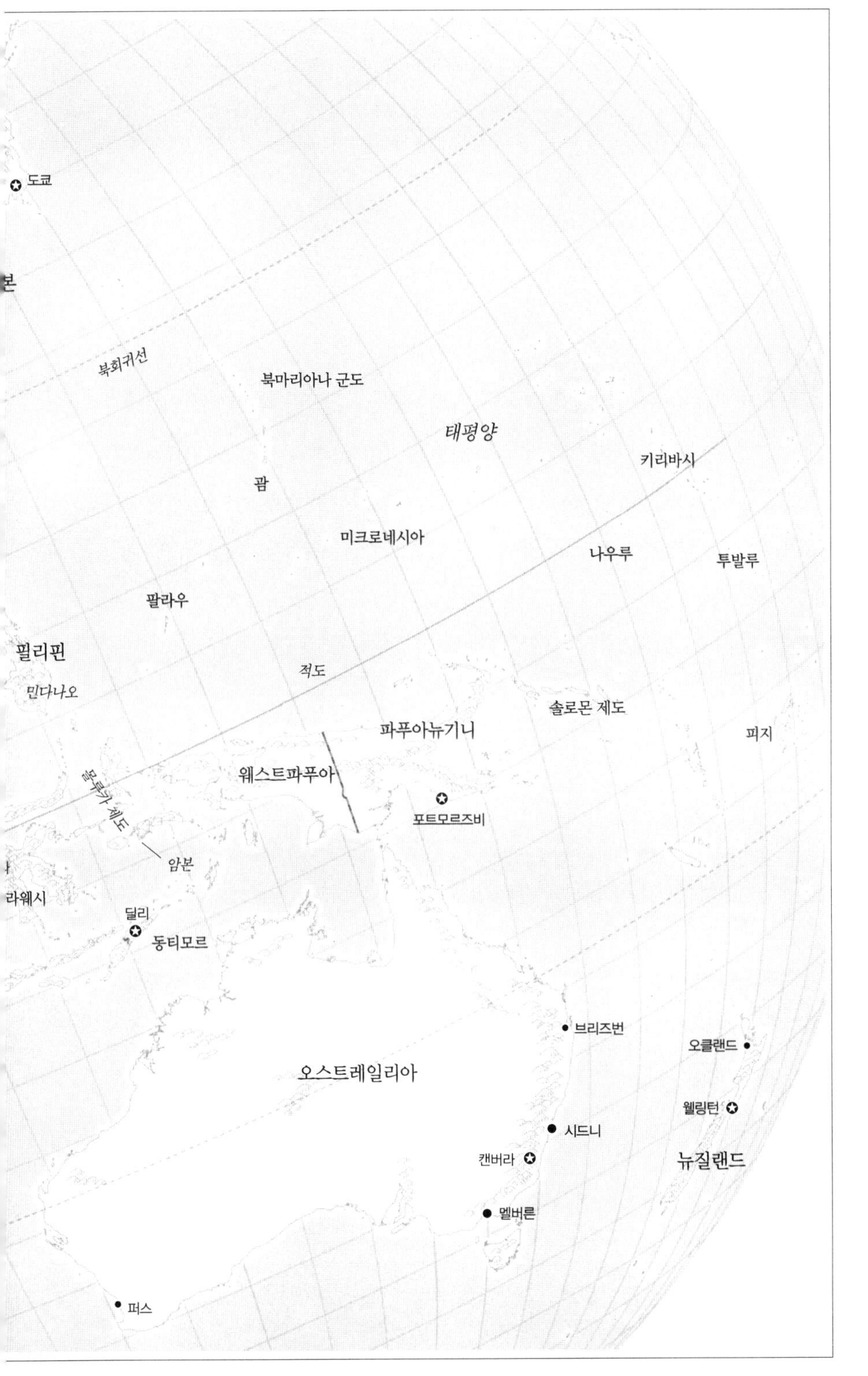

도쿄
본
북회귀선
북마리아나 군도
태평양
키리바시
괌
미크로네시아
나우루
투발루
팔라우
필리핀
민다나오
적도
솔로몬 제도
피지
파푸아뉴기니
웨스트파푸아
말루쿠 제도
포트모르즈비
암본
술라웨시
딜리
동티모르
브리즈번
오클랜드
오스트레일리아
웰링턴
시드니
캔버라
뉴질랜드
멜버른
퍼스

중국 중심의 동방 질서

한 세기 전에 시어도어 루스벨트는 "대서양 시대는 지금 정점에 이르러 수중의 자원이 고갈될 날이 머지않았다. 가장 위대한 시대로 기록될 태평양 시대의 동이 막 터오고 있다"라고 했다. 대서양 시대를 이끈 것은 처음에는 유럽이었고, 그 다음에는 미국이었다. 그리고 이제 태평양 시대를 선도할 나라는 중국밖에 없다.

중국은 최근에야 제2세계에 진입했다. 하지만 군사적, 경제적 전제조건을 갖추고 있지 못했음에도 오래전부터 전 지구적 권력을 행사해 왔다. 제3세계 국가임에도 유엔안보리의 상임이사국 자리를 확보했고, 1960년대 문화혁명 기간에 소련과 갈라선 후에는 이 지역 국제공산주의 운동의 지도권을 두고 소련과 경쟁을 벌였다. 닉슨 미 대통령은 소련을 저지하기 위해서는 중국을 '세계혁명의 진원지'로 남아 있게 하기보다는 국제 공동체 속으로 끌어당길 필요가 있다면서 해빙정책을 추구했다. 소련 붕괴 후 중국이 세계혁명을 추동할 수 있는 잠재력을 갖고 있음이 확인됐다. 그러나 그에 대해 미국이 할 수 있는 것은 아무것도 없었다.

"중국은 지도 위에만 있는 게 아닙니다. 우리 마음속에 들어와 있어요. 중국은 여기서 일어나는 모든 행위의 중심입니다." 한 싱가포르 언론인이 사무실의 중국인 직원들을 가리키며 말했다. 중국은 세계에서 가장 인구가 많고 경제적으로도 가장 역동적인 지역의 중심에 자리 잡고 앉아 러시아의 극동 지방과 일본, 한반도, 인도, 동남아시아, 오스트레일리아와 뉴질랜드를 포함한 태평양의 섬들을 끌어안고 있다.[1] 인도, 일본, 호주를 잇는 삼각지대 안에 들어 있는 나라들은 제1세계와 제2세계, 제3세계 어디에 속해 있든 중국의 경제적, 인구학적, 정치적, 문화적 잠식을 피할 수 없다. 미국인 중 일부는 미국이 강대해야만 아시아의 안정이 보장된다고 믿고 있지만, 세계 인구의 절반을 차지하는 아시아 사람들은 날이 갈수록 중국이 헤게모니를 장악해야 자신들이 안정을 유지할 수 있다고 생각한다.[2]

미국과 EU처럼 중국도 함부로 그 이름을 입에 담을 수 없는 제국이 되었다. 팍스 시니카(Pax Sinica, 중국에 의한 평화)의 재등장은 EU 확대의 아시아판으로, 그 외교 모델은 옛 규범과 현대 제도의 혼성이다.[3] 유럽의 베스트팔렌 국민국가체제(Westphalian nation-state system, 30년 전쟁 종전 후 1648년의 베스트팔렌 조약으로 그 틀이 갖춰진 유럽의 체제—옮긴이)가 정착하기 훨씬 전부터, 아시아는 제국적 위계질서의 지배하에 있었다. 중국이 중심에 있고 주변 왕국들이 중국에 조공을 바치는 질서였다. 무역과 외교는 동의어였다. 중국은 실제로 속국들에게 그들에게서 받는 것보다도 더 많은 양의 선물과 하사품을 내림으로써 관대함을 베풀었는데, 이는 지배의 실상을 은폐하기 위한 세련된 포장술이었다.[4]

충성을 물질로 사들인 것이다. 조공을 바치던 시대 이후 최대의 법적 변화의 산물인 국가주권은 중국의 지배로부터 자율적이라는 허구를 유지하기 위한 근대적 도구일 뿐이다. 조공 체제에서는 영토를 직접 지배할 필요가 전혀 없었다. 그것은 중국이 직접 지배하는 영토의 외부 영역으로 영향력을 확장해가는 수단이었다. 그리하여 도쿄, 서울, 싱가포르와 같은 강력한 수도들은 마치 런던과 모스크바, 앙카라가 EU와의 관계에서 그러하듯이 중국 제국의 물결을 막는 방파제 역할을 하면서도 한편으로는 자신들이 중국에 차츰 반주권적 상태로 빠져들고 있음을 은연중에 의식하고 있다. 동아시아에서 UN은 중요하지 않다. 아시아인들의 두 가지 중요한 관심사인 안정과 부, 둘 중 어느 하나도 보장해주지 못하기 때문이다.

중국은 외교 의례를 동반한 감정을 표출하면서 조공 시대를 부활시키고 있다. 그러면서 이웃나라들이 자국의 정책을 비난하면 "그렇게 말하면 중국 인민의 감정이 상한다"라고 비죽거린다. 중국의 최소한의 수사는 이성적으로 숙고한 인상을 주고, 다른 나라들로 하여금 중국의 한마디 한 마디에 역사적 상징과 무게감을 곁들여 해석하게 한다. 그러나 중국의 신중한 수사만을 근거로 중국을 바라보는 사람들은 수가 아니라 말에 초점을 맞춘다. 일찍이 1968년에 미국 학자 오건스키(A.F.K. Organski)는 중국이 그 헤아릴 수 없는 인구의 잠재력을 기반으로 미국을 제치고 세계 제일의 권력이 될 거라고 예측했다. 세계화 시대에는 해외이민자들의 증폭 효과도 고려해야 한다. 대부분 아시아 주변국들에 정착한 5,500만의 해외 중국인들은 기후 변화에 상응하는 인구학적 변동이다. 눈에 띄지 않게 펼쳐지면서 국경 같은 것은 아랑곳없이 만인에게 영향을 미치는 변화인 것이다.[5] 중국인들의 유기적 연계가 정치적 국경을 가로질러 재연되면서, 아메리카 대륙이나 지중해보다도 그 의미가 결코 덜하지 않은 인구학적 혼합에 기름을 붓고 있다. 중국 동북 지방과 한국과 일본, 광둥 성의 주장(珠江) 삼각주 지대와 홍콩, 양쯔 강 삼각주와 대만, 중국 동남 지방과 메콩 강 일대의 역사적 유대관계들이 모두 한결같이 평화와 분쟁을 초월하는 자연스런 경제 영역들을 형성해가고 있다.6 한 자녀 갖기 정책과 남아 선호사상에서 연유한 극심한 성비 불균형으로 중국은 또한 베트남과 북한에서 여성들을 들여오게 되었고, 그에 따라 중국인을 근간으로 한 혼혈 인종에 더 다양한 피가 섞이고 있다.

중국은 서방세계에서는 도무지 이치에 닿지 않는 것처럼 보이는 모순을 관리할 길을 찾는다. 중국은 때로는 스스로를 봉쇄하면서 확실하게 자신을 방어할 수 있는 정도까지만 확장하는 제국이다. 중국은 국경을 민족주의를 유발하는 유령으로 이용하기보다는 국경분쟁을 진정시키는 길을 추구한다. 중국 경제는 긴밀하게 규제되는 자본주의 경제다. 중국은 지역민주주의를 광범위하게 실행하는 권위주의 국가다. 중국의 기본전략에는 역사적으로 가장 모순이 되는 두 단어를 함께 쓴 전략이 하나 있다. 바로 화평굴기(和平屈起, peaceful rise, 평화를 수단, 방법, 목적으로 하여 중화민족의 위대한 부흥을 이룩한다는 후진타오 신국가전략의 하나—옮긴이)다.1) 역사 전반을 통틀어 흥륭하는 세력은 갈수록 호전적으로 변했지만, 중국은 자신감이 늘어갈수록 더욱 협력한다.7 "그들은 어떤 길이 함께 만나지 못하는 길인지를 잘 알고 있습니다. 아시아 국가들은 갈수록 중국을 그다지 위협적이지 않은 존재로 느끼고 있어요. 중국의 흥륭이 아시아 국가들 하나하나에 커다란 경제적 기회를 만들어주고 아시아 문화의 자부심을 되찾는 계기가 되면서부터는 더더욱 그렇게 여기게 됐지요." 말레이시아의 한 전략분석가가 콸라룸푸르의 고급 중국집에서 식사하며 확신에 찬 목소리로 말했다.

미국은 한 세기 전에 스페인으로부터 필리핀을 빼앗은 이래 줄곧 바다를 장악해왔다. 미군 최대 사령부인 태평양사령부(PACOM)는 다른 모든 미군 사령부를 합친 것보다도 더 규모가 크고, 세계의 모든 해군을 동시에 격침시킬 수 있는 능력을 갖고 있다.[8] 미국이 환태평양 지역(Pacific Rim)에 집착하는 것은 중앙아시아의 심장부가 세계 권력의 축이라는 매킨더의 테제보다는 니콜라스 스파이크만(Nicholas Spykman)의 림랜드 이론(Rimland theory, 유라시아 대륙의 심장부를 둘러싼 주변의 해양을 지배하는 자가 유라시아와 세계를 지배한다는 이론—옮긴이)이 미국의 대전략에서 지배적인 위치를 차지하고 있기 때문이다. 스파이크만은 페르시아 만에서 인도를 빙 둘러 태평양 연안에 이르는 유라시아 대륙의 해안지대를 산업과 인구 증가가 가장 집중된 중요한 지역으로 보았다. 그래서 그는 심장지대에 대한 매킨더의 유명한 경구를 이렇게 수정했다. "림랜드를 지배하는 자가 유라시아를 지배하고, 유라시아를 지배하는 자가 세계의 운명을 지배한다."[9] 냉전기에 미국은 호주, 뉴질랜드(ANZUS 동맹), 일본, 한국, 싱가포르, 필리핀과 '허브 앤 스포크(hub-and-spoke, 거점집중)'식 동맹을 맺었다. 역내 협력에는 제약을 주는 이

---

1) 화평굴기(和平屈起)라는 말은 중국공산당 중앙당학교의 정비젠(鄭必堅)이 만들어냈다. 공식적으로 이 교의는 보다 온화한 느낌을 주고 중국의 국내 문제에 초점을 둔다는 것을 강조하는 한편 대만의 독립 허용에 대해서는 혼선을 일으킬 수 있는 어떠한 신호도 보내지 않기 위해, 나중에 화평발전(和平發展)으로 수정했다. 이 정책은 과소비와 환경오염은 위험하고 비효율적이며, 팽창과 공격은 궁극적으로는 자멸 행위이고, 경제발전과 사회발전은 균형 있게 이루어져야 한다는 데 대한 이해를 담고 있다.

러한 '아웃사이드인(outside-in, 밖에서 안으로)' 체제를 통해 미국은 지금까지 동아시아의 각국들과 강력한 경제 유대관계를 맺고 있으며(이 지역과의 무역액이 미국의 총무역액의 40퍼센트에 달한다), 나아가 이 나라들의 충성심을 유지하기 위해 중국의 인접국 대부분과 자유무역협정까지 체결했다.

그러나 림랜드를 움켜쥔 미국의 손은 한 번에 한 손가락씩 풀리고 있다. 이제 대다수의 아시아인은 연해에 주둔하고 있는 미 해군을 커다란 경외심을 갖고 바라보기보다는 시대에 뒤떨어진 필요 이상의 과잉이며 심지어는 위험하기까지 한 역사적 산물로 본다.[10] 베이징에서 만난 한 중국인 군사분석가는 이렇게 말했다. "미국은 자신의 전략적 이해관계에 따라 우리 영해에 항공모함과 구축함을 위협적으로 배치해야 한다고 말합니다. 우리는 그들이 그 의미에 대해 말해주기를 기다리는 중입니다. 우리 일은 우리가 가장 잘 처리해갈 수 있는데, 미국이 혹여 과잉 행동을 하진 않을까 걱정스럽습니다." 페르시아 만에서처럼 동아시아에서도 미국의 취약성이 적나라하게 드러나고 있다. 신뢰도가 떨어지면서 미국은 아시아 안정의 궁극적인 보증인의 지위에서 일본과 대만의 보호자와 말레이시아–인도네시아 해상충돌이나 북한 핵 문제 같은 위기의 중재자 정도로 그 역할이 축소돼왔다.[11] 2001년부터 중국은 더 이상 미국을 동아시아의 '패권국(hegemon)'으로 지칭하지 않는다. 미국이 그런 역할을 수행할 능력을 상실했기 때문이다.

중국은 매킨더가 말하는 심장부를 잠식해가고 있을 뿐 아니라 기다란 태평양 해안선을 갖고 있어, 스파이크만이 말하는 최대의 림랜드 국가이기도 하다. 실크로드가 중국에서 서방으로 향하는 육상로인 것과 마찬가지로, 남중국해와 말라카 해협은 이 지역의 해상교통로(SLOC),

즉 페르시아 만과 유럽의 에너지 자원과 시장으로 향하는 해상통로다. 이를 바탕으로 동아시아의 전략구상이 바다 위에서 진화하는 중이고, 중국은 지칠 줄 모르고 움직이며 무역협정과 해상협력을 통해 동남아시아의 연해 국가들을 품 안에 끌어들이고 있다. 예전에는 외교적으로 미국과 중국 사이를 왔다 갔다 하던 많은 나라가 이제는 중국이 미국을 뛰어넘을 날에 대비하고 있다. '인사이드 아웃(inside-out, 안에서 밖으로)' 방식의 아시아 전략문화가 출현했다. 이는 공동의 이해관계를 식별해내어 서로 체면을 세워주는 의사결정을 내리고, 논쟁적이거나 외부, 즉 미국이 강요하는 주제는 애써 무시해버리는 (말레이시아어로 '비공식 협의'를 뜻하는 무샤와라musyawarah로 알려진) 협의외교가 지배하는 문화다.[12]

말레이시아에서 만난 한 분석가는 이렇게 말했다. "우리에게 지금 주어진 것은 중국판 '먼로 독트린'입니다. 우린 그것을 완성하고 중국을 중심으로 한 이 질서를 받아들여야만 합니다. 그러면 대만, 북한, 남중국해 문제를 평화적으로 해결할 수 있어요." 인자한 중국판 위계질서가 경쟁국들이 심리적, 경제적 수준 이상으로 올라서려는 욕구를 막아낼 수 있을까? 육지와 바다의 심각한 국경분쟁들이 아직 다 해소된 것은 아니지만, 싱가포르 외교관 키쇼어 마흐부바니(Kishore Mahbubani)의 말처럼 "상식의 조수"가 밀려들면서 이 지역에서 "총성은 멈추었다." 아시아인들은 '상식'에 입각하여 군사주의(militarism)라는 서방세계의 역사적 패턴을 배격하고 공동의 번영을 향해 나아가고 있다.

한편, 아시아인들은 유럽이 인도차이나에서 식민정책을 포기하고 영국이 홍콩을 중국에 평화적으로 반환한 것에 대해서는 대환영이다. "유럽은 중국의 전략적 동반자입니다. 우리의 새로운 지역질서 형성과정에서 유럽이 하는 역할이 그것을 확실히 증명해주지요. 그동안 우리는 서구 역사의 목격자이자 피해자였습니다. 그런데 EU의 안정된 체계만은 우리의 훌륭한 지침이에요." 한 중국인 학자의 말이다. 전에는 미국에서 안보를 구하던 아시아인들이 이제 유럽에서 역량을 구한다. EU가 하는 모든 일이 이 지역을 더 현대화하고 더 번영시키며 더 교양 있고 더 전문적이게 만들어, 아시아의 자신감을 북돋아줌으로써 미국의 지배를 약화시키고 있기 때문이다.[2] 이 지역의 기구들과 상공회의소, 유능한 '자문그룹', 교환학생 프로그램들이 모두 EU로부터 지적 자극을 얻는다.[13] 유럽은 미국보다 더 큰 아시아의 수출시장이며, 아시아인들은 균형을 잃은 미국 경제로부터 오는 위험을 피하기 위해 자신들의 막대한 외환보유고에서 유로의 비중을 늘려가고 있다. 유럽에서 중국인 학자와 학생, 언론인, 음악가, 관광객을 찾아볼 수 없는 곳은 단 한 곳도 없다. 물밀듯이 밀려드는 중국인 사업가들은 독일과 동유럽의 값싼 호텔에 몇 주일씩 머물면서 더 많은 중국 제품을 매입해줄 파트너들을 찾고 있다.

중국과 아시아는 동방의 질서를 조금이라도 더 빨리 구축하기 위해 서방 지식을 흡수하고 있는 것뿐이다. 미국의 회의론자들은 폭발 직전의 경쟁의식 때문에 '아시아 콘서트'는 불가능하다고 주장하지만, 아시아의 자신감은 이미 팽배할 대로 팽배해져 이제 미국은 초대받았을 때

---

2) 마당발이 되고자 늘 열심인 싱가포르는 아시아–유럽 정상회의(ASEM)를 주최하고 있다. 아셈은 유럽의 통상력을 강화하여 미국이 주도하는 아시아태평양경제협력체(APEC)를 앞지르는 데 초점을 맞춰왔다. '명사 하나를 찾는 네 개의 형용사'라는 조롱을 받아온 에이펙의 쇠퇴는 중국이 캐나다에서 남미에 이르는 지역에서 양자 간 무역협정을 선호하는 것에서도 볼 수 있다.

만 발언권을 부여받는 수준에 이르렀다. 2005년 콸라룸푸르에서 동아시아정상회의(East Asian Summit)가 처음 개최됐을 때 미국은 아예 초대조차 받지 못했다.[14] 동아시아정상회의가 단지 지리적인 모임에서 아시아의 우위를 선도하는 포럼으로 진화해감에 따라, 이 지역의 대다수 주역들은 그것을 서방의 영향력에서 벗어날 수 있는 절호의 수단으로 여기고 있다. 말레이시아의 한 고위급 외교관이 넉살좋게, 그러나 장난기는 없이 이야기하듯이, "황인과 갈색인이 공동체를 형성하기는 쉬운데, 백인은 쉽지 않다."

동아시아는 어떻게 해서 전 지구적 변화의 방향을 잡는 위치, 즉 북미나 유럽과 어깨를 나란히 하는 지역이 되었을까? 산업혁명으로 인해 유럽과 동아시아의 물질적 격차가 크게 벌어지기 전까지 유럽인들은 오랫동안 동방 문화를 찬양했다. 동서의 격차가 커진 후 마르크스와 베버는 동아시아가 침체의 길을 걷고 있다고 주장했다. 중국은 너무 크고 봉건적이며, 다른 아시아 국가들은 '관습의 횡포'에 너무 무력하다는 것이었다.[15] 하지만 슈펭글러의 생각은 달랐다. 그는 '디오니소스의 이상'이나 '초인'과 같은 서양의 개념이 '공자의 가르침'과 어떤 관련이 있을까를 연구하다가 인간은 저마다 독특한 문화체계 안에서 살아가고 사고한다는 것을 깨달았다. 슈펭글러가 보기에 서구는 이미 가을로 접어들었고, 그 이상과 현실 사이의 간극이 커지면서 기울어가는 중이었다. 그에 비해, 필요한 것을 적절히 갖춘 많은 인구는 군사적 자신감을 가질 수 있었다. 프랑스 사회학자 오귀스트 콩트가 주장한 대로 "인구는 운명"이다. 아시아는 가장 오래된 문화와 가장 많은 인구를 갖고 있고, 어떤 기준으로는 세계 어느 지역보다도 많은 돈을 갖고 있다.[16] 아시아는 세계의 운명을 만들어가고 있고, 그 과정에서 서구 문명에 관한 신화의 결점들을 폭로하고 있다.

냉전은 흔히 동서의 대립으로 이야기된다. 그러나 서방세계는 그 '뿌리 깊은 우월감'으로 말미암아 현재 서방에 대한 진정한 도전으로 등장하고 있는 진짜 동방의 발흥을 인식하지 못했다.[17] 아시아인들은 냉전 이후 미국의 패권을 과학기술과 금융이라는 앞선 도구들에 대한 서방의 지배력을 유지하려는 시도로 보았다. 이에 대한 동방의 대응은 누구보다도 더 빨리 이 힘의 방언을 숙달하는 것이었다.[18] 오늘날 세계화는 그들의 편에 서서 단일한 어떤 제국도 통제할 수 없을 만큼 빠른 속도로 지식을 확산시키면서 《인간과 기술*Der Mensch und die Technik*》에 나오는 슈펭글러의 예언 같은 주장을 상기시키고 있다. "과학기술은 그것을 창조한 문화와 빠른 속도로 갈라선다"는 것이다. 근대화와 서구화는 출발점은 같지만 목적지가 전혀 다르다. "서방이 근대화하기 오래전부터 서방"이었다면, 동방 역시 근대화를 착수한 오랜 후에도 계속 동방으로 남을 것이다.[19]

"아시아의 가파른 성장은 리스크 혐오라는 개념 자체를 시대에 뒤떨어진 생각으로 만들고 있습니다. 지금 동아시아는 한때 서방의 특징이던 고삐 풀린 야망의 화신이 되어 서방 투자자들을 빨아들이고 있어요. 마치 서방 시장이 포화상태에라도 이른 듯 말이죠." 한 투자가가 뉴욕에서 홍콩으로 옮겨온 것을 자축하며 한 말이다. 동아시아는 서방의 과학기술과 표준들 중 최고만을 들여와 자기 것으로 만들었다. 방콕, 상하이, 콸라룸푸르는 땅 위를 가볍게 미끄러지는 모노레일을 갖추고 있다. 반면에, 뉴욕과 런던의 지하철은 땅 밑에서 소음을 내며 달린다. 자동차를 발명한 것은 서방이지만, 오늘날 미국인들이 구입하는 자동차의 40퍼센트는 동아시아에서 만든 것이다. 또한 동아시아는 제3세대

이동전화 보급률이 미국보다 높은데다 자체 통신 표준까지 설정하여 다른 지역들로 하여금 그에 맞서 경쟁을 벌이지 않을 수 없게 만들었다. 동아시아인들은 세계 언어라 할 수 있는 두 언어인 영어와 중국어를 상대적으로 쉽게 익힐 수 있다는 이점도 갖고 있다. 또한 일본 애니메이션과 홍콩의 플롯 및 영사방식으로 만들어지는 영화가 미국에서 성공하는 비율이 높아지면서 문화 권력의 흐름까지도 역전될 수 있음을 보여주고 있다.

역사가 동양의 관점에서 다시 쓰이고 있다. '역사의 종말'은 동아시아와 서방에서 전혀 다르게 비친다.[3] 19세기에 일본은 서양의 수단과 동양의 목적을 접합시켜 성공을 거두었다. 그리고 이는 21세기 들어 아시아의 호랑이라 불리는 대만, 한국, 싱가포르의 성장 모델이 되었다. 영감과 노력을 결합시키는 동아시아인의 성향은 높은 저축률과 훌륭한 교육의 원동력이 됐다.[20] 그들은 수출주도형 성장으로 국내 부문을 보호하여 막대한 부를 창출했으며, 이는 중국과 말레이시아, 베트남 등

---

3) 자유주의는 보편성을 띠고 있기는 하지만, 그것이 시공간에 적용되는 모습을 보면 이미 존재하는 곳에서 특히 잘 작동함을 알 수 있다. 아마르티아 센(Amartya Sen)이 주장하듯, 어떤 정치제도도 무정부 상태나 무질서를 지지하지는 않으므로 문제는 어떤 제도가 자유를 최대한으로 꽃피울 수 있느냐는 것이다. 동아시아에서 경제적으로 가장 발달한 나라들은 개인의 권리와 민주주의가 함께 발전한 나라들인 한국, 대만, 일본이다. 따라서 이들의 성공은 권위주의와는 다소 거리가 있다. 그러나 이들 국가의 정책을 살펴보면 자유주의적인 정책이 드물다. 대신에 관료 엘리트들이 정치와 경제의 모든 장에서 결정권을 쥐고 있었고, 이 점은 오늘날까지도 거의 변하지 않았다. 긴밀한 정경 협력, 은행과 제조업자 간 연계가 그들과 서방세계 간의 격차를 좁혀온 열쇠였다. 뇌물수수와 가족경영 기업집단은 아시아의 발명품이 아니라 전 세계 자본주의 발전에서 두루 볼 수 있는 보편적인 스토리였다. 민주주의는 중산계급이 충분히 존재할 때 잘 작동하며, 광범하고 지속가능한 자유주의 질서의 전제조건인 경제민주화는 그 뒤로도 출현하지 않았다.

아시아를 이끌어갈 차세대 리더들에게 매력적인 대안의 자본주의 양식을 제시했다. "케인스는 우리 사람입니다!" 잘 교육받은 싱가포르 택시 운전사가 우쭐해하며 말했다. 마르크시즘이나 다름없는 비방의 대상이던 정부의 경제 개입이 동아시아에서는 자유방임경제와 대비되는 중요한 정책수단으로 간주된다. 1997~1998년의 금융위기 이후 아시아는 미 재무부의 도구가 되어 부담스런 조건을 강요한 IMF를 노골적으로 멀리했다.[21] 위기를 경험한 아시아는 재정을 튼튼히 하고 세계시장의 규범들을 채택하며 재기했다. 그러나 정부의 중심적 역할은 그대로 두었다. 서방에서는 정부가 혁신의 방해물로 간주되는 데 반해서, 오늘날의 동아시아 정부들은 보유하고 있는 막대한 자본 유동성을 혁신에 집중적으로 재투자하고 있다. 그리고 이제 아시아 역내 무역량이 태평양 횡단 무역량을 앞지름에 따라 아시아인은 그들만의 독자적인 규칙을 마련할 수 있게 되었다.[4)]

아시아인들은 아시아를 떠날 이유가 없다. 오늘날 아시아 여행자들은 저가 항공기를 갈아타고 다니며 각각 독특한 멋을 풍기는 10여 개의 문화를 두루 탐사한다. "동아시아 국가들은 식민지시대 이전의 역사에 뿌리를 두고 있어서 식민지시대 이후의 아프리카나 아랍 국가들에 비

---

4) 아세안자유무역지역지대(AFTA)와 중국 간 무역액은 1997년에서 2005년 사이에 다섯 배로 늘어 1,050억 달러가 되었다. 중국은 매월 150~200억 달러의 상품을 자국 화폐로 구입함으로써 인민폐의 가치를 일부러 낮게 유지하는 한편, 이 지역 국가들이 세계적인 통화조절과정을 피해가며 대중국 경쟁력에서 우위를 확보할 수 있게 한다. 동남아시아 국가연합(ASEAN) 회원국을 상대로 무역적자 상태를 유지함으로써 이 나라들을 갈수록 왕성해지는 자신의 수출시장으로 묶어두는 것이다. 중국의 제조업 괴물들이 이 지역 외국인직접투자(FDI)의 80퍼센트를 빨아들임에도 장기적으로 볼 때 동남아시아의 장기적인 제조업 잠재력은 꾸준히 향상되고 있다. 중국, 일본, 한국이 빠른 속도로 노화하고 있기 때문이다.

해 훨씬 안정적입니다. 우린 다른 나라들과의 경쟁을 유발해가며 각자의 번영을 추구할 이유가 없어요." 말라야 대학에서 열린 동남아시아 학자들의 작은 세미나에서 한 말레이계 중국인 역사가가 말했다. 흔히 영원한 앙숙이라 불리는 중국과 일본은 알고 보면 동아시아 경제의 공동조종사다.[22] 싱가포르, 한국과 함께 그들은 세계 외환보유고의 3분의 2 이상을 갖고 있다. 2조 달러가 훨씬 넘는 이 외환보유고(대부분 미국 달러)를 무기로 그들은 서방세계의 성장에 기름을 부은 바 있는 중상주의 정책을 추구한다. 백 년 전에 워렌 하딩(Warren Harding) 미국 대통령은 국내에 사회적 갈등이 유발되는 것을 피하기 위해 미국인들에게 "평화적이고 상업적인 세계 정복에 나설" 것을 촉구했다. 동아시아인들이 지금 그의 충고를 따라 모든 대륙의 기업과 자산, 천연자원을 사들이고 있다.

영국령 홍콩과 싱가포르를 시작으로, 서구 식민주의는 동아시아가 세계적으로 발돋움할 수 있는 기회를 선사했다. 1950년대 이후에는 도쿄, 타이베이, 서울, 상하이도 세계적인 도시가 되어 자국을 비롯한 주변 지역에 매년 수십억 달러의 투자를 끌어들였다. 각 도시는 '지역국가(region-state)' 도시로 이해하는 것이 더 나을 만큼 강력한 힘을 갖추고서 하나의 비즈니스 단위처럼 움직이며 세계경제에 접속하는 한편, 정치적, 문화적 차이와는 무관하게 점점 더 긴밀해져가는 아시아 경제 거점들과의 네트워크를 점점 더 강화하고 있다.[23] 또한 전 세계 메가폴리스의 절반 이상이 아시아에 있으며, 동남아시아 5억 인구 대다수가 그곳에 살고 있다. 아프리카와 인도의 제3세계 대도시들의 북적이는 중심가는 눈에 보이지 않을 만큼 뻗어나간 주거단지와 공유지 무단점거마을의 고리와 쌈지들로 둘러싸여 있다. 농촌의 인구 급감과 더불어

진행된 도시화는 현대화와 발전이 아니라 너저분함과 타락을 뜻하는 말이 되고 있다. 반면에 오늘날 동남아시아는 1인당 소득이 3천 달러를 넘어서고 빈곤율이 25퍼센트 밑으로 떨어지면서 제3세계의 시나리오를 박차고 일어서고 있다. 말레이시아와 타이에는 아직도 하수구 위에 앉은 빈민촌과 수백만의 시민권 없는 노동자들이 있기는 하지만, 슬럼가에 전염병이 나돌고 노숙자가 즐비한 수준은 아니다. 매일 아침 눈을 뜨자마자 자신의 아시안 드림을 이루기 위해 열심히 움직이는 사람들이 급속도로 늘고 있다.

싱가포르 외무장관 조지 예오(George Yeo)는 말한다. "예전의 아메리칸 드림을 떠올려 보십시오. 지금의 아시안 드림은 그것과 같은 것입니다." 문화적 자산을 밑거름으로 하여 경제 성장을 이룬 동아시아에서는 회의적인 분위기를 전혀 찾아볼 수 없다. 세계 소비수요 증가의 대부분이 동아시아에서 이루어질 것으로 예측되지만, 동아시아인들은 주식과 달라서 매일같이 그 가치가 변하지 않는다. 돈을 가진 나라들에는 부자들에게처럼 지위와 존경이 따른다. 갈수록 번창하는 동양이 이제 서양적 가치, 즉 "서양의 우월성을 공세적으로 과시하는 옥시덴탈리즘(Occidentalism)"의 보편성에 더욱 강력하게 도전할 수 있다는 의미다.[24] 통합된 리더십, 합의, 사회적 조화라는 아시아적 가치가 오늘날의 미국식 민주주의, 자본주의, 개인주의보다 더 신뢰를 잃을 가능성은 거의 없다. 따라서 이러한 아시아적 가치는 앞으로 제2세계의 다른 지역들에 존재하는 대안의 모델들을 더욱 풍부하게 만드는 작용을 하게 될 것이다. 이제 중국은 미국의 비위를 맞추기 위해 정치범을 석방하는 일 따위는 하지 않는다. 중국공산당 청년조직의 한 학생지도자는 말한다. "우리는 물질주의가 어떻게 과소비와 미국 민주주의를 훼손해왔는지 않니다. 우리가 원하는 건 합의에 의한 통치와 법치입니다." 민주화를 위한 서방의 노력은 아랍세계보다 동아시아에서 훨씬 더 높은 장벽을 만났다. 서방 학자들은 경제 개방이 민주화를 이끌어낼 것으로 예측하지만, 아시아 정부들은 엘리트들과 결탁하여 공공선과 법의 지배권에 대한 모든 도전을 막아낸다. 그들은 민주주의도 그리 강력하게 원하지 않는다. 대다수 아시아 국가들이 공자(孔子)가 말하는 군자(君子), 즉 표리부동하지는 않지만 성정이 나빠서 나라를 패망의 길로 이끄는 제후(諸侯)가 되고 싶어 하지는 않는 훌륭한 지도자를 두고 있기 때문이다.5)

　'아시아식 협약(Asian compact)'의 특징은 열린사회와 닫힌 정치형태다. 여기서 민주주의는 목적을 이루기 위한 수단일 뿐이다. 최고선이 아니라 여러 의제 항목 가운데 하나인 것이다. 서방세계의 강력한 라이벌이 유교에 기반을 둔 엘리트 지배집단에서 나온다는 건 아이러니다. 이는 철학자 왕에 의한 통치를 주장한 플라톤의 《국가론Republic》에 굳게 뿌리박힌 사상이기 때문이다.[25] 싱가포르와 말레이시아에서 볼 수 있는 의사민주주의(quasi-democracy)는 오늘날 여러 곳에서 선호하는 모델이다. 야당과 선거는 있지만, 최고 통치자는 선거로 뽑지 않는다. 선거가 아니라 선택을 통해 권력이 승계된다.[26] 이 집합적 자기중심성(collective egocentrism)은 말레이시아 같은 다민족 국가의 해체를 불러올 수도 있는 다수파 민족집단의 국가 탈취를 방지한다. 단일당 리더십

---

5) 중국, 일본, 한국 역사의 독특한 면은 국가권력을 제한하는 정부가 아니라 오히려 정치, 사회, 문화적 삶을 지배하는 절대권력과 더불어 초법적인 조치를 동원해서라도 부패를 뿌리 뽑고 사회를 '정화'하는 도덕적 권위를 지닌 통치자들이 있었다는 점이다.

을 택한 말레이시아와 싱가포르 정부는 민주적으로 선출되었지만 자유주의적이지 않아서 쿠데타를 초래하는 필리핀 정부에 비하면 훨씬 더 책임 있게 자국민의 뜻에 부응하는 정부다. 타이에서 대만에 이르기까지, 이 지역 민주주의의 끝은 탈법적인 공작과 탄핵과 쿠데타가 끊이지 않는 승자독식 체제였다. 타이 민주주의는 마치 주먹과 발과 무릎과 팔꿈치를 쓰는 게 반칙이 아닌 이 나라의 킥복싱과도 같고, 인도네시아의 민주주의는 정치적 불안정과 부패 때문에 타국의 찬사를 받는 일이 거의 없다. "우리에게 서구식 민주주의는 시간낭비일 뿐입니다." 말레이시아의 한 외교관이 침을 튀기며 말했다.

동아시아의 공동체 전통 또한 미국식 인권 개념에 도전하여 사회경제적 권리를 시민정치적 권리보다 우선시하면서, 헌법에 따른 개인 및 언론 자유 보호의 부정을 정당화한다.[27] 초기 유학자인 맹자(孟子)는 먹을 것과 물질적 풍요를 추구할 권리를 저버리는 것이 정치적 권리를 부정하는 것보다 더 큰 범죄라고 했다. 유교 문화에서는 화려함과 이기심이 아니라 겸양과 동정심, 즉 인(仁)을 중시하며, 성(姓)을 앞에 쓰고 이름을 뒤에 쓴다. 효(孝)는 법적 의무로 규정될 만큼 소중한 규범이며, 많은 이들이 이상사회란 개인을 기초로 한 사회라기보다는 가족 같은 체계를 갖춘 사회라고 믿는다.[28] 또한 아이들에게 가족들의 관심이 훨씬 더 집중된다. 베이징에 사는 한 지식인은 하나뿐인 아들에게 균형 잡힌 사회, 음악, 체육 활동을 시키기 위해 얼마나 세심한 관심을 기울이는지를 설명하며 이렇게 덧붙였다. "한 자녀 정책을 채택한 뒤로 아이는 미래의 희망과 동의어가 되었습니다." 동아시아인들은 미국보다는 유럽의 법 전통에서 훨씬 더 중시하는 권리인 생활권과 경제적 평등에 보다 큰 관심을 기울인다. 한국 헌법의 밑그림은 보건과 교육에 관한 조항들을 담고 있는 독일 헌법이다. 종신 고용은 동아시아 전역에서 여전히 매우 진지하게 수용되고 있는 소중한 기업 문화이며, 이 지역의 이주 노동자들에게는 고용이 시민권보다 훨씬 더 중요하다. 국가가 후원하는 빈곤퇴치기금은 부의 재분배를 위해 애쓰고 있음을 보여준다.[29] 아시아인들은 미국처럼 세계화를 이용하여 중산층을 잠식하는 게 아니라 중산층을 구축하고 싶어 한다. 그들은 세계화라는 비행기에 탑승하지만 좌석벨트는 매지 않는다. 객실 안에서 그들은 종종 수백 개의 팔을 들고 움직이며 태극권 스트레칭을 하면서 하늘을 나는 기쁨을 함께 나눈다.

아시아적 가치들에도 결함은 있다. "일부 국가들은 소수의 발전을 다수의 삶의 질 향상 부진을 감추는 데 이용해왔습니다"라고 말레이계 중국인 학자는 시인했다. 지난 50년간의 역사를 살펴보면, 유교가 중국, 캄보디아, 베트남 등지에서 약 1억 명의 생명에 위협을 가한 마오이즘과 마르크시즘을 막아내는 보루가 아니었던 것만은 분명하다. 중국, 대만, 일본에서 활약하는 조직범죄단은 도를 넘어선 수준이다. 물불 가리지 않고 마약과 무기를 거래하고 돈세탁을 하는 그들에 비하면 미국의 갱단은 아마추어라 할 만하다. 그리고 아시아 국가들에서 이루어지는 정경유착을 살펴보면, 가족과 친구들을 도와야 한다는 유교의 도리를 확대해석하여 가부장적 특권을 폭넓게 남용하고 있음을 볼 수 있다. 하지만 이러한 결함들조차도 아시아인들의 시행착오 과정에 대한 신뢰를 더욱 고취시키는 작용을 해왔다. 중국인 학자는 계속해서 말했다. "경제성장과 사회안정을 이루었으니 이제 더 이상은 책임 있는 지도자와 경찰력, 기업경영자들을 갖지 못한 것에 대한 평계를 댈 수가 없지요." 그러나 심지어는 서양에서 공부한 말레이시아와 싱가포르, 중국인 엘리트들조차도 치자와 피치자 간의 상호관계에 관한 유학사상의 가르침을 이어받아, 사회의 안정과 자신의 개인적 이익을 두루 유지해주는 이러한 위계 체제에 여전히 충성을 다한다. 한 싱가포르 의원이 무뚝뚝하게 말했다. "우리는 신념이 아니라 돈을 가지고 모험을 합니다."

23

아시아의 강국들
중국의 자존심과 유혹

제2세계 선배인 소련을 훌쩍 뛰어넘은 중국은 세계화를 이용하여 제3세계뿐 아니라 제1세계까지도 충분히 흡인할 수 있는 능력을 갖추고 있다. 지역 내에서는 말할 것도 없다.[1] 일본, 한국, 호주, 싱가포르는 중국과의 상호의존도가 점점 더 높아짐에 따라 자국의 전략을 서서히, 그러나 눈에 띌 정도로 변화시켜가고 있다. 제1세계는 미국이 지배하는 클럽이 아니다. 미국이 중국의 흥륭을 억제하기 위해 협력관계를 맺고 있는 제1세계의 동맹국들이 오히려 중국의 발흥에 가장 큰 기여를 하고 있다.

제2차 세계대전 이후부터 미국은 일본을 아시아 '자유세계'의 보루로 여겨왔다.[2] 기술과 조직에 있어 세계에서 가장 치밀한 나라인 일본은 동아시아 전역에 많은 투자를 하고 자동차를 비롯한 다양한 산업의 제조단가를 절감해가며 아시아 질서를 확립해왔다. 동아시아 여러 나라 가운데서도 일본이 가장 많은 투자를 한 나라는 중국이다. 일본에 거주하는 40만 명의 화교가 중국에 대한 관심을 일깨우는 데 한몫했고, 해마다 일본으로 날아드는 수천 명의 중국 학생들이 그 관심이 유지되도록 돕는다. 베이징 공항은 일본의 원조를 받아 건설되었고, 일본인의 중국 투자는 양국이 긴장상태를 유지하던 기간에 가장 많이 이루어졌다. 일본의 중국제품 수입량은 하늘 높은 줄 모르고 치솟고 있다. 일례로 일본 내 연간 과일 소비량 절반이 중국산이다. 상하이에는 현재 10만여 명의 일본인이 거주하고 있으며 이들 대다수가 일본인 투자를 알선하거나 일본 콜센터에서 근무한다.[3]

일본은 여전히 세계 경제의 발전소이자 세계 최대의 인도주의적 원조 제공자다. 강대국 가운데 가장 소박한 이 나라는 매우 작은 규모의 방위예산만으로도 충분히 안보를 유지할 수 있었다. 미국과의 동맹, 첨단장비를 갖춘 해군, 미사일 방어 프로그램이 든든한 버팀목이 돼주었기 때문이다. (일본 주류사회에서 들려오는 민족주의적 목소리는 중국을 우려하는 동시에 일본이 미국과의 관계에서 불평등한 지위를 갖고 있다며 염려한다.) 설사 핵무기를 갖춘다 해도 일본은 그 특이한 문화적 배경 때문에 아시아에서 광범위한 충성을 확보하기 어렵다. 중국에 이어 제2바이올린 역할을 맡는 데 만족할 수밖에 없는 것이다. 중국은 UN 안보리의 상임이사국 자리를 차지하려는 일본의 시도를 번번이 차단해왔다. 하지만 양국 지도자들이 아시아 각국과 일본의 관계를 정상화하는 것이

유럽에서 독일이 복권하는 것
과 유사한 과업, 즉 두 나라가
모두 심혈을 기울이고 있는 경
제적, 정치적 지역주의라는 두
수레바퀴를 추구하는 데 필요
한 전제조건임을 인정하게 되
면서, 두 나라 사이에 '새로운
사고'의 동력이 생겨났다.[4] 이
에 따라 중국, 일본, 한국은 협

력을 두려워하던 정책을 변경하고, 동중국해의 석유가스 공동탐사, 석
유공유협정, 전략석유비축, 논란이 되고 있는 독도 주변 어장과 가스전
의 공동이용 프로그램 등을 추진했다.[5]

한국은 일본 다음으로 전형적인 원조수혜국에서 제1세계 국가로 발
돋움한 아시아의 위대한 성공사례다.[6] 그러나 미국과 한국의 관계는
미국과 일본의 관계보다도 훨씬 더 큰 긴장상태에 놓여 있다. 자신감이
높아진 한국은 이제 반세기도 넘게 자국 땅에 주둔해온 미군의 유용성
을 둘러싸고 미국과 대립을 빚으면서 감군을 추진하고 있다. 치외법권
의 요새이던 미군 기지는 미국의 동기를 의심의 눈초리로 바라보는 지
역사회의 용인 없이는 더 이상 버티기 어려워졌다.[7] 또한 다수의 젊은
이가 '붉은 열기(Red Fever)'의 마법에 빠져들고 있으며, 중국과의 보다
긴밀한 유대를 선호한다.[8] 한국의 경제성장에서 중국 의존도는 거의
절대적일 만큼 높아졌으며, 중국은 미국을 제치고 한국의 최대 교역국
이 되었다.[9] 2004년 중국의 성장이 느려지는 조짐을 보이자 한국의 주
식시장은 심각한 타격을 입었다. 중국은 훨씬 낮은 인건비로 한국의 전

자제품 시장을 거의 따라잡았다. 이는 중국이 공급망을 갖추어감에 따라 중국산 조립제품에 부가가치를 더하고 있는 한국의 역할이 없어져 버릴 수도 있다는 의미다.

중국과 한국은 핵무장은 했지만 곤궁한, 양국 사이에 있는 북한을 자본주의적으로 식민화하는 데 서로 협력하고 있다. 중국은 이미 북한의 광산과 철도를 사들였고, 한국은 '햇볕정책'을 구사하면서 북한에 공동생산수출지대를 세우는가 하면 올림픽 단일팀을 시험가동하기도 했다. 또한 중국과 한국의 북한 반체제인사 접촉이 계속되고 북한 국민의 궁핍이 심해지는 상황에서, 만일 북한이 무너질 경우 이 '은자의 왕국(hermit kingdom, 중국 외에는 문호를 닫고 있던 1637~1876년의 조선을 가리키던 말이었으나 지금은 북한을 비유하는 말로 쓰인다—옮긴이)'은 중국과 한국에 의해 핀란드화될 가능성이 크다.[10]

중국은 미국이 호주와 맺은 영어권(Anglosphere) 동맹도 거의 무력화시켰다. 제2차 세계대전 중에 미국과 호주는 힘을 합쳐 일본을 막아냈다. 그러나 중국의 확장은 일본의 경우와 다르다. 조용히 경제적으로 움직임으로써 중국은 군사적 대응전략을 유발하기는커녕 오히려 호의를 불러일으킨다.[11] 지금 호주는 오랜 동맹국인 미국과 새로운 교역 파트너인 중국 사이에서 매우 혼란스러워하고 있다. 지리와 전통 사이에서 어떤 대외정책을 써야 할지 갈피를 잡지 못하는 것이다.[12] 중국은 호주의 우라늄, 철광석, 망간, 그리고 (호주의 노스웨스트 대륙붕에서 배에 실려 중국 광둥의 정제소로 운반되는) 액화천연가스의 최대 소비국이다.[13] 중국과 가스거래 계약을 맺으면서 호주는 중국의 인권문제에 대한 비난을 중단했다. 그 계약이 호주 역사상 가장 큰 규모의 계약이었기 때문이다. 호주는 아시아 평화유지활동의 믿을만한 리더라는 신뢰성을 유지하기 위해서 미국과의 우호관계를 해칠 수도 있는 ASEAN 우호협력조약(Treaty of Amity and Cooperation, 1976년 2월 제1차 ASEAN 정상회담에서 조인된 동남아 국가들 간의 우호협력을 위한 조약—옮긴이)을 충실히 지켜왔다. 한국이 그러는 것처럼 호주도 자국이 미국과 중국 중 어느 한쪽 편에 서지 않으면서 둘 사이의 중재 역할을 할 수 있다고 주장한다. 호주의 경제계 인사들과 외교관들에게 베이징은 성공하려면 반드시 거쳐야 하는 곳이 되었고, 호주를 방문하는 단체 관광객의 75퍼센트는 중국인이다. 미국은 이제 자신의 유일한 동맹, 지리학을 돌아볼 수밖에 없다. 팔라우에서 괌을 거쳐 하와이까지, 미 해군은 원하는 사람이 거의 없는 지역에서 군사작전을 벌일 수 있는, 완전히 배로만 이루어진 보급망과 접근로를 고안하고 있다.[14]

중화 공영권의 미래 수도, 싱가포르

영국령 동인도회사가 사람이 살지 않던 외딴 지역에 건설한 도시, 지금은 중국인이 다수를 이루고 있는 싱가포르는 대표적인 제3세계 지역은 침체된 적도지방이라는 개념에 도전장을 내민 세계 최초의 국가다. 1965년에 말레이시아 연방은 싱가포르를 추방하면서 싱가포르에 리콴유(李光耀)와 그를 따르는 일단의 이주민들을 남겨놓았다. 싱가포르는 군대도 없는 '말레이 해의 중국인 섬'이었다.[15] 리콴유는 나무심기 대회를 열고 국민에게 자립심을 심어주면서 싱가포르를 글로벌시티로 만들어갔다. 그리고 외국자본을 끌어들여 도로, 공항, 병원, 학교, 그리고 그것들을 관리하는 공무원 제도 등 세계적 수준의 인프라 구축 자금을 조달했다. 싱가포르의 완벽하게 포장된 가로수 길에 발을 내딛는 순간 느릿느릿 여유를 부리며 걷는 것 자체가 아예 불가능하다. "미국은 우리에 비하면 제3세계죠." 싱가포르인들이 자주 하는 농담이다.

"싱가포르와 세계화는 동의어입니다." 여러 나라 국적을 가진 한 사업가가 자신이 시대에 맞추어 얼마나 자주 직업을 바꿔왔는지 열거하며 이렇게 말했다. 수십 년 동안 전 지구적 공급망 속에서 자신의 위치를 끊임없이 바꾸어온 끝에 싱가포르는 석유가 전혀 나오지 않음에도 정유산업과 석유굴착장치 건조의 중심지가 되었다. (줄기세포를 비롯한) 생명과학을 파고드는 싱가포르의 새로운 바이오폴리스(Biopolis, 바이오메디컬을 중심으로 성장동력을 만들어내는 싱가포르의 최첨단 과학연구단지—옮긴이)는 번잡스런 일에 신경 쓰지 않아도 되는 일자리를 찾는 서방 과학자들의 관심을 끌고 있다. 두바이가 부러워하는 세계 최고 수준의 항만관리, 매춘 통제, 카지노, 전문가들에 대한 시민권 부여 절차 간소화, 이 모든 것이 '주식회사 싱가포르'에서는 이미 현실이다. 공간이 협소한만큼 한 치의 공간이 더 소중한 싱가포르에서는 미래의 주택과 산업 수요를 예상해서 개발에 들어가기 수년 전부터 토지 구획을 해놓는다. 첨단산업지역은 '에스테이트(estate)'로 지정된다. 별다른 자원이 없는 싱가포르에서는 외환보유고가 힘을 키우는 수단이었다. 싱가포르는 국영회사인 테마섹(Temasek)을 통해서 아시아 전역의 주요 대기업 지분을 보유하고, 다른 나라들보다 훨씬 먼저 중국에 투자하여 신뢰와 영향력을 쌓았다.

싱가포르는 아시아적인 방식을 가장 성공적으로 구현한 사례다. 리콴유는 싱가포르의 성공 비결에 대해 한마디로 '자신감'이라고 말한다. 그는 "정치적으로는 올바르지 않은 올바름"을 추구해왔다.[16] "공짜는 없다"라는 그의 가치관 아래 부자와 빈자는 똑같이 세금과 벌금, 수수료, 형벌 등을 부과받는다. (다양한 범죄행위에 대해 복역 외에 추가로 가하는 형벌인 태형은 알고 보면 영국에서 도입한 것이다.) 리콴유에게 민주주의는 본질적인 가치가 아니다. 결과는 언제나 과정을 이긴다.[17] 정부의 엘리트 제도는 로열 더치 셸(Royal Dutch Shell)을 모델로 한 것이다. 싱가포르의 국회의원들은 세계 최고의 보수를 받음으로써 부패로부터 자유로워진다. 그들은 역내의 다른 나라 수도들을 돌아다니며 민주주의가 아니라 책임과 효율성, 실용주의를 강조한다. 싱가포르의 선거구의회(constituency council)들은 아시아의 많은 나라가 선호하는 모델인 집권당 체계 밑에서 활동하며 그들에게 간접적으로 의견을 전달한다. 리콴유는 역내의 다른 나라들이 정치적 쇄신책으로 채택해도 좋을 법한 엄격한 제한 정책을 실시했다. 그는 죽을 때까지 통치하지 않겠다며 스스로 권좌에서 내려와 '스승 장관(Minister Mentor)'이 되었다. 현 정부의 정당성은 리콴유가 무대에서 완전히 사라지는 날 결정될 것이며, 그 척도는 지명도가 아니라, 정부가 인민들을 잘 보살피는지, 법에 기초한 통치를 하는지, 경제성장과 교육을 계속 제공하는지, 기반시설을 그대로 유지하는지, 국민문화를 갈고닦는지, 높은 수준의 국민통합을 계속 유지하는지 여부가 될 것이다.[18] 싱가포르의 성공은 정부로 하여금 느긋하게 온정을 베풀어 대중이 더 많은 자유를 누릴 수 있게 하는 수준에 이르렀다. 이는 역내 다른 나라들의 훌륭한 모범이 될 만한 사례다. 하지만 다른 한편으로 싱가포르는 출생률이 매우 낮고 이혼율은 세계 최고치를 기록할 만큼 메마른 나라이기도 하다. 한 대학교 교정에서 만난 젊은 학자는 이런 말을 했다. "우리는 별 다섯 개짜리 호텔에서 사는 사람들처럼 일종의 퇴폐적인 수혜의식 같은 걸 갖고 있습니다. 물론 전 세계는 우리를 동경할지 모르겠지만."

리콴유는 싱가포르를 '제3의 중국'이 되지 않게 하려고 이곳에서는 중국인이 중국인으로 여겨지지 않게끔 만들었다. 화교가 운영하는 사업을 해체하고 영어를 국어로 삼은 것이다. "냉전기에 우리는 대다수 화교가 그랬듯이 중국 공포증을 갖고 있었습니다. 공산화한 본토에서는 우리의 이질적인 이념에 의심의 눈초리를 보내고 있었고요." 싱가포르 국립대학에서 만난 한 역사가의 말이다. 특유의 싱글리시를 구사하는 싱가포르의 중국인들은 중국어 방언조차 쓰지 않는다. 아시아 국가라기보다는 세계 국가라고 하는 것이 더 잘 어울리는 싱가포르는 멀리 그리고 넓게 발을 뻗으며 지역적 균형을 유지했다. 싱가포르 군대는 이스라엘과 인도군에게 훈련을 받고 있으며, 거대한 싱가포르 신항만은 필리핀에서 이전하던 미 해군 기지를 염두에 두고 건설한 것이다. 그런 까닭에 일부 분석가는 싱가포르를 "닻을 내린 미 전함"으로 묘사하기도 한다. 싱가포르에서 매년 열리는 샹리-라(Shangri-La) 방위회담에는 중국을 제외한 역내 모든 정부의 군 관계자들이 초대된다.

"싱가포르가 중국을 친근하게 여기기 시작했습니다. 같은 중국인이라는 문화적 유대감이 분명해지고 있어요." 한 신문 편집장은 말한다. 싱가포르의 중국인들은 갈수록 싱가포르를 두 개의 언어를 쓰는 도시로 만드는 데 많은 관심을 보이고 있다. 그들은 영어로 말하는 아이들을 중국인 학교에 보내고 중국 여행과 투자를 크게 늘리고 있다. 중국 정부도 투자관계법들을 완화하고 해외에 퍼져 사는 화교들에게 이중 국적을 취득할 수 있게 함으로써 (반중국 감정을 야기할 수도 있는) 두 나라 사이의 공식관계는 그대로 유지하면서 화교들에게 비치는 자국의 이미지를 부드럽게 만드는 작업을 해왔다. "한번 보세요, 외무부에서 미국 대사관까지 가는 거리와 중국 대사관까지 가는 거리가 어쩜 그리 똑같은지!" 한 젊은 외교관이 차를 몰고 널따란 가로수 길을 달리며 말했다.

인도India

면적 : 328.8만㎢
인구 : 11억 4,800만 명('08)
수도 : 뉴델리(Newdelhi)
인종 : 인도아리아인(72%), 드라비다인(25%)
언어 : 힌디어(41%), 벵골어(8.1%), 텔루구어(7.2%), 마라티어(7%), 타밀어(5.9%), 우르두어(5%), 구자라트어(4.5%), 산스크리트어 등 15개 공용어, 영어(상용어)
종교 : 힌두교(80.5%), 이슬람교(13.4%), 기독교(2.3%), 시크교(1.9%)
정체 : 공화제(연방)
행정구역 : 28개 주, 7개 연합주
통화 : 루피(rupee)
GDP : 2조 9,660억$('07)
1인당 GDP : 2,600$('07)
수출 : 1,513억$('07)
주요 수출품 : 석유제품, 섬유제품, 보석류, 엔지니어링제품, 화학제품
수입 : 2,305억$('07)
주요 수입품 : 원유, 기계류, 보석류, 비료, 화학제품
주요 교역국 : 미국, 중국, 아랍에미리트, 독일, 싱가포르
인터넷 사용자 : 8천만 명('07)
분쟁 : 카슈미르 영토 분쟁, 중국과의 국경 분쟁, 방글라데시와의 국경 및 물 분쟁

아시아 전역이 중국에 흡수되고 있다는 관념이 자라나고 있지만, 싱가포르만은 예외다. 싱가포르의 화교는 자기 나라를 경영하는 데서 더 나아가 새로운 중국을 만들어가고 있다. 따라서 화두는 중국이 아시아를 지배할 것이냐가 아니라, 어떤 모델의 중국이 더 우세할 것이냐. 싱가포르는 지난 20년간 중국의 의사결정에 중대한 변화를 불러일으켰다. 덩샤오핑(鄧小平)은 싱가포르를 방문한 뒤에 중국을 개방했다. 중국인들이 본토에서보다 더 영리하게 커다란 성공을 거두고 있는 현장을 목격한 것이다. 토인비가 받은 인상은 반세기 전보다 오히려 지금 더 생생할 듯싶다. "싱가포르를 처음 만든 것은 영국 기업이지만, 오늘날의 싱가포르는 중국 도시다. 중화공영권의 미래 수도인 것이다. 싱가포르와 중화공영권은 오래갈 것 같다. 군사력이 아니라 사업을 바탕으로 하여 다져졌기 때문이다."[19]

중국의 규칙을 따르는 제3세계, 인도

2004년, 거대한 쓰나미가 인도네시아의 수마트라 일대와 인도에서 소말리아에 이르기까지 무수한 섬과 해안을 강타했다. 이 무시무시한 재앙은 세계 동반구의 바다가 이음매도 없이 툭 터진 공간이라는 현실을 재확인해주었다.[20] 그러나 달의 인력이 조수를 지배하듯이, 인도양은 갈수록 동아시아를 중심으로 한 넓은 태평양의 서쪽 만 역할을 하고 있다. 인도양의 서쪽 해안지대인 아프리카, 아라비아, 이란은 급성장하는 아시아의 투자시장이자 수출시장이다. 이 지역은 점점 더 많은 천연자원을 동쪽으로 보낸다. 전 세계 선적화물의 절반 이상이 통합된 이 인도-태평양 영역을 통과한다. 인도 무역의 50퍼센트 이상이 동아시아와 이루어지며, 일본, 한국, 싱가포르가 인도 최대의 투자국이다.

영국의 식민통치 시절 인도는 수에즈 운하와 말라카 해협 사이에서 가장 강성한 땅이었다. 그러나 아랍세계와 중앙아시아에 미치던 인도의 영향력은 식민통치의 종식과 함께 종말을 고했다. 세계에서 가장 높은 산맥들과 드넓은 대양에 둘러싸인 나라 인도는 핵무기를 보유하고 있음에도 불구하고 군사력이 막강한 편은 아니다. 육군과 해군의 힘이 약하기 때문이다. 미국은 인도가 중국을 막아내는 울타리 역할을 하게 하기 위해서, 비서방 국가 중 가장 크고 부유하며 문화적으로 활기찬 다민족, 다종교의 민주주의 국가로 성장할 수 있게끔 뒷받침하겠다는 뜻을 분명히 밝히고 있다.[21] 그런데 인도는 냉전기의 비동맹에서 다중동맹으로 입장을 바꾸었다. 미국과 더불어 "민주주의의 쌍둥이 타워"라고 선언하면서도 "세계 질서를 재창출하겠다"라는 중국의 계획에 동조한다는 의사를 밝힌 것이다.[22] 그러자 미국은 인도를 끌어당기기 위해 첨단산업 투자, 민수용 핵기술, F-18 공동생산과 같은 방위협약, 이민 비자 확대 등을 제공했다. 그런가 하면 중국은 무역협상에서의 동등한 입장 보장, 공동 석유탐사, 히말라야를 통과하는 통상로, 연간 200억 달러 이상의 무역 거래량, 민수용 핵거래 등의 조건을 제시했다. 인도의 IT 회사들은 자국산 소프트웨어를 만들어내기 위해 중국에서 하드웨어를 수입해야만 한다. 중국 최대의 아웃소싱 업체들이 인도인 소유라는 사실은 중국과 인도가 점차 통합돼가고 있음을 말해준다.[23]

중국과 인도 사이에 부드러운 협력이 이루어짐에 따라, 말라카 해협을 거치지 않고 아라비아 해에 도달하기 위해 해군이라는 '진주 목걸이'로 인도를 에워싼다는 중국의 대전략 목표 달성이 한층 용이해졌다.

식민지 인도의 한 부분이었던 미얀마는 이제 중국의 궤도 안에 확실하게 들어갔으며, 인도가 제안한 동서 파이프라인 안은 기각되고 중국으로 향하는 남북 파이프라인 안이 채택됐다. 인도는 방글라데시 이민자들을 막기 위해 울타리를 쳤지만, 중국은 방글라데시의 수도 다카에 현대적인 방글라데시-중국 친선 컨퍼런스 센터를 지었다. 인도가 방글라데시의 생명줄인 브라마푸트라 강의 물줄기를 갠지스 강으로 돌리겠다고 위협하는 곳에 중국도 어깨를 밀치며 끼어들었다. 브라마푸트라 강의 발원지가 중국 땅에 있기 때문이다. 인도의 바람과 달리 중국은 남아시아지역협력연합(SAARC, 1985년 11월 방글라데시, 부탄, 인도, 몰디브, 네팔, 파키스탄, 스리랑카 등 7개국 정상이 다카에 모여 결성한 지역 협력기구-옮긴이)의 참관국이 된 반면에, 진화하고 있는 동아시아공동체(East Asian Community, ASEAN 국가들과 한·중·일 협력체-옮긴이)에서 인도가 가지는 영향력은 미미하다. "이 지역 나라들 중 인도가 무슨 생각을 하는지에 관심을 갖는 나라는 거의 없습니다." 역내 외교를 맡고 있는 한 말레이시아 외교관의 말이다.

인도는 크지만 아직 중요한 나라는 아니다. 아웃소싱을 도맡아 하며 서방 기업들의 제일가는 백오피스가 되었지만, 격리되어 발전한 몇 개의 21세기판 오아시스를 제외하고는 10억이 넘는 인구 대다수가 가난하게 살아가는 제3세계 국가다.[24] 국가 경제의 3분의 1 이상을 떠받치는 뭄바이에는 세계에서 가장 비싼 집세를 내며 살고 있는 일부 시민이 있는 반면에, 1천만 명 이상의 주민이 살고 있는 슬럼가 또한 세계 최대 규모다. 꽉 막힌 인도 도시의 거리는 아직도 세 부분으로 나뉘어 있다. 양편의 두 개 차로는 자동차 길이고, 그 사이에 보행자와 길 잃은 소들이 정처 없이 거니는 공간이 있다. 인도의 IPO(주식공개) 노다지,

인상적인 기업수익, 다수의 억만장자는 사적 부문의 역동적인 잠재력을 보여주지만, 정부가 (어쩌면 앞으로 20년 이상을 들여) 기반시설을 발전시키겠다는 약속을 지키기 전까지는 전과 다름없이 극적일 만큼 불균등한 성장을 계속할 것이다. 높은 인구증가율이 지속되고 있는 인도는 설사 높은 경제성장률을 기록한다 해도 오는 몇십 년 동안은 여전히 세계에서 가장 가난한 대국으로 남을 게 확실하다. 7억 명이라는 인구가 우기와 농작물 수확에 기대어 살아감에도 인도 경제에서 농업이 차지하는 비중은 30퍼센트에 불과하다. 인도의 지하수는 빠른 속도로 고갈되고 있다. 빚을 갚을 수 없는 많은 농부들이 자살하고, 곳곳에서 기한부 노예제도가 버젓이 운용되고 있다. 인도에서 인구가 가장 많이 느는 지역은 북부인데, 그곳은 기반시설이 가장 취약하고, 교육도 가장 부실하고, HIV/AIDS 감염률도 가장 높으며, 소아마비라는 역병이 부활한 곳이다.

중국은 질서가 있고 언젠가는 민주주의 국가가 될지도 모른다. 인도는 민주주의 국가지만 혼돈에 빠져 있어 성취도가 낮다. 중국이 보여주고 있는 무역과 발전의 연결고리를 인도에서는 거의 찾아볼 수 없다. 지리적 위치와 인구 규모가 무색할 만큼 인도 정부는 취약하며, 연방예산은 노르웨이와 같은 규모다. 통일 인도는 영국의 창조물이며, 그 통일성은 심리적이라기보다는 지리적인 것으로 비친다. 갈 곳도 없는 땅에서 타밀족과 아삼족은 계속해서 이주를 시도한다. 어찌 보면 중국이 민주화된 인도보다 더 자유로운 나라라고 할 수도 있다. 문맹률과 빈곤율이 훨씬 더 낮기 때문이다. 게다가 인도는 사업을 시작하는 데도 더 오랜 시간이 걸리고, 인터넷 이용 인구는 중국의 3분의 1, 이동통신을 이용하는 인구는 5분의 1에 지나지 않는다. 인도의 민주주의는 결뉍을

겪은 적이 없을지 모르지만, 인도 어린이의 절반 이상은 영양결핍 상태
다. 대다수 인도인에게는 경제적 자유가 없다. 그래서 다른 자유를 누
리기는 훨씬 더 어렵다. 인도와 중국의 차이는 이처럼 경제개혁을 시작
한 시간상 격차의 문제일 뿐 아니라, 국민의 조직화 능력이라는 근본적
인 문제이기도 하다. 인도는 융성한다고 해도 결국 중국의 규칙을 따르
게 될 것이다.

24

말레이시아와 인도네시아
대중화공영권

1967년, 식민지시대를 겪은 인도차이나의 지도자들은 한 골프장에서 동남아시아국가연합(ASEAN)을 구상한 후 방콕에서 제1차 회의를 열었다. 회의 장소를 방콕으로 정한 것은 타이가 창립국들 가운데 다른 어느 나라와도 싸운 일이 없는 유일한 나라였기 때문이다. 도전적인 군부들이 나라를 장악하고 있던 탓에 ASEAN은 시작부터 순조롭지 못했다. 수카르노가 지배하던 인도네시아가 말레이시아를 상대로 공세적인 대결 정책을 펼쳤고, 베트남과 캄보디아 사이에는 분쟁이 발생했다.[1] ASEAN 군부 국가들은 수십 년간 미국의 후원을 받으며 농촌 마르크시즘에 맞서야 하는 반식민주의 블록으로 남아 있었다. EU처럼 ASEAN도 냉전 이후의 보스니아가 겪은 것과 같은 순간들을 겪었다. 아시아 금융위기, 인도네시아의 거대한 산불, 동티모르 내정 간섭, 사스(SARS, 중증급성호흡기증후군) 발생 등이 그것이다. 하나하나의 사건들이 ASEAN의 응집력과 유용성을 시험하면서, 무역통합, 테러와의 전쟁,

환경파괴, 국제범죄, 질병 등에 대한 집단적 대처방식의 신속한 개발을 자극했다. ASEAN 5억 인구 사이에서는 상호 개입이 무비자 여행만큼이나 일반적인 일이 되었다.[2] 일부 ASEAN 국가는 여전히 미국과 방위협정을 맺고 있는데, 미국은 이제 그 다자간 블록을 반중국 울타리로 만들고 싶어 한다.[3]

그러나 ASEAN은 중국의 뒷마당에 있다. 중국은 미국의 전략 포위망을 풀기 위해 ASEAN 회원국들을 하나하나 뜯어내 자신의 새로운 조공 체제 안으로 끌어들였다. 그 결과 지금은 ASEAN에 소속된 각국이 중국과 향유하는 개별적 유대관계가 ASEAN 소속국들 간의 유대관계보다 더 강하다. "ASEAN 국가들이 중국에 머리를 숙이는 이유는 단지 중국의 비위를 건드리지 않기 위해서만이 아닙니다. 중국은 우리가 필요로 할 때 우리를 배반하지 않겠다고 약속했습니다. 아시아 금융위기 때 미국이 한 것처럼 행동하지는 않겠다는 거죠." ASEAN에서 일한 적이 있는 한 타이 외교관의 설명이다. ASEAN은 이제 여러 층위의 중국 주변부가 돼 있다. 싱가포르, 말레이시아, 브루나이는 가장 부유한 파트너들이다. 타이, 인도네시아, 베트남은 경제적, 전략적 자산이다. 미얀마, 캄보디아, 라오스, 필리핀은 원조가 필요한 제3세계다. 이 모든 나라들에 중국은 보다 큰 시장에 접근하여 무역흑자를 보게 하는 한편, 그 대가로 원자재 협약과 방위협정, 중국 편에 서겠다는 외교 서약을 받고 있다.[4] 마그레브 지방의 유럽인들처럼 중국의 베이비붐 세대들도 페낭에서 발리에 이르는 지역에다 은퇴 후에 살 땅을 구입함으로써 21세기 대중화공영권을 확장하고 있다.

아시아의 성공 공식을 따르다, 말레이시아

집게발처럼 생긴 말레이시아의 열대 반도를 따라 올라가며 싱가포르의 영향력을 살펴보기 위해서 굳이 싱가포르와 이 나라의 수도인 콸라룸푸르를 연결하는 고속열차 시간을 기다릴 필요는 없다. 말레이시아의 고속도로를 따라 차를 몰고 가는 것으로도 충분하다. 차를 몰고 가다 보면, 야자유와 고무 농장이 산업지대에 자리를 내준 풍경에 이어 깔끔하게 계획된 쌍둥이 수도 푸트라자야(Putrajaya)와 콸라룸푸르를 동아시아의 두바이로 만들고 있는 초대형 멀티미디어 단지의 일부인 사이버자야(Cyberjaya, 사이버시티) 표지판들이 나타난다. 두 신도시는 기꺼이 모험을 감수하는 아시아인들이 거둔 성과의 상징이고, 도시를 관통하는 고속도로는 제1세계 국가의 요건을 갖추고 건설하는 데 가장 중요한 것이 기반시설임을 보여주는 최상의 증거다.

말레이시아Malaysia

면적 : 33만㎢
인구 : 2,527만 명('08)
수도 : 콸라룸푸르(Kuala Lumpur)
인종 : 말레이인(50.4%), 중국인(23.7%), 원주민
　　　(11%), 인도인(7.1%)
언어 : 말레이어(공용어), 영어, 중국어, 타밀어, 다수
　　　의 토착어
종교 : 이슬람교(60.4%), 불교(19.2%), 기독교
　　　(9.1%), 힌두교(6.3%)
정체 : 입헌군주제
행정구역 : 13개 주, 1개 연방준주, 3개 시
통화 : 링기트(ringgit)
GDP : 3,612억$('07)
1인당 GDP : 14,500$('07)
수출 : 1,764억$('07)
주요 수출품 : 전자기기, 석유 및 액화천연가스, 목재
　　　　　　및 목제품, 야자유, 고무
수입 : 1,391억$('07)
주요 수입품 : 전자제품, 기계류, 석유제품, 플라스틱
　　　　　　류, 차량
주요 교역국 : 미국, 싱가포르, 일본, 중국, 태국
인터넷 사용자 : 1,587만 명('07)
분쟁 : 남사군도 영유권 다툼 등 주변 섬과 수역을 둘
　　　러싼 인접국들과의 분쟁

말레이시아는 식민지시대를 거친 다른 어떤 나라보다도 개발의 물리적 측면을 잘 이해했다. 이 나라의 지폐는 지도자들보다 열차나 빌딩에 더 높은 명예를 부여한다. 독립 말레이시아의 지도자들은 식민시대의 기반시설이 그냥 사장되게 내버려두지 않았다. 오히려 그들은 영국의 공무원 운용 방식과 체육 및 레저 클럽들을 활용했다. 뿐만 아니라 싱가포르로부터 공항에서 항만에 이르는 시설들을 세계적인 산업으로 경쟁력 있게 키우는 방법도 배웠다. 플랜테이션이 있던 자리에 건설된 도시인 푸트라자야에서는 지금, 서방 시장으로 나가는 의류와 그 밖의 제품들이 생산되고 있다. 이 도시에는 무슬림 특유의 양식이 곳곳에 가미된 현대 유럽식 건축물들과 화려한 모스크, 이란의 다리에서 영감을 받은 교량이 있다. 고속도로는 첨단산업의 허브로 떠오르고 있는 북부 도시인 페낭까지 곧장 뻗어 있다.

얼마 전까지 세계에서 가장 높은 건물이던 콸라룸푸르의 페트로나스 타워는 말레이시아의 성공을 가장 상징적으로 표현하는 아이콘이다. '쌍둥이 타워'로 널리 알려진 이 빌딩의 평면도는 이슬람 기하학을 바탕으로 하고 있다. 통일, 조화, 안정, 합리성을 상징하는 팔각 별 모양

이다. 한쪽 타워는 페트로나스 국영석유회사가 차지하고 있으며, 다른 한쪽 타워에는 다국적기업들이 들어서 있다. 지상 45층에서 양쪽 타워를 연결하는 2층짜리 스카이브리지는 아시아의 성공 공식인 국영기업과 외국자본의 결합을 상징한다. "우리는 석유의 저주에 시달리지 않는 유일한 비서방 국가입니다." 말레이시아의 공보담당관이 타워가 보이는 자신의 사무실에서 당당하게 말했다.[6] 1970년대의 오일 붐 이래로 지금까지 말레이시아는 정유 산업에서 다변화를 추진하고, 전자제품조립 산업에서 비교우위를 쌓아가고, 거대한 목재와 고무 자원을 개발에 이용하고 있다. 최신 과학기술을 받아들이고 자원들을 현명하게 관리함으로써 말레이시아는 여전히 동아시아 유일의 석유수출국 자리를 지키고 있다. 앞으로 20년 안에 석유매장량이 완전히 고갈된다 하더라도 말레이시아는 여전히 방대한 양의 천연가스를 보유하고 있을 것이다. 도시와 농촌 사이에 불균형이 심각하고 초등교육이 열악한 탓에 말레이시아는 한국 수준에는 이르지 못했지만, 이제 막대한 장기예산 중 가장 많은 몫을 교육에 투여하며 제조업과 지식경제 부문에서 적극적인 경쟁에 나설 태세를 갖추고 있다. 그 옛날, 향료길에 자리 잡고 있던 말라카 술탄국은 이제 포르투갈 식민시대의 건축물과 컴퓨터 조립공장이 조화를 이룬 나라가 되었다. 그리고 콸라룸푸르 주민들은 제1세계 유통 체인업계의 대표 브랜드인 까르푸에서 고급 식료품들을 구입할 수 있다.

리더십은 세계 곳곳에서 많은 차이를 만들어낸다. 베네수엘라인들이

---

6) 또 한 나라는 동남아시아의 카타르라 불리는 소국 브루나이이다. 보르네오 섬 북부에 위치한 이 나라는 말레이시아의 사라와크와 사바 지방 사이에 안전하게 숨겨져 있다.

우고 차베스에 붙잡혀 있는 동안에 말레이시아인들에게는 마하티르 빈 모하마드(Mahathir bin Mohamad)가 있었다. 마하티르와 그의 고문들은 방향을 제대로 잡지 못한 상태에서 세계화를 받아들이는 것은 위험하다고 굳게 믿었다. 아시아 금융위기 당시 그들은 타이와 인도네시아 경제를 유린한 국제적 압박에 저항했다. 대신 그들은 자본 통제를 통해 말레이 링기트화를 부양했다. 제2세계의 지도자들은 불균형이 통제할 수 없을 정도로 심화되지 않게 하기 위해서는 세계화를 강력하게 관리할 필요가 있다는 것을 차츰 깨달아가며, 아르헨티나보다는 말레이시아를 더 모방하는 추세다.

'M 박사'라고 불리는 마하티르는 '무슬림 리콴유'로 비유된다. 리콴유에 버금가는 아시아적 가치의 옹호자인 그는 이슬람과 유교 사이에는 공통된 덕목이 있다고 주장한다. 그것은 호혜와 충성 같은 것이다. 이슬람이 여러 세기에 걸쳐 전파돼온 거리를 감안한다면(무슬림 선교사와 아랍 상인들은 13세기에야 마침내 필리핀에 이르렀다), 그것을 아이들이 빙 둘러앉아 옆 사람에게 귀엣말로 말을 전하는 놀이에 비유하는 마하티르의 유추는 적절하다. 첫 번째 사람이 하는 말과 마지막 사람이 듣는 말이 전혀 다를 수 있다는 것이다. 마하티르와 그의 후계자 압둘라 바다위(Abdullah Badawi)는 울라마(Ulama, 이슬람학자)의 뜻을 두고 조짐이 불길한 교리상의 난전을 벌이지 않았다. 이슬람 세계의 주변 국가들은 아랍국들보다는 민족적으로 이질적인 요소들이 많이 개입된 환경에 적응할 수밖에 없었고, 따라서 교조주의는 파괴를 부른다는 사실을 깨달았기 때문이다. 이란이 쇠퇴하면서 이슬람 혁명에 대한 말레이시아인들의 도취감은 시들해졌다. 그들은 페르시아 만 지역의 이슬람 현대화를 물질주의적이며 부패한 것으로 보고, 사회발전과 올바른 리더십, 도덕적 정직성, 개인의 자유, 환경보호, 과학교육을 강조하는 '이슬람 하다리(Islam Hadhari, 문명 이슬람)'를 창시했다. 그들은 여성에게 순종의 굴레를 씌우는 보수적인 이슬람의 제약을 질타하는 '이슬람 시스터즈(Sisters of Islam)' 같은 보컬그룹을 허용하면서, 이슬람은 성평등을 약속해야 한다고 주장한다. 그래야만 말레이시아가 부끄럽지 않은 사회가 된다는 것이다. 이처럼 말레이시아는 무슬림 교육은 물론 부유한 아랍인들의 샤리아를 준수하는 투자처라는 면에서 사우디아라비아의 성숙한 대안으로 등장하고 있다. 이슬람 리더십에 대한 말레이시아의 실용적인 접근방식은 이슬람회의기구(OIC)에서 가장 두드러지게 나타난다. 말레이시아는 이데올로기적 비난의 장인 이 기구의 방향을 틀어 공동 무역프로젝트와 투자를 추진하고 자카트(zakat, 종교적인 의무와 속죄의 의미로 매년 일정 비율의 수입을 가난한 이웃을 위해 희사하는 일종의 종교세―옮긴이)를 활용하여 무슬림 세계 내의 빈곤을 퇴치하는 기구로 만들어가려 한다.[5]

"말레이시아는 경제성장에도 불구하고 오히려 더 무슬림 국가가 돼왔습니다." 한 토착 말레이인 학자의 지적이다. 세계 무슬림의 다수가 아랍세계가 아니라 아시아 지역에 살고 있는 상황에서, 말레이시아는 이슬람을 약화시키지 않고 현대화에 성공함으로써 서쪽에서 뻗어오는 근본주의 세력을 막아내는 아시아의 중심 보루 역할을 하고 있다. 요르단처럼 말레이시아도 개방적이고 관대하지만 보수적이다. 말레이시아의 성공은 정교분리에서 연유하는데, 국가가 모스크의 명령을 받지 않고 모스크와 상의를 한다. 과반수를 차지하는 무슬림에게는 샤리아가 헌법보다 우선인 반면에, 중국인이나 인도인 같은 다른 집단들에는 세속법 체계가 적용된다. 말레이시아 토착민의 인구증가율이 이 지역 중국인의 증가율보다 훨씬 높다. 따라서 말레이시아의 지속적인 성공을 소수파인 중국인들의 유교 윤리 덕으로 돌릴 수만은 없다. 말레이족 무슬림의 다수는 제1물결 이후 7세기 만에 등장한 아랍 이슬람 제2물결의 유혹을 받고 있다. 그것은 전국적으로 두건 착용자가 증가하는 것에서도 확인할 수 있다. 한때 유행했던, 문자 메시지를 이용한 이혼 통보는 이제 금지됐다. 샤리아 위원회가 나날이 더 권력을 휘두르고, 샤리아 경찰이 콸라룸푸르에서 가장 인기 있는 나이트클럽인 주크(Zouk)를 급습했다.

이슬람 정치학의 선구자이자 전 부총리인 안와르 이브라힘(Anwar Ibrahim)은 여전히 이슬람이 정부의 부패를 방지하는 정화제 역할을 할 수 있다고 믿는다. 그는 이집트에서 무슬림형제단이 취하고 있는 방식을 선동하며 이렇게 말한다. "민주주의라는 명분하에 이슬람이 희생되는 일은 없어야 해요. 계속 성공하려면 아시아적 가치를 벌하지 않고 넘기는 사태는 끝장내야 합니다." 말레이시아의 정치는 더 투명해졌지만 더 개방되지는 않았다. 정기적인 선거가 야당이 의석을 차지할 기회를 주기는 하지만, 집권 국민전선당의 우세는 여전히 유지되고 있다. 아이러니하게도 마하티르는 정경유착의 진원지인 페트로나스의 회장이 되어 정계에서 물러난 이후로 민주주의 가치에 대한 인식이 조금 더 높아진 것 같다. 그는 지금 후계자인 바디위를 공격하고 있는데, 바디위가 반대자들에게 발언권을 더 주지 않고, 체결한 계약에 대한 책임을 지지 않으며, 자신의 친척들에게 영양가 있는 자리를 주지 않는다는 이유에서다.

그러나 마하티르는 민주주의가 취약한 민족 간 균형을 불안하게 할 정도의 가치는 없다고 믿으며, 대다수 말레이인도 이에 동의했다. 심지어 그는 나라가 부유해질 때조차도 강력한 국가에 대한 지지를 보다 분명하게 밝혔다.[6] 말레이시아는 경제성장의 뒷받침 아래 인종 간 관용이 이루어진(그러나 인종 간 조화가 이루어졌다고 보기는 어려운) 사례다. 식민주의는 다수의 인도인과 중국인을 반도에 불러왔다. 그로 인해 말레이시아는 50퍼센트의 말레이인, 40퍼센트의 중국인, 10퍼센트의 인도인이 뒤섞여 살고 있음에도 그럭저럭 안정을 유지해왔다. 마하티르의 조상은 인도 케랄라 주에서 건너왔고, 바디위의 조상들은 아랍인과 윈난 출신 중국인의 혼혈이다. 독립할 때 중국인과 인도인에게 시민권이 부여되었는데, 비중국계 말레이인들이 단합하여 주로 도시에 거주하던 화교들이 지배권을 장악하는 것을 막으려는 노력을 펼쳤다. 1965년에 싱가포르가 분리된 것은 그런 배경에서였다.

아시아적 가치와 이슬람과 민주주의가 말레이시아라는 솥단지 안에서 한데 뒤섞여 있지만, 아직 끓을 기미는 보이지 않는다. "경제 위기가 1969년에 일어났던 것과 같은 민족 간 폭력을 촉발하지 않을까 걱정하는 이들이 많습니다. 하지만 우리는 그런 관념을 검증하기보다는 차라리 소득 평등을 달성할 겁니다." 한 보수파 정치인의 말이다. 남아프리카처럼 말레이시아도 다수파인 말레이인들을 위해 차별철폐 정책을 시행하고 있다. 부미푸트라(Bumiputra, 땅의 자손들)로 알려진 이 정책은 말레이인 소유의 기업에 저리의 대부를 제공하는 것으로, 안정적인 말레이 중산계급을 창출했다. 말레이인과 화교 간의 긴장은 거의 눈에 띄진 않지만 여전히 느껴진다. 나이폴(V. S. Naipaul)은 말레이시아의 중국인을 110볼트 전용인 나라에 220볼트 전류를 투입하는 것에 비유했다. 중국인에게 정원은 거래를 하는 곳인 데 반해서, 말레이인에게 정원은 집과 땅의 일부다.[7] 요즘 일각에서는 "중국인이 만일 무슬림이 된다면 말레이인은 불교로 개종할 것"이라는 농담이 나돈다.

그럼에도 한 전직 공무원은 자신의 수수한 자택 사무실에서 이렇게 귀띔했다. "다들 인정하지 않으려고 하지만, 만일 화교들이 없었다면 이 나라는 아직까지도 경제적으로 낙후된 상태에 머물러 있을 지도 모릅니다." 마하티르는 친말레이인 입장을 강력하게 견지하지만, 그의 가장 가까운 비즈니스 동료들은 중국인이다. 그는 보르네오 해안에서 조금 떨어진 곳에 경제특구까지 만들어 중국인의 투자를 유치하면서, 영악하게도 그들의 자금은 끌어들이지만 통제력은 제한하는 술수를 발휘했다. 중국과 말레이시아의 유대 강화는 "가까운 이웃이 먼 친척보다 더 소중하다"라는 속담을 시험한다. 중국 이민들은 여러 세기에 걸쳐 콸라룸푸르와 페낭 주변에 몰려들었다. 그래서 콸라룸푸르에는 여전히 중국식 건물이 많고 활기찬 중국식 연례 행렬이 펼쳐지는 중국 도시 같은 인상을 짙게 풍긴다. 말레이시아의 경제는 '아시아의 유대인'이라 불리는 화교들이 장악하고 있다. 그렇지만 말레이시아인들은 중국으로부터 전략적 위협 같은 것은 전혀 느끼지 못한다. 말레이시아는 1974년에 이 지역 최초로 중국과 국교를 수립한 나라다. 말레이시아의 가스, 야자유, 전자제품의 중국 수출이 급증하면서, 말레이시아의 다른 최대 교역국인 일본과 미국을 따라잡으려는 중국의 계획에 가속도가 붙었다. 한국과 마찬가지로 말레이시아 경제의 많은 부분도 이제 중국 경제와 보조를 맞추고 있다. 그 대가로 말레이시아인들은 중국으로부터 우선 접근권을 부여받아 부동산도 완전히 소유할 수 있게 되었고, 발전소와 같은 무척 민감한 부문에도 투자할 수 있게 되었다. 페트로나스와 말레이시아의 여러 목재회사는 중국 국영기업들 뒤에 숨어 리비아와 수단, 인도네시아에 이르는 세계 자원사냥에 나서고 있다.

"우리는 오랫동안 미국을 편히 기댈 수 있는 강국이라 생각했습니다." 말레이시아의 한 전략가가 자기 나라와 미국 간의 굳건한 군사협력관계에 대해 설명하며 이렇게 말했다. 마하티르의 반미 무차별 포격이 용인됐던 것은 바로 미국-말레이시아의 관계가 가까웠기 때문이다. 일례로 그는, 미국은 무슬림 국가가 아니므로 이슬람 근본주의를 겨냥한 '테러와의 전쟁'을 이끌 수 없다고 주장했다. 심지어 말레이시아는 전범 재판을 열어 미국 지도자들에게 이라크인과 팔레스타인인에게 고통을 준 죄를 묻기도 했다. 그러나 석유를 생산하는 다른 무슬림 국가들인 사우디아라비아, 리비아, 카자흐스탄처럼 말레이시아도 모든 나라와 좋은 친구가 되는 다중동맹 기술을 교묘히 숙달해왔다. 그리고 한국, 호주, 타이, 인도가 그러는 것처럼 미국에는 자기네가 미국 편이라고 안심시키는 한편 중국의 비위를 거스르는 일은 조금도 하지 않으면서 코끼리가 싸울 경우에는 중립을 지키겠다고 선언함으로써 둘 사이의 경쟁을 능숙하게 빠져나가고 있다.

산산조각 난 잠자는 거인, 인도네시아

인도네시아에는 자연과 인간에 의한 재앙이 그칠 날이 없다. 화산 분출, 지진, 쓰나미 등 전염병이 일어나기 쉬운 조건인데다 금융위기와 민족분쟁에도 취약하며, 이 모든 것에 맞설 힘도 없다. 인도네시아는 실패한 국가는 아니지만, 지구나 시장에 다음번 지각변동이 일어날 때 실패한 나라로 전락할 위험성을 늘 안고 있다. 2007년 초에 대홍수가 발생했을 때 자카르타는 거의 사라질 뻔했다. 수많은 주민이 대피하고,

주택 수천 채가 쓸려 내려갔으며, 대규모 역병이 나돌았다. 인도네시아가 존재하는 것 자체가 기적이며, 이 나라가 만일 현재의 형태로 살아남는다면 그것은 더 큰 기적일 것이다.

인도네시아를 이루고 있는 섬들은 외부 세계의 위협을 막아내는 동남아시아의 방패다. 제2차 세계대전 때 인도네시아를 점령한 일본은 수감돼 있던 게릴라 지도자 수카르노(Sukarno)를 풀어주었다. 이후 수카르노는 네덜란드 식민통치자들에 맞서 독립투쟁을 일으켜 독립을 쟁취했다. 그러나 국제법으로 인정받고 있는 것과 무관하게 인도네시아는 주권국가로 존속할 권리를 거의 갖지 못한 것처럼 보인다. 독재로든 민주주의로든, 말레이시아에서 필리핀까지 뻗어 있는 1만 4천여 개의 섬을 통치한다는 것 자체가 어불성설인 것이다.

무장경비 중인 자카르타의 정부부처들은 식민시대 이후의 식민통치자처럼 행동하는 군관 유착의 대표적 상징이다. 독재자 수하르토(Suharto)는 비동맹 '신질서(New Order)' 체제 아래 자기 자식들을 군수·민수 독점회사 사장 자리에 앉히며 주권보다는 부당이익 챙기기에 더 집중했다. 국가예산의 12퍼센트만이 조세 수입으로 충당되는 나라에서 약 1,500개에 이르는 영리목적의 군대 기업들이 아무런 제재도 받지 않고 영업을 한다.[8] 군부통치가 현대적인 강한 나라를 만드는 데 일조한 타이와 달리, 인도네시아의 군부는 독립 이래 자신의 경제적 몫을 유지하는 데만 지나치게 집착해왔다. 국가의 핵심 부문에서 군부를 제거하기란 무척 어려웠다. 나라의 부동산, 목재, 광산업에서 군부를 끌어내는 일은 불가능한 것으로 드러났다. 아니, 사실은 그런 시도를 한 적조차 없다.

인도네시아는 그 넓은 영토와 세계 제4위라는, 2억이 넘는 인구로 말미암아 '잠자는 거인'이라는 칭호를 자주 들어왔다. 그러나 이 나라는 잠자는 동안에 난도질당해 산산조각이 났다. 인도네시아는 사실상 외국기업과 외국의 결합체들이 각기 다른 홀의 소유권을 주장하는, 사방으로 뻗어나간 수상 골프장이다. 에너지회사들의 이익이 국가의 이익과 겹치는 곳에서는 그래도 나름대로 잘 굴러가는 것 같다. 보르네오에 있는 동칼리만탄 주의 주도인 사마린다는 길이 잘 닦여 있고, 교외에는 국제석유노동자들을 위한 주택단지가 들어서 있다. 그러나 중심가에서 조금만 밖으로 나가면 자원 착취와 소수민족 착취가 도를 넘는다. 파푸아 주(옛 이리안자야)에서는 광산회사들이 인도네시아 군부와 결탁하여 엄청난 규모의 하천 오염과 인권 침해를 저질러왔다. 1997년에는 수마트라를 잿더미로 만든 산불로 유독가스를 품은 거대한 연무가 발생하여 말레이시아와 파푸아뉴기니, 호주 일부까지 덮쳤다. 이로인해 유아 수천 명이 질식사하고 100억 달러의 세수가 증발하는 피해를 입은 말레이시아 정부는 국가비상사태를 선포하고 사제들에게 기우제를 올려달라고 요청했다.

정부는 자치운동의 힘을 약화시키고 군대-기업 봉토의 분할통치를 지속화하기 위해 끊임없이 게리맨더링(정당이 자기 당에 유리하게 선거구를 개편하는 일―옮긴이)을 한다. 전직 군관계자들에게 자원통제권을 배분하는 것은 중국인, 말레이시아인, 미국인, 그리고 군대 소유 기업들의 삼림과 어장 약탈을 가속화할 뿐이다. 그러나 중심부가 주변부를 희생시키며 경제적 이익을 몰아가면 갈수록 주변부의 분리 욕구는 커진다. 1999년의 동티모르 독립, 아체 주와 파푸아 주의 자치권 강화, 법적 분쟁에서 두 개의 섬을 말레이시아에 빼앗긴 것 등은 인도네시아가 현 상태로는 계속 유지되지 못할 거라는 징표다. 인도네시아의 주요 섬들은 보다 안정된 혈족들에게 끌려 들어가고 있다. 수마트라와 서칼리만탄은 물론 자바 섬 서부지역까지도 번창하는 말레이시아의 영향권 안으로 차츰 빨려들고 있다. 기독교도들이 사는 술라웨시는 필리핀과의 동질성을 강화해간다. 파푸아처럼 쇠해가는 동부의 주들은 인도네시아보다는 호주의 손길이 더 강하게 미치는 멜라네시아의 사촌, 파푸아뉴기니의 길을 따라갈지도 모른다.[7] 싱가포르는 빈탄 섬을 사실상 소유한 듯 그곳에 휴양지를 운영하면서 섬의 산에 있는 흙을 퍼다 자국의 토지개간에 쓰고 있다.

"우린 필리핀처럼 돼가는 중입니다. 해가 갈수록 더 가난해지고 더 불안정해지고 있지요." 한 사업가가 자카르타에 있는 자신의 고층 사무실에 앉아 자조하듯이 말했다. 성공이 그 맛을 느낄 수 있을 만큼 가까워졌을 때 실패의 상처는 그만큼 더 큰 법이다. 토인비는 수마트라를

---

7) 인도네시아령 파푸아와 파푸아뉴기니는 어쩌면 세계에서 가장 인위적인 국경, 아무도 지나다니지 않는 밀림을 관통하는 수직선으로 분리돼 있다. 이제 독립국이 된 동티모르 역시 호주가 양국 사이에 있는 유전을 공평하게 나누지 않는 한 지도 위에 제3세계의 조그만 점으로 계속 남을 것이다.

"석유와 땅과 노력"으로 이 나라를 향상시킬 "희망의 섬"으로 묘사했다.[9] 그러나 인도네시아는 오늘날에도 여전히 1960년대와 똑같이 기회의 상실로 고통을 겪는, 영원히 '기다리는 나라'다.[10] 수하르토는 30년간 자유화와 지역 내 관계개선을 관장했지만, 큰 것이 항상 더 좋은 것만은 아니라는 진리를 알지 못하고 작은 싱가포르를 종종 깔보았다. 그러다가 1997년에 금융위기를 맞아 싱가포르에 막대한 액수의 돈을 빌리지 않을 수 없게 된 다음에야 그 진리를 터득했다.

수하르토 역시 기본 기능을 충실하게 이행하는 이슬람 집단에 의지하는 것 외에 다른 도리가 없었다. 350년이라는 통치 기간에도 불구하고 네덜란드 식민통치자들은 기독교와 불교, 힌두교, 이슬람교가 지리적으로 단절된 곳에 널리 공존하는 인도네시아 문화에 침투해 들어갈 수가 없었다. 자바, 타이, 말라야, 캄보디아의 고대 왕국들은인도에서 종교를 들여왔다. 보로부두르의 거대한 사원과 불탑처럼 힌두교-불교의 영성이 복잡하게 얽힌 기념물들이 바로 인도의 자취다. "인도네시아인의 꺼풀을 벗기면 힌두교도가 나타난다"라고 하며, 인도네시아의 국장(國章)이자 항공사명인 가루다(Garuda)는 힌두신 비슈누가 타고 다닌 새의 이름을 딴 것이다.

그러나 이슬람 선교사들은 정치적, 영적 경계에서도 자신들의 임무를 멈추지 않는다. 나이폴이 《믿음을 넘어 *Beyond Belief*》에서 주장했듯이, 이슬람은 아랍 신앙이고 따라서 그 신도들에게 아랍과 같은 사회적 요구를 하며, 다원적 역사를 분쇄하고 현대 과학기술을 이용하면서 지역의 토착문화와 민족 정체성을 이슬람으로 대체해간다. 오늘날 많은 인도네시아인이 자신들의 머리는 동쪽을 바라보지만 가슴은 서쪽의 메카를 향하고 있다고 말한다. 인도네시아의 내적 취약성으로 말미암아 그 거대한 무슬림 인구는 세계화한 급진 이슬람의 비옥한 토양이 된다. 말레이시아가 무슬림의 투자와 관광객과 학생들을 받아들이는 동안, 인도네시아는 아랍과 자국 내 극단주의 집단들이 결탁함에 따라 '지하드 군도(Jihad archipelago)'로 변해가면서 아프가니스탄 출신 전사들에게 서방 기업과 대사관에 대한 공격을 계획하고 실행하는 익명의 공간을 제공하고 있다.[11] 젊은 아랍인 이슬람주의자들은 인도네시아와 타이 전역에 사방으로 흩어져 감수성이 예민하고 순진하며 직업이 없는 청년들을 낚아채서는 필리핀의 아부 사야프(Abu Sayyaf, 필리핀 민다나오 남서쪽 섬들에 근거지를 두고 있는 이슬람 근본주의 운동단체-옮긴이)나 모로민족해방전선(Moro National Liberation Front, 민다나오의 이슬람교도인 모로족의 분리독립운동을 펼치는 대규모 조직-옮긴이) 같은 이슬람 군대의 보병으로 충원하고, 술라웨시 주의 무슬림-기독교도 간 폭력을 부추겨왔다. "말레이시아인들은 폭탄제조 기술을 제공하고, 타이인과 필리핀인은 밀수를 하며, 인도네시아인들은 자살폭탄 공격을 하지요." 한 근본주의운동 분석가가 설명했다. 근본주의자들인 자마트 이슬라미야(Jamaat Islamiyya, 이집트 정부 타도와 이슬람 국가 수립을 추구하는 이집트의 전투적인 이슬람 단체-옮긴이)의 후원을 받는, 파키스탄의 마드라사 비슷한 약 1만 4천 개의 페산트렌(pesantren, 인도네시아의 전통 이슬람 기숙학교-옮긴이)과 모스크에서 학생들은 자신들이 아랍어를 배우고 코란의 시편을 암송하므로 훌륭한 무슬림이라는 가르침을 받는다.

위로부터의 부패가 있는 이슬람 세계에서는 아래로부터의 이슬람화 움직임을 예상할 수 있다. 대중을 소외시키는 부패한 국가와 경제는 지하드에 개인을 구제하는 진보적인 힘이라는 영예를 안겨준다. "이슬람 네트워크에서 정부가 마땅히 제공해야 할 것들을 줍니다." 이슬람학자

출신 한 정치가의 지적이다. 이집트의 무슬림형제단이나 터키의 정의
개발당(AKP)처럼 인도네시아의 이슬람주의자들도 적은 급료를 받고
검소하게 살며 반부패운동을 벌인다. 전국 선거에서 비록 좋지 않은 성
적을 내긴 했지만, 그들은 자신들이 선거를 통해 법적으로 성문화하려
는 것들을 실질적으로 성취하고 있다. 인도네시아 전역의 10여 개 지구
에서 무슬림 활동가 그룹들은 알코올과 매춘을 추방하고, 결혼이나 대
학입학 전에 코란을 읽을 수 있는 능력을 검증하며, 여성 공무원이 반
드시 히잡을 두르게 하고, 공공장소에서 손잡는 것을 금하며, 〈플레이
보이〉 인도네시아판이 발매된 바로 그달에 여자가 대중들 앞에 배꼽을
내놓는 것을 포르노로 선포하여 심지어는 인도네시아의 전통춤도 추기
어렵게 만드는 등의 일을 추진해왔다. 인도네시아 전역에서 샤리아화
가 계속 진행된다면, 힌두교도들의 섬인 발리만이 호주 히피 거류지와
더불어 자유의 보루로 남을 것이다. 그러나 2002년과 2005년에 그곳
나이트클럽에서 일어난 대형 자살폭탄공격을 감안하면 그 섬도 꼭 안
전한 곳이라고만은 할 수 없다.

  인도네시아의 자유주의자들 또한 인도네시아 고유의 혼합 이슬람을
거듭 강조하고 영어교육과 같은 대안을 육성하고 있다. 해외에서 공부
하고 싱가포르에 일자리를 가진 이들은 에어컨 설비가 잘 돼 있는 자카
르타의 빌라에서 세계화한 분리주의자처럼 살고 있다. 남은 온건파로
성공 가능성이 가장 큰 세력은 이슬람주의자들 자신이다. 이슬람 근본
주의가 만일 바이러스라면, 그 항생제 속에는 소량의 바이러스가 함유
돼 있어 신체의 저항력 증진을 도와야만 한다. 인도네시아는 세계의 양
대 무슬림 조직이자 오늘날 이 나라에서 샤리아화에 맞서 가장 믿을 만
한 목소리를 내고 있는 나들라툴 울라마(Nadhlatul Ulama, 인도네시아 최

대의 무슬림 조직으로 온건한 입장을 취함—옮긴이)와 무하마디야
(Muhammadiyah, 이슬람교를 현대 인도네시아 사회에 적응시키는 것을 목적
으로 활동하는 인도네시아의 사회종교조직—옮긴이)의 본고장이다. 그들은
세속 국가의 보존을 옹호한다. 제한 없는 권력을 가진 국가법정이 샤리
아를 강요하려 들 경우 이슬람이 그 신성한 성격을 잃어버릴 거라는 이
유에서다. "우리 농민들은 공산주의에서 이슬람 급진주의까지 여러 이
데올로기의 유혹을 받아왔습니다. 우리 전통과 너무나도 동떨어져 완
전히 새로운 종교라고 할 만한 것들이었지요." 정부 부처에서 일하는
한 이슬람주의자가 초조한 말투로 이야기했다.

인도네시아의 국가 정체성이 희미해지면서 인도네시아 민주주의는
점점 더 울퉁불퉁한 길에서 부품이 빠져 달아난 자동차 꼴이 돼가고 있
다. 인도네시아 지도자들은 자국에 민주주의와 이슬람 담론의 종합센
터라는 호칭을 붙이고 싶어 하지만, 인도네시아가 과연 그런 호칭을 가
질 자격이 있는지는 의문스럽다. 1998년에 수하르토가 축출된 후 부패
와 소득불균형, 민족·종교 간 분열, 분리주의자들의 폭력이 하나같이
증가해왔다.[12] 그가 엄선한 후계자 하비비(B. J. Habibie)는 동티모르의
독립과 자신의 탄핵을 초래한 대책 없는 성직자였다. 수카르노의 딸 메
가와티 수카르노푸트리(Megawati Sukarnoputri) 치하에서는 정치가 계
속 표류했다. 이슬람 정당들의 힘이 강해질수록 다른 정당들은 더 겁을
먹었다. 인도네시아 민주주의가 추구하는 가치는 통일성이다. 주류 인
도네시아인들조차도 이제는 진정한 리더십을 소리 높여 외치며 통일성
과 위엄을 회복해줄 리콴유나 마하티르 같은 인물을 요구한다. 그러지
못할 경우, 인도네시아는 이름만 빼고는 모든 것이 산산조각 나는 사태
를 맞게 될 가능성이 크다. 남겨지는 것은 최대 민족인 자바인과 인구

의 70퍼센트가 살고 있고 수도 자카르타가 있는 자바 섬뿐일 것이다.

높다랗게 솟은 독립 기념 오벨리스크도 새로운 식민주의자인 중국인 덕에 도시의 기능이 유지되고 있다는 자카르타의 현실을 가릴 수는 없다. 인도네시아와 중국의 관계는 근원적인 것으로 사랑과 미움, 삶과 죽음의 영원한 춤이다. 네덜란드령 동인도 시절에 중국인 노동자들이 이곳에 대거 몰려와 사탕수수 플랜테이션에서 땀을 흘렸다. 그들은 처음부터 교활하게 행동하며 반중국인 감정을 누그러뜨리고, 정치가들에게 뇌물을 써가며 인도네시아인을 전면에 내세우고 막후에서 중국인이 운영을 하는 '알리바바(Ali Baba)' 회사들을 설립했다.[8] 1965년에 일어난 쿠데타는 사실상 반중 쿠데타였다. 중국이 인도네시아공산당에 무기를 대주고 있었기 때문이다. 50만 화교가 추방되어 본토로 보내졌다. 그중 다수는 중국 땅을 밟아본 적도 없는 사람들이었다. 만일 이 나라가 민주국가였다면, 인도네시아 경제의 70퍼센트를 장악하고 있는 소수 중국인은 아마 오래전에 깨끗이 정리됐을 것이다.[13] 그러나 수하르토는 화교들과 계속 좋은 관계를 유지했고, 화교들의 탁월한 사업 수완과 족벌기업의 힘으로 오늘날 자카르타의 인상적인 스카이라인(싱가포

---

8) 토인비는 중국인이 아닌 사람들이 자신들의 수완만으로 경제를 이끌어갈 수 없는 이 불변의 현실을 매우 잘 포착했다. "중국인 가게주인은 줄곧 매상을 올릴 뿐 퇴보하는 적이 없다. …… 그들은 결코 무모한 짓을 하지 않는다. 그들은 중세 서유럽 기독교 국가의 유대인 거주지에 상응하는 차이나타운에서 철제 셔터와 철봉을 두르고 방어태세를 취한 채로 살아간다. 그들은 자신들로부터 서비스를 제공받지만 동시에 착취를 당하는, 경제적으로 무능한 동남아시아 사람들이 끔찍한 보복을 해오지 않을까 늘 두려워한다. …… 대학살도, 차별입법도 부드러우면서도 끈질긴 이 중국인 홍수의 흐름을 정지시킬 수는 없다. …… 제국을 건설한 유럽인이나 정복자 일본인이나 동남아시아의 민족주의자나 모두 다 똑같이, 나름의 일을 하면서 자기도 모르는 사이에 이 교묘한 중국인 돈벌레의 이익을 더 늘려주고 있는 것이다." Toynbee, *East to West*, 48, 58.

르를 떠올리게끔 설계된 조망)을 이루고 있는 은행들 대부분이 세워졌다. 자카르타의 차이나타운이 불타 없어지고 수천 명의 화교가 무참하게 살해당한 1998년의 난폭한 대학살극이 있은 뒤에도, 화교들은 내부 금융망을 통해 사업을 구해낸 후 수조에 이르는 루피아화를 싱가포르로 보냈다. 화교의 재산이 없는 인도네시아는 예나 지금이나 완전한 제3세계다.

이처럼 위태로운 정황을 감안할 때, 인도네시아의 화교들이 자신들의 제2의 고국보다 중국에 더 충성을 바쳐온 건 놀라운 일이 아니다. 1998년 폭동이 있은 뒤, 중국은 인도네시아 정부에 중국인 소수집단 보호를 요구했다. 폭동 후 차이나타운이 없어진 자카르타에서 이제 화교들은 전에 없이 뒤섞여 살고 있다. 중국인은 점점 늘어나 인도네시아 인구의 8퍼센트를 차지하게 되었다. 네 번째로 많은 소수민족이 된 그들이 시민권을 요구하자 민권단체들이 지원에 나섰다. 여권에 중국인이라고 표기해야 했던 요건이 삭제됐고, 중국의 경제적, 문화적 중요성에 대한 자각이 일면서 중국에서 공부하는 인도네시아 학생의 수가 미국 유학생 수보다 훨씬 많아졌다.

인도네시아는 차츰 중국의 쇠사슬 고리(chain-link)의 완충국이 돼가고 있다. 이는 제2차 세계대전 때 일본이 인도네시아 군도에 부여했던 역할이다. 미국이 인권문제를 이유로 인도네시아와의 방위협정을 일시 중단한 틈을 타 중국은 즉시 방위협정을 맺고 인도네시아를 확대되는 중국 해군 방어선상에 있는 암초로 만들었다. 가장 좁은 지점의 폭이 1.6킬로미터 남짓밖에 되지 않는 말라카 해협은 주요 항구들을 연결하는 길목의 가장 붐비는 병목지점이다. 매년 세계 석유의 절반과 그 외 세계 무역물량의 3분의 1이 이 해협을 통과한다.[14] 해협을 통과하는 선박들을 해적과 테러로부터 보호하는 일을 지역 내에서 주도하겠다는 움직임이 일면서 정찰을 늘리겠다는 미국의 제안은 갈수록 배척당하고 있다. 미국의 정찰을 해협의 흐름을 막고 자신들의 권리를 침해하는 행위로 보는 것이다. 싱가포르, 말레이시아, 인도네시아는 이제 정교한 일본의 항해기술을 이용하여 해협을 자체 순찰한다. 콸라룸푸르에 본부를 둔 새로운 국제해사기구(International Maritime Organization)는 미국의 개입 전혀 없이 이 일대의 수상쩍은 행동들을 감시하고 보고한다.

"2004년에 쓰나미가 발생했을 때 미국은 큰 도움을 주었지요. 하지만 호의는 일시적이었습니다. 원조는 단기적이었고, 국민들은 미국의 정책이 반무슬림적이라고 느꼈습니다." 한 인도네시아 외교관이 말했다. 중국은 줄어드는 미국의 투자를 대신해 다음 10년 동안 에너지 추출산업에 약 300억 달러를 쏟아 붓겠다며 인도네시아에서 석유와 가스, 석탄, 목재를 퍼가고 있다. 중국의 위장회사들은 러시아의 극동지방에서 그랬던 것처럼 보르네오와 칼리만탄의 숲을 파괴해왔고, 그로인해 숲의 절반이 사라졌다.[15] 브라질 다음으로 멸종위기에 처한 생물종이 많이 살고 있는 인도네시아의 생태계는 지금 위협에 처해 있다. 그런데 브라질과 달리 인도네시아의 환경에 대한 의식과 단속 노력은 생태계의 고갈 속도에 한참 뒤처져 있다. 미국과 EU, 일본, 호주가 농업에 투자하고, 평화적인 이슬람 단체를 지원하고, 경찰력을 훈련시키고, 자국 회사들로 하여금 노동자들에게 보다 많은 임금을 지불하고 의료혜택을 제공하는 등의 기업시민정신을 실천하게 하도록 인도네시아 정부 당국에 압박을 가하고 있기는 하다. 하지만 인도네시아를 중국의 궤도를 따라 도는 혜성들의 조각난 띠가 아니라 섬들로 이루어진 안정된 별자리로 유지시키기에는 역부족인 것 같다.

25

미얀마, 타이, 베트남
황금의 삼각지대

아시아 전역에 대한 중국의 팽창 프로젝트는 제1세계인 일본, 한국, 호주, 싱가포르를 유혹하고, 인구 라이벌인 인도를 중립화시키고, 지리상 전략요충지인 말레이시아와 인도네시아를 포섭하는 것에 이어, 한때 영국과 프랑스의 식민지로서 유럽 부의 중요한 원천이던 인도차이나로까지 계속 이어진다. 예전에 이 지역의 자원은 동에서 서로 대양을 건너 유럽으로 갔다. 그러나 지금은 남에서 북으로 이동하여 중국으로 간다. 그동안 서방측은 제3세계인 캄보디아와 라오스에 찔끔찔끔 원조를 제공하며 민주화 압력을 넣어왔다. 이와 대조적으로 중국은 조건 없는 막대한 원조를 제공함으로써 서방을 대체하며, 천방지축으로 날뛰던 이들 나라의 정권을 손쉽게 제압했다.[1] 중국이 '수표책 외교'를 실행에 옮기는 동안에 미국은 군대 개혁이나 테러와의 전쟁 같은 부수적인 사안에 지나치게 초점을 맞추고 있었던 것 같다. 캄보디아에서 중국은 군부와 결탁하여 나무를 벌채한 뒤 그 흔적을 태워 없애는 방식의 벌목작

업을 벌임으로써 광범한 농지유실과 토양침식, 수질악화, 잠재적인 식
량위기를 초래했다. 그러나 한편으로는 이동전화 같은 값싼 중국 물건
들을 이 지역 시장에 넘쳐흐르게 하면서 갈수록 많은 사람들에게 중산
층의 안락함을 누릴 수 있게 한다. "아무리 소란스럽게 권력 교체가 이
루어진다 하더라도 계속 유지될 수 있는 경제적 유대관계를 구축하는
것이 중국의 전략이지요. 누가 권력을 가졌는지는 중요하지 않습니다.
중국은 그게 누구든 권력을 가진 사람들과 거래를 할 테니까요." 방콕
에서 일하는 한 지역분석가의 설명이다.

전략적 해안지대, 미얀마

혁명평의회(junta) 정권이 집권한 뒤부터 미얀마로 국호가 바뀐 버마는
오랫동안 고립되고 시대에 뒤처진 저개발 사회다. 그런데 벵골 만에 접
해 있다는 지리적 위치로 인해 이 나라는 말라카 해협 외의 통로를 찾
는 중국에 매우 중요한 전략적 해안지대가 되었다. 1988년 이래, 국가
법질서회복위원회(SLORC)라는 이름으로 알려진 협동조합주의 경향의
군부(military-corporatist)는 영국과 일본의 식민통치 시절을 거치면서
만들어진 질서 속에 움직이던 이 나라를 세계 유일의 전투적 불교국가
로 바꾸어놓았다. 1997년에 혁명평의회는 국가평화발전위원회(SPDC)
로 이름을 바꾸었으나, 10년 뒤까지도 그 차이를 전혀 알 수 없었다.
2007년 미얀마는 양곤과 만달레이의 중간지점, 핀마나(네피도)로 수도
를 옮긴다고 발표했다. 옛 버마 왕들이 그랬듯이 새로운 왕조의 개창을
알리는 절차였다. 그러나 정부는 여전히 그 불합리한 경제정책으로 말

미얀마Myanmar

면적 : 67.8만㎢
인구 : 4,776만 명('08)
수도 : 네피도(Naypyidaw, 핀마나)
인종 : 버마족(68%), 샨족(9%), 카렌족(7%), 여카
잉족(4%), 중국인(3%), 인도인(2%), 몬족
(2%)
언어 : 버마어(공용어), 소수민족어 다수
종교 : 불교(89%), 이슬람교(4%), 침례교(3%), 가
톨릭(1%)
정체 : 군부독재
행정구역 : 7개 구(taing, 버마족 거주), 7개 주
(pyine, 소수민족 거주)
통화 : 차트(kyat)
GDP : 911억$('07)
1인당 GDP : 1,900$('07)
수출 : 61억$('07)
수입 : 29억$('07)
주요 교역국 : 태국, 중국, 인도, 싱가포르, 일본
인터넷 사용자 : 4만 명('07)
분쟁 : 다수의 소수민족들이 친연관계가 있는 인접국
들과 연계하면서 내전이 복잡한 양상을 띰. 중
국, 태국 등과의 물 분쟁

미암아 수천 명의 승려와 시민들의 격렬한 항의시위로 곤욕을 치르고 있다. SLORC는 국민들에게 계속되는 외부 위협을 주지시키며 정권을 유지하고 있지만, 사실 미얀마 자치의 가장 큰 위협 세력은 그들이 가장 반겨 맞이하는 열강, 즉 중국이다.

수단과 우즈베키스탄처럼 미얀마도 외교적 고립을 자초함으로써 자발적으로 중국의 종속국이 돼가고 있다. SLORC는 마약 생산 및 밀매로 돈을 벌어 중국의 군사 하드웨어를 구입하면서, 그 대가로 중국의 외교적 지원만이 아니라 중국인까지도 얻는다. 1950년대 말에 토인비는 버마를 "만원이라고 소리치는 중국의 바로 옆에 있는 인구 진공지대"로 묘사했다.[2] 이라와디 회랑(Irrawaddy Corridor)의 도로와 철도, 수로를 따라 미얀마 북부로 들어온 중국인 이민자들은 어느새 거주권 이상의 법적 권리를 요구할 수 있을 정도의 소수집단을 형성했다. 민족 간 통혼과 중국의 토지 취득으로 인해 미얀마 북부의 마을들이 통째로 중국인 거주지역이 됐다. 그 지역의 간판은 모두 중국어로 표기돼 있다. 만달레이에 중국인 회사들이 크고 밋밋한 호텔을 여러 채 짓고 있는데, 이는 미얀마가 국제적으로 문호를 개방하기 위해 지은 것이 아니라 중국인 방문객

을 위한 숙소다. 이곳을 찾는 중국인의 수는 줄어들 기미를 보이지 않는다.[3] 어떤 이들은 벌써부터 미얀마를 일컬어, 한때 중국에 반기를 든 바 있는 미얀마 국경의 중국 남부 성 이름을 따 '남윈난(Yunnan South)'이라 부른다. 중국은 지금 윈난 성 같은 중국 내부의 제3세계 지역이 급성장하는 해안 지방을 따라잡는 것을 목표로 통합전략을 추진하고 있다. 그리고 이 전략의 일환으로 남쪽의 이웃나라들을 경제적으로 병합해왔다. 미얀마도 그중 한 나라다. 중국은 미얀마 목재의 대부분을 사들이며 미얀마의 숲을 수탈하고, 보석 광산을 매입하여 약탈했으며, 다음 30년간 미얀마의 천연가스 6.5조 세제곱피트를 매입하여 그중 다량을 시트웨와 윈난을 연결하는 파이프라인을 통해 수송할 계획이다. 중국과 미얀마 국경은 변하지 않았고 총 한 방 발사된 적이 없으나, 미얀마는 거의 중국 성들 가운데 하나가 되었다.[4]

중국은 미얀마가 회원국으로 가입해 있는 ASEAN이 미얀마 혁명평의회에 압력을 가하는 것을 가볍게 따돌렸고, 미국과 EU가 경제 제재를 가하는 것도 방해했다. 하지만 중국은 미얀마에 뒤통수를 맞을 가능성이 있다. 만일 중국이 더 이상의 혜택을 주지 않는다면, 성난 미얀마 국민들이 비정한 혁명평의회로 하여금 중국을 생명줄이 아니라 위협세력으로 간주하게 만들 수도 있다. 늘 쌍으로 붙어 다니는 마약과 질병 또한 아프가니스탄에서 중국을 거쳐 황금 삼각지대(Golden Triangle, 전 세계 헤로인의 70퍼센트를 생산하고 있는 미얀마, 타이, 라오스 접경 산악지대—옮긴이)로 대량 유통되며 마약중독과 에이즈를 확산시킨다. 동남아시아 청년들은 지금, 늘 신경이 곤두서 있게 만드는 마약인 야바(yaba, 세계 최대 마약밀매조직인 쿤사가 개발한, 말처럼 힘이 솟는다는 신종 마약—옮긴이) 열풍에 사로잡혀 있다. 성 노동자를 중국과 그 밖의 지역들에 가장 많이 수출하는 나라인 타이, 캄보디아, 미얀마는 에이즈 감염률도 최고 수준이다. 밀수 조직에서 사람과 마약은 똑같이 수지맞는 상품이며, 중국 역시 유럽이나 미국과 마찬가지로 그 광범한 국경을 빈틈없이 감시할 수 없다. 중국은 이 지역에서 일어날 법한 온갖 종류의 범죄나 반란에 무기나 탄약이 부족한 경우가 발생하지 않도록 뒷받침하고 있다. 결국에는 중국의 거리로 되돌아올 수도 있는 총과 수류탄들을 공급해 주고 있는 것이다.

동남아시아 주요 물줄기의 수원지인 중국은 그 물줄기에 의존하여 살아가는 5억 명의 동남아인들에게 물건을 띄워 내려 보내는 수송로로 강을 이용하고, 세차게 흐르는 메콩 강에 댐을 쌓아 수력발전을 하는 호사를 누리고 있다. 중국의 댐이 미얀마와 타이, 라오스, 캄보디아, 베트남을 지나는 메콩 강과 그 지류들의 수위에 엄청난 영향을 미치는데도, 중국은 강을 제멋대로 이용하고 있다는 비난을 전혀 듣지 않는다.[5] 라오스는 자기 나라에 도달한 메콩 강의 남은 수량으로 작은 댐을 쌓아 전기를 생산해서는 타이에 현찰을 받고 판다. 미얀마 같은 제3세계 국가 사람들에게 중국의 하류 지역에서 살아간다는 것은 결코 쉬운 일이 아니다.

전략적 동반자, 타이

제2세계 국가에 있어 외교력은 슈퍼파워로부터 자국의 이익을 지켜내면서 그 혜택을 극대화하는 능력이다. 타이 왕국이 몇 세기 동안 식민지화를 피하며 숙달해온 기술이 바로 그 외교력이다. 토인비에 의하면 타이는 "영국령 인도 및 버마와 프랑스령이던 인도차이나 사이의 완충국"이라는 지리적 행운 덕에 제2차 세계대전 때 황폐화를 면했다.[6] '미소의 땅'을 구한 것은 사방에 미소를 던지면서 "바람 따라 몸을 숙여온" 타이 왕과 귀족들과 군부의 전략이었다.[7] 1949년에 내전을 겪은 뒤로 중국인들에게 두려움을 느낀 타이는 미국으로부터 엄청난 규모의 군사원조를 받고, 베트남 전쟁 때는 미군부대

집결지 역할을 했다. 그러다가 베트남 전쟁이 끝나고 미국의 입지가 좁아지자, 1975년에는 중국과의 관계를 정상화하고 북베트남을 포위하는 전략적 동반자관계를 맺었다.[8] 이후 석유수출국기구(OPEC)가 유가 인상을 단행하자, 중국은 타이에 '우정가'로 석유를 할인 판매하는 것으로서 양국 간의 새로운 관계에 대한 호의를 표시했다.

미국과 타이 사이의 우호관계는 라마 4세(King Rama IV)가 남북전쟁에 사용하라고 에이브러햄 링컨에게 코끼리를 선물한 2세기 전부터 시작됐으며, 방콕의 미 대사관은 바그다드에 이어 세계에서 두 번째로 큰 미국 대사관이다. 그러나 1994년에 타이는 군함 6척을 타이 항구에 배치하게 해달라는 미국의 요청을 거절했다. 말레이시아와 인도네시아는 이러한 타이의 결정을 지지했다. 경제적인 측면에서도 계속해서 불만

이 쌓여왔다. 미국이 멕시코에 긴급구제금융을 제공한 지 정확히 3년 뒤인 1997년에 타이도 통화위기를 맞았다. 그러나 미국은 구제금융을 제공해주지 않았다. 멕시코와 달리 타이는 국경을 맞대고 있는 나라가 아니라는 이유였다. 이 일로 타이는 깊은 상처를 받았다.

지금 타이는 과거 어느 때보다도 더 중국의 바람을 따라 몸을 움직이고 있다. 방콕에서 만난 한 타이 외교관은 말했다. "우리 국민들의 최우선 관심사는 일자리 창출과 안정입니다. 따라서 우리는 경제적 정치적으로 최고의 보따리를 제공하는 쪽에 반응을 보일 겁니다." 1997년의 금융위기 때 서방측 기구들은 자산 매각을 강요했다. 서양인들이 그것을 헐값에 사들이는 동안 경제는 붕괴하고 빈곤층은 증가했다. 그에 비해서 중국은 '조기자유화(Early Harvest)' 프로그램(중국과 ASEAN 간의 관세 인하 및 철폐 계획—옮긴이)에 따라 관세를 인하함으로써 자비로운 강대국이라는 이미지를 강하게 심어주었다. 그 후 10년 사이에 중국-타이 무역량은 미국-타이 무역량을 거의 따라잡았고, 중국인 관광객 수가 미국인 관광객 수를 초과했다. 라오스를 관통하는 간선도로 덕에 이제 중국과 타이는 사실상 국경을 마주하는 나라가 됐다.

지금 중국은 타이의 지리를 바꿔놓을 만큼 야심에 찬 프로젝트를 진행하려 하고 있다. 그것은 타이의 좁다란 크라 지협(Kra Isthmus)에 깊숙한 운하를 파는 사업이다.9 운하가 뚫릴 경우 타이는 싱가포르와 어깨를 견줄 만한 항만시설을 갖추게 된다(그래서 싱가포르는 이 계획에 격렬하게 반대한다). 그리고 타이뿐 아니라 말레이시아의 랑카위와 페낭 항도 운하 사용자들의 물류거점으로서 큰 혜택을 보게 될 것이다. 타이 남부(운하로 인해 나라의 몸통에서 잘려나갈 운명에 처한 세 개의 작은 주)에서 말레이족 무슬림들이 폭동을 일으키지만 않았다면, 이 프로젝트는 벌써 착수되었을 것이다.

중국-타이 관계의 재설정은 경제적, 지리적 문제일 뿐 아니라 정신적, 문화적 문제이기도 하다. 동아시아의 다른 곳에서처럼 타이의 화교들도 해안 지방인 푸켓에서 내륙의 마하사라캄에 이르는 각 주의 상업 중심지를 운영한다. 19세기부터 타이의 화교들은 금융제도의 핵심인자로서 은행을 대신하여 군대의 보호를 받아왔다.[10] 1850년경에는 방콕 인구의 절반이 중국인이었는데, 그들은 타이 왕실에 복종하면서 동시에 그들과 통혼을 했다. 서양인들이 대부분의 기업을 장악하고 있던 시대에도 중국인들은 타이의 문화와 관습에 대한 상세한 지식을 이용하여 사업을 계속할 수 있었다.[11] 오늘날의 화교들은 사업 분야를 확장하여 타이의 쌀, 목재, 주석의 수출 라인을 장악하고 있다. 화교와 타이인 사업가들은 단지 협력하는 게 아니라 굳게 결속하여 서로가 "형제나 다름없는" 사이라고 공언한다.[12] 베이징을 뻔질나게 드나드는 타이 왕족들의 모습은 타이가 중화제국에 조공을 바치던 시대를 떠오르게 한다. 선조가 중국인임을 공공연히 자랑하던 타이의 전 총리 탁신 시나와트라(Thaksin Shinawatra)도 베이징을 자주 방문했다. 언젠가 그는 이런 말을 했다. "민주주의는 수단일 뿐입니다. …… 목적은 사람들에게 훌륭한 생활방식과 행복, 그리고 발전된 국가를 제공하는 것입니다."[13] 그는 지나치게 편협한 통치를 하다가 2006년 군사 쿠데타에 의해 축출됐다. 그래도 중국은 개의치 않는다. 근래 들어 중국과 타이 간의 무기 판매계약 건수가 부쩍 늘었다. 타이는 어느 때보다도 더 북쪽을 향해 미소 짓고 있다.

중국의 축소판, 베트남

미국이 동아시아에서 치른 두 차례의 전쟁인 한국 전쟁과 베트남 전쟁은 잘 봐주어야 현상 교착이었다. 미국은 동남아시아의 육지에서 권력을 획득하는 데 실패했다. 북베트남인들에게 쫓겨나고 북한인들에 의해 38선 이남에 묶여버렸기 때문이다. 그리고 그들 뒤에는 모두 중국이 있었다. 중국은 북한처럼 베트남도 여전히 자신들의 문명 경계선 내에 있다고 믿고 있다. 베트남에서 상대적으로 더 발전한 남부 지역의 대저택에는 부유한 화교들이 많이 살고 있다. 15세기부터 1979년 양국이 격렬한 국경충돌을 벌일 때까지 베트남은 중국이 침공에 나섰지만 정복하지 못한 유일한 나라였다. 그러나 후견인인 소련을 잃은 뒤 베트남은 지뢰가 무수히 매설된 중국 국경을 개방하고, 조공-사절단 양식의 중국-베트남 관계를 현대식으로 재개하겠다는 신호를 보내는 것 말고는 달리 아무것도 할 수 없었다.

"베트남은 여전히 확고한 반식민주의를 고수하지만, 반자본주의를 고수하는 것은 아닙니다." 베트남의 한 정치분석가가 말했다. 대다수 베트남인은 세계화에 막연한 매력을 느낄 뿐, 지금 자신들에게 일어나는 일들이 세계 도처에서 동시에 일어나고 있는 일이며 그 결과는 불확실하다는 것은 알지 못한다. 그들은 자신들이 세계화를 활용하려는 제2세계 국가 중에서도 가장 좋은 기회를 맞게 될 거라고 믿는다. "베트남은 성공할 겁니다. 공산주의와 농업과 공업이 마치 중국의 축소판 같아요. 그리고 규율도 있어서 곧 타이와 인도네시아를 앞지를 겁니다." 중국과 미국을 분석하는 홍콩의 한 금융 애널리스트의 예측이다. 중국 해안 지방의 제조비용이 상승하자, 일본과 중국은 대규모 투자자가 되어

베트남 북부의 농촌 지역을 남
부처럼 만들고자 돕고 있다. 공
장을 건설하고 최신식 트랙터
를 대거 들여옴으로써 쌀과 커
피의 수출이 크게 늘어, 현재
베트남 1인당 소득은 급상승 중
이다. 세계에서 경제성장 속도
가 가장 빠른 나라 중 하나인
베트남의 연간 시멘트 사용량
은 옛 식민 지배국이던 프랑스
보다 더 많다. 캘리포니아만큼
이나 길고 수심이 깊은 항구가
있는 해안선은 베트남을 이 지

베트남Vietnam

면적 : 33만㎢
인구 : 8,612만 명('08)
수도 : 하노이(Hanoi)
인종 : 베트남인(킨족 86.2%)
언어 : 베트남어(공용어), 영어, 프랑스어, 중국어
종교 : 불교(9.3%), 가톨릭(6.7%), 무종교(80.8%)
정체 : 인민공화제
행정구역 : 5개 직할시, 59개 성
통화 : 동(dong)
GDP : 2,211억$('07)
1인당 GDP : 2,600$('07)
수출 : 486억$('07)
주요 수출품 : 원유, 해산물, 쌀, 커피, 고무, 차
수입 : 589억$('07)
주요 수입품 : 기계설비류, 석유제품, 비료, 철강제품,
　　　면화
주요 교역국 : 중국, 미국, 일본, 싱가포르, 대만
인터넷 사용자 : 179만 명('07)
분쟁 : 인접국들과의 국경 분쟁, 수역 분쟁(서사군도
　　　영유권 등)

역 해상 수출의 미래 관문으로 만들어가고 있으며, 캘리포니아에서 기
반을 닦은 해외이민자들이 다시 돌아와 교육자와 관리자로 적극 나서
고 있다.[14] 오늘날의 하노이는 '미국 전쟁' 이후에 태어난 패기만만한
청년 세대가 모는 모터사이클 소리로 시끌벅적하다. 그런가 하면 도시
의 아취가 풍기는 호숫가에서는 건강한 은퇴자들이 차를 마시고 배드
민턴을 치며 시간을 보낸다.

　베트남 정권은, 정치는 중앙에서 통제하고 경제는 자유화하는 중국
모델이 빚어내는 불평등과 부패, 투명성과 자유 요구 등의 결과에 우려
를 나타내면서도 그 모델을 명백하게 선호한다. 그러나 양국의 유사성
에도 불구하고 베트남은 그 일대의 나라들처럼 중국 중심 질서에 흡수
되고 싶진 않다며, 아이러니하게도 미국에 손을 내밀었다. 그리하여 미

국의 군수업체들은 베트남에 하드웨어와 인공위성을 팔고, 인텔은 베트남이 신발 산업에서 손을 떼고 하이테크 산업으로 진출하게 했다. 승리한 '엉클 호(Uncle Ho)', 호치민(胡志明)의 시신이 하노이의 웅장한 무덤 속에서 여전히 경외심을 불러일으키고 있는데, '엉클 샘(Uncle Sam)'이 경제와 국방 당국으로부터 다시 초대를 받은 것이다.

모래보다 물 위에 금을 긋기가 훨씬 더 어렵다. 하지만 남중국해는 중국이 해상 인접국들을 어떻게 침략해 들어가는지를 낱낱이 보여주는 올가미 철선이자, 중국의 해상 '스마일 외교'가 어떻게 작동하는지를 살펴볼 수 있는 최고의 장소다. 석유가 풍부하게 매장된 것으로 추정되는 남사군도(Spratly island cluster)와 서사군도(Paracel island cluster)는 대만, 베트남, 말레이시아, 인도네시아, 필리핀이 전부 또는 일부의 영유권을 주장해온 곳이다. 20세기의 마지막 30년 동안 이곳에서는 군사 정찰, 해상 충돌, 석유굴착장치 설치, 국기 게양이 수없이 목격되었는데, 모두 중국이 이 일대의 암초들에 대한 주권을 과시하기 위해 벌인 행위였다. 그 뒤로 중국은 풍파를 일으키기보다는 물을 잔잔하게 해야 더 많은 이익을 얻을 수 있음을 깨달았다.[15] "중국은 섬들을 노골적으로 점령할 수 없다는 걸 압니다. 믿을 만한 중재자가 돼서 바다를 최대한 이용할 수 있게 되기를 원하는 거죠." 베트남 정치분석가의 설명이다. 중국은 군도의 영유권을 둘러싼 분쟁을 평화적으로 해결하는 것을 목표로 하는 ASEAN의 행동계획 합의문에 서명했다. 이제 중국은 필리핀, 베트남의 석유회사들과 함께 이 일대의 탄화수소 공동탐사 작업을 벌이면서, 각 나라에 대한 투자 확대를 약속함으로써 거래에 단맛을 가미하고 있다. 중국은 굳이 베트남을 정복하거나 남중국해에 면한 이웃나라를 격파하지 않고도 자신이 원하는 바를 얻는 방법을 터득해가고 있다.

아시아의 저개발 국가들이 늘어나는 인구의 수요를 충족시키기 위해 애쓰는 것처럼 중국의 탐욕스런 자원욕도 절정에 이르고 있다. 자국의 경작지를 공장부지로 전환해가면서 중국은 상당량의 농산물을 해외에서 들여온다. 그런데 이 농산물 아웃소싱은 근대 이전 방식으로 급진전되고 있다. 아웃소싱 대상지는 소수집단인 화교가 경제의 많은 부분을 장악하고 있는 필리핀이다. 인도네시아가 중국의 암초로 변해간다면, 필리핀은 중국의 논이 돼가고 있다.

인도네시아와 필리핀 너머에 있는 오세아니아는 자원도 확보하고 공해상 해군을 뒷받침해줄 우호관계도 구축하려는 중국의 제2차 전략 거점이다. 그러나 중국은 태평양의 힘없는 섬나라들을 정복할 필요가 없다. 돈으로 사면 된다. 외국인투자 제한을 피하는 것은 중국의 국영기업에게는 아무것도 아니다. 중국 기업들은 마르크스가 말하는 생산, 분배, 교환 수단의 소유를 추구하는 것 대신에 광물탐사 자금과 도로, 철도, 수송수단 등의 기반시설을 지원함으로써 그 나라들을 지배하는 전략을 구사하면 된다. 파푸아뉴기니에서 중국은 처녀림 벌채에 엄청난 가속도를 붙여왔다. 현재의 벌목 속도라면 2030년쯤에는 정글이 거의 통째로 사라져버릴 위기에 처해 있다. 어느 나라 회사가 벌목을 하건 상관없이 목재의 대부분은 중국으로 건너가, 통나무집에서 젓가락까지 온갖 것들을 만드는 데 두루 쓰인다.

남양군도, 즉 멜라네시아(전통적으로 호주와 유대관계가 있는 파푸아뉴기니와 솔로몬제도), 폴리네시아(역사적으로 뉴질랜드와 연계된 군소국들), 미크로네시아(미국과 동맹관계를 맺고 있는 태평양의 섬나라들)에서도 중국은 그동안 최대 원조국이던 일본을 앞질렀다. 키리바시 섬에다는 우주개발 계획을 진척시킬 위성추적 시설을 건설했다. 이런 상황에서 미국이 '파도를 지배하는' 날은 과연 얼마나 오래갈까?

26

중국
새로운 슈퍼파워의 등장

중국과 미국은 면적, 위도, 지세 면에서 제국 형성에 걸맞은 지리를 갖추고 있다. 중국의 서부 지방은 사막과 산맥으로 이루어져 있고, 남부와 중부 지방은 매년 태풍과 홍수에 강타당하며, 동북 지방은 폭설에 뒤덮인다. 중국은 황하 유역의 몇몇 도시국가군에서 시작해서 하늘만큼 땅만큼 큰 규모의 제국으로 성장했다. 이는 미국과 비슷하다. 하지만 중국은 엇비슷한 규모의 공간 안에 유럽의 세 배, 미국의 다섯 배나 되는 인구를 끌어안고 있으며, 제3세계 봉건제와 제1세계 엘리트와 대규모 공업기반이 서로 결합되어 있다. 중국은 크게 네 개로 나누어볼 수 있다. 대만, 홍콩, 상하이의 경제적 역할 덕에 중국 국부의 60퍼센트를 차지하고 있는 동남부 지역은 미국과 EU에 견줄 만큼 발전한 곳이다. 베이징을 포함하는 동북부 지역은 급속한 산업화와 인상적인 기반시설 건설을 통해 제3세계에서 확실히 벗어난 뒤 빠르게 발전하고 있다. 내륙지방의 성들과 티베트, 신장을 포함하는 서쪽의 두 지역은 제국에 식량을 공급하는 7억 명의 농민과 풍부한 천연자원을 지닌 광대한 제3세계 영역이다. 이 네 지역이 5,500만 명의 화교와 더불어 거대한 제2세계 슈퍼파워로 통합돼가는 중국을 구성하고 있다.

수천 년을 이어온 중국의 역사는 통합을 향한 투쟁의 역사다. 19세기 중엽 중국은 아편전쟁에서 패한 뒤 영국에 치외법권을 허용하는 굴욕을 겪었다. 제1차 세계대전 후에는 베르사유 조약에 의해 독일 식민지들이 일본에 양도되는 것을 보며 분노를 느꼈다. 이러한 압제에 대한 반발심과 애국심이 묘하게 뒤섞이면서 중국인들의 마음속에 반서방 감정이 강하게 각인되었다.[1] 미국이 중국을 식민지화한 것도 아니었다. 당시의 미 국무부에는 극동 담당부서조차 없었다. 당시 미국이 주문한 문호개방 정책은 자신이 유럽의 영향권 게임에서 배제되지 않기 위해 중국에 진출한 모든 외국 통상 열강에 동등한 권리를 부여할 것을 주문한, 자비의 성격도 조금 가미된 욕구의 표현이었을 뿐이다.[2]

중국인은 건성으로 일하지 않는다. 중국인에게 20세기는 유례없이 늘어난 인구에 걸맞은 경제체제를 치열하게 탐색한 기간이었다. 1921년, 산업자본주의의 끔찍한 참상을 또렷이 볼 수 있었던 상하이에 공산당이 창건되면서 마르크스레닌주의 같은 이념들이 뿌리를 내렸다. 공산당의 내전 승리를 가속화한 사회주의적 농업집단화는 실로 혁명적인 것이었다. 다음과 같은 마오쩌둥의 명료한 정리는 유명하다. "혁명은 디너파티도, 문학작품도, 그림도, 아름다운 자수도 아닙니다. 혁명은

---

9) 마오쩌둥은 1949년에 또 이렇게 말했다. "중국은 언제나 위대하고 용감하고 근면한 나라였습니다. 중국이 뒤떨어진 것은 근대에 들어서뿐입니다. 그리고 그것은 전적으로 해외 제국주의 세력과 반동정부에 의한 억압과 착취 때문이었습니다. …… 우리는 이제 더 이상 모욕당하고 굴욕을 겪는 나라가 아닙니다. 우리는 떨쳐 일어났습니다."

부드럽게, 점진적으로, 조심스럽게, 심사숙고하며, 공손하게, 점잖게, 평범하게, 얌전하게 수행될 수는 없는 것입니다."[9]
그는 현대화와 '세계혁명 승리'를 위해서라면 당시의 중국 인구 3억 모두를 기꺼이 희생시킬 용의가 있었다. 결국 대약진운동과 문화혁명, 끊임없는 내부숙청으로 7천만 명이 넘는 사람들이 목숨을 잃었다. 히틀러와 스탈린에게 죽임을 당한 사람들을 합친 것보다도 더 많은 이들이 기아와 과로로 인해

중국China

- **면적** : 959.7만㎢
- **인구** : 13억 3천만 명('08)
- **수도** : 베이징(Beijing)
- **인종** : 한족(91.5%), 55개 소수민족
- **언어** : 중국어(공용어인 보통화 외에 광둥어, 상하이어 등 방언 다수)
- **종교** : 도교, 불교, 기독교, 이슬람교—무신론자가 다수
- **정체** : 인민공화제
- **행정구역** : 22개 성, 5개 자치구, 4개 직할시, 2개 특별행정구(홍콩, 마카오)
- **통화** : 위안(Chinese yuan)
- **GDP** : 7조 990억$('07)
- **1인당 GDP** : 5,400$('07)
- **수출** : 1조 2,200억$('07)
- **주요 수출품** : 기계류, 전기기기, 데이터처리장치, 의류, 섬유류, 철강
- **수입** : 9,046억$('07)
- **주요 수입품** : 기계설비류, 석유 및 광물질 연료, 플라스틱제품, LED 스크린
- **주요 교역국** : 미국, 일본, 홍콩, 한국, 대만, 독일
- **인터넷 사용자** : 2억 5천만 명('08)
- **분쟁** : 카슈미르 분쟁, 남중국해 문제 등, 인접국들과의 국경 및 영토·수역·물 분쟁

죽어간 것이다. 덩샤오핑(鄧小平)은 불안정을 극복하기 위해 네 부문, 즉 농업, 공업, 국방, 과학기술의 현대화 계획을 수립하고, 이에 필요한 내부개혁과 대외개방을 단행했다.[3] 그러나 오늘날 중국이 제3세계에서 탈피하여 비상할 수 있게 하는 것은 현 지도부의 지속적인 발전 실험과 그에 따른 성과의 누적이다. 2008년 하계올림픽을 주최한 중국은 2010년이면 개혁개방 30년을 맞는다. 이 기간은 서방측에 부당하게 점령당한 영토를 되찾고, 대대적인 경제성장 및 발전을 이룩함으로써 다시 한번 전 세계에 자국의 위대함을 인식시킨 30년으로 기억될 게 분명하다.

견줄 곳 없던 영광의 시대를 예민하게 의식하고 있는 중국의 지도자들에게 진보는 말이 필요 없는 당연지사다. 중국은 언제나 "국가로 위

장한 문명"이었다고 저명한 학자 루시안 파이(Lucian Pye)는 썼다.[4] 공산주의는 한낱 덧없는 야망이긴 했지만, 종족 기반인 민족주의를 소멸시키며 훨씬 원대하고 본질적인 목표를 향해 나아가는 길을 닦았다. 그것은 치욕의 시기이던 19세기에 파괴된 영광스런 과거를 되찾는 것이었다. 서구에 의해 굴욕당하지만 않았다면 중국은 확실한 제국으로 이 지역을 지배하고 있었을 테니, 지금 그 길에 다시 나선다 해서 조금도 이상할 게 없다. 최근에 계획된 중국의 슈퍼파워 커밍아웃 파티 시기는 국가 통일 100주년이 되는 해인 2049년이다. 제국은 자신이 지배권을 갖고 있다고 믿는 데서부터 시작된다. 지금 중국은 고립 상태에서 벗어나 '중앙 왕국(Middle Kingdom, 中國)'이라는 의미에 걸맞은 지위를 복원하는 길에 나섰다. 자기 브랜드를 재구축하려는 것이다.

중국 주도의 세계질서

지구상에서 가장 큰 나라는 미국이라고 말하는 사람이 있다면, 그는 중국을 깜빡한 것이다. 중국은 그 자체가 하나의 우주로서, 독자적인 문학과 철학에다 극형식, 그리고 그에 걸맞게 하나의 문명에 상응하는 TV 채널들까지 두루 완비하고 있는, 세계에서 가장 넓고 깊은 문화공간이다. 다른 어떤 곳에서 문화를 수입할 필요가 없고, 다른 곳에다 자신의 문화를 번역하여 알릴 필요도 없는 나라다. 지금 중국은 지난 3천 년간 거의 늘 그래왔던 것처럼 상인과 사절단, 학자 들을 줄줄이 끌어들이며 다시 한 번 아시아 문화의 자석이 되고 있다.[5] 또한 교사와 유모를 수출하고, 세계 곳곳에 공자원(孔子院) 지부를 설립하여 중국 문화를 보급하고 있다. 체스보다 오래된 게임인 바둑이 세계화된 것처럼, 중국 영화와 예술과 전통의학이 모두 세계로 뻗어나가고 있다.

천 년 전에 중국은 이미 세계화를 구현했다. 인쇄술, 화약, 나침반이 모두 동에서 서로 전파된 것들이다. 그리고 오늘날 중국은 또다시 세계화의 바다를 항해하는 거대한 상선의 모습으로 재등장했다. 미국의 화물비행기와는 뚜렷이 대비되는 모습이다. 중국의 이 새로운 이미지를 상징하는 인물은 15세기 초에 일곱 차례나 대항해를 한 바 있는 정화(鄭和) 장군이다. 그는 명나라 사절로서 아프리카 동해안까지 왕복하며 말라카에서 케냐에 이르는 드넓은 지역에 화교의 씨를 뿌리고, 인도네시아의 유황과 인도 말리바르 해안의 향료를 싣고 돌아왔다.[6] 만일 주고치(朱高熾, 홍희제) 황제가 경비가 많이 든다는 이유로 해외 원정을 중단하지만 않았더라면, 중국은 대륙과 해양을 아우르는 당대 최고의 슈퍼파워가 되었을 것이다. 정화 장군의 항해는 통상적이고 문화적인 성격을 띤 것으로 평가받는다. 그래서 그의 이야기는 오늘날 중국이 평화적이고 선의를 가진 강대국이라는 암시를 준다. 정화 장군은 중국을 대표하는 세계시민적 인물이기도 한데, 메카 성지순례 후에 죽은 무슬림이기 때문이다. 또한 정화 장군은 최초로 동남아시아 중국인 이민의 거대한 물꼬를 튼 대장이었다. 그래서 말레이시아와 인도네시아, 타이의 많은 사원에서는 지금까지도 그의 도착을 찬미하고 기념한다.

면밀히 들여다보면, 정화 장군 이야기는 중화민족주의의 올바른 면과 뒤틀린 면을 함께 보여주는 창이다. 근래 들어 중국 중심의 동아시아관을 뒷받침하기 위한 중국의 역사 조작이 단계적으로 진행되고 있다. 2003년 호주 의회의 양원연석회의 연설에서 중국 총리 후진타오(胡錦濤)는 정화 장군의 항해로 중국과 호주의 접촉이 시작되었음을 강

조했다. 전거가 심히 의심스러운 이 발언은 훗날 중국의 호주 지배를
정당화하는 데 이용될 수도 있는 허구였다. 사실 정화 장군이 '우정의
사절'이기만 했던 것은 아니다. 그는 자바에서 스리랑카에 이르는 지역
에서 전쟁을 벌이기도 했다. 말라카 해협에 기지를 설치했을 뿐 아니
라, 미얀마와 윈난에서는 명나라에 보낼 조공품을 대대적으로 끌어모
았고, 베트남에서는 저항하는 주민들에게 잔인한 폭력을 휘두르기도
했다. 정화 장군의 예가 말해주듯이 중국의 옛 전략에는 무력 사용이
필수요소로 들어 있었다.[7]

세계는 이미 중국이 미국과 유럽의 정치경제를 지켜보듯 중국의 정
치와 경제를 주시하고 있다. 중국은 미국이나 유럽만큼 전문가들을 당
혹스럽게 만들 수 있는 능력을 갖추고 있다. 중국은 면밀하게 검토한
전략 이론들을 발표하는데, 거기에는 심지어 미국의 수감자 비율과 소
득 불평등, 폭력범죄를 비난하는 인권보고서까지 포함돼 있다. 중국의
대학과 정부부처에 부설된 관영 또는 반관반민 연구소들이 모두 중국
의 세계정책을 공식화하는 일에 참여한다. 베이징에서 만난 한 지식인
은 이렇게 자랑했다. "소련사회과학아카데미가 무너진 뒤로는 중국사
회과학원이 어떤 면으로 보나 오늘날 세계 최대의 싱크탱크지요." 세계
의 통합과 대결에 관한 중국 내 토론은 워싱턴이나 브뤼셀에서 벌어지
는 토론만큼이나 치열한 논란을 일으키며 세계 질서에 심대한 영향을
미친다.

일각에서는 중국의 화평굴기(和平屈起)를 과학기술을 진흥하고, 위기
를 미리 파악해 피하고, 기존 강대국들이 보는 앞에서 당당하게 세계적
지위로 치고 올라가는 것을 목표로 하는 새로운 지배논리인 베이징 컨
센서스(Beijing Consensus, 사회주의 체제 아래서 시장경제를 발전시키는 중

국의 경제발전 모델을 타국에 적용시켜 전 세계에 중국의 영향력을 확대하려는 전략—옮긴이)의 출산을 알리는 표현으로 여긴다.[8] 그러나 베이징 컨센서스가 정말로 미국 패권주의의 대안인 중국 주도하의 세계 질서에 대한 비전을 밝힌 것이라면, 현실에서는 그것이 어떤 모습으로 등장할까? 그것을 가늠해볼 수 있는 공식 정책은 후진타오 주석이 제시한, 대담하지만 결함이 있고 야심차지만 공허한 계획인 '조화로운 세계(Harmonious World, 和諧世界)'가 유일하다. '조화로운 세계'에서는 국가주권이 완벽하게 존중된다. 그것은 전 지구적 위협이 초국가적으로 가해지고 국내 갈등이 국경 밖으로 넘쳐흐르면서 제3세계에서조차 대부분 조심스럽게 포기해온 계획이다. 후진타오에게 '다자주의(multilateralism)'는 집단적 문제해결을 뜻하는 게 아니라, 새로운 강국들이 일어나 미국을 저지할 수 있게 되는 '국제관계의 민주화'를 암시하는 코드다. 마지막으로 '조화로운 세계'는 공동경제발전, 특히 지역 간 교역을 통한 공동경제발전을 지지한다.[9] 중국의 아프리카 프로젝트와 저금리 차관 확대가 가난한 많은 나라들의 성장에 중요한 역할을 한 것은 분명하지만, 그와 동시에 환경을 파괴하고 제3세계의 자원의존을 영속화할 수도 있는 중국의 중상주의도 함께 발전시켰다. 중국이 주도하는 '조화로운 세계'가 반드시 한층 더 나은 세상일 것 같지는 않다.[10]

'조화로운 세계'는 국제용인 동시에 국내용이기도 하다. 잠재된 민족주의를 통해 불안해하는 국민들을 진정시키려는 의도를 담고 있는 것이다. 중국 정부는 개방을 통해 인민의 에너지를 통상이나 번영, 여가 생활 방면으로 승화시키기보다는 (정화 장군과 같은 이미지를 통해) 신뢰를 잃어가는 공산주의를 대체하는 수단으로서 민족적 자부심을 증폭시키며 민족주의의 방향을 반미 쪽으로 틀어왔다. 실제로 미국은 매년 중

국에서 가장 싫은 나라로 꼽힌다.[11]

미국인이 중국에 온 것은 한 세기도 더 전이다. 처음에는 선교사나 사업가, 석유시추 기술자들이 왔고, 지금은 학생과 학자, 외교관, 건축가, 예술가들이 대부분이다. 그런가 하면 중국인은 미국의 주요한 두뇌 유입원이었다.[12] 중국 스파이들이 미국에서 수십억 달러 상당의 기밀을 훔쳐가는 데 반해서, 미국 재단들은 중국의 선진적인 과학연구를 후원한다. "미국이 없었다면 중국은 지금보다 한참 뒤져 있을 겁니다." 중국을 정기적으로 방문하는 한 미국인 학자의 지적이다.

미국은 과거의 위대함을 복원하려는 중국의 계획을 뒤엎을 수 있는 유일한 강대국이다. 따라서 많은 중국인에게 미국은 공적 1호다. 미국이 중국에 모욕감을 주는 모든 일들, 즉 (1971년에 종료된) 티베트에 대한 은밀한 지원, 대만에 대한 무기 공급, 미사일방어망 배치, 1991년의 베오그라드 중국대사관 폭격, 2001년의 EP-3 정찰기 사건(2001년 4월에 미 해군의 EP-3 정찰기가 남중국해 상공에서 중국 전투기와 충돌한 뒤 하이난 섬에 비상착륙한 사건—옮긴이), (중국 지도자들이 말하는) 국가 공식방문 중의 위상 격하 등의 행위가 극단적인 경쟁심을 부추긴다.[13] 미 국방장관 도널드 럼스펠드(Donald Rumsfeld)가 중국은 공공연한 위협도 없는 상태에서 군사력 강화에 왜 그렇게 많은 지출을 하느냐고 물은 적이 있다. 아마 그는 미국의 군사력 자체가 중국에 대한 근원적 위협이라는 포인트를 놓친 듯하다. 서방측이 19세기에 중국을 침략했기 때문에, 중국이 자위에 필요한 군비를 줄이는 일은 결코 없을 것이다.[14] 하지만 그것은 끝이 없는 일이다. 미국을 힘으로 직접 패배시킬 만큼 강한 군대는 없기 때문이다. 유인 우주선을 쏘아 올리고 달 착륙 계획을 세운 뒤로, 민과 군이 긴밀하게 결합된 중국의 우주개발계획은 미국의 미사일방어망을 피할 수 있는 우주발사 무기의 실전배치를 시도해볼 수 있게 했고, 중국의 궤도위성 발사능력은 이미 입증되었다.[15] 이 지역에서 점점 신뢰를 잃어감에 따라 미국은 더 이상 중국의 잘못을 비난할 수 없게 되었다.[16]

중국어에는 시제가 없다. 이는 과거를 인식하고 시간도 초월하는 중국인들의 관점과 표현방식을 잘 드러내준다.[17] 진리의 수호자를 자처하는 중국인들은 중소동맹과 같은 다른 강대국들과의 타협을 도덕적으로 대등한 관점에서 나온 행동이라기보다는 전술적인 행동으로 여긴다.[18] 비슷한 맥락에서, 중국이 슈퍼파워라는 미국의 지위를 인정하는 것은 현상유지를 용인한다는 의미가 결코 아니다. 중국의 목표는 종합국력을 갖추는 것이다.[10) 그러기 위해 그들은 마오쩌둥의 충고대로 "야망을 숨기고 발톱을 감추는" 전략을 쓸까, 아니면 싸우지 않고 이기는 길을 찾으라고 권하는 손자(孫子)의 경구에 부합하는 '화평굴기'의 독트린을 따를까? 중국은 이미 핵무기, 크루즈미사일, 무인항공기, 인공위성 등을 증강 배치하며 실제로 미국을 공격하지 않으면서도 이 지역 내의 미군 주둔비용을 상승시켜왔다.[11) 일본에 대한 에너지 금수조치가 태평양전쟁의 불씨를 제공했듯이, 중국에 대한 유사한 전략은 이 지역을 제3차 세계대전으로 몰아갈지도 모른다.

중국과 미국 간의 상호지식과 상호침투는 상대가 다음에 무슨 일을 할지만 빼고는 서로에 대해 알 건 거의 다 아는 수준에 이르렀다. 냉전기 방식의 군사 핫라인을 통해 보다 명확한 사실을 확인할 수도 있다.

---

10) 중국이 이야기하는 종합국력이란 천연자원, 경제력, 대외무역투자력, 사회발전도, 군사력, 정부효율도, 외교력을 종합한 것이다.

미국은 차츰 중국을 선과 악의 대결 틀로 바라보기보다는 오스카 와일드(Oscar Wilde)가 매력적인 것과 지겨운 것으로 대비시켜 묘사한 바 있는 인간적인 렌즈를 통해 중국을 바라보는 경향이 점점 강해졌다. 워싱턴은 '봉쇄교섭(congagement)' 정책이 중국을 '책임감 있는 주주'로 만들어갈 수 있기를 기대하며 '압박'과 '봉쇄교섭' 전략을 번갈아 구사했다.[19] 하지만 중국이 가까운 미래에 이루고자 하는 것은 지구 전체가 아니라 자기 지역과 그 주변부를 조직화하는 것일 뿐이다.[20] 2020년에도 미국은 군사적으로 중국을 포위할 역량을 지니고 있을 것이다. 중국이 경제공영권 구축을 계속 추진한다면 결과적으로 안정적 유보 양상은 보이겠지만, 미국이 중국의 내부 변화를 끌어내지는 못할 것이다.

유럽은 자신의 부드러운 힘을 통해 미국의 딱딱한 힘으로는 불가능한 방식으로 중국을 변화시킬 수 있다고 생각한다. 최소한 미국보다는 더 많은 성과를 낼 수 있다고 믿는다. 유럽과 중국 간 무역량은 중미 간 무역량을 앞질렀고, 중국의 대유럽 수출 또한 미국의 대유럽 수출보다 더 큰 규모로 이루어진다. 그동안 유럽은 중국에, 늘 바라마지 않던 '시

---

11) 지정학과 세계화가 교차할 때는 만사가 공평하다. 《제한 없는 전쟁 *Unrestricted Warfare, 超限戰*》이라는 제목의 독단과 도발로 가득 찬 연구서에서 두 명의 중국인 대령은 정부와 비정부의 구분이 희미해지고, 전략유형이 모호해질 수 있으며, 개개인이 국가 못지않은 권력을 행사할 수 있고, 수없이 많은 과학기술 수단들이 병법을 무색하게 만드는 현실세계에 대한 극단적인 해석을 내놓았다. 그들은 "오늘날의 세계에서 무기가 될 수 없는 것은 아무것도 없다"면서, 무기로 쓸 수 있는 것은 (돈이든 인터넷이든 환경이든 언론이든 법이든) 뭐든 다 이용하여 전투를 펼치고 아시아판 아랍 위장술인 속임수와 물타기 전술을 이용해 보이지 않게 적의 운명을 쥐고 흔들어야 한다고 주장한다. 그런 '종합전투'야말로 약한 자가 힘센 자를 무찌를 수 있는 유일한 (그리고 정당한) 방법이며, 약한 자들은 그럼으로써 자신의 열등함을 당당하게 극복해나가야 한다는 것이다.

장경제' 지위를 확보하려면 유럽의 개입을 받아들여야 함을 분명히 해왔다.[21] 중국은 민주화와 인권, 경제개혁에 관해 미국이 넣는 압력은 거의 무시하면서도 유럽의 지침은 은근히 환영하는 분위기다. 사실, 중국이 건설하려는 나라의 모델은 현재 자신의 공식 이념인 사회주의와 뿌리가 같은 유럽식 국가자본주의와 사회민주주의 국가다. 상하이에서 만난 한 학자는 이렇게 말했다. "우리는 미국보다 EU에 훨씬 더 많은 외교관과 전문가를 보냅니다. 유학생도 두 배 더 보내고요. 유럽식 복지국가에 대해 좀 더 잘 알기 위해서지요." 중국으로서는 그런 교환의 열매를 얻는 것이 그러지 않는 것보다 낫고, 유럽은 그 기회를 제공하고 있다. 일부 유럽 국가들은, 2005년에 EU가 대중국 무기금수조치를 해제하고자 한 것은 중국을 존중하는 제스처를 보임으로써 그러한 구조개혁 프로그램들을 진전시키려는 의도였다고 본다. 유럽은 이미 중국에 첨단무기를 팔고 있으며, 중국이 독자적으로 베이두(北斗)-2 위성항법시스템 개발을 추진하고 있음에도 자신들의 갈릴레오 위성항법시스템(EU와 유럽항공우주국에서 미 국방부 GPS의 대안으로 만들고 있는 위치확인시스템—옮긴이)에 대한 중국의 투자와 참여를 받아들였다. 미국은 갈릴레오가 중국의 무기조준시스템을 지원하는 데 쓰일까봐 걱정이다. 중국이 고약한 정권들에 무차별적으로 무기판매를 하고 있는데도 유럽은 군사적 투명성 개선이나 언론자유 확대, 사형제도 폐지, 시민정치적 권리에 관한 UN 협약 조인과 같은 조건이나 불이익을 중국에 전혀 가하지 않았다. 미국이 그런 유의 협약에 많이 참여하고 있지 않기 때문에, 신뢰감을 바탕으로 그런 일을 추진할 수 있는 것은 오로지 유럽뿐이다. 따라서 중국에 아무런 제재나 불이익을 가하지 않는 유럽의 행위는 통상이익이 걸려 있을 때는 도덕적 리더의 역할을 해내기가 쉽지 않

음을 말해 준다. 그러나 이 모든 노력에도 불구하고 새로운 세력균형에
서 중국의 최대 동맹자는 유럽이 아니라 세계화다.

중국의 세계화 전략

중국은 두 번째 대약진운동을 경험하고 있으며, 이미 첫 번째 기간과
비교할 수 없을 정도의 진전을 보이고 있다. 중국이 내건 '조화로운 세
계'라는 수사는 왠지 시대에 뒤떨어진 느낌이지만, 중국의 세계화 전략
은 그렇지 않다. 미국 정치권에서 '중국 위협'을 경고하는 동안에, 대다
수 미국인을 포함한 전 세계인은 '중국 기회'라는 개념을 받아들여 왔
다. 쇄국 모델로 인상적인 성공을 이끌어낸 일본이나 한국과 달리, 중
국의 눈부신 성장은 중국이 국내와 국제의 구별을 포기한 결과 이루어
졌다. 중국은 외국인 최대 투자국인 미국을 앞질렀고, 세계 최고의 무
역중심국인 일본을 따라잡았다. 중국은 (일본보다도 더 많은) 1조 달러가
훨씬 넘는 외환보유고를 갖고서 테마섹과 유사한 기관을 통해 해외시
장에 점점 더 많은 투자를 하며 자국 경제의 불안정성에 대비하는 한
편, 원재료에 대한 왕성한 식욕을 채우고 있다. 뿐만 아니라 첨단기술
을 확보하기 위해서 포천 500대 기업에 대한 공격적인 매수에 나설 수
있을 만큼 충분한 액수의 자산을 국영기업들에 제공해왔다.

　중국의 또 다른 전략 중 하나는, 제1세계의 선박을 납치하여 선장의
눈을 가린 다음 갑판 위에 아슬아슬하게 걸쳐놓은 널빤지 위를 걷게 하
는 것이다. 싱가포르의 테마섹이 쑤저우(蘇州) 공단 건설을 감독할 때,
중국은 그곳을 거의 그대로 복제해놓다시피 한 단지로 투자를 유인하

기 시작했다. 치외법권 시대에서 멀찍이 벗어난 중국은 이제 일급 기술을 더 많이 확보하기 위해 다국적기업들에 중국에서 사업을 펼치라고 강력하게 권한다. 상하이의 푸둥(浦東) 공항과 중심가를 연결하는 (세계에서 가장 빠른) 자기부상 고속열차 부설권을 따내기 위해 지멘스는 자기부상연구소도 함께 설립하여 중국의 기술 습득을 지원해야만 했다. 중국은 상하이와 베이징 노선에 이 기술을 활용할 생각이었다. 시원찮은 주식시장을 강화하기 위해 중국은 홍콩과 싱가포르에서 은행자본금을 조달해왔다. 그리고 수년간의 무모한 대출로 생겨난 막대한 부실채권을 처리하기 위해 중국은 외국의 거대은행들에 갈수록 더 많은 지분의 매수를 허용하고 있는데, 이를 통해 리스크도 공유하고 그들의 전문 기술을 이용하여 사태수습도 한다.[22]

중국은 외국의 노하우에서 이득을 얻고 제1세계는 현상유지를 위해 진땀을 뺀다. 지난날에는 외국기업들이 중국에 저임금의 부품조립공정만 하청을 주었지만, '바닥을 향한 경주'는 끝났다. 중국은 이제 전자제품조립과 모듈제조 산업에서 제1세계인 싱가포르, 대만과 경쟁한다. 독일 노동자들은 연장근무를 하며 자신들이 예전에 훈련시킨 바로 그 노동자들과 경쟁을 벌인다. 중국은 심지어 유럽의 무기들을 분해한 후 역설계하여 공급국에 헐값으로 쏟아붓기도 한다.[23] 머지않아 상하이자동차(上海汽車, Shanghai Automotive)가 제너럴모터스와 폴크스바겐을 중국 시장에서 퇴출시키고, 독자적인 기술로 생산한 새 차를 미국 시장에 내다 팔게 될지도 모른다.

다국적기업들이 중국 본토에 그대로 머물면서 수백만 개의 일자리를 창출하게 하는 것은 식은 죽 먹기다. 무엇보다도 대다수 기업들이 빠져나갈 전략을 세우고 있지 않기 때문이다.[24] 월마트의 경우를 보자. 한

때 그 소재지인 내륙산업지대와 동의어였던 국영기업들의 폐쇄는 그 지역 주민들의 이주와 사회불안의 주요한 요인이었다. 어떤 지역에서는 정부가 도시 노동자들은 버려진 농촌 마을로 강제이주시킨 뒤 농민으로 만들어버린 일도 있다. 그런가 하면 공장이나 광산이 누구의 소유이든지 중국 노동자의 열악한 근무조건은 종종 과로사로 이어진다.[25] 그래도 10억이 훨씬 넘는 중국인은 모두 기본적인 수준의 물질적 복지는 누릴 수 있다. 제3세계 국가들과 달리, 생필품을 모두 자체 생산하기 때문이다. 중국은 대량생산과 대량소비를 기반으로 거대경제권을 구축해가고 있다. 과일주스에서 전자제품, 자동차보험에 이르기까지 모든 상품들이 갈수록 확대돼가는 중간계급에 보급되면서 그 수요가 크게 늘어날 것이다. 그리고 이는 곧 외국기업들이 무시하기에는 너무나도 거대한 시장에 접근하기 위해서 어떤 조건이든 거의 다 수용하게 될 것임을 암시한다. 공장에서 한 달에 20달러를 벌던 사람들이 갑자기 벼락부자가 되었다. 30만 명에 이르는 중국의 백만장자들은 10년 안에 중국을 유럽과 미국의 뒤를 잇는 세계 제3위의 사치품 소비국으로 만들 것이다.

세계화는 중국 방식으로 진행되고 있다. 중국은 시장을 개방하라는 서방측의 압력을 받아들이기는 했지만, 세계무역기구의 기준은 매우 선택적으로 수용해왔다.[26] 해적판 음반과 영화, 담배, 조제약, 배터리, 시계, 의류, 심지어는 짝퉁 자동차의 홍수에 휩쓸려 내려가고 있는 국제제도인 지적재산권 분야를 보면 이를 극명하게 알 수 있다. 상하이 거리에서는 BMW의 스포츠형 다목적 차량인 X5를 그대로 베껴 만든 중국산 자동차 CEO를 흔히 볼 수 있다. 난징로와 베이징 실크로드에서는 미국과 유럽의 불평불만을 달래기 위해 정부의 트랙터가 정기적으로 DVD 더미를 깔아뭉개는 상징적인 이벤트를 펼칠 때만 해적판 DVD의 대량거래가 잠시 중단된다. 그러나 이런 눈가림에 감동받을 사람은 아무도 없다. 정작 단속해야 할 곳은 따로 있기 때문이다. 인민해방군은 이윤을 위해 지적재산권을 훔치는 행위를 가장 빈번하게 일삼는 집단 중 하나지만, 정부는 이곳을 단속할 의사를 전혀 보이지 않는다. 곳곳에 있는 인민해방군 공장들에서는 멀티미디어 위조제품들을 펌프로 뿜어내듯 찍어내 부족한 예산을 벌충한다.[27] 이대로 둔다면 중국은 아마 제1세계로 가는 길을 훔쳐낸 뒤에야 비로소 지적소유권을 존중하게 될 것이다.[12] 하지만 중국은 자신의 특허권이 침해당할 때는 놀랄 만큼 민첩하게 단속에 나선다. 평면 텔레비전, 컴퓨터 하드드라이브, 웹캠, 그리고 중국 당국에만 생산판매권이 부여된 모든 2008 올림픽 장비와 액세서리 부문 등 자기네 시장은 철저히 보호한다. 미국과 EU는 대중국 무역적자에 따른 무역전쟁위험을 거론하며 강력한 반격을 가한다. 이에 대해 한 중국인 경제학자는 이렇게 말한다. "우리가 정말 지적재산권을 완전히 무시하기로 작정한다면 서방측이 생산할 수 있는 건 털끝 하나도 남지 않을 겁니다."

---

12) 중국의 유교 문화는 창조보다는 전달에 중점을 둔다. 실행 학습(learning by doing)에는 필연적으로 지적소유권의 침해가 따른다. 또한 서방 기업들은 자신들의 특허 파티에 지나치게 몰입한 나머지, 아유르베다(인도의 전승의학—옮긴이)와 같은 고대 의술에 법의 포장을 씌워 도둑질하는 지경에 이르렀다. 이 논리에 따르면, 패권적인 법체계를 이용하여 동방에서 해적질하는 것은 바로 서방측이다. Philip J. Ivanhoe, "Intellectual Property and Traditional Chinese Culture," in *Topics in Contemporary Philosophy*, Campbell, O'Rourke, and Shier, eds., 125~42를 보라.

하층을 끌어올리는 지도력

중국의 기적 같은 성장은 이제 겨우 유아기 단계다. 작가 마 지안(Ma Jian)의 회상록 《홍진紅塵, *Red Dust*》에 의하면, 문화혁명 직후인 1980년대의 중국은 인구의 3분의 2가 거칠고 메마른 황무지에서 고독하게 살고 있는 절망의 땅이었다. 그러나 5억 인구가 절대빈곤 상태로 살던 그곳은 이제 하루 1달러로 연명하는 인구가 5천만밖에 되지 않는 곳이 됐다. 더 이상 빈곤퇴치를 위한 국제원조도 받지 않는다. 중국은 10억 인구를 꼭 부양하지 않아도 된다. 그것은 하나하나가 한 가족을 상징하는 뗏목들이 알아서 할 문제다.[28] 개개의 뗏목에서 가족 구성원들은 서로를 돌본다. 그 결과 제3세계인 인도보다 노숙자와 거지가 눈에 띄게 적고 질서와 품위는 한참 위인 세상이 되었다.

중국의 해안 지방은 지금까지 전체 외국인투자의 5분의 4에 이르는 압도적인 투자를 받아왔는데, 이는 처음부터 계획된 비율이었다. 중국은 단계적인 국가 운영의 한 방편으로 자본주의를 도입했다. 그런데 이 방식은 비용을 불평등하게 배분했다.[29] 이주자들은 마치 전혀 상상도 못했던 신세계에라도 도착한 듯이 거대한 해안도시들에 모습을 나타낸다. 많은 사람들이 쓰레기더미를 뒤져, 농부로 일할 때보다 더 많은 수입을 얻는다. 엘리트들은 마치 동물 무리를 대하듯 그들을 가볍게 스쳐 지나간다. 브라질처럼 중국에서도 불평등은 범죄증가와 상관관계를 보여준다. 광저우(廣州) 시는 수백 명의 경찰을 추가 배치하여 거리를 순찰해왔다. 그러나 중국은 범죄에 골머리를 앓기보다는 불평등 문제에 정면으로 대처하는 방식을 취하고 있는 까닭에 브라질이 가장 주목하는 모델이 되었다. 3억이 넘는 인구의 이농 흐름을 중단시키는 것은 불가능하다. 하지만 주택과 전기, 물, 의료, 나아가 교육과 연금까지 제공하는 정부 당국의 노력에 힘입어 전반적인 불평등은 차츰 줄어들 것이다.[30] 무엇보다도 중국 지도자들은 상층이 하늘 높은 줄 모르고 치솟을 때조차도 중요한 것은 하층을 끌어올리는 것임을 알고 있다. 그들은 농촌사회투자 프로그램에 400억 달러를 투자하여 내륙과 해안, 동부와 서부의 부와 기반시설, 과학기술, 법적 사회적 규범의 격차를 해소하기 위해 노력해왔다. 모든 프로그램의 지향점은 '새로운 사회주의 농촌 건설'이었는데, 이는 농촌사회주의의 이상이 강하게 남아 있는 이 나라 내륙부에 잘 부합하는 슬로건이었다.[31] 이러한 국가적 투자와 함께 해안 지방에서 내륙 지방으로 이루어진 송금이 8억이 넘는 농민들의 빈곤을 더는 데 큰 역할을 했다. 마을혁신 사업에서는 오두막을 헐고 튼튼한 건물로 대체하는 작업에, 도시인들의 주말주택으로 태양전지판 지붕을 얹은 2층 빌라를 짓는 작업이 더해졌다. 외딴 마을들과 고속도로를 연결하는 8만 킬로미터의 도로포장 사업과 더불어, 마을들을 정보고속도로에 연결하는 광섬유 케이블 공사도 함께 진행되고 있다. 두 가지 사업 모두 IT 발전소로 유명한 인도보다 수십 년 빠른 것이다.

하늘과 땅, 강을 통해 접근이 용이하게 된 내륙 깊숙한 지방에서 빠른 속도로 발전하는 제2의 '미니 상하이'들이 생겨나는 것은 당연한 결과다. 지리적으로 중국의 거의 중심에 위치한 쓰촨(四川) 성의 충칭(重慶)이 인구 3천만이 넘는 세계 최대의 광역시역이 된 것은 결코 우연이 아니다. 샨샤(三峽)댐 지역의 중추도시인 충칭에서는 지금 댐 건설로 인해 생겨난 이주민들을 위한 뉴타운 건설이 한창이다. 중국 정부는 충칭 지역에 400억 달러 이상의 예산을 들여 산업혁신 사업을 추진하고 있다. 이 사업이 완성되면 충칭 지역은 35개 도시와 (유럽 어느 나라보다도 많은) 1억 인구를 포괄하는 경제지대의 중추가 된다. 현재 중국에는 인구 1백만 이상의 중규모 도시가 1백 개 이상 있다. 이에 비해 미국에는 인구 1백만이 넘는 도시가 10개, 유럽에는 30개에 불과하다. 대다수의 미국인들이 그 이름도 들어보지 못했을 법한 우시(無錫)는 인구 7백만 명의 도시로, 머지않아 중국의 몇몇 도시만큼이나 부유해질 것이다. 중국은 다른 어떤 나라보다도 훨씬 많은 철강을 생산하지만(세계 총생산량의 3분의 1), 그 소비량도 미국이나 EU보다 두 배나 많기 때문에 계속해서 더 많은 철강을 필요로 한다. 눈부신 성장을 이루고 있는 중국을 보면 이는 결코 놀라운 일이 아니다.

중국 도시민들의 폐에 축적된 유해물질은 고생물학자가 탐사하는 퇴적층과 비슷하다. 세계에서 유례를 찾아볼 수 없는 초고속 산업화의 스토리가 켜켜이 쌓여 있다. 비효율적이고 열악한 설비를 갖춘 탄광과 제철소에서 뿜어져 나오는 스모그는 정말 지독하다. 비행기의 착륙을 방해하고, 하얀 눈을 시커멓게 만들 정도다. 세계에서 가장 오염이 심한 열 개 도시 중 여섯 개가 중국에 있으며, 중국 도시들의 3분의 1이 참을 수 없을 정도의 대기오염에 시달리고 있다.[32] 중국의 경제전망과 마찬가지로 중국 환경오염의 유일한 적수도 세계화다. 과연 중국은 검게 변해서 지구 생태계의 등뼈를 부러뜨리고 세계의 다른 지역들까지 모조리 시커멓게 만들어놓기 전에, 과학기술과 효율성, 환경보존 등을 통해 초록이 될 수 있을까?

중국이 가면 세계도 간다. 머지않아 중국은 캘리포니아 대기오염의 3분의 1을 책임져야 할 것이다.[33] 미국인처럼 중국인들도 탁 트인 야외생활을 즐기고, 도로여행을 하며 한없이 넓고 경치 좋은 나라를 두루 누비며 살고 싶어 한다. 중국해양석유공사(CNOOC)의 한 관리는 "인권은 에너지 접근권 보장"이라고 힘주어 말했다.[34] 중국은 서양의 역사를 단순 반복하고 있다. 따라서 부가 증대될수록 환경의 초록화도 함께 증대할 것이라는 믿음은 허구다. 중국은 지난 200년간 지구를 잠식해온 서구 산업화의 폐해 위에 또 다른 문제를 하나 더 쌓을 것이다. 이미 중국은 미국에 이어 세계 제2위의 지구오염국이다. 이는 세계 여러 나라들이 중국을 중앙 공장으로 이용하면서 기꺼이 한 표를 보태준 결과로 얻게 된 지위다.[13] 환경 NGO들은 체르노빌 원자력 누출 사고 같은 재앙이 빚어지기 전에 생태의식을 높이려 애쓰고 있다. 그들의 노력은 중국에 청결과 질서를 가져다주고 있다. 자전거를 탄 사람들이 좁은 골목을 구석구석 누비며, 재활용하려고 따로 모아둔 병들을 수거해간다. 베이징의 오래된 후통(胡同, 건물과 골목이 예전 모습 그대로 잘 보존된 옛날 동네의 통칭－옮긴이)에서도 쓰레기가 깨끗이 수거되고 있다.

중국 서부 지방에서 카자흐스탄 국경까지 뻗은 길에는 풍력발전 시설이 줄줄이 서 있다. 발전을 통해 정당성을 부여받으려던 중국 정부는 환경을 악화시킨 책임으로 연간 약 2천억 달러를 배상해야 했다.[35] 이에 대한 자구책으로 중국은 세계의 수력발전 및 원자력발전 프로젝트의 최대 본산이 되었다. 그리고 석탄과 석유 의존도를 낮추기 위해 자국과 말레이시아, 인도네시아에 방대하게 매장된 가스를 이용하면서 액화천연가스 터미널 수를 늘리고 있다.[36] 작은 거인 싱가포르처럼 중

---

13) 중국은 1인당 자원기반이 세계 평균의 절반밖에 안 되지만, 같은 양의 생산을 할 때 일본보다 7배, 미국보다 6배, 인도보다 3배나 많은 에너지를 쓴다. 일각에서는 외국기업들에 중국에서 생산 활동을 하는 데 필요한 연료의 비용을 내게 하고, 해외자원 확보와 중국행 바닷길 개방을 뒷받침하게 하자는 시나리오를 거론해왔다. 그러나 실상은 다국적기업이 아니라 자국 기업의 공장들이 비효율적 생산의 최대 근원지라는 것이다.

국도 이제 환경 오염원을 외딴 지역으로 빼돌리면서 물값을 올리고, 지나친 오염원에 대해서는 공개 비난과 함께 블랙리스트 등재, 벌금 부과 등의 제재를 가하고 있다. 중국은 태양열을 이용한 온수난방설비를 세계에서 가장 많이 갖춘 나라로, 이미 그 기술을 해외에 내다팔고 있다.[37] 천자의 나라(Celestial Empire)는 심지어 구름씨뿌리기(cloud-seeding) 기술을 이용하여 강우량을 늘리고 사시사철 해를 가리고 있는 베이징의 연무를 걷어내는 등 날씨 조절에까지 나서고 있다.

세계적인 첨단 도시

양쯔 강(揚子江) 하구에 위치한 상하이는 제1세계에 속한 도시 뉴욕의 문화와 세계시민적인 분위기로 중국 최고의 인재들을 끌어들이면서 세계적인 첨단 도시로 성장했다. 일찍이 중국공산당이 창립되어 기업의 소유 구조에 마침표를 찍은 바 있는 이 도시가 이제 홍콩을 대체하며 중국 자본주의의 새로운 진원지가 된 것은 참으로 아이러니한 일이지만, 한편으로는 지극히 당연한 일이기도 하다. 1949년에 홍콩으로 도망쳐서 영국인들의 후견하에 서구식 비즈니스 관행을 익힌 사람들이 바로 상하이의 백만장자들이었기 때문이다. 그러나 상하이에는 홍콩의 갱들이나 음란물, 범죄 같은 것이 전혀 없다. 택시 운전사들이 플라스틱 상자로 둘러싸인 보호석에 앉아 있긴 하지만, 사실상 범죄는 없다. 경찰도 비무장이다. 흰 장갑을 낀 교통경찰관은 절도 있는 호각소리와 수신호로 시민들의 통행을 관리한다. 수많은 정원사들이 꽃을 손질하고 잔디를 깎는다. 개방된 변소가 아니라 깔끔한 공중화장실이 곳곳에 있다. 단 한 장의 전자카드로 지하철, 버스, 택시 등 모든 교통수단을 이용할 수 있다.

중국의 국조는 두루미(크레인)가 될 가능성이 가장 크다. 상하이는 두바이와 함께 세계에서 가장 많은 민수용 크레인을 보유하고 있으며, 이 크레인들은 수십만 채의 전통가옥과 식민지시대의 주택들을 헐어내고 미래도시를 건설하는 일에 열중하고 있다. 현재 중국은 2010년에 열릴 세계박람회에 대비해 맨해튼 크기만한 지역을 멋진 전시관과 숙소로 개발하고 있다. 상하이에는 뉴욕보다 많은 마천루가 있는데, 그중 봄철에 솟아나는 죽순을 닮은 진마오(金茂) 타워 같은 몇몇 빌딩은 옛것과 새것에서 가장 좋은 디자인적 요소를 가져와서 잘 결합시켜 놓았다. 유명한 상하이 와이탄(外灘) 지구는 20세기 초에 유럽의 아르데코(art deco, 1920~1930년대에 유행한 장식이 많이 가미된 디자인—옮긴이) 양식으로 건설됐는데, 중국인들은 이 식민지 유산이 그대로 무너져 내리도록 버려두지 않고 정면에 현대식 유리를 덧대어 그 웅장한 외관을 현대화했다. 모든 고급 자동차 판매상들이 상하이에 전시실을 두고 있고, 젊은 여피족들은 무도장으로 개조된 화랑에서 파티를 벌인다. 테마 레스토랑은 런던이나 로스앤젤레스와 어깨를 견줄 만큼 잘 디자인돼 있다. 세계 요리에 점점 더 많은 영감을 불어넣는 아시아 음식처럼 이제 국제적인 유행을 결정하는 것이 서양인지 동양인지도 분명치 않다.

세계 최대의 메트로폴리스로 변모하고 있는 상하이는 뉴욕이나 런던, 상파울루를 왜소하게 만들고 있다. 시 관리들은 50년 앞을 내다보고 도시계획을 세운다. 2,600만 명이라는 거대한 인구와 계속되는 성장에도 불구하고 상하이는 라틴아메리카의 메갈로폴리스들처럼 어지럽게 뻗어나가지 않고, 도쿄처럼 질서정연한 도시의 반열에 남아 있을 것이라는 얘기다. 잘 구획된 동네는 색깔별로 구분돼 있으며, 콩깍지처럼 생긴 아파트 캡슐 안에 수백만 명의 시민이 살고 있다. 스위스의 마을이나 영국의 소도시처럼 생긴 새로운 지구들이 속속 생겨나 중산층들을 끌어들이고, 그들의 제국은 자신의 몸 안에 세계를 수입해 들인다. 또한 상하이는 난징(南京)까지 뻗어나가며 인구 500만 규모의 도시 여러 개를 끌어안는, 번창하는 거대 광역시역의 중추도시이기도 하다.

한때 자전거의 도시였던 베이징에는 이제 차가 더 많은 것 같다. 수십 개의 5성급 호텔과 모든 것이 완비돼 있고 출입이 통제되는 콘도미니엄 단지들이, 먼 옛날 마르코 폴로도 그 장엄함에 경외심을 느낀 바 있는 고궁과 끝없는 정원의 도시로 머물러 있던 그곳에 활력을 불어넣고 있다. 밤이 되면 노년의 커플들이 조명 설비를 달아놓은 명나라 시대의 성벽 앞에서 탱고를 배운다. 상하이와 마찬가지로 옛 마을들이 현대식 개발로 인해 헐려나가고 있기는 하지만, 그래도 적지 않은 수의 후통이 새단장을 하고 끊임없이 관광객들을 끌어들인다.

대만과 홍콩

혹시 중국인들의 머릿속에 마르크스-레닌주의 교리에 대한 믿음이 천성적으로 내재해 있는 건 아닐까 하는 의구심이 말끔히 가시지 않는다면, 대만과 홍콩을 방문해보기를 권한다. 금세 그런 생각이 달아나버릴 것이다.

쑨원(孫文)은 중국을 계몽시대로 분명하게 끌어올렸고, 그의 국민당 후계자 장제스(蔣介石)는 1949년까지 경제적, 문화적 자유의 개화를 이

끌었다. 그 뒤를 이어 마오쩌둥
(毛澤東)이 등장했다. 그는 내전
기에 농민의 힘을 결집하여 국
민당 정권을 대만으로 몰아내
고는 장제스 시대를 '관료자본
주의'라고 비난했다. 그러나 만
일 그가 살아서 오늘날의 중국
을 본다면, 아마도 장제스에게
했던 것보다 더한 비난을 할 게
틀림없다.

내전에서 공산당이 승리하자
엄청난 액수의 자본이 중국으
로부터 빠져나갔다. 그 돈은 신

대만Taiwan

면적 : 3.6만㎢
인구 : 2,292만 명('08)
수도 : 타이베이(Taipei)
인종 : 타이완인(84%), 본토 중국인(14%), 원주민
　　(2%)
언어 : 중국어 보통화(공용어), 타이완어
종교 : 불교 · 유교 · 도교 혼합(93%), 기독교(4.5%)
정체 : 공화제
행정구역 : 18개 현, 5개 시, 2개 특별시
통화 : 신 대만 달러(new Taiwan dollar)
GDP : 6,986억$('07)
1인당 GDP : 30,100$('07)
수출 : 2,465억$('07)
주요 수출품 : 전자전기제품, 금속제품, 섬유류, 플라
　　스틱류, 화학제품
수입 : 2,151억$('07)
주요 수입품 : 전자전기제품, 기계류, 석유, 정밀기기,
　　유기화학제품
주요 교역국 : 중국, 일본, 미국, 홍콩, 한국
인터넷 사용자 : 1,476만 명('07)

중한 화교 투자자들을 통해 동아시아 전역에 널리 퍼져 증식되었다. 화
북 지방의 중국 지도자들은 월인(越人, Yueh, 춘추전국시대의 중국 동남부
해안 지방 제후국인 월나라 땅에 살고 있는 사람들—옮긴이)을 몹시 깔보며
대만이나 그 밖의 지역으로 추방했는데, 아이러니하게도 화교들 대다
수가 바로 이 월인이었다. 월인들은 지난 수십 년간 상하이 금융망을
통해 수백억 달러를 투자하며 중국 경제의 가장 큰 견인차 역할을 해왔
다.38

중국의 전 외교부장 리조우싱(李肇星)의 말을 빌리면, 대만은 그저
탐탁지 않은 섬에서 "중국의 사활이 걸린 문제"가 되었다.39 대만을 잃
은 중국 지도자는 그가 누구든 영원한 죄인으로 간주될 것이다. 대만은
사실상 국가를 초월한 일종의 경제거점으로서, 대만제 부품이 들어가

지 않는 전자장비는 거의 없다고 할 만큼 세계경제의 중심부에 깊숙이
진입해 있다. 전쟁이든 자연재난으로 인한 것이든, 대만 경제의 붕괴는
만인에게 재앙이 될 것이고, 크게 한 덩어리가 돼 있는 세계경제를 오
프라인 상태로 끌고 갈 것이다.[40] 워싱턴은 군사적 이유만큼이나 중요
한 마이크로칩 때문에 대만을 보호하지만, 대만의 독립에는 은밀히 반
대한다. 대협정이 맺어져서 대만은 분리하지 않기로 약속하고, 중국은
압박의 강도를 낮추기를 바라는 것이다. 중국이 오랫동안 세계 전역에
서 로비를 벌인 결과 대만은 어느 나라도, 심지어 미국까지도 독립을
인정하지 않을 만큼 외교적으로 고립돼왔다. 양국 관계의 핵심은 정치
적 체면과 경제 통제권이다. 중국은 대만을 손에 넣으면 세계적 수준의
첨단산업 중심지이자 제조업의 거인이 될 수 있음을 알고 있다. 지금도
대만은 중국 본토에 있는 공장과 기업의 최대 외국인 투자국으로서 미
국, EU, 일본보다 투자 규모가 훨씬 크다. 대만의 실용주의자들은 중국
과 더욱더 밀착된 공동시장을 형성하여 보다 활발하게 투자하기를 원
하며, 중국은 자국에서 사업을 하는 대만 중소기업들에 40억 달러의 대
부를 제공하며 이에 호응해왔다. 중국으로서는 그토록 충실하게 자신
의 경제성장을 돕고 있는 그 섬을 공격할 마음이 전혀 없다.[41]

해협을 따라 간간이 무력을 과시하는 행위가 발생함에도 불구하고,
중국과 대만의 실질적인 상호 식민화는 빠르게 진행되고 있다. 그렇지
만 오늘날 대만은 땅이 하늘을 집어삼킬 리 없는 만큼이나 중국을 정치
적으로 흡수할 생각이 전혀 없는 게 분명하다. 그런가 하면 중국은 민
족주의자들의 정권탈취에 취약하고 본토 이주민들을 주변으로 내모는
경향을 보여 온 대만 민주주의를 그다지 존중하지 않는다.[42] 베이징에
서 만난 한 중국인 사업가는 이렇게 말한다. "대만도 자본주의의 거친

초기 단계를 거치고 난 다음에
야 사회발전에 초점을 맞추어
제1세계가 됐습니다. 우린 그
런 그들의 경제사회를 모방할
뿐입니다."

대만보다도 한 수 위인 홍콩
은 줄곧 세계에서 가장 자유로
운 경제도시라는 평가를 받아
왔다. 또한 홍콩은 중국인들이
서구적 교양이나 민주주의에
어떻게 단련돼갈 수 있는지를
보여주는 모델로 여겨지기도

했다. 홍콩의 마지막 영국 총독인 크리스 패튼(Chris Patten)의 말처럼,
1997년에 "최후의 영국 식민지가 최후의 공산독재에 항복"함으로써
중국은 제조업 종사자가 이제 열 명 중 하나가 안 되는데도 연간 수출
총액은 인도나 러시아보다도 많은 이 세계금융 중심지를 선사받았다.

홍콩 섬과 주룽(九龍) 반도에서 토지 개간사업이 진행되면서 그 사이
에 있는 근사한 빅토리아 항(Victoria Harbor)이 줄어들었다. 이 개간사
업은 중국에서 가장 부유한 지역인 주장(珠江) 삼각주 상부 도시인 선
전, 광저우와 홍콩 사이의 간극을 좁히는 상징적인 공사다.[43] 주장 삼
각주는 과거에는 해상 실크로드 상의 영국 화물집산지였고, 지금은 수
출가공지대로 변모한 옛 월나라 도시들이 과거의 영광을 되살리고 있
는 곳이다. 중국의 라스베이거스로 불리는 마카오와 하이난 섬(海南島)
에서는 대만인, 한국인, 홍콩인 투자자들이 대규모 기반시설 프로젝트

를 추진하고 있다. 이들은 부동산을 사들여 수익성이 좋은 호텔과 휴양지를 건설하고, 본토 전역에서 이곳으로 중국인들을 실어 나르는 저가 항공편을 운항할 것이다. 베이하이(北海)는 베트남과 해상 무역을 하기에 이상적인 곳이다. 한편, 홍콩의 대기와 물은 주장 삼각주 상부에서 떠내려 온 오염물질에 의해 더러워지고, 홍콩의 정치는 통치권이 이양되기 전보다 더 심하게 부패하고, 홍콩의 경제는 재산권 침해에 시달리고 있다. 대만처럼 홍콩도 해가 갈수록 더 중국적이고 덜 독립적인 체제가 돼가고 있다.

권위주의 정부와 자본주의 경제

'한 나라 두 체제'라는 말은 더 이상 중국과 대만의 분리를 가리키는 말이 아니다. 또한 '시장레닌주의(Market Leninism)'를 지칭하는 말도 아니다. 서방에서는 권위주의 정부와 자본주의 경제가 서로 양립할 수 있음을 입증해보일 수 있는 나라는 없다는 게 역사적 진리로 여겨진다. 하지만 중국에서 권위주의 정부와 자본주의 경제의 공존은 엄연한 현실이다.[44] 외부 세력은 중국의 불가해한 제국정치 속을 뚫고 들어간 적이 없다. 따라서 "중국은 우리가 원하는 대로가 아니라 있는 그대로 존재한다"라고 매듭짓는 것이 마땅하다.[45]

　마지막 황제 푸이(溥儀)는 최고통치자에서 일개 공산당원으로 강등되면서 이렇게 말했다고 한다. "공산당은 너무도 위대해서 사람의 육체를 물리적으로 소멸케 하는 것이 아니라 잘못된 사상을 소멸시킵니다." 사상적 결함이 결코 적지 않았음에도 당은 지난 반세기 동안 반혁명을 겨지 않았다. 중국인들은 이를 두고 완곡하게 '명령 철회'라고 표현한다. 당의 단일 목표는 어떤 수단을 써서라도 이 명령체계를 계속 유지하는 것이다. 사실 당은 거의 경쟁에 부딪히지 않는다. 5천 년 동안 '인민'이 '하늘의 명령'을 받드는 자가 됐던 적은 단 한 번도 없기 때문이다. 마오이즘은 불신받을지 모르지만, "정치권력은 총구에서 나온다. 고로 당은 총을 장악해야 한다"라는 마오의 금언은 여전히 유효하다.

톈안먼(天安門) 사태(1989년 6월에 베이징의 톈안먼 광장에서 민주화를 요구하며 대규모 시위를 벌이던 학생, 노동자, 시민들을 당국이 무력으로 해산시키면서 많은 사상자를 낸 사건─옮긴이)와 소련 붕괴는 비슷한 시기에 일어났지만, 이후 두 나라는 매우 다른 길을 갔다. 중국은 전략적으로 공산주의를 포기했다. 그리고 그것을 대체한 것은 러시아식 신권위주의와 종말론적 자본주의가 아니라 '아시아식 협약(Asian compact)'이었다. 내전으로 권력을 장악한 후 급조된 당 기구는 이제 모순적인 '민주집중제(democratic centralism)'를 실시하면서, 그것이 마치 수천 년 역사를 통해 물려받은 지혜의 유산이라도 된다는 듯 자랑한다. 어떤 면에서 그것은 사실이다. 공자의 사상이 당의 두 기둥인 국가자본주의와 사회민주주의의 정당성을 폭넓게 입증해보이고 있기 때문이다. 유학(儒學)은 사회 안정과 권위 존중, 능력주의, 솔선수범을 강조한다.[46] 베이징의 명문대인 칭화대(淸華大) 캠퍼스의 연지담(蓮池潭)에는 이제 공자상이 서 있다.

당이 이념을 어떻게 조절하든, 몇 가지는 절대로 불가능하다. 약 4,500만 명의 기독교인과 3천만 명의 무슬림들에게 종교의 자유는 허용되지 않는다. 이미 아편중독의 고통을 경험한 바 있는 중국이 마르크스가 '대중의 아편'이라고 한 종교가 자유롭게 전파되는 것을 허용할

리 없다. 대만, 티베트, 신장 문제 등 영토 분쟁에 관해서는 어떠한 타협도 이루어질 리 없다. 정부는 그 모든 땅덩이를 이전 그 어느 때보다도 강하게 끌어안을 힘을 갖고 있다. 웅장한 무협영화 〈영웅〉은 모든 제후국을 아우르는 천하통일의 중요성을 예술적으로 그리고 있다.

당은 중국 역사상 그 어떤 왕조보다도 강력하고 정교하며 복잡하다. 나라를 개인의 자산으로 여기는 어린 황제들 대신, 오늘날에는 수많은 비즈니스 엘리트들을 거느리고 사업계획을 세워 추진하는 MBA 황제들이 있다. 덩샤오핑 시대 이후에는 기술관료들이 실력을 겨루어 영향력을 확보하고, 과거 어느 때보다도 더 큰 책임을 지기 시작했다. 머지않아 당 관료들에게 임기제가 부여될지도 모른다.[47]

여러 정당이 권력을 다투는 체제보다 한 정당이 전권을 쥐는 체제가 훨씬 더 부패할 확률이 높음은 두말할 나위 없다. 중국의 조직적인 부패는 아직 서 있기는 하지만 열매는 맺지 못하는 썩은 나무에 비유돼왔다.[48] 매관매직, 크고 작은 기업들에 대한 간섭, 공적자금 불법유출, 생산안전기준 부재, 농민재산을 몰수하여 개발업자들에게 팔아넘기기, 은행 부실경영, 자금조달을 위한 지방관청과 군대의 저급 호텔과 병원 운영 등은 중국 정치와 자본주의의 비뚤어진 유착을 보여주는 사례의 일부분에 불과하다. 베이징의 황궁도 책임을 면할 수 없다. 궁전 전시관 곳곳에서 놋쇠 명판에 새겨진 아메리칸 익스프레스의 로고를 볼 수 있다.

하지만 중국인들은 자신들이 외세에 착취당할 수도 있는 약한 나라가 아니라 강한 나라에서 이전보다 잘살고 있다고 믿는다. 서양에서는 법이 엘리트층으로부터 하층계급을 보호하는 역할을 해온 데 반해서, 중국에서는 법이 위에서 내려와 인민들에게 전달돼 왔다. 2004년 중국에서는 7만 4천 건의 시위가 일어난 것으로 보도되었는데, 대부분이 당에 맞서 일어난 혁명의 큰 파도가 아니라 물가상승과 토지 압류에 항의하고 노동권을 요구하는 시위였다.[49] 농민 소요도 대부분 재분배에 대한 요구가 아니라 정부 고위인사들의 부당한 처사에 대한 항의였다.[50] 자기희생이 문화적 속성으로 강하게 남아 있고, 꾸준히 계발돼온 국가에 대한 충성심도 여전히 탄탄하다. 무엇보다도 당의 인기가 오히려 올라가고 있는 것 같다.[14]

중국은 아직 민주주의 국가가 아니다. 하지만 동무에서 시민으로, 법에 의한 지배에서 법치로의 이행이 톈안먼 사태 이전부터 시작됐다. 수백만 가족이 이제 처음으로 재산권을 갖고서 전 지역을 신용소비 영역으로 해방시켜간다. 잘못한 관리에 대한 태형이 이제 더 이상 붉은 담벼락 뒤에서 은밀하게 집행되지 않고 공개적으로 행해져 언론에도 보도된다. 2007년에는 안일한 자세와 뇌물수수에 대한 경고로 국가의 식품안전을 책임진 고위관리가 처형됐다는 소식이 널리 보도되기도 했다. 부패한 지사는 해임되고, 악한 경찰은 구속되며, 윤리 소책자가 배부되고, 정부부처의 예산이 온라인에 공지된다. 백만 개 이상의 마을에서 지역문제를 관리하는 위원들을 뽑는 선거를 실시했는데, 내부자들이 너무 많이 나서는 바람에 이 제도는 아직 시험 중에 있다. 정부는 민주주의가 조롱당하기 전에 이 결함이 시정되기를 바라고 있다. 시 공무원들은 이제 리서치업체들을 이용하여 대중의 여론과 우선 관심사를

---

14) 중국인들에게 민주주의는 경쟁하는 정치방식이 아니라 부패를 막고 투명성을 높이는 도구다. 거대한 인구에도 불구하고 청원이 여전히 민주주의보다도 효과적인 무기다. Bell, *East Meets West*, 138~41을 보라.

조사한다.

　중간소득 인구가 목표치에 도달하는 2050년경까지 중국은 민주화 요구나 다른 어떤 제도 변화에도 눈을 돌리지 않을 것이다.[51] 사실 중국에 완전한 민주주의가 출현하려면 한 세기 혹은 그 이상의 시간이 걸릴지도 모르며, 그 경주는 순전히 국내 시합일 뿐 외국의 요구에는 전혀 응하지 않을 것이다.[52] 중국은 좀 더 증진시킬 수 있는 정보 환경 자유화와 같은 것도 서구식 논리라는 이유를 들어 배격한다. 이미 수천만 명에 달하는 인터넷 사용자의 수는 계속해서 더 늘어나고 있지만, 아직도 수많은 웹사이트가 차단돼 있으며, 사전승인 없이 자연재해를 보도하는 언론은 제재를 받는다.[53] 하지만 건전한 토론, 투명성, 대중 교육을 위해서는 자유로운 언론 환경이 기본적으로 갖추어져야 한다. 상을 받은 많은 영화제작자와 작가들이, 진실을 말하는 것과 거짓을 말하는 것이 모두 위험한 이 나라를 떠나 망명생활을 하고 있는 한, 중국이 국제적으로 진심 어린 존중을 받기는 어렵다. 중국이 서방세계에서 더 많은 교훈을 받아들인다면 훨씬 더 훌륭하게 동방 세계를 이끌어갈 수 있을 것이다.

세계 권력의 대이동은 시작되었다

운명을 이겨내는 갑옷은 없다

21세기 초 지형의 유동성을 쉽게 판단하기는 어렵다. 미국이 국제사회를 멀리할지 끌어안을지 망설이고 있을 때, 중국공산당 정치국은 여전히 오리무중이고 EU는 전략의 지렛대를 조심스럽게 들어 올린다. 이들 세 파워가 지배하는 세계를 대체할 수 있는 시나리오가 있다면 환대받을 게 틀림없다. 미국이 과소비를 지속할지, 유럽이 팽창을 계속할지, 중국이 환경적 사회적 부담을 감당할 수 있을지 지금으로서는 확실히 알 수 없다. 만일 자신이 현재의 약속을 계속 이행할 수 없거나 주변지역들과의 결합이 너무 버거우리라 판단한다면 이들 세 슈퍼파워는 모두 축소지향적인 정책을 쓸지도 모른다.[1] 하지만 어떠한 경우에든 흥망과 대립의 숙명적인 역사순환이 계속될 거라는 사실에는 변함이 없다.[2]

미국이 세계에서 존중을 받으며 자기홍보를 할 수 있었던 기반은 자유의 군사적 수호자이자 홉스적이고 다원적인 세계에서 가장 부유한 사회이며 가장 활기찬 민주체제라는 지위였다.[3] 그러나 미국은 홉스와 다윈, 둘 다를 잘못 이해했다.[4] 홉스는 인간을 혼란과 투쟁의 상태로 몰아가는 것은 한스 모겐소(Hans Morgenthau)가 권력욕(animus dominandi)이라고 지칭했던 것이라고 믿었다. 그리고 그것을 억제하기 위해 필요한 것은 사람들 위에 군림하며 포악무도한 절대권력을 행사하는 단 하나의 리바이어던(Leviathan, 구약성서 《욥기》에 나오는 거대한 영생 동물의 이름인데, 홉스의 철학사상에서는 교회권력으로부터 해방된 국가를 가리킨다―옮긴이)이라기보다는 '교회와 시민 공동체의 내용, 형태, 권력 (the Matter, Forme, and Power of a Commonwealth Ecclesiastical and Civil)'이라고 보았다.[5] 다윈도 완력이 장수를 보장한다고 주장한 적이 없다. 그는 "살아남는 것은 가장 힘센 종이나 가장 영리한 종이 아니라 변화에 가장 잘 적응하는 종이다"라고 썼다. 홉스와 다윈이 주는 진짜 교훈은 어떤 힘도 단독으로는 타자를 지배하지 못하며, 적응력이 가장 뛰어난 체제가 최후의 승리를 거머쥔다는 것이다.

슈퍼파워는 존재 이유가 사라지면 단 한순간도 더 버티지 못한다. 부시 미 대통령은 "테러와의 전쟁"과 "악의 축"에 관한 한 미국이 "선제 공격을 해야 하고 또 공세의 고삐를 늦추지 말아야 한다"라고 거듭 주장했다. 그러나 미국은 이미 오래전부터 경쟁자들을 가루로 만들어버릴 수도 있을 만한 군사력을 갖추었음에도 자신이 매우 심각하다고 단정한 위협들 중 단 한 건도 해소하지 못함으로써 군사적 무기력을 드러냈다.[6] 뿐만 아니라 미국은 그동안 가장 군사적인 자세를 견지해왔던 곳인 아랍과 동아시아에서도 그 영향력이 빠른 속도로 줄어들고 있다. 일부 미국인은 전략지역에서 역외균형(offshore balancing, 강대국이 우호적인 지역 강국을 이용하여 잠재적인 적의 발흥을 저지하는 전략—옮긴이)이라는 제한된 대전략(grand strategy, 국가목표를 달성하기 위해 장기간에 걸쳐 국가의 모든 힘을 두루 동원하는 것—옮긴이)을 채택하라고 조언하지만, 이조차도 파탄 난 이론의 수동공격적(passive-aggressive) 형태일 뿐이다. 가장 부드러운 헤게모니하에서도 벙커 파괴용 핵탄두에 당의를 입히며 벙커버스터를 규제하는 조약을 거부하기는 어렵다. 헨리 키신저의 말대로 "힘으로 세계를 정복할 수 있을지는 모르지만 힘 자체를 정당화할 수는 없다."

아이러니는 미국이 설령 온화한 '우연의 제국'에 지나지 않더라도, EU와 중국에 맞서 자신의 비전을 지키려면 제국에 걸맞은 행동을 할 수밖에 없다는 사실을 점점 더 분명하게 느껴가고 있다는 것이다.[1] 미국은 다른 슈퍼파워들에게 힘의 정치를 한다고 질책하고, 그들은 미국의 세력독점 기도에 계속 저항한다.[2] 미국이 지배하고 있다는 그릇된

---

1) 미국은 반식민주의를 표방하지만 여전히 제국적이다. 그 증거는 해외 전쟁터에 나가 있는 미국인들에 대한 니얼 퍼거슨(Niall Ferguson)의 묘사, "그럼 이제 우리 집에 갈 수 있는 거야?"에서 애교스럽게 포착된다. 사실 미 제국주의는 서부개척 시대로부터 20세기의 반패권적 개입기를 거쳐 인권, 민주주의, 테러와의 전쟁, 석유를 내세운 오늘날의 개입에 이르기까지 끊이지 않고 이어져왔다. 지금까지 계속되고 있는 민주당과 공화당 간의 논쟁은 미국이 개입해야 하느냐 아니냐의 문제가 아니라 언제 어느 곳에 개입하느냐의 문제일 뿐이다. 존 퀸시 애덤스(John Quincy Adams)가 예측한 대로, "때려 부술 괴물을 찾아 해외로 나가는 것"을 정당화하는 미국의 명분은 결코 동나는 법이 없는데, 바로 앤드루 바세비치(Andrew Bacevich)가 '○○○의 자유 작전'으로 공식화한 것에 착수만 하면 그뿐이다.

2) 카(E. H. Carr)는 제1차 세계대전과 제2차 세계대전 사이의 지정학 왈츠에 대해 이렇게 쓰고 있다. "영어권 출신의 유토피아 작가들은 국제연맹이 창설되었으니 국제관계에서 이제 힘이 배제될 거라고 진지하게 믿었다. …… 흔히 1931년 '힘의 정치로의 복귀'라고 불린 것의 실상은 현상유지 세력들이 향유한 힘의 독점 상황의 종식이었다." *The Twenty Years' Crisis*를 보라.

상념은 제2세계 구석구석에서 발가벗겨지고 있다. 동유럽은 EU를 통해 안정될 수 있고, 중앙아시아의 틀은 중국이 주도하는 상하이협력기구에 의해 확립될 수 있다. 남미는 미국을 거부할 수 있고, 아랍 국가들은 미국의 패권을 수용하지 않을 것이다. 또한 군사적 수단만으로는 중국을 동아시아 내에 묶어둘 수 없다. 이렇듯 지정학적 반란이 착착 진행되고 있다.

세계는 이제 더 이상 미국을 필요로 하지 않는 걸까?[7] 미국의 지배력이 약해지는데도 반미는 계속된다.[8] 미국인들은 중국의 불확실한 행로가 미래의 주된 'X 인자'라고 자주 이야기하지만, 원칙이 불확실하다는 측면에서는 미국도 중국과 다를 바 없다. 각각의 관점이 다르다보니 미국의 입지에 대한 합의가 이루어지지 않는 것이다. 미국은 이제 배신자 앨비언(Perfidious Albio, 믿을 수 없는 영국)의 망토를 두르고 있다. 이상적인 민주주의도, 메시아 같은 헤게모니도 미국의 신뢰를 복원시킬 수 있는 듬직한 기대주가 아니다. 보이지 않는 손의 화신이던 미국은 이제 시장통에서 경쟁을 벌이는 몇몇 행상이나 브랜드 중 하나와 같은 처지가 되었다. 미국의 질문은 "그것을 해서 우리가 얻는 게 뭐지?"에서 "우리는 왜 거기 없는 거지?"로 바뀌었다. 국제회의나 정상회담은 미국 비자가 전혀 필요 없는 곳에서 열리고 있다. 헤지펀드에서 온라인 도박에 이르기까지, 상장기업들은 뉴욕보다 런던이나 홍콩을 점점 더 선호하는 추세다. 알자지라 인터내셔널은 2006년에 미국만 쏙 빼놓고 전 세계에 영어 방송을 시작했다. 세계적 스포츠인 크리켓과 축구는 미국에서만 여전히 찬밥 신세다. 미국이 우위에 있을 때 미국에 유리하게 작용한 것은 부드러운 힘뿐이었다.

이제는 딱딱한 힘도, 부드러운 힘도 잘 작동하지 않는 가운데 미국은, 역사는 누구에게나, 즉 미국에도 적용된다는 사실을 배워가고 있다. 고무줄이 늘어날 때보다 줄어들 때의 속도가 훨씬 빠른 것과 비슷하게, 제국은 일단 최전성기에 도달하고 나면 얼마 못 가 곧 무너져 내린다. 미국은 약 1세기 전에 파리평화회의에서 그랬던 것처럼, 유라시아 '세계섬' 양쪽 끝에 있는 유럽과 아시아 열강들에게서 안전하게 멀리 떨어져서 그들에게 지침을 내릴 수 있기를 바란다. 파리평화회의 후에 해럴드 니콜슨 경(Sir Harold Nicolson)은 "미국은 대서양을 방패막이 삼아 자기 책임에는 거리를 두면서 자기 잇속만 챙기려 했다"라고 비난했다.[9] 그러나 동맹국들이 기꺼이 부담을 공유해주어야만 지리적 분리는 이점이 된다. 레이몽 아롱(Raymond Aron)은 미국의 간접적인 세계지배 체제를 가리켜 '공화제국(imperial republic)'이라 불렀다. 그런데 미국이 세계 곳곳에서 동맹국들을 잃고, 미국의 '자발적 동맹'이 이기적인 정략에서 나온 말장난 같은 느낌이 강해지면서 제국의 수익률은 크게 줄어들었다. 오늘날의 미국은 진정한 리더로 행세하기보다는 혼자서 일을 처리해야 하는 경우가 훨씬 더 많아졌다. 이와 동시에 우연의 일치라고 볼 수 없을 정도로 미국의 군사적, 재정적, 도덕적 영향력도 줄어들고 있다.[10] 북대서양조약기구를 기반이 그리 튼튼하지 못한 '민주주의 축(Axis of Democracy)'으로 전환한다고 해도 사태는 호전되지 않을 것이다. 이라크 모험의 실패로 미국은 의심할 바 없는 영국의 충성심에 손상을 입혔고, 일본은 동아시아에서 갈수록 조심스러운 행보를 하고 있다. 두 나라 모두 미국의 위장 동맹국들보다 더 나을 게 없다. 전에는 분명히 미국의 안보우산 아래에 있던 다른 많은 나라들도 이제 '가죽끈을 풀고서' 미국으로부터 자율성을 확보하기 위해 독자적인 힘을 기르고 있다.[11] 세계라는 몸속의 각 기관들이 미국의 외과적 삽입을 거부함에 따라, 미국인들은 전 세계에 대한 개입의 비용과 결과가 과연 그만한 가치가 있는 것인지 판단할 수 없게 되었다.[12] 미국 내의 이런 불만과 전 지구적 임무를 홀로 감당할 수는 없다는 자각이야말로 제국이 과도하게 팽창했다는 핵심 지표다. 토인비가 경고했듯이 "운명을 이겨내는 갑옷은 없다."[13]

미국의 외교정책은 종종 테러와의 전쟁, 무역확대, 에너지 안전, 분쟁 해결 등 많은 의제들로 인해 산만해지거나 그에 압도당하고 있다. 무엇보다 위기관리에 집착하는 모습이 미국이 이러한 전략적 최우선 과제들을 제대로 수행하지 못하고 있음을 말해주는 분명한 징표다. 하지만 제국의 외교에는 척 보아도 구별되는 관료들의 실크해트나 경영 자문회사에 더 적합한 범용 정책들이 아니라 다면적인 추론이 요구된다.[14] 조지 케난은 자신의 제도를 대변하는 것과, 다른 제도들이 자신의 생각대로 바뀔 수 없음을 알면서도 그에 지지를 표하는 것 사이의 긴장에 대해 썼다. 미국의 외교는 두 범주 모두에서 실패했다는 선고를 받은 것 같다. 국무부를 세계 최대의 여행사로 운영하느라 여념이 없는 방대한 인적자원은, 지역에 관한 깊숙하고도 연속적인 전문지식과 광범위한 세계 각 지역의 사정들을 익히는 일에 일생을 바칠 용의가 있는 사람들을 필요로 하는 제국에는 어울리지 않는다. 반란 수습 전문가 데이비드 키컬런(David Kilcullen)은 "외교기관 전체를 합친 것보다 국방부 악대에 고용된 음악가들이 훨씬 더 많다"라고 지적해왔다.[15] '특사' 분쟁조정자들이 전문 경력을 갖춘 대사들을 대체하면서 아마추어 외교가 이루어지기 시작했다.

동맹을 맺지 않고 줄을 서는 세계에서, 외교 운동장은 각기 다른 이데올로기 접합제로 굳혀지고 있는 미국의 제휴, 유럽의 합의, 중국의 협의식 제국운용 방식에 싸움을 붙인다. 미국은 군대와 정권보호와 원조를 제공하고, 중국은 조건 없는 풀서비스 관계를 맺으며, 유럽은 깊숙한 개혁 및 EU와의 경제적 유대관계를 제공한다. 제국의 연결망이나 영향권이 겹치면서 제2세계 국가들은 둘 이상의 줄을 잡는다. 제국들과의 관계에서 균형을 맞추고, 상황에 따라 어느 한 곳에서는 경제적 지원을 받고, 다른 데서는 군사원조를 받고, 또 다른 곳과는 무역관계를 맺는 식이다.[16] 미국, EU, 중국은 갈수록 친구이자 적처럼 행동한다.

슈퍼파워는 불개입이 영향력의 포기나 다를 바 없는 것으로 간주되는 그러한 경쟁시장에서 성공하는 길을 택하지 않을 수 없다.[17] 미국이 멋대로 행동하는 제2세계 국가들을 끌어안으려면, 즉각적인 정치개혁을 조건으로 방대한 경제, 기술, 안보 분야의 유인책들을 과감하고도 공개적으로 제공하여 떨어진 위상을 복원시킬 수 있어야 한다. 토인비가 '행진병(marchmen)'이라 부른 제국의 기간요원들, 즉 제국의 생활방식을 여러 차원으로 전파하는 보병들을 점점 더 대규모로 배치하는 경주가 벌어지고 있다. 미국은 새로운 '변환외교(transformational diplomacy)'를 통해 험지에 더 많은 외교관을 (때로는 단독으로) 파견하여 미국의 존재감을 강화시켜왔다. 유럽집행위원회도 통상, 개발, 정치 전문가들로 구성된 독자적인 외교단을 창설했고, 중국 역시 세계 곳곳의 전초기지와 원조노동자 요원 수를 늘려왔다.

그러나 그러는 사이에도 제2세계의 반제국주의 벨트를 구성하고 있는 베네수엘라, 이란, 카자흐스탄, 리비아, 말레이시아 등등은 워싱턴이나 브뤼셀, 베이징과의 관계만큼이나 자신들 사이의 유대관계를 구축하는 데도 계속 관심을 쏟을 것이다. 그들은 개개의 슈퍼파워가 자신의 성공을 위해 제공하는 것 중 가장 좋은 것들을 잘 조합해가는 데 그치지 않고, 직접 파트너 관계를 맺어 매장된 석유도 추출하고, 정보도 공유하고, 테러에 공동대응도 하고, 빈곤도 줄이고, 자본통제도 실행하고, 현대적인 기반시설도 건설해갈 것이다. 그들은 또한 독자적인 경제 구역과 개발은행, 평화유지군, 형사법정 등을 만들어갈 것이다. 아랍인, 남미인, 동아시아인을 직접 연결해주는 항공편이 많이 늘어났다. 슈퍼파워들로서는 세계적인 기구를 통해 작업하기보다는 지역 대사들을 두는 편이 더 효율적일 것이다.[3] 그러나 미국은 이제 더 이상 세계가 자신의 세상이 아님을 깨달아 갈수록 내부를 더 응시해야만 한다. 정점에 이른 힘이 나아갈 방향은 아래쪽뿐이기 때문이다.

제국의 과대팽창이 불러온 쇠퇴

이미 제3세계에서 제2세계로 진입한 중국은 여전히 강력한 상승 기류를 타고 있다. 유럽은 자신의 제2세계 주변부를 빨아들이며 그 나라들을 제1세계로 끌어올리기 위해 애쓰고 있다. 그러면 오랜 기간 제1세계의 상징이던 미국은 어떨까, 제2세계로 미끄러져 내려갈까? 모든 제국이 다 그렇듯이 미 제국의 사망을 생각할 때에도 인식상의 일정한 불일치가 있다. 그러나 문명은 "어떤 상태가 아니라 운동이며 항구가 아니라 항해"라고 토인비는 설명했다. 문명이 어떻게 붕괴하는지를 이해하려

---

3) UN 안전보장이사회에 지역대표를 상임이사국으로 두고 그들이 각 지역에 속하는 나라들이 돌아가며 맡게 하자는 안이 일부 개혁방안에 오를 정도로 지역적 사고의 중요성은 커졌다. 미국은 지역담당 차관보를 펜타곤의 지역사령관(CINC) 수준으로 격상시키고, 관할지역에 대한 그들의 의사결정과 정책조정 권한을 대폭 강화할 수도 있다.

면 "우리의 지적 시야를 경계선 너머로까지 확대해야만" 한다. 토인비는 제국의 성격에 관한 연구를 통해, 제국 몰락의 가장 일반적인 원인은 군사주의와 창조적 소수의 타락임을 발견했다. 과거의 제국들은 내부의 거짓으로 파멸했고, 소멸하는 제국들이 "야만족의 침입을 받은 데는 제각기 그럴 만한 이유가 있었다." 강력한 무장과 강권 통치자들이 미국의 몰락을 감출 수는 없다. 그것이야말로 몰락의 중요한 상징이기 때문이다.[4]

> **미국United States**
> 면적 : 982.7만㎢
> 인구 : 3억 382만 명('08)
> 수도 : 워싱턴(Washington)
> 인종 : 백인(80%), 흑인(12.9%), 아시아계(4.4%), 인디언(1%)−히스패닉(15.1%, 흑백유색 불문)
> 언어 : 영어(82.1%), 스페인어(10.7%)
> 종교 : 개신교(51.3%), 로마가톨릭(23.9%), 모르몬교(1.7%), 유대교(1.7%)
> 정체 : 공화제(연방)
> 행정구역 : 50개 주, 1개 특별구
> GDP : 13조 7,800억$('07)
> 1인당 GDP : 45,800$('07)
> 수출 : 1조 1,480억$('07)
> 수출품 : 자본재, 산업용품, 소비재, 농산물의 순
> 수입 : 1조 9,680억$('07)
> 수입품 : 산업용품, 소비재, 자본재, 농산물의 순
> 주요 교역국 : 캐나다, 중국, 인종, 일본, 독일, 영국
> 인터넷 사용자 : 2억 2,300만 명('08)

미 제국의 과대팽창이 경제적 지배력 쇠퇴와 맞물려 진행되면서 세계적 리더십의 토대 자체를 허물어뜨리고 있다. 미국은 로마처럼 야만족들에게 약탈당하지는 않을지 모르지만, 스페인 제국처럼 해외 자금 조달과 변절하는 동맹국들에 의존하여 제국을 운영해가는 취약점은 거의 극복할 수 없는 지경에 이르렀다. 제2차 세계대전 이후 미국이 세계 경제에서 차지하는 비중은 50퍼센트에서 25퍼센트로 떨어졌고, 유럽과 아시아가 다른 두 개의 세계−지역(world-region)을 구축했다. 냉전기에는 미국의 동맹국들이 자신들을 보호해주는 미국의 군사적 임무를

---

4) 슈펭글러는 기술과 문화의 쇠퇴가 문명 몰락의 주된 원인이라고 경고했다. *The Decline of the West*를 보라.

뒷받침하기 위해서 달러화가 과대평가될 필요가 있음을 알고는 그것을 용인했지만, 이제 그러한 동맹국들의 호의는 빠르게 식어가고 있다. 중국과 일본은 미국 달러의 양대 보유국이다. 역사상 처음으로 세계의 기축통화가 채무국, 그것도 라이벌에게 빚을 지고 있는 나라의 통화인 사태가 벌어지고 있는 것이다.[18] 미국의 재정 및 무역 불균형으로 달러가 더 이상 가장 안전한 투자처가 되지 못하면서, 외환보유나 석유와 같은 상품 가격산정의 점진적인 다변화가 진행되고 있다. 세계에는 주요 통화가 여럿 있지만, 만인이 그 가치를 끊임없이 주시하고 있는 통화는 미국 달러와 유로, 중국 인민폐, 이렇게 셋이다. 유로에 분산투자를 하는 나라와 투자자들이 많아질수록, 미국이 적자를 메우고 값비싼 군사적 모험을 강행하는 데 필요한 자금을 조달할 수 있는 여지는 줄어든다. 그러나 재정 및 무역 적자는 조지프 스티글리츠(Joseph Stiglitz)가 말하는 '흥청망청 소비(consumption binge)'의 결과이므로 미국은 음악이 그친 뒤 남는 게 별로 없을 것이다.[19] 그리고 미국의 채무상환액이 이미 미국에 투입되는 투자액을 초과하고 있기 때문에, 미국은 다음 세대의 부까지도 축내며 사실상 나라를 더 가난하게 만들고 있다. 미국의 재정 모험주의는 군사 모험주의와 쌍벽을 이룬다. 이 둘은 미 제국의 전차가 어떻게 추진력이 아니라 관성에 의해 미끄러져 나아가고 있는지를 보여주는 상징이다. 탱크에 연료가 떨어지고 있는 것이다.

미국은 협약을 개선해야 한다거나 세계를 지키는 자신의 입장을 감안해야 한다는 등의 명분이나 이유를 내세우며 교토 의정서(Kyoto Protocol)나 국제형사법정(International Criminal Court)과 같은 국제협정에 가입하지 않는 것을 정당화한다. 하지만 자국 내에서의 일탈은 무엇으로 설명할 수 있을까? 심리학자 에릭 에릭슨(Erik Erikson)이 언젠가 "이게 미국의 진짜 특성이려니 생각한 것은 모조리 그와 정반대되는 속성을 함께 지니고 있다"라고 지적할 만큼 가지가지 모순덩어리인 미국을 분석하기란 쉽지 않다.[20] 예를 들어 관대함과 이기심은 본질적이면서도 상반된 미국의 두 가지 속성이다. 하지만 한 사회의 전쟁방식이 그 사회의 성격을 반영한 것이라면 자제심이 미국의 덕성이 아님은 분명하다.

미국은 자유, 행복, 기회와 같은 이념들을 구현하고 있다고 주장할지 모르지만, 이제 다른 나라들과 비교하며 실제로 검증을 해보아야 한다. 미국인의 삶의 질은 악화되고 있고, 거대한 땅덩어리는 상황을 더 어렵게 만들고 있다. 노동자들의 평균소득과 소득불평등 면에서 미국은 경제협력개발기구(OECD) 회원국 가운데 최하위 그룹에 속하는 수준이다. 개인의 행복도 면에서도 비슷한 순위다. 최상층 부자들은 거품경제 속에 살면서 자기 나라만큼이나 다른 나라 경제에도 기여를 한다. 최상위 13만 명의 소득이 총 3억 인구 중 하위 40퍼센트의 소득과 맞먹는다. 시티뱅크의 애널리스트들은 미국경제를 일컬어 부유한 소수가 다수 대중들보다 경제에 더 많은 동력을 대는 '플루토미(plutonomy, 부호계급Plutocrat과 경제Economy의 합성어로 부자경제라는 뜻—옮긴이)'라 부른다.[21] 상류층에서는 연료를 많이 잡아먹는 SUV자동차와 다이아몬드 시장이 성장해온 반면에, 하류층에서는 매년 추수감사절 무렵이면 선물을 사려 대형 할인마트에 몰려든 인파들 가운데 가끔 사상자가 발생하기도 한다. 미국은 더 이상 중산층의 나라가 아니라, 양극단이 고전적인 제2세계 식으로 조합된 나라가 돼가고 있다. 지난 30년 동안 미국 노동자계급의 실질임금은 전혀 오르지 않았고, 노동자의 수가 늘 때도 노동분배율은 줄어들었다.[22] 2004년 대선 때 제기된 '두 개의 미국'이라는 개념이 바로 중간층이 사라지고 있는 현상을 포착한 것이다. 미국 어린이의 5분의 1은 가난하게 자라나고 있고, 극빈 인구가 4,500만 명에 이른다. 뉴욕 시에서는 다수의 저소득층 가정들이 정식 주택을 가질 여력이 없어 공동숙소로 집을 옮겼다. 부동산 거품이 꺼질 때 이들이 피해를 볼 일은 아마 없을 것이다.

미국은 다른 제1세계 국가들에 비해 건강한 나라가 아니다. 미국인은 자유시장 이데올로기에 따라 살고 있다지만, 건강보험이 없는 4,500만 명의 미국인들도 그런 방식을 원하는 것은 아니다. 위급할 때 무료 또는 적정 가격의 진료를 보장받고 싶지 않은 사람은 거의 없을 것이다. 미국은 다른 나라들이 지나치게 관료적인 방식을 취하고 있다고 비난하면서도 자신은 한술 더 떠 마치 해외원조 프로그램을 운영하듯 건강보험체계를 운용하고 있다. 미국 건강보험체계의 관리비용은 천문학적인 수준으로, 수령인에게보다 일반관리비로 더 많은 돈이 빠져나간다. 비만 인구의 증가는 지나친 건강의 상징이 아니라 오히려 값싼 고지방 식품에 광범하게 의존함으로써 발생한 결과다. 미국인이 비행기 여행을 할 때에는 항공기 무게 계산 시 1인당 9.98킬로그램의 무게가 자동으로 얹어진다. 그런가 하면 미국은 방치된 채 굶어 죽을지도 모를 노인들을 보살피기 위해 자원봉사자들의 관대한 손길을 필요로 한다.

지배열강들은 과학기술교육을 통해 라이벌들에 대해 혁신의 우위를 유지하는 법인데, 이 분야에서 미국의 수상 성적은 수직 낙하해왔다. 미국에는 엘리트 대학이 여럿 있지만, 대다수 미국인은 이제 대학교육 과정의 일부만을 요구한다. 또 5년에서 8년 동안 직장에 다니며 등록금을 벌면서 지역대학의 교과과정을 이수하는 사람도 많다. 미국의 고등학교 중퇴율은 32퍼센트인데, 공립학교의 무더기 쇠락이나 파산으로 인한 중퇴가 대부분이다. 문 닫는 학교 가운데 일부는 미군에서 인수하여 군사학교처럼 운영하고 있다.

특권이 사유화된 나라에서, 멋진 아파트와 호텔, 레스토랑, 헬스클럽, 전세 택시 등 잘 돌아가는 서비스들은 모두 엘리트층과 그들의 사경제(private economy)를 충족시키는 것들이다. 그 외의 대다수를 위한 시설들은 형편없다. 도로, 터널, 기차, 버스 등 대중교통 시스템은 곳곳이 망가진 상태다. 광역 인터넷 보급률은 유럽 뒤로 밀려났다. 이동전화망은 표준 미달이며 낡은 택시는 전자결제가 되지 않는다. 설상가상으로 미국은 많은 제2세계 국가들처럼 석유의 저주에 시달릴 조짐을 보이고 있다. 미국의 다수 기반시설은 미국이 세계 최대의 석유 생산국이자 수출국이던 제2차 세계대전 직후의 호황기에 건설되었는데, 오늘날에는 수도관이 새고 발전기가 멈춰 서면서 납과 수은 중독, 간헐적인 대규모 정전사태를 일으키고 있다.[23] 2005년의 몹시 추운 겨울날 뉴욕 운송파업이 일어났을 때, 눈 속을 뚫고 먼 길을 터덜터덜 걸어온 통근자들은 자신들이 마치 제3세계에 살고 있는 것처럼 느껴졌다고 했다.

왜곡된 사회구조가 불평등의 영속화에 유리하게 작용할 때, 미국의 사회경제 원리를 묘사하는 말인 자유방임은 다소 부정확한 표현이다. '기회의 평등'에 당연히 따르는 사회이동성(social mobility)은 갈수록 신화가 돼가고 있다. 이미 바닥에 있는 사람들, 50퍼센트가 고등학교를 마치지 못하는 아프리카계 미국인과 라틴아메리카계 미국인들에게는 더욱 그렇다. 로스앤젤레스에서 브루클린까지, 라틴계 소수자들은 다 쓰러져가는 구역에 모여 폭군 같은 집주인들의 처분에 몸을 맡기고 살아간다. 고급주택화(gentrification)는 제2세계와 제3세계의 빈민가 철거와 별반 다를 게 없는 도시 재개발의 완곡한 표현이다. 저임금 이민

노동자들의 유입은 빈곤층을 확대했다. 그들의 수도 만만치 않거니와 그들의 유입으로 비숙련 미국인의 임금까지 하락시키기 때문이다.[24] 약 20년 전에 로스앤젤레스는 '제3세계의 수도'로 묘사돼왔다. 도시 안의 격리된 이민사회가 보다 넓은 사회와 별다른 관계를 맺지 않고 단지 어떻게든 버티고 살아남으려는 행태를 보이고 있었던 까닭이다.[25] 새뮤얼 헌팅턴도 최근에 미국이 앵글로-프로테스탄트 문화와 용광로 신념이 통합되지 않고 있는 히스패닉 소수자들에 의해 잠식당해왔다면서, 그러나 미국이 정신분열적인 국가가 되지 않는 한 '아메리카노 드림(Americano dream)'이 아메리칸 드림을 대체할 수는 없을 거라고 했다.[26] 그러나 미국인들이 가난한 이들을 돕는 복지국가를 지지하지 않는 일차적인 이유가 빈곤층이 소수집단이기 때문이라면 미국에서 깊은 의미의 '가치 공동체'를 거론하기는 힘들다.[27] 불과 몇 발자국 떨어지지 않은 곳에서 상습적인 폭력이 행해지는 나라에서 백인 보호주의가 지금보다도 더 자주 등장하게 될까? 국토안보라는 개념은 테러 위협 못지않게 남쪽 국경을 통한 불법이민에 대처해야 할 것이다.

미국인들은 미래에 대한 두려움을 내비치지만 그것이 오히려 더 무서운 상황의 도래를 가속시킬 뿐이다. 2005년에 유럽, 인도, 미국, 중국은 모두 거대한 폭풍과 홍수로 큰 타격을 입었다. 독일과 폴란드에서는 수만 명의 생계수단이 휩쓸려 내려갔으나, 정부의 즉각적인 지원에 힘입어 사람들이 재빨리 힘을 합쳐 집과 도시를 복구했다. 몬순이 인도 뭄바이 시내의 상당 부분을 침수시켜 그렇잖아도 궁핍한 생활을 하고 있던 수백만 주민의 집이 물에 잠겼지만, 다행히 사상사는 없었고 상처는 복원되었다. 미국 뉴올리언스도 허리케인 카트리나에 강타당했다. 그러나 긴급구제에 병사들은 엄청난 재앙 앞에 압도당해 버리고, 이후 다양한 정부기관과 자선단체들이 속속 급파됐지만, 무장한 약탈자 무리도 함께 달려와 루이지애나 지사가 결국 계엄령을 선포하지 않을 수 없었다. 이 지역의 소수자 주민들은 자신들의 시민권이 얼마나 하찮은 것인지 뼈저리게 깨달았다.[28] 정부의 사기와 부당이득 관련 소송액수가 수십억 달러에 이르렀다. 카트리나가 습격한 지 꼭 2주 후, 중국 당국은 태풍이 몰려오기에 앞서 이동전화 문자메시지망을 이용하여 동부 해안지방 주민들에게 경보를 내리고 주민들을 소개시켰다. 카트리나가 휩쓸고 지나간 지 1년 뒤에도 많은 주택들이 무너진 채 남아 있고, 몇몇 학교는 개교도 못 하고, 전기도 제한 공급되는 상황이 계속됐다. 그러자 중국의 한 건설회사에서 폐허가 된 미시시피 일대의 여러 도시를 재건해보겠다는 제안을 해왔다. 그때까지도 많은 주민들은 여전히 천막이나 트레일러 생활을 하고 있었다.

미국인의 사회경제적 태도는 무서운 게 아니라면 웃기는 것이다. 다른 나라들과 마찬가지로, 낮은 교육수준과 높은 소득불평등, 낮은 생활수준과 범죄증가 사이에는 보편적 상관관계가 있다. 미국에는 경찰관과 같은 수의(약 75만) 갱 단원들이 있다. 소득불평등과 살인 사이의 관계는 확실하다. "심한 불평등을 용인하는 사회는 반드시 그 대가를 치르게 된다. 그런 사회는 박정하고 폭력적일 것이며, 호의보다는 적의가 흐르는 사회로 인식될 것이다."[29] 토인비가 역설한 대로 모든 사회가 그에 상응하는 야만족을 불러들인다면, 미국의 가장 큰 적은 미국 자신일까? 자신들 외에는 아무한테도 물리적 위협을 받지 않는 미국인들이 왜 그렇게 많은 무기를 필요로 하는지는 여전히 수수께끼다. 미국인들이 소지한 무기는 대부분 서로를 죽이는 데 쓰인다. 많은 지역사회들이 마구잡이 총질의 공포 속에 살고 있을 뿐 아니라, 국가의 목적도 저개발 지역의 재활사업보다는 폭력을 진압하는 방향으로 크게 선회하고 있다. 한편, 미국의 수감자 비율은 세계 최고이고, 사형선고도 늘고 있다. 중국이 아니라 미국이 세계 최대의 죄수 유형지인 것이다. 전 세계 사형집행의 80퍼센트가 미국, 이란, 사우디아라비아, 중국에서 이루어진다. 미국에서 가장 많은 관객을 동원하는 모터스포츠, 격투기 등이다. 죽음을 즐기는 것 같다는 생각이 들 정도다. 대다수의 일본인이나 독일인에게 미국인처럼 사는 건 퇴보일 것이다. 그 두 나라가 세계에서 가장 부유하고 가장 앞서가면서도 불평등은 심하지 않은 나라이기 때문이다.

20세기 초에 연방대법관 루이스 브랜다이스(Louis Brandeis)는 미국은 "민주주의를 확립할 수도 있고 소수에게 부가 집중되게 할 수도 있다. 그러나 둘 다 할 수는 없다"라고 경고했다. 토크빌과 니체는 민주주의의 자연스런 퇴보를 경고했다. 1990년대에 이르러 미국의 삶과 정치의 질이 떨어지면서, 미국 민주주의가 과연 부끄럽지 않은 사회질서를 유지라도 할 수 있을까 하는 근본적인 물음이 제기되었다.[30]

체코의 바츨라프 하벨(Vaclav Havel)은 정치에서의 성공은 재치와 취향의 문제라고 평한 바 있다. 그가 오늘날 미국 정치의 속된 모습을 보면 뭐라고 말할까? 미국 민주주의는 현실보다 이론 속에서 더 잘 돌아가는 것 같다. 남부 출신의 선동적인 정치가들이 권력을 장악하면서 그들의 귀족적이고 비밀스런 방식이 워싱턴에 도입됐는데, 거기서는 지명도가 다른 무엇보다도 중요하다.[31] 연방 관직에서 해외 대사에 이르기까지, 각 기관의 장들은 하나의 파벌(황제와 그 패거리)로서 공직에 진출했다 물러났다 한다. 2000년 선거에서 누가 실제로 승리했는지는 두고두고 논란거리가 될 것이다. 해안지방 대 내륙지방이라는 지역 구도를 기반으로 한 양당제가 떡 버티고 있으니 권력을 공유하거나 제휴하려는 노력은 거의 이루어지지 않는다. 영구적인 교착상태와 게리맨더링으로 귀결되는 정쟁만이 난무할 뿐이다.[32] 당은 별다른 의미가 없는 자금조달용 외피로서 후보들을 개인이 아니라 자기네 기업이익의 대변자로 내세운다. 그리고 그 기업들의 이해관계가 세금, 에너지, 식품안전, 그 밖의 정책 관련 핵심법안을 작성할 때, 눈에 보이지는 않지만, 영향을 미친다. 커다란 고유가를 활용하여 전략비축유(strategic petroleum reserve)에 보조금을 지급하는 터키 같은 제2세계 국가보다도 못하게, 미국에서 고유가는 리스크 프리미엄처럼 소비자들에게 바가지를 씌우는 기업사기의 결과물이다. 국민들이 힘겨워하는 동안에 에너지 회사 임원들과 주주들은 배당금을 챙긴다. 미국의 재계를 괴롭혀온 금융 스캔들은 공과 사의 구별을 (후자가 전자를 소유한 상태에서) '현실로부터의 우아한 도피'로 깎아내리는 독점자본주의 체제의 실상을 폭로한다.[33] 줄어드는 경제적 전리품을 두고 아옹다옹하는 정치가들은 헤게모니 쇠퇴의 공통된 징후이며, 미국의 세계부패등위가 악화됨에 따라 미국인들의 충성심이 과연 인민을 위한 것인지 아니면 제도를 위한 것인지, 이윤을 위한 것인지 아니면 진보를 위한 것인지 물어볼 필요가 있다.[34]

토머스 페인(Thomas Paine)은 《상식 *Common Sense*》에서 영국의 군주와 귀족, 평민의 균형을 맞추는 견제는 광대놀음이라고 주장했다. 오늘날 미국에서는 몽테스키외의 《법의 정신 *Spirit of the Laws*》에 명료하게 정리돼 있는 권력분립조차도 잘 지켜지지 않고 있다. 제임스 매디슨(James Madison)은 《연방주의자 *Federalist*》 10호에서 "계몽된 정치인이 항상 키를 잡는다는 보장이 없기" 때문에 견제와 균형이 필요하다고 썼다. 하지만 미국은 자신의 힘에 대한 세계인의 불안을 덜어줘야 할 시점에 진실과 법을 모두 무시하고 공직사회와 그에 대한 존중심을 훼손했다. 미국이 부시 대통령의 단일 집행체계(unitary executive, 의회와 사법부에 일부 분산돼 있던 집행, 자문 관련 기관이나 권한을 행정부로 대폭 집중시킨 정책—옮긴이) 시스템을 원상회복시키건 그러지 않건 간에 관계없이 미국 정치가와 대중은 커다란 근심거리를 떠안게 되었다. 미국의 애국자법(Patriot Act, 일명 반테러법. 9·11사태 직후인 2001년 11월, 테러 및 범죄수사에 관한 수사 편의를 위해 시민의 자유권을 제약할 수 있게 한 법률—옮긴이)은 미국 권리장전(Bill of Rights, 미국헌법 수정조항 총 27조 중 1~10조를 부르는 말로, 헌법에 명확하게 규정되지 않은 국민들의 권리를 열거하고 있다—옮긴이)의 소중한 10개 수정조항 중 5개 조를 침범하고 있다. 언론과 집회의 자유, 부당한 수색과 구금으로부터의 보호, 적법한 절차, 신속한 공판, 잔혹하고 비정상적인 형벌로부터의 보호가 바로 그 조항들이다. 차기 행정부가 설령 이러한 정책들을 되돌린다 해도 이미 손상은 가해졌다.

군사력 예찬에서 스포츠의 검투사 문화까지, 폴리비오스가 로마에 대해 썼던 이야기는 미국에도 거의 그대로 적용된다. 거대한 부와 사치가 최악의 정부, 즉 다른 사람들이 우월한 지위에 오르지 못하게 하는 것 외의 다른 동기는 거의 없는 엘리트 집단의 중우정치로 이어지는 것이다. 기독교가 로마를 거꾸러뜨린 것처럼 미국도 끌어내리지 않을까? 라인홀트 니부르(Reinhold Niebuhr)가 '미국의 메시아 의식'이라고 부른 것이 미국의 대외정책에 스며들면서 현실적 처방에 따른 전략역량을 잠식해온 건 틀림없다.[35] 대외정책의 종교적 신성화가 진행되면서 인권과 종교 자유, 대규모 질병의 고통에 관한 수사적인 관심이 증대되

었으나, 그러한 야심을 담은 정책들이 바라는 효과를 거둔 적은 한 번
도 없었다.[36] 종교의 부활은 국민의 양극화와 심지어는 '탈계몽
(disenlightenment)'까지 유발해왔다.[37] 복음주의 기독교인들이 풀뿌리
사회행동주의와 연방세제상의 특전을 통해 미국 정치판에서 입지를 확
보하는 동안, 미국의 교도소에서는 이슬람교가 급속히 확산돼왔다. 두
집단 모두 자신들만으로 이루어진 영원한 공동체를 약속한다. 토인비
는 "역사는 반복될까?"라는 궁극적인 물음을 제기한 후 다음과 같은
추측을 내놓았다. "만일 서구 문명이 사회적 자살의 길을 택한다면" 다
시 말해서 소멸하기 오래전부터 스스로를 "사람들이 터무니없는 숭배
를 바치는 우상으로" 전환시키며 부패해간 그리스-로마 문명의 전철을
밟는다면, "우리의 서구 문명이 역사적 선례를 따르지 않도록 막을 수
있는 건 아무것도 없다."[38]

　　미국을 규정하는 특성은 다른 무엇보다도 자가재생(정치적, 경제적,
문화적 갱생, 심지어는 자가교정) 능력이었다. 그러나 메시아 같은 지도자
와 꼭두각시 기업주, 문화 전쟁, 바깥세계에 대한 두려움, 미국의 리더
십에 대한 회의 등의 조합이 국내의 새로운 합의를 가망 없는 상태로
만들고 있다. 미국의 대외정책 엘리트들은 시민들이 우려하는 바와도
철벽을 쌓고 있다. 리더들은 미국이 더 많은 전쟁을 하고, 자유무역을
밀고 나가고, 대량이민을 허용하기를 열망하는 데 반해서, 대다수의 미
국인은 군사적 개입을 적게 하고, 해외원조를 줄이고, 이민을 제한하
고, 미국의 일자리와 산업을 지키기 위해 일정한 형태의 보호주의를 시
행하기를 원한다.[39] '위대한 사회'의 시대는 레이건 대통령과 더불어
명백하게 끝났고 다시는 돌아올 것 같지 않다. 미국은 동력을 잃었고
상황을 역전시킬 수도 없다. 재생은 심리적인 동시에 이데올로기적인

것이므로, 미국은 현 상태에 머무르기 위해 마셜 플랜을 필요로 하는 제1세계 국가다.[40] 그러나 미국인들은 자기네 바닷가 너머 세상에 대해서는 너무나도 무지하기 때문에 자신들의 생활방식이 전 세계 표준이라고 계속 믿는다. 머지않아 그들은 정신을 차리고 자신들이 정한 기준이 제1세계보다는 제2세계에 더 적합한 기준이라는 사실을 깨닫게 될지도 모른다.

미국에는 자신의 제1세계 잔류를 보장해줄 정책이 전혀 없다. 미국은 자신의 운명을 운과 세계화에 맡기고 있다. 미국은 지리적으로 줄곧 분할돼 있었다. 제1세계인 북동부가 자원이 풍부한 남부 식민지를 흡수합병하고 있었던 것이다. 오늘날 미시시피 강과 로키 산맥 사이의 미국 중부지방에는 그곳을 국가 경제의 짐이 아니라 모터로 만들어줄 공항이나 노동기지조차 없다.[41] 실리콘밸리가 미국의 하이테크 르네상스를 상징하는 반면에, 디트로이트는 탈공업화 이후의 러스트 벨트(rust belt, 사양 중공업 지대)와 퇴물의 제조업 상징이다. 그것은 그곳에서 생산하고 있거나 생산된 2류 자동차에서 구체적으로 확인할 수 있다.[42] EU와 일본은 수십만 개의 제조업 일자리를 제2세계와 제3세계 경쟁국들에 빼앗긴 뒤, 자국의 노동자들을 재교육시킬 대단위 과학기술기지를 건설했다. 그러나 미국은 그러지 않았다.[43] 유럽과 동아시아 일대의 생산성이 최고 수준인 나라들은 개인의 권리와 작은 정부라는 앵글로색슨의 가치를 거부해왔고, 유럽인들은 숙련도가 낮은 이민자들보다는 고부가가치 노동과 기술로 초점을 옮겨 자국 경제를 자동화하면서 고임금을 유지할 수 있었다. 그에 반해서 미국 기업들은 제 발로 걸어서 경매대에 올라가 아시아인들이나 그 밖의 현금이 풍부한 외국 복합기업들에 팔려나가고 있다. 미국 중심부의 자동차 산업 노동자들은 이제 자신들의 구역에 공장을 짓는 혼다 같은 일본 기업들에 사정을 하여 소득과 품위를 되찾고 있다. 미국에 과연 세계화를 감당할 능력이 있을까?[44]

자신의 혁신 역량과 자유시장의 장점에 대한 미국의 맹신은 위험하다. 다른 나라들이 미국의 약점을 대놓고 이용하려 들기 때문이다. 미국경제도 세계경제와 함께 성장하고 있긴 하지만, 제2세계 국가들이 미국보다 더 빠르게 성장하기 때문에 미국은 상대적으로 쇠퇴할 수밖에 없다.[45] 해외 강국들은 미국을 뒤로 밀쳐내면서, 자신들의 시장과 교육기관, 기반시설이 미국과 비슷한 수익을 내고 자국 자본과 해외 인재들을 끌어들일 수 있을 때까지 미국경제를 투자처로, 미국 대학들을 기술훈련의 장으로 이용한다. 최근 들어 미국 대학들의 중국인 학생 수가 감소하고 있다. 이는 유럽과 중국에서 좋은 교육을 받을 기회가 늘어났기 때문이다. 노동과 투자의 전 지구적 재분배 속도에 대한 적응이 느린 제1세계 국가들은 제2세계 국가들과의 경쟁에 취약하고, 종국에는 그들과 자리를 바꿀 가능성도 있다.

부문과 지역을 가리지 않고 전방위로 경쟁이 펼쳐지는 단일한 세계경제는 세계의 한가운데 토막에 이미 불을 지폈고, 그에 따라 훨씬 더 많은 나라들이 제2세계 안으로 빨려 들어왔다. 지식경제는 더 이상 제1세계의 전유물이 아니다. 저임금 일자리뿐 아니라 기술개발이나 의학진단, 사업자문, 법적 처리 같은 서비스 업종도 이제 제2세계나 제3세계 국가들에 넘겨졌다. 제2세계에 소득과 소비가 늘어나면서 소중한 공유지에 긴장감을 더한다. 그러나 환경악화를 우려하여 자발적으로 성장을 억제할 제2세계 국가는 없을 터이므로, 결국에는 상승하는 상품가격이 모두의 성장을 저해할지도 모른다. 제1세계, 제2세계, 제3세

계라는 무대는 계속 유지되겠지만, 등장인물의 배역은 늘 변할 것이다.[46]

다극, 다문명 세계의 출현

제국주의는 리더십과 마찬가지로 공포와 애정 사이의 균형을 찾는 것이다. 마키아벨리는 고마움을 바탕으로 한 유대관계는 이기심이 작동하는 순간 빠르게 파기되며, 따라서 '처벌에 대한 두려움' 때문에 공포가 애정보다 더 강력한 지배수단이 된다고 믿었다. 길게 볼 때, 미국은 갈수록 사랑을 덜 받고 두려움을 많이 받았고, 유럽은 갈수록 사랑을 더 받고 두려움은 덜 받았으며, 중국에 대해서는 사랑과 두려움이 모두 증가해왔다. 지정학은 편애를 하지 않는다. 지정학은 어떤 강국이 우세한지, 그 정부구조가 어떠한지 개의치 않는다. 지정학의 본질은 지정학적 주기로부터의 예외주의를 내세우는 미국의 주장을 중시하지 않는다. 미국은 태양계의 태양과도 같아서 온 지구에 그 광휘를 비춰준다는 주장은 오로지 미국에서만 들을 수 있는 말이다.[47] 다른 지역에서 미국이 떠벌리고 다니는 예외주의는 미국의 불량스러운 짓을 빈정대는 완곡한 표현이 되었다. 다른 강대국들은 지극히 정당하게 태양 안에서 혹은 태양으로서의 자기 자리를 차지하고서 세계의 질서와 힘(Ordnungsmacht)이 되기를 원한다.[5] 역사상 처음으로 확연히 다른 세 슈퍼파워가 자원이 줄어드는 한 행성 위에서 경합을 벌이는 다극, 다문명의 세계가 출현했다.[48] 슈퍼파워들은 각기 따로 행동하며 독자적인 현실을 창조한다. 각자에게 한낱 국가이성(raison d'etat)은 체제이성

(raison du systeme)이 되었다. 그들이 합리적이라고 여기는 핵심 견해와 질서에 대한 비전이 최고의 도덕체계를 구성하는 것이다.[49] 미국이 자신을 예외적 존재로 생각하면 할수록, 라이벌들 역시 자신들의 예외주의를 갈수록 더 추구하면서 미국에 부담을 지울 것이다.[50] 중국은 자신이 주권이나 불개입 같은 국제법의 원리를 유지하는 무거운 짐을 지고 있다고 느끼는 한편, 세계질서에 대한 유럽의 접근방식은 국가간 체계 자체를 완전히 초월한다.

각 슈퍼파워는 저마다 나름의 방식으로 국제적인 세계 협치(global governance) 체계를 훼손하며 법과 제도만으로 제국 간 경쟁을 억제할 수 있다는 허구를 뭉개버린다. 20세기에 미국을 통치한 대통령 중 세 명이 공동의 제도하에서의 새로운 세계질서를 주창했다.[51] 냉전 초기에 토인비 역시 핵무기의 등장으로 미국과 소련 사이의 지정학적 공동통치공간과 국제연합의 대폭 강화가 필요해졌다고 주장했다. 그는 혼합경제를 채택하고 종교적 덕성을 갖춘 세계정부만이 인류를 구원할 수 있다고 믿었고, 나아가 "가까운 미래에 세계가 어떻게든 하나로 통합되리라는 건 미리 나와 있는 결론"이라고까지 단언했다.[52] 그러나 티모시 가튼 애시(Timothy Garton Ash)가 지적하듯이 "인류 전체의 '우리'라는 마음가짐이 어느 때보다도 중요하지만, 그것은 지금 우리가 말하는 '우리'와는 다르다."[53] 만일 미국이 국제연합을 존중했다면 다른 나라들도 불완전한 UN이 권위 있는 세계외교의 공동포럼이 될 수 있

---

5) 물론 제국의 힘이 도덕적 올바름과 일치하진 않는다. UN 안보리 5개 상임이사국(미국, 영국, 프랑스, 중국, 러시아)은 세계 최대의 무기 거래국이기도 하다. 중국은 장거리 핵미사일 기술을 이란과 파키스탄, 북한에 팔고 장기 에너지 계약 대가로 최악의 인권침해국들에 휴대용 무기들을 수출하며 많은 수익을 챙겨왔다.

도록 계속 뒷받침을 했겠지만, 미국이 UN을 함부로 무시해버림으로써 다른 나라들에도 같은 짓을 할 구실을 주었다.[6] 미국은 다른 어떤 나라 보다도 제2차 세계대전 이후의 국제체계를 만든 데 대한 책임이 큰데도, 지금은 어느 나라 못지않게 그 체계를 산산조각 내는 행위를 하고 있다. 이중 기준과 법을 빙자한 고립주의는 인권을 중시해온 미국의 모범적인 이미지를 훼손시켰고, 공인받지 못한 선제공격 전쟁은 UN 안보리의 권위에 손상을 입혔다. 슈퍼파워들의 이해관계가 충돌할 때, UN은 국제연맹만큼이나 아무 쓸모없는 존재가 된다.

미국과 EU, 중국의 세계화가 상호의존적인 반구들로 이루어진 세계를 예고한다고 믿는 이들이 많다. 하지만 자원이 풍부한 북위도 지방과 보다 온화한 남부지대 사이에 놓여 있는 그들의 운 좋은 지리를 감안할 때, 각 제국의 진짜 관심사는 각자 자기네 반구의 북극에서 남극대륙에 이르는 자급자족적 범지역을 굳건히 만들어 관리하면서, 그 공간 내의 다른 모든 이들이 제국의 중핵에 의지하게 만드는 것이다.[54] 미국이 경쟁력 있는 저임금의 생산 중심지와 대안의 에너지를 찾아 라틴아메리카와 다시 연계를 맺고, EU가 에너지 자원을 찾아 아랍세계와의 경제적 유대를 강화하며, 중국이 극동 지방의 무역과 외교 패턴을 갈수록

---

6) 세 슈퍼파워는 UN을 상위의 협치 메커니즘으로 보지 않고, 자신의 입장을 밝히며 더 중요하게는 다른 세력을 저지하기 위한 포럼으로 여긴다. UN은 지정학적 문제에서 주도적인 역할을 한 적이 없다. 그저 협의하고 공동선언을 발표하는 무대일 뿐 실제로 결정을 내리는 곳이 아니다. UN은 강대국들과 그들이 내는 예산에 의해 운영된다. 강대국들의 세계 접근방식에 공통점이 적어질수록 그들이 UN을 이용하는 빈도도 점점 줄어들 것이다. 그동안 UN은 식량제공, 의료원조 등의 인도주의 차원에서 세계 평화유지에 일조를 해왔다. 그러나 앞으로는 UN이 민주주의 기금과 상설 평화유지군, 인권협의회를 만들어 활동한다 해도, 그것은 주로 제3세계, 슈퍼파워들이 개입할 생각이 별로 없는 곳에서나 실효를 거둘 수 있을 것이다.

면밀하게 직조해감에 따라, 이 범지역들이 오웰이 《1984》에서 상상한 것과 기분 나쁠 만큼 유사한 세계섬들 간의 범지구적 경쟁판으로 굳어져 갈지도 모른다.[55]

하지만 이 시나리오조차도 지나치게 낙관적이다. 슈퍼파워들이 남의 세력권을 잠식해 들어가면서 그 과정에서 세계지도를 바꾸어놓으려 들게 뻔하기 때문이다. 지질학에서와 흡사하게 그러한 지각변동은 언제나 지진으로 귀결된다. 발흥하는 세력이 이미 군림하고 있는 패권세력의 진지를 밟고 들어올 때에는 말할 것도 없다.[56] 단 한 번의 예외는 20세기에 영국에서 미국으로 패권이 이행한 것으로, 두 나라는 같은 문화를 공유하는 동맹국이었다. 그러나 그때도 패권 이행이 완전히 끝나기까지 두 차례의 세계대전을 거쳐야 했다.[57] 세 슈퍼파워의 상대적 세력 차가 줄어듦에 따라, 선제공격으로 언덕 위의 왕을 거꾸러뜨리고 싶은 2인자의 유혹은 커지고, 동시에 기울기 전에 예방공격을 하여 기어오르는 라이벌을 약화시키려는 1인자의 동기도 강화된다.[58] 데이비드 흄(David Hume)은 "시기심을 일으키는 것은 우리와 남들 사이에 존재하는 커다란 격차가 아니고 오히려 미세한 격차다"라고 썼다.[59] 세 슈퍼파워 간의 빈번한 접촉으로 인해 국가들로 이루어진 한 사회의 창조 가능성이 어느 때보다도 높아지는 한편 (외무장관들이 상대방들의 이동전화 번호를 모두 갖고 있다) 세 슈퍼파워 간 이해관계의 깊은 차이로 말미암아 '평화의 문화' 만들기는 어느 때보다도 힘들어지고 있다.[60]

전 세계 차원의 은밀한 도발이 계속되면서 잠재적인 불꽃이 여기저기서 자라나고 있다. 카스피 해나 남중국해에서의 자원 경쟁, 핵무기를 동원하는 고강도 테러, 아든 만이나 말라카 해협에서의 해적질 등이 그것이다. 러시아, 일본, 인도처럼 상대적으로 약하지만 그래도 무시할 수 없는 힘을 가진 열강들의 불확실한 제휴도 긴장을 고조시킬 수 있다. 나아가 미국의 해외 채권국들이 플러그를 뽑아 미국의 대전략 기반을 갉아먹으며 경제 혼란과 정치 갈등, 군사적 긴장에 불을 댕길 수도 있다. 전쟁은 군산복합체에 이익을 안겨다주며, 언제나 폭넓은 애국 진영이 지지를 받는다. 하지만 중국과 미국의 경쟁이 세계를 끌어갈 것이란 생각 또한 지나친 단순화다. 양국 간 분쟁이 벌어질 경우 자본이 피난처를 찾아 도피하면서 유럽이 승자가 될 터이기 때문이다.

개개의 슈퍼파워가 기를 쓰고 자신에게 가장 유리한 위치를 확보하려고 들면서 오늘날 세계는 긴장에 휩싸이고 있다. 하지만 어떤 세력도 홀로 체제를 좌우할 만한 힘은 없다. 세계의 안정은 이렇듯 레이몽 아롱(Raymond Aron)이 '법에 의한 평화'와 '제국에 의한 평화'로 구별한 두 개의 책 버팀대 사이에 걸쳐져 있다. 전자는 이가 빠졌고 후자는 도를 넘기 쉽다.[61] 역사적으로 힘의 균형과 집단안보 이론의 거듭된 반복은, 근대의 시작으로 간주되는 나폴레옹 전쟁 이후 '유럽협조체제'의 발족과 더불어, 전략적 우위 확보를 위한 전쟁의 정당화로부터 전쟁을 피할 수 있는 체제 구축으로 진화해왔다.[62] 유럽협조체제는 규칙을 따랐으므로 그 자체가 일종의 사회제도 같은 것이었다.[7) 제1차 세계대전 후의 국제연맹을 비롯하여 안정된 세계질서를 만들어내려는 시도가 실패한 곳에서조차, 국가들, 특히 민주국가들에서 과거의 교훈을 제도 안에 내면화하여 역사의 반복을 막아내고자 하는 체계적인 학습이 진행된다.[63]

---

7) 루소는 유럽협조체제의 역동성을 찬양하며 "유럽사회의 이처럼 다양한 구성원들의 힘 사이에 존재하는 균형은 예술작품이라기보다는 자연의 작품에 더 가깝다. 그것은 한쪽이 가라앉으면 순식간에 다른 쪽이 일어나 스스로를 다시 세우는 방식으로 힘들이지 않고 자신을 유지한다"라고 썼다.

토인비 역시 역사는 순환하는 게 아니라 진보한다고 보았다. 수레바퀴가 돌고 돌면서도 앞으로 나아가 문명을 더욱 개화시킨다는 것이다.[64] 그러나 그는 시간의 화살을 너무 믿고 시간의 순환을 덜 중시한 게 아닐까?[65] 제국과 슈퍼파워들은 항상 평화를 약속하면서도 전쟁을 불러온다.[66] 오늘날의 혁명적 상황을 인식할 때는 지금, 다음 세계대전이 일어나기 전인 바로 지금이다.[67]

어떻게 하면 다음 세계대전을 피할 수 있을까?[68] 세계화로 지정학을 압도할 수 있는 3자 간 제휴가 이미 분명하게 존재하고 있다. 미국의 노동자계급은 월마트에서 쇼핑을 함으로써 중국 노동자들을 지원하고, 미국의 상류계급은 유럽산 자동차와 사치품을 소비한다. 유럽과 중국은 미국의 기술을 사들인다. 그리고 미국의 제너럴모터스와 보잉, 유럽의 에어버스는 중국에서의 생산을 통해 비용을 절감하고, 중국 판매로 많은 수익을 낼 수 있다. 자본시장은 제로섬 경쟁이 아니다. 오히려 모두에게 무한한 이익을 안겨다 줄 수 있다. '공격 예찬(cult of the offensive)'은 오늘날의 군사전략을 좌우하지 못한다. 핵무장 시대에 선제공격이 피해를 최소화하며 신속한 승리를 가져온다고 믿는 사람은 거의 없는 것이다. 테일러(A. J. P. Taylor)의 금언이 요즘보다 더 잘 들어맞았던 적은 일찍이 없었다. "강대국이 되려는 목적이 큰 전쟁을 벌이는 것이라면, 강대국으로 남는 유일한 방법은 전쟁을 벌이지 않는 것이다." 오늘날의 통합된 세계에서는 대립과 분쟁이 초래하는 피해의 규모가 예전과 비교할 수 없을 만큼 크다.

3극 세계는 걸상으로 생각해야 한다. 다리가 둘이면 오래 서 있기 힘들지만, 셋이면 안정된다. 미국, EU, 중국의 세 발 걸상은 지금 흔들리고 있으며, 현재의 지정학 수레바퀴에 필요한 새로운 세계전략은 '평형

(equilibrium)'이다.[69] 평형은 동적이며, 따라서 단일 패권국이 도전을 받고 있지 않은 상태보다는 균형 잡기가 어렵지만, 그럼에도 무정부상태와 세력균형 법칙을 뛰어넘는 다음 진화단계의 표현이다. 평형은 또한 보다 진보적인 심리분석과 어휘를 창출하도록 자극한다. 신흥세력들이 추구하는 '다극(multipolar)' 질서는 실천적으로 관리할 필요가 있는 '다자간(multilateral)' 질서와는 다른 것이다. '견제와 균형'은 조심스러운 반응을 암시하는 데 비해, '분업'은 공동의 목적을 달성하기 위한 적극적인 행동을 의미한다. 또한 '신중함'만으로는 기꺼이 떠맡은 임무를 수행하기 힘들지만, '짐을 나누어지면' 가능하다. 평형상태를 유지해야만 평화와 정의, 질서가 온다.

세 슈퍼파워 간의 세계적인 세력협조체제나 보편타당한 세계적 분업에 관한 명확한 비전은 아직 없다. 그러나 그러한 다자주의는 공동기구를 통해 자원 수송로를 만들어내는 문제라기보다는 제국 간에 조정을 하는 문제일 것이다.[70] 세계 차원의 평형 전략은 현재의 세력변동을 서로 의심하는 강국들의 레슬링 경기에서 선두자리를 교대해가며 결승선을 향해 달려가는 단체 사이클 경주로 바꿔놓을 것이다. 토인비의 희망대로 서구가 "역사를 반복할 운명에 처해 있는 건 아니다. 우리의 노력 여하에 따라 역사를 전례 없는 새로운 방향으로 전환시킬 수 있는 가능성이 열려 있다."[71]

오늘날 '국제사회'라는 용어는 '서방이 지배하는 세계'의 완곡한 표현이나 다름없다. 서방세계는 어떠한 압력도 받지 않으면서 세계적인 가치들을 판정하는 대표자로 행세하는 서방의 질서에 다른 세계가 어떠한 충성을 해주길 기대할 수 없다. 미국은 중국에 세계체제의 '책임 있는 주주'가 될 것을 요구해왔다. 하지만 은연중에 미국의 질서를 암시하는 요구에 중국이 저항하는 것은 당연하다. 중국은 심지어 자신을 끼워 넣어주려고도 하지 않는 구시대적이고 대표성 없는 G-8 같은 클럽의 이해관계 안에서 자신의 막강한 경제적 영향력을 행사하진 않을 것이다. 그와 유사하게, 오늘날 미국이 UN 안보리의 효력을 좌지우지하는 것 못지않게 중국의 영향력 또한 무시할 수 없다. 중국도 돌아가며 선출되는 안보리 비상임이사국들을 매수하여 자신을 지지하게 만들 수 있는 것이다. 새로운 분업이 이루어지지 않을 경우, 서방의 제도는 미국의 힘을 따라 기울어가면서 허울뿐인 외교적 조정절차조차 없는 전형적인 지정학적 경쟁만을 남겨놓게 될 것이다. 슈퍼파워들이 근본주의가 아니라 적응을 선택하지 않는다면, 그들은 기회를 놓치고 역사를 영원히 과거에 묶어놓게 될 것이다.

평형상태를 유지하려면 미국과 EU, 중국이 함께 지정학적 게임의 규칙을 정해야 한다. 가족 관계에서와 흡사하게, 평형상태에는 국제관계를 길들이기 위한 복잡한 일련의 기호가 따르는데 여기서도 타협은 매우 중요한 가치다.[72] 자신의 힘은 의도적으로 줄이고 다른 이들의 힘은 늘리는 제도의 창조를 권장하는 인센티브는 널리 인정되는 바와 같이 정하기 어렵다. 이기적인 나라들은 자신의 이익 증진에 보탬이 되는 협력을 통해 비용이 절감된다는 믿음을 가질 필요가 있다. 그러나 미국은 자신의 힘을 누그러뜨림으로써 실제로는 영향력을 증대시킬 수 있다. 지배와 퇴각 사이에 있는 길은 성원들의 집단적 성숙을 고무할 수 있는 '국세헌법'의 제정에 적극 나서는 것이다.[73]

힘은 유토피아로의 도약이 아니라 핵심 관심사의 해결을 통해 길들여진다. 1960년대와 1970년대의 미-소-중 '전략 3각 축'보다는 미국과 EU, 중국의 G-3 기구가 슈퍼파워들 간에 보다 깊고 유효한 관계를 확립할 수 있는 가장 적절한 포럼일 것 같다.[74] 수단이나 이란, 우즈베키스탄, 미안마처럼 상호 간에 영향권이 겹쳐 이해관계가 충돌하는 특정 국가들의 문제를 공개적으로 논함으로써, 그들의 차이는 전략적 차이에서 전술적 차이로 줄어들 수 있다. 중국의 적극적인 참여가 필요한 한 가지 광범한 의제가 미국에 대한 중국의 의심을 누그러뜨리는 데 큰 보탬이 되는 동시에 중국으로 하여금 동료 국가들과 자원을 공유하게 만들 수 있다. 멀찌감치 내다보면 세계적인 문제들이 군사력 불균형 계산이나 영토 경쟁보다는 에너지 자원과 담수 문제를 둘러싸고 전개되고 있음을 알 수 있다. 그런데 중국이 현재 국제에너지기구(International Energy Agency, OPEC의 석유공급 감축에 대응하기 위해 1976년 주요 석유소비국들이 결성한 기구로 OECD 산하에 있다—옮긴이)의 협의에서 배제돼 있기 때문에, 중국에서는 국제 유가를 높게 유지하려는 '서방세계의 보이지 않는 손'이 있는 것 아닌가 하는 의심이 고조된다. 그러는 대신, 에너지 주요 소비국들이 산유국 국영기업들과의 석유 계약 체결에 몰두하여 다른 나라들에 앞서 석유를 확보하려 들기보다는 보다 많은 석유를 자유시장에 내놓게 하는 데 초점을 맞춤으로써 유가를 낮출 수 있다.[8]

---

8) 중국이 세계 에너지 시장에 공개적으로 나선다 할지라도, 그 국내 수요 때문에 얄미운 정권들과의 거래를 중단하진 못할 것이다. 하지만 중국은 미국과 EU로부터의 압력과 중국에 석유를 공급하는 나라들의 불안정성을 감안하여 무기 수출과 부채 탕감, 원조, 저가의 기반시설 프로젝트, UN 안보리에서의 외교적 보호 등의 풀서비스 보따리를 차츰 줄여갈 수 있다. 그러나 자신의 에너지 공급을 불안정하게 만들 수 있는 전면적 경제제재 지지나 정권교체 강요 같은 일은 하지 않을 것이다. David Zweig and Bi Jianhai, "China's Global Hunt for Energy," *Foreign Affairs*, September-October 2005를 보라.

천재과학자 스티븐 호킹(Stephen Hawking)은 "정치적, 사회적, 환경적으로 혼돈에 빠진 세계에서 인류가 과연 앞으로 백 년을 더 버틸 수 있을까?" 하는 비관적인 물음을 던졌다. 21세기는 그만큼 복잡하고 예측 불가능한 상황인 것 같다. 호킹의 물음은 "과학주의는 움직이지 않는 자연을 기술적으로 지배하여 풍요로워지긴 했으나 우주와 그 안에서의 자기 존재에 관한 수수께끼의 답을 찾을 힘을 잃은 인간을 남겨놓았다"라고 한 현실주의 선구자 한스 모겐소(Hans Morgenthau)의 훈계에 대한 반향이다.[75] 권력이 분산되고 제국이 경합하는 세계에서 예측을 한다는 건 커다란 도전이지만, 모겐소는 세계화(오늘날의 '과학주의')만으로는 세계대전의 지정학적 주기를 뛰어넘지 못하리라는 것을 확신했다. 이 역사의 지상과제에는 합리성에 대한 맹신만으로는 부족하다는 거였다. 실제로 역사는 인류가 결코 합리적이지만은 않은 존재이며, 합리성을 절실하게 필요로 하는 때는 더더욱 그렇다는 것을 증명한다. 대신에, 우리의 미래 진로를 바꾸는 데는 제2세계의 정치적 역동성에 관한 깊은 지식, 슈퍼파워들 간의 정확한 상호이해, 그리고 그들 사이의 안정을 만들어내고 유지하는 적극적이고도 유연한 외교책이 필요하다.

학자들과 전직 정부 관리들이 온갖 약어들을 수없이 쏟아내며 세계 질서를 관리하는 원대한 비전들을 펼쳐왔으나, 현실은 언제나 다른 의견을 갖고 있는 것 같다. 전쟁 없이 이루어지는 국제법령의 진화는 의심할 바 없이 강대국들을 우선적으로 만족시키는 것이었지만, 극작가 베르톨트 브레히트(Bertolt Brecht)의 경구대로 "전쟁은 사랑과 같아서 늘 길을 찾는다."[76] 인류의 시스템 진보는 정신의 진보에 비례한다. 외교는 "협상에 의한 국제관계 관리"라고 해럴드 니콜슨(Sir Harold Nicolson)은 쓰고 있다.[77] 그에 따르면 전쟁은 다른 수단에 의한 정치의 연장이 아니라 오히려 협상의 정지다.9) 한 세기 전에는 세계화가 지정학에 패배하며 제1차 세계대전을 불러왔다. 문제는 한 세기 후에 역사가 반복될 것이냐다. 답은 아직 알 수 없다. 제2세계가 지정학과 세계화의 틀을 함께 만들어가면서 외교를 유례없는 예술로 만들어가고 있기 때문이다.

9) 키신저가 주장했듯이 "전형적인 의미의 외교, 협상을 통한 의견차 조율은 '정당한' 국제질서 안에서나 가능할 뿐이다. …… '신의'와 '기꺼이 합의할 의사'가 있으면 외교를 통해 언제나 국제분쟁을 해결할 수 있다고 생각하는 건 오류다. 혁명적인 국제질서하에서는 각 세력이 상대에게 바로 이러한 기본자질을 결하고 있다고 비난할 것 같기 때문이다. …… 제국의 운명이 달려 있을 때에는 정치인들의 신념이 생존을 좌우한다." Kissinger, *World Restored*, 2, 8.

2008-2009 공황 전부터 세계는 이미 3극 시대였다

미국의 시대, 팍스 아메리카나는 매우 짧았다. 돌아보면 냉전 붕괴 후 잠깐 동안의 일장춘몽이었을 뿐이다. 1990년경 옛 소련의 붕괴로 단극 시대를 맞은 이래 영원한 태평성대를 구가할 것만 같던 미 제국은 2003년 이라크전쟁의 독자 강행과 더불어 그 위상이 급격하게 추락하기 시작했다. 2008년의 미국 발 세계공황은 붕괴하는 제국의 파괴적인 영향을 압축적으로 보여주고 있다.

미 제국의 축은 압도적인 군사력과 세계기축통화인 달러였다. 그러나 그 속은 썩어문드러지기 시작한 지 이미 오래다. 2008년 1조 달러에 육박할 것으로 예상되는 무역적자(100억 달러의 무역적자에 초긴장하는 우리와 비교해보라)와 연간 1조 달러에 육박하는 재정적자(연간 20억 달러의 재정적자에 위기감을 느끼는 우리와 비교해보라) 등의 수치에서 단적으로 알 수 있듯이, 미국은 한마디로 전 국민이 세계에 진 빚으로 살고 있는 나라다. 그것을 가능케 한 힘이 바로 세계기축통화의 힘과 군사력이었다.

제조업이 망가진 미국의 핵심산업은 비대화한 '첨단' 금융산업이다. 월가의 금융 기술자들이 주도하는 미국의 금융산업이 GDP에서 차지하는 비중은 무려 30퍼센트다. 실물경제가 오히려 위축되는데도 그것을 재탕, 삼탕 부풀려가며 부가가치를 재생산하고 있는 것이다. 2000년대 초반 IT 산업의 거품붕괴로 위기에 처했던 미국의 금융산업이 다음으로 눈독을 들인 것이 부동산이었고, 천문학적으로 뻥튀겨진 그 '모기지 대출'의 부실을 계기로 폭발한 것이 2008년의 금융위기이며, 그것이 실물로 전이된 것이 지금 우리가 맞고 있는 세계 공황이다.

금융 거품으로 형성된 막대한 부는 그 수혜자인 상류층의 과소비로 이어졌고, 그것은 대형 자동차 등 사치성 소비재의 과잉생산을 부추겼다. 세계 최고 수준의 국민소득을 자랑하는 미국인들 수요의 상당 부분은 미국에 다투어 진출하는 세계 기업들의 수출품이 채워주었다. 1975년 이후 30년 이상 실질소득이 전혀 증가하지 않고 있는 하위 80퍼센트의 미국인에게 전 세계의 노동자들, 특히 중국 노동자들이 만들어주는 상품들은 귀중한 일용품이었다. 세계 최대의 소비시장이던 미국 시장의 붕괴는 미국은 물론 전 세계의 산업에 심각한 타격을 가하고 있다.

이번 공황의 끝이 어디일지는 아직 예측하기 힘들다. 미국을 비롯한 전 세계의 금융 거품이 너무 크고, 거품으로 형성된 소비수요에 맞추어 생산량을 계속 확대해온 전 세계적 과잉생산이 너무 심각한 수준이며, 세계화에 따른 전 세계 규모의 과당경쟁을 인위적으로 조절할 수 있는 폭이 너무나도 제한적이기 때문이다. 인류가 시장의 실패를 냉철하게 인식하고 그 해결책을 찾아내는 데 힘과 지혜를 모을 수 있다면 공황 극복이 조금은 빨라질 수 있겠지만, 이 기회를 틈타 한몫 잡거나 면모를 일신해보려고 갖은 궁리를 다 짜내고 있을 자본과 기업과 나라들의 이해관계를 조율하기가 어디 쉬운 일인가?

위기 시에는 질서 재편의 속도도 빨라진다. 상황 전개에 따라서는, 미국이 세계를 대하는 자세와 내부 모순을 재정비하지 못할 경우 제2세계로 전락할 가능성도 있다는 이 책 저자의 우려와 경고가 진짜 현실이 되어 나타날 수도 있다. 성실한 연구자이자 섬세한 관찰자인 저자의 눈에는 이번 공황 이전부터 몰락해가던 미 제국의 실상, 유럽과 중국의 부상, 제2세계의 진출이 현미경처럼 선명하게 비쳐 들어오고 있었던 것이다.

물론 제국이 하루아침에 붕괴하진 않는다. 세계기축통화인 달러가 유로나 위안 또는 다른 통화로 대체되기까지는 최소 10년은 걸릴 것이고, 세계의 경찰 역할을 하던 미국의 군사력이 제자리를 잡기까지는 무수한 진통이 따를 것이며, 월가를 축으로 한 세계금융자본이 어떤 출구를 찾아 또 다시 세계를 요리하려 들지도 미지수다. 미국이 사상 최초의 흑인 대통령 오바마의 당선을 계기로 더 이상 군림하는 제국이기를 포기하고 세계인들과 수평으로 공존하는 길을 택한다면, 세계질서도 비교적 순탄하게 재편되고 미국 내부적으로도 자체 기술과 자원, 시장 등에 축적된 다양한 힘을 바탕으로 또 다른 미국을 만들어갈 수 있겠지만, 그렇지 않을 경우에는 큰 혼란과 고통이 따를 것이다.

미국에서 21세기의 새로운 리더 중 한 사람으로 부각되고 있는 젊은 신예, 이번 미국 대선에서 오바마의 대외정책을 지도하기도 한 인도 출신의 팔팔한 미국인 파라그 카나는 2008 공황 이전부터 이미 미국의 시대는 기울고 유럽과 중국이 미국과 함께 세 개의 슈퍼파워를 형성해왔음을 실증해 보이면서, 앞으로의 세계가 이 빅3를 축으로 한 세 개의 반구 체제로 재편돼갈 것으로 전망한다. 즉, EU를 축으로 동유럽과 아프리카와 중동이 한 덩어리를 이루는 반구, 중국을 축으로 중동 일부를 제외한 아시아 전역과 대양주까지를 아우르는 반구, 미국을 축으로 한 아메리카 반구가 그것이다. 물론 이 세 반구는 완성형이 아니고 형성중이며, 빅3 외에도 각 지역의 급성장하는 나라들이 새로운 세계질서의 능동적인 창조자로 부상하여 자신들에게 유리한 질서를 만들어내고자 고투하고 있다.

빅3의 하나인 EU는 개별 국가들이 각기 독립성은 유지하면서도 공동의 이익과 삶을 추구하는 새로운 초국가 연합 모델이다. 유럽의 부는 세계 최대 규모이고, 유럽의 기준은 이미 세계의 기준이며, 삶의 질도 세계 최고 수준이다. EU는 어느덧 동유럽을 거의 끌어안고 카프카스와 중앙아시아, 중동, 아프리카로 그 합의 체계를 확산시켜가고 있다. 중국은 2000년대 들어 제3세계에서 확실하게 벗어나며, 그 방대한 인구와 영토를 기반으로 제조업을 급속히 발전시켜 제조업 생산이 GNP의 57퍼센트를 차지하는 '세계의 공장'이 되었다. GDP 규모로는 미국, 일본, 독일에 이어 제4위지만 2, 3위와의 격차는 크지 않고, PPP(구매력평가지수) 기준으로는 이미 미국의 3분의 2 수준인 세계 제2위의 경제대국이다. 중국의 힘은 이제 국경을 넘어 사방으로 확산되면서 중앙아시아와 시베리아, 동남아시아를 그 세력권 안으로 끌어들여 협의 체계를 굳혀가는 한편, 중동과 아프리카, 남미에까지 발을 뻗고 있다.

다른 강국들도 적지 않은데, 왜 빅3일까? 한때 미국과 어깨를 견주던 러시아는 이제 인구와 영향력이 점점 줄면서 사라져가는 나라다. 브라질과 인도도 힘은 쓰겠지만, 지역 강국 수준을 벗어나기는 힘들다. 아랍 산유국을 중심으로 한 중동은 EU처럼 한 덩어리가 되어 결집된 힘을 내기에는 취약한 점이 많다. 일본도 금융시장 등에서 일정한 역할은 하겠지만, 그 기반과 규모로 볼 때 같은 지역의 중국을 앞지르거나 독자 영역을 구축하기는 쉽지 않다.

빅3는 이제 새로운 세계의 주도권을 두고 치열하게 경쟁하고 있다. 가장 피 튀기는 경쟁이 벌어지는 곳은 신흥국가들이며, 이들이 가장 밀집해 있는 곳은 동유럽과 중앙아시아, 라틴아메리카, 중동, 동아시아의 5개 지역이다. 저자는 이 지역들을 과거의 사회주의권을 가리키던 용어를 되살려 새로운 '제2세계'라 부른다. 옛 사회주의권 국가들을 포함하여 저개발 상태의 제3세계에서 선진국들의 제1세계로 발돋움하려고 기를 쓰는 이행기 국가 모두를 제2세계로 부르자는 것이다.

흔히 BRICs로 대표되는 제2세계 국가들의 힘은 사실 막강하다. 외환보유고와 저축, 성장동력, 수출, 소비시장 규모 등의 면에서 이들은 제1세계와 거의 대등한 수준이며, 빅3로 부상한 중국을 제외하더라도 결코 무시할 수 없는 존재다. 그들은 제1세계의 수출시장과 자원공급지에 머무르지 않고, 제1세계의 투자를 적극 유도하며 제조업과 각종 기반시설의 허브로 부상하고 있다. 제2세계 국가들은 이러한 힘을 바탕으로 빅3 중 어느 하나에 붙박이로 매달리지 않고 빅3의 세력관계를 적절히 이용하며 실속을 챙기고 거꾸로 빅3의 정책에 영향력을 행사한다.

그러나 제2세계 국가들이 처한 상황과 입지가 제각각이므로 이들을 정확하게 이해하려면 이들 속으로 파고들어가 내부에서 들여다보아야 한다. 저자는 2년여에 걸쳐 이 모든 나라들을 두루 돌아보며 이들의 눈으로 세상을 바라보았다. 이 책은 그 성실하고도 날카로운 관찰의 기록이다.

동유럽 장에서는 몰락해가는 러시아의 현실과 동유럽과 카프카스 지방 여러 나라들의 실상을 생생하게 전하면서, 동과 서의 가교 역할을 자임하며 유럽의 일부로 급속히 편입돼가는 터키의 역할에 주목한다. 지정학상의 요충지이자 자원의 보고인 유라시아 대륙의 심장부를 다룬 중앙아시아 장에서는 중국의 입김이 거세지며 옛 실크로드가 복원돼가는 양상에 초점을 맞추면서도, 카자흐스탄처럼 빅3와의 등거리 외교를 통해 실속을 챙기는 모습도 세세하게 들여다본다. 라틴아메리카 장에서는 미국과의 긴밀한 협력을 추구하는 콜롬비아 등의 움직임, 미국에 맞서 대안의 아메리카를 꿈꾸는 베네수엘라 등의 움직임, 미국과 협력할 건 협력하고 맞설 것은 맞서는 브라질 등의 움직임을 입체적으로 묘사하면서, 남미에까지 뻗쳐오는 중국과 EU의 진출상도 전한다.

에너지 자원이 풍부한 중동 지방은 빅3간의 각축이 가장 치열한 전장이다. 저자는 나라들의 다양한 흐름과 빅3의 세력관계를 이용하여 잇속을 챙기는 움직임들을 생생하게 전하는 한편, 아랍주의 또는 이슬람주의의 깃발 아래 석유로 얻은 부를 역내에 축적하고 투자하려는 새로운 움직임에도 주목한다. 중국의 안마당이 돼가는 동남아시아 장에서는 ASEAN을 비롯한 동남아 국가들이 어떻게 미국의 품에서 벗어나 중국의 품 안으로 빨려 들어가고 있는지를 실증적으로 묘사하면서, 그 와중에서도 슈파워들간의 역관계를 이용하여 자기이익을 극대화하려는 동남아 국가들의 몸부림과 기지를 포착해낸다.

저자는 세계를 일주하며 제2세계의 실상을 둘러보고 빅3간의 치열한 경쟁 현장들을 살펴본 뒤, 세계는 더 이상 미국의 세계가 아니고 빅3와 제2세계의 여러 국가들이 때로는 싸우고 때로는 협력하며 공동으로 새로운 질서를 만들어가고 있는 곳이라고 진단한다. 늘 그렇듯이 과도한 경쟁은 치열한 싸움을 부르며, 국가간, 세력간의 치열한 싸움은 세계대전으로 비화하기도 한다. 세계 금융질서가 붕괴하며 대공황의 공포가 세계를 강타하고 있는 지금, 그 함의는 지대하다. 과거 금본위제의 축이던 파운드의 시대가 가고 달러의 시대가 오기까지는 두 차례의 세계대전을 거쳤다. 달러화가 급속히 힘을 잃어가는 지금, 특히 향후 10여 년의 기간은 매우 위험한 시기다.

이 3극 시대 혹은 다극 시대에 걸맞은 세계경영 방식으로 저자가 제시하는 것은 몇몇 강대국간의 기계적인 세력균형이 아니라 글로벌 거버넌스, 즉 세계 협치를 통한 세계의 평형 유지다. 이 복잡한 세계의 지난한 문제들을 풀어가려면 세계인이 머리를 맞대야 하고, 특히 힘도 있고 책임도 있는 빅3가 실질적인 테이블에서 머리를 맞대고 진지하게 협의를 하는 것이 필수적이라는 것이다. 인류의 파멸을 불러올 수도 있는 제3차 세계대전을 막기 위해서라도 이는 시급한 과제다.

이 책은 제2세계 국가들의 실상과 그 발전전략, 빅3와의 관계를 유려한 필치로 그려내고 있는 심층 세계 주유기이자 국제관계 입문서요 신흥시장 안내서다. 저자의 안내를 따라 세계를 한 바퀴 돌고 나면 자신도 모르는 사이에 새롭게 눈이 뜨이는 기쁨을 맛보게 될 것이다. 특히 우리나라에 잘 알려지지 않은 제2세계 여러 나라의 생생한 모습들은 기업하는 이나 공부하는 이들, 넓은 세계로의 진출을 꿈꾸는 젊은이들에게 많은 시사점을 안겨줄 것이다. 각 나라의 자연과 사람들, 역사와 문화에 대한 감칠맛 나는 묘사는 저자가 독자들에게 주는 보너스이자 격조 높은 여행 가이드다.

다만, 자유시장에 대한 저자의 지나친 신뢰, 반미 세력에 대한 체질적인 반감 등은 조금씩 걸러내며 읽어가는 것이 객관적인 정세 파악에 도움이 될 것 같다. 정세를 움직이는 근본 동인인 경제와 금융에 대한 천착이 조금 미흡한 것도 아쉽다. 그러나 저자의 치밀하고도 성실한 관찰이 이러한 약점들을 말끔히 해소해준다. 성실한 관찰자를 비껴가는 현상은 드물고, 성실한 관찰은 본질을 놓치지 않는 법이다.

문제는 우리가 살고 있는 이 땅, 대한민국이다. GDP나 무역량으로 보면 세계 10위권을 바라보는 경제대국으로서 분명한 제1세계지만, 사회복지지출은 OECD 국가 중 꼴찌이고 웬만한 후진국 수준에도 미치지 못하며, 교육비 중 사교육비의 비중은 타의 추종을 불허하는 1위인 전형적인 제2세계, 아니 제3세계 국가인 한국. 왼쪽으로는 빅3의 하나인 중국의 힘을 느끼고, 오른쪽으로는 돈 많은 나라 일본의 시선을 느끼며, 사시사철 미국의 입김을 피부로 느끼며 사는 나라. 해방 60년이 지나도록 여전히 세계 유일의 분단국으로 남아 안팎의 모든 관계에 영향을 받고 있는 나라. 무역의존도가 80퍼센트에 육박하여 외풍을 심하게 타는 나라. 세계 6위의 외환보유고를 자랑하면서도 11년 전의 기억도 잊은 채 과거의 전철을 밟고 있는 나라. 오늘의 한국은 급변하는 이 국면에 어떻게 대처하며 어떻게 살아남아 어떤 길을 걸어가야 할까?

우리의 진로와 관련하여 이 책이 시사하는 바는 많지만, 이것만은 꼭 새겨야 하지 않을까 싶다. 미국 일변도의 정책은 이제 재고하고 중국, 유럽과의 유대 강화에 더욱 힘을 기울여야 하며 미국, 중국과의 등거리 외교는 선택이 아니라 필수라는 것, 제2세계와의 관계는 그들의 입장에서 사고하며 수평적인 협력관계를 구축하는 방향으로 발전시켜가야 한다는 것이다. 하루가 다르게 변해가는 신흥시장들에 대한 실감 나는 묘사에서 어떤 보석을 발견하여 자신의 자산으로 삼는가는 독자들의 몫이다.

　이번 공황 국면을 맞으며 다시 한 번 생각하게 되는 것은 과거로부터 배운다는 게 정말 쉽지 않은 일이라는 것이다. 세계 차원에서나 국가 차원에서나 인간은 늘 어리석음을 되풀이하며 불행한 과거를 되밟는다. 인간의 끝 모르는 탐욕, 무제한으로 팽창하려는 속성을 가진 자본을 제어할 줄 모르는 인간의 어리석음은 주기적인 파탄을 몰고 와 수많은 인간들을 고통 속에 빠뜨린다. 성찰되지 못한 과거는 여지없이 되풀이된다. 모두가 자기이익을 극단으로 추구할 때 그 귀결은 전쟁뿐이라는 건 역사가 누누이 가르쳐주는 바다. 국가 차원에서나 세계 차원에서나 경쟁보다는 협력을 더 중시하는 새로운 질서를 추구하는 건 인간의 속성에 부합하지 않는 허황한 꿈일까?

2008년 12월

이무열

■ 주

프롤로그

1. 마이클 도일(Michael Doyle)은 제국을 "두 실체 중 하나인 중심 지배도시가 또 다른 실체
인 주변 종속부의 대내외 정책에 대해 정치적 통제권—사실상의 주권—을 행사하는 두 정
치적 실체간의 상호작용 체제"로 정의한다. Doyle, *Empires* (Ithaca, N.Y.: Cornell
University Press, 1986), 12. 제국의 흥망에 관한 간략한 학술적 개관으로는 Alexander
Motyl, *Imperial Ends: The Decay, Collapse, and Revival of Empires* (New York:
Columbia University Press, 2001)를 보라. 제국들은 공생 협력하면서 동시에 착취한다.
자원을 쓸어가긴 하지만 번영을 확산시키는 것이다. 제국들은 주변부에서 인재를 차출해
가면서도 자신의 법률과 문화를 주변부에 강요한다. 그들은 자신의 시장 내 상품들의 표준
을 정하며, 고유의 기술을 만들어 외부세력이 자신의 제품들을 넘보지 못하도록 보호한다.
제국이 붕괴할 때에는 새로운 제국이 탄생한다. 로버트 카플란(Robert Kaplan)의 글에서
보듯이, "예로부터 제국의 붕괴는 골치 아픈 일이었고, 혼돈사태의 최고 해독제는 새로운
제국 영역의 탄생이었다." Kaplan, *Imperial Grunts: The American Military on the
Ground* (New York: Random House, 2005), 7.
2. Richard N. Rosecrance, "Who Will Be Independent?", *No More States?
Globalization, National Self-Determination, and Terrorism*, ed. Richard N.
Rosecrance and Arthur A. Stein (Lanham, Md.: Rowman and Littlefield, 2006)을 보
라.
3. 찰스 메이어(Charles Maier)는 제국을, "다양한 인종집단과 언어집단"을 아래에 두고 행
정권력과 그에 결합한 엘리트들이 위압적으로 지배하는 "넓은 영토를 가진 지배체계"로
정의한다. Maier, *Among Empires: American Ascendancy and Its Predecessors*
(Cambridge, Mass.: Harvard University Press, 2006). Martin W. Lewis and Karen E.
Wigen, *The Myth of Continents: A Critique of Metageography* (Berkeley: University
of California Press, 1997)도 보라. 토인비는 문명들이 흥하고 망하는 과정에서 "확산되고
침투하면서" 시공을 가로지르며 조우한다고 썼다. 로마의 그리스 흡수, 아랍과 페르시아와
인도 문명간의 접촉, 중세 후기 이탈리아에서의 헬레니즘 부흥, 이것들이 모두 토인비가
죽어가는 문명과 그 어린 후계자들간의 '부자 관계(Apparentation-and-Affiliation)' 형성
과정이라 부른 것의 사례들이다. 문명을 기반으로 한 세계정치 접근방법에 대해서는

Samuel P. Huntington, *The Clash of Civilizations and the Remaking of World Order* (New York: Simon and Schuster, 1996)를 보라.

4. 알렉산더 웬트(Alexander Wendt)는 유의미한 정치단위의 수가 시간이 갈수록 줄어가는 세계체제의 자기편제 메커니즘 때문에 세계국가는 피할 수 없다고 역설해왔다. Wendt, "Why a World State Is Inevitable," *European Journal of International Relations* 9, no. 4 (2003): 491-542.

5. 케니스 왈츠(Kenneth Waltz)는 역사가 승자에 의해 기록되는 것과 흡사하게, "국제정치 이론도 당대의 강대국들에 의해 기록된다"라고 주장한 바 있다. Waltz, *Theory of International Politics* (Reading, Mass.: Addison-Wesley, 1979), 73.

6. 로버트 길핀(Robert Gilpin)은 "어떤 나라도 국제체제를 완전히 통제한 적은 없다"라고 지적한다. Gilpin, *War and Change in World Politics* (Cambridge, U.K.: Cambridge University Press, 1981), 28.

7. John Maynard Keynes, *The Economic Consequences of the Peace* (New York: Harcourt, Brace and Howe, 1920), 14-15.

8. 케니스 왈츠가 이야기하듯이 "자연이 진공상태를 몹시 싫어하는 것처럼 국제정치는 힘의 불균형을 몹시 싫어한다." Waltz, "Structural Realism After the Cold War," *International Security* 25, no. 1 (Summer 2000): 28.

9. 슈퍼파워는 자신의 지역에서 영향력이 지대하고 세계적 차원에서 자신의 이익을 추구할 능력이 있는 존재다. 폴 브래큰(Paul Bracken)이 주장한 바와 같이, 힘(power)은 "세계 무대에서 사건을 일으킬 수 있는 능력"이다. Bracken, *Fire in the East: The Rise of Asian Military Power and the Second Nuclear Age* (New York: HarperCollins, 1999). 딱딱한 힘(hard power)은 협박과 강압을 동반하며 군사력을 행사하거나 군사적 유대를 강화하고 무기판매를 늘리는 것이다. 부드러운 힘(soft power)은 무역과 원조를 통해 형성되는 경제적 영향력, 조약과 협정, 기구 결성을 통해 강화되는 외교적 협력, 이민이나 다른 형태의 문화교류에 의한 사회적 통합이다. David A. Lake, "Hierarchy in International Relations: Authority, Sovereignty, and the New Structure of World Poltics," 미발표 토론용 논문, University of California at San Diego, 2005; Joseph Nye, *Soft Power: The Means to Success in World Politics* (New York: Public Affairs, 2004)를 보라.

10. John J. Mearsheimer, "Back to the Future: Instability in Europe After the Cold War," *International Security* 15, no. 4 (Summer 1990): 5-56.

11. Josef Joffe, "'Bismarck' or 'Britain'? Toward an American Grand Strategy After Bipolarity," *International Security* 19, no. 4 (Spring 1995): 94-117.

12. 새뮤얼 헌팅턴(Samuel Huntington)에 따르면, 중국의 발흥이 아니라 유럽연합의 창설이 세계 차원의 반패권('반미'의 의미) 제휴를 향해 진일보한 단 하나의 위대한 발걸음이었다. Huntington, "The Lonely Superpower," *Foreign Affairs*, March.April 1999.

Barry Buzan, *The United States and the Great Powers: World Politics in the Twenty-first Century* (London: Polity Press, 2004), 125-26도 보라.

13. Richard N. Rosecrance, *The Rise of the Trading State: Commerce and Conquest in the Modern World* (New York: Basic Books, 1986), 17-18.

14. 슈퍼파워(superpower), 강대국(great power), 지역 강국(regional power)이라는 용어의 정의를 논한 글로는 Buzan, *United States and the Great Powers*, ch. 5를 보라. 국제관계에서의 서열(pecking order, 모이를 쪼아 먹는 순서)에 관한 간략한 논의는 "A Geopolitical Detective Story," *The Economist*, January 3, 1998에서 찾아볼 수 있다.

15. 냉전 이후 세계에서의 딱딱하고 부드럽고 비대칭적인 균형의 다양한 형태들에 관한 논의로는 T. V. Paul, James J. Wirtz, and Michel Fortmann, eds., *Balance of Power: Theory and Practice in the Twenty-first Century* (Stanford, Calif.: Stanford University Press, 2004)를 보라.

16. Johanes Mattern, *Geopolitik: Doctrine of National Self-Sufficiency and Empire* (Baltimore: Johns Hopkins Press, 1942).

17. 많은 영향을 끼친 매킨더의 저술로는 "The Geographical Pivot of History," *Geographical Journal* 23 (1904): 421.37; *Democratic Ideals and Reality: A Study in the Politics of Reconstruction* (London: Constable, 1919); "The Round World and Winning the Peace," *Foreign Affairs*, July 1943 등이 있다.

18. 지정학 이론은 이제 세력공간의 동력을 중시하던 초창기의 근엄한 관점에다 극(세력중심의 수)과 집중도(세력분포)에 대한 고도로 수량적인 분석을 결합시키고 있다. 그중 단일 지배세력에 의한 세계경제의 안정적 관리를 중시하는 패권안정론(hegemonic stability theory)에 대해서는 Gilpin, *War and Change in World Politics; Political Economy of International Relations* (Princeton: Princeton University Press, 1987)를 보라. 세계자본주의 경제를 지배하는 패권국과 그 동맹국들의 역할에 초점을 맞추면서도 국가간의 수직적 대립에 계급의 수평적 분리를 결합시켜 검토하는 마르크스주의 경향의 세계체제론 (world-system theory)으로는, Thomas R. Shannon, *Introduction to the World-System Perspective* (Boulder, Colo.: Westview Press, 1989)와 이마누엘 월러스틴 (Immanuel Wallerstein)의 3부작 *The Modern World-System* (New York: Academic, 1974-89)을 보라. 장주기론(long-cycle theory)과 장기파동론(long-wave theory)의 두 분파가 있는 제3의 지정학 학파는 해군력과 핵심 경제부문의 혁신, 그리고 그 두 가지가 단일한 '세계 강국'에 집중되는 과정을 강조한다. 이들에 따르면 세계의 패권은 중국에서 몽골, 무굴 제국, 오스만 제국, 이탈리아 도시국가들, 스페인, 포르투갈, 네덜란드, 영국, 미국의 차례로, 동에서 서로 뜀뛰기 해왔다. George Modelski and William R. Thompson, *Leading Sectors and World Powers: The Coevolution of Global Economics and Politics* (Columbia: University of South Carolina Press, 1995);

Karen A. Rasler and William R. Thompson, *The Great Powers and Global Struggle, 1490-1990* (Lexington: University of Kentucky Press, 1994); John Agnew and Stuart Corbridge, *Mastering Space: Hegemony, Territory, and International Political Economy* (London: Routledge, 1995)를 보라. 공간과 국가를 중시하는 전통적인 학설에 반기를 들고 국가의 경계를 넘어선 자원과 물질의 힘을 강조하는 최신 경향의 이른바 비판적 지정학(critical geopolitics)에 대해서는 Gearoid O'Tuathail, *Critical Geopolitics: The Politics of Writing Global Space* (London: Routledge, 1996)를 보라.

19. Arnold Toynbee, *Civilization on Trial* (London: Oxford University Press, 1948), 8-9.

20. 기술적으로 정의하자면, 세계화는 국경을 넘는 모든 경제적, 정치적, 문화적 교류를 두루 포괄한다. Peter Marber, "Globalization and Its Contents," *World Policy Journal*, Winter 2004-05, 29.

21. 시스템 동학과 복잡이론에 관한 논의로는 Robert Jervis, *System Effects: Complexity in Political and Social Life* (Princeton, N.J.: Princeton University Press, 1997), ch. 1을 보라.

22. Michael M. Weinstein, ed., Globalization: *What's New?* (New York: Columbia University Press, 2005)를 보라. 편집자 웨인스타인은 세계화의 어떤 특정한 정의에 대해서도 아무런 편견을 보이지 않는다.

23. Pietra Rivoli, *The Travels of a T-shirt in the Global Economy: An Economist Explores the Markets, Power, and Politics of World Trade* (New York: John Wiley and Sons, 2005)를 보라.

24. Michael Doyle, "Kant, Liberal Legacies, and Foreign Affairs," parts 1 and 2, *Philosophy and Public Affairs* 12, nos. 3-4 (1983): 205-35, 323-53; Bruce Russett, Grasping the Democratic Peace: Principles for a Post-Cold War World (Princeton, N.J.: Princeton University Press, 1992); Michael Brown, Sean Lynn-Jones, and Steven Miller, eds., Debating the Democratic Peace (Cambridge, Mass.: MIT Press, 1996)를 보라.

25. Richard N. Rosecrance, *The Rise of the Virtual State: Wealth and Poverty in the Coming Century* (New York: Basic Books, 2000).

26. David Rothkopf, "Values Conundrum: Will the U.S. and China Play by the Same Rules?" *Washington Post*, July 11, 2005.

27. Deepak Lal, *In Praise of Empires: Globalization and Order* (New York: Palgrave Macmillan, 2004)를 보라.

28. Doyle, *Empires*, 71을 보라.

29. Toynbee, *Civilization on Trial.*

30. Arnold Toynbee, *East to West: A Journey Round the World* (New York: Oxford University Press, 1958), 199.

31. Alexander Wendt, *Social Theory of International Politics* (Cambridge, U.K.: Cambridge University Press, 1999), 194.

32. Abraham H. Maslow,"A Theory of Human Motivation," *Psychological Review 50* (1943): 370-96를 보라.

33. 아마르티아 센(Amartya Sen)과 2002 인간개발보고서 *Deepening Democracy in a Fragmented World*의 공저자 등 많은 학자들이 민주주의 자체가 지속 가능한 정치적, 사회경제적 건강의 구성요소라고 역설한다. Amartya Sen, *Developent as Freedom* (Oxford, U.K.: Oxford University Press, 1999).

34. 로버트 체이스(Robert Chase)와 에밀리 힐(Emily Hill), 폴 게케디(Paul Kennedy)는 세계에 그 존재감이 강력하게 부각되는 미국을 집단적으로 뒷받침할 수 있는 세계 전역의 9개 핵심국가를 꼽아왔다. 그들이 강조하는 나라는 서로 다른 세 슈퍼파워간 외교 경쟁의 장이 되는, 즉 친미나 반미가 아니라 오히려 친 EU나 친 중국 경향이 있는 국가들이다. 물론 지역 내 역학관계가 그 지역 전체와 세 슈퍼파워의 관계에 큰 영향을 미친다. Chase, Hill, and Kennedy, eds., *Pivotal States and U.S. Policy: A New Strategy for U.S. Policy in the Developing World* (New York: W. W. Norton, 1999).

35. 프랑스 인구학자 알프레드 소비(Alfred Sauvy)는 제3세계라는 용어를 처음 쓰면서, "무시와 착취와 멸시를 받아온 이 제3세계도 제3신분처럼 뭔가가 되고 싶어한다"라고 말했다. 혁명 이전의 프랑스 농민처럼, 세계의 하층을 형성하는 가난한 사회들은 산업혁명에서 정보혁명에 이르는 근현대화 과정 내내 똑같은 상태가 지속돼왔다. 제3세계라는 말은 진보가 아니라 박탈을 의미한다. 인도 초대 총리 자와할랄 네루(Jawaharlal Nehru)는 이 용어를 냉전기에 서방세계와 소련의 어느 편과도 동맹을 맺지 않는 길을 선택한, 이미 주변화된 나라들을 구별하여 표현하는 말로 이해했다. 1970년대에 제3세계는 신국제경제질서 (New International Economic Order)를 요구했다. 북에서 남으로의 산업 이동, 개발도상국 수출품의 가격 지지, 관세 인하, 튼실한 국제식량프로그램 등의 공정한 재분배를 들고 나온 것이다. 그러나 비동맹운동(Non-Aligned Movement)은 제3세계가 지정학적으로 무리라는 사실을 확인시켜주었을 뿐이다. (오늘날 비동맹운동의 계승자는 국제연합 내의 G-77 그룹이다.) 지리학자 솔 코헨(Saul Cohen)은 세계경제로부터 분리돼 있다는 뜻에서 남미와 아프리카를 '주변부 4반구(quartersphere of marginality)'라고 묘사한 바 있다. 오늘날 제3세계는 중앙아메리카와 카리브 해 지역, 남미 중앙부와 안데스 지방, 아프리카와 남아시아 대부분, 아랍세계 일부, 중앙아시아 남부 국가들, 동남아시아의 몇몇 나라를 포괄한다. 대부분 제2세계 국가들이 자리잡고 있는 지정학상의 주요한 전략적 교차로 바깥으로 떨어져 나와 있는 나라들이다. Mohammed Ayoob, *The Third World Security Predicament: State Making, Regional Conflict, and the International*

System (Boulder, Colo.: Lynne Rienner, 1995); Stephen D. Krasner, *Structural Conflict: The Third World Against Global Liberalism* (Berkeley: University of California Press, 1985)을 보라.

36. 세계화의 결과로 나타나는 국제경제질서의 분기와 그 안에서의 상하 이동에 대해서는 Branko Milanovic, *Worlds Apart: Measuring International and Global Inequality* (Princeton, N.J.: Princeton University Press, 2005), ch. 7을 보라.

37. 근대성의 사다리를 어느 정도 올라가 있는지 나타내는 한 가지 척도는 '국가의 격(stateness)'이다. 국가의 격은 그 최소 기능(공공재, 소유권, 국방)에서 중간 기능(외관 정비, 교육, 규제, 사회보장), 보다 적극적인 역할(산업정책, 부의 재분배)에 이르는 영역에서 자신의 권력을 집행하는 정부의 능력에 달려 있다. Francis Fukuyama, *State-Building: Governance and World Order in the Twenty-first Century* (Ithaca, N.Y.: Cornell University Press, 2004)를 보라. 40년 전, 새뮤얼 헌팅턴은 *Political Order in Changing Societies*에서 "나라들간의 가장 중요한 정치적 차이는 정부의 형태가 아니라 정부의 수준과 관계가 있다. 민주주의와 독재의 차이는 그 나라의 정치가 합의와 공동체, 정당성, 체계화, 효율성, 안정성을 구현하는 나라와 그러지 못하는 나라의 차이보다 작다" 라고 쓰고 있다.

38. Adam Przeworski and Fernando Limongi, "Modernization: Facts and Theories," *World Politics 49*, no. 2 (1997). 시모어 마틴 립셋(Seymour Martin Lipset)의 말에 따르면 "나라가 유복할수록 민주주의를 유지할 가능성은 그만큼 더 커진다."

39. 미 국가정보위원회(National Intelligence Council)가 경고하듯이 "세계의 대부분이 비록 더 부유해진다 하더라도, 세계화가 현상유지 상태를 깊숙이 휘저어대면서 경제적, 문화적 격변, 그리고 그 귀결로서 정치적 격변을 유발할 것이다." *Global Trends 2015* (Washington, D.C.: U.S. National Intelligence Council, 2000).

40. Spykman, *The Geography of the Peace* (New York: Harcourt Brace, 1944), 41.

제1부 유럽연합의 뉴 프런티어

서론 : 새로운 로마

1. Barry Buzan and Ole Wæver, *Regions and Powers: The Structure of International Security* (New York: Cambridge University Press, 2003), ch. 11; John J. Mearsheimer, "Back to the Future: Instability in Europe After the Cold War," International Security 15, no. 4 (Summer 1990): 5.56; John O'Loughlin, "Ordering the 'Crush Zone': Geopolitical Games in Post.Cold War Eastern Europe,"

Geopolitics and Globalization: The Changing World Political Map, ed. Nurit Kliot and David Newman (London: Frank Cass, 1999)을 보라.

2. Ralf Dahrendorf, *Refllections on the Revolution in Europe* (New York: Crown, 1990).

3. 맬컴 앤더슨(Malcolm Anderson)이 설명하듯이 유럽의 내부 장벽이 무너지면서 유럽의 외부 경계가 빠른 속도로 확장돼왔다. Anderson, *Frontiers: Territory and State Formation in the Modern World* (London, Polity Press, 1996), 178-91.

4. Graham Bowley, "EU Turns Its Attention and Resources to East," *International Herald Tribune*, July 18, 2005.

5. 동유럽의 급속한 산업화의 한 가지 예기치 못한 결과는 EU의 온실가스방출 집단감축이 늦추어졌다는 것이다.

6. Ann Mettler, "A Two-Speed Europe, at Last," *Wall Street Journal Europe*, June 9, 2005.

7. 쿠퍼가 쓰고 있듯이, "탈근대적인 EU는 과거의 제국들이 의존해온 민족적 지배나 중앙집권적 절대주의를 배제한, 협력적 제국과 공동의 자유, 공동 안보의 비전을 제시한다." Cooper, "The New Liberal Imperialism," *Guardian* (Manchester), April 7, 2002를 보라.

8. 프랭클린 포어(Franklin Foer)의 설명처럼, 이러한 변화는 스스로 뛰어나다고 여기지만 우월함에 대한 정치적 여운은 내비치지 않는 FC 바르셀로나 같은 축구클럽들을 통해서 잘 관찰할 수 있다. Foer, *How Soccer Explains the World: An Unlikely Theory of Globalization* (New York: HarperCollins, 2004).

9. EU는 로마 연방체와 유사하면서도 초국가적 권력과 국가권력, 지역권력이 혼합된 중세적 특징을 보인다. EU는 권력이 수직적, 수평적으로 분점된 복합공화국처럼 작동한다. Andrew Moravcsik, "Despotism in Brussels? Misreading the European Union," *Foreign Affairs*, May-June 2001, and *Europe Without Illusions: The Paul-Henri Spaak Lectures, 1994-1999* (Lanham, Md.: University Press of America, 2005); Ole Waever, "Imperial Metaphors: Emerging European Analogies to Pre-Nation State Imperial Systems," *The Geopolitics of Post-Wall Europe: Security, Territory, and Identity*, ed. Ola Tunander, Pavel Baev, and Victoria Ingrid Einagel (Oslo: International Peace Research Institute, 1997)을 보라.

10. Richard N. Rosecrance, "Mergers and Acquisitions," *The National Interest*, Summer 2005. Robert J. Lieber, *The American Era: Power and Strategy for the Twenty-first Century* (New York: Cambridge University Press, 2005); Chris Patten, Cousins and Strangers: America, Britain, and Europe in a New Century (New York: Times Books, 2006)도 보라.

11. 티모시 가튼 애시(Timothy Garton Ash)는 미국인과 유럽인의 가치와 믿음은 85퍼센트 가량 겹치며, 반미 성향의 유럽인들이 "미국을 유럽 고유의 고매한 이상에 반하는 것으로 평가하고" 있는데도 그러하다고 주장한다. Garton Ash, *Free World* (New York: Random House, 2005), 216.

12. R. Nicholas Burns, "A Renewed Partnership for Global Engagement," Remarks at the European Institute Annual Gala Dinner, Washington, D.C., December 15, 2005. 크리스토퍼 코커(Christopher Coker)가 지적하듯이, 미국의 홉스적 세계관과 유럽의 칸트적 세계관의 철학적 차이로 비치는 것조차도 둘 다 궁극적으로는 서방세계의 소산으로서 목적이 아니라 수단을 둘러싸고 빚어지는 불일치임을 입증하는 역할을 할 뿐이다. Coker, *Empires in Conflict: The Growing Rift Between Europe and the United States*, Whitehall Paper no. 58 (London: Royal United Services Institute, 2003)을 보라.

13. Robert Kagan, "Power and Weakness," *Policy Review*, June 2002.

14. T. R. Reid, The United States of Europe: *The New Superpower and the End of American Supremacy* (New York: Penguin, 2004).

15. Josef Joffe, Uberpower: *The Imperial Temptation of America* (New York: W. W. Norton, 2006), ch. 3; Jeremy Rifkin, *The European Dream: How Europe's Vision of the Future Is Quietly Eclipsing the American Dream* (New York: Penguin, 2004)을 보라.

16. Toynbee, *Civilization on Trial*, 41.

17. *European Defense Integration: Bridging the Gap Between Strategy and Capabilities* (Washington, D.C.: Center for Strategic and International Studies, 2005); Seth G. Jones, *The Rise of European Security Cooperation* (New York: Cambridge University Press, 2006)을 보라.

1. 러시아 : 사라져가는 제국

1. Rosemary S. Mapes, *Russian Nationalism and Russian Historiography*, 1725–1854 (Washington, D.C.: Georgetown University Press, 1961); and Daniel Rancour-Laferriere, *The Slave Soul of Russia: Moral Masochism and the Cult of Suffering* (New York: New York University Press, 1995)을 보라.

2. Dmitri Trenin, "Russia Leaves the West," *Foreign Affairs*, July-August 2006, and *The End of Eurasia: Russia on the Border Between Geopolitics and Globalization* (Washington, D.C.: Carnegie Endowment for International Peace, 2002)을 보라. 알렉산더 무지칸츠키(Alexander Muzykantsky)가 지적하듯이 "엘리트층의 이데올로기적 혼돈은 소련 붕괴 이래 러시아에 계속 이어져 온 정신적 특징이었다." Muzykantsky, "A

Yardstick for Russia," Russia in Global Affairs 3, no. 3 (July-September 2005).

3. Andrew E. Kramer and Steven Lee Myers, "Workers' Paradise Is Rebranded as Kremlin, Inc.," *New York Times*, April 24, 2006.

4. Anders Aslund, "The Hunt for Russia's Riches," *Foreign Policy*, January-February 2006; David Hoffman, *The Oligarchs: Wealth and Power in the New Russia* (New York: Public Affairs, 2003)를 보라.

5. Steven Lee Myers, "In Russia, the New Year's Holiday Becomes a Long Winter's Nap," *International Herald Tribune*, January 8, 2007.

6. Andrei Illarionov, "A Long-Term Project for Russia"; Vladimir Mau, "Lessons from the Spanish Empire"를 보라. 둘 다 러시아에 관한 글로서 *Global Affairs* 3, no. 3 (July-September 2005)에 수록돼 있다.

7. Keith C. Smith, "Gaz Promises," *Georgetown Journal of International Affairs*, Winter-Spring 2007, 51-58.

8. Rajan Menon and Alexander J. Motyl, "The Myth of Russian Resurgence," *The American Interest*, Spring 2007을 보라.

2. 우크라이나 : 익어가는 유럽의 꿈

1. 1991년에 아나 레이드(Anna Reid)는 "우크라이나는 싸우지 않고 독립을 얻었다. 많은 이들이 독립을 꿈꾸었으나 아무도 예상하지 못했고 아무도 준비하지 않았다"라고 쓰고 있다. Reid, *Borderland: A Journey Through the History of Ukraine* (Boulder, Colo.: Westview, 1997), 217.

2. 우크라이나의 여러 가지 좋지 않은 초기 상황—경쟁력 없는 중공업, 사기가 떨어진 농민, 에너지 의존, 동서 지역분열, 엘리트의 무능—이 비효율적이고 분열된 정부, 어설픈 개혁 기획, 만연한 부패, 대중들의 무관심과 결합되어 "침체에 빠지기 쉽고 변화에 저항하는 체제의 전형을 만들어냈다." Alexander Motyl, "Ukraine, Europe, and Russia: Exclusion or Dependence?" *Ambivalent Neighbors: The EU, NATO, and the Price of Membership*, ed. Anatol Lieven and Dmitri Trenin (Washington, D.C.: Carnegie Endowment for International Peace, 2003), 19.

3. 한 학자는 쿠치마 체제를 가리켜, 라이벌들이 비공식적인 후원단체를 활용하여 자본과 충성심을 축적한 뒤 마침내 권력에 도전할 수 있게 하는 '경쟁제 권위주의(competitive authoritarianism)'라고 말한다. Lucan Way, "Kuchma's Failed Authoritarianism," *Journal of Democracy 16*, no. 2 (April 2005)를 보라.

4. Rudolf Kjellen, *Die politische Probleme des Weltkrieges* (Leipzig, 1916).

5. 앤드루 윌슨(Andrew Wilson)이 설명하듯이, 러시아인들은 여전히 고대 루시(Rus, 러시

아인)들이 지금까지도 단일 민족으로 남아 있다는 가르침을 받으며 자란다. Wilson, *The Ukrainians: Unexpected Nation* (New Haven, Conn.: Yale University Press, 2000)

6. Michael Meyer, "Ukraine: Stranded Between Two Worlds?" *World Policy Journal*, Spring 2005.

7. Vasily Aksyonov, *The Island of Crimea* (New York: Vintage, 1984), 40.

8. Pamela Hyde Smith, *Moldova Matters: Why Progress Is Still Possible on Ukraine's Southwestern Flank*, Atlantic Council Occasional Paper, March 2005.

9. Slavenka Drakuli, *Cafe Europa: Life After Communism* (London: Penguin, 1996)에 인용돼 있는 티모시 가튼 애시(Timothy Garton Ash)의 표현.

3. 발칸 반도 : 유럽의 능력 시험장

1. Nicholas Wood, "Can an Iron Fist Put Power in Bosnia's Hands?" *New York Times*, November 5, 2005에서 재인용.

2. Jack Snyder, *From Voting to Violence: Democratization and Nationalist Conflict* (New York: W. W. Norton, 2000); Barnett R. Rubin and Jack Snyder, eds., *Post-Soviet Political Order: Conflict and State-Building* (London: Routledge, 1998).

3. "The Inflexibility Trap: Frustrated Societies, Weak States, and Democracy," UNDP Issues Paper, United Nations Development Program, Bratislava, 2002.

4. 루마니아는 폴란드와 경제, 인구 구조가 유사하지만 독일과 국경을 접하고 있지 않고, 따라서 1990년대 초에 EU의 개입이 거의 없었다. 루마니아 젊은이들은 북아프리카인들과 마찬가지로 자기네 나라에 머무르고 싶은 마음이 거의 없다. 폴란드의 무역이 유럽 70퍼센트, 러시아 3퍼센트로 180도 역전된 데 반해서, 루마니아의 독재자들은 긴급명령과 라틴 아메리카식 파퓰리즘을 동원하여 통치하면서, 나라를 자급농업체제로 돌려놓고 유럽 최대의 농업사회라는 지위를 확실하게 굳혀놓았다. 한편, 냄새 나는 야영지에서 대대로 살아온 공민권도 없던 로마 유목민들은 이제 EU의 차별금지법과 사회적 지원 프로그램에 힘입어 사회 안에 자리를 잡을 수 있게 되었다. Tom Gallagher, "Ceausescu's Legacy: Threats to Romania's Internal Security," *The National Interest*, Summer 1999; Georges de Menil, "History, Policy, and Performance in Two Transition Economies: Poland and Romania," March 2002; *Nations in Transit: Romania Country Report 2005*, Freedom House 2005; Alina M. Pippidi, "The Unbearable Lightness of Democracy," unpublished paper; Charles King, "The Europe Question in Romania and Moldova," *Ambivalent Neighbors*, ed. Lieven and Trenin, 247을 보라.

5. 오스만 제국에 복속되기 전인 일천 년 전, 불가리아는 세르비아와 지역 패권을 다투던 나라였다. 제2차 세계대전 중에 불가리아는 편을 바꾼 뒤 소련의 충실한 지지자가 되었고

1973년에는 소비에트 연방 가입 의사까지 비쳤다. 독립 이후 10년 동안 항의성 투표만 거듭하는 답보 사태가 계속되다가 결국에는 망명한 왕이 총리로 귀환하는 결과를 낳았다. 소련의 지원이 없는 상태에서 냉전시대의 산업화 수준도 유지할 수 없었던 불가리아는 한 분석가의 표현대로 "동쪽이 남쪽이 되는 탈성장(de-development)" 사태를 겪었다. 사정이 바뀌기 시작한 건 EU 가입 사전절차에 착수하면서부터였다. 유로화와의 고정환율제를 채택한 결과 임금이 오르고 물가가 안정되었다. Rossen Vassilev, "De-Development Problems in Bulgaria," *East European Quarterly*, September 22, 2003를 보라.

6. Allan Little and Laura Silber, *Yugoslavia: Death of a Nation* (New York: Penguin, 1995), 336를 보라.

7. Timothy Garton Ash, "The Sultanate of Europe," *Los Angeles Times*, April 14, 2005.

8. Ivo Andri, *The Days of the Consuls* (Belgrade: Dereta, 2000)를 보라.

9. 유럽은 반밀로셰비치 야당에 대한 지원을 대폭 늘렸어야 했다. 집권세력을 축출하는 데는 중산층의 존재나 성장보다 집권당에 대한 형편없는 지지도가 훨씬 더 중요한 요인이기 때문이다. Michael McFaul, "Transitions from Postcommunism," *Journal of Democracy 16*, no. 3 (July 2005): 5-19을 보라.

10. "A Tale of Two Slavic States," *The Economist*, June 3, 2006, 53.

11. E. Wayne Merry, "Therapy's End: Thinking Beyond NATO," *The National Interest*, Winter 2003-04.

12. 제3발칸국제위원회(Third International Commission on the Balkans)는 불안감과 좌절감이 팽배해 있는 이런 분위기를 보고 이 지역이 "성공만큼이나 실패에 가까운" 상태라고 단언하며 다음과 같이 덧붙였다. "유럽의 신식민주의적 통치가 더 견고해진다면 경제적 불만이 불거지면서, 유럽의 기획에 정치적으로 곤혹스런 사태가 빚어질 것이다. 그리고 무엇보다도 유럽의 유권자들이 그것을 막대하면서도 불필요한 재정적, 도덕적 부담으로 여기게 될 것이다." International Commission on the Balkans, *The Balkans in Europe's Future* (Sofia, Bulgaria: Centre for Liberal Strategies, 2005), 7, 11.

13. Elizabeth Pond, *Endgame in the Balkans: Regime Change, European Style* (Washington, D.C.: Brookings Institution Press, 2006)을 보라.

14. *Breaking Out of the Balkan Ghetto: Why IPA Should Be Changed*, European Stability Initiative, June 2005.

15. Dimitri Obolensky, *The Byzantine Commonwealth: Eastern Europe, 500-1453* (New York: Praeger Publishers, 1971), 4 (map).

4. 터키 : 작은 유럽과 큰 유럽의 갈림길

1. Christopher Caldwell, "The East in the West," *New York Times Magazine*,

September 25, 2005를 보라. 30년 뒤에는 터키와 러시아의 인구가 거의 같아질 것으로 추정된다.

2. 자크 르고프(Jacques Le Goff)가 이 용어를 처음 사용했다. Jacques Pilet, "Geboren im Mittelalter," *Cicero*, November 2005, 24-26에서 재인용.

3. Fiona Hill and Omer Taspinar, "Turkey and Russia: The Axis of Excluded?" *Survival*, Spring 2006.

4. Soner Cagaptay, "Why Are the Turks Hesitating on Iraq?" *Policy Watch* no. 704, Washington Institute for Near East Policy, January 27, 2003.

5. Mark Parris, "Allergic Partners: Can U.S.-Turkish Relations Be Saved?" *Turkish Policy Quarterly* 5, no. 1 (Spring 2005).

6. 보고서 *Islamic Calvinists: Change and Conservatism in Central Anatolia*, European Stability Initative, September 2005를 보라.

7. Salman Rushdie, "How Can a Country That Victimizes Its Greatest Living Writer Also Join the EU?," *The Times* (London), October 14, 2005에서 재인용.

8. 1970년과 1980년에 터키 군부는 권력을 장악했다가 두 차례 모두 곧바로 문민 통치를 복원시킴으로써 큰 인기를 얻었다. Ersel Aydinli, Nihat Ali Ozcan, and Dogan Akyaz, "The Turkish Military's March Toward Europe," *Foreign Affairs*, January-February 2006을 보라.

9. Stephen Kinzer, *Crescent and Star: Turkey Between Two Worlds* (New York: Farrar, Straus and Giroux, 2001)를 보라.

10. Andrew Mango, *The Turks Today* (London: Overlook Press, 2005).

11. 휴 포프(Hugh Pope)가 쓰고 있듯이, "터키의 대다수 이슬람주의자는 이제 더 이상 이슬람 율법을 원치 않는다는 국민적 합의에서 크게 벗어나는 일이 거의 없다. 합의에 가까이 다가가면 갈수록 그들은 그만큼 더 성공을 거둔다." Pope, *Sons of the Conquerors: The Rise of the Turkic World* (London: Overlook Press, 2005), 277.

12. Charles King, *The Black Sea: A History* (London: Oxford University Press, 2004)를 보라.

13. Ronald D. Asmus and Bruce P. Jackson, "The Black Sea and the Frontiers of Freedom," *Policy Review*, June 2004.

5. 카프카스 회랑 지대 : 유럽과 아시아의 교량

1. Aleksander Rondeli, "Russia and Georgia: Asymmetrical Neighbors," *Central Asia and South Caucasus Affairs*, ed. Boris Rumer and Lan Sim Yee (Tokyo: Sasakawa Peace Foundation, 2003).

2. Eduard Ponarin and Irina Kouznetsova-Morenko, "Russia's Islamic Challenge,"
Georgetown *Journal of International Affairs*, Summer-Fall 2006, 21-28.

3. 국제금융공사(International Finance Corporation)와 유럽부흥개발은행이 40억 달러가
투여된 BTC 파이프라인에 상당한 액수의 기금을 댔다. 주 운영자인 브리티시 페트롤리움
(British Petroleum)이 30퍼센트의 지분을 갖고 있고, 나중에 합병한 미국 회사 유노컬
(Unocal)과 셰브론(Chevron), 노르웨이의 슈타트오일(Statoil), 이탈리아의 에니
S.p.A.(Eni S.p.A.), 터키의 국영 TPAO, 아제르바이잔 소유의 SOCAR 등도 많은 기여를
했다.

4. Kim Murphy, "Caspian Sea Pipeline Has Its Origin in Murky Waters," *Los Angeles
Times*, June 27, 2005에서 재인용.

5. Fiona Hill, "Beyond the Colored Revolutions," Central Eurasia Studies Society 6th
Annual Conference 기조연설, Boston University, September 30, 2005.

6. Svante E. Cornell et al., *Regional Security in the South Caucasus: The Role of NATO*
(Washington, D.C.: Central Asia.Caucasus Institute, Paul H. Nitze School of
Advanced International Studies, 2004).

7. 1813년과 1828년의 러시아–이란 전쟁은 아제르바이잔인들을 지리적으로 갈라놓았다. 오
늘날의 아제르바이잔은 아제르바이잔 민족의 4분의 1밖에 대표하지 못한다. 이란 인구의
3분의 1에 해당하는 2,500만의 아제르바이잔인이 이란 북부에 살고 있다. 아프신 몰라비
(Afshin Molavi)가 설명하는 것처럼, 16세기의 자비로운 페르시아 샤 사파비(Safavid)는
아제르바이잔인이었고, 그의 궁정도시 타브리즈는 19세기 말과 20세기 초 이란의 진보적
인 제헌운동의 중심지였다. Molavi, *The Soul of Iran: A Nation's Journey to Freedom*
(New York: W. W. Norton, 2005), 211.

8. Zbigniew Brzezinski, *The Grand Chessboard: American Primacy and Its
Geostrategic Imperatives* (New York: Basic Books, 1997)를 보라.

9. Thomas Goltz, *Azerbaijan Diary: A Rogue Reporter's Adventures in an Oil-Rich,
War-Torn, Post-Soviet Republic* (Armonk, N.Y.: M.E. Sharpe, 1998)을 보라.

10. *How Freedom Is Won: From Civic Resistance to Durable Democracy*, Freedom
House, 2005를 보라.

제2부 심장부의 줄다리기

서론 : 21세기의 실크로드

1. Peter Hopkirk, *The Great Game: The Struggle for Empire in Central Asia* (London:

Kodansha International, 1992), 466.

2. 잭 웨더퍼드(Jack Weatherford)가 쓰고 있듯이, 칭기즈칸의 제국은 "시베리아의 눈 덮인 툰드라 벌판에서 인도의 무더운 평원까지, 베트남의 논에서 헝가리의 밀밭까지, 한국에서 발칸까지 드넓게 펼쳐져 있었다. …… 그는 대륙들을 가로질러 뻗은 자유무역지대의 통상로를 열었다. …… 그는 비단길을 따라 여기저기 흩어져 있던 나른한 소읍들을 한데 묶어 사상 최대의 자유무역지대를 만들었다." Weatherford, *Genghis Khan and the Making of the Modern World* (New York: Crown, 2004), xviii-xix.

3. Hopkirk, Great Game, 231; Karl E. Meyer and Shareen B. Brysac, *Tournament of Shadows: The Great Game and the Race for Empire in Central Asia* (New York: Counterpoint, 2000)도 보라.

4. R. James Ferguson, "China and the Emerging Eurasian Agenda: From Special Interests to Strategic Cooperation," Centre for East-West Cultural and Economic Studies, Research Paper no. 8, December 2001; Matthew Oresman, "Beyond the Battle of Talas" and "China's Reemergence in Central Asia," *In the Tracks of Tamerlane: Central Asia's Path to the Twenty-first Century*, ed. Daniel L. Burghart and Theresa Sabonis-Helf (Washington, D.C.: Center for Technology and Security Policy, National Defense University, 2005)를 보라.

5. 베이츠 질(Bates Gill)이 이야기한 것처럼 "이 모든 것이 부드러운 힘이요, 전략적이고 외교적인 관계다. …… 중국이 다가와서 해묵은 원한을 풀고 인자한 헤게모니를 구축하려는 것이다." Howard W. French, "China Moves Toward Another West: Central Asia," *New York Times*, March 28, 2004에서 재인용.

6. Joseph F. Fletcher, "China and Central Asia, 1368.1884," *The Chinese World Order: Traditional China's Foreign Relations*, ed. John K. Fairbank (Cambridge, Mass.: Harvard University Press, 1968).

6. 러시아 : 중국의 식민지가 돼가는 아시아 땅

1. Fen Montaigne, *Reeling in Russia: An Angler's Paradise* (New York: St. Martin's Press, 1998).

2. Geoffrey Hosking, *Russia and the Russians: A History* (Cambridge, Mass.: Harvard University Press, 2002).

3. Fiona Hill and Clifford Gaddy, *The Siberian Curse: How Communist Planners Left Russia out in the Cold* (Washington, D.C.: Brookings Institution Press, 2003); Harm de Blij, *Why Geography Matters: Three Challenges Facing America: Climate Change, the Rise of China, and Global Terrorism* (New York: Cambridge University

Press, 2005), 240을 보라.

4. 중국의 영향권 하에 있는 러시아의 주(oblast)는 크라스노야르스크(Krasnoyarsk), 아무르(Amur), 이르쿠츠크(Irkutsk), 트랜스바이칼(Trans-Baikal), 마가단(Magadan) 등이다. Friends of the Earth, *Plundering Russia's Far Eastern Taiga: Illegal Logging, Corruption, and Trade,* July 2000을 보라.

5. 극동 지방의 중국-러시아 인구구성 시나리오에 관한 논의로는 Olga Oliker and Tanya Charlick-Paley, *Assessing Russia's Decline: Trends and Implications for the United States and the U.S. Air Force* (Santa Monica, Calif.: RAND Corporation, 2002), ch. 5 를 보라.

6. Michael Schuman, "The New El Dorado," *Time,* August 7, 2006.

7. Mikhail Alexseev, "The Chinese Are Coming: Public Opinion and Threat Perception in the Russian Far East," PONARS Policy Memo no. 184, January 2001.

8. Christopher Andrews and Vasili Mitrokhin, *The World Was Going Our Way: The KGB and the Battle for the Third World* (New York: Basic Books, 2005), 279-80.

9. Gaye Christoffersen, "The Dilemmas of China's Energy Governance: Recentralization and Regional Cooperation," *China-Eurasia Forum Quarterly 3,* no. 3 (November 2005): 55-80.

10. Pauline Jones Luong, ed., *The Transformation of Central Asia: States and Societies from Soviet Rule to Independence* (Ithaca, N.Y.: Cornell University Press, 2004).

11. Oliver Roy, *The New Central Asia: The Creation of Nations* (New York: New York University Press, 2000).

12. Gregory Gleason, "Reform Strategies in Central Asia: Early Starters, Late Starters, and Non-Starters," *In the Tracks of Tamerlane,* ed. Burghart and Sabonis-Helf.

13. Mancur Olson, "Dictatorships, Democracy, and Development," *American Political Science Review 87,* no. 3 (September 1993).

14. Anders Aslund, *Building Capitalism: The Transformation of the Former Soviet Bloc* (New York: Cambridge University Press, 2001); *Sustaining Growth in Uncertain Times,* Eurasia Economic Summit 2002 Report, World Economic Forum을 보라.

7. 티베트와 신장 : 황금알을 낳는 전리품

1. 마나즈 이스파니(Mahnaz Z. Ispahani)는 상술한다. "도로와 철도는 여전히 국가의 영토 범위와 물리적 능력을 규정하며, 국가의 정치, 경제, 군사적 잠재력 실현에 필수적인 요소다." Ispahani, *Roads and Rivals: The Political Uses of Access in the Borderlands of Asia* (Ithaca, N.Y.: Cornell University Press, 1989), xii, 3.

2. 최근 중국 정부의 매니페스토에서 선언하고 있듯이 "전한(前漢, Western Han dynasty) 시대 이래로 신장은 단일 다민족 국가인 중국의 떨어질 수 없는 한 부분이었다."

3. Ross Terrill, *The New Chinese Empire: And What It Means for the United States* (New York: Basic Books, 2003), 54.

4. Mackinder, *Democratic Ideals and Reality*. Robert Harkavy, "Strategic Geography and the Greater Middle East," *Naval War College Review*, Autumn 2001도 보라.

8. 카자흐스탄 : 등거리 외교의 성공 신화

1. 많은 학자들이 이제 이 지역을 '내아시아(Inner Asia)'라 부른다. Robert Legvold, ed., *Thinking Strategically: The Major Powers, Kazakhstan, and the Central Asian Nexus* (Cambridge, Mass.: American Academy of Arts and Sciences, 2003)의 기고문들을 보라.

2. Kassymzhomart Tokaev, *Meeting the Challenge* (Redding, Conn.: Begell House, 2004).

3. Stephen Blank, "China, Kazakh Energy, and Russia: An Unlikely Menage a Trois," *China-Eurasia Forum Quarterly 3*, no. 3 (November 2005): 101.

4. Steve LeVine, *The Oil and the Glory: The Pursuit of Empire and Fortune on the Caspian Sea* (New York: Random House, 2007).

5. Taleh Ziyadov, "Prospects of Caspian Gas and Its Potential Markets," *Central Asia and the Caucasus Journal 29*, no. 5 (2004).

6. Johannes Linn and David Tiomkin, *Economic Integration of Eurasia: Opportunities and Challenges of Global Significance* (Warsaw: Center for Social and Economic Research, 2005).

7. Paul Starobin, "Sultan of the Steppes," *Atlantic Monthly*, December 2005를 보라.

8. 이 지역 경제 추세와 시나리오에 대한 논의로는 Malcolm Dowling and Ganeshan Wignarajan, "Central Asia's Economy: Mapping Future Prospects to 2015," Central Asia-Caucasus Institute, Silk Road Paper, July 2006; Alan Rousso, "Escaping the Resource Trap: Market Reform and Political Governance in the Resource Rich Countries of Eurasia," China-Eurasia Forum Quarterly 4, no. 3 (Autumn 2006): 3.14; *Republic of Kazakhstan: Selected Issues*, IMF Country Report no. 04/362, November 2004를 보라.

9. Fiona Hill, "Whither Kazakhstan?" *In the National Interest*, September 20, 2005.

10. *Kazakhstan: Reducing Nuclear Dangers, Increasing Global Security*, Nuclear Threat Initiative, 2004; Nursultan Nazarbayev, *Epicenter of Peace* (Hollis, N.H.:

Puritan Press, 2001)를 보라.

11. 그는 최종적으로 75퍼센트의 투표율에 90퍼센트의 득표를 했다.

9. 키르기스스탄과 타지키스탄 : 변방의 꿈틀거림

1. Alexander Cooley, "Depoliticizing Manas: The Domestic Consequences of the U.S. Military Presence in Kyrgyzstan," PONARS Policy Memo no. 362, February 2005.

10. 우즈베키스탄과 투르크메니스탄 : 시련대에 선 봉쇄정책

1. Assel Rustemova, "National Identities of Central Asia States and Their Impact on the Prospects for Regional Integration," unpublished paper presented at the International Studies Association, San Diego, March 2006.

2. 낙슈반디 수피(Naqshbandi Sufi) 교단이 결국 민족주의 운동에서 중요한 역할을 했다. Chris Seiple and Joshua White, "Uzbekistan and the Central Asian Crucible of Religion and Security," in *Religion and Security: The New Nexus in International Relations*, ed. Chris Seiple and Dennis R. Hoover (Lanham, Md.: Rowman and Littlefield, 2004).

3. Martha Olcott, *Central Asia's Second Chance* (Washington, D.C.: Carnegie Endowment for International Peace, 2005), 207.

4. "The IMU and the Hizb-ut-Tahrir: Implications of the Afghanistan Campaign," Central Asia Briefing, International Crisis Group, January 30, 2002; Zeyno Baran, "Fighting the War of Ideas," *Foreign Affairs*, November- December 2005, 68, and *Hizb ut-Tahrir: Islam's Political Insurgency* (Washington, D.C.: Nixon Center, 2004)를 보라.

5. Martha Brill Olcott and Bakhtiar Babajanov, "The Terrorist Notebooks," *Foreign Policy*, March.April 2003.

6. Tiffany Petros, "Islam in Central Asia: The Emergence and Growth of Radicalism in the Post-Communist Era," *In the Tracks of Tamerlane*, ed. Burghart and Sabonis-Helf.

7. Chris Seiple, "Uzbekistan and the Bush Doctrine," *Review of Faith and International Affairs 3*, no. 2 (Fall 2005).

8. Dana Priest, *The Mission: Waging War and Keeping Peace with America's Military* (New York: W. W. Norton, 2003), 108.

9. Sylvia W. Babus, "Democracy-Building in Central Asia Post-September 11," *In the*

Tracks of Tamerlane, ed. Burghart and Sabonis-Helf.

10. Alexander Cooley, "Base Politics," *Foreign Affairs*, November-December 2005, 79–92.

11. Olcott, *Central Asia's Second Chance*, 100.

12. Theresa Sabonis-Helf, "The Rise of the Post-Soviet Petro-States: Energy Exports and Domestic Governance in Turkmenistan and Kazakhstan," *In the Tracks of Tamerlane*, ed. Burghart and Sabonis-Helf.

13. 2005년 아시아개발은행의 타당성 검토 결과 이 파이프라인은 상업적으로 타당성이 있는 것으로 결론이 났다.

14. Kathleen J. Hancock, "Escaping Russia, Looking to China: Turkmenistan Pins Hopes on China's Thirst for Natural Gas," *China-Eurasia Forum Quarterly 4*, no. 3 (Autumn 2006): 67–87.

11. 아프가니스탄과 파키스탄 : 깊고 깊은 수렁

1. Olga Oliker and David A. Shlapak, *U.S. Interests in Central Asia: Policy Priorities and Military Roles* (Santa Monica, Calif.: RAND Corporation, 2005), v를 보라. 2006 년에 와서야 미국은 자신의 지리적 정신분열증을 수습했다. 펜타곤은 이 지역을 중부사령부(CENTCOM)에 이관했고, 국무부는 유럽국으로 넘겼다.

2. Ispahani, *Roads and Rivals*, 117에서 재인용.

3. Rachel Morajee, "Narcotecture in Afghanistan," *Monocle*, no. 5, 2007.

4. Elizabeth Rubin, "In the Land of the Taliban," *New York Times Magazine*, October 22, 2006.

5. 산악 장벽에 틈을 냄으로써 카라코람은 "아대륙 지리정치의 균형을 변화시켰다." Ispahani, *Roads and Rivals*, 151, 201. 게다가 인도의 외교 동맹국으로서 카라코람에서의 중국-파키스탄 군사협력에 항의하던 소련도 더 이상 존재하지 않는다.

6. Husain Haqqani, "Counter-Terrorism or Bounty Hunting," *Nation* (Pakistan), November 8, 2006; Mansour Ijaz, "Musharrafistan," *Wall Street Journal*, September 19, 2006를 보라.

7. Ziad Haider, "Sino-Pakistan Relations and Xinjiang's Uighurs: Politics, Trade, and Islam Along the Karakoram Highway," *Asian Survey*, July.August 2005, 522–45.

8. Ayesha Siddiqa, *Military, Inc.: Inside Pakistan's Military Economy* (London: Pluto Press, 2007).

결론 : 유라시아 심장부의 새로운 변화

1. S. Frederick Starr, "A 'Greater Central Asia Partnership' for Afghanistan and Its Neighbors," Central Asia-Caucasus Institute Silk Road Studies Program, March 2005 를 보라.
2. Mackinder, *Democratic Ideals and Reality*, 144.
3. Bates Gill and Matthew Oresman, *China's New Journey to the West: China's Emergence in Central Asia and Implications for U.S. Interests*, report of the CSIS Freeman Chair in China Studies, August 2003.
4. Linn and Tiomkin, *Economic Integration of Eurasia*, fig. 17.

제3부 미국 안마당에서의 파워 게임

서론 : 게임의 새로운 규칙

1. Eduardo Galeano, *Open Veins of Latin America: Five Centuries of the Pillage of a Continent* (New York: Monthly Review Press, 1973), 11.
2. Peter H. Smith, *Talons of the Eagle: Dynamics of U.S..Latin American Relations* (New York: Oxford University Press, 1996), 17.
3. 새로운 국가들은 '그대가 소유한 만큼'이라는 원칙에 따라 스페인 제국의 유산을 나누어 가지는 것으로 정리되었다. 국경이 투쟁 끝에 장악한 정도에 따라 정해진다는 의미였다.
4. 존 헤이(John Hay)의 '문호개방' 언급은 해외, 특히 중국에 대한 외국세력의 동등한 통상 접근권을 보장하는 한편, 영토와 행정은 그대로 보전한다는 목적을 분명히 했다. William Appleman Williams, *The Tragedy of American Diplomacy* (New York: W. W. Norton, 1959), 50을 보라.
5. 윌리엄 애플먼 윌리엄스(William Appleman Williams)가 지적하듯이, 윌슨의 이념은 기본적으로는 중상주의적이라기보다는 오히려 자유주의적이었다. 이해관계의 조화를 염두에 두고 있었던 것이다. Williams, *Tragedy of American Diplomacy*, 95n.
6. Smith, *Talons of the Eagle*, 62.
7. Ibid., 134.
8. Ibid., 151.
9. Fernando Henrique Cardoso, *Charting a New Course: The Politics of Globalization and Social Transformation*, ed. Mauricio A. Font (Lanham, Md.: Rowman and Littlefield, 2001), 122.

10. Moises Naim, "The Lost Continent," *Foreign Policy*, February 2004.

11. Galeano, *Open Veins of Latin America*, 255.

12. Tomoe Funakushi and Claudio Loser, *China's Rising Economic Presence in Latin America*, Inter-American Dialogue, 2005, 2; "Magic, or Realism?" *The Economist*, December 29, 2004를 보라.

13. Andrew and Mitrokhin, *World Was Going Our Way*, 27.

14. Cynthia A. Watson, House of Representatives Committee on Foreign Affairs의 서반구 소위(Western Hemisphere Subcommittee) 증언, April 6, 2005를 보라.

15. 라틴아메리카 GDP의 60~90퍼센트는—나라에 따라 다르다—일차 상품 수출에서 나온다. UNDP의 최근 보고서에서 지적하듯이 "수출을 통해 형성되는 석유와 광물 재산은 성장에 좋지 않을 수 있고, 민주주의와 발전에도 악영향을 끼칠 수 있다." *Human Development Report 2005*, United Nations Development Program, 124.

16. Funakushi and Loser, *China's Rising Economic Presence*, 3, 8.

17. 중국의 라틴아메리카 개입에 대한 인식과 현실을 다룬 논의로는 Sam Logan and Ben Bain, "China's Entrance into Latin America: A Cause for Worry?" *IRC Americas*, August 24, 2005를 보라.

18. Antoni Estevadeordal, Dani Rodrik, Alan M. Taylor, and Andres Velasco, eds., *Integrating the Americas: FTAA and Beyond* (Cambridge, Mass.: Harvard University Press, 2004); Pamela K. Starr, "Pax America in Latin America: The Hegemony Behind Free Trade," *Between Compliance and Conflict: Between East Asia, Latin America, and the "New" Pax Americana*, ed. Jorge I. Dominguez and Byung Cook Kim (New York: Routlege, 2005), 85-86을 보라.

19. EU와 달리 FTAA(아메리카자유무역협정)는 시장개방, 민주적 통치, 사회적 평등간의 어떠한 연계고리도 만들어내지 못하고 있다. FTAA는 낮은 기준을 설정하고 있음에도, 어느 편도 진지하지 못하다는 소리를 듣고 싶어 하진 않기 때문에 논의는 계속되고 있지만, 고르고 또 고르는 '카페 모델' 방식으로 말미암아 실패를 거듭하고 있다. 그러한 방식이 진정한 자유시장보다는 오히려 복잡한 미로 같은 규제들을 만들어내고 있기 때문이다. Jorge I. Dominguez, "Bush Administration Policy: A View Toward Latin America," *ReVista*, Spring-Summer 2005, 4를 보라.

20. 2003년 라틴아메리카 전체의 1인당 실질 GDP는 1980년과 사실상 똑같았고, 같은 기간에 빈곤 인구는 오히려 증가했다. Marianne Fay, ed., The Urban Poor in Latin America (Directions in Development) (Washington, D.C.: International Bank for Reconstruction and Development, World Bank, 2005); De Ferranti et al., eds., *Inequality in Latin America and the Caribbean: Breaking with History?* (Washington, D.C.: International Bank for Reconstruction and Development, World

Bank, 2005)를 보라.

21. Nancy Birdsall and Augusto de la Torre, *Washington Contentious: Economic Policies for Social Equity in Latin America* (Washington, D.C.: Carnegie Endowment for International Peace and Inter-American Dialogue, 2001), 6.

22. 1990년대의 떠들썩한 IMF 안정화 프로그램 시행 이후, 무역과 외국인 투자, 사회보장 지출이 모두 증가해온 반면에 인플레이션은 억제되었고, 라틴아메리카 국가들은 미국, 유럽, 아시아, 그리고 상호간의 자유무역협정들을 적극 추진하고 있다. Dominguez and Kim, ed., *Between Compliance and Conflict*, 2, 11을 보라.

12. 멕시코 : 아메리카의 교량

1. 관광 수입이 연간 10억 달러나 증가했음에도, 석유 세수가 여전히 멕시코 예산의 40퍼센트를 차지하고 있다.

2. 2003년에는 중국이 미국 의류 시장의 25퍼센트, 멕시코가 10퍼센트를 차지했는데, 2005년에는 중국이 56퍼센트, 멕시코는 고작 3퍼센트였다. Funakushi and Loser, *China's Rising Economic Presence*, 5.

3. Juan Enriques, *The Untied States of America: Polarization, Fracturing, and Our Future* (New York: Crown, 2005), ch. 6.

4. Joseph Contreras, "Losing the Battle," *Newsweek*, July 11, 2005; James C. McKinley Jr., "With Beheadings and Attacks, Drug Gangs Terrorize Mexico," *New York Times*, October 27, 2006.

5. Tamar Jacoby, "Immigration Nation," *Foreign Affairs*, November-December 2006.

6. *Building a North American Community*, Report of an Independent Task Force Sponsored by the Council on Foreign Relations, 2005.

7. Enriques, *Untied States of America*, 154.

8. "10 Questions for Pat Buchanan," *Time*, August 28, 2006, 6.

9. "Applauding the CAFTA 15," *New York Times*, July 29, 2005.

10. Fernando Cardoso and Peter Bell, *A Break in the Clouds: Latin America and the Caribbean in 2005* (Washington, D.C.: Inter-American Dialogue, 2005), 8.

13. 베네수엘라 : 볼리바르의 복수

1. Ricardo Hausmann, "A Case of Bad Latitude: Why Geography Causes Poverty," *Foreign Policy*, January.February 2001.

2. Alma Guillermoprieto, *The Heart That Bleeds: Latin America Now* (New York:

Alfred A. Knopf, 1994), x.

3. Terry Lynn Karl, *The Paradox of Plenty: Oil Booms and Petro-States* (Berkeley: University of California Press, 1997), 3.

4. Karl, *Paradox of Plenty*, 32.

5. Michael Rowan, *Getting Over Chavez and Poverty* (2006; available from michael.rowan.book@gmail.com).

6. Michael Rowan, "A Strategy for Success in Venezuela," *VenEconomia*, December 2, 2005.

7. Charles S. Shapiro, "Venezuelan Labor Struggles to Find Autonomy," *Georgetown Journal of International Affairs*, Winter.Spring 2007, 19-26.

8. "Oil, Missions, and a Chat Show," *The Economist*, May 14, 2005, 23-25.

9. Michael Penfold-Becerra, "Social Funds, Clientelism, and Redistribution: Chavez's 'Misiones' Programs in Comparative Perspective," working paper, Instituto de Estudios Superiores de Administracion (IESA), November 2005.

10. 하비에르 코랄레스(Javier Corrales)에 따르면, 차베스는 "독재와 정치적 경쟁력간의 모순을 제거해왔다." "Hugo Boss," *Foreign Policy*, January.February 2006, 32.40; Javier Corrales, "In Search of a Theory of Polarization: Lessons from Venezuela, 1999–2005," *Revista Europea de Estudios Latinamericanos y del Caribe*, October 2005, 79를 보라.

11. Asdrubal Baptista, "El Estado y el capitalismo rentistico," Conferencia Jose Gil Fortoul, Academia Nacional de la Historia, Caracas에서 발표한 논문, 2005, 25.

12. Josep M. Colomer and Gabriel L. Negretto, "Can Presidentialism Work Like Parliamentarism?" *Government and Opposition* (2005); 60-89.

13. Eduardo Galeano, *We Say No: Chronicles, 1963-1991* (New York: W. W. Norton, 1992), 195.

14. Alma Guillermoprieto, "The Gambler," *New York Review of Books*, October 20, 2005.

15. Alma Guillermoprieto, "Don't Cry for Me, Venezuela," *New York Review of Books*, October 6, 2005.

16. Jens Erik Gould, "Plans for South American Pipeline Has Ambitions Beyond Gas," *New York Times*, December 2, 2006에서 재인용.

14. 콜롬비아 : 안데스의 발칸

1. Toynbee, *East to West*, 1.3.

2. International Crisis Group, *Colombia's Borders: The Weak Link in Uribe's Security Policy*, Latin America Report no. 9, September 23, 2004; *War and Drugs in Colombia*, Latin America Report no. 11, January 27, 2005를 보라.

3. International Crisis Group, *Colombia: Presidential Politics and Peace Prospects*, Latin America Report no. 14, June 16, 2005, 12.

4. International Crisis Group, *Coca, Drugs, and Social Protest in Bolivia and Peru*, Latin America Report no. 12, March 3, 2005.

5. Guillermoprieto, *Heart That Bleeds*, 19.

6. Toynbee, *East to West*, 3.

7. International Crisis Group, *Uribe's Re-election: Can the EU Help Colombia Develop a More Balanced Peace Strategy?* Latin America Report no. 17, June 8, 2006.

8. 미국이 특히 1980년대에 IMF와 세계은행을 통해 안데스 전역에서 미국 건설사들이 떠맡은, 공익성이 거의 없는 한정된 프로젝트들의 추진 자금을 과도하게 신청하도록 의도적으로 부추겼고, 그럼으로써 안데스 국가들에 막대한 부채를 떠안겼다는 주장이 폭넓게 제기되고 있다. Jorge Castenada, "Latin America's Left Turn," *Foreign Affairs*, May–June 2006; William Finnegan, "The Economics of Empire: Notes on the Washington Consensus," *Harper's*, May 2003; Adam Isacson, "12 Elections in Twelve Months," DemocracyArsenal.org, January 12, 2006; John Nellis, Rachel Menezes, and Sarah Lucas, *Privatization in Latin America: The Rapid Rise, Recent Fall, and Continuing Puzzle of a Contentious Economic Policy* (Washington, D.C.: Center for Global Development, 2004); John Perkins, *Confessions of an Economic Hit Man* (San Francisco: Berrett Koehler, 2003); David Rieff, "Che's Second Coming?" *New York Times Magazine*, November 20, 2005를 보라.

9. "Democracy's Ten-Year Rut," *The Economist*, October 29, 2005, 60–62.

10. Heinrich Kreft, "The EU and Latin America Should Forge a Strategic Partnership," *European Perspectives*, Summer 2005.

15. 브라질 : 남반구의 중심 기둥

1. 브라질이 포르투갈에 매여 있던 쇠사슬을 끊어내도록 고무한 것은 미국의 독립투쟁이었고, 프랑스 혁명 때의 파리 군중들이 브라질 혁명가들에게 전술 지침을 제공했다. 두 세기 전에 브라질은 노예제를 사회악으로 보았고, 그것이 과잉 노동인구나 유럽인 이민자들로 대체될 수도 있다고 생각했다. Kenneth Maxwell, *Naked Tropics: Essays on Empire and Other Rogues* (New York: Routledge, 2003), ch. 7–8을 보라.

2. Cardoso, *Charting a New Course*, Mauricio A. Font's introductory essay and ch. 21.

3. Amaury de Souza, "Cardoso and the Struggle for Reform in Brazil," *Journal of Democracy 10*, no. 3 (July 1999): 49-63.

4. Gianpaolo Baiocchi, *Radicals in Power: The Worker's Party and Experiments in Urban Democracy in Brazil* (New York: Zed Books, 2003), 5; "Taming an Urban Monster," The Economist, January 29, 2005, 45-46.

5. Paulo Roberto de Almeida, "Two Foreign Policies from Cardoso to Lula," presentation at Florida International University, March 4, 2004; Monica Hirst, *The United States and Brazil: A Long Road of Unmet Expectations* (New York: Routledge, 2004)를 보라.

6. Rubens Antonio Barbosa, "Why the Group of 20 Was 'Suddenly' Formed," Cordell Hull Institute Trade Policy Roundtable에서의 발언, Washington, D.C., November 25, 2003.

7. Larry Rohter, "Brazil Weighs Costs and Benefits of Alliance with China," *New York Times*, November 20, 2005; Charles Tang, "Brazil-China: A Strategic and Commercial Alliance," 'Brazil-Asia in the Twenty-first Century: A Meeting of Horizons'의 ITAMARATY 회의 발표 논문, Brasilia, June 8, 2001.

8. Cardoso and Bell, *Break in the Clouds*, 11.

9. 다양한 시각에서 본 아마존의 안보 문제에 관한 신랄한 논의로는 Jospeh L. Tulchin and Heather A. Golding, eds., *Environment and Security in the Amazon Basin* (Washington, D.C.: Woodrow Wilson International Center for Scholars, 2002)을 보라.

16. 아르헨티나와 칠레 : 이란성 쌍둥이

1. V. S. Naipaul, *Return of Eva Peron* (New York: Alfred A. Knopf, 1980), 103, 153.

2. Mark Falcoff, *A Culture of Its Own: Taking Latin America Seriously* (New Brunswick, N.J.: Transaction Publishers, 1998), 255.

3. 폴 블러스타인(Paul Blustein)에 따르면, 금융파탄으로 아르헨티나는 스포츠카 운전석에 앉은 십대들만큼이나 거대한 액수의 핫머니도 관리할 능력이 없는 나라인 것으로 드러났다. Blustein, *And the Money Kept Rolling In (And Out): Wall Street, the IMF, and the Bankrupting of Argentina* (New York: Public Affairs, 2005).

4. Monica Herz, "Brazilian Foreign Policy Since 1990 and the Pax Americana," *Between Compliance and Conflict*, ed. Dominguez and Kim; Laura Gomez Mera, "Explaining Mercosur's Survival: Strategic Sources of Argentine-Brazilian Convergence," *Journal of Latin American Studies 37* (2005): 109-40을 보라.

5. June Erlick, "Chile: A Changing Country," *ReVista*, Spring 2004.

6. Peter H. Smith, *Democracy in Latin America: Political Change in Comparative Perspective* (New York: Oxford University Press, 2005), 231; "Writing the Next Chapter in a Latin American Success Story," *The Economist*, April 2, 2005, 32–33을 보라.

7. Larry Rohter, "Debating the Course of Chile's Rivers," *New York Times*, August 6, 2006.

8. Smith, *Democracy in Latin America*, 327.

제4부 빅3의 결전장

서론 : 산산조각 난 벨트

1. Cohen, *Geography and Politics in a Divided World* (New York: Random House, 1963). Geoffrey Kemp and Robert E. Harkavy, *Strategic Geography and the Changing Middle East* (Washington, D.C.: Brookings Institution Press, 1997)도 보라.

2. 할림 바라카트(Halim Barakat)의 주장처럼, 아랍세계는 "여러 개의 독립된 민족국가들의 집단이라기보다는 크게 하나로 묶여 있는 단일한 사회"로 보아야 할 것이다. Barakat, *The Arab World: Society*, Culture and State (Berkeley: University of California Press, 1993), xi.

3. 유엔개발계획(UNDP)에서 의뢰하여 작성한 아랍인간개발보고서(Arab Human Development Report)를 보라.

4. Edward N. Luttwak, "The Middle of Nowhere," *Prospect*, May 2007.

5. Anoush Ehteshami, *Globalization and Geopolitics in the Middle East* (London: Routledge, 2007)를 보라.

6. Francois Burgat, "French and U.S. Approaches to Understanding Islam," France-Stanford Centre on Interdisciplinary Studies에서의 강연, September 2004.

7. De Blij, *Why Geography Matters*, 123를 보라. 미 국가정보위원회(National Intelligence Council)는 "정치적인 이슬람교는 세계에 커다란 영향력을 갖고 있어 인종과 민족이 서로 다른 집단들을 결집하고 어쩌면 국가의 경계를 초월한 권력도 창출할 수 있을 것"이라고 주장한다. *Global Trends 2020*, National Intelligence Council, 2005.

8. John L. Esposito, *Unholy War: Terror in the Name of Islam* (New York: Oxford University Press, 2002); George P. Fletcher, *Romantics at War: Glory and Guilt in*

an Age of Terrorism (Princeton, N.J.: Princeton University Press, 2002); "Islamic Extremists: How Do They Mobilize Support?" United States Institute of Peace, Special Report no. 89, July 2002; George Perkovich, "Giving Justice Its Due," *Foreign Affairs*, July-August 2005, 83; Guy Raz, "The War on the Word 'Jihad,'" National Public Radio, October 31, 2006, www.npr.org에서 청취 가능; Jonathan Schanzer, *Al-Qaeda's Armies: Middle East Affiliate Groups and the Next Generation of Terror* (Washington, D.C.: Washington Institute for Near East Policy, 2005)를 보라. "How We Can Co-exist?"라는 제하의 저명한 이슬람학자들 다수의 선언문이 www.islamtoday.net에 실려 있다.

9. 프랜시스 후쿠야마(Francis Fukuyama)는 이렇게 쓰고 있다. "보다 큰 싸움을 세계대전이나 냉전에 비견되는 전지구적 전쟁으로 상정하는 것은 문제의 범위를 크게 과장하는 것으로서, 우리가 마치 아랍세계와 무슬림 세계의 큰 부분을 차지하고 있는 것 같은 느낌을 준다. 이라크 전쟁 이전에 우리가 싸우고 있던 상대는 기껏해야 자신을 희생한다거나 미국에 난감한 피해를 입히고 있다고 생각하는 전 세계의 수천 명 정도에 불과했다. 우리가 커다란 소용돌이의 빗장을 풀었기 때문에 문제가 커진 것이다." Fukuyama, *America at the Crossroads: Democracy, Power, and the Neoconservative Legacy* (New Haven, Conn.: Yale University Press, 2006).

17. 마그레브 : 유럽에서 불어온 변화의 바람

1. Fernand Braudel, *The Mediterranean and the World in the Age of Philip II*, trans. Sian Reynolds (Glasgow: Fontana-Collins, 1975), 1:276.

2. Robert D. Kaplan, *Mediterranean Winter: The Pleasures of History and Landscape in Tunisia, Sicily, Dalmatia, and Greece* (New York: Random House, 2004).

3. Tamara Cofman Wittes and Sarah Yerkes, "The Middle East Partnership Initiative: Progress, Problems, and Prospects," Saban Center Middle East Memo no. 5, November 29, 2004; Mona Yacoubian, "Promoting Middle East Democracy: European Initiatives," United States Institute of Peace, Special Report no. 127, October 2004를 보라.

4. 1억이 조금 넘는 이 지역의 노동인구는 아랍세계 청년인구의 급증으로 말미암아 다음 10년 사이에 배가될 것으로 전망된다. 이 지역 인구의 60퍼센트가 스물네 살 이하다. 모로코와 알제리, 이집트의 인구증가율은 상승하고 있거나 적어도 지금의 높은 수준에서 떨어지지 않을 것이다. 역내 실업률이 평균 15퍼센트가 넘는 상태에서, 아랍 경제가 청년인구를 흡수하자면 현재보다 두 배 이상의 성장률—현재의 3퍼센트에서 약 7퍼센트 수준을 기록해야만 한다. Graham E. Fuller, *The Youth Factor: The New Demographics of the*

Middle East and the Implications for U.S. Policy, Analysis Paper no. 3, Saban Center for Middle East Policy at the Brookings Institution, June 2003; *Unlocking the Employment Potential in the Middle East and North Africa: Toward a New Social Contract* (Washington, D.C.: World Bank, 2004)를 보라.

5. Toynbee, *East to West*, 155.

6. 한 세기 전에 모로코는 미국 문호개방 정책의 표적 중 하나였다. 미국은 이 나라를 자국 상품의 안정된 시장으로 만들기 위해 행정체제의 정비를 시도했다. 그러나 라틴아메리카에서와 마찬가지로, 극적인 사회변화를 추진하여 신임을 얻으려던 미국의 문호개방 정책은 결국 수포로 돌아갔다. 하지만 반미 감정이 일기 전에 그 기획은 중단되었다. William Appleman Williams, *Tragedy of American Diplomacy*, 67을 보라. 서방세계와 모로코 관계의 개요를 살피려면, Haim Malka and Jon B. Alterman, *Arab Reform and Foreign Aid: Lessons from Morocco* (Washington, D.C.: Center for Strategic and International Studies, 2006)를 보라.

7. Gary S. Gregg, *The Middle East: A Cultural Psychology* (New York: Oxford University Press, 2005); Heather Deegan, "Culture and Development," in Shireen T. Hunter and Huma Malik, eds., *Modernization, Democracy, and Islam* (Westport, Conn.: Praeger, 2005).

8. Daniel Brumberg, "Liberalization Versus Democracy," *Uncharted Journey: Promoting Democracy in the Middle East*, ed. Thomas Carothers and Marina Ottoway (Washington, D.C.: Carnegie Endowment for International Peace, 2005), 16; Mehran Kamrava, "Development and Democracy: The Muslim World in a Comparative Perspective," Hunter and Malik, eds., *Modernization, Democracy, and Islam*, 53; Thomas W. Simons Jr., *Islam in a Globalizing World* (Palo Alto, Calif.: Stanford University Press, 2003), 62를 보라.

9. Francois Burgat, *Face to Face with Political Islam* (London: I. B. Tauris, 2003), 170-72를 보라.

10. Public Opinion Survey, TNS Sofres, March 2005; German Marshall Fund, *Transatlantic Trends 2005*의 조사결과를 보라.

11. Marcus Noland and Howard Pack, "Globalization and Economic Performance in the Middle East," *In the National Interest*, June 30, 2004.

12. Geoff D. Porter, "Tourism Meets Terrorism in Morocco," *Daily Star* (Beirut), April 24, 2007.

13. Dirk Vandewalle, *A History of Modern Libya* (Cambridge, U.K.: Cambridge University Press, 2006), 1.

14. 리비아의 석유 매장량은 390억 배럴로 추정되는데, 아프리카 최대 규모다.

15. Vandewalle, *History of Modern Libya*, 1.

16. Joshua Eisenman and Joshua Kurlantzick, "China's Africa Strategy," *Current History*, May 2006, 219-24; James Traub, "China's African Adventure," *New York Times Magazine*, November 19, 2006; Ernest J. Wilson, "China's Influence in Africa: Implications for U.S. Policy," Human Rights and International Operations, U.S. House of Representatives의 아프리카 소위원회(Subcommittee of Africa) 증언, July 28, 2005를 보라.

17. 중국은 천연가스의 4분의 1을 알제리, 앙골라, 차드, 수단, 나이지리아, 적도기니의 블록에서 수입한다.

18. Karby Leggett, "China Flexes Economic Muscle Throughout Burgeoning Africa," *Wall Street Journal*, March 29, 2005.

19. *More Than Humanitarianism: A Strategic U.S. Approach Toward Africa*, Council on Foreign Relations의 독립 태스크포스 보고서, New York, 2006; "No Questions Asked," *The Economist*, January 21, 2006, 53-54를 보라.

18. 이집트 : 관료와 신권정치 사이에서

1. 이집트는 영국과의 1929년 조약으로 나일 강의 통제 특권을 부여받았다. 동아프리카 국가들이 독립을 인정받기 전에 체결된 조약이었다. 나일 강의 보다 공정한 배분과 관리를 보장하기 위한 10개국의 나일 강 유역 구상(Nile Basin Initiative) 회의가 소집돼왔다.

2. Scott Anderson, "Under Egypt's Volcano," *Vanity Fair*, October 2006.

3. Andrews and Mitrokhin, *World Was Going Our Way*, 148.

4. Andrew Batson and Shai Oster, "Egypt Sees China Replacing U.S. as Top Trade Partner by 2012," *Wall Street Journal*, September 12, 2006.

5. Gamal Hamdan, *The Personality of Egypt: A Study on the Genius of Place* (Cairo: Al-Hilal, 1993).

6. Paul Berman, "The Philosopher of Islamic Terror," *New York Times Magazine*, March 23, 2003.

7. Graham Fuller, "Islamists and Democracy," *Uncharted Journey*, ed. Carothers and Ottoway, 41.42; "Islam and Democracy," United States Institute of Peace, Special Report no. 93, September 2002를 보라.

8. Olivier Roy, *Globalized Islam: The Search for a New Ummah* (New York: Columbia University Press, 2004), 80-81을 보라. 이슬람 정당들은 오늘날의 과제에 어떻게 대처하느냐에 따라 크게 네 가지로 분화, 발전돼왔다. 민주주의와 서구화는 거부하지만 과학기술을 이용하여 권위주의적인 이슬람 칼리프 제도를 발전시켜가려는 근본주의

(fundamentalism)가 그 하나요, 세속주의에 의심의 눈길을 보내며 보수적인 사회규범을 선호하는 전통주의(traditionalism)가 그 둘이며, 이슬람의 원리와 국제규범간의 화해를 추구하는 근대화주의(modernism)가 그 셋이요, 서방의 자유민주체제에서처럼 종교는 사적 영역에 국한되기를 바라는 세속주의(secularism)가 그 넷이다. 민주주의와 지하드, 일부다처제, 히잡 착용 등의 주요 이슈에 관한 견해에서 보듯이 오늘날의 이슬람 정치에 그러한 다양성이 엄연히 존재하는 판에 이슬람이 다원적이지 않다고 주장하기는 어렵다. 더욱이 각 진영이 모두 나름의 권력기반과 지지 네트워크를 갖고 있기 때문에 그 어떤 경향도 무시할 수 없다. 사실, 서방 지도자들이 선호하는 근대화주의자들이 세금이나 기부금, 사업체, 재단, 모스크, 학교, 방송국 등 전통주의자들이 갖고 있는 자산을 가진 경우는 드물다. International Crisis Group, *Understanding Political Islam*, Middle East-North Africa Report no. 37, March 2, 2005에서는 약간 다른 분류 방식을 찾아볼 수 있다.

9. Ghassan Salame, *Democracy Without Democrats? The Renewal of Politics in the Muslim World* (London: I. B. Tauris, 1994); Burgat, *Face to Face with Political Islam*, 180; Amr Hamzawy, "The Key to Arab Reform: Moderate Islamists," Carnegie Endowment for International Peace, Policy Brief no. 40, August 2005; Judy Barsalou, "Islamists at the Ballot Box: Findings from Egypt, Jordan, Kuwait, and Turkey," United States Institute of Peace, Special Report no. 144, July 2005를 보라.

10. Saad Eddin Ibrahim, "Islam Can Vote, If We Let It," *New York Times*, May 21, 2005.

11. Lawrence Groo and Parag Khanna, "The Regime Change We Need," *The National Interest*, Winter 2006.

12. Steven A. Cook, "The Promise of Pacts," *Journal of Democracy 17*, no. 1 (January 2006).

13. "The U.S. Project for Democracy in the Greater Middle East-Yes, but with Whom?" *Al-Hayat*, February 23, 2004.

14. Shibley Telhami, "In the Middle East, the Third Way Is a Myth," *Washington Post*, February 17, 2006.

15. 레이 타케이(Ray Takeyh)가 지적하듯이 "아랍 정치질서의 핵심 딜레마는 정치적 경쟁절차에 익숙하지 않은 것이 아니라 기필코 권력을 유지하려고 하는 기성 엘리트층이다." Takeyh, "Close, but No Democracy," *The National Interest*, Winter 2004-05, 58.

16. F. Gregory Gause III, "Can Democracy Stop Terrorism?" *Foreign Affairs*, September-October 2005; and John M. Owen, "Democracy, Realistically," *The National Interest*, Spring 2006, 40을 보라.

17. 로렌스(T. E. Lawrence)는 아랍 문명에서는 공공성이나 협력보다는 개인적 자질이 우선

시된다고 말한다. Lawrence, *Seven Pillars of Wisdom: A Triumph* (New York: Anchor Books, 1935), 44.

18. Barakat, *The Arab World*, ch. 10을 보라.

19. Fouad Ajami, "The End of Pan-Arabism," *Foreign Affairs*, Winter 1978-79; Michael Barnett, *Dialogues in Arab Politics: Negotiations in Regional Order* (New York: Columbia University Press, 1998)를 보라. 오늘날까지도 모든 아랍 군대는 취약한 동원 인력, 열악한 훈련, 정치화된 리더십, 낮은 과학기술에 시달리고 있으며, 협력하여 함께 싸운 경험도 거의 없다. Daniel Byman, "The Future Security Environment and the Middle East," Defense Review Threat Panel of the House Committee on Armed Services에서의 증언, September 28, 2005.

19. 마슈레크 : 길은 어디에

1. David Fromkin, *A Peace to End All Peace: The Fall of the Ottoman Empire and the Creation of the Modern Middle East* (New York: Henry Holt, 1989)를 보라.

2. Fromkin, *Peace to End All Peace*, 24, 96을 보라.

3. Robert D. Kaplan, *Eastward to Tartary: Travels in the Balkans, the Middle East, and the Caucasus* (New York: Random House, 2000)를 보라.

4. Toynbee, *East to West*, 214.

5. 이스라엘 전국보험협회(National Insurance Institute)에 따르면, 이스라엘의 빈곤율은 28 퍼센트다. 셋 중 한 아이가 영양부족 상태에 있는 것이다.

6. 미국인 학자 존 미어셰이머(John Mearsheimer)와 스티븐 월트(Stephen Walt)는 핵심을 찌른다. "이스라엘은 테러와의 전쟁에서는 부담스런 존재고 깡패국가를 상대하는 데는 더욱 그렇다. …… 이스라엘과 미국이 테러 위협을 공유하고 있다는 점에서 하나라고 말하기 전에 그에 앞선 인과관계를 살펴볼 필요가 있다. 미국이 테러 문제를 안게 된 것은 상당 부분 미국이 다른 어떤 나라가 아니라 이스라엘과 가까운 동맹관계를 맺고 있기 때문이다." Mearsheimer and Walt, "The Israel Lobby," *London Review of Books*, March 23, 2006.

7. 테러 행위는 사회적 굴욕감, 정치적 권리 박탈, 경제적 불만, 급진적인 유혹 등 무척 긴 연쇄고리의 마지막 고리다. 명성이 자자한 테러리스트와 그 두목들은 흔히 교육받은 전문가들로서, 자신의 기량과 이동성을 활용하여 스스로 고매한 대의라고 믿는 것을 추구하며 그 과정에서 다른 사람들이나 때로는 자신을 희생시키기도 한다. Michael Mazaar, "The Psychological Sources of Islamic Terrorism," *Policy Review*, June 2004; Robert A. Pape, *Dying to Win: The Strategic Logic of Suicide Terrorism* (New York: Random House, 2005); Marc Sageman, *Understanding Terror Networks* (Philadelphia:

University of Pennsylvania Press, 2004)를 보라.

8. 지리학자이자 인구학자인 잔 제 종(Jan Je Jong)에 따르면, 영토가 지금처럼 나뉜 상태에서는 팔레스타인 주민들이 사실상 요르단 강 서안지구의 55퍼센트밖에 이용하지 못한다. 분리된 정착지들을 연결하는 접근로가 마땅치 않기 때문이다. 게다가 이스라엘이 요르단 강 서안 대수층의 물을 85퍼센트나 뽑아가고 있어, 팔레스타인인들이 영토 주권을 제대로 확립하기도 전에 물이 고갈될 가능성도 있다.

9. Doug Suisman et al., *The Arc: A Formal Structure for a Palestinian State*, Santa Monica, Calif.: RAND Corporation, 2005. Abdel Monem Said Aly and Shai Feldman, *Ecopolitics: Changing the Regional Context of Arab-Israeli Peacemaking* (Cambridge, Mass.: Belfer Center for Science and International Affairs, John F. Kennedy School of Government, 2003); Khalil Shikaki, *Building a State, Building Peace: How to Make a Roadmap That Works for Palestinians and Israelis* (Washington, D.C.: Brookings Institution Press, 2003)도 보라.

10. 매년 1억 달러 이상을 교육에 지출하는 요르단은 학생 1인당 교육 예산이 세계 어떤 나라 못지않다.

11. Muhamad Magraby, "Some Impediments to the Rule of Law in the Middle East and Beyond," *Fordham International Law Journal 26*, no. 3 (March 2003): 777.

12. Thomas L. Friedman, *From Beirut to Jerusalem* (New York: Farrar, Straus and Giroux, 1989), 214.

13. P. W. Singer, "Mike Tyson and the Hornet's Nest: Military Lessons of the Lebanon Crisis," Brookings Institution, August 1, 2006.

14. Muhamad Mugraby, "Lebanon, a Wholly Owned Subsidiary," *Middle East Quarterly*, March 1998.

15. Lawrence, *Seven Pillars of Wisdom*, 131.

20. 이라크 : 세 토막으로 갈라지다

1. Hugh Kennedy, *When Baghdad Ruled the Muslim World: The Rise and Fall of Islam's Greatest Dynasty* (New York: Da Capo Press, 2004).

2. Andrews and Mitrokhin, *World Was Going Our Way*, 193.

3. 미국 하원의원 David Bonior. "U.S. Congressmen Criticize Iraqi Sanctions," BBC News Online, February 17, 2000에서 재인용.

4. Fromkin, *Peace to End All Peace*, 453에서 재인용.

5. 이라크 점령 초기에 많은 미국 장교들이 이라크 복무에 앞서 '알제 전투(Battle of Algiers)'를 보았지만, 그들은 마치 프랑스가 알제리에서 쫓겨나는 수모를 겪게 만든 고압

적인 전술과 적의를 유발하는 행동을 재창조하고 있는 듯했다. 미국은 근 100년 전의 영국과 마찬가지로 "피비린내 진동하는 비효율적인" 정치(T. E. 로렌스의 표현)를 계속하다가 결국 "비참하고 소모적이며 산발적인 전쟁"(처칠의 표현)의 수렁에 빠져들 수밖에 없었다. 아랍어를 할 줄 아는 사람도 거의 없던 '그린 존(Green Zone, 세계 최대의 미국 대사관이 있는 곳-옮긴이)' 안의 미국 외교관들이 하는 일의 태반은 미군의 병참 지원 역할이었다. 분쟁 이후의 안정화 및 재건 사업도 정부 안팎에서 계속 엇박자만 냈다. 미군은 마침내 대반란 조치의 이상적인 교범을 만들어내기에 이르렀는데, 그것은 영국이 이미 근 1세기 전에 내놓은 교훈과 별반 다를 바 없는 것으로서, 민간인 보호와 지역 공익시설 복구, 국내 보안경찰 구축, 국민군 재건 등이 시급하고 중요하다는 거였다. Noah Feldman, *What We Owe Iraq: War and the Ethics of Nation Building* (New York: Princeton University Press, 2005)을 보라.

6. Amatzia Baram, "Who Are the Insurgents?" United States Institute of Peace, Special Report no. 134, April 2005; Peter Bergen and Alec Reynolds, "Blowback Revisited," *Foreign Affairs*, November–December 2005; Rik Coolsaet and Teun van de Voorde, "The Evolution of Terrorism in 2005: A Statistical Assessment," University of Ghent, February 2006; Andrew F. Krepinevich Jr., "How to Win in Iraq," *Foreign Affairs*, September.October 2005; Vali Nasr, *The Shia Revival: How Conflicts Within Islam Will Shape the Future* (New York: W. W. Norton, 2006); Kenneth Pollack, "A Switch in Time: A New Strategy for America in Iraq," Saban Center Analysis Paper no. 7, Brookings Institution, February 15, 2006을 보라.

7. Nir Rosen, "The Exodus," *New York Times Magazine*, May 13, 2007을 보라. 이라크는 현재 1948년 이스라엘 건설 직후의 팔레스타인 난민 사태 이래 가장 큰 규모의 난민들을 인접국에 두고 있다.

8. Geoffrey Kemp, "Iran and Iraq: The Shia Connection, Soft Power, and the Nuclear Dilemma," United States Institute of Peace, Special Report no. 156, November 2005를 보라.

9. 전 미 국무부 관리 리처드 하스(Richard Haas)는 이렇게 쓰고 있다. "필요에 의한 전쟁이던 첫번째 이라크 전쟁이 중동에서의 미국 시대의 시작을 알리는 것이었고, 선택에 의한 전쟁이던 두 번째 이라크 전쟁이 그 끝을 재촉하고 있다는 것은 역사의 아이러니다." Haas, "The New Middle East," *Foreign Affairs*, November.December 2006.

10. Brendan O'Leary, John McGarry, and Khaled Salih, eds., *The Future of Kurdistan in Iraq* (Philadelphia: University of Pennsylvania Press, 2005)를 보라.

11. 아니면 그들의 옛 화폐도 괜찮을 것이다. 쿠르드인들은 '브레머 디나르(Bremer dinar)' 이전에 11년간 독자적인 화폐를 사용했다. 그 뒤 이라크 디나르가 도입되었다. 이라크 안에서의 쿠르드인의 움직임이 이 지역에서 어떤 의미를 갖는지에 관한 논의로는 Henri J.

Barkey and Ellen Laipson, "Iraqi Kurds and Iraq's Future," *Middle East Policy 12*, no. 4 (Winter 2005)를 보라.

21. 이란 : 선과 악을 다시 묻는다

1. 페르시아인을 바빌로니아의 지배에서 해방시킨 것은 키로스 대제(Cyrus the Great)였다. 그는 B.C. 6세기에 이스라엘인들을 팔레스타인에 재정착시켜 페르시아와 이집트간의 완충지대로 삼았다.
2. Andrews and Mitrokhin, *World Was Going Our Way*, 169.
3. 이란의 석유 수입은 1971년 10억 달러 미만에서 1975년 180억 달러로 치솟았다.
4. 다른 어떤 무슬림 사회와도 달리, 이란은 일찍이 19세기 카자르(Qajar) 왕조 시대에 근대화와 의회정치, 사회주의의 지적 전통을 경험했다. Shireen T. Hunter, "Islam, Modernization, and Democratization: The Case of Iran," in Hunter and Malik, eds., *Modernization, Democracy, and Islam*, ch. 16을 보라.
5. Nikki R. Keddie, *Iran and the Muslim World: Resistance and Revolution* (New York: New York University Press, 1995), 13.15; and Molavi, Soul of Iran, 13.
6. Molavi, *Soul of Iran*을 보라.
7. Timothy Garton Ash, "Soldiers of the Hidden Imam," *New York Review of Books*, November 3, 2005.
8. 이란의 천연가스 매장량 추정치는 26조 세제곱미터로 러시아에 이어 세계 2위이며, 석유 매장량은 1,300억 배럴로 사우디아라비아와 캐나다에 이어 세계 3위다. 이란 체제에서는 많은 경우 국가 이익이 사실상 샤리아에 우선하며, 국가가 성직자의 금고를 통제한다. 그러나 호메이니의 혁명정신과 국가의 최고 종교수호자 지위를 물려받은 아야톨라 하메이니(Ayatollah Khamenei)는 또한 나라의 급진 외교정책을 배후에서 밀고 가는 추진동력으로서, 다른 지도자들과 달리 어떤 기관에도 책임을 지지 않는다. Michael Ignatieff, "Iranian Lessons," *New York Times Magazine*, July 17, 2005; Henry A. Kissinger, "Now Tehran's Choice Is Cast in Starker Terms," *International Herald Tribune*, August 1, 2006를 보라.
9. Philip Gordon, "America, Europe, and the Challenge of Bringing Democracy to Iran," 2005년 5월 23-24일, 요르단 암만에서 열린 Aspen Berlin Conference on "Iran and Democracy in the Greater Middle East"에서 발표한 논문; Robin Niblett and Derek Mix, *Transatlantic Approaches to Sanctions: Principles and Recommendations for Action*, Center for Strategic and International Studies, October 10, 2006을 보라.
10. Justin Bernier, "China's Strategic Proxies," Orbis, Fall 2003, 629–43; Afshin Molavi,

"Buying Time in Tehran," *Foreign Affairs*, September–October 2004; Kenneth M. Pollack, *The Persian Puzzle: The Conflict Between Iran and America* (New York: Random House, 2004)를 보라.

11. Neil MacFarquhar, "Exiles in 'Tehrangeles'Are Split on How U.S. Should Sway Iran," *New York Times*, May 9, 2006; Michael McFaul, Larry Diamond, and Abbas Milani, "Beyond Incrementalism: A New Strategy for Dealing with Iran," Hoover Institution, 2005; Afshin Molavi, "Our Allies in Iran," *New York Times*, November 3, 2005; Molavi, Soul of Iran, 175; and Mahmood Sariolghalam, "Cutting a Deal with Tehran," *Newsweek*, April 24, 2006을 보라.

12. Karim Sadjadpour, "How Relevant Is the Iranian Street?" *Washington Quarterly,* Winter 2007을 보라.

13. Jared Cohen and Abbas Milani, "The Passive Revolution," *Hoover Digest*, Winter 2005; Mohsen Sazegara, "Iran's Road to Democracy," November 4, 2005, www.OpenDemocracy.net에서 볼 수 있음.

14. Molavi, *Soul of Iran*을 보라.

15. Toynbee, *East to West*, 221.

16. Christopher de Bellaigue, *In the Rose Garden of Martyrs: A Memoir of Iran* (New York: HarperCollins, 2005).

22. 페르시아 만 : 만류는 어느 쪽으로 흐르는가

1. 세계 에너지 수요는 2030년에 35퍼센트 증가하여 일일 1억 2천만 배럴에 이를 것으로 추정된다.

2. Olivier de Lage, "Saudi Arabia and the Smaller Gulf States: The Vassals Take Their Revenge," CERI Colloquium on Gulf Monarchies in Transition, Paris, January 10–11, 2005.

3. "Economic Relations with Regions Neighboring the Euro Area and in the 'Euro Time Zone,'" European Central Bank, December 2002.

4. 중국의 사우디아라비아 무역액은 2005년 140억 달러를 넘어섰고, 아랍세계 전체와의 무역액은 500억 달러가 넘는다. Chu Shulong, "The Middle East in China's National Strategy," Center for Strategic and International Studies conference on "The Vital Triangle: China, the United States, and the Middle East"에서의 연설, Washington, D.C., September 14, 2006; Jin Liangxiang, "Energy First: China and the Middle East," *Middle East Quarterly*, Spring 2005를 보라.

5. 새뮤얼 헌팅턴은 이 동맹관계가 "실현될 수도 있다"면서 그 이유를 이렇게 밝혔다. "마호

메트와 공자가 반서방적이라서가 아니라 그러한 문화가 서방측에 어느 정도는 책임이 있는 분노의 표출 수단을 제공해주기 때문이다. 서방세계의 정치, 경제, 군사, 문화적 지배가 '이제 그게 더는 필요 없다고 느끼는' 국가들이 있는 세계에서 차츰 곪아 터지고 있는 것이다." Huntington, *Clash of Civilizations*, 239.

6. 쿠웨이트도 광저우 성의 대규모 정유시설 건설에 80억 달러를 투자하고 있다.

7. Hassan Fattah, "Avoiding Political Talk, Saudis and Chinese Build Trade," *New York Times*, April 23, 2006.

8. Wilfred Thesiger, *Arabian Sands* (1959; repr. London: Penguin, 1991), preface to the second edition, 7.

9. *The Military Balance*, International Institute for Strategic Studies, 2005.

10. Bank of International Settlements, 2006.

11. United Nations, *Arab Human Development Report*를 보라.

12. Yaroslav Trofimov, *Faith at War: A Journey on the Frontlines of Islam, from Baghdad to Timbuktu* (New York: Henry Holt, 2005), 4.

13. Paul Dresch and James Piscatori, eds., *Monarchies and Nations: Globalization and Identity in the Arab States of the Gulf* (London: I. B. Tauris, 2005)를 보라.

14. Afshin Molavi, "The Real 'New Middle East,'" *Washington Post*, August 20, 2006; Nawaf Obaid and Khalid al-Rhodan, "Saudi Arabia's Sustainable Capacity and Security Issues," Center for Strategic and International Studies, September 27, 2005 를 보라.

15. 이 나라의 석유 생산이 정점에 이르렀는지 여부를 기초로 한 사우디아라비아 석유 매장량의 수명, 세계의 수요를 근거로 현재 유전에 남아 있는 석유가 몇 해나 가겠느냐는 전망, 새롭게 발견된 유전에 들어 있는 석유의 양 등에 관한 토론이 계속되고 있다. Matthew R. Simmons, *Twilight in the Desert: The Coming Saudi Oil Shock and the World Economy* (Hoboken, N.J.: John Wiley and Sons, 2005); Peter Maass, "The Breaking Point," *New York Times Magazine*, August 21, 2005를 보라.

16. Peter Bergen and Alec Reynolds, "Blowback Revisited," *Foreign Affairs*, November-December 2005, 2-6. 미 국방과학위원회(U.S. Defense Science Board)가 지적하듯이 "무슬림들은 우리의 자유를 싫어하는 게 아니라 우리의 정책을 싫어한다."

17. John Bradley, *Saudi Arabia Exposed: Inside a Kingdom in Crisis* (New York: Palgrave Macmillan, 2005); International Crisis Group, *The Shiite Question in Saudi Arabia*, Middle East Report no. 145, September 19, 2005를 보라.

18. Michael Scott Doran, "The Saudi Paradox," *Foreign Affairs*, January-February 2004; Simons, *Islam in a Globalizing World*를 보라.

19. "Ijtihad: Reinterpreting Islamic Principles for the Twenty-first Century," United

States Institute of Peace, Special Report no. 125, August 2004; Vartan Gregorian, *Islam: A Mosaic, Not a Monolith* (Washington, D.C.: Brookings Institution Press, 2003); Tariq Ramadan, *Western Muslims and the Future of Islam* (New York: Oxford University Press, 2004); Olivier Roy, *Globalized Islam: The Search for a New Ummah* (New York: Columbia University Press, 2004), 18-19를 보라.

20. "Verbatim" *Time Magazine*, May 5, 2003에서 재인용.

21. Toynbee, *Civilization on Trial*, 2005.

22. "A Long Walk," survey of Saudi Arabia, *The Economist*, January 7, 2006.

23. "A Thwarted Civilization," *Wall Street Journal*, October 16, 2001.

24. Kito de Boer and John M. Turner, "Beyond Oil: Reappraising the Gulf States," The *McKinsey Quarterly*, special issue, 2007.

25. Lawrence, *Seven Pillars of Wisdom*, 336.

26. Thesiger, *Arabian Sands*.

27. "Building Towers, Cheating Workers," Human Rights Watch, 2006.

결론 : 아라비아의 모래 언덕

1. Gabriel Weimann, *Terror on the Internet: The New Arena, the New Challenges* (Washington, D.C.: United States Institute of Peace Press, 2006).

2. Lawrence, *Seven Pillars of Wisdom*, 30.

제5부 아시아인을 위한 아시아

서론 : 중국 중심의 동방 질서

1. 데이비드 샴보(David Shambaugh)는 단어를 낭비하지 않는다. "아시아는 변하고 있고 중국이 그 주요 동인이다." Shambaugh, "China Engages Asia," *International Security* *29*, no. 3 (Winter 2004.05): 64-99. David Shambaugh, "The Rise of China and Asia's New Dynamics," *Power Shift: China and Asia's New Dynamics*, ed. David Shambaugh (Berkeley: University of California Press, 2005), 1도 보라.

2. Milton Osborne, *The Paramount Power: China and Countries of Southeast Asia*, Lowy Institute Paper no. 11, 2006. 새뮤얼 헌팅턴은 이렇게 쓰고 있다. "중국의 역사와 문화, 전통, 크기, 경제적 역동성, 자기 이미지, 이 모든 것이 이 나라로 하여금 동아시아의 헤게모니 지위를 떠맡도록 압박한다. 이러한 목표는 중국의 급속한 경제성장의 자연스런

결과다." Huntington, *Clash of Civilizations*, 229.

3. David C. Kang, "Hierarchy, Balancing, and Empirical Puzzles in Asian International Relations," *International Security 28*, no. 3 (Winter 2003. 04): 165.80; "Hierarchy in Asian International Relations: 1300.1900," *Asian Security 1*, no. 1 (January 2005) 을 보라.

4. 중국 중심의 질서는 제국의 통합과 복속 과정이 진행되면서 제국이 동심원상으로 확장돼 가던 B.C. 2000년대의 하(夏)나라 때부터 시작되었다. 14세기부터 17세기까지의 명나라 때에는 조공 모델이 중국의 대외관계를 해석하는 메타담론이 되었다. 제국의 내권에는 티베트와 중앙아시아가 포함되었고, 외권은 동남아시아까지 포괄했으며, 중국의 핵심부에는 한국이나 베트남, 일본 일부처럼 속령이 아닌 곳도 들어 있었다. Fairbank, ed., *Chinese World Order*를 보라.

5. Thomas Sowell, *Migrations and Cultures: A World View* (New York: Basic Books, 1996), ch. 5를 보라.

6. 변경지대를 다독이는 것은 국내의 인구과밀에 대한 일종의 보험정책이기도 하다. 19세기 태평천국운동은 토지 대 인구의 비율이 너무 높은 과밀의 결과였다. 중국의 넓이가 그렇게 급증하는 인구를 수용할 수 있을 만큼 늘어나지 않으면서 청나라는 곤혹을 겪었다. 만일 또 한 차례의 경제위기가 중국의 농촌지역과 주변부에 밀어닥칠 경우, 사람들은 보다 개방된 국경을 넘어 미얀마나 라오스 같은 곳으로 건너가 새로운 삶을 시작하게 될 것이다. 중국의 인구 팽창과 확산, 조절의 고대 패턴이 재현되는 것이다. Robert F. Ash, "China's Regional Economies and the Asian Region," *Power Shift*, ed. Shambaugh, 96–131.

7. 지정학적 의미로 볼 때, 떠오르는 중국 중심의 질서에는 패권과 공동주권, 세력권, 종주국 체제, 복잡한 상호의존과 같은 개념들이 혼재돼 있다. David C. Kang, "Getting Asia Wrong," *International Security 27*, no. 4 (Spring 2003): 57–85; David A. Lake, "Beyond Anarchy: The Importance of Security Institutions," *International Security 26*, no. 1 (Summer 2001): 129–60; and Shambaugh, "Rise of China," 12–17을 보라.

8. 냉전 초기에 트루먼 정부의 방위선은 알류산 열도에서 일본을 거쳐 필리핀으로 뻗어 있었다. 당시 UN 보호하에 있던 한국은 전략적 가치가 있다고 여기지 않았다. 대만이 미국의 안보 라인 안에 들어온 것은 아이젠하워 정부 때 중국이 대만 해협의 두 섬을 포격한 뒤였다. Robert S. Ross, "The U.S.–China Peace: Great Power Politics, Spheres of Influence, and the Peace of East Asia," *Between Compliance and Conflict*, ed. Dominguez and Kim을 보라.

9. *America's Strategy in World Politics: The United States and the Balance of Power* (New York: Harcourt, Brace, 1942).

10. Robert Sutter, *China's Rise in Asia: Promises and Perils* (Boulder, Colo.: Rowman and Littlefield, 2005), introduction; Avery Goldstein, "The Diplomatic Face of

China's Grand Strategy: A Rising Power's Emerging Choice," *China Quarterly* (168), 2001: 837을 보라.

11. 균형유지와 보호를 대비시켜 고찰한 논의로는 Buzan, *United States and the Great Powers*, 178-79을 보라.

12. Muthiah Alagappa, ed., *Asian Security Practice: Material and Ideational Influences* (Stanford, Calif.: Stanford University Press, 1998), ix; "Introduction," Pempel, ed., *Remapping East Asia*, 5를 보라.

13. Amitav Acharya, "Regional Security Arrangements in a Multipolar World: The EU's Contribution," *Strategic Views on the European Union*, Chaillot Paper No. 72, November 2004, 94; Stanley Crossick, Fraser Cameron, and Axel Berkofsky, "EU-China Relations: Towards a Strategic Partnership," European Policy Centre Working Paper, July 2005; David Shambaugh, "China and Europe: The Emerging Axis," Current History, September 2004, 243-48; Xu Jian, "Facing the Challenge of Unconventional Security: The Chinese Perspective," *Overcoming Vulnerability: Managing New Security Challenges in Asia and Europe*, ed. Betrand Fort (Singapore: Marshall Cavendish Academic, 2005), 30-31을 보라.

14. '유럽 콘서트'의 비유는 19세기 중엽 영국, 오스트리아, 러시아, 프로이센, 프랑스 등 유럽 열강의 합의를 일컫는다. Amitav Acharya, "East Asia's Arrested Multilateralism," 미발표 논문, June 2006; Aaron L. Friedberg, "Ripe for Rivalry: Prospects for Peace in Multipolar Asia," *International Security 18*, no. 3 (Winter 1993.94): 5.33; Nicholas Khoo and Michael L. R. Smith, "A 'Concert of Asia'?" *Policy Review*, August 2001을 보라.

15. Eric Ringmar, *The Mechanics of Modernity in Europe and East Asia: The Institutional Origins of Social Change and Stagnation* (London: Routledge, 2004), 2를 보라.

16. 경제사가 앵거스 매디슨(Angus Maddison)이 증명해 보인 것처럼, 1500년에는 아시아가 세계경제의 60퍼센트를 점하고 있었고, 유럽 산업혁명 전야이던 19세기 초에는 세계경제의 1/3이 중국의 차지였다. 아시아 경제가 미국, EU와 어깨를 나란히 할 만큼 성장한 것은 새로운 것의 출현이 아니라 오랜 단절 후의 복귀다. Maddison, *The World Economy: A Millennial Perspective* (Paris: OECD Development Centre, 2001)를 보라.

17. Coral Bell, "The Twilight of the Unipolar World," *The American Interest*, Winter 2005, 20. David Gress, *From Plato to NATO: The Idea of the West and Its Opponents* (New York: Free Press, 1998)도 보라.

18. Bracken, *Fire in the East*, 88.

19. Samuel Huntington, *Clash of Civilizations*. 69. 헌팅턴은 나아가 310쪽에서 "서구 문

화의 보편성에 대한 서방의 믿음은 세 가지 문제를 안고 있다. 그것은 거짓이고, 비도덕적이며, 틀렸다"라고 주장한다.

20. 일각에서는 아시아의 성장은 높은 효율의 산출이 아니라 자원 동원(사람이나 자원의 투입)의 소산이며, 따라서 수익이 줄면 성장이 느려지게 돼 있다고 주장한다. Paul Krugman, "The Myth of Asia's Miracle," *Foreign Affairs*, November–December 1994를 보라.

21. 세계화의 문제점에 대한 동아시아의 반응에 관한 논의로는 Samuel Kim, ed., *East Asia and Globalization* (Lanham, Md.: Rowman and Littlefield, 2000)을 보라.

22. 일본이 현재 세계 2위의 경제국이고, 중국은 4위지만(EU를 합산하면 다른 어떤 나라보다도 크다), 2020년에는 중국이 세계 경제와 인구의 20퍼센트를 차지하며 EU와 미국을 바짝 추격할 것으로 추정된다. PPP(구매력평가지수) 기준으로는 중국 경제가 1992년에 이미 일본을 추월했고, 미국 경제의 3분의 2 수준에 이르러 있다. Ted C. Fishman, *China, Inc.* (New York: Scribner, 2005), 10을 보라.

23. Kenichi Ohmae, *The End of the Nation State: The Rise of Regional Economies* (New York: Simon and Schuster, 1996).

24. Ian Buruma and Avishai Margalit, *Occidentalism: The West in the Eyes of Its Enemies* (New York: Penguin, 2004), 95.

25. Bell, *East Meets West*, 111.

26. Fareed Zakaria, *The Future of Freedom: Illiberal Democracy at Home and Abroad* (New York: W. W. Norton, 2003)를 보라.

27. Daniel A. Bell, *Beyond Liberal Democracy: Political Thinking for an East Asian Context* (Princeton, N.J.: Princeton University Press, 2006), 10–18을 보라.

28. Bell, *East Meets West*, 96, 155.

29. Chalongphob Sussangkarn, "East Asian Financial Cooperation and Integration," Thailand Development Research Institute, 2005.

23. 아시아의 강국들 : 중국의 자존심과 유혹

1. Phillip C. Saunders, "China's Global Activism: Strategy, Drivers, and Tools," Occasional Paper no. 4, National Defense University, October 2006을 보라.

2. 일본의 메이지 시대의 도약과 제2차 세계대전 후의 기적은 전자는 영국, 후자는 미국과의 강력한 유대를 발판으로 했다. 20세기 초 일본의 근대화 기간에 '탈아입구(脫亞入歐)'는 유명한 구호였다. 아시아의 많은 이들은 일본이 아시아 국가라기보다는 G-8이나 OECD 강국처럼 행동한다고 느낀다. 일각에서는 중국이 성장하고 있다는 사실 자체가 미일 동맹의 강화를 불러올 게 틀림없다고 주장한다. Michael Green and Nicholas Szechenyi,

"Common Values: A New Agenda for U.S.-Japan Relations," *Georgetown Journal of International Affairs*, Summer-Fall 2006, 47-55를 보라.

3. Howard W. French and Norimitsu Onichi, "Economic Ties Binding Japan to Rival China," *New York Times*, October 31, 2005.

4. Mike M. Mochizuki, "China-Japan Relations," *Power Shift*, ed. Shambaugh, 135-50; Mixin Pei and Michael Swaine, "Simmering Fire in Asia: Averting Sino-Japanese Strategic Conflict," Carnegie Endowment Policy Brief no. 44, November 2005를 보라.

5. Mikkal E. Herberg, "The Emergence of China Throughout Asia: Security and Economic Consequences for the U.S.," U.S. Senate Committee on Foreign Relations 에서의 증언, June 7, 2005; Niklas Swanstrom, "An Asian Oil and Gas Union: Problems and Prospects," *China-Eurasia Forum Quarterly 3*, no. 3 (November 2005)를 보라.

6. Byung-Kook Kim, "To Have a Cake and Eat It Too: The Crisis of Pax Americana in Korea," *Between Compliance and Conflict*, ed. Dominguez and Kim.

7. Sheila A. Smith, "Shifting Terrain: The Domestic Politics of the U.S. Military Presence in Asia," East-West Center Special Report no. 8, March 2006.

8. Robert Paalberg, "A New Pax Americana? The U.S. Exercise of Hard Power in East Asia and Latin America," *Between Compliance and Conflict*, ed. Dominguez and Kim을 보라.

9. Jae Ho Chung, "China's Ascendancy and the Korean Peninsula," *Power Shift*, ed. Shambaugh, 151-69를 보라.

10. Robert D. Kaplan, "When North Korea Falls," *Atlantic Monthly*, October 2006, 64-73; Jim Yardley, "Sanctions Don't Dent China.North Korea Trade," *New York Times*, October 27, 2006을 보라.

11. 호주의 로위 연구소(Lowy Institute) 2005년 여론조사에 따르면, 69퍼센트의 호주인이 중국에 호감을 갖고 있는 데 비해 미국에 호감을 가진 사람은 58퍼센트뿐이었다.

12. Paul Kelly, "Australian for Alliance," *The National Interest*, Spring 2003, 90을 보라.

13. 중국에 대한 우라늄 판매는 별다른 논란을 불러일으키지 않고 있다. 중국이 이미 자신의 핵개발 프로그램에 필요한 핵분열 물질을 충분히 보유하고 있는데다 핵확산금지조약 (Nuclear Non-Proliferation Treaty)의 서명국이기도 하기 때문이다.

14. Robert D. Kaplan, "How We Would Fight China," *Atlantic Monthly*, June 2005를 보라.

15. Lee Kuan Yew, *The Singapore Story: Memoirs of Lee Kuan Yew* (New York: Prentice Hall, 1999), 23.

16. Ibid., 87.

17. Bell, *East Meets West*, 185.

18. Bell, *East Meets West*, 186의 기준을 약간 변형한 것이다.

19. Toynbee, *East to West*, 58-59.

20. Sugata Bose, *A Hundred Horizons: The Indian Ocean in the Age of Global Empire* (Cambridge, Mass.: Harvard University Press, 2006), 1.

21. C. Raja Mohan, "India and the Balance of Power," *Foreign Affairs*, July-August 2006에서 재인용. 미군 태평양사령부(PACOM)는 이미 인도를 작전권 속에 포함시켜두고 있다. Amitav Acharya, "Will Asia's Past Be Its Future?" *International Security 28*, no. 3 (Winter 2003.04): 149-64를 보라.

22. 미 국가정보위원회 보고서 *Trends 2020*은 중국과 인도를, 현 국제질서를 재편하거나 영원히 거부할 수 있는, 아니면 그 둘 다를 할 수 있는 '야심찬' 강국들로 보고 있다.

23. Mark Minevich, Frank-Jurgen Richter, and Faisal Hoque, *Six Billion Minds: Managing Outsourcing in the Global Knowledge Economy* (Boston: Aspatore Books, 2006).

24. 인도의 유명한 IT 부문의 고용 인구는 최대 200만 명이고, 간접 혜택을 보는 사람까지 합쳐도 최대 800만 명이다. 인상적인 경제성장을 하고 있음에도 인도에는 사실상 일자리가 없다. 4억 2천만 노동력 중 장부상에 정리된 부문에 등록된 노동자는 3천만 명뿐이다. 아마르티아 센(Amartya Sen)이 쓰고 있듯이 "방갈로르와 하이데라바드가 백 개 있다 해도, 그들만의 힘으로는 인도의 끈질긴 가난과 뿌리 깊은 불평등을 해결하지 못할 것이다." Sen, *The Argumentative Indian: Writings on Indian History, Culture, and Identity* (New York: Farrar, Straus and Giroux, 2005), 197.

24. 말레이시아와 인도네시아 : 대중화공영권

1. 이 지역 일대에서 군부 통치는 각기 다른 유형으로 나타났다. 미얀마와 타이에서는 군대가 직접 통치를 했다. 북한군은 공산당의 골간을 이루었다. 인도네시아와 필리핀에서는 독재 치하에서 군대에 지도층의 근위대로 행동하라는 법적 역할이 주어졌다.

2. Young Jong Choi, "The Rise of Regionalist Ideas in East Asia," *Between Compliance and Conflict*, ed. Dominguez and Kim; Allan Collins, *Security in Southeast Asia: Domestic Regional and Global Issues* (Boulder, Colo.: Lynne Rienner, 2003), ch. 1; Donald K. Emmerson, "Goldilock's Problem: Rethinking Security and Sovereignty in Asia," *The Many Faces of Asian Security*, ed. Sheldon W. Simon (Lanham, Md.: Rowman and Littlefield, 2001), 89.111; "Integration and Illusion: ASEAN in the New Century," Georgetown Southeast Asia Survey 2002-3, 34; *Perspectives from*

Asia on Military Intervention, report of the conference on Regional Responses to Internal War, Fund for Peace, Washington, September 2002를 보라. ASEAN의 미래에 대한 회의적인 전망으로는 Nicholas Khoo, "Rhetoric versus Reality: ASEAN's Clouded Future," *Georgetown Journal of International Affairs*, Summer–Fall 2004, 49-56을 보라.

3. 미국은 ASEAN에 특별대사를 임명하고 자카르타의 ASEAN 사무국에 더 많은 기부금을 내기 시작했다. 미국은 또한 유럽과 북아메리카 국가들을 포함하는 이 지역 최대의 안전보장 협의체인 ASEAN 지역포럼(ARF, ASEAN Regional Forum)에 더 깊숙이 개입하여 다양한 활동을 벌이고 있다. "U.S. Security Relations with Southeast Asia: A Dual Challenge," Stanley Foundation Policy Bulletin, March 2004를 보라.

4. 새뮤얼 헌팅턴은 중국이 우세해질 경우 이 지역에서는 중국의 영토 보전에 대한 지지 증대, 남중국해에 대한 중국의 통제력 강화, 중국의 군사적 우위와 지역 리더십 수용, 인권과 무역 문제에 대한 중국의 입장 지지, 중국인 이민자들에 대한 장벽 완화, 반중국 활동의 억압, 반중국 동맹의 자제, 중국어 장려 등의 현상을 목격하게 될 거라고 주장했다. 이 모든 일들이 많건 적건 이미 진행되고 있다. Huntington, *Clash of Civilizations*, 230-31을 보라. 중국-ASEAN 관계에 대해서는 Dana Dillon and John J. Tkacik Jr., "China's Quest for Asia," *Policy Review*, December 2005; Michael A. Glosny, "Heading Toward a Win–Win Future? Recent Developments in China's Policy Toward Southeast Asia," Asian Security 2, no. 1 (2006): 24.57; Jane Perlez, "Asian Leaders Find China a More Cordial Neighbor," *New York Times*, October 18, 2003; Oded Shenkar, *The Chinese Century: The Rising Chinese Economy and Its Impact on the Global Economy, the Balance of Power, and Your Job* (Philadelphia: Wharton School Publishing, 2005); Sutter, *China's Rise in Asia*, ch. 7을 보라.

5. 말레이시아와 인도네시아는 함께 'D-8'이라는 이름의 그룹을 이끌고 있다. 두 나라 외에 방글라데시, 이집트, 이란, 파키스탄, 터키가 참여하는 이 그룹은 자신들 내부의 무역관계를 촉진시키기로 합의한 에너지 생산국과 소비국들의 혼합체다. Chairman's Report, International Conference of Islamic Scholars II, Jakarta, Indonesia, June 20-22, 2006; Wayne Arnold, "Malaysia Works to Sell Islam on Trade Benefits," *International Herald Tribune*, June 23, 2005를 보라.

6. Bell, *East Meets West*, 144.

7. Naipaul, *Among the Believers: An Islamic Journey* (London: Penguin, 1982), 312, 442.

8. "Too High a Price: The Human Rights Cost of the Indonesian Military's Economic Activities," Human Rights Watch, June 2006.

9. Toynbee, *East to West*, 56.

10. Adam Schwarz, *A Nation in Waiting: Indonesia's Search for Stability* (Boulder, Colo.: Westview Press, 2000).

11. Anthony Bubalo and Greg Fealy, "Between the Global and the Local: Islamism, the Middle East, and Indonesia," Saban Center Project on U.S. Policy towards the Islamic World, Analysis Paper no. 9, October 2005; Greg Sheridan, "Jihad Archipelago," *The National Interest*, Winter 2004-05, 73,80; *Terrorism in Southeast Asia: The Threat and Response*, Report of an International Conference Organised by the Institute of Defence and Strategic Studies and Office of the Coordinator for Counterterrorism of the U.S. Department of State, Singapore, April 12-13, 2006을 보라.

12. Adam Schwarz, "Indonesia After Suharto," *Foreign Affairs*, July-August 1997.

13. 인도네시아의 중국인은 이처럼 에이미 추아(Amy Chua)가 '시장지배 소수자(market-dominant minority)'라고 부르는 집단을 형성하고 있다. Chua, *World on Fire: How Exporting Free Market Democracy Breeds Ethnic Hatred and Global Instability* (New York: Doubleday, 2003), 43.

14. 연간 5만 척 이상의 배와 하루 1,100만 배럴의 석유가 말라카 해협을 통과한다.

15. 중국이 초고속 성장하는 목재 소비국이 된 까닭에, EU의 벌목허가 기준조차도 급속한 산림 황폐화에는 거의 영향을 미치지 못할 것이다.

25. 미얀마, 타이, 베트남 : 황금의 삼각지대

1. 2007년 세계은행과 아시아개발은행, 서방측 기부자들이 합동으로 캄보디아에 6억 달러를 제공했다. 이 나라 예산의 대부분을 차지하는 정도의 액수였다. 그러자 중국이 같은 액수의 원조를 아무 조건 없이 즉각 제공했다.

2. Toynbee, *East to West*, 92.

3. Sterling Seagrave, *Lords of the Rim: The Invisible Empire of Overseas Chinese* (New York: Putnam, 1995), 304.

4. 에이미 추아가 쓰고 있듯이, "미얀마에서 세계화는 중국인의 얼굴을 하고 있다." Chua, *World on Fire*, 36.

5. Jane Perlez, "In Life on the Mekong, China's Dams Dominate," *New York Times*, March 19, 2005.

6. Toynbee, *East to West*, 86.

7. Panitan Wattanayagorn, "Thailand: The Elite's Shifting Conceptions of Security," *Asian Security Practice*, ed. Alagappa.

8. Chulacheeb Chinwanno, "Thailand-China Relations: From Strategic to Economic

Partnership," IUJ Research Institute Working Paper, Asia-Pacific Series no. 6.

9. 현재의 추정으로는 크라 지협 운하 프로젝트에 10년의 기간과 3만 명의 노동자, 약 250억 달러의 비용이 필요할 것으로 예상된다.

10. Thomas Menkhoff and Gerke Solvay, eds., *Chinese Entrepreneurship and Asian Business Networks* (London: Routledge Curzon, 2002)를 보라.

11. William A. Callahan, "Beyond Cosmopolitanism and Nationalism: Diasporic Chinese and Neo-Nationalism in China and Thailand," *International Organization* 57 (Summer 2003): 481.517; Busakorn Chantasasawat, "Bourgeoning Sino-Thai Cooperation: Heightening Cooperation, Sustaining Economic Security," *China: An International Journal 4*, no. 1 (March 2006): 86-112를 보라.

12. "The Bold Coast," *Newsweek*, January 12, 2004에서 재인용.

13. Keith Bradsher, "Vietnam's Roaring Economy Is Set for World Stage," *New York Times*, October 25, 2006.

14. 중국의 육해군 증강에 대한 지역의 견해에 관한 논의로는 Richard Sokolsky, Angel Rabasa, and C. R. Neu, *The Role of Southeast Asia in U.S. Strategy Toward China* (Santa Monica, Calif.: RAND Corporation, 2000); Michael D. Swaine, "China's Regional Military Posture," *Power Shift*, ed. Shambaugh, 266-85를 보라.

15. John Henderson and Benjamin Reilly, "Dragon in Paradise: China's Rising Star in Oceania," *The National Interest*, Summer 2003, 94-104.

26. 중국 : 새로운 슈퍼파워의 등장

1. 로스 테릴(Ross Terrill)은 중국이 여전히 여러 면에서 "슈퍼파워 자아와 결혼한 제3세계"라고 주장한다. Terrill, *New Chinese Empire*, 265.

2. Kennan, American Diplomacy, 21. 미국의 문호개방 정책의 의도에 의혹의 눈길을 보내는 설명으로는 Williams, *Tragedy of American Diplomacy*, 144를 보라.

3. Wu Xinbo, "China: Security Practice of a Modernizing and Ascending Power," *Asian Security Practice*, ed. Alagappa.

4. Lucian Pye, *China* (New York: Harper Collins, 1990), 58.

5. Bates Gill and Yanzhong Huang, "Sources and Limits of Chinese 'Soft Power,'" *Survival 48*, no. 2 (Summer 2006): 17-36.

6. Frank Viviano, "China's Great Armada," *National Geographic*, July 2005.

7. Geoff Wade, "The Zheng He Voyages: A Reassessment," *Journal of the Malaysian Branch of the Royal Asiatic Society 78*, no. 1 (June 2005): 37-58. Alastair Ian Johnston, *Cultural Realism: Strategic Culture and Grand Strategy in Chinese*

History (Princeton, N.J.: Princeton University Press, 1995)도 보라.

8. Joshua Cooper Ramo, "The Beijing Consensus," Foreign Policy Centre, May 2004. 마크 레너드(Mark Leonard)는 중국의 경제와 사회가 너무도 빨리 진화하고 있기 때문에 '베이징 합의'에는 아직 합의란 게 없다고 주장한다. Leonard, "The Road Obscured," *Financial Times Magazine*, July 9-10, 2005.

9. Peter van Ness, "China's Response to the Bush Doctrine," *World Policy Journal*, Winter 2004-05, 40.

10. 중국이 글로벌 거버넌스의 이론과 실천을 어떻게 바라보는지에 관한 논의로는 Cai Tuo, "Global Governance: The Chinese Angle of View and Practice," *Social Sciences in China*, Summer 2004, 57-68을 보라.

11. Peter Gries, *China's New Nationalism: Pride, Politics, and Diplomacy* (Berkeley: University of California Press, 2004); Suisheng Zhao, *A Nation-State by Construction: Dynamics of Modern Chinese Nationalism* (Stanford, Calif.: Stanford University Press, 2004)을 보라.

12. James Lilley, *China Hands: Nine Decades of Adventure, Espionage, and Diplomacy in Asia* (New York: Public Affairs, 2004).

13. 영향력 있는 학자 왕 지시(Wang Jisi)가 쓰고 있듯이 "중국과 미국은 진정한 우호관계의 확립을 기대할 수 없다." Jisi, "China's Search for Stability with America," *Foreign Affairs*, September-October 2005. 현대 중미 관계의 역사에 대해서는 David Lampton, *Same Bed, Different Dreams: Managing U.S.-China Relations, 1989-2000* (Berkeley: University of California Press, 2001)을 보라. 미중 관계의 미래에 대한 다양한 이론적 전망에 관한 논의로는 Aaron L. Friedberg, "The Future of U.S.-China Relations: Is Conflict Inevitable?" *International Security 30*, no. 2 (Fall 2005)를 보라.

14. 리 샤오준(Li Shaojun)이 주장하듯이 "중국은 다른 어떤 나라도 위협하지 않을 것이고, 다른 나라들의 위협도 참아 넘기지 않을 것이다." Shaojun, "Explaining Elements in China's Foreign Strategy," 미발표 논문, 2006.

15. William S. Murray III and Robert Antonellis, "China's Space Program: The Dragon Eyes the Moon (and Us)," *Orbis*, Fall 2003, 645-52. 중국 우주개발 프로그램의 목적과 진전에 관한 여러 측면의 논쟁에 대해서는 *China Security* on "China's Space Ambitions" 특집호, issue no. 2, 2006을 보라.

16. 그러나 중국은 이미 핵 강대국, 장거리 ICBM을 비롯한 핵병기와 미사일 부대에 잠수함과 구축함까지 갖춘 강대국이다. 중국은 비록 전지구적인 전력투사 능력은 갖추진 못했지만, 작은 섬을 점령하거나 미국이나 일본 해군 함정을 침몰시키고 대만을 장악하는 것과 같은 효과적이고도 은밀한 군사작전을 수행하는 데는 지구 전역에 분포된 전력이 필요치 않다. Brad Roberts, Robert A. Manning, and Ronald N. Montaperto, "China: The

Forgotten Nuclear Power," *Foreign Affairs*, July-August 2000, 53-63; Edward Cody, "China Builds a Smaller, Stronger Military," *Washington Post*, April 12, 2005를 보라.

17. 중국의 세계관과 문화를 이해하는 데 필요한 중국의 언어에 관한 관찰과 일화를 살피려면 Tim Clissold, *Mr. China* (New York: HarperCollins, 2004)를 보라.

18. Terrill, *New Chinese Empire*, 26.

19. Gerald Segal, "East Asia and the 'Constrainment' of China," *International Security 20*, no. 4 (Spring 1996): 107-35; Zalmay Khalilzad, "Congage China," RAND Issue Paper no. 187, 1999를 보라.

20. Evan S. Medeiros and M. Taylor Fravel, "China's New Diplomacy," *Foreign Affairs*, November-December 2003을 보라.

21. Stanley Crossick, "The Rise of China and Its Implications for the EU," National University of Singapore에서의 강연, May 26, 2006.

22. Gordon Chang, *The Coming Collapse of China* (New York: Random House, 2001); George J. Gilboy, "The Myth Behind China's Miracle," *Foreign Affairs*, July-August 2004, 34; Mixin Pei, *China's Trapped Transition: The Limits of Developmental Autocracy* (Cambridge, Mass.: Harvard University Press, 2006)를 보라.

23. Fishman, *China, Inc.*, 167; David Hale and Lyric Hughes Hale, "China Takes Off," *Foreign Affairs*, November.December 2003, 44; Seth G. Jones and F. Stephen Larrabee, "Arming Europe," *The National Interest*, Winter 2005-06, 68을 보라.

24. Ian Bremmer and Fareed Zakaria, "Hedging Political Risk in China," *Harvard Business Review*, November 2006.

25. Jehangir S. Pocha, "One Sun in the Sky: Labor Unions in the People's Republic of China," *Georgetown Journal of International Affairs*, Winter-Spring 2007, 11.

26. Anne Stevenson-Yang and Ken DeWoskin, "China Destroys the IP Paradigm," *Far Eastern Economic Review 168*, no. 3 (March 2005); Richard P. Suttmeier, "Assessing China's Technology Potential," *Georgetown Journal of International Affairs*, Summer-Fall 2004, 97-105를 보라.

27. "Red, Inc.," *Harper's*, February 2006을 보라.

28. '작은 국가, 큰 사회' 이론이 이 개념을 의미하며 또 뒷받침한다.

29. 중국사회과학원에 따르면, 중국에는 그 정도 규모의 국가에 적절한 보통의 세 계층이 아니라 12개의 구별되는 사회계층이 있다.

30. 중국의 빈곤 퇴치는 대부분 FDI(외국인 직접투자)가 훨씬 낮은 수준이던 1980년대에, 막 생겨나던 사적부문의 대부와 농촌 투자의 결과로 이루어졌다. 그로 인해 식품가공처럼 많은 사람을 고용하는 부문이 크게 성장한 것이다. 중국 인구의 60퍼센트가 여전히 농촌에 살고 있지만, GDP에서 농업이 차지하는 비중은 15퍼센트도 안 된다. Emile Kok-Kheng

Yeoh, "Development Policy, Demographic Diversity, and Interregional Disparities in China," international ChinaWorld 창립 워크숍 논문, March 10-11, 2006, Asia Research Centre, Copenhagen Business School; Shang-Jin Wei, "Is Globalization Good for the Poor in China?" *Finance and Development*, September 2002를 보라. 중국의 지니계수, 즉 소득불평등 지수는 개혁 개시와 더불어 부자가 점점 더 부유해지면서 0.45로 상승했다. 그러나 이는 미국보다 나쁘지 않은 수치다. 그리고 중국 도시 지역의 지니계수는 0.32로서, 세계 평균에 가깝다.

31. 후진타오의 농촌개발 우선정책은 도시와 농촌 소득의 격차 증대에 비추어본 자본주의의 장점을 둘러싼 날카로운 이념 논쟁을 불러일으켰다.

32. 석유화학공장들이 농촌지역 강의 3분의 1, 도시지역 강의 90퍼센트에 심각한 오염을 일으켜왔다. 가장 유명한 곳이 하얼빈의 쑹화 강인데, 2005년 이곳에서는 화학물질이 강으로 흘러들어 이미 만성적인 물 부족 사태를 겪고 있던 지역에 물 공급이 거의 중단되다시피 했다. 중국 영토의 3분의 1이 이미 사막화 위험에 처해 있고, 황하의 흐름이 약해져 강이 칭하이(青海) 성의 말라가는 호수로 변해가면서 수천 개의 마을이 버려졌다.

33. Jim Yardley, "China's Next Big Boom Could Be the Foul Air," *New York Times*, October 30, 2005.

34. Wenran Jiang, "Beijing's 'New Thinking' on Energy Security," Jamestown Foundation China Brief, April 12, 2006을 보라.

35. Yongjin Zhang, "China Goes Global," Foreign Policy Centre, 2005.

36. 양쯔 강(아마존과 나일에 이어 세계에서 세 번째로 긴 강)의 싼샤 댐이 2010년에 완공되면 이 나라 전력 수요의 최대 10퍼센트를 떠맡게 된다. 티베트에서는 창포 강(인도와 방글라데시를 흐르는 브라마푸트라 강의 상류)의 댐이 멘도크의 발전소에서 3,800만 킬로와트의 전기를 생산해내는 동시에, 강의 물길을 돌려 이 나라 북부의 600개 도시에 물을 공급할 것이다. 세계 최장의 인공 수로가 될 1,200마일의 대운하는 머지않아 6개 성(베이징 포함)과 4개 강을 이어 장쑤(江蘇) 성에서 내륙 쪽으로 물을 보내주게 된다. 페르시아 만 국가들처럼 이 나라에서도 자원 통제는 고도로 정치적이다. 중국의 석탄, 석유, 가스 담당부처들은 자신들끼리는 물론 정부부처나 다름없는 지위를 가진 국영석유회사들과도 아옹다옹하며 국가에너지전략의 수립을 방해한다. 실질적인 에너지 개혁을 하려면 중국도 아부다비의 토후국들처럼 고여 썩어가는 이 부처들 위에다 별도의 '국가에너지주도그룹(State Energy Leading Group)'을 만들어 전체를 함께 챙겨야 할 것 같다.

37. Joanna I. Lewis, "Leading the Renewable Energy Revolution," *Georgetown Journal of International Affairs*, Summer. Fall 2006, 147-54.

38. Seagrave, *Lords of the Rim*, 61-63.

39. Norimitsu Onishi and Howard W. French, "Chinese Warships Remind Japan of Challenge on the Seas," *International Herald Tribune*, September 11, 2005.

40. Barry C. Lynn, *End of the Line: The Rise and Coming Fall of the Global Corporation* (New York: Doubleday, 2005)을 보라.

41. Banning Garrett, Jonathan Adams, and Franklin Kramer, "Taiwan in Search of a Strategic Consensus," Atlantic Council Issue Brief, March 2006을 보라.

42. Bell, *Beyond Liberal Democracy*, ch. 7을 보라.

43. 선전의 1인당 GDP는 1만 2천 달러고, 상하이는 8천 달러다.

44. Bruce Gilley, *China's Democratic Future: How It Will Happen and Where It Will Lead* (New York: Columbia University Press, 2004)를 보라.

45. Lilley, *China Hands*, 341.

46. Daniel A. Bell, "Chinese Leaders Rediscover Confucianism," *International Herald Tribune*, November 14, 2006.

47. 당 정치국과 국무원은 단일정당의 블랙박스라기보다는 오히려 클럽 팀 같은 모습이 되었다. 분파와 당직자들 간에 실질적인 토론이 진행되고 권력교체가 이루어지는 것이다. Cheng Li, "The New Bipartisanship Within the Chinese Communist Party," *Orbis*, Summer 2005, 387-400을 보라.

48. 미신 페이(Mixin Pei)의 주장처럼 "만일 경제적 성공이 중국의 일당 통치를 종식시키지 못한다면, 아마도 부패가 그 일을 하게 될 것이다." Pei, "The Chinese Communist Party," *Foreign Policy*, September–October 2005, 46.

49. Albert Keidel, "China's Social Unrest: The Story Behind the Stories," Carnegie Endowment Policy Brief no. 48, September 2006.

50. 이전의 토지개혁 노력에 관한 역사 서술로는 Yuan-Tsung Chen, *The Dragon's Village: An Autobiographical Novel of Revolutionary China* (New York: Penguin, 1981)를 보라.

51. Zheng Bijian, "China's 'Peaceful Rise' to Great-Power Status," *Foreign Affairs*, September–October 2005.

52. 중국적 특징을 가진 민주주의가 어떤 모습일지에 대한 풍성한 논의를 살피려면 Bell, *East Meets West*, ch. 5를 보라.

53. *Speak No Evil: Mass Media Control in Contemporary China* (Washington, D.C.: Freedom House, February 2006); Clive Thompson, "Google's China Problem (and China's Google Problem)," *New York Times Magazine*, April 23, 2006을 보라.

에필로그

1. Alesina and Spolaore, The Size of Nations (Cambridge, Mass.: MIT Press, 2003),

ch. 5를 보라.

2. 현실주의자인 존 미어셰이머가 주장하듯이, "이런 폭력의 순환은 새천년에도 한참 동안 계속 이어질 것이다. 평화를 바라는 희망은 아마 실현되지 않을 것이다. 국제 체제를 만들어 가는 강대국들이 서로를 두려워하며 세력 다툼을 벌이기 때문이다." Mearsheimer, *The Tragedy of Great Power Politics* (New York: W. W. Norton, 2001), xi.

3. 조지 케난은 이게 이야기의 전부가 아님을 안다. 그는 이것이 미국인들에게 "스스로를 자신들보다 운이 덜 좋고 덜 진보한 사람들의 고상한 후견인이자 시혜자요 교사로 보는 즐거움"을 선사한다고 주장한다. 그러한 일종의 국민적 나르시시즘이 마음 깊숙한 곳의 불안감을 숨기며 외부에 허세를 부리는 행동을 유발한다는 것이다. Kennan, *American Diplomacy*, 158, 169. 노벨상 수상자 로버트 솔로(Robert Solow)가 쓰고 있듯이 "신이 미국인에게 세계의 다른 사람들보다 영원히 더 부유하게 살 수 있도록 예비해주었다는 관념이 시간이 가면 갈수록 그런 것 같지 않아질(*New York Times*, December 14, 2003)" 때, 미국의 최고 지위는 그 기반이 흔들리게 된다.

4. 벤저민 바버(Benjamin Barber)가 쓰고 있듯이, "법이 없는 무정부 상태의 결과물인 홉스의 자연 상태는 무엇보다도 공포 상태다. …… 그 치료약은 사람들이 자연 상태에서 갖고 있는 힘이 아니라, 갖고 있지 않은 법과 계약이다." Barber, *Fear's Empire: War, Terrorism and Democracy* (New York: W. W. Norton, 2003), 70.

5. Hans J. Morgenthau, *Scientific Man vs. Power Politics*를 보라.

6. 토인비의 상징 마크 같은 '도전과 응전' 이론에 화답하여, 조지 케난은 미국의 과도한 군사력 의존의 결과에 대한 우려를 나타낸다. 그는 나아가 군사화에 따른 이익에 미국의 고질적인 외부의 주적 찾기 습관이 결합되어 불필요한 군비 관행을 고착시키고 있다고 경고한다. "미국에는 모든 골칫거리가 거기에서 나오는 외부의 단일한 악의 소굴을 줄곧 찾아다니는 이상한 경향이 있는 것 같다. 미국의 목적이나 사업에 대한 저항의 진원지가 여럿일 수 있고 그 진원지들이 각기 독립적일 수도 있다는 것을 인정하려 들지 않는다." Kennan, *American Diplomacy*, 90, 164, 173를 보라. Andrew J. Bacevich, *The New American Militarism: How Americans Are Seduced by War* (New York: Oxford University Press, 2005); Victor Davis Hanson, *A War Like No Other: How the Athenians and Spartans Fought the Peloponnesian War* (New York: Random House, 2005)도 보라.

7. 이마누엘 토드(Emmanuel Todd)는 이렇게 쓰고 있다. "세계 민주주의가 발견하고 미국 없이도 정치적으로 사이좋게 지내는 법을 터득해가고 있는 바로 그 시점에, 미국은 자신의 민주적 성격을 잃어가면서 세계의 다른 곳 없이는 자신이 살아갈 수 없다는 사실을 발견하고 있다." Todd, *After the Empire: The Breakdown of the American Order* (New York: Columbia University Press, 2002), 13, quotation 20을 보라.

8. 미국인들은 토크빌이 '영원한 자기숭배(perpetual self-adoration)'라 부른 상태 속에서 살아가기 때문에, 역사에서 자신들이 실제로 한 역할에 대한 심각한 역사 망각증을 앓고

있다. 마크 허츠가드(Mark Hertsgaard)는 미국인의 자기인식과는 상반되는 해외의 시각들을 확인해왔다. 무수한 시각들 중에서 특징적인 것을 들자면 다음과 같다. '미국은 편협하고 자기중심적이며, 위선적이고 거만하며, 세계에 대해 무지하고, 속물적이고, 민주주의에 대한 독선이 심하고, 오로지 자신만 돌본다.' Hertsgaard, *The Eagle's Shadow: Why America Fascinates and Infuriates the World* (New York: Farrar, Straus and Giroux, 2002), 21. Julia Sweig, *Friendly Fire: Losing Friends and Making Enemies in the Anti-American Century* (New York: Public Affairs, 2006)도 보라.

9. Harold Nicolson, *Peacemaking 1919*.

10. 20세기를 지내는 동안 미국의 동맹 유지비가 증가해온 것에 관한 논의로는 David A. Lake, *Entangling Relations: American Foreign Policy in Its Century* (Princeton, N.J.: Princeton University Press, 1999)를 보라. Julianne Smith and Thomas Sanderson, "Evaluating Our Partners and Allies Five Years Later," *Washington Post*, September 11, 2006도 보라.

11. Christopher Layne, "The Unipolar Illusion Revisited: The Coming End of the United States' Unipolar Moment," *International Security 31*, no. 2 (Fall 2006): 7-41.

12. Andrew Kohut and Bruce Stokes, *America Against the World: How We Are Different and Why We Are Disliked* (New York: Times Books, 2006), 49.

13. Toynbee, *A Study of History*, vol. 11.

14. Leon Fuerth, "Strategic Myopia," *The National Interest*, Spring 2006.

15. David J. Kilcullen, "New Paradigms for 21st Century Conflict" (eJournal USA: An Electronic Journal of the U.S. Department of State, May 2007).

16. Michael Barnett and Raymond Duvall, "Power in International Politics," *International Organization 59* (Winter 2005): 39.75; Daniel H. Nexon and Thomas Wright, "What's at Stake in the American Empire Debate," *American Political Science Review 101*, No. 2 (May 2007)를 보라.

17. Bruce Bueno de Mesquita and George W. Downs, "Development and Democracy," *Foreign Affairs*, September-October 2005를 보라. 1980년대의 UN 주재 미국 대사, 진 커크패트릭(Jeane Kirkpatrick)은 독재정권은 전체주의 체제와 마찬가지로 사회의 재창조를 추구하지 않는다는 이유로 독재자 지지를 정당화했다. Kirkpatrick, "Dictatorships and Double-Standards," *Commentary*, November 1979를 보라.

18. 세계 통화량 조절이 영향력을 전달하는 핵심장치이긴 하지만, 오늘날처럼 통화가 탈국가화하고 있는 때에는 세계기축통화로서의 미국 달러의 최고 지위가 곧 미국의 통화지배는 아니다. Benjamin J. Cohen, "The Geopolitics of Currencies and the Future of the International System," University of California, Santa Barbara, Global and International Studies Program, Paper no. 10. 통화와 영토 관계의 바탕 지식으로는

Cohen, *The Geography of Money* (Ithaca, N.Y.: Cornell University Press), 18을 보라.

19. Joseph Stiglitz, "The Roaring Nineties," *Atlantic Monthly*, October 2002.

20. Erik Erikson, *Childhood and Society*.

21. Ajay Kapur, Niall Macleod, and Narendra Singh, "Plutonomy: Buying Luxury, Explaining Global Imbalances," Citigroup Industry Note, October 16, 2005.

22. Robert B. Reich, *The Future of Success* (New York: Alfred A. Knopf, 2001). 2006년의 최저임금 수준은 1968년에 비해 실질임금 기준으로 37퍼센트 낮았다.

23. 미국은 1980년 이후 사회기반시설 비용으로 GDP의 2퍼센트 미만을 써왔다.

24. Steven A. Camarota, "Immigration from Mexico: Assessing the Impact on the United States," Center for Immigration Studies, 2001.

25. David Rieff, *Los Angeles: Capital of the Third World* (New York: Touchstone Books, 1992).

26. Samuel P. Huntington, *Who Are We? The Challenges to America's National Identity* (New York: Simon and Schuster, 2004).

27. Alberto F. Alesina, Edward L. Glaeser, and Bruce Sacerdote, "Why Doesn't the U.S. Have a European-Style Welfare State?" Harvard Institute of Economic Research, Discussion Paper no. 1933, October 2001.

28. Michael Ignatieff, "The Broken Contract," *New York Times Magazine*, September 24, 2005, 16.

29. Richard G. Wilkinson, *The Impact of Inequality: How to Make Sick Societies Healthier* (London: Routledge, 2005).

30. 크리스토퍼 래스치(Christopher Lasch)는 다음과 같이 쓰고 있다. "광범한 비효율과 부패의 증대, 미국의 생산성 저하, 제조업을 희생시키는 투기적 이익의 추구, 나라의 물적 기반 쇠퇴, 범죄가 들끓는 도시의 너저분한 환경, 빈곤의 경고와 증가, 도덕적으로 역겹고 정치적 폭탄이기도 한 빈부격차의 확대―이제 더 이상 무시할 수도 없고 숨길 수도 없는 이 모든 불길한 사태 전개가 민주주의에 관한 역사적인 논쟁을 다시 끌어냈다. 공산주의를 이긴 눈부신 승리의 순간에 민주주의는 안방에서 큰 불에 휩싸여 있고, 모든 것이 지금과 같은 속도로 계속 무너져내릴 경우 비난은 계속 늘어날 수밖에 없다. 인도와 라틴아메리카의 예에서 보듯이, 형식적으로 민주적인 제도가 바람직한 사회질서를 보장하진 않는다. 미국의 도시 환경들이 제3세계의 그것에 근접해가기 시작한 이때, 민주주의는 처음부터 다시 스스로의 존재를 증명해야만 할 것이다." Lasch, *The Revolt of the Elites and the Betrayal of Democracy* (New York: W. W. Norton, 1996).

31. Michael Lind, *Made in Texas: George W. Bush and the Southern Takeover of American Politics* (New York: Basic Books, 2003)를 보라.

32. Wolfe, *Return to Greatness: How America Lost Its Sense of Purpose and What It*

Needs to Do to Recover It (Princeton, N.J.: Princeton University Press, 2005), 169를 보라.

33. John Kenneth Galbraith, *The Economics of Innocent Fraud: Truth for Our Time* (New York: Penguin, 2004).

34. Gilpin, *War and Change in World Politics*, ch. 4. 아미타이 에치오니(Amitai Etzioni)는 지도자들이 대중의 요구를 무시할 때 민주주의는 부패한다고 주장한다. Etzioni, "How Liberty Is Lost," *Society 40*, no. 5 (July.August 2003): 44-51을 보라.

35. 현실주의는 규칙이나 규범을 배제하지도 않고 대립과 갈등을 필요로 하지도 않는다. 현실주의는 안전과 부, 존엄을 바라는 인간의 기본욕구에서 연유하지만, 거센 공격과 뒤엉키진 않는다. 오히려 수단과 목적의 신중한 계산, 도덕적 비전과 약삭빠름의 혼합을 권장한다. 목적이 수단을 정당화한다는 것이 마키아벨리의 반복적인 후렴구지만, 현실주의와 실용주의는 거기에다 비용을 고려할 것을 명한다. 모겐소는 "힘, 그러나 자격을 갖춘 억제된 힘이 국제정치에서 최고로 인정하는 가치"라고 주장하지만, 그가 기술하고 그 방면의 대가들이 인정하는 리얼리즘은 비열한 함정 전략을 구사하여 상대적 힘의 우위를 유지하려는 제국주의 사업을 비난한다. 모겐소가 베트남전에 반대하고 조지 케난이 2003년의 이라크전에 반대한 것은 그런 까닭이다. 현실주의는 매우 심리적이고 따라서 도덕성을 무시하진 않지만 그것을 어색하게 의식한다. 로버트 잭슨(Robert Jackson)이 쓰고 있듯이, "국가경영 윤리는 다른 무엇보다도 신중함을 핵심으로 하는 상황윤리다." Jackson, *The Global Covenant: Human Conduct in a World of States* (London: Oxford University Press, 2005), 21; Anatol Lieven and John Hulsman, *Ethical Realism: A Vision for America's Role in the World* (New York: Pantheon, 2006); Reinhold Niebuhr, *The Structure of Nations and Empires* (1959)를 보라.

36. 미국의 대외정책에서 복음주의의 영향력이 증가하는 현상의 함의에 관한 논의로는 Walter Russell Mead, "God's Country?" *Foreign Affairs*, September-October 2006, 24-43을 보라. 스티븐 월트(Stephen Walt)는 "보편구제 정치철학과 강렬한 복음주의 경향의 조합이 몇몇 동료 민주국가를 비롯한 다른 나라들에 경종을 울릴 게 틀림없다"라고 평한다. Walt, *Taming American Power: The Global Response to U.S. Primacy* (New York: W. W. Norton, 2005).

37. Kevin Phillips, *American Theocracy: The Peril and Politics of Radical Religion, Oil, and Borrowed Money in the Twenty-first Century* (New York: Viking, 2006).

38. Toynbee, *Civilization on Trial*.

39. *American Public Opinion and Foreign Policy*, Chicago Council on Foreign Relations, 2002.

40. 미국은 국가 기반시설에 공공투자를 할 것이냐 민간투자를 할 것이냐는 그릇된 논쟁을 계속하고 있다. 공공투자가 보다 높은 수준의 민간투자를 유도하는 것으로 입증되었기 때

문이다. *Realizing America's Economic Potential: A Growth Agenda for the New Abundant Economy* (Washington, D.C.: New America Foundation, 2006).

41. Joel Kotkin and Delore Zimmerman, *Rebuilding America's Productive Economy: A Heartland Development Strategy* (Washington, D.C.: New America Foundation, 06).

42. 1997년에서 2005년 사이에 미국의 제조업 무역적자는 세 배로 늘어 6,625억 달러가 되었다.

43. Nicholas Kulish, "Things Fall Apart: Fixing America's Crumbling Infrastructure," *New York Times*, August 23, 2006.

44. Barry C. Lynn, "War, Trade, and Utopia," *The National Interest*, Winter 2005-2006.

45. Clyde V. Prestowitz, *Three Billion New Capitalists: The Great Shift of Wealth and Power to the East* (New York: Basic Books, 2005).

46. 세계의 주변부에 대한 영향력 경쟁은 제3세계를 영원히 제3세계로 묶어둘 가능성이 있다. 미국과 유럽의 부채 탕감, 중국의 투자와 무역 증대가 제3세계의 발전에 불을 댕길 수도 있겠지만, 그 제국적 성격으로 말미암아 다른 결과를 낳을 수도 있다. 예컨대 서방세계의 농업 보조금은 라틴아메리카와 아프리카 제3세계 국가들에겐 여전히 커다란 무역장벽이고, 중국의 막대한 대부는 이 나라들을 이제 중국에 빚을 진 나라들로 만들어가고 있다. 더군다나 중국의 대부와 원조에는 정치적 조건이 붙어 있지 않기 때문에, 오히려 투명성 강화, 민주주의, 임금 상승의 선순환을 고무하지도 않는다. 세계의 3대 경제 극과 인도, 브라질 등에서 소비 수요가 급증하면서 일부 제3세계 국가의 경제성장을 부양해왔으나, 그 대가는 제3세계의 천연자원 약탈, 생태계 파괴, 환경 악화였다. 소모적인 공업이나 환경파괴적인 관광의 한계는 명백하지만, 제1세계의 투자와 기술에 전적으로 의존하는 한 다른 선택의 여지도 거의 없다. 다극화는 제3세계에 축복으로 비칠지 모르나, 그 중상주의는 저주일 수 있다. 제3세계의 커다란 희망은 실은 그 내부에 있다. 세계 차원의 남남 무역과 투자가 그것인데, 현재 그 액수가 연간 500억 달러에 이르고 계속 급증하고 있다.

47. Michael Mandelbaum, *The Case for Goliath: How America Acts as the World's Government in the Twenty-first Century* (New York: Public Affairs, 2005).

48. Huntington, *Clash of Civilizations*, 21.

49. Robert D. Kaplan, *Warrior Politics: Why Leadership Demands a Pagan Ethos* (New York: Random House, 2002), 139. Buzan, *United States and the Great Powers*, ch. 9를 보라.

50. 오늘날의 세계에서 1917년 우드로 윌슨(Woodrow Wilson)의 다음과 같은 주장을 맹목적으로 지지하는 사람은 별로 없을 것 같다. "이것은 미국의 원칙이고 미국의 정책입니다. …… 그리고 이것은 또한 모든 근대 국가, 계몽된 사회의 모든 곳에서 미래를 내다보는 남자와 여자들의 원칙이고 정책이기도 합니다. 이것은 인류의 보편적인 원칙입니다." 공화당

지지 주건 민주당 지지 주건, 자유주의자건 보수주의자건, 종교가 있건 없건, 모든 미국인이 미국은 예외라는 믿음을 갖고 있다고 말한다 해도 그리 큰 과장은 아니다. 60퍼센트의 미국인은 자기네 문화가 다른 문화보다 우월하다고 믿는다. 하지만 세계의 다른 곳에 사는 사람들 대다수는 그렇게 생각하지 않는다. 미국이 세계 곳곳에서 비우호적인 시선을 받는 것은 특정한 대외정책이 인기가 없어서만이 아니라 미국의 자체 시스템 내의 취약성 때문이기도 하다. 다른 어떤 강대국이 싫을 때에만 미국은 용인된다. Kohut and Stokes, *America Against the World*를 보라.

51. 우드로 윌슨은 "세력균형은 이제 영구 불신임을 받은 그레이트 게임이다. 그것은 이번 전쟁 전에 유행한 낡고 나쁜 질서다"라고 믿었다. 그는 1917년 미국 상원에서 미국은 "힘의 균형이 아니라 힘의 공동체를, 경쟁자들의 조직이 아니라 공동의 평화 조직을" 이끌겠다고 말했다. 그가 구상한 (그러나 미국은 가입하지 않은) 국제연맹은 1930년대에 추축국 세력들의 침략을 막아낼 수 없는 것으로 밝혀졌다. E. H. Carr, *The Twenty Years' Crisis, 1919-1939: An Introduction to the Study of International Relations* (New York: Harper Perennial, 1964 [1939]), 30을 보라. 1945년 얄타에서는 프랭클린 루스벨트가 "일방 행동, 배타적 동맹, 세력권, 세력균형, 그리고 여러 세기 동안 시도했지만 항상 실패해온 다른 모든 조처들"의 종식을 선언했다. 대신에 그는 국제연합을 제안했고, 아이젠하워 대통령은 뒤에 그것을 "전장을 회의탁자로 대체하는" 최고의 희망이라고 칭송했다. 1991년 조지 부시는 국제연합이 "냉전의 교착상태에서 빠져나와 창설자들의 역사적 비전을 수행할 채비를 갖춘 새로운 세계질서"를 주창했다. Paul Kennedy, *The Parliament of Man: The Past, Present, and Future of the United Nations* (New York: Random House, 2006).

52 Toynbee, *Civilization on Trial*, 127.

53. Garton Ash, *Free World*, 3.

54. David A. Lake, "Hierarchy in International Relations: Authority, Sovereignty, and the New Structure of World Politics," unpublished working paper, University of California at San Diego, 2005.

55. Alpo Rusi, *Dangerous Peace: New Rivalry in World Politics* (Boulder, Colo.: Westview Press, 1998), introduction and ch. 5를 보라. 이 범지역들이 이미 세계경제의 대부분을 차지하고 있다. 천연가스가 각광받는 연료가 되면서, 미국/캐나다/남미, EU/러시아/북아프리카, 중국/러시아/인도네시아/호주의 범지역 에너지 시장도 등장하고 있다.

56. 전쟁은 흥망의 역학관계와 동떨어진 사건이 아니라 그 핵심 대행자다. 이전의 세계질서들과 마찬가지로, 미국의 시대도 제도화(institutionalization) 단계에서 탈법화(delegitimization) 단계로 진입했고, 그 뒤에는 전쟁이 따른다. 해소되지 않은 불균형은 조직적인 충돌을 유발하며, 그 결과로 전쟁 후의 세력구조에 기반을 둔 새로운 질서가 만들어진다. Gilpin, *War and Change in World Politics*, ch. 5를 보라.

57. 유럽은 미국을 자신의 세계 패권을 물려받을 '다음 최선의 존재'로 여긴 적이 없고, 여러 악 중에서 가장 덜 나쁜 존재로 보았을 뿐이다. 그러나 대규모의 체제 충돌을 피하며 중국을 현 세계질서 속에 어떤 정도로 받아들일지를 다루는 사전 외교 같은 건 전혀 없다. 세계의 최강 세력 중 하나가 민주국가가 아닌 때에 '민주주의 공동체'를 이야기하는 건 별 의미가 없다. 민주국가들이 서로 싸우지 않는 경향이 있는 건 사실이지만, 그들은 비민주국가에 대해서는 지극히 공격적이다. 그들은 자신들이 이길 수 있다는 걸 아는 적들을 골라 싸우며, 일단 선택을 하고 나서 왜 싸워야 하는지에 대한 답을 찾는다. Michael C. Desch, "Democracy and Victory: Fair Fights or Food Fights?" *International Security 28*, no. 1 (2003): 180-94; Edward D. Mansfield and Jack Snyder, *Electing to Fight: Why Emerging Democracies Go to War* (Cambridge, Mass.: MIT Press, 2005); Dan Reiter and Allan C. Stan, *Democracies at War* (Princeton, N.J.: Princeton University Press, 2002)를 보라.

58. 오건스키(A. F. K. Organski)의 저술들, 특히 *World Politics* (New York: Alfred A. Knopf, 1958)에 기반을 둔 권력이동론(power transition theory)이라는 지정학 분파가 이런 시나리오들에 초점을 맞추고 있다. 처칠은 강대국들을 너무 가까워지면 '심각한 자기 반응'을 일으키는 행성체들에 비유했다. 찰스 컵챈(Charles Kupchan)의 경고처럼, 국제 체제는 "쉽게 변하고 깨지기 쉬운 것"이라서 순식간에 산산조각 나기도 한다. Kupchan, *The End of the American Era: U.S. Foreign Policy and the Geopolitics of the Twenty-first Century* (New York: Alfred A. Knopf, 2002), xv. 로버트 길핀(Robert Gilpin)이 설명하듯이, 권력이동은 신흥세력들이 기존질서에 대한 자신의 순응 의사를 재고할 때 시작된다. Gilpin, *War and Change in World Politics*, chs. 2, 4. Fareed Zakaria adds, "Great powers are like divas, they enter and exit the stage with great tumult." Zakaria, "Is Realism Finished?" *The National Interest*, Winter 1992-93.

59. David Hume, *A Treatise on Human Nature* (1739).

60. Michael Howard, *The Invention of Peace* (New Haven, Conn.: Yale University Press, 2000), ch. 5를 보라. 로버트 쿠퍼(Robert Cooper)가 쓰고 있듯이, "모든 오해가 전쟁으로 이어지는 건 아니며, 모든 전쟁이 오해로 인해 발발하는 건 아니다. …… 피할 수 없는 건 없고, 역사의 대사건은 여전히 개인들의 결정과 때로는 오해에 좌우된다." Cooper, *The Breaking of Nations: Order and Chaos in the Twenty-First Century* (New York: Atlantic Monthly Press, 2003), 101.

61. Raymond Aron, *Peace and War: A Theory of International Relations* (Garden City, N.Y.: Doubleday, 1966).

62. 키신저는 캐슬리와 메테르니히의 나폴레옹 이후 협조체제 건설에 대해 이렇게 썼다. "그들의 목표는 완성이 아니라 안정이었으며, 세력균형은 침략에 대한 물리적 방어수단 없이는 어떤 질서도 안전하지 않다는 역사 교훈의 고전적 표현이다. 그리하여 힘과 도덕성, 안

전과 정당성이 연계돼 있음을 충분히 인식하게 되면서 새로운 국제질서가 만들어져 나오기에 이르렀다." Kissinger, *A World Restored: Metternich, Castlereagh, and the Problems of Peace, 1812-1822* (Boston: Houghton Mifflin, 1973), 317-18.

63. Immanuel Kant, Idea for a Universal History with Cosmopolitan Purpose (1784); Lars-Erik Cederman, "Back to Kant: Reinterpreting the Democratic Peace as a Macro-Historical Learning Process," *American Political Science Review 95* (March 2001)를 보라. 호세 오르테가 이 가제트(Jose Ortega y Gasset)가 '보물 같은 우리의 실수들'이라 부른 것에서 교훈을 얻으려면 이런 제도들의 기억을 끊임없이 늘려가야 한다.

64. 록뮤직 밴드 U2를 만든 브라이언 에노(Brian Eno)는 이렇게 쓰고 있다. "문명이란 사람들이 무자비한 다윈식 투쟁의 덫에 갇힌 듯 행동하기를 그치고 공동체와 공동의 미래를 생각하기 시작할 때 발생하는 것 아닐까?" Eno, "The U.S. Needs to Open Up to the World," *TIME International*, January 12, 2003.

65. Rasler and Thompson, *Great Powers and Global Struggle*, 191.

66. 로버트 스키델스키(Robert Skidelsky)는 "변경에서의 끊임없는 충돌"을 통해 "평화를 약속하면서도 전쟁을 부르는 제국들의 한복판에 자리 잡고 있는 근본적인 모순"을 묘사한다. Skidelsky, "Hot, Cold, and Imperial," *New York Review of Books*, July 13, 2006.

67. 키신저는 나폴레옹 시대에 대해서 만일 "국제질서의 틀을 수용하지 않았더라면 체제가 합법 상태에서 혁명 상태로 넘어갔을 것"이라고 쓰고 있다. 나아가 국가는 망각하는 경향이 있어 과거로부터 배우지 못하고 올바른 결론도 잘 끌어내지 못한다며, 역사의 경험과 지식과 교훈을 잘 종합하여 상황에 대처하는 것이 정치인에게 주어진 어려운 과제라고 말했다. Kissinger, *World Restored*, 1-3, 331-32.

68. 칸트와 루소가 평화 공화국을 이룩할 수 있는 국제적인 국가연방을 이론화했다. 칸트는 투명성과 전쟁비용 상승을 강조한 반면에, 루소는 '일반의지'가 국가들이 자신만의 이익을 추구하여 충돌을 일으키는 것을 막아낼 거라고 주장했다. 오늘날에는 세계화가 평화를 일구어내는 효과에 관한 주장들이 많이 나오고 있는데, 현재의 주된 흐름을 파악하려면 Francis Fukuyama, *The End of History and the Last Man* (New York: Avon Books, 1992); John Mueller, *Retreat from Doomsday: The Obsolescence of Major War* (New York: Basic Books, 1989); Jonathan Schell, *The Unconquerable World: Power, Nonviolence, and the Will of the People* (New York: Metropolitan Books, 2003); Peter Singer, *One World: The Ethics of Globalization* (New Haven, Conn.: Yale University Press, 2003); Robert Wright, *Non-Zero: The Logic of Human Destiny* (New York: Vintage, 2000); Anatol Lieven and John Hulsman, *Ethical Realism*을 보라.

69. 리들 하트(B. H. Liddell Hart)는 반세기 전에 대전략은 지정학 체계의 경쟁 본능을 길들여야 한다고 주장했다. 찰스 컵챈이 주장하듯이, "미래의 중심과제 역시 과거와 똑같을 것

이다. 경합하는 세력중심간의 관계를 관리하는 것이다." Kupchan, *End of the American Era*, xviii.

70. 찰스 컵챈은 지역 강대국들이 힘을 부드럽게 행사한다면 보다 분권화된 리더십 구조를 갖춘 안정적이고 협조적인 체계가 만들어질 수 있을 거라고 주장한다. Charles A. Kupchan, "After Pax Americana: Benign Power, Regional Integration, and the Sources of a Stable Multipolarity," *International Security 23*, no. 2 (Fall 1998): 40-79. 다른 곳에서는 북아메리카는 라틴아메리카에 초점을 맞추고, 유럽은 러시아와 중동과 아프리카, 그리고 동아시아는 남아시아와 동남아시아의 번영과 안정에 관심을 집중할 것을 제안한다. Kupchan, "Empires and Geopolitical Competition: Gone for Good?" *Turbulent Peace*, ed. Chester Crocker (Washington, D.C.: United States Institute of Peace, 2001).

71. Toynbee, *Civilization on Trial*.

72. Fred Charles Ikle, *Every War Must End*, rev. ed. (Columbia Classics, 2005)를 보라. 찰스 컵챈이 이야기하듯이, "고압적인 부모에게 반항하는 아이는 대체로 의존성을 탈피하고 성숙한 책임감과 자립심을 발전시켜가는 아이보다 훨씬 골치가 아프다." Kupchan, *End of the American Era*, 264.

73. 카(E. H. Carr)는 이렇게 쓰고 있다. "정부를 국제화하려면 힘을 국제화해야 한다. …… 힘들이 안정된 평형상태에 있을 때라야만 법이 현상유지 수호자의 손에 들린 도구가 되지 않고 그 사회적 기능을 행사할 수 있다. 이러한 평형상태의 성취는 법의 과제가 아니라 정치의 과제다." Carr, *Twenty Years' Crisis*, 107, 192. 키신저는 이에 이렇게 화답한다. "전쟁의 논리는 힘이고, 힘에는 본디 제한이 없다. 평화의 논리는 조화고, 조화는 제한을 의미한다. 전쟁의 성공은 승리고, 평화의 성공은 안정이다. 승리의 조건은 몰입이고, 안정의 조건은 자제다." Kissinger, *World Restored*, 138. '국제헌법' 개념에 관해서는 G. John Ikenberry, *After Victory: Institutions, Strategic Restraint, and the Rebuilding of Order After Major Wars* (Princeton, N.J.: Princeton University Press, 2000)를 보라.

74. Banning Garrett, "A New Strategic Triangle? Relations Among China, Europe, and the United States in a Global Context," International Conference on China, Europe, and the United States in a Changing International System에서 발표한 논문, Beijing, November 2.3, 2006.

75. 모겐소는 "자연을 지배하는 인간의 제국이 인간을 지배하는 인간의 제국을 대체한다"라는 프랜시스 베이컨의 이상주의를 풍자했다. 오늘날 세계화가 사회문제들을 치유할 수 있다는 기대가 무망해지면서, 그는 철도와 대중교통의 출현이 평화를 만들어낼 수 있다는 19세기 수사를 상기했다. Morgenthau, *Scientific Man vs. Power Politics*, 43, 87, 125.

76. 프로이트는 "국가와 제국이 존재하는 한…… 너나없이 전쟁에 대비할 수밖에 없다"라고 주장했다. "전쟁은 다른 수단에 의한 정치의 연속"이라는 카를 폰 클라우제비츠(Karl von

Clausewitz)의 유명한 명제에 대한 거만한 반박에서, 역사가 존 키건(John Keegan)은 전쟁은 심지어 정치조직과 국가, 군대가 만들어지기 전부터 존재해온 자연적이고 문화적인 것이라고 주장한다. 식인 풍습에서 국가간 충돌에 이르기까지, 싸움은 인간 조건의 한 부분이다. Keegan, *A History of Warfare* (New York: Vintage, 1993).

77. Harold Nicolson, *Diplomacy*, 13.

■ 참고문헌

Adams, Richard H. Jr. *International migration, remittances, and the brain drain: a study of 24 labor exporting countries.* Washington, DC: The World Bank, 2005.

Agnew, John and Stuart Corbridge. Mastering Space: Hegemony, Territory and International Political *Economy.* London: Routledge, 1995.

Aksyonov, Vasily. *The Island of Crimea.* New York: Vintage, 1984.

Alagappa, Muthiah, ed. *Asian Security Practice: Material and Ideational Influences.* Palo Alto, CA: Stanford University Press, 1998.

Alesina, Alberto, and Enrico Spolaore. The Size of Nations. Cambridge, MA: MIT Press, 2003.

Aly, Abdel Monem Said, and Shai Feldman. Ecopolitics: Changing the Regional Context of Arab-Israeli Peacemaking. Cambridge, MA: Belfer Center for Science and International Affairs, John F. Kennedy School of Government, 2003.

Anderson, Malcolm. Frontiers: Territory and State Formation in the Modern World. Cambridge, UK: Polity Press, 1996.

Andes *2020: A New Strategy for the Challenges of Colombia and the Region (A Center for Preventive Action Report).* New York: Council on Foreign Relations Press, 2004.

Andrew, Christopher, and Vasili Mitrokhin. *The World Was Going Our Way: The KGB and the Battle for the Third World.* New York: Basic Books, 2005.

Andric, Ivo. The Days of the Consuls. Belgrade: Dereta, 2000.

Appadurai, Arjun, ed. *Globalization.* Durham, NC: Duke University Press, 2000.

Aron, Raymond. *Peace and War: A Theory of International Relations.* Garden City, NY: Doubleday & Company, 1966.

Aslan, Reza. No God but God: The Origins, Evolution, and Future of Islam. New York: Random House, 2005.

Aslund, Anders. *Building Capitalism: The Transformation of the Former Soviet Bloc.* New York: Cambridge University Press, 2002.

Avedon, John F. *In Exile From the Land of Snows.* New York: Alfred A. Knopf, 1984.

Ayoob, Mohammed. The Third World Security Predicament: State Making, Regional Conflict, and the International System. Boulder: Lynne Rienner Publishers, 1995.

Bacevich, Andrew J. *The New American Militarism: How Americans are Seduced by War*. New York: University Press, 2005.

Baiocchi, Gianpaolo. Radicals in Power: The Worker's Party and Experiments in Urban Democracy in Brazil. New York: Zed Books Ltd., 2003.

Barakat, Halim. *The Arab World: Society, Culture and State*. Berkeley: University of California Press, 1993.

Baran, Zeyno. *Hizb ut-Tahrir: Islam's Political Insurgency*. Washington, DC: Nixon Center, 2004.

Barber, Benjamin. *Fear's Empire: War, Terrorism and Democracy*. New York: W.W. Norton and Company, 2004.

Barnett, Michael. Dialogues in Arab Politics: Negotiations in Regional Order. *New York: Columbia University Press*, 1998.

Barnett, Thomas P.M. The Pentagon's New Map: War and Peace in the Twenty-First Century. *New York: Putnam Publishing Group*, 2004.

Bartleson, James. *A Genealogy of Sovereignty*. Cambridge, UK: Cambridge University Press, 1995.

Beinert, Peter. *The Good Fight: Why Liberals?And Only Liberals?Can Win the War on Terror and Make America Great Again*. New York: HarperCollins, 2006.

Bell, Daniel A. Beyond Liberal Democracy: Political Thinking for an East Asian Context. Princeton, NJ: Princeton University Press, 2006.

_____. East Meets West: Human Rights and Democracy in *East Asia. Princeton, NJ: Princeton University Press*, 2000.

Bergsten, C. Fred, Bates Gill, Nicholas Lardy, and Derek Mitchell. China: *The Balance Sheet ? What the World Needs to Know Now About the Emerging Superpower*. New York: Public Affairs, 2006.

Bernard, Cheryl. Civil, Democratic Islam: Partners, Resources, and Strategies. Santa Monica, CA: RAND Corporation, 2003.

Birdsall, Nancy, and Augusto de la Torre. Washington *Contentious: Economic Policies for Social Equity in Latin America*. Washington, DC: Carnegie Endowment for International Peace and Inter-American Dialogue, 2001.

Blank, Stephen. *After Two Wars: Reflections on the American Strategic Revolution in Central Asia*. Carlisle, PA: Strategic Studies Institute, U.S. Army War College, 2005.

Blustein, Paul. And the Money Kept Rolling In (And Out): Wall Street, the IMF, and the Bankrupting of Argentina. New York: PublicAffairs, 2005.

Bose, Sugata. *A Hundred Horizons: The Indian Ocean in the Age of Global Empire.* Cambridge, MA: Harvard University Press, 2006.

Bracken, Paul. Fire in the East: The Rise of Asian Military Power and the Second Nuclear Age. New York: HarperCollins, 1999.

Bradbury, Ray. *Fahrenheit 451.* New York: Ballentine Books, 1950.

Bradley, John R. Saudi Arabia *Exposed: Inside a Kingdom in Crisis. New York: Palgrave Macmillan,* 2005.

Braudel, Fernand. *The Mediterranean and the World in the Age of Philip II.* 2 Vol. Trans. Sian Reynolds. Wm. London: Collins Sons & Company, Ltd. and Harper & Row Publishers, Inc., 1972.

Bremmer, Ian. The J Curve: A New Way to Understand Why Nations Rise and Fall. New York: Simon & Schuster, Inc., 2006.

Bringing down barriers: Regional cooperation for human development and human security. Central Asia Human Development Report. Bratislava: UNDP Regional Bureau for Europe and the Commonwealth of Independent States, 2005.

Bronson, Rachel. *Thicker than Oil: The United States and Saudi Arabia?A History.* New York: Oxford University Press, 2006.

Brown, Chris. *Sovereignty, Rights, and Justice: International Political Theory Today.* Cambridge, UK: Polity Press, 2002.

Brown, Lester. Plan B 2.0. Washington, DC: Earth Policy Institute, 2006.

Brown, Michael, Sean Lynn-Jones, and Steven Miller, eds. Debating the Democratic Peace. Cambridge, MA: MIT Press, 1996.

Brzezinksi, Zbigniew. *The Grand Chessboard: American Primacy and its Geostrategic Imperatives.* New York: Basic Books, 1997.

Bull, Hedley. The Anarchical Society: A Study of Order in World Politics. New York: Columbia University Press, 1977.

Burgat, Francois. Face to Face with Political Islam. London: I.B. Tauris & Company, Ltd., 2003.

Burghart, Daniel L. and Theresa Sabonis-Helf, eds. *In the Tracks of Tamerlane: Central Asia's Path to the 21st Century.* Washington, DC: Center for Technology and Security Policy, National Defense University, 2005.

Buruma, Ian. Bad Elements: Chinese Rebels from Los Angeles to Beijing. New York: Random House, 2001.

Buruma, Ian, and Avishai Margalit. *Occidentalism: The West in the Eyes of its Enemies.*

New York: The Penguin Press, 2004.

Buttimer, Anne. Geography and the Human Spirit. Baltimore: Johns Hopkins University Press, 1993.

Buzan, Barry. The United States and the Great Powers: World Politics in the Twenty-first Century. Cambridge, UK: Polity Press, 2004.

Buzan, Barry, and Ole Waever. Regions and Powers: The Structure of International Security. Cambridge, UK: Cambridge University Press, 2003.

Byman, Daniel L. *Deadly Connections: States that Sponsor Terrorism.* New York: Cambridge University Press, 2005.

Cardoso, Fernando, and Peter Bell. A Break in the Clouds: Latin America and the Caribbean in 2005. Washington, DC: Inter-American Dialogue, 2005.

Cardoso, Fernando, and Mauricio A. Font. *Charting a New Course: The Politics of Globalization and Social Transformation.* New York: Rowman & Littlefield, Inc., 2001.

Carothers, Thomas, and Marina Ottoway, eds. *Uncharted Journey: Promoting Democracy in the Middle East.* Washington, DC: Carnegie Endowment for International Peace, 2005.

Carr, Edward Hallett. The Twenty Years' Crisis, 1919-1939: An Introduction to the Study of International Relations. New York: Harper Perennial, 1964.

Chang, Gordon. The Coming Collapse of China. New York: Random House, 2001.

Chase, Robert S., Emily Hill, and Paul M. Kennedy, eds. Pivotal States and U.S. Policy: A New Strategy for U.S. Policy in the Developing World. New York: W.W. Norton & Company, 1999.

Chomsky, Noam. *Failed States: The Abuse of Power and the Assault on Democracy.* New York: Metropolitan Books, 2006.

Chua, Amy. World on Fire: How Exporting Free Market Democracy Breeds Ethnic Hatred and Global Instability. New York: Doubleday Books, 2003.

Cilauro, Santo. *Molvania: A Land Untouched by Modern Dentistry.* London: Overlook Press, 2003.

Clissold, Tim. Mr. China. New York: Harper Collins, Inc., 2004.

Cohen, Benjamin J. The Geography of Money. Ithaca, NY: Cornell University Press, 1998.

Cohen, Saul. *Geography and Politics in a Divided World.* New York: Random House, 1963.

Cohen, Stephen P. *The Idea of Pakistan.* Washington, DC: The Brookings Institution

Press, 2004.

______. India: *Emerging Power*. Washington, DC: The Brookings Institution, 2002.

Coker, Christopher. *Empires in Conflict: The Growing Rift Between Europe and the United States, Whitehall Paper 58*. London: Royal United Services Institute, 2003.

Collins, Allan. *Security in Southeast Asia: Domestic Regional and Global Issues*. Boulder: Lynne Rienner Publishers, 2003.

Cooper, Robert. *The Breaking of Nations: Order and Chaos in the Twenty-First Century*. New York: Atlantic Monthly Press, 2003.

Cordesman, Anthony H. *Iran's Developing Military Capabilities*. Washington, DC: The CSIS Press, 2005.

Cornell, Svante E., et al. *Regional Security in the South Caucasus: The Role of NATO*. Washington: Central Asia-Caucasus Institute, Paul H. Nitze School of Advanced International Studies, 2004.

Crocker, Chester, ed. Turbulent Peace. Washington: United States Institute of Peace, 2001.

Daalder, Ivo, Nicole Gnesotto, and Philip Gordon, eds. Crescent of Crisis: U.S.-European Strategy for the Greater Middle East. Washington: Brookings Institution Press, 2006.

Danziger, Nick. *Danziger's Travels: Beyond Forbidden Frontiers*. New York: Harper Collins, 1987.

de Blij, Harm. *Why Geography Matters. Three Challenges Facing America: Climate Change, the Rise of China, and Global Terrorism*. New York: Oxford University Press, 2005.

de Bellaigue, Christopher. In the Rose Garden of Martyrs: A Memoir of Iran. New York: Harper Collins, Inc., 2005.

De Ferranti David M., Guillermo E. Perry, Francisco H. G. Ferreira, and Michael Walton, eds. *Inequality in Latin America and the Caribbean: Breaking with History?* Washington, DC: The International Bank for Reconstruction and Development, The World Bank, 2004.

de Soto, Hernando. The Mystery of Capital: Why Capitalism Triumphs in the West and Fails Everywhere Else. New York: Basic Books, 2003.

Diamond, Jared. Collapse: How Societies Choose to Fail or Succeed. New York: Penguin Books, Ltd., 2004.

Dobbins, James. The UN's Role in Nation-Building: From the Congo to Iraq. Santa Monica, CA: RAND, 2005.

Dominguez, Jorge I., and Byung Cook Kim, eds. *Between Compliance and Conflict: Between East Asia, Latin America, and the "New" Pax Americana. New York: Routlege*, 2005.

Doyle, Michael. Empires. Ithaca, NY: Cornell University Press, 1986.

Drakulic, Slavenka. *Café Europa: Life After Communism*. London: Penguin Books, Ltd., 1996.

Dresch, Paul, and James Piscatori, eds. Monarchies and Nations: Globalization and Identity in the Arab States of the Gulf. London: I.B. Tauris & Company, Ltd., 2005.

Dupont, Alan. East Asia *Imperilled: Transnational Challenges to Security*. Cambridge, UK: Cambridge University Press, 2001.

Easterly, William. *White Man's Burden: Why the West's Efforts to Aid the Rest Have Done So Much Ill and So Little Good*. New York: Penguin Press, 2006.

Ehteshami, Anoush. Globalization and Geopolitics in the Middle East. London: Routledge, 2007.

Eisenman, Joshusa, Eric Heginbotham, and Derek Mitchell, eds. *China and the Developing World: Beijing's Strategy for the Twenty-First Century*. Armonk, NY: M.E. Sharpe, Inc., 2006

Elman, Colin, and Miriam Fendius Elman. *Progress in International Relations Theory: Appraising the Field*. Cambridge, MA: MIT Press, 2003.

Enriques, Juan. *The Untied States of America: Polarization, Fracturing, and Our Future*. New York: Crown Publishing Group, 2005.

Esposito, John L. *Unholy War: Terror in the Name of Islam*. New York: Oxford University Press, 2002.

Estevadeordal, Antoni, Dani Rodrik, Alan M. Taylor, and Andres Velasco, eds. *Integrating the Americas: FTAA and Beyond*. Cambridge, MA: Harvard University Press, 2004.

Etzioni, Amitai. From Empire to Community: A New Approach to International Relations. New York: Palgrave Macmillan, 2004.

European Defense Integration: Bridging the Gap Between Strategy and Capabilities. Washington, DC: Center for Strategic and International Studies, 2005.

Fairbank, John King, ed. The Chinese World Order: Traditional China's Foreign Relations (Harvard East Asian Series). Cambridge, MA: Harvard University Press, 1968.

Falcoff, Mark. *A Culture of Its Own: Taking Latin America Seriously*. New Brunswick, NJ: Transaction Publishers, 1998.

Fandy, Mahmoun. Saudi *Arabia and the Politics of Dissent*. New York: St. Martin's Press, 1999.

Fay, Marianne, ed. *The Urban Poor in Latin America (Directions in Development)*. Washington, DC: The International Bank for Reconstruction and Development / The World Bank, 2005.

Feldman, Noah. *After Jihad: America and the Struggle for Islamic Democracy*. New York: Farrar, Straus & Giroux Publishers, 2003.

_____. *What We Owe Iraq: War and the Ethics of Nation Building*. New York: Princeton University Press, 2005.

Ferguson, Niall. 1914: Why the World Went to War. New York: Penguin Press, 1998.

_____. *The War of the World: History's Age of Hatred*. London: Penguin Press, 2006.

Fishman, Ted C. *China, Inc.* New York: Scribner Book Company, 2005.

Fletcher, George P. Romantics at War: Glory and Guilt in an Age of Terrorism. Princeton, NJ: Princeton University Press, 2002.

Foer, Franklin. How Soccer Explains the World: An Unlikely Theory of Globalization. New York: Harper Collins, Inc., 2004.

Forging a World of Liberty Under Law: U.S. National Security in the 21st Century: Final Report of the Princeton Project on National Security. Princeton, NJ: Woodrow Wilson School of Public and International Affairs, 2006.

Fort, Bertrand, ed. Overcoming Vulnerability: Managing New Security Challenges in Asia and Europe. Singapore: Marshall Cavendish Academic, 2005.

Frankel, Francine R., and Harry Harding, eds. *The India-China Relationship: What the United States Needs to Know*. New York: Columbia University Press, 2004.

French, Howard W. A Continent for the Taking: The Tragedy and Hope of Africa. New York: Vintage Books, 2005.

Freud, Sigmund. Forgetting Things. London: Penguin Books, Ltd., 2002.

Friedman, Thomas L. From Beirut to Jerusalem. New York: Farrar, Straus & Giroux Publishers, 1989.

_____. *The World is Flat: A Brief History of the 21st Century*. New York: Farrar, Straus & Giroux Publishers, 2005.

Fromkin, David. *A Peace to End All Peace: The Fall of the Ottoman Empire and the Creation of the Modern Middle East*. New York: Henry Holt and Company, 1989.

Fukuyama, Francis. *America at the Crossroads: Democracy, Power, and the Neoconservative Legacy*. New Haven, CT: Yale University Press, 2006.

_____. The End of History and the Last Man. New York: Avon Books, Inc., 1992.

______. *State-Building: Governance and World Order in the 21st Century*. Ithaca, NY: Cornell University Press, 2004.

Gachechiladze, Revaz. *The New Georgia: Space, Society, Politics (Eastern European Studies, No. 3)*. London: University College London Press, 1995.

Galbraith, John Kenneth. The Economics of Innocent Fraud: Truth for Our Time. New York: Houghton Mifflin, 2004.

Galeano, Eduardo. *Open Veins of Latin America: Five Centuries of the Pillage of a Continent*. New York: Monthly Review Press, 1973.

______. *We Say No: Chronicles 1963-1991*. New York: W.W. Norton & Company, 1992.

Garrett, Laurie. *HIV and National Security: Where are the Links?* Washington, DC: Council on Foreign Relations, 2005.

Garton Ash, Timothy. Free World. New York: Random House, 2005.

______. History of the Present: Essays, Sketches, and Dispatches from Europe in the 1990s. New York: Random House, 1999.

Garver, John W. *Protracted Contest: Sino-Indian Rivalry in the Twentieth Century*. Seattle, WA: University of Washington Press, 2001.

Gill, Bates.?*Meeting the Challenges and Opportunities of China's Rise*. Washington, DC:?Center for Strategic and International Studies, 2006.

Gill, Bates, and Matthew Oresman. *China's New Journey to the West: China's Emergence in Central Asia and Implications for U.S. Interests*. Washington, DC: Center for Strategic and International Studies, August 2003.

Gilley, Bruce. *China's Democratic Future: How it Will Happen and Where It Will Lead*. New York: Columbia University Press, 2004.

Gilpin, Robert. *The Challenge of Global Capitalism: The World Economy of the 21st Century*. Princeton, NJ: Princeton University Press, 2000.

______. *The Political Economy of International Relations*. Princeton, NJ: Princeton University Press, 1987.

______. War and Change in World Politics. Cambridge, UK: Cambridge University Press, 1981.

Goldstein, Judith, and Robert Keohane, eds. Ideas and Foreign Policy: Beliefs, Institutions and Political Change. Ithaca, NY: Cornell University Press, 1993.

Goltz, Thomas. Azerbaijan *Diary: A Rogue Reporter's Adventures in an Oil-Rich, War-torn, Post-Soviet Republic*. Armonk, NY: M.E. Sharpe, 1998.

Gregg, Gary S. The Middle East: A Cultural Psychology. New York: Oxford University Press, 2005.

Gregorian, Vartan. *Islam: A Mosaic, Not a Monolith*. Washington, DC: The Brookings Institution Press, 2003.

Gress, David. From Plato to NATO: The Idea of the West and its Opponents. New York: Free Press, 1998.

Gries, Peter. *China's New Nationalism: Pride, Politics, and Diplomacy*. Berkeley: University of California Press, 2004.

Guillermoprieto, Alma. *The Heart that Bleeds: Latin America Now*. New York: Alfred A. Knopf, 1994.

Hadar, Leon. *Sandstorm: Policy Failure in the Middle East*. New York: Palgrave Macmillan, 2005.

Hanson, Victor Davis. *A War Like No Other: How the Athenians and Spartans Fought the Peloponnesian War*. New York: Random House, 2005.

Held, David, and Mathias Koenig-Archibugi, eds. American Power in the 21st Century. Cambridge, UK: Polity Press, 2004.

Hertsgaard, Mark. *The Eagle's Shadow: Why America Fascinates and Infuriates the World. New York: Farrar, Straus & Giroux Publishers*, 2002.

Hill, Fiona. *Energy Empire: Oil, Gas and Russia's Revival*. London: Foreign Policy Centre, 2004.

Hill, Fiona, and Clifford Gaddy. *The Siberian Curse: How Communist Planners Left Russia Out in the Cold*. Washington, DC: The Brookings Institution Press, 2003.

Hinsley, F. H. *Power and the Pursuit of Peace: Theory and Practice in the History of Relations Between States*. Cambridge, UK: Cambridge University Press, 1963.

Hirst, Monica. *The United States and Brazil: A Long Road of Unmet Expectations*. New York: Routledge, 2004.

Hockenos, Paul. *Homeland Calling: Exile Patriotism and the Balkan Wars*. New York: Cornell University Press, 2003.

Hoffman, David. The Oligarchs: Wealth and Power in the New Russia. New York: Public Affairs, 2003.

Holbrooke, Richard. To End a War. New York: Random House, 1998.

Hopkirk, Peter. *The Great Game: The Struggle for Empire in Central Asia*. London: Kodansha International, Ltd., 1992.

Hosking, Geoffrey. *Russia and the Russians: A History*. Cambridge, MA: Harvard University Press, 2002.

Howard, Michael. The Invention of Peace. New Haven, CT: Yale University Press, 2000.

Hudson, Michael C., ed. *Middle East Dilemma.* New York: Columbia University Press, 1999.

Human Development Report 2002: Deepening Democracy in a Fragmented World. New York: United Nations Development Program, 2002.

Human Development Report 2005, International cooperation at a crossroads: Aid, trade, and security in an unequal world. New York: United Nations Development Program, 2005.

Hunter, Shireen T., and Huma Malik, eds. Modernization, Democracy and Islam. Westport, CT: Praeger, 2005.

Huntington, Samuel P. The Clash of Civilizations and the Remaking of World Order. New York: Simon & Schuster, Inc., 1996.

_____. *Poilitical Order in Changing Societies.* New Haven, CT: Yale University Press, 1968.

_____. *Who Are We? The Challenges to America's National Identity.* New York: Simon & Schuster, Inc., 2004.

Ignatieff, Michael, ed. *American Exceptionalism and Human Rights.* Princeton, NJ: Princeton University Press, 2005.

Ikenberry, G. John. *After Victory: Institutions, Strategic Restraint, and the Rebuilding of Order After Major Wars.* Princeton, NJ: Princeton University Press, 2000.

_____. *Liberal Order and Imperial Ambition: Essays on American Power and World Politics.* London: Polity Press, 2006.

Ikenberry, G. John, ed. *America Unrivaled: The Future of the Balance of Power.* Ithaca: Cornell University Press, 2002.

Ikenberry, G. John, and Anne-Marie Slaughter. *Forging a World of Liberty Under Law: U.S. National Security in the 21st Century.* Final Report of the Princeton Project on National Security, September 2006.

Ikenberry, G. John, and Michael *Mastanduno. International Relations Theory and the Asia-Pacific.* New York: Columbia University Press, 2003.

Ikl?, Fred Charles. *Every War Must End (Second Revised Edition).* 2nd revised ed. New York: Columbia University Press, 2005.

International Commission on the Balkans. *The Balkans in Europe's Future.* Sofia, Bulgaria: Centre for Liberal Strategies, 2005.

Islamic Calvinists: Change and Conservatism in Central Anatolia. Berlin and Istanbul: European Stability Initative, 2005.

Ispahani, Mahnaz Z. *Roads and Rivals: The Political Uses of Access in the Borderlands of Asia.* Ithaca, NY: Cornell University Press, 1989.

Jackson, Robert H. *The Global Covenant: Human Conduct in a World of States.* London: Oxford University Press, 2005.

______. Quasi-States: Sovereignty, International Relations and the Third World. Cambridge, UK: Cambridge University Press, 1993.

Jervis, Robert. System Effects: Complexity in Political and Social Life. Princeton, NJ: Princeton University Press, 1997.

Joffe, Josef. ?berpower: The Imperial Temptation of America. New York: W.W. Norton & Company, 2006.

Johnston, Alastair Ian. Cultural Realism: Strategic Culture and Grand Strategy in Chinese History. Princeton, NJ: Princeton University Press, 1995.

Johnston, R. J., Peter J. Taylor, and Michael J. Watts, eds. *Geographies of Global Change: Remapping the World in the Late Twentieth Century.* Malden, MA: Blackwell Publishing, Ltd., 2002.

Jones Luong, Pauline, ed. *The Transformation of Central Asia: States and Societies from Soviet Rule to Independence.* Ithaca, NY: Cornell University Press, 2004.

Jones, Seth G. The Rise of European Security Cooperation. Cambridge, UK: Cambridge University Press, 2006.

Jung Chang, and Jon Halliday. *Mao: The Unknown Story.* New York: Alfred A. Knopf, 2005.

Kagan, Robert. *Of Paradise and Power: America and Europe in the New World Order.* New York: Alfred A. Knopf, 2003.

Kahler, Miles, and David A. Lake, eds. *Governance in a Global Economy: Political Authority in Transition.* Princeton, NJ: Princeton University Press, 2003.

Kamen, Henry. *Empire: How Spain Became a World Power, 1492-1763.* New York: HarperCollins, 2003.

Kant, Immanuel, (H.S. Reiss, ed.). *Kant: Political Writings.* Cambridge, UK: Cambridge University Press, 1970.

Kaplan, Robert D. Eastward to Tartary: Travels in the Balkans, the Middle East, and the Caucasus.
New York: Random House, 2000.

______. Imperial Grunts: The American Military on the Ground. New York: Random House, 2005.

______. *Mediterranean Winter: The Pleasures of History and Landscape in Tunisia, Sicily, Dalmatia and Greece.* Random House, 2004.

______. Warrior Politics: Why Leadership Demands a Pagan Ethos. Random House, 2002.

Karl, Terry Lynn. *The Paradox of Plenty: Oil Booms and Petro-States*. Berkeley, CA: University of California Press, 1997.

Katzenstein, Peter J., ed. *A World of Regions: Asia and Europe in the American Imperium*. Ithaca, NY: Cornell University Press, 2005.

Keddie, Nikki R. *Iran and the Muslim World: Resistance and Revolution*. New York: New York University Press, 1995.

Keegan, John. A History of Warfare. New York: Vintage Books, 1993.

Kemp, Geoffrey, and Robert E. Harkavy. Strategic Geography and the Changing Middle East. Washington, DC: Carnegie Endowment for International Peace, 1997.

Kennan, George F. *American Diplomacy*. Chicago, IL: University of Chicago Press, 1951 [1984].

Kennedy, Hugh. *When Baghdad Ruled the Muslim World: The Rise and Fall of Islam's Greatest Dynasty*. New York: De Capo Press, 2004.

Kennedy, Paul. The Parliament of Man: The Past, Present and Future of the United Nations. New York: Random House, 2006.

______. The Rise and Fall of the Great Powers. New York: Vintage Books, 1989.

Keohane, Robert. After Hegemony: Cooperation and Discord in the World Political Economy. Princeton, NJ: Princeton University Press, 1984.

Kepel, Gilles. *Jihad: The Trial of Political Islam*. Cambridge, MA: Harvard University Press, 2003.

______. *The War for Muslim Minds: Islam and the West*. Cambridge, MA: Harvard University Press, 2005.

Kiesling, John Brady. *Diplomacy Lessons: Realism for an Unloved Superpower*. Dulles, VA. Potomac Books, Inc., 2006.

Kim, Samuel, ed. East Asia and Globalization (Asia in World Politics). London: Rowman & Littlefield, Inc., 2000.

King, Charles. *The Black Sea: A History*. London: Oxford University Press, 2004.

Kinzer, Stephen. *Crescent and Star: Turkey Between Two Worlds*. New York: Farrar, Straus & Giroux Publishers, 2001.

Kissinger, Henry A. A World Restored: Metternich, Castlereagh, and the Problems of Peace 1812-1822. Boston: Houghton Mifflin, 1973.

______. *Does America Need a Foreign Policy? Towards a Diplomacy for the 21st Century*. New York: Simon & Schuster, Inc., 2001.

Kliot, Nurit, and David Newman, eds. Geopolitics and Globalization: The Changing World Political Map. London: Frank Cass Publishers, 1999.

Kohut, Andrew, and Bruce Stokes. America *Against the World: How We Are Different and Why We Are Disliked.* New York: Times Books, 2006.

Kotkin, Joel. *The City: A Global History.* New York: The Modern Library, 2005.

Krasner, Stephen D. Structural Conflict: The Third World Against Global Liberalism. Berkeley, CA: University of California Press, 1985.

Krasner, Stephen D, ed. *Problematic Sovereignty: Contested Rules and Political Possibilities.* New York: Columbia University Press, 2001.

Kristof, Nicholas, and Sheryl Wudunn. *China Wakes: The Struggle for the Soul of a Rising Power.* New York: Vintage Books, 1995.

Kumar, Krishna, ed. *Post-Conflict Elections, Democratization and International Assistance.* Boulder, CO: Lynne Rienner Publishers, 1998.

Kupchan, Charles. The End of the American Era: U.S. Foreign Policy and the Geopolitics of the Twenty-first Century. New York: Alfred A. Knopf, 2002.

Lake, David A. Entangling Relations: American Foreign Policy in its Century. Princeton, NJ: Princeton University Press, 1999.

Lal, Deepak. In Praise of Empires: Globalization and Order. New York: Palgrave Macmillan, 2004.

Lampton, David. *Same Bed, Different Dreams: Managing U.S.-China Relations 1989-2000.* Berkeley, CA: University of California Press, 2001.

Lasch, Christopher. *The Revolt of the Elites and the Betrayal of Democracy.* New York: W.W. Norton & Company, 1996.

Lawrence, T.E. *Seven Pillars of Wisdom: A Triumph.* New York: Anchor Books, 1935.

Lee Kuan Yew. The Singapore Story: Memoirs of Lee Kuan Yew. New York: Prentice Hall, Inc., 1999.

Legrain, Philipe. Open World: The Truth About Globalization. London: Abacus, 2002.

Legvold, Robert, ed. *Thinking Strategically: The Major Powers, Kazakhstan, and the Central Asian Nexus.* Cambridge, MA: American Academy of Arts and Sciences, 2003.

Leonard, Mark. Why Europe Will Run the 21st Century. London: Fourth Estate, 2005.

Lepgold, Joseph, and Miroslav Ninic. Beyond the Ivory Tower: International Relations Theory and the Issue of Policy Relevance. New York: Columbia University Press, 2001.

Leverett, Flynt. *Inheriting Syria: Bashar's Trial by Fire.* Washington, DC: The

Brookings Institution Press, 2005.

LeVine, Steven. *The Oil and the Glory*. New York: Random House, 2007.

Lewis, Martin W., and Karen E. Wigen. The Myth of Continents: A Critique of Metageography. Berkeley, CA: University of California Press, 1997.

Lieber, Robert J. *The American Era: Power and Strategy for the 21st Century*. Cambridge University Press, 2005.

Lieven, Anatol. America *Right or Wrong: An Anatomy of American Nationalism*. New York: Oxford University Press, 2004.

Lieven, Anantol, and Dmitri Trenin, eds. *Ambivalent Neighbors: The EU, NATO and the Price of Membership*. Washington, DC: Carnegie Endowment for International Peace, 2003.

Lieven, Anatol, and John Hulsman. *Ethical Realism: A Vision for America's Role in the World*. New York: Pantheon Books, 2006.

Lilley, James. *China Hands: Nine Decades of Adventure, Espionage, and Diplomacy in Asia*. New York: Public Affairs, 2004.

Lind, Michael. *Made in Texas: George W. Bush and the Southern Takeover of America Politics*. New York: Basic Books, 2003.

______. The American Way of Strategy: U.S. Foreign Policy and the American Way of Life. New York: Oxford University Press, 2006.

Linn, Johannes, and David Tiomkin. *Economic Integration of Eurasia: Opportunities and Challenges of Global Significance*. Warsaw, Poland: Center for Social and Economic Research, 2005.

Little, Allan, and Laura Silber. Yugoslavia: Death of a Nation. New York: Penguin Press, 1995.

Loh Kok Wah, Francis, and Khoo Boo Teik, eds. *Democracy in Malaysia: Discourses and Practices*. Richmond, VA: Curzon Press, 2002.

Lynn, Barry C. End of the Line: The Rise and Coming Fall of the Global Corporation. New York: Doubleday Books, 2005.

Mackinder, Halford. Democratic Ideals and Reality. London: Constable Publishers, 1942.

Maddison, Angus. The World Economy: A Millennial Perspective. Paris: OECD Development Centre, 2001.

Mahbubani, Kishore. *Beyond the Age of Innocence: Rebuilding Trust Between America and the World*. New York: Public Affairs, 2005.

Maier, Charles. *Among Empires: American Ascendancy and its Predecessors.*

Cambridge, MA: Harvard University Press, 2006.

Makdisi, Ussama.?The Culture of Sectarianism: Community, History, and Violence in Nineteenth-Century Ottoman Lebanon.?Berkeley, CA: University of California Press, 2000.

Mamdani, Mahmood. *Good Muslim, Bad Muslim: America, the Cold War, and the Roots of Terror.* New York: Pantheon Books, 2004.

Mandelbaum, Michael. The Case for Goliath: How America Acts as the World's Government in the Twenty-first Century. New York: Public Affairs, 2006.

Mango, Andrew. *The Turks Today.* London: Overlook Press, 2005.

Mansfield, Edward D., and Jack Snyder. *Electing to Fight: Why Emerging Democracies Go to War.* Cambridge, MA: MIT Press, 2005.

Mansfield, Edward D. and Helen V. Milner, eds. The Political Economy of Regionalism. New York: Columbia University Press, 1997.

Mapes, Rosemary S. Russian Nationalism and Russian Historiography, 1725-1854. Washington, DC: Georgetown University Press, 1961.

Mapping the Global Future: Report of the National Intelligence Councils 2020 Project. Washington, DC: Government Printing Office, 2004.

Maxwell, Kenneth. Naked Tropics: Essays on Empire and Other Rogues. New York: Routledge, 2003.

McNeill, William. The Rise of the West: A History of the Human Community. Chicago, IL: University of Chicago Press, 1963.

Mearsheimer, John J. The Tragedy of Great Power Politics. New York: W.W. Norton & Company, 2001.

Menkhoff, Thomas, and Solvay Gerice, eds. Chinese Entrepreneurship and Asian Business Networks. London: Routledge Curzon, 2002.

Merry, Robert W. Sands of Empire: Missionary Zeal, American Foreign Policy, and the Hazards of Global Ambition. New York: Simon & Schuster, 2005.

Meyer, Karl E., and Shareen B. Brysac. Tournament of Shadows: The Great Game and the Race for Empire in Central Asia. New York: Counterpoint, 2000.

Micklethwait, John, and Adrian Woolridge. A Future Perfect: The Challenge and Hidden Promise of Globalization. New York: Crown Business, 2000.

Migdal, Joel. *Strong Societies and Weak States: State-Relations and State Capabilities in the Third World.* Princeton, NJ: Princeton University Press, 1998.

Milanovic, Branko. Worlds Apart: Measuring International and Global Inequality. Princeton, NJ: Princeton University Press, 2005.

Minevich, Mark, Frank-Juergen Richter, and Faisal Hoque. Six Billion Minds: Managing Outsourcing in the Global Knowledge Economy. Boston, MA: Aspatore Books, 2006.

Mixin Pei. China's Trapped Transition: The Limits of Developmental Autocracy. Cambridge, MA: Harvard University Press, 2006.

Moaveni, Azadeh. *Lipstick Jihad: A Memoir of Growing Up Iranian in America and American in Iran.* New York: Public Affairs, 2005.

Modelski, George, and William R. Thompson. Leading Sectors and World Powers: The Coevolution of Global Economics and Politics. Columbia, SC: University of South Carolina Press, 1995.

Molavi, Afshin. The Soul of Iran: A Nation's Journey to Freedom. New York: W.W. Norton & Company, 2005.

Montaigne, Fen. Reeling in Russia: An Angler's Paradise. New York: St. Martin's Press, 1998.

Moravcsik, Andrew. Europe *Without Illusions: The Paul-Henri Spaak Lectures, 1994-1999.* Lanham, MD, University Press of America, Inc., 2005.

More Than Humanitarianism: A Strategic U.S. Approach Toward Africa. New York: Council on Foreign Relations, 2006.

Morgenthau, Hans. *Politics Among Nations.* New York: Alfred A. Knopf, 1948.

______. Scientific Man vs. Power Politics. Chicago, IL: University of Chicago Press, 1946.

Motyl, Alexander. Imperial Ends: The Decay, Collapse, and Revival of Empires. New York: Columbia University Press, 2001.

Mueller, John. Retreat from Doomsday: The Obsolescence of Major War. New York: Basic Books, 1989.

Nafisi, Azar. *Reading Lolita in Tehran: A Memoir in Books.* New York: Random House, 2003.

Naim, Moises. Illicit: How Smugglers, Traffickers, and Copycats are Hijacking the Global Economy. New York: Doubleday Books, Books, 2005.

Naipaul, V.S. *Among the Believers: An Islamic Journey.* London: Penguin, 1982.

______. *Beyond Belief: Excursions Among the Coverted Peoples.* New York: Vintage, 1999.

______. *Return of Eva Peron.* New York: Alfred A. Knopf, 1980.

Nasr, Vali. The Shia Revival: How Conflicts within Islam will Shape the Future. New York: W.W. Norton & Company, 2006.

Nau, Henry. At Home Abroad: Identity and Power in American Foreign Policy. Ithaca, NY: Cornell University Press, 2002.

Nellis, John, Rachel Menezes, and Sarah Lucas. Privatization in Latin America: the rapid rise, recent fall and continuing puzzle of a contentious economic policy. Washington, DC: Center for Global Development, 2004.

The New Energy Security Paradigm. Cologny/Geneva, Switzerland: Energy Industry Community of the World Economic Forum, 2006.

Newman, Edward, Ramesh Thakur, and John Tirman, eds. Mulitlateralism under Challenge? Power, International Order, and Structural Change. United Nations University Press, 2006.

Nye, Joseph. Soft Power: The Means to Success in World Politics. New York: Public Affairs, 2004.

O' Leary, Brendan, John McGarry, and Khaled Salih, eds. *The Future of Kurdistan in Iraq.* Philadelphia, PA: University of Pennsylvania Press, 2005.

O'Tuathail, Gearoid. Critical Geopolitics: The Politics of Writing Global Space. London: Routledge, 1996.

Obolensky, Dimitri. *The Byzantine Commonwealth: Eastern Europe 500-1453.* New York: Praeger Publishers, 1971.

Ohmae, Kenichi. The End of the Nation-State: The Rise of Regional Economies. New York: Simon & Schuster, Inc., 1995.

Olcott, Martha. *Central Asia's Second Chance.* Washington, DC: Carnegie Endowment for International Peace, 2005.

______. *Kazakhstan: Unfulfilled Promise.* Washington, DC: Carnegie Endowment for International Peace, 2002.

Oliker, Olga, and David A. Shlapak. U.S. *Interests in Central Asia: Policy Priorities and Military Roles.* Santa Monica, CA: RAND Corporation, 2005.

Oliker, Olga, and Tanya Charlick-Paley. Assessing Russia's Decline: Trends and Implications for the United States and the U.S. Air Force. Santa Monica, CA: RAND, 2002.

Organski, A.F.K. World Politics. Alfred A. Knopf, 1958.

Pape, Robert A. Dying to Win: The Strategic Logic of Suicide Terrorism. New York: Random House, 2005.

Pastor, Robert A. *A Century's Journey: How the Great Powers Shape the World.* New York: Basic Books, 1999.

Patten, Chris. Cousins and Strangers: America, Britain and Europe in a New Century.

New York: Times Books, 2006.

_____. East and West. London: Pan Macmillan Publishers, 1998.

Paul, T.V., G. John Ikenberry, and John A. Hall, eds. *The Nation-State in Question.* Princeton, NJ: Princeton University Press, 2003.

Paul, T.V., James J. Wirtz, and Michel Fortmann, eds. Balance of Power: Theory and Practice in the 21st Century. Palo Alto, CA: Stanford University Press, 2004.

Pempel, T.J., ed. *Remapping East Asia: The Construction of a Region.* Ithaca, NY: Cornell University Press, 2005.

Phillips, David L. *Losing Iraq: Inside the Postwar Reconstruction Fiasco.* Boulder, CO: Westview Press, 2005.

Phillips, Kevin. American Theocracy: The Peril nd Politics of Radical Religion, Oil, and Borrowed Money in the 21st Century. New York: Viking Press, 2006.

Pollack, Kenneth M. *The Persian Puzzle: The Conflict Between Iran and America.* New York: Random House, 2004.

Pond, Elizabeth. *Endgame in the Balkans: Regime Change, European Style.* Washington: Brookings Institution, 2006.

Pope, Hugh. *Sons of the Conquerors: The Rise of the Turkic World.* London: Overlook Press, 2005.

Prestowitz, Clyde V. *Three Billion New Capitalists: The Great Shift of Wealth and Power to the East.* New York: Basic Books, 2005.

Priest, Dana. *The Mission: Waging War and Keeping Peace with America's Military.* New York: W.W. Norton & Company, 2003.

Qiao Ling and Wang Xiangsui. *Unrestricted Warfare: China's Master Plan to Destroy America.* Beijing: PLA Literature and Arts Publishing House, 1999.

Quandt, William B. *Peace Process: American Diplomacy and the Arab-Israeli Conflict Since 1967.* 3rd ed. Washington, DC: The Brookings Institution Press, 2005.

Ramadan, Tariq. *Western Muslims and the Future of Islam.* New York: Oxford University Press, 2004.

Ramo, Joshua Cooper. *The Beijing Consensus.* London: Foreign Policy Centre, 2004.

Rancour-Laferriere, Daniel. *The Slave Soul of Russia: Moral Masochism and the Cult of Suffering.* New York: New York University Press, 1995.

Rasler, Karen A., and William R. Thompson. The Great Powers and Global Struggle 1490-1990. Lexington, KY: University Press of Kentucky, 1994.

Reich, Robert B. *The Future of Success.* New York: Alfred A. Knopf, 2001.

Reid, Anne. *Borderland: A Journey Through the History of Ukraine.* Boulder, CO:

Westview Press, 1997.

Reid, T.R. The United States of Europe: The New Superpower and the End of American Supremacy. New York: Penguin Press, 2004.

Reiter, Dan, and Allan C. Stan. Democracies at War. Princeton, NJ: Princeton: Princeton University Press, 2002.

Revel, Jean-Francois. *How Democracies Perish*. New York: HarperCollins, 1985.

Rifkin, Jeremy. The European Dream: How Europe's Vision of the Future is Quietly Eclipsing the American Dream. New York: Penguin Press, 2004.

Ringmar, Eric. The Mechanics of Modernity in Europe and East Asia: The Institutional Origins of Social Change and Stagnation. London: Routledge, 2004.

Rivoli, Pietra. The Travels of a T-Shirt in the Global Economy: An Economist Explores the Markets, Power and Politics of World Trade. Hoboken, NJ: John Wiley & Sons, Inc., 2005.

Roberts, Adam. The Wonga Coup: Guns, Thugs, and Ruthless Determination to Create Mayhem in an Oil-Rich Corner of Africa. New York: Public Affairs, 2006.

Robertson, Robbie. The Three Waves of Globalization: A History of Developing Global Consciousness. London: Zed Books, 2003.

Rogers, Jim. Adventure Capitalist: The Ultimate Road Trip. New York: Random House, 2003.

Rosenau, James N. *Distant Proximities: Dynamics Beyond Globalization*. Princeton, NJ: Princeton University Press, 2003.

Rosencrance, Richard A. *The Rise of the Trading State: Commerce and Conquest in the Modern World*. New York: Basic Books, 1986.

_____. The Rise of the Virtual State: Wealth and Poverty in the Coming Century. New York: Basic Books, 2000.

Rosecrance, Richard A. and Arthur A. Stein, eds. No More States? Globalization, National Self-Determination, and Terrorism. Lanham, MD: Rowman & Littlefield, Inc., 2006.

Rosen, Nir. In the Belly of the Green Bird: The Triumph of the Martyrs in Iraq. New York: Free Press, 2006.

Rosenberg, Tina. *The Haunted Land: Facing Europe's Ghosts After Communism*. New York: Vintage Books, 1996.

Rotberg, Robert I., ed. *Battling Terrorism in the Horn of Africa*. Washington, DC: The Brookings Institution Press, 2005.

Rowan, Michael. Getting over Chavez and Poverty. 2006.

Roy, Olivier. The Failure of Political Islam. Cambridge, MA: Harvard University Press, 1995.

______. *The New Central Asia: The Creation of Nations*. New York: New York University Press, 2000.

______. Globalized Islam: The Search for a New Ummah. New York: Columbia University Press, 2004.

Rubin, Barnett R. The Search for Peace in Afghanistan: From Buffer State to Failed State. New Haven, CT: Yale University Press, 1995.

Rubin, Barnett R., and Jack Snyder, eds. Post-Soviet Political Order: Conflict and State-Building. London: Routledge, 1998.

Rugh, William. *America's Encounters with Arabs: The "Soft Power" of U.S. Diplomacy in the Middle East.* Westport, CT: Praeger Security International, 2006.

Rumer, Boris, and Lan Sim Yee, eds. *Central Asia and South Caucasus Affairs.* Tokyo: The Sasakawa Peace Foundation, 2003.

Rusi, Alpo. Dangerous Peace: New Rivalry in World Politics. Boulder, CO: Westview Press, 1998.

Russett, Bruce. Grasping the Democratic Peace: Principles for a Post-Cold War World. Princeton, NJ: Princeton University Press, 1992.

Sageman, Marc. *Understanding Terror Networks.* Philadelphia, PA: University of Pennsylvania Press, 2004.

Said, Edward W. *The Question of Palestine.* New York: Vintage, 1992.

Said, Kurban. *Ali & Nino: A Love Story.* New York: Anchor Books, 2000.

Salamé, Ghassan, ed. *Democracy Without Democrats?: The Renewal of Politics in the Muslim World,* London: I.B. Tauris & Company, Ltd., 1994.

Schanzer, Jonathan. Al-Qaeda's Armies: Middle East Affiliate Groups & The Next Generation of Terror. Washington, DC: Washington Institute for Near East Policy, 2005.

Schell, Johnathan. The Unconquerable World: Power, Non-violence, and the Will of the People. New York: Metropolitan Books, 2003.

Schwarz, Adam. *A Nation in Waiting: Indonesia's Search for Stability.* Boulder, CO: Westview Press: 2000.

Schweller, Randall L. Unanswered Threats: Political Constraints on the Balance of Power. Princeton, NJ: Princeton University Press, 2006.

Seagrave, Sterling. Lords of the Rim: The Invisible Empire of Overseas Chinese. New York: Putnam Publishing Group, 1995.

Seiple, Robert A., and Dennis R. Hoover. *Religion and Security: The New Nexus in International Relations*. New York: Roman & Littlefield Publishers, Inc. 2004.

Sen, Amartya. *The Argumentative Indian: Writings on Indian History, Culture, and Identity*. New York: Farrar, Straus, and Giroux Publishers, 2005.

Shambaugh, David, ed. Power Shift: China and Asia's New Dynamics. Berkeley, CA: University of California Press, 2005.

Shannon, Thomas R. An Introduction to the World-System Perspective. Boulder, CO: Westview Press, 1989.

Shaw, Martin. Theory of the Global State: Globality as an Unfinished Revolution. Cambridge, UK: Cambridge University Press, 2000.

Shenkar, Oded. The Chinese Century: The Rising Chinese Economy and Its Impact on the Global Economy, the Balance of Power, and Your Job. Upper Saddle, NJ/Philadelphia, PA: Wharton School Publishing, 2005.

Shikaki, Khalil. *Building a State, Building Peace: How to Make a Roadmap That Works for Palestinians and Israelis; Saban Center for Middle East Policy, Monograph No. 1.* Washington, DC: The Brookings Institution Press, 2003.

Simmons, Matthew R. *Twilight in the Desert: The Coming Saudi Oil Shock and the World Economy*. Hoboken, NJ: John Wiley & Sons, 2005.

Simons, Jr., Thomas W. *Islam in a Globalizing World*. Palo Alto, CA: Stanford University Press, 2003.

Singer, Peter. One World: The Ethics of Globalization. New Haven, CT: Yale University Press, 2003.

Smith, Pamela H.. *Moldova Matters: Why Progress is Still Possible on Ukraine's Southwestern Flank*. Washington, DC: Atlantic Council of the United States, 2005.

Smith, Peter H. Democracy in Latin America: Political Change in Comparative Perspective. New York: Oxford University Press, 2005.

_____. *Talons of the Eagle: Dynamics of U.S.-Latin American Relations*. New York: Oxford University Press, 1996.

Snyder, Jack. From Voting to Violence: Democratization and Nationalist Conflict. New York: W.W. Norton & Company, 2000.

_____. *Myths of Empire: Domestic Politics and International* Ambition. Ithaca, NY: Cornell University Press, 1991.

Sokolsky, Richard, Angel Rabasa,and C.R. Neu. *The Role of Southeast Asia in U.S. Strategy Toward China*. Santa Monica, CA: RAND Corporation, 2000.

Sowell, Thomas. *Migrations and Cultures: A World View*. New York: Basic Books,

1996.

Speak No Evil: Mass Media Control in Contemporary China. Washington, DC: Freedom House, 2006.

Spykman, Nicholas John. *The Geography of the Peace*. New York: Harcourt Brace and Company, 1944.

Starr, S. Frederick. *A 'Greater Central Asia Partnership' for Afghanistan and Its Neighbors*. Washington, DC: Johns Hopkins University ? SAIS, Central Asia-Caucasus Institute Silk Road Studies Program, 2005.

Steinberg, David I., and Catharin Dalpino, eds. Georgetown Southeast Asia Survey 2002-2003. Washington, DC: Georgetown University Press, 2004.

Stewart, Rory. *The Places in Between*. London: Harcourt, 2004.

Suisheng Zhao. *A Nation-State by Construction: Dynamics of Modern Chinese Nationalism*. Palo Alto, CA: Stanford University Press, 2004.

Suisman, Doug, et al. The Arc: A Formal Structure for a Palestinian State, Santa Monica, CA: RAND Corporation, 2005.

Eurasia *Economic Summit 2002 Report: Sustaining Growth in Uncertain Times*. Cologny/Geneva, Switzerland: World Economic Forum, 2002.

Sutter, Robert. China's Rise in Asia: Promises and Perils. Boulder, CO: Rowman & Littlefield, Inc., 2005.

Sweig, Julia. Friendly Fire: Losing Friends and Making Enemies in the Anti-American Century. New York: PublicAffairs, 2006.

Talbott, Stobe. *The Russia Hand: A Memoir of Presidential Diplomacy*. New York: Random House, 2003.

Taylor, A.J.P. *The Struggle for Mastery in Europe 1848-1918*. Oxford, UK: Clarendon Press, 1954.

Telhami, Shibley. *The Stakes: America and the Middle East*. Boulder, CO: Westview Press, 2002.

Tellis, Ashley J., and Michael Willis. *Strategic Asia 2005-2006: Military Modernization in an Era of Uncertainty*. Seattle, WA: National Bureau of Asian Research, 2005.

Terrill, Ross. *The New Chinese Empire: And What It Means for the United States*. New York: Basic Books, 2003.

Thesiger, Wilfred. Arabian Sands. London: Penguin, 1991 [1959].

Thucydides. *History of the Pelleponesian War*. Trans. Rex Warner. London: Penguin Books, Ltd., 1954.

Todd, Emmanuel. After the Empire: The Breakdown of the American Order. New

York: Columbia University Press, 2002.

Tokaev, Kassymzhomart. *Meeting the Challenge: Memoirs by Khazakstan's Foreign Minister.* Redding, CT: Begell House, Inc., 2004.

Toynbee, Arnold. A Study of History. 12 Vol. Oxford, UK: Oxford University Press, 1934-1961.

______. Civilization on Trial. New York: Oxford University Press, 1948.

______. *East to West: A Journey Round the World.* New York: Oxford University Press, 1958.

Trenin, Dmitri. *The End of Eurasia: Russia on the Border Between Geopolitics and Globalization.* Washington, DC: Carnegie Endowment for International Peace, 2002.

Trofimov, Yaroslav. Faith at War: A Journey on the Frontlines of Islam, from Baghdad to Timbuktu. New York: Henry Holt and Company, 2005.

Tulchin, Jospeh L., and Heather A. Golding, eds. *Environment and Security in the Amazon Basin: Woodrow Wilson Center Reports on the Americas #4.* Washington, DC: Woodrow Wilson International Center for Scholars, 2002.

Tunander, Ola, Pavel Baev, and Victoria Ingrid Einagel, eds. The Geopolitics of Post-Wall Europe: *Security, Territory and Identity.* London: Sage Publications, 1997.

Unlocking the Employment Potential in the Middle East and North Africa: Toward a New Social Contract. Washington, DC: The International Bank for Reconstruction and Development, The World Bank, 2004.

Vandewalle, Dirk. A History of Modern Libya. Cambridge, UK: Cambridge University Press, 2006.

Viorst, Milton. *Storm from the East: The Struggle between the Arab World and the Christian West.* New York: The Modern Library, 2006.

Wallerstein, Immanuel. The Modern World-System I: Capitalist Agriculture and the Origins of the European World Economy in the Sixteenth Century. San Diego, CA: Academic Press, 1974.

______. The Modern World-System II: Mercantilism and the Consolidation of the European World Economy, 1600-1750. San Diego, CA: Academic Press, 1980.

______. The Modern World-System III: The Second Era of Great Expansion of the Capitalist World Economy, 1730-1840s. San Diego, CA: Academic Press, 1989.

Walt, Stephen M. *Taming American Power: The Global Response to U.S. Primacy.* New York: W.W. Norton & Company, 2005.

Waltz, Kenneth N. *Theory of International Politics.* Reading, MA: Addison-Wesley,

1979.

Weatherford, Jack. *Genghis Khan and the Making of the Modern World*. New York: The Crown Publishing Group, 2004.

Weimann, Gabriel. Terror on the Internet: The New Arena, The New Challenges. Washington, DC: United States Institute of Peace Press, 2006.

Weinstein, Michael M., ed. Globalization: What's New? New York: Columbia University Press, 2005.

Wendt, Alexander. Social Theory of International Politics. Cambridge, UK. Cambridge University Press, 1999.

West, Rebecca. *Black Lamb and Gray Falcon: A Journey Through Yugoslavia*. New York: Viking Press, 1941.

Wilkinson, Richard G. *The Impact of Inequality: How to Make Sick Societies Healthier*. London: Routledge, 2005.

Williams, William Appleman. *The Tragedy of American Diplomacy*. New York: W.W. Norton & Company, 1959.

Wilson, Andrew. *The Ukrainians: Unexpected Nation*. New Haven, CT: Yale University Press, 2000.

Wolfe, Alan. *Return to Greatness: How America Lost Its Sense of Purpose and What it Needs to Do to Recover It*. Princeton, NJ: Princeton University Press, 2005.

Wright, Robert. *Non-Zero: The Logic of Human Destiny*. New York: Vintage Books, 2000.

Yahuda, Michael. The International Politics of the Asia-Pacific: 1945-1995. London: Routledge, 1996.

Yang, Dali L. *Remaking the Chinese Leviathan: Market Transition and the Politics of Governance in China*. Palo Alto, CA: Stanford University Press, 2004.

Yergin, Daniel. *The Prize: The Epic Quest for Oil, Money & Power. New York: Free Press*, 1993.

Yergin, Daniel, and Thane Gustafson. *Russia 2010 and What it Means for the World*. New York: Random House, 1993.

Yongjin, Zhang. *China Goes Global*. London: Foreign Policy Centre, 2005.

Yuan-tsung Chen. The Dragon's Village: An Autobiographical Novel of Revolutionary China. New York: Penguin Group, Inc., 1981.

Zakaria, Fareed. *The Future of Freedom: Illiberal Democracy at Home and Abroad*. New York: W.W. Norton & Company, 2003.

에코의서재

제2세계
세계 권력의 대이동은 시작되었다

지은이 | 파라그 카나
옮긴이 | 이무열

1판 1쇄 펴낸날| 2009년 1월 20일
1판 3쇄 펴낸날| 2009년 2월 13일

펴낸이 | 조영희
편집 | 이은진
마케팅 | 이동수
관리 | 장윤정

펴낸 곳 | 에코의서재
주소 | 서울시 마포구 서교동 395-180 서주빌딩 201호(121-840)
대표전화 | (02) 6365-6969
팩시밀리 | (02) 6365-6924
출판등록 | 2005년 1월 20일 제300-2005-62호

ISBN 978-89-92717-15-1   03320

* 책값은 뒤표지에 있습니다.